国家出版基金项目
NATIONAL PUBLICATION FOUNDATION

“十三五”国家重点出版物出版规划项目

中国农民负担史

第一卷

中国封建社会赋役制度与农民负担
（公元前221年—公元1840年）

中华人民共和国财政部
《中国农民负担史》编辑委员会

编著

中国财经出版传媒集团
中国财政经济出版社

图书在版编目（CIP）数据

中国农民负担史．第一卷，中国封建社会赋役制度与农民负担：公元前221年—公元1840年 / 中华人民共和国财政部《中国农民负担史》编辑委员会编著．--北京：中国财政经济出版社，2020.12
国家出版基金资助项目 “十三五”国家重点出版物出版规划项目
ISBN 978-7-5095-9560-2

Ⅰ.①中… Ⅱ.①中… Ⅲ.①农民负担-历史-研究-中国-前221-1840 Ⅳ.①F323.8

中国版本图书馆CIP数据核字（2020）第020238号

责任编辑：胡 博 庄 莉　　责任校对：李 丽
封面设计：陈宇琰　　责任印制：刘春年

中国农民负担史 第一卷
ZHONGGUO NONGMIN FUDAN SHI DI YI JUAN

中国财政经济出版社 出版
URL：http：//www.cfeph.cn
E-mail：cfeph@cfeph.cn

社址：北京市海淀区阜成路甲28号 邮政编码：100142
营销中心电话：010-88191522
天猫网店：中国财政经济出版社旗舰店
网址：https：//zgczjjcbs.tmall.com
北京时捷印刷有限公司印刷 各地新华书店经销
成品尺寸：170mm×240mm 16开 42印张 600 000字
2020年12月第1版 2020年12月北京第1次印刷
定价：146.00元
ISBN 978-7-5095-9560-2
（图书出现印装问题，本社负责调换，电话：010-88190548）
本社质量投诉电话：010-88190744
打击盗版举报热线：010-88191661 QQ：2242791300

《中国农民负担史》第一卷
编辑委员会

《中国农民负担史》第一卷
撰稿人及协助审稿人名单

主　　稿　李宏略

协助撰稿　汪雁题　李茂海

协助审稿　（按姓氏笔画排列）

王子英　毛文海　吕调阳　朱伯康
朱杰勤　朱建华　孙翊刚　李克新
吴才麟　汪义质　沈松泉　周万铣
赵之彦　俞秋秋　洪　钢　贾若文
彭雨新　谢家达

总　　序

《中国农民负担史》是一套专史。它着重从国家与农民的关系上，总结处理负担问题的历史经验教训，阐述中国社会各个历史阶段的农民负担演变过程及其发展变化的规律。

农民负担，诸如捐税、贡赋、摊派、劳役、地租、高利债息、工农产品交换不等价等，都是一定历史条件下一定分配关系的产物。农民，作为社会成员，作为社会的生产者或经营者，要完全摆脱这些负担，是不可能的，也是不符合历史唯物主义观点的。但是，国家对这些负担的处理必须适当，政策要公道，制度要得法，负担要适度；否则，不论在任何社会制度下，都会影响农业生产力的发展，甚至成为爆发社会、政治危机的导火线。

我国是个历史悠久的农业大国，从古至今，处理农民负担问题的正反两方面的经验是比较丰富的。在漫长的旧中国，各种形式的农民负担都是地主、官僚、军阀、资本所有者直接或间接地吮吸农民血汗的罪证，其剥削性是无疑义的。但是，从社会理财的观点考虑，从改革的角度观察，从赋役制度本身看，有许多东西却给后人留下了一份可供借鉴的历史资料。在新中国，从新民主主义革命到社会主义初级阶段，在处理农民负担的问题上，积累的正面经验是主导的。人民政府不仅发动群众，有步骤地消灭了剥削制度，废除了旧社会的苛捐杂税和劳役制度，而且根据中国共产党在各个历史时期提出的总方针、总任务和农村经济发展情况，制定了与之相适应的经济政策和负担政策，建立了一套新型的农村税收制度，当然，在某些问题上也有失误。所有这些经验，不论是古代的、近代的或现代的，也不论是正面的或反面的，都是我国宝贵的文化遗产和社会精神财富。古语说：“殷鉴不远，在夏后之世”；“前车覆，后车戒”；“前事不忘，后事之师”。我们在实际工作中，必须高度重视历史经验的研究。

马克思在《〈政治经济学批判〉导言》中指出政治经济学的研究方法有两条道路：“在第一条道路上，完整的表象蒸发为抽象的规定；在第二条道路上，抽象的规定在思维行程中导致具体的再现。”① 我们认为，这同样是历史学研究方法的两条道路。我国历史学者在第一条道路上已经走出很远，他们按照原始社会、奴隶社会、封建社会、半殖民地半封建社会、新民主主义社会和社会主义社会的历史发展阶段写成了好几部古代史、近代史和现代史；尽管在历史分期方面依然“聚讼纷纭”，就是在许多重大历史事件方面也是“莫衷一是”，但他们的成就是无可怀疑的。相形之下，专史的研究还是一个比较薄弱的环节。但是，我们相信，有相当多的同志正在冲上第二条道路，在不久的将来，一定会取得丰硕的成就。就我们而言，编纂《中国农民负担史》这套专史是一项开拓性的工作，困难是不少的。但是，我们觉得财政部编纂这套专史是义不容辞、责无旁贷的。

编写这套专史，必须坚持历史唯物主义的观点，坚持实事求是的态度。同时，必须对农民怀有深厚的阶级感情，也就是心目中要有农民。在旧中国，各种负担的实质是剥削。我们写旧中国的农民负担，要批判地叙述，反映农民的悲惨处境；但也不能一概否定，对历史上带有民主性、进步性、改革性的东西，像轻徭薄赋、抑制豪强、休养生息、改革赋役制度等有利于发展经济的政策措施也要加以肯

① 《马克思恩格斯选集》第二卷，第103页。

定。正如毛泽东讲的，中国现时的新政治新经济是从古代的旧政治旧经济发展而来的。因此，我们必须尊重自己的历史，决不能割断历史，要给历史以一定的科学地位。但是，绝不能无批判地兼收并蓄，要把古代统治阶级的一切腐朽的东西和多少带有民主性、进步性的东西区别开来。对于今天有益的东西，要有批判地继承，做到古为今用。写新中国的农民负担则有所不同。新中国各种负担的实质是农民对中国革命、对"四化"建设的伟大贡献，我们应当热情歌颂，大书特书农民对国家对社会的贡献。同时，对于处理农民负担问题出现的缺点和错误，也必须实事求是揭露，不避讳，不掩过。总之，要用可靠的史料，据实直言，为世人为后代留下一套科学的信史。

"中国一切政党的政策及其实践在中国人民中所表现的作用的好坏、大小，归根到底，看它对于中国人民的生产力的发展是否有帮助及其帮助之大小，看它是束缚生产力的，还是解放生产力的。"① 因此，本书围绕农民负担这一主题，对农业生产发展状况及当时影响、制约农业生产力的主要因素，包括政治、军事、土地制度等方面的因素，也择要作了一些分析。这不是多余的笔墨。因为孤立地去分析农民负担问题，政策的社会效应就反映不出来，总结经验教训的目的也难以达到。

本书共分四卷编写：第一卷写中国封建社会的赋役制度与农民负担；第二卷写中国半殖民地半封建社会的赋役制度与农民负担；第三卷写中国新民主主义革命时期革命根据地的农民负担；第四卷写过渡时期和社会主义初级阶段的农村经济与农民负担。（本书最初编写了四卷，2006 年又增编了第五卷，写中国全面改革开放和建设社会主义市场经济体制时期的农民负担。本次五卷内容一并出版。编者注）

---

① 毛泽东：《论联合政府》（1945 年 4 月 24 日），载《毛泽东选集》第三卷，人民出版社 1966 年版，第 1028 页。

社会主义中国的历史还在发展。我们总结的历史经验教训，只能当作往前行进的跳板，不是一成不变的。我们不要重复过去的错误，也不能为成功的经验所束缚。我们期望更多的实际工作者和专家学者，都来关心农民负担问题，把中国农民负担史的研究，推向新的境界。

这套专史是中华人民共和国财政部组织编写的。谨以此书献给中国八亿勤劳勇敢的农民，献给从事财政税收和农村工作的实际工作者、教学工作者、理论工作者，献给国内外关心或对中国农民负担问题感兴趣的朋友们。

《中国农民负担史》编辑委员会

1987 年 12 月

序*

江东平

《中国农民负担史》第一卷写的是中国封建社会的赋役制度和农民负担情况。即使从秦王朝算起，到鸦片战争前夕，中国封建社会也已经走过了两千多年漫长的历史路程。这在世界上是独一无二的。

马克思在《路易·波拿巴的雾月十八日》一书里指出："小块土地除了肩负资本加于它的抵押债务外，还肩负着赋税的重担。赋税是官僚、军队、教士和宫廷的生活源泉，一句话，它是行政权力整个机构的生活源泉。"① 马克思说的是资产阶级革命后法国的农民负担，所谓"小块土地"是指法国资产阶级革命后占农村人口最大多数的小自耕农。当时，法国小自耕农在债息（马克思说，法国农民每年支付抵押债务的利息等于英国每年公债利息的总额）和国家赋税的双重剥削下无法摆脱贫困的处境，以致有一千六百万人居住在洞穴中，变成了"原始人"。应该说，中国封建社会的农民，命运更加悲惨。两千多年来，在封建制度下，占全国人口最大多数的劳动农民，是政治上受压迫、经济上被剥削，实际上只有着不完全的人身自由的变相的奴隶。

---

* 这是财政部原副部长、顾问江东平同志 1985 年 8 月 20 日在本书第一卷书稿座谈会上发言的节录。

① 《马克思恩格斯选集》第一卷，697 页。

毛泽东说："不但地主、贵族和皇室依靠剥削农民的地租过活，而且地主阶级的国家又强迫农民缴纳贡税，并强迫农民从事无偿的劳役，去养活一大群的国家官吏和主要地是为了镇压农民之用的军队。"[①] 封建社会农民所受剥削是多种多样的，由于史料的限制，《中国农民负担史》第一卷主要写了赋役方面的负担。

我国封建社会农民赋役负担的规律是：每一个封建王朝的农民负担基本上都是直线上升的。农民负担的最低点总是在每一个封建王朝的前期，特别是开国时期；而其高峰点总是出现在它的后期。从我国封建社会历史的总过程来看，农民负担则是曲线上升的。这条农民负担曲线愈爬愈高，反映了农民的赋役负担一代比一代加重，农民负担总额像滚雪球一样愈滚愈大。农民负担达到高峰点的时候，接踵而至的便是大规模的农民起义。

农民负担的另一条规律是：历代的赋役负担都在不同地区之间存在畸轻畸重现象。形成负担不平衡现象是有多种原因的，应该特别指出的一点是：历代的封建统治者和主持国计的官员，大都不愿去作合理调整。大概从明代起，所谓"东南赋重而役轻，西北赋轻而役重"的情况，是尽人皆知的，但几百年间，除了苏、松和杭、嘉、湖曾经得到一点减轻（实际上亦未能解决问题）以外，其他地区基本上无人过问。

对历史事件和历史人物，必须根据当时的具体条件进行分析。对封建社会的赋役制度，也不能一概否定。比如，西汉前期采取轻徭薄赋政策，起到了休养生息的作用。以后许多封建王朝都吸取西汉前期的经验，同样在一定期间内收到了休养生息的效果。唐代的贞观、开元之治，明代的洪武、永乐、洪熙、宣德四朝和清代的康熙、雍正、乾隆三朝出现的社会安定、经济繁荣、国力强盛的局面，可以说都是

① 《毛泽东选集》四卷合订本，587 页。

轻徭薄赋政策的产物。又如，均田制创始于北魏冯太后之手，自北魏历经北齐、北周以至隋、唐，一直踵行。均田制并没有没收封建地主的土地，也没有废除土地私有制，实质上是把农民束缚在土地上，使广大农民成为封建国家的佃户。封建国家在均田制基础上向农民征收的便是赋税混合为一体的租、调（北魏至隋）或租、庸、调（唐前期）。尽管如此，无地的农民到底得到了土地——永业田归农民所有，口分田在相当长期间内享有使用权，免受封建地主的剥削。向国家交纳的租、调或租、庸、调亦不算重（贞观年间农民交纳的租、庸、调再加上作为义仓米的地税，约占其总收获量的8%），日子是比较好过的。口分田既禁止买卖，对抑制土地兼并有一定作用。唐代放宽了土地买卖的限制，再加以人口激增，导致了均田制的崩溃。但是，均田制及其相应的租调制和租庸调制应当算是封建时代较好的措施。

苛重的徭役对农业生产和农民生活危害更大。宋代的衙前重役曾使无数农民倾家荡产。王安石改差役为雇役的想法是对的，但改革失败了。有人说王安石的新法大都旨在聚敛。对王安石是不是我国古代一位杰出的理财家，大家有不同看法，这不妨各抒己见。

吏治的好坏，对赋役负担的轻重，关系极大。汉宣帝综核名实，超擢良吏，政治风气之好在两千多年的历史中确属罕见。宣帝统治期间是汉王朝的黄金时代。明代苏州知府况钟，在巡抚周忱的支持下，调整了田赋科则，使农民负担稍有减轻，这就赢得了苏州人民的爱戴，到处盖起了况公祠。清代雍正年间，尹继善为江南巡抚，整顿一下漕务，废除一些陋规，江南人民得到实惠凡四十余年（以后便不行了），每当征漕之日，便想起了“尹公”。很明显，在封建社会，农民负担常常不是重在正赋方面，而是重在地方政府的任意摊派以及官吏和胥役的浮收勒索。

封建赋役的剥削性是毫无疑义的。那么，是不是封建社会的赋役制度就一无足取呢？我国古代的户籍制度是相当完备的，明代洪武年间在实行对土地普丈的基础上编造了黄册和鱼鳞册，从业务角度来说（不是从这种制度的本质上来说）确实是相当完善的。业务属技术范畴，只要是好的技术在今天还是可以引用，最少也可以供工作上参考。

民族问题是一个很重要的问题。我国是一个多民族的国家，各民族之间错综复杂的斗争在封建社会是不可避免的。汉族的封建统治者压迫过各少数民族，汉族人民也受过少数民族统治者的压迫和奴役。汉族人民对黄帝、蒙古族人民对成吉思汗和满族人民对努尔哈赤的崇敬，同样是可以理解的，不应该伤害民族感情。特别重要的是，汉族和各民族人民在本民族内同样是受压迫受奴役的。过去民族间的仇恨是统治阶级造成的，对人民欠账的是汉族和各民族的统治者。但是，在这些统治者中，谁为国家为人民做了好事，也应该实事求是地同样给予公正的评价，不能有任何民族偏见。

目　录

导言

一

本卷所说农民负担，主要以中国封建社会农民的赋役负担作为范围，在年代上则断自秦、汉，迄于鸦片战争。

我国历史悠久，为什么本卷只从秦、汉开始写呢？原因是这样的：关于中国社会史的分期问题，直到今天，历史学界的各种不同看法尚未归于一致。学术领域的百家争鸣是一件好事，是科学蓬勃发展的前奏。但这不是我们编纂这套农民负担史料的主要课题，我们不可能也没有必要费太多的篇幅去卷入这场争论。至于秦代社会的封建性质则是已为多数人所公认的了。

上述只是原因之一，却不是最主要的原因。最主要的原因不在这里，而是在史料方面。

《史记》的作者司马迁说过：读书人许多都称道五帝（黄帝、颛顼、帝喾、唐尧、虞舜）的业绩，可是，时代太久远了；《尚书》仅记载帝尧以来的事，诸子百家所说关于黄帝的话不怎么靠得住（这一段期间的史实），前辈士大夫也难讲得清楚。[①] 他认为三代以前的各种传说不都是可信的。

---

① 《史记·五帝本纪》："学者多称五帝，尚矣！然《尚书》独载尧以来；而百家言黄帝，其文不雅驯，荐绅先生难言之。"绅，带；荐绅，把笏插在带上，指当官的。先生是汉人对老师或长辈的尊称。

比起传说中的五帝时代来，夏、商、周三代的历史文物资料算是相当丰富的。然而，也只能说周代的情况较容易看得清楚一点，商代就要差一些，夏代则更差得多。即使是被誉为博学多闻的孔子也不能不叹息地说：夏代的制度，我能讲出来，可是，到杞国去（周封夏王朝的后裔于杞）得不到核实；商代的制度，我能讲出来，可是，到宋国去（周封商王朝的后裔于宋）同样得不到核实；原因是，既缺乏历史文件，也缺乏懂得掌故的能人。①

出土文物愈来愈多，对研究上古历史很有裨助。然而，直到现在，出土的文物中，周以后的占多数，夏代的还很少；出土的商代文物中，盘庚迁都以后，即商代后期的占多数，商代前期的还很少。拿甲骨文字来说，自从1899年初次发现，百多年来共出土甲骨材料十五万片以上，中外学者研究甲骨文字的专著几已汗牛充栋，不少学者利用这些材料来研究商代社会，并已在某些方面取得很大成绩。但是，据研究现存甲骨文的不同字数超过五千个，其中已经释定的却不过数百，就是说，有四千多字尚未认识。

周代的历史资料和出土文物都较多。在典籍方面，有比较可靠的（如《尚书》《诗经》之类），有不能完全相信的（如《周礼》之类），总的来说，有关西周晚期和春秋、战国时期的比较多，有关西周早期的比较少。

这些资料，对编纂三代的赋役制度和农民负担史来说，是很不够用的。

正是主要基于这个原因，在目前情况下，我们只能从秦、汉写起。至于秦以前，有些问题（如贡、助、彻法等）必须说到的，打算在导言里简单地交代一下。

二

公元前221年（秦始皇26年）秦王嬴政尽灭六国，统一天下，创建

① 《论语》："夏礼，吾能言之；杞不足征也。殷礼，吾能言之，宋不足征也。文献不足故也。"这里所说"文献"，文指历史文件，献指"贤人"，即多闻博识的人；与今"文献"一词的含义不同。

了中国历史上第一个中央集权的封建专制主义国家。自此以后，经历了两汉、魏、晋、南北朝、隋、唐、五代、宋、元、明、清诸王朝，到1840年鸦片战争之前，我国社会一直是封建社会。两千多年来，在封建社会下，占人口最大多数的劳动农民不是国家的主人，而是政治上受压迫、经济上被剥削的实际上只有着不完全人身自由的变相奴隶。他们除了遭受封建地租、商业资本和高利贷资本的残酷榨取以外，还要背上沉重的赋役负担。这就是说，“不但地主、贵族和皇室依靠剥削农民的地租过活，而且地主阶级的国家又强迫农民缴纳贡税，并强迫农民从事无偿的劳役，去养活一大群的国家官吏和主要地是为了镇压农民之用的军队”。[①]

中国封建社会农民的赋役负担，主要由田赋、徭役和人头税组成。

田赋——按亩计征的土地税，只能出现于土地私有制确立以后。古代中国曾经在一段漫长的期间内，土地属于国王所有。《诗·小雅·北山》：“溥天之下，莫非王土，率土之滨，莫非王臣”[②] 说的正是这种情况。国王是最高的土地所有者，只有他才享有对土地的绝对支配权，而别人是没有这种权利的。《礼记·王制》说：“田里[③]不鬻”，说明那时候不允许土地的自由买卖。恩格斯说：“完全的、自由的土地所有权，不仅意味着毫无阻碍和毫无限制地占有土地的可能性，而且也意味着把它出让的可能性。”[④] 所以，土地不能自由买卖意味着完全的土地私有制尚未确立。在这种情况下，作为最高的土地所有者的国王向使用土地的臣民所榨取的，按其性质来说，只能是地租。而不管它是什么形态的地租——劳役地租、产品地租还是货币地租，绝不可能是土地税，这一点是十分明确的。马克思说：“如果不是私有土地的所有者，而像在亚洲那样，国家既作为土地所有者，同时又作为主权者而同直接生产者相对立，那么，地租和赋税就会合为一体，或者

① 《毛泽东选集》第二卷，人民出版社1991年版，624页。

② 诗意是：普天之下，没有一块不是属于国王所有的土地；从本土一直到海边，没有一个不是隶属于国王的臣民。

③ 据谷春帆考证，里乃是亩的前身，是最早的土地面积的丈量单位。因此，这句话中的里字不是里巷，实指田地而言。里字的里巷、里程之意可能都是后起的。见谷春帆著《中国古代经济史中几个问题的考释》一文，载于《北京大学学报》1980年第五期。

④ 恩格斯：《家庭、私有制和国家的起源》，《马克思恩格斯选集》第四卷，163页。

不如说，不会再有什么同这个地租形式不同的赋税。”①

土地的自由买卖（同时也意味着土地私有制的确立）究竟起自何时？不少人认为起自秦孝公时的商鞅变法。《汉书·食货志·上》记载：秦用商鞅之法，废除井田制度，准许人民买卖土地，引起了土地兼并的现象，以致富者田连阡陌，贫者无立锥之地。②《史记·商君列传》说：商鞅“为田开阡陌封疆而赋税平”。结合这两段资料，可以看清楚土地私有制和土地税之间的依存关系。但是，不能认为这就是我国土地自由买卖和土地税最早的历史记录。

周恭王时期（公元前921—公元前909年）的格伯簋，记载了用四匹良马交换卅田的事，铭文如下③：

隹（唯）正月初吉癸子（巳），王才（在）成周。格白（伯）叉良马乘于倗生，氒（厥）賓卅田，则析。格白还，殹妊彶（及）口氒从。格白厈（安）彶甸殷，氒纫（到）𠨘谷杜木、遚谷旅桑，涉东门。氒书史戠武立（涖）盟（矢）成璺。铸保（宝）毁（簋），用典格白田。其邁（万）年子子孙孙永保用。

铭文的大意是说：正月初吉癸巳日，王在洛阳。格伯把四匹好马卖给倗生，价值为卅田，两人析券成交。格伯从洛阳回去，他的家吏殹妊和另外的一个人随从。格伯巡视殷地的田（殷是小地名，即卅田的所在地），到了𠨘谷和遚谷的封界，一直到了田界的尽头——东门。格伯的书史戠武代表格伯同对方盟誓，并筑了鄰道。格伯铸了这个簋，用作保有这卅田所有权的纪录。

尽管这是贵族间的物物交换，但这笔交换是在周恭王的面前进行

① 《资本论》第三卷，891页。

② 原文是：“至秦则不然，用商鞅之法，改帝王之制，除井田，民得买卖，富者田连阡陌，贫者亡立锥之地。”这是《汉书·食货志》引用董仲舒的话。

③ 格伯簋铭文，见郭沫若编《两周金文辞大系》的图录。释文则兼采郭沫若和杨树达两家，而以杨说（见杨树达《积微居金文说》1959年科学出版社本）为主。附带说明数点如下：1. 初吉，周人分每月为四分，月之一日至八日名为“初吉”，详见王国维著《观堂集林·生霸死霸考》。2. 叉，容庚在《金文编》（149页）中释为从耳从又的“取”字，于铭文文义上不顺，仍以释“叉”解作“授”为当。3. “賓”字郭释作“租”，兹从杨说。4. “盟”字，郭释“盄”，解作垠限，兹从杨说，解作矢誓。5. “璺”，杨谓未详其义，郭谓“璺”即《说文》的鄙字，鄰道也，兹从郭解。鄰道是两邑之间的界道。

的，是得到周恭王认可的，如果我们说这是土地自由买卖的萌芽，不是没有根据的。

从物物交换方式的土地买卖发展为一般的土地买卖，从贵族间的土地买卖发展到民间的土地买卖，这是一个正常的过程。问题仅仅是这个发展过程究竟经历了多长的时间。

周恭王在位凡 12 年，其年代距成王初元达 142 年，距所谓“成康之治”的西周极盛时期亦达 80 年。恭王之后，相继为懿王（在位 25 年）、孝王（15 年）、夷王（12 年）、厉王（16 年）、共和（14 年）、宣王（46 年）和幽王（11 年）。所以，周恭王所处年代适当西周中期。在西周末期，土地自由买卖的流行，土地私有制的确立以及按亩计征的土地税的出现，应该说，不是没有可能的，但这只是一种推测。

史书上关于土地税最早的记载是《春秋》所说的鲁宣公十五年（公元前 594 年）的“初税亩”。史传上凡说“初”或“始”，都是用来表明某事物的起源的。不过，《春秋》是鲁国的史书，“初税亩”的“初”只表明鲁国在这一年开始实行税亩这种制度，并没有概括所有诸侯国在内。《国语・齐语》载管仲对齐桓公说：按照田地的好坏用差别的税率（或税额）来征税，人民便安心务农而不会外流。[①] 管仲的政策极有可能已在齐国实行，这种划分田地等级采取差别税率的土地税制度，对当时齐国农业的发展当然也会起到积极的作用，在时间上要比鲁国的“税亩”早几十年。

按亩计征的土地税在战国时代的继续推行是历史的必然。史书记载：李悝为魏文侯实行了一系列发展农业生产的措施，包括实行十分取一的土地税；[②] 秦简公七年初租禾；[③] 赵国的名将赵奢曾在田部当过

---

① 原文是“相地而衰征则民不移”。相，《说文・目部》：省视也。衰，音 cuī，《王篇》：等衰也；等衰，相当于“有差”。差，《广雅》：“次也”，即次第、等级之意。

② 《汉书・食货志・上》：“李悝为魏文侯作尽地力之教，以为地方百里，提封九万顷，除山泽邑居三分去一，为田六百万亩，治田勤谨则亩益三升，不勤则损亦如之。地方百里之增减，辄为粟百八十万石矣。又曰：糴甚贵伤民，甚贱伤农；民伤则离散，农伤则国贫。故甚贵与甚贱，其伤一也。善为国者，使民毋伤而农益劝。今一夫挟五口，治田百亩，岁收亩一石半，为粟百五十石，除十一之税十五石，（下略）”。

③ 《史记》六国年表。

官，主管租税征收工作，因为平原君家不交纳租税，杀了平原君的家吏九人。[①] 很明显，这些诸侯国所实行的都是按亩征收的土地税，也就是后世所说的田赋。

对古书上常见的“租”“税”“赋”这三个词的概念，我们认为有必要在这里和读者们一起共同研究一下。

先说“租”字。《说文·禾部》：“租，田赋也。”这是说，所谓租就是按田地征收的赋税，也就是按亩征收的土地税。许慎是后汉人，秦、汉一直称这种土地税为田租。又，秦、汉已开征人头税，称为口钱和算赋。“赋”字的用法和“税”字一样，不同于先秦的专指军赋而言。所以，许慎作了这样的训释。《说文长笺》[②] 说：“且，古祖字；田赋用以给宗庙，故从且。”这种说法是错误的。从文字学的角度来说，“租”是后出的形声字，“禾”是意符，“且”是声符，只能说“从禾，且声”；不能说从且。“且，古祖字”，这倒说得对，但古文的租字也借用且字，例如《鬲从鼎》中“我弗具付鬲从其且射”[③] 一语的“且”就是租字，“射”就是谢字。田赋是封建王朝的主要财政收入，国家经费的供应大部取给于此；所谓“田赋用以给宗庙，故从且”的解法更不恰当。租字在古代既指地租，也指土地税，而从秦、汉以后的土地税称为田租这一点，我们还可以看到从土地王有制过渡到土地私有制的痕迹。

再说“税”字。《说文·禾部》：“税，租也。”既然税即租，而租是田赋，那么，税当然也就是田赋了。鲁之“税”亩，秦之“租”禾，其义一也。汉人用“税”字有时也相当于地租。例如《汉书·食货志上》引董仲舒：“或耕豪民之田，见税什五。”这句话里的“税”字指的正是地租。意思是说：有的农民租种大地主的田，被榨取了占收获量的50%的地租[④]。

---

① 《史记》卷81，《廉颇·蔺相如列传》。

② 明万历末年赵宧光所作《说文长笺》不少贻误后学之处；顾亭林曾举其尤刺谬者十余条，见《日知录》卷21。

③ 《两周金文辞大系·释文》，127页。

④ “见税什五”的“见”字，应作“被”解；冉昭德、陈直主编的《汉书选》（中华书局1979年版）58页。注六：“见，即现”，似未当。

租和税，特别是税，也常常指其他方面的征课，这里就不再详论了。

最后要说到“赋”字。

《说文·贝部》:“赋，敛也。”徐锴曰:“赋者，分也；分取之分也。”①

《尔雅·释言》:“赋，量也。”郭璞注:“赋税所以评量。”

《方言》:“平均，赋也。燕之北鄙、齐之北郊凡相赋敛，谓之平均。”

上揭数条，只是说明这种制度所以得名的来由，却都没有触及这种制度的具体内容。

从实质上来说，先秦所谓赋是指军赋，是一种军事征发制度。《汉书·刑法志》说：殷，周既定天下,“立司马②之官，设六军③之众，因井田而制军赋。地方④一里为井，井十为通，通十为成，成方十里；成十为终，终十为同，同方百里；同十为封，封十为畿，畿方千里。有税⑤有赋。税以足食，赋以足兵。故四井为邑，四邑为丘，丘，十六井也，有戎马⑥一匹，牛三头。四丘为甸，甸，六十四井也，有戎马四匹，兵车一乘⑦，牛十二头，甲士三人，卒七十二人，干戈备具，是为乘马之法。一同百里，提封⑧万井，除山川沈斥⑨，城池邑居，园囿术⑩路，三千六百井，定出赋六千四百井，戎马四百匹，兵车

---

① 徐锴注中的三个“分”字：中间的一个音 fēn，分开的分；前后两个均音 fèn，分额的分（份）。

② 司马是掌管军政之官。

③ 天子立六军，每军 12 500 人。按：《毛诗》常见的用语为“六师”。

④ 地方一里，土地方圆一里，即一平方里。

⑤ 税，颜师古曰：“田租也。”

⑥ 戎马，军马。

⑦ 乘，音 shēng，用四匹马拉的一辆兵车称为一乘（四匹马亦称为乘）。

⑧ 提封：即堤封。《广雅》：“堤封，都凡也”，即总计之意。

⑨ 山川沈斥，颜师古曰：“川，谓水之通流者也。沈，谓居深水之下也。”按：沈即涝地，沼泽地；斥谓盐碱地。

⑩ 術，大道。

百乘，此卿大夫采地①之大者也，是谓百乘之家。一封三百一十六里，提封十万井，定出赋六万四千井，戎马四千匹，兵车千乘，此诸侯之大者也，是谓千乘之国。天子畿方千里，提封百万井，定出赋六十四万井，戎马四万匹，兵车万乘，故称万乘之主”。

《汉书·刑法志》的这段纪述，是以所谓《司马法》为根据的，基本上可以看出周代军赋制度的概略（商代不可能是这样），汉儒所说，大体与此相同。总的说来，周代军赋制度的要点是：

军事征发以甸为单位摊派，每甸出军马4匹（驾兵车用），牛12头（运输用），披甲的战士3人（在车上）和步兵72人以及相应的武器。

应当特别注意的是“有税有赋。税以足食，赋以足兵”这几句话。这里所说的税就是田租，同时，这几句话已经明显地划分了田租和军赋的界限。

《左传·鲁成公元年·经》：“春三月，作丘甲。”杜预注云：“《周礼》：九夫为井，四井为邑，四邑为丘。丘，十六井，出戎马一匹，牛三头。四丘为甸；甸，六十四井，出长毂（即兵车）一乘，戎马四匹，牛十二头，甲士三人，步卒七十二人。此，甸所赋，今鲁使丘出之。讥重敛，故书”。杜预的这一段注解，说得很明白，概括起来不外一句话：所谓作丘甲，就是原来应向一甸征发的军赋，现在改由一丘来承担。这样一来，军赋的负担便相当于原来的四倍了。

《左传·鲁哀公十二年·经》：“春，用田赋。”前一年，《左传·鲁哀公十二年·传》说：鲁国的执政季孙氏想按田摊派军赋，派冉有（孔子的学生）去征求孔子的意见。孔子说：“我不懂。”冉有问了三遍不见回答，就说：“先生是国家的元老，这件事要等待您的意见来决定，您为什么老是不肯表示态度呢?”孔子还是缄口不言。当时除了冉有之外，可能还有别人在场。后来孔子背地里对冉有说：“在上位的处理政事，一定要合乎制度，给人民的要从厚，办事力求适中，赋敛则要从薄。这样，按照过去的丘甲办法也就足够了。如果不守法制，贪冒无厌，那么，尽管实行按田摊派，将来也还会感到不够的。季孙子如果想

① 采地，颜师古曰：“采，官也；《尔雅》曰：采，寮，官也；因官食地，故曰采地。”按：“食地”，谓享有封地内的租税收入；采地即受封之地。

依法办事，那有周公已制定的法令可以遵循；如果办事苟且的话，又何必征求我的意见呢！”孔子的这个意见季孙子没有采纳。①

以上说的都是军赋。《左传》一书里所提到的赋字。除了“赋诗”的赋以外，基本上都指军赋。当然，这也不是绝对的，也有例外。例如《左传·鲁哀公十一年·传》追叙陈大夫辕颇出奔郑的事，便说过：“初，辕颇为司徒，赋封田（杜预注：封内之田，悉赋税之），以嫁公女。有余，以为己大器（杜预注：大器，钟鼎之属）；国人逐之，故出（奔）。”这里所说“赋封田”便可能是进行一次主要是现金形式的临时摊派。但这样的例外毕竟是个别的。

《论语·公冶长》：“子曰：由也，千乘之国，可使治其赋也。”这也是指军赋而言。孔子认为他的学生子路有能力管好一个诸侯大国（能出兵车千辆的大国）的军赋。

毫无疑义，军赋是农民负担的一种，并且在春秋、战国时代这种军赋负担是十分苛重的，是一天比一天更加苛重的。

不过，它和按亩计征的土地税是两回事，不应混淆起来。特别是把鲁哀公十二年的“用田赋”解为全面推行按亩计征的土地税，把它和后世所称的田赋等同起来，这是一种误解。

三

古今学者，不少人都肯定夏、商、周三代相继实行了所谓贡、助、彻三法，并且肯定贡、助、彻法就是后世所说的田赋制度。这种论点和根据，其源均出自孟子。

孟子说：夏王朝每夫授田 50 亩，采用贡法；商王朝每夫授田 70 亩，采用助法；周王朝每夫授田 100 亩，采用彻法。贡、助、彻，实际上都是十分取一。彻的取义是通，助的取义是借……《诗经》说：

---

① 原文是：“季孙欲以田赋，使冉有访于仲尼（即孔子）。仲尼曰：‘丘不识也。’三发，卒曰：‘子为国老，待子而行，若之何子之不言也？’仲尼不对。而私于冉有曰：‘君子之行也，度于礼，施取其厚，事举其中，敛从其薄。如是则以丘亦足矣！若不度于礼，而贪冒无厌，则虽以田赋，将又不足！且子季孙若欲行而法，则周公之典在；若欲苟而行，又何访焉？’弗听。”杜预关于“田赋”的解法和这里不同，他认为是“别其田及家财，各为一赋”，有点迂曲牵强，但可以备参考。至于有些认为“用田赋”是全部推行土地税的解法，则是完全错误的。

“雨我公田，遂及我私。”只有实行助法，才有所谓公田。由此看来，尽管在周代，也还是实行助法的。[①]

请让我们先谈夏后氏“五十而贡”这个问题。

“贡”是什么？贡就是献纳，献纳的不仅是财物，有时也包括人在内。贡的起源很早，在原始公社之间已经有纳贡的关系。在奴隶社会，小奴隶主对大奴隶主，大小奴隶主以及自由民对最大的奴隶主，即所谓天子或国王，都有纳贡的义务；在封建社会，封建领主对国王（天子），小领主对大领主以至农奴对领主，也都有纳贡的义务（当然，归根到底，负担这种义务的还是人民）。甚至在租佃制的封建社会，佃户除了交纳地租以外，每年还要向地主交纳什么田信鸡、鸭以及其他农产品等等，这固然可以算是一种额外地租，但毕竟还是“贡”的残余。唯独奴隶同“贡”是没有什么干连的。道理很简单，恩格斯在《共产主义原理》一文中说过：“每个奴隶是特定的主人的财产”，[②] 奴隶没有被当作人来看待。他没有向奴隶主纳贡的义务，是因为他根本就没有可以献纳的剩余产品，连他本身也是属于奴隶主的。奴隶主用不着向他榨取什么贡品。以上说的是经籍上所谓“任土作贡”的贡，这和夏后氏五十而贡的所谓贡法不是一回事，我们不过顺便带上几句罢了。

那么，所谓“夏后氏五十而贡”的贡法到底是怎么样的呢？孟子引述龙子的话说：关于土地的利用，没有比助法更好的，也没有比贡法更坏的。所谓贡法，是把好几年收成的一个中数（也许就是所谓正常年景的产量，近似于目前我国农业税制度的常年产量），作为每年交纳的一个定额。遇到丰年，粮食多得很，本来多取一些也不算暴敛，

① 见《孟子·滕文公上》，原文是：“夏后氏五十而贡，殷人七十而助，周人百亩而彻；其实皆什一也。彻者，彻也；助者，藉也。……诗云：‘雨我公田，遂及我私’，惟助强为有公田，由此观之，虽周亦助也。”孟子所引的诗是《毛诗·小雅·大田》，原文是“有渰萋萋，兴雨祈祈（宋以前的传本原为‘兴云祈祈’，宋祁认为云字重复，改作雨字，大家都认为改得合理），雨我公田，遂及我私。”渰，云起貌；萋萋，云行貌；祈祈，雨下貌。诗意是：黑云在天空移动，雨点儿慢慢地下着，下到了公田里，接着又下到了私田里。又，有人认为孟子所说“彻者，彻也”，实际上等于没有解释，这种批评也不正确。孟子对彻法的解释使用“以通义释专名”的训诂方法。彻的通义为“通”，这是先秦以至秦汉间的人都懂得的，而周的彻法是一个专名，孟子是对彻法所以得名作了解释的。

② 《马克思恩格斯选集》第一卷，213 页。

却因为限于定额而少取了；遇到荒年，把田地上的谷穗扫得一干二净也凑不足数，却一定要照额交足。[①] 所以，这个贡法是不妥当的。

龙子之名不见其他经传，也许是孟子的一位前辈，但他的这段议论有许多要商榷的地方。孟子所说的“夏后氏五十而贡”，不见于其他经传，是否信口开河，也值得怀疑。然而，这些我们现在都不去管它。假定这种说法是有根据的，那么，首先我们要问，一夫授田 50 亩到底是把田地分给谁呢？夏王朝是奴隶制国家，这是史学界已经一致（起码也可以说基本上一致）公认的。把田地直接分给奴隶吗？这是不会有的事。那么，我们只能有如下的两种猜测：或者是按照奴隶主拥有的奴隶数量把土地分给奴隶主，然后由奴隶主每年按照定额交纳给国家以谷物；或者是国家同时把相应的土地和奴隶一起分给奴隶主，然后由奴隶主每年按照定额交纳给国家以谷物。不管怎么样，奴隶主交纳给国家的，按其性质来说，都不过是一种产品地租。

难道不会是分给自由民吗？也有可能。但是，奴隶社会的基础是奴隶主经济，而不是自由民经济。

更重要的是产品地租问题。从各国经济史来考察，我们发现，首先出现的总是劳役地租，然后是产品地租，最后又演变为货币地租；地租诸形态的这个规律性的发展过程是由各个历史阶段的生产力水平决定的。马克思说：“产品地租的前提是直接生产者已有较高的文明状态，从而他的劳动以及整个社会已处于较高的发展阶段。产品地租和前一形式（按：即指劳役地租形式）的区别在于，剩余劳动已不再在它的自然形态上，从而也不再在地主或地主代表的直接监督和强制下进行。驱使直接生产者的，已经是各种关系的力量，而不是直接的强制，是法律的规定，而不是鞭子，他已经是自己负责来进行这种剩余劳动了。”[②] 同商代比较，夏代的奴隶社会还处在初期的状态，夏代的生产发展水平要比商代低得多；商代的助法按许多人的看法实质是

① 见《孟子·滕文公上》，原文是：“龙子曰：治地莫善于助，莫不善于贡。贡者，校数岁之中以为常。乐岁粒米狼戾，多取之而不为虐，则寡取之；凶年粪其田不足，则必取盈焉。”

② 中共中央马恩列斯著作编译局译：《资本论》，人民出版社 1975 年版（下同），第三卷，895 页。

劳役地租（这种看法对不对，下文还待讨论），而夏代却已向前跳跃了一大步，出现了产品地租，这是完全违反历史发展规律的。因此，所谓“夏后氏五十而贡”的说法是不可思议的，完全不能相信的。

现在我们再谈所谓“殷人七十而助”这个问题。关于助法，大家都根据孟子所说的“助者，藉也”这句话认定是借助民力来耕公田，这一点几乎是众口一词的了。

孟子所说的“殷人七十而助”，也不见其他经传（指孟子以前或同时的），连他的祖师孔子也没有提及这样的话。

从已出土的殷代卜辞中，我们也找不到“殷人七十而助”的史料。但是，有关农业生产的倒不少，兹摘录数条如下（关于卜年、祈年的，没有摘录的必要）：

1. 乙巳卜彀贞，王大令众人曰：劦田，其受年。①

2. 己亥卜贞，王往萑耤，祉往。②

3. 庚子卜贞，王其萑耤，叀往，十二月。③

4. 丙子卜，乎（呼）耤，受年。④

5. 戊寅卜穷贞，王往氐众，黍于囧。⑤

6. 贞，叀小臣令众黍，一月。⑥

劦是協的初文，许慎在《说文》里根据小篆的字形解作“从三力”是错误的；这个字在甲骨文和金文都从三耒（或加上口），三表示众数，耒是主要农具；“劦田”一般解为共耕，是对的。萑字或释作觀，或释作穫；我们采用前一种释文。耤字是藉字的初文。这个字甲骨文作𦓤，“从一人双手持耒，一足立地面，一足踏地端之小木板，使增加深入土中之力”，⑦ 有人认为是耕字的古文，很有道理。这个字

---

① 《殷契粹编》，868。卜彀是卜史的名字，第五例的卜穷也是卜史的名字。贞，占。

② 《殷墟文字甲编》，3420。祉，同止。

③ 《殷墟书契后编》，下，二八、一六。

④ 《殷墟书契前编》，七、一五、三。

⑤ 《殷墟书契前编》五、二〇、二。氐，至；在这里是征发的意思，“氐众”即“使奴隶们至”；囧，地名，黍，作动词用，种黍的意思。

⑥ 《殷墟书契前编》，四、三〇、二。叀，即惠字，发语词，与“唯”同。

⑦ 董作宾：《释驭嫠》，载《安阳发掘报告》第四期。

在金文中才加“昔”作声符，变为“耤”字。许慎解“耤”字说：“帝耤千亩也，古者使民如借，故谓之耤。”“王观耤”是说殷王亲自视察奴隶们进行农耕的情况；这当然不是去看热闹，而是去实行监督；也不会殷王独个儿去，而是带领一大批监工和打手去的。上举第四例的“呼耤”就是命令奴隶们去干农活，意思很明显。臣字，甲骨文及金文均作竖目形，有张目四望之意。[①] 汪宁生印证新中国成立前西双版纳傣族的“督耕制”中从眼睛得名的“达陇”，认为臣也是和“达陇”相似的监工和奴隶头目。[②] 这种解释，深得臣字形义的真谛。所以，上揭第六例的“小臣令众黍”的意思就是“监工命令奴隶们种黍”。

从上面所举数例，我们能够体会到的，只是奴隶们在殷王和监工的监督下被强迫从事农业生产的情景。

奴隶制的劳动纪律是用鞭子来维持的。奴隶主必须依靠监工和鞭子是因为他时刻在担心着奴隶会逃跑，会怠工，会虐待牲畜，会破坏工具。马克思特别提到后两种情况说：“按照古人的恰当的说法，劳动者在这里（按：指奴隶制）只是会说话的工具，牲畜是会发声的工具，无生命的劳动工具是无声的工具，它们之间的区别只在于此。但劳动者本人却要让牲畜和劳动工具感觉到，他和它们不一样，他是人。他虐待它们，任性地毁坏它们，以表示自己与它们有所不同。因此，这种生产方式的经济原则，就是只使用最粗糙、最笨重、因而很难损坏的劳动工具。正因如此，直到南北战争爆发之前，墨西哥湾沿岸各蓄奴州一直使用旧的中国式的犁。这种犁像猪和鼹鼠那样掘地，但不能把地犁出沟来，不能把土翻过来。”[③]

在上举例证中，我们既看不到所谓周代藉田之礼，更找不出“殷人七十而助”的所谓“助法”的痕迹。“助者，藉也”的说法本来就站不住，而“借民力以耕”的话，说穿了不过是“上流贵族”所使用的礼貌性（应该说是欺骗性）的语言，实际是用监工和鞭子去强迫奴

① 郭沫若在《甲骨文研究》一书中，一方面确认臣是竖目形，另一方面又迁就许慎所说的“象屈服之形”，解释为“人首俯则目竖，所以象屈服之形”。

② 汪宁生：《释臣》，载《考古》1979年第三期。

③ 《资本论》第一卷，222页，原注（17）。

隶干农活。这就是商代奴隶主经济的内容。既然奴隶不过是奴隶主的财产，不过是一种会说话的工具，既然奴隶没有独立的经济，那么，在奴隶主和奴隶之间，根本不存在什么赋税和地租的关系，这难道还不够明白吗？

至于作为最高的土地所有者的殷王和占有封地的大小奴隶主贵族之间，是存着贡赋或者地租的关系的。但这同可以称为劳役地租形态的所谓“助法”，丝毫也不相干。

总而言之，“殷人七十而助”的话是靠不住的，根据这句话而把所谓助法等同于后世所说的田赋，或者看作劳役地租，都是不恰当的。

现在该说到“周人百亩而彻”这个问题了，那就先从“彻”字说起吧。彻字通常作“通”解，孟子在解释彻法时说“彻者，彻也”。前一个彻字指周代的彻法，是“专名”，后一个彻字是人们一般都了解的常用的含义，是“通义”，这是用通义释专名的方法。《诗经》上用了一些“彻”字都和田地有关，例如：

《诗·大雅·公刘》：“彻田为粮”；

《诗·大雅·崧高》：“王命召伯，彻申伯土田”；

《诗·大雅·江汉》：“王命召虎，式辟四方，彻我疆土”。

既然彻作通解，那么，彻田便是通田，彻土田便是通土田，彻疆土便是通疆土了，对这些应当怎样理解呢？这又得从田字说起。

田字，甲骨文作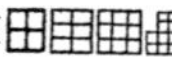诸体，都状田地上甽亩纵横交错之形。甽是亩间的小沟，可以灌溉，但主要作用是排水洗碱。周代是有一套水利系统的。《考工记》：“匠人为沟洫，耜广五寸，二耜为耦。一耦之伐，广尺深尺谓之甽。田首倍之。广二尺深二尺谓之遂。九夫为井，井间广四尺深四尺谓之沟。方十里为成，成间广八尺深八尺谓之洫。方百里为同，同间广二寻深二寻（寻，八尺）谓之浍。专达于川。”总的来说，就是小沟通大沟，最后会通入河。夏玮瑛说：“考工记的这一排水系统从甽开始，而《任地篇》要以甽浴土，[①] 就可知排水又是为了洗土。为什么要排水洗土？当然是因为土中含有过量盐碱质的

① 《吕氏春秋·任地篇》：“子能使吾士靖而甽浴士乎？”高诱注：“士当作土。”浴土，洗土。靖，洁净。

缘故。亩间有甽，雨水从亩里溶解了一些盐碱质，渗流而入甽中，再通过较大的沟洫流入川中，就达到了排水洗土的目的。每条六尺宽、六百尺长的亩，和另一条亩之间各有一条广尺深尺的甽，起着排水和洗土的作用……这一优良办法，起自何时，有待考证。但它和井田有关，就知它的起源是很早了。”① 这一段话，解释得很清楚。可知“彻田”“彻土田”和“彻疆土”都是说在田地上修通沟洫；沟洫不通就不能排水洗土，就不能进行农业生产。

孟子所说“周人百亩而彻”的彻法是建立在井田制度的基础之上的。西周实行过井田制度，现在已经很少有人怀疑了。问题在于井田制度的实质，它代表什么样的生产关系，这方面还有争论。

孟子对西周井田制度的追述，只是大概的情况。他说：“方里而井，井九百亩，其中为公田；八家皆私百亩，同养公田，公事毕然后敢治私事。”② 孟子的时候，井田制度已经瓦解了，但时间不会很远，例如商鞅的废井田，开阡陌，是在秦孝公十二年，即公元前350年，所以，孟子的追述尽管是得诸传闻，按理还是比较可靠的。照孟子的说法，所谓井田制度就是：把每平方公里的土地划分为井字形的九大块，每一大块都是100亩，中间的一大块是公田；其余八大块分给八家，让每家各占有100亩，这些都叫私田；公田的耕作由八家共同服役，并且必须先把公田的农活干好了然后才能各自干私田的农活。孟子所说的“彻者，彻也”，意思是说所谓彻法是由八家通力为公田服役。正因为这样，所以他再补充一句：“虽周亦助也”。实际上，商代不可能实行过什么助法，而西周所实行的彻法却和孟子理想中的助法正相符合。

那么，井田制度下的八家究竟是什么身份的农业劳动者呢？很明显，他们已不是奴隶，因为每家都占有面积为100亩的份地，已经有了自己的独立经济。公田和私田的同时存在，意味着有两种经济的同时存在。

《诗经》里面有些资料足以证明西周时代的农业劳动者是有自己

① 夏玮瑛：《吕氏春秋上农等四篇校释》，农业出版社1979年版，125—126页。

② 《孟子·滕文公上》。

的独立经济的，例如：

《诗·周颂·臣工》："命我众人，庤乃钱镈，奄观铚艾。"[①] 这说明干活的农夫是有自己的生产工具的。

《诗·周颂·载芟》："或来瞻女，载筐及筥，其饟伊黍。"[②]

《诗·周颂·小毖》："有嗿其馌，思媚其妇。"[③] 这说明干活的农夫是由家里送饭的。

很明显，这些农夫都不会是奴隶，因为奴隶是没有自己的生产工具的，奴隶也不可能在田间吃到妻子从自己家里送来的饭食。

除了上引《诗·小雅·大田》的"雨我公田，遂及我私"以外，《诗·周颂·臣工》还说："率时农夫，播厥百谷。骏发尔私，终三十里；亦服尔耕，十千维耦。"诗意是：带领这些农夫们，播种各种谷物；你们可以努力垦种自己的份地，耕完三十里[④]就休息；也要有成千上万人到公田去，积极去干你们所应干的农活。"骏发尔私"指的是私田，"亦服尔耕"指的是公田，十分明晓，中间用了一个"亦"字，有意划清了界限。这也说明了西周时代公田和私田两种经济（也就是封建领主经济和农奴经济）的同时存在的情况。《诗经》里还有一些诗篇，如《周颂·载芟》《周颂·良耜》《小雅·大田》和《小雅·甫田》等，都描绘了农夫在公田里服役的场面（为了篇幅关系，这里不多引述）。这些资料足以证明孟子所说"八家皆私百亩，同养公田"的话是相当靠得住的。

农夫既要到公田服劳役，当然也会有负责监督农夫们劳役的监工，

---

① 众人，指农夫们。庤，音 zhì，准备。乃，古文用作第二人称或物主代词，这里作"你们的"解。钱、镈（音 bō）古代耘器，包括锄耨铲荡等器。铚，音 zhì，获禾穗刃也，即镰刀。艾，音 yì，薙器，今之钊（音 gōu，同钩）镰也。以上各种农具的解释，均据王祯：《农书》。诗意说：命令我的农夫们，都把钱、镈、铚、艾各种农具检查一下，准备好。

② 载，发语词，无义。女，同汝。筐、筥（音 lü），筐子、篮子之类。饟，同饷，送来的饭食。诗意说，有人看你来了，筐子里盛着黍米饭哩！

③ 有，思，都是发语词，无义。嗿，音 tǎn，大口大口地吃得津津有味。馌，音 yè，送来的饭食。诗意说，农夫大口大口地吃着送来的饭食，吃得津津有味，好让老婆高兴。

④ 时，同是，这些。周人所说"农夫"常指所谓农官，即田畯而言；亦即所谓啬夫。骏，大。尔，你们的（下尔字同）。三十里，谷春帆认为即三十亩；据他的推算，周代 1 亩 = 0.294 市亩。30 周亩应等于 8.82 市亩，古代的农业劳动是重体力劳动，耕了这些亩便休息是合乎情理的。"十千维耦"意思是一万人配成五千耦，但对古书上所说的数字，有的不要过于拘泥。

这种监工就是《诗·小雅·甫田》和《诗·豳风·七月》里所说的“田畯（音 jùn）至喜”一语中的田畯。畯字，甲骨文和金文都从田从，作，字像人跽坐田边监视田间情况之状。

这就是西周时代的井田制度和彻法的轮廓。彻法之名并不是孟子杜撰出来的。《论语·颜渊》记鲁哀公问孔子的学生有若：碰上了荒年，现在国用不足，怎么办？有若说：您何不实行彻法？鲁哀公说：十分取二，我还嫌不够用，怎能实行彻法呵！[①] 这足以证明西周的确实行过彻法。

《春秋》记载鲁宣公十五年初税亩一事，三传所做的解释是：

《公羊传》：为什么记初税亩？这是批评。批评什么？批评开始按亩征税。为什么要批评按亩征税？这是因为古代只是按照十分取一的比率用农民的劳力来为公田服役。[②]

《谷梁传》：古代不过按照十分取一的比率用农民的劳力给公田服役；初税亩，不是正常的制度。[③]

《左传》：初税亩是不符合制度的。古代农民的负担不过是给公田服劳役。[④]

三家所根据的都是西周时代的彻法，都认为初税亩是对彻法的破坏。三家所说的古制，和孟子所说的八家“同养公田”，在内容上是一致的。

这足以证明：第一，先秦人都承认西周时代实行过彻法；第二，所谓彻法，就是无偿地使用农民的劳动力给公田服役。

综合起来，孟子所说的“夏后氏五十而贡”和“殷人七十而助”都是虚构的，而所说的“周人百亩而彻”却基本上是真实的。

现在应该直截了当地表明我们的看法了。我们的看法是：

1. 井田是周王室的辖地和各封建领主的采邑，其中的私田是分给

---

① 原文是：“哀公问拎有若曰：‘年饥，用不足，如之何？’有若对曰：‘盍彻乎？’曰：‘二，吾犹不足：如之何其彻也？’”

② 原文是：“初税亩何以书？讥。何讥尔？讥始履亩而税也。何讥履亩而税？古者什一而籍。”

③ 原文是：“古者什一，藉而不税。初税亩，非正也。”

④ 原文是：“初税亩，非礼也。谷出不过籍，以丰财也。”

农夫的份地，公田则是周王和各封建领主的自留地；

2. 上面所说西周时代的农夫就是分得份地，有自己的独立经济而又必须为公田服役，为封建领主经济服役的农奴；

3. 因此，西周时代的井田制度实质上是早期封建社会的庄园制度（Manor System），而所谓彻法实质上是原始的劳役地租。

当然，农奴所受的剥削绝不止是劳役地租。他们还要给封建领主服其他的劳役，例如为封建领主修缮房舍（《七月》诗篇里所说的“尚入执宫功”）等；他们家中的妇女同样要服役，例如为封建领主缝制衣裘（《七月》诗篇里所说的“取彼狐狸，为公子裘”）等。他们对封建领主还有贡纳的义务，例如要从猎获物中把大猪献给封建领主，自己只能留下小猪（《七月》诗篇里的“言私其豵，献豜于公”）等等。所有这些情况，都和欧洲封建社会的庄园制度大体相同。

附带要说一说所谓“什一之税”这个问题。人们不免会怀疑，从孟子所介绍的内容，怎么能够算得出10%这个税率（正确地说，应该是剥削率）来？《韩诗外传》根据“中田有庐，疆场有瓜”的诗句，做出“家为公田十亩，余二十亩为庐舍，各得二亩半”[①]的解释。这样一来，以800亩私田承担80亩公田的劳役地租，剥削率正是10%。这种解释不能说毫无根据，终究还是主观上的臆断。我们不打算在这里详细研讨这个问题，我们认为对所谓什一之税的说法不要过于拘泥，过于拘泥的话，会钻进牛角尖，甚至可能会以讹传讹。

四

徭役很早就有，并且从来都不轻。汉儒信口开河，说什么“古者使民，不过三日”，完全不能置信。《诗经》里面就有不少表达人民对徭役不满情绪的诗篇，例如《诗·唐风·鸨羽》三章全是说：

王家的差役使我得不到半点闲暇，
压根儿种不上庄稼；
生活上有什么指靠啊——我那可怜的爹妈！

① 《韩诗外传》，卷四。

苍天啊苍天，哪里有我安乐的家？①

苛重的徭役，对农业生产和农民生活所起的破坏作用，更甚于苛重的赋税。以后各章我们要说的只是封建徭役。

我国古代的人头税，可能起源于秦、汉，最初是以军赋代金的形式出现的，以后成为封建王朝的一项经常性税收，但没有因此而停止军事上的征发和摊派。再后又曾变为徭役的代金，实际上并没有因此而废除徭役。

1840年鸦片战争以后，中国沦为半殖民地半封建社会，国民经济以至国家财政都起了显著的变化。但是，从清王朝末期经历北洋军阀统治时期以至国民党统治时期，人民的赋役负担日益加重，赋役制度的封建性质和形式一仍旧贯。

两千多年来这一方面的历史教训是丰富而深刻的。这些，读者们将会在本书中得到自己的体会。

① 三章的诗意基本相同，现节录第一章原文“肃肃鸨羽，集于苞栩。王事靡盬，不能艺稷黍。父母何怙！悠悠苍天，曷有其所！”

第一章

秦代的赋役制度与农民负担

第一节　统一的封建专制主义国家的建立

公元前221年（秦始皇二十六年），秦王嬴政尽灭六国，自称始皇帝，建立了第一个统一的、中央集权的封建专制主义王朝。这是我国古代历史上的一个里程碑，标志了一个划时代的转变。

由分裂归于统一，主要决定于经济发展的需要和人心的趋向，而后者又是前者的集中表现。长期的割据和混战严重地破坏了社会的物质生产力，妨碍了经济的发展。人民厌恶“争地以战，杀人盈野；争城以战，杀人盈城”的战争，人民要求有利于经济发展的和平和统一。离开了人民的要求和人民的力量，秦王嬴政便没有可能实现这个统一大业。由分裂归于统一是必然的，至于由什么人或者哪一个政治集团最终代表了人民的要求和依靠人民的力量去实现这个统一大业，相对地说，则是偶然的。归根到底，决定由分裂归于统一的是经济的必然性。

恩格斯在1894年1月25日写给符·博尔基乌斯的信里说：“恰巧

某个伟大人物在一定时间出现于某一国家，这当然纯粹是一种偶然现象。但是，如果我们把这个人除掉，那时就会需要有另外一个人来代替他，并且这个代替者是会出现的，——或好或坏，但是随着时间的推移总是会出现的。恰巧拿破仑这个科西嘉岛人做了被战争弄得精疲力竭的法兰西共和国所需要的军事独裁者，——这是个偶然现象。但是，假如不曾有拿破仑这个人，那么他的角色是会由另一个人来扮演的。”[①]

秦王嬴政这个人物在历史上的出现，就是这种由经济的必然性所决定的偶然现象。

然而，偶然现象的本身也存在着它之所以必然出现的因果关系。六国之所以先后覆灭，秦之所以能够并吞六国，原因在哪里？对整个历史过程进行具体的分析，不仅有必要，而且是富有教益的。

秦之所以能够并吞六国，论者多归功于商鞅的变法。商鞅变法的作用是应当肯定的，但原因却不是那么简单。清人鲁一同[②]在《秦论》里说：“秦之得志于天下也，我知之矣。……推原其故，天下诸侯皆好动而秦人能静。动而不已则疲，静而不用则全。天下皆疲而秦独全，故秦一动而不可止。方晋、楚之盛，出其独力足以制秦之死命，故以穆、康之强不能踰焦、瑕[③]而有尺寸之土者，东诸侯未疲，秦力未全也。二百年来，冠带之国，无岁不会，无日不争；[④] 小国困诛求，大国倦攘伐；小国困而灭，大国倦而分；八姓十二国之侯王展转蹂躏，卒至拎不可用；……而不足当秦之一怒。……由是论之，秦之强不强于惠、孝之耕战而强于哀、景[⑤]之息民。”这是一种比较深刻的看法。春秋时代，秦穆公也曾野心勃勃地企图与晋、楚诸国争霸，向中原地

① 《马克思恩格斯选集》第四卷，506—507页。

② 鲁一同，字通甫，江苏山阳人，道光十五年举人，著有《通甫类稿》四卷，《续编》二卷。

③ 穆，秦穆公；康，秦康公。焦、瑕，晋国河外五城之二邑。

④ 冠带之国，指关东华夏各国及已受华夏文化影响的吴、楚等国；秦在当时被当作夷狄。会，会盟。

⑤ 惠，惠文王，孝公之子；孝，秦孝公，孝公任用商鞅变法。哀，秦哀公，景公之子；景，秦景公。

区扩张。鲁僖公三十三年殽之战，秦师覆灭。秦人的东进企图受到遏制，改而向西发展，“益国十二，开地千里，遂霸西戎”。①

从秦景公即位到秦献公卒（孝公之父）凡215年，秦人基本上没有出关，没有参加关东各国的混战，从而大大收到了休息民力、培养元气的效果。这一期间，秦国国内经济已有一定程度的发展，对外贸易相当活跃。公元前320—前315年间，印度梅陀罗笈多王（Kjny Candragupta）在位时，其臣商那阎（Chanakya）著有《政论》一书，书中已载有“支那”（Cina）之名，并记载了纪元前第四世纪中国丝已贩运至印度。② 这说明，秦王嬴政统一中国之前，“丝绸之路”早就已经开通了。对外贸易的活跃，反映了国内经济的发展。在这个基础上，加上商鞅的变法，秦的国力突飞猛进是毫不奇怪的。与此相反，关东各国却无日不纠缠在战乱中，国家元气消耗殆尽，到后来无力抵御多年来养精蓄锐的秦人，无法摆脱被秦人蚕食鲸吞的命运，这是毫不奇怪的。从这里我们体会到这样的道理：元气不能伤，民心不可背，——这是十分宝贵的历史经验。

当然，六国之所以覆灭，秦人之所以获得胜利，具体的因素是不少的；我们现在不是写政治史，也不是写通史，没有必要再去作详细的分析。我们说过，由分裂归于统一是必然的；至于由什么人或哪一个政治集团最终代表了人民的要求和依靠人民的力量去实现统一大业，相对地说，则是偶然的，——这说的是必然中的偶然。现在，从上面的分析，我们又可以理解到六国的覆灭和秦的获得胜利也是必然的；——这说的是偶然中的必然。必然中的偶然和偶然中的必然概括了一切历史事变的辩证的因果关系。

秦始皇二十六年（公元前221年）统一天下后，从廷尉李斯议。废除分封制，分天下为36郡，郡置守、尉、监，③ 建立了第一个中央集权的封建专制主义国家。这是符合当时人民利益的一个果断的决策。

---

① 《史记》卷五，《秦本纪》。益，增加。

② 张星烺：《中西交通史料汇编》，中华书局1977年版，第一册，450页。

③ 《史记》卷六，《秦始皇本纪》。根据王国维的考证，秦在统一天下以后，添置了6郡，秦帝国的实有郡数应为42郡。请参看王国维《观堂集林》卷十二，《秦郡考》一文。

与此同时，还在全国范围内统一文字，统一度量衡和货币制度，这些都是有利于经济的发展，符合人民要求的进步措施。

然而，秦的赋役负担是苛重的。秦王朝是中国历史上最短命的一个封建王朝，它的寿命只有15年。秦王朝崩溃得这样快，最主要的原因就在于赋役负担的异常苛重。

第二节　秦代赋役制度

秦在襄公立国以前不过是僻处陇西的一个以畜牧业为主的小部族。犬戎与申侯伐周，杀周幽王于骊山下，襄公率兵救周，立下战功；周平王迁都洛阳，襄公复率兵护送，因此，平王封襄公为诸侯，赐之岐以西之地。秦于是在西周原有疆域上建立诸侯国。在草创时期，秦国没有什么新的设施，有些制度，例如井田制度，可能从西周沿袭下来没有改变。

秦简公七年（公元前479年），“初租禾”，开始仿效鲁国的“税亩”办法。秦孝公时，商鞅变法，对秦国的政治、经济制度进行了一系列的改革。孝公十二年（公元前350年），废除井田，准许土地自由买卖，确认土地私有。秦律规定，偷改田界的，判处“赎耐”[①]。这说明土地私有制度已得到法律上的保障。在这个基础上，秦国全面推行了按亩计征的土地税，即后世所称“田赋”，而在秦则仍然叫作“田租”。

秦地广人稀，国家拥有大量土地。对国有土地的利用，不外两种办法：

一是使用奴隶耕种。从1975年12月在湖北省云梦县睡虎地墓葬

① 原文如下：“盗徙封，赎耐。”见文物出版社1978年出版的《睡虎地秦墓竹简》，178页。封，田界。赎，赀赎，用钱赎罪。耐，本为耏字，刑罚的一种，即剃去须鬓。《汉书·高帝纪·下》注引应劭曰：“轻罪不至于髡，完其耏鬓，故曰耏。”赎耐，判处耐罪，但允许用钱赎罪。

群发掘出来的秦代竹简中，我们可以看到有关管理使用奴隶的一些规定。①

例如：下了及时的雨和谷物抽穗，主管官吏应立即书面报告受雨、抽穗的面积和已经开垦而没有耕种的面积；庄稼生长后下了雨，也要立即报告雨量多少和受益田地面积；如果发生旱灾、暴风雨、潦灾、蝗虫及其他害虫等自然灾害，伤害了庄稼，都要报告受灾面积；这类报告，近县的文书派走得快的人专程递送，远县的文书由驿站传送，一律要在八月底以前送达。②

又如，关于种子的使用数量规定，稻、麻每亩用二斗大半斗（大半斗为2/3斗），谷子和麦子每亩一斗，黍子和小豆每亩2/3斗，大豆每亩半斗。③

又如规定使用牛耕种的，如果牛减了膘，主管的要受鞭笞，每减膘一寸要受笞十鞭等④。

农业奴隶过着十分悲惨的生活。《仓律》中有一条规定："隶臣田者，以二月禀二石半石，到九月尽而止其半石。"⑤ 这是说，发给农业奴隶的口粮，每年从二月到九月只有两石半，其余月份只有两石。《盐铁论·散不足篇》说，"十五斗粟，当丁男半月之食"。《汜胜之书》说，丁男岁食36石，可知秦汉时成年人的口粮应为每月3石。而秦的农业奴隶每月只得2—2.5石，是经常吃不饱的，即使在农忙季节也是要挨饿的。秦律规定，有罪应赀赎以及欠官府债务的，应依照判决规定的日期加以讯问，如果无力交纳，即自规定日期起使其以劳役

① 云梦出土的秦简为研究秦史的珍贵文物，可惜这部分秦简所载秦律很不完备，有些问题不能从中得到解答。

② 原文如下："雨为澍及诱粟，辄以书言澍稼、诱粟及垦田暘无稼者顷数。稼已生后而雨，亦辄言雨少多，所利顷畮。旱及暴风雨、水潦、螽、蚰、群它物伤稼者，亦辄言其顷畮。近县令轻足行其书，远县令邮行之，尽八月□□之。"《睡虎地秦墓竹简》，24—25页。按本条属《田律》，是农业行政法规，适用的范围不限于国有土地。

③ 原文如下："种：稻、麻亩用二斗大半斗，禾、麦一斗，黍、荅（音dá，小豆）亩大半斗，菽亩半斗。"《睡虎地秦墓竹简》，43页。

④ 原文如下："其以牛田，牛减絜，笞主者寸十。"《睡虎地秦墓竹简》，30页。

⑤ 《睡虎地秦墓竹简》，49页。

抵偿债务，每劳作一天抵偿8钱；由官府供饭的，每天抵偿6钱。[①] 每天8钱，每月240钱，这是当时的一般最低工值。又，秦律还规定，拘系服城旦舂劳役，官府给予饭食应收代价的，每石收30钱。[②] 可见每石30钱，是秦时官定的粮价。依此计算，秦的农业奴隶由国家发给的工值，以口粮数按官定粮价折算，每月仅为60钱至75钱，仅相当于一般最低工值的25%—31.3%。

其二是用所谓授田方式租给农民耕种。云梦秦简中的《田律》有一条规定："入顷刍藁，以其受田之数，无豤（垦）不豤（垦），顷入刍三石，藁二石。"[③] 这是说，每顷田地应交纳的饲草和禾稈，按照所受田地的数量交纳，不论垦种与否，每顷都要交纳饲草三石、禾秆二石。云梦秦简所载秦律是不完备的，上揭条文没有提到租种国有土地的农民要交纳多少谷物，不能据以断定这些佃户没有向国家交纳谷物的义务。《汉书·食货志·上》引董仲舒的话，说秦自商鞅变法以后，土地兼并剧烈，"或耕豪民之田，见税什五"，[④] 这指的是一般农民向地主交纳的租额。租种国有土地的佃户向国家交纳的地租额大概也差不多。同书又说秦始皇时"收泰半之赋"，[⑤] 这个"赋"字可能统括田租、军赋而言，也有可能指租种国有土地的佃户所交纳的地租而言；因为光是土地税一项是不可能达到占土地产量的2/3这样的高度的。可见，租种国有土地的佃户所遭受的剥削，不会比农业奴隶轻多少。

秦时国有土地和私有土地并存，两者比例怎么样，无可稽考，但土地私有制度已占优势是"想当然"的。因此，按亩计征的田赋（土地税）在国家财政上便必然居于重要地位。云梦秦简的《法律问答》部分有一条说：部佐隐匿百姓的田，百姓不知道，应否论罪？部佐应以匿田论处，还是作为什么别的罪？已向百姓收取田赋而不上报，就

---

① 原文如下："有罪以赀赎及有责（债）于公，以其令日问之，其弗能入及赏（偿），以令日居之，日居八钱；公食者：日居六钱。"见《睡虎地秦墓竹简》，84页。

② 原文如下："繫城旦舂，公食当责者，石卅钱。"同上书88页。繫，拘留。《汉书·惠帝纪》引应劭注："城旦者，旦起行治城；舂者，妇人不豫外徭，但舂作米；皆四岁刑也。"

③ 《睡虎地秦墓竹简》，27—28页。

④ 《汉书》，中华书局版（下同），第四册，1137页。

⑤ 颜师古注："泰半，三分取其二。"《汉书》第四册，1126页。

是匿田；未收取田赋，不以匿田论处。[①] 从这个问答知道，秦律有匿田罪的规定。然而，这一规定并没有能够防止征收人员和地主的互相勾结，狼狈为奸。秦始皇三十一年（公元前216年）曾下令全国实行土地陈报，即所谓“使黔首自实田”，[②] 反映了当时课税面积的不真实。课税面积不真实，是历代田赋征收工作的通病。

秦时田赋的具体税率，史书缺乏记载，难以确知。《汉书·食货志上》引董仲舒的话，说：“古者税民不过什一，其求易共（同“供”）；使民不过三日，其力易足。民财内足以养老尽孝，外足以事上共（同“供”）税，下足以畜（养也）妻子极爱，故民说（同“悦”）以上。至秦则不然，用商鞅之法，改帝王之制，除井田，民得卖买，富者田连仟陌（同“阡陌”），贫者亡（同“无”）立锥之地。又颛（同“专”）川泽之利，管山林之饶，荒淫越制，踰侈以相高；邑有人君之尊，里有公侯之富，小民安得不困？又加月为更卒，已复为正一岁，屯戍一岁，力役三十倍于古；田租、口赋、盐铁之利，二十倍于古。或耕豪民之田，见税什五。故贫民常衣牛马之衣，而食犬彘之食。”[③] 所谓古者税民不过什一，当指周代的彻法而言；所谓使民不过三日，是不能相信的。但是，秦自商鞅变法之后，土地兼并得剧烈，地主同农民之间阶级矛盾的激化，则是无可怀疑的事实；尽管三十倍和二十倍于古的说法不够科学，而田赋和徭役负担的加重是无可怀疑的事实。不过，说来说去，秦时田赋的税率还是一个未知数，根据“多闻阙疑”的原则，只好存疑。

《史记·秦本纪》记孝公十四年（公元前348年）“初为赋”；《集解》引徐广曰：“制贡赋之法也”；《索隐》引谯周云：“初为军赋也”。徐广所说不够明确，谯周所说亦有疑问。因为秦王朝统一中国之前，打了多年的仗，不可能迟至孝公十四年才开始建立军赋制度；而且，孝公用商鞅变法，废除了井田，也不可能再去建立那种以井田为基础

---

① 《睡虎地秦墓竹简》，218页。原文如下：“部佐匿者（诸）民田，者（诸）民弗智（知），当论不论？部佐为匿田，且可（何）为？已租者（诸）民，弗言，为匿田；未租，不论□□为匿田。”

② 《史记·秦始皇本纪》，集解引徐广语。

③ 《汉书》第四册，1137页。原书标点错误之处，已予改正。

的军赋制度。有的学者把“初为赋”和“初租禾”两事联系起来，认为“初租禾”是由劳役地租改变为实物地租，“初为赋”是完全确立了以实物地租为主的赋税制度。我们认为，租和赋是两种不同的制度，如果“为赋”是“租禾”这种制度的继续推行，史书上决不会用上两个“初”字。据此，孝公十四年的“初为赋”，可以看成是对过去军赋制度实行一种新的改革，具体地说，就是由过去的实物征发改变为征收现金。“初为赋”的赋应该是董仲舒所说的“田租、口赋、盐铁之利，二十倍于古”这一句话里面的“口赋”，是按口征收的人头税，也就是后来在汉代所实行的算赋。云梦秦简中的《金布律》有一条这样说：官府收入钱币，以一千钱装为一畚，用其令、丞的官印封缄；钱数不满一千的，也应封缄。[①] 这里所说官府收入的钱，有一部分是从人头税征来的钱，当时叫“头会箕敛”。

云梦秦简中有“傅律”“徭律”和“戍律”，虽然只是一鳞半爪，但结合其他史料，我们还可以看出秦代封建徭役制度的轮廓。秦时，人民每年要给官府服一个月的徭役，这就是董仲舒所说的“月为更卒”；一生中要服两年的兵役，一年当正卒，一年戍边，这就是董仲舒所说的“为正一岁，屯戍一岁”。始皇统一全国之后，秦王朝对徭役的征发，实际上大大超过了法律上的规定，董仲舒所说的“力役三十倍于古”，尽管算得不一定那么准确，但秦代徭役负担的十分苛重却是事实。这一问题我们留在下一节里再说。

秦的徭役制度是异常苛刻的。例如，徭律规定：为朝廷征发徭役，主管官吏如耽搁不加征发，应罚二甲；迟到三天到五天，申斥；迟到六天到十天，罚一盾；超过十天，罚一甲。这一条还规定：征发徒众作城邑的工程，要对所筑的墙垣担保一年；不满一年而墙坏，主持工程的司空和负责该墙的君子有罪，令原来修墙的徒众重新修筑，不得算入服徭役的时间。[②] 云梦秦简中《法律问答》部分有一条说：什么

---

① 原文如下：“官府受钱者，千钱一畚，以丞、令印印。不盈千者，亦封印之。”畚，音 běn，草袋。见《睡虎地秦墓竹简》，55 页。

② 原文如下：“御中发征，乏弗行，赀二甲。失期三日到五日，谇；六日到旬，赀一盾；过旬，赀一甲。……兴徒以为邑中之红（功）者，令结（嫴）堵卒岁。未卒堵坏，司空将红（功）及君子主堵者有罪，令其徒复垣之，勿计为徭。”《睡虎地秦墓竹简》，76—77 页。

叫“逋事”和“乏徭”？律文的意思是，在征发徭役的时候，吏和里典已下达命令，而随即逃亡，不去报到，称为“逋事”；已经参加点阅、共同乘车和吃口粮，或已到达服役地点，然后逃亡的，都作为“乏徭”。[①] 另有一条说：什么叫“匿户”和“敖童弗傅”？就是隐瞒人户，不加役使，也不命交纳户赋。[②] 从前一条可以知道，对“逋事”和“乏徭”是一定判处刑罚的。从后一条可以知道，秦律有匿户罪的规定，同时也证明了孝公十四年的“初为赋”的确是开征口赋，因为这一条所说的户赋显然是指每户应纳的口赋而言。秦的徭役制度是越来越苛刻的。《史记·陈涉世家》所说的“失期，法当斩”，足以说明这一点。

在古代，男子到了法定年龄便要进行登记，开始服役，这种登记手续叫作“傅”。颜师古说：“傅，著也。言著名籍，给公家徭役也。”[③] 秦制，男子开始服役的年龄，马端临的《文献通考·兵考》、孙楷的《秦会要》和徐复的《秦会要订补》，沿袭《史记·高帝纪上》孟康及如淳对“萧何发关中老弱未傅者悉诣军”一语的注释，认为是二十三岁。孟康和如淳的说法似有问题。《睡虎地秦墓竹简》的注释者根据该书所收《编年记》认为“秦当时十七岁傅籍”[④]。这里十七岁应指虚岁而言，注中所说“据简文，本年喜十七周岁”是错的，应为“本年喜十七岁”。而高敏则认为秦时男子年满十五周岁开始服役登记。他说：《大事记》“提到秦昭王‘四十五年……十二月甲午鸡鸣时，喜产’及‘今元年，喜傅’。……说的是‘喜’这个人出生于秦昭王四十五年（公元前 262 年）十二月，到秦始皇元年（公元前 246 年），就登记服役。这中间相距十六年，也就是说，‘喜’这个人从出生到

---

① 原文如下：“何谓‘逋事’及‘乏徭’？律所谓者，当徭、吏、典已令之，即亡弗会，为‘逋事’；已阅及敦（屯）车食若行到徭所乃亡，皆为‘乏徭’。”《睡虎地秦墓竹简》，221 页。

② 原文如下：“可（何）谓‘匿户’及‘敖童弗傅’？匿户弗徭、使，弗令出户赋之谓‘殹’（也）。”《睡虎地秦墓竹简》，222 页。

③ 《汉书》第一册，38 页。

④ 《睡虎地秦墓竹简》11 页，注㊺说：“傅，傅籍，男子成年时的登记手续……据简文，本年喜十七周岁。”又，143 页，第二段引文注①说：“据《编年记》，秦当时十七岁傅籍”。

公元前247年十二月才满十五周岁，因此，公元前246年登记服役时，只能说已年满十五周岁，进入了十六岁。”[①] 他的主要根据同样是云梦秦简中的《编年记》。同时，他在分析《编年记》时，又引史书多处记载十五岁服役的例子，作为证明。因此，我们倾向于他的意见是对的。

综上所述，秦自孝公以后，已逐渐形成了一套封建国家的赋役制度。这套赋役制度包括：1. 当时称为“田租”的按亩计征的田赋（土地税）；2. 当时称为“口赋”的由军赋代金转变过来的人头税；3. 无偿征发劳动力的徭役。这套赋役制度具备实物、货币和力役三种形式。土地、人身和劳动力都成为课税对象，使农民遭受多方面的剥削。这套赋役制度形成于秦，成为之后历代封建国家的经济保障。封建统治者在这方面采取什么政策，对农民、农业生产以至整个社会的经济、政治诸方面，都有很大的影响，甚至发生决定性的作用。

第三节　陈胜、吴广领导农民起义和秦王朝的崩溃

公元前221年（秦始皇二十六年），秦始皇统一全国，建立了统一的封建专制主义国家。公元前210年（秦始皇三十七年），始皇在出巡途中病死于沙丘（今河北省平乡东北），胡亥矫诏篡位，称二世皇帝。秦二世元年（公元前209年）七月，陈胜、吴广领导被征发到渔阳（今北京市密云西南）屯戍的900个农民，在蕲县的大泽乡（今安徽省宿县西南）起义，“斩木为兵（武器），揭竿为旗”，得到各地的热烈响应，很快便发展成为一支拥有兵车六七百辆和骑兵千余人、步兵几万人的队伍。攻下陈县（今河南省淮阳县）之后，陈胜自立为王，国号张楚。虽然陈胜举事不过半年便被镇压下去，但是项羽、刘

① 高敏：《云梦秦简初探》，河南人民出版社1979年版，20—21页。高敏所根据的《大事记》即《睡虎地秦墓竹简》中的《编年记》。

邦继起。公元前207年（秦二世三年）项羽击破了章邯率领的秦王朝的主力军，赵高杀死了胡亥，秦王子婴又杀死了赵高，刘邦攻陷关中，秦王子婴出降。接着项羽引军入关，杀了秦王子婴，纵火焚烧咸阳宫室，大火一直烧了三个多月，"楚人一炬，可怜焦土!"秦王朝就这样被埋葬在废墟中。

秦二世胡亥的昏庸残暴是爆发农民起义的导火线，而秦王朝的政治危机早在始皇未死之前就已经有所暴露了。《史记·秦始皇本纪》记载秦始皇三十一年，始皇夜出咸阳，受窘于"盗"，关中大搜捕20天，人心惶惶，米价暴涨至每石1 600钱。这便是暴风雨即将到来的预兆。

秦始皇吞并六国后，骄傲自满达到了极点，认为自己的业绩是空前绝后的，先后在泰山、琅琊等地刻石立碑，歌颂自己的功德，夸说什么："既平天下，不懈於治，夙兴夜寐，建设长利"；什么"功盖五帝，泽及牛马，莫不受德，各安其宇"等等。恩格斯说得好："判断一个人当然不是看他的声明，而是看他的行为：不是看他自称如何如何，而是看他做些什么和实际是怎样一个人。"① 我们判断秦始皇这个历史人物，不能光看他本人怎么吹，他的大臣李斯等人怎么捧，而要看他的实际行为；也不能光看他的某些行为，而是要看他在统一全国以后的全部行为。

秦始皇废除分封制，在全国范围推行统一的文字、度量衡和货币制度，这些措施都有利于开辟统一的国内市场，有利于经济的发展，应该予以肯定。但是，所有这些措施的进步作用，由于下面所说的情况，并没有能够得到充分的实现。

经过春秋和战国时代的长期战乱，中国由分裂而归于统一，形势是很好的。正如贾谊所说："寒者利裋褐而饥者甘糟糠"②，人民急切希望得到的只是休养生息的机会。而正在这个问题上，秦始皇犯了极大的错误，他不仅没有给予人民以休养生息的机会，反而无限制地浪

---

① 《马克思恩格斯选集》第一卷，579页。

② 见《史记·秦始皇本纪》所引贾谊《过秦论》。裋，音 shù，或作"短"字。全句意思是说，挨冷的人满足于一件短布衣，受饿的人满足于一碗糟糠。

费民财，滥用民力，不让人民松一口气。

秦始皇穷奢极侈地大兴土木，在咸阳兴建“离宫三百”，兴建“五步一臺、十步一阁”的阿房宫，还在骊山兴建工程规模在古代无与伦比的陵墓。今天，曾经富丽堂皇的咸阳宫室早已化为灰烬了，尚能供人们开一开眼界的是骊山北麓的秦始皇陵墓。只要看到几千个栩栩如生的陶兵马俑，人们便会对我国古代劳动人民的智慧和技术，对他们所创造的光辉灿烂的文化赞赏不已；同时，也必然会对秦始皇及其继承人秦二世胡亥的浪费民财、滥用民力，感到万分痛恨。

秦始皇穷兵黩武，“务胜不休”。如果说，命蒙恬统率30万大军北逐匈奴是为了保障国家安全的话，那么，他的南攻百越却完全是强加于人民身上的一场灾难。《通鑑·秦纪》记：“始皇三十三年，发诸尝逋亡人、赘婿、贾人为兵，略取南越，置桂林、南海、象郡；以谪徙民五十万人戍五岭。[①]”《淮南子·人间训》说：秦王“利越之犀角、象齿、翡翠、珠玑，乃使尉屠睢发卒五十万，为五军，一军塞镡城之岭，一军守九嶷之塞，一军处番禺之都，一军守南野之界，一军结余干之水，三年不解甲弛弩，使监禄（无以）转饷。又以卒凿渠而通粮道，以与越人战，杀西呕（越地）君译吁宋；而越人皆入丛薄中，与禽兽处，莫肯为秦虏，相置桀骏以为将，而夜攻秦人，大破之，杀尉屠睢，伏尸流血数十万，乃发谪戍以备之。……于是陈胜起于大泽”。[②] 根据这些记载，秦始皇的南取百越是付出了很大代价的。

一方面是大兴土木，另一方面是大动干戈，这两方面都是浪费民财和滥用民力的。人民在国家统一之后，没有得到休养生息的机会，反而背上极其沉重的赋役负担。这样，秦始皇就亲手给自己建立的封建王朝埋下了一颗毁灭性的定时炸弹。

我们不妨算一个大账。《文献通考·兵考》说：“北筑长城四十余

---

① “诸尝逋亡人”指各种逃亡犯，其中多数是逃避徭役的农民。“赘婿”，《汉书·贾谊传》说：“秦人家富子壮则出分，家贫子壮则出赘”，这种家贫出赘的所谓赘婿多数是贫苦农民。“贾人”，商人。

② 镡城，高诱注：在湖南武陵西南，接广西郁林。九巅，在湖南零陵。番禺，广东省番禺，南海。南野，在江西省豫章（南昌）。余干水，在豫章。尉屠睢，尉，郡尉；屠睢，郡尉名。监禄：监，郡监；禄，史禄，郡监名。渠，即灵薄，丛林；薄，灌木林，適，同“谪”。

万，南戍五岭五十余万，骊山、阿房之役各七十余万”，加起来共计240万左右。但《文献通考》所算的这个大账是不完备的：第一，“北筑长城四十余万”当然没有包括蒙恬统率的30万戍卒在内；第二，秦始皇用兵百越，前后也不只动员50余万；第三，这个大账没有把“飞刍輓粟”的民伕计算进去；第四，这个大账也没有把修驰道、直道和修灵渠所征发的民伕计算进去。范文澜说：“秦时全中国人口约2 000万左右，被征发造宫室坟墓共150万人，守五岭50万人，蒙恬所率防匈奴兵30万人，筑长城假定50万人，再加其他杂役，总数不下300万人，占总人口的15%。使用民力如此巨大急促，实非民力所能胜任。”① 可以推断，每年被征发各种徭役的人总在300万人以上。男劳动力不足，连妇女也要服外徭，这就出现了“丁男被甲、丁女转输”②的现象。秦王朝滥用民力到了如此荒谬的地步，严重地破坏了农业生产，摧残了国家元气，人民当然无法忍受下去。

浪费民财这个账没有办法算得清楚。用于兴造宫室和陵墓的金钱固然不可胜数；至于用在军事方面的，单以对匈奴的用兵来说，从东莱和琅琊等沿海郡县，转运粮草到北河（今内蒙古河套地区），“率三十锺而致一石”，③ 其浪费之大，可想而知。结果不能不是赋敛无度，不能不是“田租、口赋、盐铁之利，二十倍于古”；不能不是“男子疾耕不足于粮馕，女子纺绩不足于盖形”④；不能不是“力罢不能胜其役，财尽不能胜其求；……劳罢者不得休息，饥寒者不得衣食，……人与之为怨，家与之为雠”。⑤ 人民忍无可忍，必然要起来反抗，所以，“秦皇帝身在之时，天下已坏矣”。⑥

无限制地浪费民财和滥用民力，不给予人民以休养生息的机会，反而使人民背上极其沉重的赋役负担，这就是秦始皇亲手给秦王朝埋下的一颗定时炸弹，秦始皇死后不过几个月，这颗毁灭性的炸弹便爆

① 范文澜：《中国通史》，人民出版社1978年版，第二册，第17页。

② 见《史记·平津侯主父列传》。被，同“披”；转输，运输粮草。

③ 见《史记·平津侯主父列传》。汉代的锺，一般容量为一石。

④ 《汉书·蒯伍江息夫列传》，伍被语。盖形，遮体。见《汉书》第七册，2171页。

⑤ 《汉书·贾邹枚路列传》，贾山语。罢，同“疲”。见《汉书》第八册，2332页。

⑥ 《汉书·贾邹枚路列传》，贾山语。见《汉书》第八册，2332页。

炸了。背离经济发展的方向，违反人民的意愿。是要受到历史的惩罚的。秦王朝的寿命如此短促，主要原因就在于此。回顾秦王朝从兴起到崩溃的整个过程，我们深深地体会到："元气不能伤，民心不可背"的确是十分宝贵的历史经验。

秦始皇和秦二世胡亥实行专制主义的政治，并发展为极端的个人独裁。"诽谤者族，偶语者弃市"，① 结果民怨沸腾，而"不闻其过"，② 这些对加速秦王朝的崩溃也是有密切关系的。对这些问题，本书就不再讨论了。

① 《汉书》第一册，24 页。颜师古注："族谓诛及其族也。弃市者，取刑人于市，与众弃之。"

② 《史记·萧相国世家》：王卫尉曰："……秦以不闻其过亡天下"。王卫尉，注谓史官失其名：《汉书·百官公卿表》载有"高祖十一年，卫尉王氏"，想即其人。

第二章

汉王朝的赋役制度与农民负担

第一节　汉王朝的建立

秦王朝崩溃后，反封建的农民起义转变为各派起义势力争夺封建政权的斗争，主要是项羽和刘邦两大军事集团之间的斗争。

项羽是旧楚国的贵族，跟随叔父项梁（楚大将项燕之子）带领江东子弟 8 000 人渡江，响应陈胜、吴广的起义。陈胜失败，项梁于秦二世二年六月拥立楚怀王的孙子，仍称楚怀王，自号武信君。项梁战胜而骄，被秦将章邯击破，战死定陶。楚怀王以宋义为上将军，以项羽为次将，封鲁公，统兵救赵，项羽杀宋义，夺了军权，引兵渡河，破釜沉舟，大败秦军于钜鹿，威震诸侯。接着秦将章邯归降，项羽兵势益盛，乃贬怀王为义帝（后来又使人杀死他），自立为西楚霸王，领九郡，建都彭城（今徐州），发号施令，分封诸侯；撕毁怀王所订“先入关中者王”的旧约，改封刘邦为汉王，王巴、蜀、汉中，都南郑；又三分关中地，封秦降将章邯为雍王，董翳为翟王，司马欣为塞王，使拒刘邦。当秦王朝崩溃之初，项、刘双方不是势均力敌，而是强弱悬殊，在项羽看来，天下已是自己的囊中物了。然而，结局并非如此。

刘邦是沛县的一个农民，曾被征发到咸阳服徭役，后来在原籍当亭长（秦制十里一亭，十亭一乡）。刘邦给县里押送民伕往骊山服役，民伕多在半道逃亡，走到丰县西部的泽中，刘邦索性停下来喝酒，酒后对民伕们说，你们都跑吧，我也从此远走高飞了。陈胜首义，各地纷起响应，刘邦纠集数十人，杀了沛县令。沛县吏萧何、曹参等共推刘邦为沛公（楚人称县宰为公）。刘邦率领沛县子弟兵 3 000 人转战胡陵、方与、丰、砀等地，投奔项梁。项梁战死后，楚怀王与诸将约："先入定关中者王之"；怀王认为项羽剽悍好杀，刘邦是宽大长者，因使项羽随宋义救赵，而遣刘邦将兵入关。刘邦袭破武关，通令部属"所过毋得掠虏"，博得秦人的拥护，秦军因而瓦解，兵至霸上，秦王子婴出降。刘邦进入咸阳，封闭府库，"财物无所取，妇女无所幸"，还军霸上，使人与秦吏宣谕各县乡邑，废除秦时苛政，约法三章，"杀人者死，伤人及盗窃抵罪"；秦人争送牛羊酒食犒军，刘邦又一一谢绝，说："仓粟多，队伍够吃的，不欲耗费人民的钱财"，秦人更加欢喜，"唯恐沛公不为秦王"。由于受到项羽的遏制，刘邦不得王关中，只受封为汉王，王巴、蜀、汉中 32 县。刘邦听从张良的献策，烧断栈道，显示自己没有东向争天下的政治企图，使项羽丧失警惕。既至南郑，留萧何收巴蜀田租以供军粮，拜韩信为大将，用迅雷不及掩耳的手段平定三秦，建都栎阳，经营关中作为根据地；然后自临晋渡河，为义帝发丧，号召诸侯王共同击楚。

楚、汉相持数年，小战四十，大战七十，项羽胜多负少，刘邦胜少负多。然而，战争的结果却是项羽由强转弱，刘邦由弱变强。公元前 202 年（汉高祖五年）垓下（在河南鹿邑县，一说在安徽灵璧县）之战，项羽败死，刘邦终于夺得封建政权，建立了汉王朝。

是什么原因使刘邦能够夺得这场楚汉战争的最后胜利呢？刘邦自己说："夫运筹帷幄之中，决胜千里之外，吾不如子房（张良）；镇国家、抚百姓、给饷馈，不绝粮道，吾不如萧何；连百万之众，战必胜，攻必取，吾不如韩信。三者皆人杰，吾能用之，此吾所以取天下也。

项羽有一范增而不能用，此所以为我擒也。"[①] 刘邦的话没有错。张良是一个好参谋长，萧何是一个好后勤部长，韩信是一个好司令员，这三个人不愧是当时杰出的人才；并且，除了这三人以外，刘邦手下还有陈平、曹参、周勃、随何、陆贾等一大批人才，的确是"济济多士"。班固称赞刘邦"好谋能听，自监门戍卒，见之如旧"，这也不是溢美之词。例如娄敬不过是一个戍卒，[②] 而刘邦以天子之尊不仅高兴地接见了他，虚心地倾听他的陈述，并且采纳了他的迁都意见，即曰"车驾西都长安"；还拜娄敬为奉春君，这种破格用人的事例，在历史上是罕见的。以后他又采纳娄敬的建议，与匈奴和亲，使新定天下的汉王朝暂时摆脱了对外战争，有利于与民休息。所以，刘邦的知人善任，虚心听取别人意见，确实是他能够最终战胜项羽，夺得封建政权的主要原因之一。项羽则是刚愎自用，范增的才智没有什么了不起，但他连这个曾被其尊称为"亚父"的谋士也不能信任，对别的人就更不用说了，韩信、陈平等人也都是从项羽这边跑到刘邦那边去的。这是他最终失败的主要原因之一。

应该说，决定刘、项成败的根本原因是人心的向背。项羽好残杀，这就使他失去人心。孟子说过，天下乌乎定？定于一；又说，不嗜杀人者能一之。[③] 这话不是没有道理的。两军对垒的时候，你不杀敌人，敌人就会杀你，在这种场合，杀人是不得已的事情。但是，即使如此，古代军事家都认为杀人愈少愈好，并且都注意遵守"不杀俘虏"这个原则，都认为"祸莫大于杀已降"，对滥杀平民更是严加禁止的。项羽偏偏在这些方面犯了极其严重的政治错误。项羽初起兵，攻襄城，便把全城人杀光，后来章邯率秦军投降，项羽在新安（河南渑池县东）城南一夜之间坑杀秦降卒20余万人。进入咸阳的时候，项羽不仅杀了降王子婴，而且屠杀居民，还纵火焚烧宫室，使咸阳化为焦土。项羽进攻齐王田荣的时候，齐人杀了田荣向项羽投降，项羽焚烧城郭

---

① 《汉书》第一册，56页，80页。

② 《汉书》第一册，56页，80页。

③ 《孟子·梁惠王上》"天下乌乎定？"（天下怎样才能安定？）——这是梁襄王问孟子的话。"定于一。"（统一了才能安定。）——这是孟子的答复。梁襄王接着问："孰能一之？"（谁能够统一天下呢？）孟子告诉他："不嗜杀人者能一之。"（只有不爱杀人的人才能够统一天下。）

庐舍，坑杀田荣所部降卒，系虏老弱妇女，一路烧杀，直至北海。项羽的暴行激起了齐人的无比愤恨，以致“相聚而叛之”，使项羽疲于奔命。举这几个例子便可以知道项羽是大失人心的。刘邦的做法和项羽相反。上面说过，刘邦初进关中便已博得秦人的好感，在经营关中作为根据地的时候，政尚宽简，开放秦时苑囿园池让人民耕作，汉二年二月下令，以“蜀、汉民给军事劳苦”，免征租税两年；对部队中的关中士卒，免除其家的徭役一年。诸如此类的措施，再加以注重纪律，部队所到之处基本上做到“秋毫无所犯”，这就赢得了人心。所以，刘邦虽然屡战屡败，但由于得到人民特别是关中人民的支持，能够屡败屡起，终于由弱转强，垓下一战获得了最后胜利，夺得了封建政权。

汉五年（公元前202年）二月，刘邦即帝位于定陶（后都洛阳，最后定都长安），建立了汉王朝，国家又一次由分裂归于统一。

当时国内的形势是怎样的呢？经过春秋、战国时代的长期战乱，秦始皇没有给予人民以休养生息的机会，反而无限制地浪费民财，滥役民力，严重地损伤了国家元气。陈胜首义之后，各地掀起了反抗秦王朝的斗争，接着演变为楚汉相持的局面。“兵不得休八年”,[①]“丁壮苦军旅，老弱罢转漕”，人民痛苦万分。户口虚耗的情况是：“大城名都，散亡户口，可得而数者十二三”,[②] 这是说，大中城市的户口比过去减少了十分之七八。例如刘邦封陈平为曲逆侯，曲逆户口在秦时三万有余，汉初只剩五千。[③] 经济凋敝的情况是：皇帝驾车所用的四匹马，毛色不能均一；将相出门，有的只能坐牛车，平民无物可盖，无粮可藏；[④] 米价高至每石五千钱。[⑤]

---

① 《汉书》第一册，51页。原文是：“兵不得休八年，万民与苦甚!”

② 《史记》卷十八，《高祖功臣侯者年表》。

③ 《史记》卷五十六，《陈丞相世家》。

④ 《史记·平准书》，原文是：“自天子不能具钧驷，而将相或乘牛车，齐民鲜盖藏。”钧，同“均”。鲜，少。

⑤ 《汉书》第四册，1127页，《食货志上》：“几米石五千，人相食，死者过半”。《史记·平准书》：“米至石万钱，马一匹则百金。”又，《汉书》第一册，38页，《高帝纪上》：汉二年六月，“关中大饥，米斛万钱，人相食。令民就食蜀、汉。”或云五千，或云万钱，当由时间、地点不同和年岁的灾歉、钱的轻重也有关系。

把刘邦当作农民皇帝是不确切的，因为他建立的是封建王朝，从即位那一天起，他已是封建地主阶级的政治代表，但他毕竟是农民出身，久在下层，了解人民的疾苦和心愿。他在多年的斗争实践中锻炼成为一个明智而老练的政治活动家，知道怎样去处理摆在面前的一大堆困难问题，懂得为了巩固自己的封建政权，该做些什么和不该做什么。

刘邦在帝位前后不到八年，其间还不断发生乱事，但他已经做了一些有利于医治战争创伤和培养国家元气的事情。

第一件事是罢兵归农。《汉书·高帝纪下》记载：汉五年“西都洛阳。夏五月，兵皆罢归家”。同书还记载当时的诏令。“诸侯子在关中者，复之十二岁，其归者半之。”这是说，诸侯的士兵在关中服役的，免除其徭役十二年；解甲归家的，免除其徭役六年。诏令又说：“军吏卒会赦，其亡罪而亡爵（两亡字皆同‘无’）及不满大夫（大夫是第五等爵）者，皆赐爵为大夫。故（故，原来）大夫以上赐爵各一级，其七大夫（即公大夫，属第七等爵，故称七大夫）以上，皆令食邑，非七大夫以下，皆复其身及户，勿事。”这是说，军吏和士卒会赦，得免罪；其本无罪而又无爵的，一律赐爵为大夫（包括会赦免罪的军吏卒在内）；原来已有大夫爵以上，各赐爵一级，七大夫以上都给予食邑，七大夫以下都免除本身和本户的徭役。诏令又说：“七大夫、公乘（第八等爵）以上，皆高爵也。诸侯子及从军归者，甚多高爵，吾数诏吏先与田宅，及所当求于吏者，亟与。……其令诸吏善遇高爵，称吾意。”[①] 这是通令地方官吏对归家的有七等军功爵以上的军吏、卒要优先给予田宅，对他们所提出的合理要求要迅速给予解决。由此看来，尽管所谓“兵皆罢归家”不会完全真实，但裁减不少军吏、卒，使其复员归农，却是可能的。

第二件事是解放一部分奴隶。上述的诏令规定：“民以饥饿自卖为人奴婢者，皆免为庶人。”[②] 因犯罪没入官的奴隶，没有包括在内；所以，当时所解放的只是民间的奴隶（主要是商人和豪户的奴隶）。

① 《汉书》第一册，54 页。
② 《汉书》第一册，54 页。

不过，这到底是应该给予肯定的一件好事。

第三件事是安置流亡人口。上述诏令还规定："民前或相聚保山泽，不书名数，今天下已定，令各归其县，复故爵田宅"。[①]

第四件事是订定诸侯及各郡县向中央进献的标准。汉十一年（公元前 196 年）二月下诏，意思是说：很想减赋；现在向中央的进献还没有订定一个标准，有的地方官吏多征民赋来进献，诸侯王更甚，人民苦于负担，特规定诸侯王、通侯每年于 10 月朝献，同各郡一样，都按照人口计算，以每人每年 63 钱为标准，根据这个标准征收民赋来供给进献的费用。[②] 这就限制了各地任意加重人民负担，为实行轻徭薄赋政策打下基础。

第五件事是迁徙齐、楚大族昭氏、屈氏、景氏、怀氏、田氏五姓于关中，给予好田宅。这一方面是为了充实关中户口以防备匈奴的入侵（这是娄敬建议的本意），并便于朝廷对这些豪族的监视；另一方面是把这些"地头蛇"调离原来的洞穴，使其不能再武断乡曲，鱼肉老百姓。

第六件事是禁止商人穿着贵重衣料，携带武器，骑马和用马驾车。这就是所谓"法律贱商人"的措施，这种措施是重农主义思想的体现。在当时，商人财雄势大，用贱买贵卖和放高利贷等手段来剥削农民，兼并土地。打击商人会赢得农民拥护。

第七件事是同匈奴和亲。汉六年九月，匈奴围韩王信于马邑，[③] 韩王信投降了匈奴。汉七年十月，刘邦亲自带兵击破韩王信，乘胜进攻匈奴，娄敬谏阻不听，结果被匈奴出奇兵围困在白登，七日才解围。刘邦向娄敬道歉，并采纳他的建议，同匈奴实行和亲，在一段期间内收到了息境安民的效果。

第八件事是和平解决南越问题。陈胜起义时，秦南海尉任嚣病将死，委龙川令赵佗代理南海尉事，任嚣死，赵佗攻并桂林、象郡，自立为南越武王。刘邦认为赵佗治理南越有政绩，并以天下新定，不欲

---

① 原文见《汉书》第一册，54 页，70 页。

② 原文见《汉书》第一册，54 页，70 页。

③ 当时有两个韩信，一个是楚王（后贬为淮阴侯）韩信；这个是韩王韩信。

兴动干戈。汉十一年五月下诏说:“粤人之俗，好相攻击。前时秦徙中县之民南方三郡，使予百粤杂屡。会天下诛秦，南海尉它居南方长治之，甚有文理，中县人以故不耗减，粤人相击之俗益（益，逐渐）止，俱赖其力。今立它为南粤王。”① 乃派陆贾出使南越，授予玺绶，赵佗称臣，奉汉约。

以上所说是刘邦统一天下以后所做的几件较大的事情。

刘邦同其他封建皇帝一样，把天下作为自己一家的产业。他向父亲敬酒的时候，说了一句半开玩笑的话：“今某之业所就孰与仲多?”但他又同许多封建皇帝不一样（特别和秦始皇不一样），得了天下并不骄傲自大，兢兢业业地老怕保不住，因而很爱惜这份产业，不做骄奢淫逸的事情，不浪费民财，不滥用民力。萧何建造未央宫，他很恼火，骂萧何说：“天下匈匈，劳苦数岁，成败未可知，是何治宫室过度也!”他在帝位的几年间，没有兴过大徭役，却不断下过局部地免除徭役的命令。

刘邦恢复了分封制，从理论上说来是倒退，但在当时形势下却是不得已的；并且，汉代的分封制同周代也有差别。汉制：封君只是“食租税”，所封地区的政治仍由中央政府派遣官吏负责管理，封君不能过问。② 这是对封建割据的一种限制，虽然这种限制没有起到消灭封建割据的作用。例如：景帝三年（公元前 154 年）春正月曾爆发了以吴王濞为首的七国之乱；武帝元狩元年（公元前 123 年）冬十一月也发生了淮南王安、衡山王赐的谋反事件。《史记》卷 106《吴王濞列传》记载：刘邦封他的侄子刘濞为吴王时，看出刘濞有“反相”，抚其背说，后五十年东南会发生乱事，难道作乱的人就是你吗？天下同

---

① 《汉书》第一册，73 页。它，即佗。

② 《汉书》第三册，741 页，《百官公卿表上》：“诸侯王，高祖初置，金玺盭（音 lì，绿色）绶，掌治其国。有太傅辅王，内史治国民，中尉掌武职，丞相统众官，群卿大夫都官如汉朝。景帝中五年，令诸侯王不得复治国，天子为置吏”。又，《汉旧仪》：“帝子为王，王国置太傅、相、中尉各一人，秩二千石，以辅王。仆（即太仆）一人秩千石，郎中令秩六百石，置官如汉朝官吏。郎、大夫四百石以下自调除。国中汉置内史一人，秩二千石，治国如郡太守都尉职事，调除吏属。相、中尉、傅不得与国政，辅王而已。”汉武帝用主父偃策，令诸王得推恩分封诸子为侯，又进一步削弱了王国的势力。

姓一家，千万记住不要造反呵！吓得刘濞连忙叩头说，不敢，不敢！这段记载，把刘邦神化了。其实，也并不“神”，刘邦对分封制的后患是会意料到的，其所以大封宗室是出自牵制异姓王的打算；所以，汉初的恢复分封制是当时的形势造成的。秦王嬴政和汉王刘邦同样是封建皇帝，同样把天下看作自己一家的产业，不论实行郡县制还是分封制，都没有改变这一点。

总而言之，刘邦在位期间所做的和没有做的事情，都适应于安定社会秩序，休息民力和振兴生产的要求，为西汉前期实行“轻徭薄赋，与民休养生息”的政策开了一个头，是符合经济发展方向的。

第二节　西汉的赋役制度

汉代的田赋，[①] 仍称作田租。汉元年（公元前206年）四月，“留萧何收巴蜀租，给军粮食”。汉在巴蜀地区征收田赋，大抵沿用秦制，税额则可能有所减轻。《汉书·食货志》说：“天下既定，民亡盖藏（亡，同无，意思是说没有什么财物要遮盖和储藏的），自天子不能具醇（同纯）驷，而将相或乘牛车。上（指汉高祖刘邦）于是约法省禁，轻田租，什五而税一，量吏禄，度官用，以赋于民（颜师古注：才取足）。”《汉书·惠帝纪》记载：汉十二年（公元前195年）四月，高祖崩，五月惠帝刘盈继位，下令“减田租，复十五税一”。[②] 根据这两段资料，可以知道，刘邦在位的时候田赋的征收本来是十五税一的，中间一度因为国家财政上的需要把税额提高了，到惠帝继位才又减下来，恢复十五税一的制度。汉文帝刘恒二年（公元前178年），“其赐天下民今年田租之半”，[③] 这一年田赋的征收是“三十税一”。文帝三

① 本书从这开始在说到田赋一词时，不再注明“按亩计征的土地税”，以免烦琐。

② 《汉书》第一册，85页，118页，119页。

③ 《汉书》第一册，85页，118页，119页。

年，游幸太原，“复晋阳、中都民三岁租”，[①] 免除三年田赋的只限于他过去受封的局部地区。后来晁错上了一道重农贵粟疏，建议让天下人纳粟于边郡，许以受爵和免罪。晁错说：“欲民务农，在于贵粟；贵粟之道，在于使民以粟为赏罚。……夫能入粟以受爵，皆有余者也；取于有余，以供上用，则贫民之赋可损，所谓损有余补不足，令出而民利者也。顺于民心，所补者三：一曰主用足；二曰民赋少；三曰劝农功。”[②] 文帝采纳晁错的建议，令民入粟于边郡，纳粟600石的赐爵上造（二等爵），稍增至4 000石的赐爵五大夫（九等爵），12 000石的赐爵大庶长（十八等爵）。这一办法果然见效，边郡粮食充足，节省了由内地转输的劳费。于是晁错又再上言：“边食足以支五岁，可令入粟郡县矣；足支一岁以上，可时赦，勿收农民租。”[③] 文帝复采纳这个意见，十二年下诏赐民半租（即三十税一），十三年下诏“除民田之租税”。十三年以后是否继续免征，史文未作明确交代。衡诸《汉书》笔法，凡属临时性的措施，均说明年度，如文帝二年的诏令说“其赐天下民今年田租之半”，文帝十二年的诏令说“其赐农民今年租税之半”，即是其例。独文帝十三年的诏令没有“今年”两字，且诏文所揭示免除田赋的理由是：“农，天下之本，务莫大焉。今勤身从事，而有租税之赋，是谓本末者无以异也。其于劝农之道未备。”[④] 我们可以体会到当时的政策思想是：农民和商人应区别对待，商人应纳税，农民可以不交田赋。因此，文帝十三年起，免除田赋11年的事是有可能的。当然，这只是我们的一种看法，还不能说是这个问题的结论。《汉书·景帝纪》记载：景帝（刘启）元年（公元前156年）五月“令田半租”；[⑤]《汉书·食货志》则记载：“孝景二年，令民半出田租，三十而税一也。”[⑥] 两段记载，时间上虽有出入，但说明了从景帝时开始“三十税一”成为西汉田赋的定制。

---

① 《汉书》第一册，85页，118页，119页。
② 《汉书》第四册，1133页，1134页。
③ 《汉书》第四册，1133页，1134页。
④ 《汉书》第一册，125页，140页。
⑤ 《汉书》第一册，125页，140页。
⑥ 《汉书》第四册，1135页。

三十税一大概是一种按亩计征的定额税制。《盐铁论》卷三的《未通篇》记有如下的一段话："文学曰：田虽三十（意即三十税一）而以顷亩出税，乐岁粒米梁粝而寡取之，凶年饥馑而求必足。"这是一个有力的证明。《汉书·匡衡传》记有如下的一件事：匡衡封乐安乡（属临淮郡），南以闽陌为界，郡图误以闽陌为平陵陌（平陵陌在闽陌之南），多四百顷，衡因此多收田租谷千余石。[①] 汉制，封君食租税，这 1 000 余石田租谷当是四百顷土地的田赋，依此计算，每亩赋额约在 3 升左右（原书说田租谷千余石，数字不够明确，只能粗略估算）。我们推想，为了简便易行，当时的田赋可能是以每亩一石的官定产量为标准而按照固定税额征收的。依三十税一计算，这个固定税额可能是每亩征收 3. 3 升。

《汉官仪》说："田租藁税，以给经用"（经用，经常的费用）。《汉书·贡禹传》也说："已奉谷租，又出藁税。"[②] 可知，汉王朝的田赋，除了交纳粮食（这是主要的）以外，还要交纳土地的副产物——秸秆。至于每亩交纳多少，史书未提及。

三十税一的田赋在旧中国历史上是最轻的；否认这一点，便是抹杀历史事实。但对汉代田赋制度的评价，历来都有不同的看法。这个问题，我们留在下一节里再谈。

汉代的人头税，有算赋和口钱。

《汉书·高帝纪上》记载：汉四年（公元前 203 年）八月"初为算赋"。如淳注引《汉仪注》谓："民年十五以上至五十六出赋钱，人百二十为一算，为治库兵车马。"[③] 根据这一记载，有两点是很明确的：第一，汉四年以前，尚未开征算赋；第二，算赋的纳税人是年 15 岁以上至 56 岁负有服役义务的男子，税额是每人 120 钱，税款的专项用途是置办武器、兵车和军马（原文所说的"库"，指武库）。因此，汉代的算赋，同秦代一样，实质上是军赋的代金。

《汉书·惠帝纪》记载：惠帝六年（公元前 189 年）下令，"女子

① 《汉书》第十册，3346 页，3075 页。
② 《汉书》第十册，3346 页，3075 页。
③ 《汉书》第一册，46 页。

年十五以上至三十不嫁，五算”。应劭注谓：“《国语》越王勾践令国中女子年十七不嫁者父母有罪，欲人民繁息也。《汉律》人出一算，算百二十钱，唯贾人与奴婢倍算。今使五算，罪谪之也。”[①] 为了繁殖人口的目的，惠帝六年下令年15岁以上至30岁不出嫁的女子课以五倍的算赋，这可能是一种临时性的措施，过了一段时间以后，不一定继续执行下去。不过，从此年15至56岁的女子同样要交纳每人120钱的算赋，大概也是事实。汉四年尚未有所谓《汉律》，对商人及奴婢课以加倍的算赋，可能是汉五年刘邦即帝位以后的规定。这种规定同当时遏制商人和解放私人奴隶的政策精神是合辙的。

贾捐之说：文帝时，“民赋四十，丁男三年而一事”。[②] 这是说，汉文帝的时候，算赋的税额削减了三分之二，三年才服一个月的徭役（以前是“月为更卒”）；要算是整个汉代算赋负担最轻（更确切地说，赋役负担最轻）的一个短暂时期。

景帝时，算赋的税额恢复为120钱；汉武帝刘彻时也没有改变。有人认为武帝曾增加30钱，[③] 这个说法不可靠。《汉书·西域传》记载，搜粟都尉桑弘羊与丞相、御史奏请遣卒屯田轮台以车，武帝诏中曾说：“前有司奏，欲盖民赋三十助边用，是重困老弱孤独也。”又说；“今请远田轮台，欲起亭隧，是扰劳天下，非所以优民也。朕不忍闻。”[④] 桑弘羊等请屯田轮台一事，发生在贰师将军李广利投降匈奴（征和三年）和武帝封丞相田千秋为富民侯，决心与民休养生息之后。从诏书的语气看来，武帝对增加算赋30钱和屯田轮台两事，都表示了否定的态度。这两件事在时间上相距不远，在当时都没有成为事实。最有力的一个证据是《汉书·萧望之传》里京兆尹张敞所说的话。张敞说：“昔先帝征四夷，兵行三十余年，百姓犹不加赋，而军用给。”[⑤] 可见，认为武帝曾增加算赋30钱的说法不是可靠的。

---

① 《汉书》第一册，91页。

② 《汉书》第九册，2832页。

③ 安作璋：《汉史初探》，学习生活出版社1955年版，48页。

④ 《汉书》第十二册，3912—3913页。

⑤ 《汉书》第十册，3277页。

汉宣帝刘询甘露二年（公元前 52 年），诏减民算三十；[①] 算赋的税额由 120 钱减为 90 钱。汉成帝刘骜建始二年（公元前 31 年）诏："减天下赋钱，算四十。" 孟康注："本算百二十，今减四十，为八十。"[②] 汉代算赋的税额遂减为 80 钱，成为定制。

以上说的是算赋，现在要说到口钱了。汉四年"初为算赋"一条，史官及注家均未提及口钱。文帝既然曾把算赋税额从 120 钱削减到 40 钱，按常理来说，本应同时削减或取消口钱的征收，但是，从来也没有人说到这一点。这就使我们不能不提出这样的一个疑问：汉初是否已经开征了口钱？《汉书·昭帝纪》记载，汉昭帝刘弗陵元凤四年（公元前 77 年）诏："毋收四年、五年口赋。"如淳注引《汉仪注》谓："民年七岁至十四出口赋钱，人二十三。二十钱以食天子，其三钱者，武帝加口钱以补车骑马。"[③] 照这个说法，口钱制度似乎在武帝以前早就有了，并且这种税收是皇帝的"私奉养"；武帝为了军事上的需要，才增加税额三钱。《汉书·贡禹传》说："禹以为古民亡（同"无"）赋算口钱，起武帝征伐四夷，垂赋于民，民产子三岁则出口钱，故民重困，至于生子辄杀，甚可悲痛！宜令儿七岁去齿乃出口钱。"[④] 同传又说："天子（汉元帝刘奭）下其议，令民产子七岁乃出口钱，自此始。"[⑤] 贡禹所说的不过百年之间的事，绝不会是信口开河。又如昭帝元凤四年诏毋收四年、五年口赋（已见上述），昭帝元平元年诏（公元前 74 年）减口赋钱，[⑥] 宣帝五凤三年（公元前 55 年）诏减天下口钱，[⑦] 把这些事联系起来看，可以得到一个鲜明的印象，就是：减口钱的事都发生在武帝以后，武帝以前不见有。这难道是偶然的吗？因此，我们认为贡禹的话是可信的，汉的口钱创始于武帝时，它同算赋一样，也是一种军赋的代金。最初的税额定为 20 钱，后来又

① 《汉书》第一册，269 页。
② 《汉书》第一册，305 页。
③ 《汉书》第一册，230 页。
④ 《汉书》第十册，3075 页，3079 页。
⑤ 《汉书》第十册，3075 页，3079 页。
⑥ 《汉书》第一册，232 页，267 页。
⑦ 《汉书》第一册，232 页，267 页。

追加三钱；最初是三岁起征，元帝时才改为七岁起征，《汉仪注》说的正是元帝时的情况。至于所谓“二十钱以食天子”，好像说这项收入是天子的“私奉养”，则值得怀疑。汉皇室少府等收入十分厚裕，用不着取给于口钱，口钱应该属中央政府的收入。综上所述，汉代的人头税只有算赋和口钱两种，而口钱则是武帝以后才开征的。

有些历史学家认为汉代还有所谓“户赋”。我们认为，所谓户赋是宋人徐天麟引起的一种误解。徐天麟在《西汉会要》里立了“户赋”的条目，他所根据的不过是《史记·货殖列传》中的几句话：“封者食租税，岁率户二百，千户之君则二十万，朝觐聘享出其中。”其实，这是司马迁对列侯封君每年收入的一个估计，这个估计是十分粗略的，并且当时列侯封君的收入主要是食邑内的田租；所以，不能把“岁率户二百”理解为每户每年交纳户赋二百钱。

有的学者还提到所谓“献费”。这可能也是从徐天麟的书里引来的。徐氏在《西汉会要·卷五十二、食货三》引录《汉书·高帝纪》中高祖十一年的一道诏文，立了一个“给献费”的条目。[①] 原诏文是：“欲省赋甚！今献未有呈，吏或多赋以为献，而诸侯王尤多，民疾之。令诸侯王、通侯常以十月朝献，及郡，各以其口数率，人岁六十三钱，以给献费。”刘邦的这道诏文是说：“我很想减轻赋额！现在对各地的贡献（在诸侯王、列侯为贡献，在各郡则实际上是上解中央政府的财政收入）尚未订定标准，有些地方官吏多征赋来做贡献，诸侯王更甚。人民感到痛苦。今后规定诸侯王、列侯以及各郡都按照当地人口数以每人每年63钱为标准来供给贡献的费用。”很明显，这只是对诸侯王、列侯的朝献和各郡上解中央政府的财政收入数额规定一个标准，限制各地随意加赋，以此作为减轻人民负担的一种手段，而并非开征一种新税。

现在要说到汉代的徭役制度了。上一章里说过，秦代的徭役制度是：“月为更卒，已复为正一岁，屯戍一岁。”《汉书·食货志》引董仲舒说：“汉兴，循而未改”，就是说西汉初期沿袭了秦代的各种制

① 徐天麟：《西汉会要》，中华书局版，下册，600页。

度，包括土地自由买卖、田赋、人头税和徭役等项制度（其中盐铁专利只在武帝期间实行）。《汉书·昭帝纪》元凤四年春正月下令“三年以前逋更赋未入者，皆勿收”。如淳为这一条作了一段注解，历来谈汉代徭役制度者多以此为据。如淳说：“更有三品，有卒更，有践更，有过更。古者正卒无常人，皆当迭为之，一月一更，是谓卒更也。贫者欲得顾（同“雇”）更钱者，次直者出钱顾之，月二千，是谓践更也。天下人皆直戍边三日，亦名为更，律所谓繇戍也。虽丞相子亦在戍边之调。不可人人自行三日戍，又行者当自戍三日，不可往便还，因便住一岁一更。诸不行者，出钱三百入官，官以给戍者，是谓过更也。律说：卒践更者，居也，居更县中五月乃更也。后从尉律，卒践更一月，休十一月也。《汉书·食货志》曰：月为更卒，已复为正一岁屯戍，一岁力役，三十倍于古。此汉初因秦法而行之也。后遂改易，有謫乃戍边一岁耳。逋，未出更钱者也。”[①] 如淳的解说，有些地方讲得相当清楚，有些地方却讲得含混，甚至自相矛盾。例如：“贫者欲得顾更钱者，次直者（依次轮到服役的人）出钱顾之”，确认所谓“更赋”就是一种徭役代金；“逋，未出更钱者也”，说明元凤四年这条命令是免除三年以前徭役代金的尾欠；“一月一更，是谓卒更”，同董仲舒所说的“月为更卒”相吻合；像这些地方都是讲得清楚的。但是，另一些地方的说法就有问题了。例如：“古者正卒无常人，皆当迭为之，一月一更，是谓卒更也”。这就把“更卒”和“正卒”混而为一了；“贫者欲得顾更钱，次直者出钱顾之，月二千，是谓践更也”。这同他自已在下面所援引的“律说：卒践更者，居也”和“后从尉律，卒践更一月，休十一月也”的话，显然自相矛盾；“天下人皆直戍边三日，亦名为更，律所谓繇戍也”，戍边的期限仅为三日，不近情理。近人劳榦在《汉代兵制及汉简中的兵制》中考核较精，推断也较可信；他的看法，概括说来，汉代的徭役制度是：（1）每人每年要为所在郡县的官府服役（一般的徭役）一个月，这叫更卒（更是轮换的意思）。（2）每人一生要服两年兵役，一年在当地郡县服兵役，叫作正

① 《汉书》第一册，230 页。

卒；一年为戍卒，或到边疆屯戍，或戍守京师，戍守京师的叫卫士，统称为卒更。本人亲自服役叫践更，本人不去服役而缴纳每月300钱的免役金，由官府雇人代役，叫作过更。[①] 劳榦考证的结果，基本上是董仲舒所说的"月为更卒，已复为正一岁，屯戍一岁"的具体说明。我们在这里还要补充几句：一是董仲舒所说的"汉兴，循而未改"，是指汉初承袭秦制而言，至于"力役三十倍于古"则只是说秦代徭役负担之重，并非兼指汉初的情况；第二，如淳所说的"后遂改易，有谪乃戍边一岁耳"，也不是汉代的常制。王国维说："秦时戍卒，大半以谪发；（汉武帝）太初元年发天下谪戍征大宛，天汉元年发谪戍戍五原，四年发天下七科谪（所谓七科，按照张晏的注解是：吏有罪一，亡命二，赘婿三，贾人四，故有市籍五，父母有市籍六，大父母有市籍七）及勇敢士伐匈奴；盖因正卒及戍卒不足，为一时权宜之计，非定制也。"王氏的看法是对的。

对于西汉徭役制度中开始服役的年龄（即所谓"始傅"）这个问题，历来也有一种误解。《汉书·高帝纪》载汉二年（公元前205年）五月"汉王屯荥阳，萧何发关中老弱未傅者悉诣军"。孟康注谓："古者二十而傅，三年耕有一年储，故二十三而后役之。"如淳注谓："律，年二十三傅之畴官，各从其父畴学之，高不满六尺二寸以下为罢（同"疲"）癃（音lóng）。《汉仪注》云：民年二十三为正，一岁为卫士，一岁为材官（步兵）骑士，习射御骑驰战陈（同"阵"）。又曰年五十六衰老，乃得免为庶民，就田里。今老弱未尝傅者皆发之，未二十三为弱，过五十六为老。"[②] 孟康和如淳都认为汉初的始役年龄是二十三岁。《汉书·景帝纪》载景帝二年（公元前155年）"令天下男子年二十始傅"。颜师古注谓："旧法二十三，今此二十，更为异制也。"[③] 颜师古相信了孟康和如淳的说法，认定汉初是年二十三始傅，景帝二年的命令是改变旧制。后人又因袭颜注，甚至说汉景帝把始役年龄提前三年，加重了人民的徭役负担。这是极大的误解。我们知道，

① 劳榦：《汉代兵制及汉简中的兵制》，载《历史语言研究所集刊》第十本。

② 《汉书》第一册，37—38页。

③ 《汉书》第一册，141页。

汉四年的时候，还没有制定什么汉律，一切沿用秦法，秦代年满十五岁始傅，这在第一章里已经说过了。从高祖到文帝这一段期间，男子的始役年龄很可能继续按秦法执行。汉景帝二年规定年二十始傅，确实是改变了旧制，但不是把始役年龄提前三年，而是拖后五年，不是加重了人民的徭役负担，而是减轻了人民的徭役负担。至于《汉仪注》所说的民年二十三始服兵役，也没有错误，不过，这不是汉初的事，而是汉昭帝时的规定。《盐铁论》说："今陛下哀怜百姓，宽力役之政，二十三始傅，五十六而免。"[①] 昭帝始元六年（公元前 81 年），有诏"使丞相、御史与所举贤良、文学语，问民间所疾苦"。"今陛下"指的是昭帝，可知汉代男子的始役年龄定为年二十三是昭帝时才开始的。

附带说一说，男子的终役年龄定为五十六岁（即"五十六而免"），可能也是昭帝时的规定。在这以前，大概是"六十而免"。史书于此，虽未记述，《全后汉文》卷 96 载有班昭的《为兄超求代疏》（班超时为西域都护，年已老），内有"窃闻古者十五受兵，六十还之"之语，也许是有所根据的。

第三节　西汉初期的赋役政策和农民负担

本书所说西汉初期，是指从汉高祖五年（公元前 202 年）起到汉景帝后元三年（公元前 141 年）止前后共 62 年这一段期间。这一期间西汉王朝在赋役方面所实行的，是中国古代历史上堪称典型的轻徭薄赋政策。

《汉书·景帝纪》的赞语说："汉兴，扫除烦苛，与民休息。至于孝文，加之以恭俭，孝景遵业，五六十载之间，至于移风易俗，黎民醇厚。周云成、康，汉言文、景，美矣！"[②]《汉书·武帝纪》的赞语

① 桓宽：《盐铁论》，卷三，《未通》第十五。

② 《汉书》第一册，153 页，212 页。

说："汉承百王之弊，高祖拨乱反正，文、景务在养民"。[①]《汉书·食货志》说："汉兴，接秦之敝，诸侯并起，民失作业，而大饥馑，凡米石五千，人相食，死者过半。……天下既定，民亡盖藏，……上（指刘邦）于是约法省禁，轻田租，什五而税一，量吏禄，度官用，以赋于民（颜师古注：财（才）取足。意思是：取之于民的，以仅敷国用为限度）。而山川园池市肆租税之入，自天子以至封君汤沐邑，皆各为私奉养，不领于天子之经费（颜师古注：言各收其所赋税以自供，不入国朝之仓廪府库也。经，常也）。漕转关中粟以给中都官（颜师古注：中都官，京师诸官府也），岁不过数十万石。孝惠、高后之间，衣食滋殖。"[②] 这是说，从高祖统一天下开始就实行与民休养生息的政策，人民的赋税负担已比前减轻，在惠帝和吕后执政期间农业生产已有所恢复，人民生活已有改善。到了文帝和景帝执政期间，社会和经济情况获得了根本的好转，出现了所谓"文景之治"的升平局面。

纵观西汉王朝的全部历史，不能不算汉文帝时期的人民赋役负担最轻。文帝刘恒在位凡二十三年（公元前 179—公元前 157 年），其中有十一年全免天下田赋；有两年"赐天下农民田租之半"，即实行三十税一；其余十年则为十五税一。在人头税方面是"民赋四十"，地方徭役方面是"丁男三年而一事"。晁错在《重农贵粟疏》里说："今农夫五口之家，其服役者不下二人，其能耕者不过百亩，[③] 百亩之收不过百石。"这里所说的，可能代表文帝时的一般农家状况，就是：平均每户 5 人，耕地 100 亩，总产量 100 石。文帝时的粮价，根据刘向所说，一般为每石 500 钱，[④] 100 石的总收入应为 50 000 钱。这样，文帝时期农民赋役负担的大体情况可以粗略地推算如表 2－1、表 2－2 所示。

① 《汉书》第一册，153 页，212 页。

② 《汉书》第四册，1127 页。

③ 汉武帝以前的亩积，除了一部分地区沿用 240 步的秦亩（每亩折合 0.6916 市亩）以外，一般按 100 步的"东亩"计算（每亩折合 0.2882 亩）：晁错所说的显然是东亩。汉石每石折合市石 2 斗。依此，当时平均每户的耕地为 28.82 亩（平均每人 5.76 市亩），总产量为 20 市石。

④ 应劭：《风俗通义》卷二，中华书局《四部备要》本。

表 2－1　　按照十五税一推算

项　　目	数　　额	说　　明
每户总收入	50 000 钱	
每户赋役负担	3 580 钱	
其中：田赋	3 300 钱	按每亩 6.6 升计算
人头税	80 钱	按全户有两人交纳算赋计算
徭　役	200 钱	按全户有两人服役每月工值为 300 钱计算
赋役负担占总收入的百分比（%）	7.16	
平均每亩负担	35.8 钱	
平均每人负担	716 钱	
负担后收入	46 420 钱	

注：徭役折成工值按每月 300 钱计算，系根据上节所引劳榦的考证。表 2－2 与此同，不另说明。

表 2－2　　按照三十税一推算

项　　目	数　　额
每户总收入	50 000 钱
每户赋役负担	1 930 钱
其中：田赋	1 650 钱
人头税	80 钱
徭　役	200 钱
赋役负担占总收入的百分比（%）	3.86
平均每亩负担	16.5 钱
平均每人负担	386 钱
负担后收入	48 030 钱

文帝十三年（公元前 167 年）起免除田赋的 11 年，农民负担当然更轻。这里不打算再予推算。现在我们来探讨汉初轻徭薄赋这一政策产生的各种历史条件，包括客观的和主观的条件。

当时的客观条件是十分明显的。第一，秦王朝残酷的封建压迫和剥削，特别是苛重的徭役负担引起了农民的大起义；在大规模的起义斗争中，农民群众充分显示了自己的伟大力量，沉重地打击和削弱了封建地主阶级的统治。不首先减轻赋役负担，满足农民的起码要求，便不可能使农民群众回到农村，安心田亩，便不可能使社会秩序逐渐趋向稳定，因而，也就不可能有新建立的封建王朝政权的巩固。第二，“大兵之后，必有凶年”。长期战乱使农业生产遭受极其严重的破坏，不首先减轻农民的赋役负担，使农民的生活有所改善，哪怕是轻微的改善，便不可能刺激农业生产的恢复，便不可能有封建社会经济的发展，因而也就不可能有新王朝政权的巩固。第三，由于农业生产的崩溃，农民的负担能力已经降到最低点，“杀鸡求卵”未必得到卵，“竭泽而渔”不会捞到几尾鱼，新王朝对农民的赋役剥削受到事实上的限制。如果不改弦更张，而仍然继续执行旧王朝苛重的赋役政策，结果就免不了重蹈覆辙。以上三条是当时客观条件中的荦荦大端，其他次要的可以不用细说了。正是这些历史条件，决定了汉王朝在开国初期必须采取减轻农民负担的轻徭薄赋政策。

古人说得好：“殷鉴不远，在夏后氏之世。”秦始皇在实现了统一大业的时候，不会总结历史经验，“贪天之功以为己功”，没有认识到人民的力量，也不去考虑人民的迫切要求，沉醉于胜利，好大喜功，“知进而不知退，知存而不知亡，知得而不知丧”，无限制地浪费民财，滥役民力，卒使秦王朝不旋踵而夭折。汉君臣重视总结秦王朝灭亡的历史教训，由此做出了拨乱反正的决策，这是汉初实行轻徭薄赋的主观条件。这个主观条件是同当时的客观条件相适应的。

史家一般认为，西汉初期的政治、经济工作以“黄老之道”作为指导思想。西汉初期奉行黄老之道，着眼在“无为”而治。所谓无为，并不是什么也不做，而是不做那些老百姓不喜欢做的事；反过来说，就是要顺从民心，做老百姓所喜欢做的事。《老子》说：“圣人恒无心，以百姓之心为心。”在长期战乱之后，人民迫切要求的是过安静的日子，是减轻赋役负担，是得到一个休养生息的环境。封建统治阶级要想巩固自己新建立的政权，就必须对人民做出让步，必须采取轻徭薄赋的政策，而要保证这一政策的实施，就必须对自己有所克制，不做那些老百姓所不喜欢的事情，这就是所谓“无为”之道。《汉书·高后纪》的赞语说：“孝惠、高后之时，海内得离战国之苦，君臣俱欲无为，故惠帝拱己（即所谓垂拱而治），高后女主制政，不出房闼，而天下晏然，刑罚用稀，民务稼穑，衣食滋殖。”[①]《汉书·刑法志》说：“当孝惠、高后时，百姓新免毒蠚（音 hē，虫毒，就是现在所说的螫 shì 和蜇 zhē），人欲长幼养老，萧、曹为相，填（同“镇”）以无为，从民之欲，而不扰乱，是以衣食滋殖，刑罚用稀。”[②]

惠帝和吕氏执政的时候，不仅没有大兴宫室，连修筑长安城那样不能不做的重要工程，在役用民力方面也很注意节制。惠帝三年（公元前 192 年）春曾征发长安六百里内男女 146 000 人修筑长安城，做了三十天便停工，只修筑了一面。同年六月第二次动工，没有征发民伕，而只征发诸侯王、列侯的徒隶 20 000 人。惠帝五年春再征发长安六百里内的民伕 145 000 人修筑长安城，也是做了三十天便停工。这年九月为庆祝长安城竣工，“赐民爵，户一级”。长安是国都，长安城的修筑历时三年才竣工，而民伕前后只做了六十天。从上例中，可以知道当时确实是不随便使用民力的。

更重要的是不兴师动众，对外用兵。汉初最大的威胁来自匈奴，匈奴数为边患，高祖在平城吃了一次亏以后采用了和亲的政策，到景帝时为止，汉朝一直没有发动过对匈奴的战争。惠帝时，匈奴冒顿（音墨突）单于“尝为书（信）嫚（污辱）吕后不逊，吕后大怒，召诸将议之。上将军樊哙曰：‘臣愿得十万众，横行匈奴中！’诸将皆阿吕后意曰：‘然’。（中郎将）季布曰：‘樊哙可斩也！夫高帝将兵四十余万众，困于平城，今哙奈何以十万众横行匈奴中，面欺！且秦以事于胡（对匈奴用兵），陈胜等起。于今创痍未瘳，哙又面谀，欲摇动天下。’是时殿上皆恐，太后罢朝，不复议击匈奴事”。[③] 不仅对匈奴如此，对南越、朝鲜等地也如此。文帝即位，将军陈武等议伐南越和朝鲜，以一封疆（南越及朝鲜秦时均为郡）。文帝说，我长大成人，本来没有想到会当上皇帝，适逢吕氏之乱，大家不嫌弃我不长进，才“误居正位”；我常常战战栗栗，唯恐把事情弄坏。“兵凶战危”，纵然战胜了，也会大大地伤耗国力，怎样向天下百姓交代呢！先帝（指刘

① 《汉书》第一册，104 页。
② 《汉书》第四册，1097 页。
③ 《史记》，卷 100，《季布栾布列传》，事并见《汉书·匈奴传》。

邦）知道“劳民不可烦”，虽然“三边”（指匈奴、南越和朝鲜）外叛，仍然不以为意，我的能耐难道比得上先帝吗？现在匈奴内侵，边民不得安宁，暂时也只好“坚边设侯，结和通使”，能使北边平静，这就是很大的成就了。大家还是不要谈论用兵的事吧！[①] 不兴师动众对外用兵，这是西汉初期最大的“无为”，也是实行轻徭薄赋政策的最有效的保证。一打上仗，就谈不到什么“休养生息”了。

实行轻徭薄赋政策的另一个有效的保证是节省国家财政支出，特别是皇室用度。贡禹说：“至高祖、孝文、孝景皇帝，循古节俭，宫女不过十余，厩马百余匹。”[②] 贡禹所说，也许不尽可信；但汉文帝刘恒确实算得上是中国历史上最节俭的封建皇帝之一。《汉书·文帝纪》的赞语说：“孝文皇帝即位二十三年，宫室苑囿车骑服御无所增益。有不便，輙弛以利民。尝欲作露台，召匠计之，直百金。上曰：‘百金，中人十家之产也。吾奉先帝宫室，常恐羞之，何以台为！’身衣弋绨，所幸慎夫人衣不曳地，帷帐无文绣，以示敦朴，为天下先。治霸陵，皆瓦器，不得以金银铜锡为饰；因其山，不起坟。”[③]《汉书·翼奉传》记载汉元帝时翼奉曾上疏说：“窃闻汉德隆盛，在于孝文皇帝躬行节俭，外省徭役。其时未有甘泉、建章及上林中诸离宫馆也。未央宫又无高门、武台、麒麟、凤凰、白虎、玉堂、金华之殿，独有前殿、曲台、渐台、宣室、温室、承明耳。孝文欲作一台，度用百金，重民之财，废而不为，其积土基，至今犹存；又下遗诏，不起山坟。”[④]《汉书·文帝纪》记载：文帝三年，遣散卫将军所属禁卫军；裁减太仆寺饲养的马匹，只留必需的头数，其余尽拨给驿站。[⑤] 文帝十二年二月，遣散惠帝后宫美人，准其自行出嫁。[⑥] 文帝后六年四月，令诸侯毋入贡，弛山泽之禁，“减诸服御，损郎吏员”，发放仓粟赈济

---

① 原文见《史记》，卷25，《律书》。

② 《汉书》第十册，3069页。

③ 《汉书》第一册，134页。弛，废。“有不便，輙弛以利民”，意思是说：法令制度有不便于人民的，便把它废止。弋，黑色；绨，厚缯。霸陵，文帝的陵墓。

④ 《汉书》第十册，3175页。

⑤ 《汉书》第一册，116页，123页。

⑥ 《汉书》第一册，116页，123页。

贫民。[1] 贾捐之说，文帝时有献千里马的，文帝不受，放还千里马而付给路费，并下诏曰："朕不受献也，其令四方毋求来献！"[2] 贡禹说："孝文皇帝衣绨履革，器亡（同"无"）琱（同"雕"）文金银之饰。"[3] 减省一切不合理、不必要的支出，力求节约，这是在用财方面的"无为"。

《史记·礼书》说："孝文即位，有司议欲定仪礼，孝文好道家之学，以为繁礼饰貌，无益于治"。[4] 我们知道，文帝连贾谊请"改正朔"的建议也没有采纳。现在，我们从史书中可以看到，汉武帝太初元年以前，汉朝一直沿用秦的历法，以冬十月为岁首，秋九月为岁末。

以上是对西汉初期所奉行的黄老"无为"之道的具体说明，我们没有必要举太多的例子。概括起来，不外是：不应该做、没有必要做和暂时没有能力做的事，一律不做；不应该花、没有必要花和暂时没有能力花的钱，一律不花。这样的"无为"是具有积极意义的，它保证了轻徭薄赋，向农民提供了休养生息条件。如果从消极方面去理解，认为"无为"只是单纯的放任自流，那是不恰当，也不符合历史事实的。

有些历史学者认为汉代的田赋负担是轻的，而人头税的负担却很重。我们不同意这种观点。

首先有必要弄清一个历史事实，就是有人说文帝时谷价很贱，粟每石不过十余钱。《史记·律书》在记载文帝对将军陈武等议伐南越、朝鲜加以驳斥之后，说的"故百姓无内外之徭，得息肩于田亩，天下殷富，粟至十余钱，鸣鸡吠狗，烟火万里"几句话，确实写出了一派升平气象。但所谓"粟至十余钱"，并未说明是每石还是每斗或每升的价格，不能以此说明那时候的粟价每石不过十余钱。汉代曾有过文帝时"粟升一钱"的传说（按照这个传说，粟价每石也要 100 钱），

---

① 《汉书》第一册，131 页。"减诸服御"是减少皇帝所用的东西；"损郎吏员"，损也是减的意思，郎是郎官，这是说裁减郎官和其他官吏的员额。

② 《汉书》第九册，2832 页，3069—3070 页。

③ 《汉书》第九册，2832 页，3069—3070 页。

④ 《史记》，卷 23，《礼书》。

成帝曾以问刘向，刘向说：文帝时“谷粜常至石五百，时不升一钱”。[①] 刘向所说的情况应该是可靠的。

其次，关于人头税的征收形式问题，我们在上面已经说过，秦、汉两代的人头税实质上都是军赋的代金，原来是为了“治库兵车马”而征收的；同时，人头税的纳税人除了地主和农民以外还有商人、城市手工业者等等；这就决定了它的征收不能不采用货币形式。认为这是“在征收形式上想尽办法来剥削农民”，理由不够充分。文帝时的粮价确比高、惠和吕后执政时期下降了许多，但不能算“很贱”，尽管这样，文帝还是听从晁错提出的重农贵粟的意见，实行了纳粟鬻爵的措施，对削弱商业资本的剥削也起了一定的作用。《汉书·昭帝纪》记载，元凤六年夏诏曰：“夫谷贱伤农，今三辅、太常谷减贱，其令以菽、粟当今年赋。”[②] 宣帝时，连年丰收，谷价猛降，大司农中丞耿寿昌建议“令边郡皆筑仓，以谷贱时增其价而籴以利农，谷贵时减价而粜，名曰常平仓”。[③] 宣帝采纳了他的建议，创立了历史上有名的常平仓制度，“民便之”，遂赐寿昌爵关内侯。上举数事，说明了西汉前期[④]，一些开明的封建皇帝对“谷贱伤农”问题是相当重视并采取了具体措施的。汉四年初为算赋，人头税的征收形式是在那时候确定的，那时候谷价最贵，农民用钱交纳人头税不是吃亏，而是便宜多了。所以不能论证缴钱是“在征收形式上想尽办法来剥削农民”。

汉代的人头税是否过重？对这个问题，也不能简单地用“是”或“否”来答复。但是，如果仅就西汉初期来说，我们认为不算重，更不是过重。据史料记载，汉初粮价常在每石五千左右。人头税的税额是每人120钱，折合粮食2.4升，仅合每亩田赋负担的6.4%（每亩田赋赋额按十五税一计算为6.6升），所以，人头税的负担同田赋的负担比较，只能说轻，不能说重。文帝时人头税的税额已减为每人40钱，按照米石五百钱折算，仅合8升，也还是轻的。文帝在位二十三年，

---

① 见前引《风俗通义》。“时不升一钱”，意思是当时的粟价不是每升一钱。

② 《汉书》第一册，232页。菽，豆类总称。

③ 《汉书》第四册，1141页。

④ 本书所谓西汉前期是指从汉高帝五年起至宣帝黄龙元年（公元前202—公元前49年）止这一段期间。

对田赋有两年减半征收，有十一年全部豁免，却又同时把人头税的税额削减三分之二。昭、宣以后，谷价趋贱，人头税的负担才显得重了。宣帝和成帝先后减轻税额是对的，问题是减得还不够。但是，无论如何，不能说西汉初期制定赋税制度的原则是减轻土地税而加重人头税。

有些历史学者又认为汉代的减轻田赋只有利于地主阶级，助长了土地兼并，农民不会得到什么好处。按照这种看法，西汉初期轻徭薄赋政策的价值等于零。

西汉初期轻徭薄赋的价值果真等于零吗？让我们根据历史事实来分析一下：

首先，在西汉初期的农村经济中，自耕农占有较大的优势。这是因为：一方面，原来的地主阶级受到了农民战争的冲击，他们的经济实力有所削弱；另一方面，战后人口减少，荒废无主的土地增多，在归农政策的号召和支持下，农民容易得到土地进行独立经营。在这种情况下，我们能够说减轻田赋没有给农民带来什么好处吗？西汉恢复分封制，产生了一批新的封建贵族地主。但西汉的列侯封君只食租税，不同于世俗地主，不能向农民榨取地租，减轻田赋限制了他们对农民的剥削，对这些封建贵族地主来说，并不是有利的。

其次，土地兼并意味着农民失去土地。农民失地，原因很多，商业资本和高利贷的剥削，苛重的赋役负担，都会迫使农民失去土地。但历史事实也证明，轻徭薄赋对阻止土地兼并起过一定的作用。《汉书·食货志》记载汉哀帝时师丹建议限田，师丹说："孝文皇帝承亡周乱秦兵革之后，天下空虚，故务劝农桑，帅以节俭，民始充实，未有并兼之害，故不为民田及奴婢为限。"[①] 这说明，西汉初期土地兼并的现象并不严重。应该说，轻徭薄赋对阻止土地兼并是起过一定作用的。

西汉初期实行轻徭薄赋政策的实际效果是：惠、吕之间，民务稼穑，衣食滋殖，户口寖息，刑罚用稀。文、景之世，国家元气全面恢复，生产力蓬勃发展，经济繁荣，社会安定，国家府库充实，人民生

① 《汉书》第四册，1142 页。

活小康。《史记·平准书》说："至今上（指汉武帝刘彻）即位数岁，汉兴七十余年之间，国家无事，非遇水旱之灾，民则人给家足，都鄙廪庾皆满，而府库余货财。京师之钱累巨万，贯朽而不可校。太仓之粟，陈陈相因，充溢露积于外，至腐败不可食。众庶街巷有马，阡陌之间成群，而乘字牝者摈而不得聚会。守闾阎者食粱肉，为吏者长子孙，居官者以为姓号。"① 这就是我国历史上所谓"文景之治"的写照。

第四节　汉武帝时期反击匈奴侵略的自卫战争和农民负担情况

《老子》说："道常无为，而无不为。"如上所述，西汉初期的"无为"，确实已经取得了"无不为"的效果：国家府库充实，百姓家给人足，经济繁荣，社会安定；经过 62 年的休养生息，汉王朝的国力强大得多了。有的过去应当做，却因为能力不足而只好搁置下来的事，到汉武帝刘彻的时候便有条件去做了——这主要说的是反击匈奴侵略的自卫战争。

匈奴是居住在中国北方的游牧民族，秦、汉时称为匈奴，西周人管它叫猃允（或写作猃狁，玁允，玁狁）。② 周懿王以后，周室衰弱，猃允不断入侵，诗人哀叹道："我们饱尝家庭离散的痛苦，还不是由于猃允侵扰的缘故！难道能够不天天警惕——猃允的侵扰多么危急！"③ 秦始皇在统一中国六年（始皇三十二年，公元前 215 年）后，

① 《史记》卷 30。《汉书·食货志》的记载相同。

② 《史记》卷 110，《匈奴列传》说，匈奴是夏的苗裔，名淳维。《集解》引晋灼曰："尧时曰荤粥，周曰猃狁，秦曰匈奴。"实际上，匈是淳维，荤粥，猃狁的合音，"奴"是华夏族给加上的一个贬义词，义犹"虏"而已。

③ 《小雅·采微》之诗，原文是："靡室靡家，猃允之故……岂不日戒，猃允孔亟！"颜师古解曰："言征役踰时，靡有室家夫妇之道者，以有猃允之难，故也。岂不日相警戒乎？猃允之难甚急！"

派大将蒙恬统率大军进攻匈奴，占河南地（今内蒙古河套及鄂尔多斯地区）；翌年，秦军乘胜渡过黄河，占高阙（今内蒙古乌拉特中后旗西南）、阴山（今内蒙古狼山）、北假（今内蒙古河套以北、阴山以南地区）等地；接着又征发几十万民伕把战国时代秦、赵、燕各国的城防工事连结起来，筑成一条西起陇西郡的临洮（今甘肃省岷县）东达辽东郡的被公认为世界古代最伟大的建筑工程的万里长城。当时以头曼单于为首领的匈奴诸部落抵挡不住秦军的攻击，远遁漠北。这就是贾谊在《过秦论》中所说的"却匈奴七百里，胡人不敢南下而牧马"。在这期间，匈奴人南受制于秦，东面的东胡人和西面的大月氏人（氏，音支；突厥种，本居敦煌，祁连一带）也都比它强大，日子不大好过。然而，几年之后，情况发生了戏剧性的变化：秦二世胡亥逼死了蒙恬，不久便是陈胜、吴广的起义，楚、汉的相争，匈奴人乘机逐渐侵占河南地。头曼的儿子冒顿（音墨突）杀父篡位，统率族人袭击东胡，杀死骄傲轻敌的东胡王，尽虏其人民和畜产；接着又赶跑了西面的大月氏；兼并了南面的楼烦、白羊部以及北面的浑庾、屈射、丁零诸部，拓地远至贝加尔湖（即史书上所说的北海），进而征服西域的二十多个小民族，设置所谓"僮仆都尉，常居焉耆，危须，尉黎间"，向这些民族征收赋税，把这些民族的人民当作奴隶来役使。冒顿单于和他的儿子老上单于相继统治的几十年间，也就是西汉王朝开国初期的几十年间，匈奴的势力空前强大，对汉王朝构成了严重的威胁。

刘邦在平城吃了一次大亏，采纳娄敬的献计与匈奴和亲，本意是想同匈奴人和平共处，以利于与民休养生息。同时，刘邦对匈奴人仍保持警惕，接受娄敬的另一建议，移民十余万口于关中以备变。惠、吕、文、景时期，恪守这一政策，并不断增强边防力量。几十年间，汉与匈奴没有发生大规模的战事，但匈奴的侵略活动却也没有因此而完全停息：

吕后七年（公元前 181 年）冬十二月，匈奴侵狄道，掳掠 2 000 余人。

文帝三年（公元前 177 年）五月，匈奴右贤王入居河南地。

文帝十四年冬，匈奴老上单于率 14 万骑侵入朝那（甘肃平凉西北）、肖关（甘肃固原南），杀死北地都尉孙卬，掳掠人民和畜产甚众，并进至彭阳（甘肃镇原），这是一次严重的侵略行动。文帝发兵车千乘，骑卒 10 万人，要亲自出征，同匈奴决战，因薄太后的劝阻，改以东阳侯张相如为大将军，建成侯董赫、内史栾布均为将军，领兵击匈奴；匈奴留塞内月余才回师。汉兵仅把匈奴人逐出塞外，不能有所杀伤，匈奴人更加骄傲起来，连年入侵边境，杀掠人民甚众，受害最重的是云中、辽东两郡。

文帝后六年（公元前 158 年）冬，匈奴军臣单于以三万骑侵入上郡，三万骑侵入云中，杀掠亦甚众。

景帝即位，赵王刘遂曾暗通匈奴，合谋入边，由于汉王朝迅速平定了吴、楚等七国的叛乱，阴谋没有得逞。《汉书・匈奴传》说："自是后，景帝复与匈奴和亲，通关市，给遗单于，遣翁主如故约。终景帝世，时时小入盗边，无大寇。"① 所谓"小入盗边，无大寇"，是同前朝比较而言。在景帝执政的 16 年中，匈奴人较大的入侵，也有两次：

一是景帝六年（公元前 151 年）六月，匈奴侵雁门，至武泉，入上郡，掠夺国家牧场的马匹，并杀死汉吏卒 2 000 人；

另一是景帝后二年（公元前 142 年），匈奴入侵雁门，杀死雁门太守冯敬。

当时，匈奴人是对国家民族安全的威胁。西汉初期，为了不打乱国内经济恢复工作的步骤，对匈奴人，只能在政治上采取绥靖政策，在军事上采取单纯防御战略，这当然不可能消除匈奴人的威胁，但却为以后有可能根本消除匈奴人的威胁创造了条件。经过 60 多年的休养生息，国家元气恢复；到了汉武帝刘彻的时候，对匈奴的长期侵略进行大规模的自卫反击战的条件已经完全成熟了。

打仗要有粮食。这时候粮食储备情况是"都鄙廪庾皆满，……太仓之粟，陈陈相因，充实露积于外"。

---

① 《汉书》第十一册，3764—3765 页。

打仗要有钱，特别要有足够的钱供赏赐战士之用。这时候是“府库余货财，京师之钱累巨万，贯朽而不可校”。

同匈奴人打仗要有精锐的骑兵部队，要有足够装备这支骑兵队伍的马匹。汉文帝时奖励人民养马，“民有车骑马一匹者，复卒三人”；[①] 汉景帝时，在西、北边郡分设六个牧师苑（国家牧场），养马30万头。[②] 所以，这时候不仅国家有大量的马匹，并且民间也有大量的马匹，“众庶街巷有马，阡陌之间成群。”[③] 汉初的“自天子不能具钧驷，而将相或乘牛车”的那种现象，已成陈迹。

粮多了，钱多了，马也多了，这“三多”是反击匈奴的物质条件。汉人使用的武器（由于生产技术的先进）又一向比匈奴人的武器精良得多。所以，汉武帝时候战争的物质基础是优越于匈奴的。

对国家民族来说，再不能有什么比安全更为重要的了。没有国家民族的安全，便没有一切。西汉初期不是忽视了这个问题，而是深深地知道“劳民不可烦”，轻率地发动一场没有胜利把握的对外战争会造成很大的灾难，只有坚决实行休养生息，尽可能赢得较长的时间来培养国力，才是确保国家民族安全的正道。到了汉武帝的时候，上述的目的达到了，形势起了根本的变化。与此同时，人民对匈奴的长期侵略再也忍受不下去，为了国家民族的安全，为使自己和自己的同胞不致被匈奴人抓去当奴隶，他们要求打垮匈奴的侵略势力，这是当时对匈奴人进行自卫反击战的强大的精神基础。

汉武帝在位54年，大大小小的仗打了30多年，其中有10多年是同匈奴人交手的。汉对匈奴的战争，是维护国家民族安全，反击匈奴侵略的自卫战争，是符合人民愿望，得到人民支持的正义战争。经过

---

① 《汉书》第四册，1133页。原文：“今令：民有车骑马一匹者，复卒三人。车骑者，天下武备也，故为复卒。”颜师古注曰：“当为卒者，免其三人；不为卒者，复其钱耳。”

② 卫宏《汉旧仪》：“太仆牧师诸苑三十六所，分布西边、北边，以郎为苑监官，奴婢三万人，分养马三十万头，择取教习”。又，《汉书·景帝纪》：“匈奴入雁门，至武泉，入上郡，取苑马。”如淳注引《汉仪注》与上说同。《汉书·百官公卿表》：“边郡六牧师苑令各三丞”。据清人钱大昭考，分设牧师苑的边郡为：陇西、天水、安定、北地、上郡、西河，共六郡。按此，则所谓三十六所是分属六牧师苑的牧场无疑。

③ 《史记》卷三十，《平准书》。

先后五次大规模的进攻，终于摧毁了匈奴的主力，使之元气大伤，被迫远徙漠北。至元鼎六年（公元前 111 年），汉王朝“初置张掖、酒泉郡，而上郡、朔方、西河、河西开田官，斥塞卒六十万人戍田之”（史记·平准书）。大规模的屯田，既巩固和加强了边防，又发展了边郡的农业生产，充实了边食；还可大大节省从内地转运粮草的劳役和耗费。汉王朝反击匈奴侵略的自卫战争取得了空前的胜利。

谁都知道，打仗是很花钱的，没有充裕的财政力量就不可能进行旷日持久的大规模战争。现在，我们应该转入另一个论题，研究一下汉武帝时期是怎样解决战时财政问题的。他采取了什么政策和措施，这些政策和措施在政治，经济各方面引起怎样的后果；特别是必须弄清楚本书应当特别关心的一个问题——有没有加重了农民的负担。

下面，我们打算按时间顺序论述一下汉武帝时期的主要财政措施。

汉武帝元光六年（公元前 129 年），初算商车。《汉书·武帝纪》李奇注曰：“始税商贾车、船，令出算。”这是从重农抑商政策出发，同时也是为了增加国家财政收入作好战争准备而采取的一项措施。

元朔六年（公元前 123 年），卖武功爵。武功爵凡十一级，一级曰造士，二级曰闲舆卫，三级曰良士，四级曰无戎士，五级曰官首，六级曰秉铎，七级曰千夫，八级曰乐卿，九级曰执戎，十级曰左庶长，十一级曰军卫。每级的买价为 17 万钱①。买官首爵的，可以试用为吏，并得优先任用；买千夫爵的，其待遇同于旧爵的五大夫一级，犯了罪还可以减刑二等；但是，买武功爵的只能买到乐卿一级。大概在元朔六年以前，对匈奴作战的军费，可以从文、景两朝的库藏得到补充，国家财政还没有出现拮据状态；而到了元朔六年，经过几次大规模的主动出击。库藏已空，不能不另辟财源，出卖武功爵便成为一项应急的措施。

元狩四年（公元前 119 年），这是国家财政开始大改革的一年。

---

① 《史记·平准书》和《汉书·食货志》都说：“级十七万，凡直三十余万金。”《史记索隐》：“大颜（即颜游秦——颜师古的叔父）云：‘一金，万钱也。计十一级，级十七万，合百八十七万金’。而此云‘三十余万金’，其数必有误者。顾氏案：或解云，初一级十七万，自此以上每级加二万，至十一级合成三十七万也。”

这一年实行的新措施，主要有：

1. 造皮币。禁苑多白鹿，取白鹿皮造为皮币，每张一方尺，用丝线绣边，定价 40 万钱，规定王侯宗室朝觐聘享时要用皮币作璧的垫子；当时璧的价值不过数千钱，而用作垫子的皮币却值 40 万钱。这种皮币并非货币，它既不能用作流通手段，也不能用作支付手段。所以，汉武帝造皮币，实际上是向富有的封建贵族敲竹杠，这竹杠敲得对，敲得好。

2. 铸造银币。《史记·平准书》记载："白金三品：其一曰重八两，圜之，其文龙，名曰'白选'，直三千[①]；二曰以重差小，方之，其文马，直五百；三曰复小，椭之，其文龟，直三百。"《汉书·食货志》记载："黄金重一斤，直钱万。朱提银重八两为一流，直一千五百八十；他银一流直千。"[②] 可知汉代一般白银价格是每斤 2 000 钱。重八两的银币（掺有锡），它的实值不过 1 000 钱，面额价值却规定为 3 000 钱，为实值的三倍。这就说明了：铸造这种银币，主要目的是筹款，而不是出于金融方面的需要。这种违反价值规律的银币是不受欢迎的，结果是"白金稍贱（贬值），民不宝用，县官以令禁之，无益。岁余，终废不行。"[③]

3. 算缗钱。这是征收资产税。根据《史记·平准书》和《汉书·食货志》的记载，"算缗钱"制度的主要内容是：（1）对商人用于买卖、放债等方面的资产，每二千钱征一算（120 钱）；对手工业者作坊的资产，每四千钱征一算；（2）不是三老、不是北边骑士而有轺车（小车）的，每车征一算，商人征二算；船五丈以上的征一算；（3）上述各项资产由个人自己据实陈报，隐匿资产、陈报不实的，罚

① 《汉书·食货志》作"白撰"。《史记索隐》说："《尚书大传》云：'夏后氏不杀不刑，死罪罚二千馔'。马融云：'馔，六两'。《汉书》作'撰'，二字音同也。""晋灼案：《黄图》云，直三千三百也"。又《汉书·萧望之传》："甫刑之罚，小过赦，薄罪赎，有金選之品。"应劭曰："選音刷，金铢两名也。"颜师古曰："音刷是也。字本作锊，锊即锾也，其重十一铢二十五分铢之十三，一曰重六两。"录供参考。

② 《汉书》第四册，1178 页。颜师古曰：朱提，县名，属犍为、出善银。朱音殊，提音时。

③ 《史记·平准书》。县官，汉人对皇帝的惯称。

戍边一岁，并没收其资产；有举发的，以没收的资产的半数给赏。《居延汉简》中的公乘礼忠一简留下了汉代陈报资产的实例，简文如下①：

候长觻得广昌里公乘礼忠，年卅。

小奴二人，直三万，大婢一人，二万，轺车一乘，直万；用马五匹，直二万；牛车二两，直四千；服牛二，六千；宅一区，直万；田五顷、五万；凡赀直十五万。

由于许多商人隐匿资产，逃避课税，元狩六年（公元前117年）朝廷下令动员群众检举，这就是所谓“告缗”。汉武帝命杨可主管这项工作，于是“杨可告缗遍天下，中家以上大抵皆遇告。杜周治之，狱少反者”。(《史记·平准书》)。又派遣御史、廷尉正监等官吏分赴各郡国审理告缗案件，各地没收的财物以十万计；没入的奴婢以千、万计；没入的田地，大县数百顷，小县百余顷（元狩四年曾下令禁止有市籍的商人及其家属占有田地）；没入的房宅也不少。《史记·平准书》和《汉书·食货志》对此事均有微词，似乎认为搞得过于严酷。在告缗案件中，可能有少数是搞错了的，但被剥夺的多数是富商大贾，他们拼命追求重利，残酷地奴役和剥削平民，而对国家民族的安全却漠不关心，不肯拔一毛以利天下。他们对生产的发展没有起到什么积极的作用，相反，却引起了物价的腾涌，助长了土地的兼并，使社会经济陷于混乱，剥夺这些社会蠹虫，人民应该是拍手称快的。西汉从建国开始，即标榜重农轻商，也在法律上采取过一些措施，却只是隔靴搔痒，结果正如晁错所说的：“今法律贱商人，商人已富贵矣！尊农夫，农夫已贫贱矣！”到汉武帝才大胆地使用了这种果断的手段。这是应该给予肯定的。但是，汉武帝没有进一步实行解放奴隶，没有把没收入官的田宅分配给这些奴隶和其他无地或少地的农民；而是拨给水衡、少府、大农、太仆各官署，把没入的奴隶拨给上林诸苑饲养狗马禽兽和各官署供役使。这就反映了他作为封建地主阶级政治代表的立场，表现了这个封建皇帝的阶级意识的局限性。这种事情，在历

① 《居延汉简释文》排印本卷三，455页。候长，军职名；觻得，县名，属张掖郡。广昌里，乡名；公乘，爵名。

史唯物主义者看来，不会觉得奇怪。

4. 实行盐铁专利。元狩三年，汉武帝以当时大司农郑当时的推荐，擢用山东大盐商东郭（姓）咸阳（名）和南阳大铁商孔仅两人为大农丞，领盐铁事。洛阳贾人子桑弘羊年三十为侍中，在武帝身边多年，深得武帝的信任，也参与了国家财政大计。元狩四年，汉武帝采纳盐铁丞东郭咸阳、孔仅的建议，决定把盐铁事业收回官营，派孔仅和东郭咸阳乘驿车到全国各地开办官营盐铁事业，分设盐铁官署，并选用曾经营盐铁的富商为盐铁官吏。各地盐官和铁官均设长、丞，其属吏有"有秩"等。3 年后，即元鼎二年（公元前 115 年），孔仅被提升为大司农，位列九卿；而桑弘羊亦被任用为大司农中丞，管诸会计事。根据《汉书·地理志》的记载，各郡、县设置盐官的地点共计 35 处，设置铁官的地点共计 47 处。

当时把盐铁事业收归官营，与其说是为了便民，毋宁说主要是为了：(1) 增加国家财政收入；(2) 削弱商业资本；(3) 防止豪强大族的聚众作乱。这些目的，特别是排在首位的财政目的，确实是达到了。

元狩五年（公元前 118 年），铸五铢钱。这不仅是为了适应流通的需要，而且是为了从中取得财政收入，因为铸钱是获利甚厚的一项事业。汉代铜价，可以根据延光壶的款识计算出来。延光壶铸于延光四年（公元 125 年），壶上记着：铜二百斤，直钱万二千[①]。延光是汉安帝的年号，由此可知东汉的铜价是每斤 60 钱。用一斤铜来铸钱（不算掺杂及铸费，这两者基本可以相抵）可得五铢钱 76.8 钱，比铜本多出 16.8 钱，利润率为 28%（如果汉武帝时铜价更贱一些，则利润率还会更高一些），这是很能赚钱的一宗生意。《汉书·食货志》说，从武帝到平帝元始中，共铸成五铢钱 280 亿万余。西汉以 10 万为亿，280 亿万余即 2 800 万万余。这一段期间约共 122 年，其中汉武帝期间为 32 年，按平均每年铸钱 23 万万计算，应成钱在 736 万万以上，获利在 206 万万以上，平均每年获利在 6.44 万万以上。显然，这是一个最保守的推算，实际上一定会大大超过这个数目，因为在开始铸造五

① 阮元：《积古斋钟鼎款识》卷九，15 页。

铢钱的时候，每年的成钱数一定大大超过这个平均数。元鼎二年（公元前 115 年），禁止各郡国铸钱，专令上林三官[①]铸造五铢钱，实行了统一铸造货币的措施。这是一项进步的措施，有利于统一的国内市场的开拓，有利于社会经济的发展；同时也有利于增加国家的财政收入。五铢钱是一种优良的铸币，自汉至隋，流通 700 余年，人民乐于使用。

元封元年（公元前 110 年），实行均输、平准。均输、平准是官营商业，早在元鼎二年，桑弘羊为大司农中丞时已稍稍试行。到了元封元年，桑弘羊被任用为治粟都尉，领大司农事，便在全国范围内推行。什么叫“均输”和“平准”？《盐铁论》里有这样的一段话：“大夫曰：往者郡国诸侯，各以其方物贡输，往来烦难，物多苦恶，或不偿其费。故郡国置输官以相给运，而便远方之贡，故曰均输。开委府于京师以笼货物，贱则买，贵则卖。是以县官不失实，商贾无所贸利，故曰平准。”[②] 这是桑弘羊自己说的话，应该算是最具权威性的说明。《汉书·食货志》说：“弘羊以诸官各自市相争，物以故腾跃，而天下赋输或不偿其僦费，乃请置大农部丞数十人，分部主郡国，各往往置均输盐铁官，令远方各以其物如异时所转贩者为赋，而相灌输。置平准于京师，都受天下委输。召工官治车诸器，皆仰给大农。大农诸官尽笼天下之货物，贵则卖之，贱则买之。如此，富商大贾亡所牟大利，则反本，而万物不得腾跃。故抑天下之物，名曰平准。天子以为然，而许之。”[③]《汉书·百官公卿表》“治粟内史”条下孟康对均输的注释是：“谓诸当所有输于官者，皆令输其土地所饶，平其所在时价，官更于他处卖之，输者既便，而官有利也。”[④] 综合上述资料，我们可以这样理解：

在实行均输、平准之前，各郡、国都要向中央政府上贡规定的货物，并由自己负责运输到京师长安，运送途中损耗很大。有些货物不是本郡出产的还要到别处去购买，有些郡、国距离京师很远，运费的

---

① 上林三官，过去均指为钟官、均输和辨铜三令、丞。陈直则指为钟官、技巧及辨铜三令丞（《汉书新证》175 页），陈说为长。

② 《盐铁论·本议第一》。大夫，御史大夫的简称，当时桑弘羊任御史大夫。

③ 《汉书》第四册，1174—1175 页。

④ 《汉书》第三册，731 页。

负担很重。因此，各郡、国尽管花了不少的钱，却满足不了中央政府的需要，京师各官署还要各自就近购买，形成竞争，商人乘机操纵，引起了物价的不断高涨。

实行均输、平准法的具体措施：一是中央政府在各郡设置均输官负责采办和运输事务；各郡、国则将应贡货物折成代金连同运费交给均输官，免除了把贡物运输到京师的任务。均输官在各郡只采购当地大宗生产而价格较别处便宜的物品，除了把一部分运往京师以外，其余则分别运到价格较高的别处出售。例如：甲郡大宗出产的是丝绸，价格较乙郡和丙郡都便宜得多，甲郡的均输官便在当地采购丝绸，除了一部分运往京师以外，其余的便运往乙郡和丙郡出售；乙郡的大宗出产是木材，价格比甲郡便宜得多，乙郡的均输官便在当地采购木材，除了一部分运往京师以外，其余的便运往甲郡出售。如此类推，这就是所谓“令远方各以其物如异时所转贩者为赋，而相灌输”，也就是所谓“当所有输于官者，皆令输其土地所饶，平其所在时价，官更于他处卖之”。由此可以明白，“输者既便，而官有利”，确是事实。二是在京师开设货栈，囤积各地运来的货物，无论哪种货物，价贱时买入，价贵时便卖出，这就是所谓“开委府于京师以笼货物，贱则买，贵则卖”，当时会对物价起一定的平抑作用，所以叫作平准。由此可以明白，所谓“县官不失实（实指实惠），商贾无所贸利”，所谓“富商大贾无所牟大利”，也确是事实。

均输、平准法减轻了各郡、国的负担，削弱了商业资本，而最显著的效果是大大地增加了国家的财政收入。就在开办的第一年，汉王朝得到的实惠是“诸均输帛五百万匹，民不益赋而天下用饶”。[①] 在这种情况下，汉武帝更加大手大脚地挥霍起来了。《汉书·食货志》记载说：“于是天子北至朔方，东封泰山，巡海上，旁（傍，沿着）北边以归。所过赏赐，用帛百余万匹，钱金以钜万计，皆取足大农。”[②]

这一年还停止了“告缗”，桑弘羊又请令民得入粟补吏及赎罪；令民入粟甘泉仓，免除终身徭役。一年之中，太仓、甘泉均满，边塞

① 《汉书》第四册，1175 页。

② 《汉书》第四册，1175 页。

粮食也有余。看来，桑弘羊在当时可以算得上是理财的能手。

元封以后，天汉三年（公元前98年）实行酒专卖，天汉四年（公元前97年）令犯死罪的人入赎钱五十万得减死一等，此外再没有采取过其他新措施。

以上所述各项措施中，统一铸造五铢钱、盐铁和酒的专卖以及实行均输（平准）法，都是正确的，无可非议的，汉武帝时期的财政，基本上属于战时财政体制，但这些措施却都应该认为正常的而不是非常的措施；同时，这些措施，既是财政手段，又是经济手段，并且还起着政治手段的作用。还要指出，盐铁专卖和均输、平准是汉武帝时期国家财政上的两大支柱，对增加国家财政收入和保证国家财政支出。成效最著。《盐铁论》中有如下的几段话：

“大夫曰（大夫，指当时的御史大夫桑弘羊）：匈奴背叛不臣，数为寇暴于边鄙，备之则劳中国之士，不备则侵盗不止。先帝（指汉武帝）哀边人之久患，苦为虏所系获也，故修障塞，饬烽燧，屯戍以备之。边用度不足，故兴盐铁，设酒榷，置均输，蕃货长财，以佐助边费。”（本议第一）

“大夫曰：……往者财用不足，战士或不得禄，而山东被灾，齐、赵大饥，赖均输之畜，仓廪之积，战士以奉，饥民以赈。故均输之物，府库之财，非所以贾万民而专奉兵师之用，亦所以赈困乏而备水旱之灾也。”（力耕第二）

“大夫曰：……往者豪强大家，得管山海之利，采铁石鼓铸，煮海为盐。一家聚众或至千余人，大抵尽收放流人民也，远去乡里，弃坟墓，依倚大家，聚深山穷泽之中，成奸伪之业，遂朋比之权，其轻为非亦大矣！”（复古第六）

“大夫曰：……盐铁之利，所以佐百姓之急，足军旅之费，务蓄积以备乏绝，所给甚众，有益于国，无害于人。”（非鞅第七）

“御史（姓名不详）曰：……夫理国之道，除秽锄豪，然后百姓均平，各安其宇。张廷尉（指文帝时的廷尉张释之）论定律令，明法以绳天下，诛奸猾，绝并兼之徒。而强不凌弱，众不暴寡。大夫各运筹策，建国用；笼天下盐铁诸利，以排富商大贾，买官赎罪；损有余，

补不足，以齐黎民。是以兵革东西征伐，赋敛不增而用足。”（轻重第十四）

这几段话对盐铁、均输的评价，并非言过其实。

宣帝时京兆尹张敞也说：“昔先帝（指汉武帝）征四夷，兵行三十余年，百姓犹不加赋，而军用给。”[①] 这也是实话。

总而言之，汉武帝时期，虽然兵革屡兴，军费庞大，但基本上没有加重农民负担（如果要说有的话，那就是仅仅开征口钱一项而已）。作为一个封建皇帝，汉武帝所采取的财政政策是明智的。

汉昭帝六年（公元前 81 年），盐铁、均输虽然遭受贤良、文学（代表儒家的人）的反对，结果只罢了酒业专卖。汉武帝时期所创立的财政制度，经历宣、元、成、哀、平五朝，基本上无所改变。汉元帝时曾一度罢盐铁官，三年后又不得不恢复。

关于武帝时期的农民负担，有两件事需要说一说。

一、对两粤及西南的少数民族地区，即所谓初郡（初郡，谓新置的郡）——南海、苍梧、郁林、合浦、交趾、九真、日南、珠崖、儋耳、武都、牂柯、越巂、沈黎、汶山、犍为、零陵、益州等共十七郡，一律不征赋税。初郡的行政经费，由南阳、汉中以往各郡自近及远，依次供给。

二、元封以后，局部地区，主要是巡幸所经地区的租赋常常得到减免。例如：

元封元年（公元前 110 年）封泰山，免除所经博、奉高、蛇丘、历城、梁父五县的田赋以及未交纳的赋款和未清偿的贷款；免除博、蛇丘、历城和梁父四县的当年算赋。

元封四年，免除汾阴、夏阳、中都三县及杨氏（河东聚邑名）的当年田赋和算赋。

元封五年，行南巡狩，至庐江郡，复北至琅琊，沿海至泰山，免除所经各县当年的田赋和算赋。

天汉三年（公元前 98 年），行幸泰山，还幸北地，免除所经各地

① 《汉书》第十册，3277 页。

的当年田赋。

此外，汉武帝对救济贫民是不算吝惜的，例如：

元狩四年（公元前 119 年），山东被水灾，民多饥乏，发郡国各仓赈济；徙贫民七十余万于关以西，充实朔方以南新秦中地区，衣食皆仰给县官数岁，假予产业，其费以亿计，不可胜数。

《汉书·萧望之传》说：武帝常常关怀“边境之不赡，故《金布令·甲》曰：‘边郡数被兵，离（同罹，遭受）饥寒，夭绝天年，父子相失，令天下共（同供）给其费’”。[1] 由此可知，边境各县人民是经常得到国家的财政支援的。这不仅照顾了边境各县贫民的生计，并且也有利于西北屯垦事业的发展和国防的巩固。

汉武帝对治河和兴修灌溉工程也花过不少钱，做过不少有益的事，限于篇幅，不再赘述。有一点还是不能不指出的，汉武帝晚年对自己的一些错误有所觉悟，并决心改正。当田千秋辩戾太子之冤，武帝立即破格任用这个原来不过是高庙郎的小官为大鸿胪，数月后又擢拔为丞相，封为富民侯，并公开承认自己不德，说“巫蛊之祸流及士大夫”“朕日一食者累月”（好几个月每天只能吃下一顿饭）。这些都是犯错误后有了觉悟和决心改正的证明。一个在位 50 余年建立过显赫功业的封建皇帝，最终能够发觉和承认错误并下决心改正，这在历史上的确不多见。武帝的决心改正表现在把发展农业生产确定为国家的中心工作方面，他下令说：“方今之务，在于力农。”他任用“赵过为搜粟都尉。过能为‘代田’，一亩三甽，岁代处，故曰代田，……过使教田太常、三辅，大农置工巧奴与从事，为作田器。二千石遣令长、三老、力田及里父老善田者受田器，学耕种养苗状。……以故田多垦辟。过试以离宫卒田其宫壖地（壖，余也），课得谷皆多其旁田亩一斛以上。令命家（命家，有爵者）田三辅公田，又教边郡及居延城；是后边城、河东、弘农、三辅、太常民皆便代田，用力少而得谷多。”[2] 这对汉代农业生产，特别是西北边郡的农业生产的发展是起了促进作用的。

---

① 《汉书》第十册，3278 页。

② 《汉书》第四册，1138—1139 页。

第五节　昭、宣时期的农民负担情况

后元二年（公元前 87 年）二月，汉武帝死，昭帝刘弗陵继位，年仅 8 岁，大司马大将军霍光受遗诏辅少主。昭帝在位 13 年，政事一决于光。史家讥霍光“不学无术”。霍光确实不会引经据典地夸夸其谈，也许他根本就没有学过四书五经，但这一点并没有使他在政治上捽觔斗。霍光是一个稳重的人，连走路都“不失尺寸”，他“出入禁闼二十余年，小心谨慎，未尝有过”。正因为这样，汉武帝看中了他，认为“可属社稷”（属，同嘱，委托），而霍光也确实没有辜负武帝的委托。他恪守武帝晚年所确定的国策，实现武帝的遗志，专力于与民休息，发展农业生产，恢复国家元气。征和三年（公元前 90 年）贰师将军降匈奴后，汉武帝下诏：“深陈既往之悔”，斩钉截铁地宣布：“当今务在禁苛暴，止擅赋，力本农，修马复令，以补缺，毋乏武备而已。”① 这就是武帝晚年所确定的国策。《汉书·昭帝纪》说：“孝昭委任霍光，……承孝武奢侈余敝师旅之后，海内虚耗，户口减半，光知时务之要，轻徭薄赋，与民休息。至始元、元凤之间，匈奴和亲，百姓充实。”②《汉书·循吏传》说；“孝昭幼冲，霍光秉政，承奢侈师旅之后，海内虚耗，光因循守职，无所改作。至于始元、元凤之间，匈奴乡（同向）化，百姓益富”③。这都说明了霍光在执政的 10 多年间恪遵武帝的遗志，认真实行了西汉初期的轻徭薄赋政策，并取得了相当大的效果。

昭帝期间在减轻农民负担和振兴农业生产方面采取了如下的一些措施：

---

① 见《汉书·西域传》，《汉书》第十二册，3914 页。“修马复令”，颜师古注：马复，因养马以免徭赋也。

② 《汉书》第一册，253 页。

③ 《汉书》第十一册，3624 页。

一、始元二年（公元前85年）豁免全国当年的田赋；

二、减免口赋钱：元凤四年（公元前77年）下令豁免当年和次年的全国口赋，元平元年（公元前174年）诏减口赋钱3/10；

三、减、免漕粮：始元五年（公元前82年）减漕300万石，元凤三年（公元前78年）诏止次年漕运；

四、豁免民欠：始元二年秋八月诏免当年贷放给贫民的种子和口粮，元凤三年（公元前78年）诏免以前各年贷放的种子、口粮以及边郡受牛户应偿付的牛值①，元凤四年诏免元凤三年以前各年所欠的更赋；

五、准许用实物折交赋款：元凤二年（公元前79年）诏许三辅、太常②得用粮，豆抵交算赋和其他税款，元凤六年（公元前75年）诏许三辅、太常得用粮、豆抵交算赋和其他税款；

六、元凤二年豁免当年应征的马口钱（马税）；

七、改革马政：始元四年（公元前83年）下令，“往时令民共出马，其止勿出，诸给中都官③者减之”，始元五年（公元前82年），罢天下亭母马及马弩关④；

八、元凤三年，把设在荥阳的中牟苑土地分给农民耕种。

以上这些措施，对于减轻农民负担和振兴农业生产都是有利的，所以，西汉的社会经济，在昭帝时期不仅得到恢复并且已经有了进一步的发展。

继昭帝之后，汉宣帝刘询执政25年（公元前73—前49年）。他一方面继续实行轻徭薄赋；另一方面，认真整顿吏治，更有效地贯彻与民休养生息的政策，对减轻农民负担和振兴农业生产起了更大的作

---

① 武帝始开三边，徙民屯田，贷与耕牛，现豁免受牛户应付的牛值，但非武帝当时所贷而是后来由丞相等请贷的不在内。

② 太常主诸陵，别治其县，亦相当于郡；元帝时始分诸陵邑属三辅。三辅，指京兆（据《地理志》，辖12县），左冯翊（辖24县）和右扶风（辖21县）三郡。

③ 中都官，指京师各官署。

④ 罢天下亭母马：武帝数征匈奴，再伐大宛，马匹损耗极大，因令天下各亭均养母马，以图繁殖；现废止之，既省各亭事务，亦可免乡部把负担转嫁于农民。罢马弩关，孟康谓：“旧，马高五尺六寸，齿未平，弩十石以上，皆不得出关；今不禁”。

用，使西汉社会经济的发展获得了一次飞跃，西汉封建王朝进入了一个黄金时期。

根据《汉书·宣帝纪》的记载，宣帝在位期间免收田赋凡五次。本始元年（公元前73年，宣帝初即位）诏“租税勿收”，这是普免当年全国的田赋及其他赋税。甘露三年（公元前51年），匈奴呼韩邪单于归降，郅支单于远遁，诏“毋出今年租”，这是普免当年全国的田赋。本始三年（公元前71年，是年大旱）诏：“郡国伤旱甚者，民毋出租赋。三辅民就贱者，且毋收事，尽四年”。这是说，各地旱灾严重的，受灾的农户免纳田赋及其他赋税，三辅农民逃荒到粮价较贱的地区就食的，除免纳田赋及其他赋税外，并免除徭役，对受灾农户给予上述照顾，直至本始四年底为止（即给予为期两年的照顾）。元康二年（公元前64年）又下令“郡国被灾甚者，毋出今年租赋”，这同本始三年一样，都是对受灾农户的照顾。神爵元年（公元前61年），宣帝巡幸甘泉、河东，下诏“行所过毋出田租”，这是对巡幸所经郡县免收当年田赋。

在徭役方面，地节四年（公元前66年）下令，对家有祖父母或父母丧事的，免除其徭役；这项新的规定，颇得人心。五凤四年（公元前54年）以边塞无寇，减边郡戍卒2/10；往岁要漕运关东谷400万斛以供京师，每年使用漕卒6万人，这时又采用大司农中丞耿寿昌的建议，就近籴三辅，弘农、河东、上党、太原诸郡谷以供京师，虽然筑仓治船费直2万万余，但却节省关东漕卒过半。宣帝很少建造亭台楼阁，同时还严禁各地擅自兴役动众。因此，这一时期的封建徭役负担是大有减轻的。

宣帝很注意社会救济工作：1. 对受灾地区贷放种子、口粮。本始四年（公元前70年）除了国家贷放以外，还动员丞相和京师各官署的令、丞入谷长安仓助贷；元康元年和神爵元年均曾下令对贷放的种子、口粮免予收还。2. 经常对鳏寡孤独和贫困的老年人，发放布帛。3. 把公有田地借与贫民使用，例如地节元年（公元前70年）下令

“假郡国贫民田”;① 地节三年又下令，皇家的陂池、禁苑尚未使用的，借与贫民使用，流民归农的，借与公田，贷放种子、口粮，并暂免算赋和徭役。

地节四年下令，减天下盐价。这对人民生活是有利的，是赢得人心的一项措施。

更值得特别提及的，是创立常平仓制度一事。宣帝时的粮价，从长期趋势说是下降的，“谷贱伤农”是一个严重问题。从一定期间说，由于年成有丰歉，粮价变动常会出现大起大落的现象。例如：《汉书·食货志》说：“宣帝即位，用吏多选贤良，百姓安土，岁数丰穰，谷至石五钱”(按:《汉书·宣帝纪》元康四年,“比年丰，谷石五钱。”)；《汉书·赵充国传》说：“金城、湟中谷斛八钱”，这是谷价的大落；《汉书·赵充国传》载神爵元年（公元前61年）宣帝与赵充国书说：“今张掖以东粟石百余”，这是谷价的大起。大落固然伤农，大起对贫苦农民也有害。五凤四年（公元前54年），耿寿昌建议：“令边郡皆筑仓，以谷贱时增其价而籴以利农，谷贵时减价而粜，名曰常平仓”。宣帝采用了这个建议，创立常平仓制度。《汉书·食货志》说：常平仓实行后“民便之；上乃下诏，赐寿昌爵关内侯。”这说明常平仓对稳定粮价确实起了一定作用。

关于人头税，《汉书·宣帝纪》有两则记载：一是五凤三年（公元前55年）诏“减天下口钱”，怎么个减法，减去多少，没说清楚；二是甘露二年（公元前52年）诏：“减民算三十”，即把算赋的税额由120钱减为90钱。宣帝时粮价趋贱，减轻人头税税额是必要的，但由120钱减为90钱，减得很不够（成帝又再减为80钱，也还是减得很不够）。文帝时，米石五百，口钱尚未开征，而算赋的税额却由120钱减为40钱；宣帝时的粮价，比文帝时贱，比高、惠时贱得多，算赋的税额没有降到文帝时的征收水平，显然是重了。所以说，减得很不

① “假郡国贫民田”，是把各郡国的公有田地借给贫民。地节三年诏曰：“前下诏假公田，贷种、食。”据此，把公田借给贫民是同时贷放种子和口粮的。又按《汉书·霍光传》：“（霍）山曰：今丞相（指魏相）用事，县官（指宣帝）信之，尽变易大将军（指霍光）时法令，以公田赋与贫民。”地节二年霍光死，地节三年魏相由御史大夫迁丞相，据此可知公田借给贫民使用不单是地节元年如此，地节三年魏相为丞相后仍继续执行。

够。那么，为什么不能多减呢？这要从当时的国家财政状况去找出真正的原因。《太平御览》引桓谭《新论》：“汉百姓赋敛，一岁为四十余万万，吏俸用其半，藏于都内为禁钱；少府所领园池作务，入十三万万，以给宫室供养诸赏赐。”① 宋人王应麟认为：“汉财用之数，大略见此。”② 其实，西汉财用之数并不只此。《汉书·王嘉传》载元帝时：“都内钱四十万万，水衡钱二十五万万，少府钱十八万万”，③ 总计八十余万万；宣帝时期当亦不相上下。都内属大司农，都内钱是大司农的岁入；水衡钱和少府钱都属皇室的岁入。每年全国财政收入，皇室与大司农约各占半数，这样的财政体制是极不合理的。西汉初期，皇室只有少府，武帝元鼎二年（公元前115年）初置水衡都尉，掌上林苑，属官有上林、均输、御羞、禁圃、辑濯、锺官、技巧、六厩，辨铜等九官令、丞。《史记·平准书》说：“初，大农筦盐铁官布多，置水衡，欲以主盐铁。及杨可告缗钱，上林财物众，乃令水衡主上林。”从告缗中没收入官的财物，按理应尽归大司农，武帝攫走一部分（可能是大部分）归上林是不对的。国家铸钱的职权及其收入（这项收入平均每年达几万万钱），按理也应归属大司农，武帝把铸钱的职权及其收入划归上林三官，更是不对的。皇室和大司农各占国家财政收入半数的不合理情况是由于武帝的处理不当而形成的。大司农岁入的主要来源是人头税收入及盐铁、均输等官营商业的盈利（田赋征收的是实物，不包括在四十万万这个数目内）。总额虽有四十万万，但吏俸已用其半，其余二十万万用来“治库兵车马”和支应日益膨胀的其他各项国家经费，纵不能说是捉襟见肘，也不能认为很宽裕。昭帝时，尽管贤良，文学们极力抨击，也只废止酒业专卖，而不敢罢盐铁、均输。元帝时，“在位诸儒多言盐铁官及北假田官，常平仓可罢，毋与民争利。上从其议，皆罢之。……其后用度不足，独复盐铁官”。④ 这都足以说明宣帝不能把算赋的税额减得更多的根本原因所

① 原文作“少府所领园地作务八十三万万”，地字是池字之误，八字是入字之误。

② 王应麟：《困学纪闻》，卷十二，《考史》。

③ 《汉书》第十一册，3494页。

④ 《汉书》第四册，1142页。

在。有人会说，把财政体制改一改，把水衡划归大司农，问题不就可以解决了吗？是的，这样做，问题当然可以解决，关键在于宣帝不愿意这样做（他确实没有这样做）。宣帝虽还算得上开明，毕竟还是一个封建皇帝，在维护皇室利益方面，他同一般封建皇帝不会有多大的差别。他可以用水衡的钱来营造平陵，[①] 也可以慷慨地掏自己的腰包去赏赐臣下；但是，如果要他把水衡划归大司农，把皇室的财库纳入国库，捆住自己的手脚，却是万万不可以的。武帝以后，汉皇室的用度是庞大的。宣帝不算太奢侈，但说到节俭则大大不如文帝。《汉书・贡禹传》记载：元帝初即位，征禹为谏大夫，禹奏言："高祖、孝文、孝景皇帝，循古节俭，……后世争为奢侈，转转益甚，……今大夫僭诸侯，诸侯僭天子，天子过天道，其日久矣。……故时（往时）齐三服官[②]输物不过十笥（盛衣服的竹器），方今齐三服官作工各数千人，一岁费数钜万。蜀、广汉主金银器，岁各用五百万。三工官[③]官费五千万，东西织室亦然。厩马食粟将万匹。臣禹尝从之东宫（皇太后所居），见赐杯案，尽文画金银饰，非当所以赐食臣下也；东宫之费亦不可胜计。"[④] 武帝以来汉皇室用度的庞大，即此可见一斑。在这种情况下，宣帝是不会愿意把水衡划归大司农的。

这一时期，尽管人头税的负担较重（同西汉初期相比和同田赋相比而言），但全部农民负担却不能算重，甚至可以这样说，在中国封建社会的历史总过程中，这一时期的农民负担应该算是轻的。这一时期农民负担之所以轻，固然由于继续实行轻徭薄赋的政策，另一方面也同汉宣帝的认真整顿吏治有密切的关系。在封建社会，吏治的好坏对农民负担的轻重在很大程度上起决定性的作用。吏治好一些，农民

---

① 《汉书》第一册，242 页。

② 关于"齐三服官"，《汉书・元帝纪》李斐注曰："齐国旧有三服之官。春献冠帻纚为首服，纨素为冬服，轻绡为夏服，凡三。"或谓汉皇室在齐郡临淄设服官三所，称为三服官。按《汉书・地理志》齐郡临淄有服官，未说三所。服官是主管皇室织造的官署，在同一地点不应有三，但所属的作坊则可能不止一个，故贡禹说"齐三服官作工各数千人"。看来，李斐的解释较为合理。

③ 三工官，颜师古说是少府所属的考工室、右工室及东圜匠；陈直谓少府无右工室之名，疑为考工令、尚方令及上林令中之工官。录供参考。

④ 《汉书》第十册，3069—3070 页。

负担就会轻一些；吏治坏，农民负担就一定重。

汉宣帝的出身和经历，不同于一般，他是戾太子刘据的孙子，祖父母和父母全都死于巫蛊之祸，宣帝尚在襁褓中亦被系留郡邸狱，赖治狱使者丙吉的保全，才得免于冤死，后来虽曾收养掖廷，但他的青少年时代基本上是在民间度过的。这一段遭遇，使他能够亲身看到“民事之艰难”，并“具知闾里奸邪，吏治得失”；使他能够在执政后下整顿吏治的决心。宣帝整顿吏治的宗旨在于“安民”，使老百姓能够安居乐业。宣帝即位后，渤海左右郡岁饥，盗贼并起，他接受丞相、御史大夫（当时的丞相是韦贤，御史大夫是魏相）的推荐，起用龚遂为渤海太守。他问龚遂有什么办法可以搞好渤海郡的社会治安，龚遂答道：“海濒遐远，不霑圣化，其民困于饥寒而吏不恤，故使陛下赤子盗弄陛下之兵（武器）于潢（积水日潢）池中耳！（这是“官逼民反”的委婉说法）今欲臣胜之耶，将安之也?”宣帝听了龚遂的话，十分高兴，答道：“选用贤良，固欲安之也。[1] 元康四年右扶风太守尹翁归死，宣帝下诏褒扬尹翁归，诏书的开头说道：“朕夙兴夜寐，以求贤为右，不异亲疏近远，务在安民而已。”[2] 这都说明宣帝整顿吏治的宗旨，在于安民。民不安则天下乱，天下乱则王朝动摇，一个开明的封建君主是懂得这个逻辑的。

怎样整顿吏治呢？宣帝的方法是：综核名实，赏罚分明，黜陟有序。他首先抓了中央领导核心，《汉书·宣帝纪》记载：地节二年，大司马霍光死，宣帝始亲政事，“五日一听事，自丞相以下各奉职奏事，以傅（同“敷”）奏其言，考试功能。”这是在中央一级的综核名实。他自己控制下的中央领导班子相当坚强，从地节三年到神爵二年这一段时间，魏相为丞相，丙吉为御史大夫（副丞相），于定国为廷尉（司法大臣），三个主要成员在当时确是适当的人选。

魏相重视现实，认为古今异制，为政务合时宜，他总结汉初以来的经验，建议继续执行过去行之有效的各项措施，如：忧水旱之灾，为民贫穷发仓廪，赈乏馁（馁，饿也）；遣谏大夫、博士巡行天下，

① 《汉书》第十一册，3639 页。

② 《汉书》第十册，3209 页。

察风俗，举贤良，平冤狱；省诸用，宽租赋，弛（开放）山泽陂池，禁秣马（指用粮食喂马）、酤酒、贮积（指私人囤积粮食）等等。他还建议把各地公田借给贫民耕种。所有这些建议，基本上都被采纳。丙吉是忠厚长者，平易近人，得属吏爱敬，与魏相“同心辅政”。于定国用法持平，为廷尉十七年，深得人心，人们说：“张释之（文帝时廷尉）为廷尉，天下无冤民；于定国为廷尉，民自以不冤”，这是很高的评价。《汉书·魏相丙吉传》说：宣帝“励精为治，练群臣，核名实，而（魏）相总领众职，甚称上意。”又说：“近观汉相，高祖开基，肖、曹为冠，孝宣中兴，丙，魏有声；是时黜陟有序，众职修理，公卿多称其位”。

宣帝十分重视这个领导核心，魏相死后，令丙吉代为丞相，萧望之代丙吉为御史大夫。萧望之原来很有名气，也得到宣帝的信任。但当宣帝察觉到萧望之有意排挤丙吉，又有一些违法的行为，便把他改任太子太傅，而把太子太傅黄霸任命为御史大夫。朝中公卿出缺，常常选拔治绩卓著曾受表扬的郡国守相来替补。如魏相本始二年以河南太守入为大司农，本始三年迁御史大夫，地节三年为丞相，终于丞相任内；朱邑于地节四年以北海太守入为大司农；龚遂于地节四年以渤海太守入为水衡都尉；尹翁归于元康元年以东海太守入为右扶风（京兆尹、右扶风和左冯翊三辅太守，地位相当于卿）；张敞于神爵元年以胶东相入为京兆尹；黄霸以颍川太守征为太子太傅，五凤二年迁御史大夫，五凤三年为丞相；陈万年于神爵元年以广陵太守入为右扶风，五凤二年迁太仆，甘露三年迁御史大夫，等等。这些都是经过“综核名实”确有良好政绩的官吏。

宣帝把安民的使命交给郡国守相，常说：“庶民所以安其田里而无叹息愁恨之心者，以政平讼理也。与我共此者，其唯良二千石乎”①（良二千石，指治绩好的守相，诸郡太守和诸侯相俱秩二千石）每任命刺史、守、相，“辄亲见问，观其所由，退而考察所行，以质其言；有名实不相应，必知其所以然”。为了加强考核，宣帝经常派人到各

① 《汉书》第十一册，3624页。

地检查吏治情况。《汉书·宣帝纪》记载：地节四年，诏“遣使者循行郡国，问民所疾苦”。元康四年，“遣大中大夫（李）疆等十二人循行天下，存问（慰问）鳏寡，览观风俗，察吏治得失，举茂材异伦之士”。五凤四年，复遣丞相、御史两府属官 24 人循行天下，“举冤狱，察擅为苛禁深刻不改者”。

在“综核名实”的基础上，宣帝实行“赏罚分明，黜陟有序”。守相治绩好的，常下诏表扬，进秩赐金，或赐爵至关内侯。例如：地节三年，胶东相王成安置流民八万余口，下诏嘉奖，进秩中二千石（中二千石高于二千石），赐爵关内侯；元康四年右扶风尹翁归死，下诏褒扬并表示哀悼，赐其子黄金百斤；神爵元年，大司农朱邑死，家无余财，诏赐其子黄金百斤；神爵四年颍川太守黄霸以治行最优，进秩中二千石，赐黄金百斤，赐爵关内侯。又如荆州刺史奏言南阳太守召（音邵）信臣“为百姓兴利，郡以殷富”，诏赐召信臣黄金四十斤；召信臣迁河南太守后治行常为第一，复数次进秩赐金。另一方面，对犯了罪的亦严惩不贷。例如，京兆尹赵广汉，河南太守严延年，左冯翊韩延寿等，本来都有治绩，由于干了违法乱纪的事，都被处以极刑。

在封建社会，政治上能够做到赏罚分明，黜陟有序，确实是不多见的。所以，宣帝时期的整顿吏治，在中国历史上是很出色的。《汉书·循吏传》说：“汉世良吏，于是为盛，称中兴焉。若赵广汉、韩延寿、尹翁归、张敞之属，咸称其位；然任刑罚，或抵罪诛。王成、黄霸、朱邑、龚遂、郑弘、召信臣等，所居民富、所去见思，生有荣号，死见奉祀。”[①]

赵广汉、张敞等人着力于打击豪强势力，维护社会治安。赵广汉在颍川太守任内，“郡大姓原，褚宗族横恣，宾客犯为盗贼，前二千石莫能擒制，广汉既至数月，诛原、褚首恶，郡中震栗”。[②] 张敞在京兆尹任内，一天工夫便把长安的好几百个小偷一网打尽。在冀州刺史任内，广川王姬兄弟及王同族宗室刘调等窝藏盗匪，横行无忌，“敞自将郡国吏、车数百辆，围守王宫搜索调等，……敞傅吏皆捕格断头，

① 《汉书》第十一册，3624 页。
② 《汉书》第十册，3200 页，3225 页。

悬其头王宫门外。”[①] 像这些事都是干得有声有色，很见胆略的。豪强不铲除，治安不搞好，老百姓便不能安居乐业。除暴即所以安良，赵广汉被判刑时，吏民守阙号泣者数万人，或言愿代赵京兆死，这是可以理解的。

龚遂、黄霸、召信臣等则关心人民生活，扶助人民生产。黄霸治颍川，令邮亭乡官养鸡养猪以赡鳏寡贫民，鳏寡孤独有死后不能殓葬的，他亲自料理丧事，办得停停当当。许多琐琐碎碎的事情，他都能够在郡内推行下去。人民当然喜欢这种关心自己生活的太守。他重用廉吏；还认为频繁地更换长吏是不合适的，官场上送旧迎新的一切费用都要摊到人民的头上，加以奸吏乘交代之际舞弊营私，贪污官府财物，这种损失最后也是由人民承担的。可见吏治好坏同农民负担轻重之间的关系很大。龚遂治渤海郡，一到任立即出了一道安民布告：只有持武器的才是盗贼，凡持锄钩田器的都是良民，官吏对良民不得骚扰。接着开仓赈济，选用良吏，劝导人民务农桑，令每口人种一棵榆树，一畦韭菜，五十株葱，一百株藠（音 jiào）头，每家养两头母猪和五只鸡。他劝导人民卖剑买牛，转移社会风气的故事流传至今。召信臣治南阳，躬劝农耕，出入阡陌，行视郡中水泉，开通沟渎，使南阳郡的灌溉面积年年扩大，多达 3 万顷；还订定用水分配规则，刻石立于田畔，以防止争水的纠纷。他是最得人心的，“吏民亲爱信臣，号之曰召父”。死后，南阳人民给他立祠。朱邑少时当过舒县桐乡的啬夫，廉平不苛；临死的时候吩咐他的儿子说：“我故为桐乡吏，其民爱我，必葬我桐乡”。死后．儿子把他葬在桐乡西郭外，桐乡人民果然给朱邑起冢立祠，祭祀不断。《循吏传》所谓“所居民富，所去见思，生有荣号，死见奉祀”，是有事实作根据的。

神爵三年诏曰:“吏不廉平则治道衰。今小吏皆勤事而俸禄薄，欲其毋侵渔百姓，难矣！其益吏百石以下俸十五（即加俸 50%）。”百石以下都是低级官吏，多数在基层任职。百石的月俸，据颜师古注为十六斛，据如淳注为六百钱，总之，都是很微薄的。百石以下，有比百

① 《汉书》第十册，3200 页，3225 页。

石，俸数不详；有斗食（一般是佐史），颜师古谓："斗食者，言一岁不满百石，月食一斗二升，"这就更微薄到不能维持家庭生活了。所以，提高下级官吏的待遇是必要的。否则，所谓整顿吏治会成为一句空话。

吏治的整顿，对减轻农民负担，稳定社会秩序，振兴农业生产和促进经济发展，都起了重要的作用。在这些方面所起的作用互相影响和配合，使宣帝统治下的20多年成为西汉王朝的黄金时代。

昭、宣时期很少用兵，这也是农民负担轻的一个主要因素。宣帝时大规模的军事行动，只有两次。

一次是本始二年，为了支援乌孙，发"五将军，兵十五万骑"征匈奴，命校尉常惠领乌孙兵5万余骑配合汉军从西方进击。匈奴听说汉兵大出，不敢迎战，驱老弱畜产远遁，五将军少所得。独常惠领乌孙兵入至匈奴右谷蠡廷，斩捕39 000余级，俘获牲畜70余万头，战功显赫，获封为长罗侯，在西域很有威信。匈奴在这次战役中人及牲畜的死伤不可胜数，势力衰耗，深怨乌孙。这年冬天，匈奴单于自将万骑击乌孙，会天下大雪，一日之间雪深丈余，人及牲畜大部冻死，生还的不到十分之一，丁令又乘匈奴的衰弱攻其北，乌桓入其东，乌孙击其西，匈奴死伤甚众；再加上饥饿，匈奴人民死者十分之三，畜产死者十分之五，由此更加虚弱，不敢再与汉为敌，边境从此少事。

第二次是神爵元年，西羌反，遣后将军赵充国、强弩将军许延寿击西羌，并拜酒泉太守辛武贤为破羌将军与两将军并进。赵充国是一个杰出的军事家，他在战略方面有两个主要原则，一是先为不可胜以待敌之可胜，二是致人而不致于人。由于他的老谋深算，这一战役，不大费力就胜利结束了。宣帝设置金城属国来安置羌族人民。

此外，还有好几次零星的军事行动，规模都很小。例如：地节二年，侍郎郑吉屯田渠犁，发城郭诸国兵万余人，同所将田卒千五百人共击车师，破之，护车师以西南道；神爵二年，匈奴日逐王先贤掸（音 chán）率众万余来降，郑吉发渠犁及龟兹诸国五万人迎日逐王，并护车师以西北道；汉遂置西域都护（都护，义犹总督），郑吉以骑都尉担任第一任的西域都护，在乌垒城（西域的中央地点）立幕府，从此西域正式纳入中国版图。此后，匈奴内乱日益加剧，五单于争位，更相攻击，死者以万数，畜产损耗十分之八九，人民饥饿。五凤三年呼速累单于率众五万余人归降；甘露三年呼韩邪单于稽侯珊来朝，居漠南，诏北边振谷食，郅支单于远遁（元帝建昭三年，西域都护甘延寿、副校尉陈汤发戊己校尉屯田吏士及西域兵攻斩郅支单于）。汉王朝根本消除了来自北方的威胁。

昭、宣时期没有怎么大兴土木。河工方面，自武帝命汲仁、郭昌发卒数万人塞瓠子决河（武帝亲临工地，群臣从官自将军以下皆负薪填缺口）后，梁、楚之地无水灾。其后，黄河又北决于馆陶，分为屯氏河，东北流经魏郡、清河、信都、渤海（郡名）入海，屯氏河的广度和深度同大河相等，馆陶东北四五郡虽小被水害，而兖州以南六郡无水忧，堤防用不着年年大修。宣帝地节中，遣光禄大夫郭昌视察黄河，郭昌看到“北曲三所水流之势皆邪（斜）直贝丘县，恐水盛，隄防不能禁，乃各更穿渠，直东，经东郡界中，不令北曲。渠通利，百姓安之。”[①] 这虽然是具有相当规模的河工，但对人民有益，人民是乐意接受这种勤务的。一般说来，整个时期，徭役负担不能算重。

综上所述，昭、宣时期的农民负担是轻的。这主要由于：1. 继续执行了轻徭薄赋政策；2. 在农业生产遭受自然灾害的时候，能够及时减免田赋以及其他赋税；3. 边境少事，大规模的军事行动不多，加以边郡屯田和设置常平仓，减少了漕运，使军事徭役得以大大减轻，与此同时，没有大兴土木，河工也少，因而一般徭役并不重；4. 宣帝认真整顿了吏治，地方官吏不敢滥兴赋役以及任意向农民摊派和勒索；5. 宣帝把郡国公田借与贫民耕种，贷放种子、口粮，并经常注意社会救济。

农民在一段相当长的期间内得到真正的休养生息，这就不但治好了武帝时期多年战争的创伤，并且促进了农业生产和整个社会经济的飞跃发展。在这个基础上，一个统一的、富强的多民族国家成熟起来了。

---

① 《汉书》第六册，1687 页。

第六节　西汉后期吏治的败坏、农民负担的苛重和封建社会阶级矛盾的尖锐化

宣帝死后，汉王朝开始走下坡路。《汉书・佞幸传》说得对：“汉世衰于元、成，坏于哀、平。”①

汉元帝刘奭（音 shì）并不是一个荒淫无道的暴君，从私德来说，倒是一个“温恭少欲”的“君子”，问题在于他根本不懂政治，而历史的大堤却总是首先从政治方面冲开缺口的。元帝当太子时即好儒术，宣帝曾经因此动怒，并教训他：“俗儒不达时宜，好是古非今，使人眩于名实，不知所守”。《汉书・元帝纪》说：元帝“少而好儒，及即位，征用儒生，委之以政，贡、薛、韦、匡迭为宰相，而上牵制文义，优游不断，孝宣之业衰焉。”②

上面引的这段话最多只能认为说对了一半。第一，上述诸人，除了贡禹曾给人民说过话，有些话还算切中时弊以外，余子碌碌，尽是脱离实际，事事引经据典夸夸其谈的教条主义者，让这些人处理国政没有不坏事的。例如初元五年诏“罢角抵、上林宫馆希御幸者、齐三服官、北假田官、盐铁官、常平仓。”这几件事中：罢齐三服官和那些闲着的上林宫馆是做得对的；角抵本来是一项体育活动，不要搞得那样铺张浪费就是了，用不着废止；至于罢盐铁官，从国家财政上来说是根本行不通的，所以，三年后又不得不恢复了；罢北假田官和常平仓显然是完全错误的。儒生们老爱搬出所谓“王者不与民争利”的教条，元帝不作具体分析，糊里糊涂地把事情弄糟了，这并不是由于什么“牵制文义，优游不断”。

第二，所谓“征用儒生，委之以政”，也不过是表面文章。实际上元帝认为宦官不与外人交通，可以相信，因而，他实际上信任的是

① 《汉书》第十一册，3741 页。

② 《汉书》第一册，298—299 页。

中书令石显，自己倒成了石显手中操纵的傀儡。西汉政治的败坏正是从这里开始的。石显是拉帮结派排斥异己的阴谋家，肖望之被他迫害而自杀，光禄大夫周堪和宗正刘更生（即刘向）被他迫害而废锢不用，大中大夫张猛、魏郡太守京房、御史中丞陈咸和待诏贾捐之也都受到迫害，以致张猛自杀，陈咸髡为城旦，京房、贾捐之论弃市（斩首）。《汉书・佞幸传》说："显与中书仆射牢梁、少府五鹿充宗结为党友，诸倚附者皆得宠位。民歌之曰：'牢耶石耶，五鹿客耶！印何纍纍，绶若若耶！'言其兼官据势也。"[1] 当时的天下，实际上已不是刘氏的，而是以石显为首的帮派的天下，国政并没有握在儒生手里。一些忝居高位的儒生不过是些阿谀曲从、尸位素餐的小人。《汉书・匡衡传》说："元帝时，中书令石显用事，自前相韦玄成及衡皆畏显，不敢失其意。"[2] 正因为这样，所以，"孝宣之业衰焉"。这就是说，宣帝时经过整顿的吏治，此后又再坏下去了。元帝开了头，成帝以后更是一代不如一代。

吏治是由上层坏起的。匡衡嘴上挂着诗书，心里装满私利；他多占封田四百顷，把每年应归国家的田赋1 000多石攫为己有。成帝时，丞相张禹在政治上毫无作为，却善于货殖，"多买田至四百顷，皆泾、渭溉灌、极膏腴上价，"[3] 还拥有大量的其他财产；生前自营坟墓，起祠堂，看中平陵肥牛亭的那段地，居然上奏请求，而成帝竟然也赐给他，反令把肥牛亭址迁往别处。说的是"不与民争利"的漂亮话，做的却是一心追求私利的肮脏事，有了这种宰相，人民的日子当然不会好过。成帝时外戚专权，王氏五侯炙手可热。《汉书・元后传》说："赂遗珍宝，四面而至"，[4] 就是说，四面八方都拼命地搜刮民脂民膏给他们进贡来了。他们不仅过着荒淫无耻的生活，并且干了许多违法乱纪的坏事。例如：成都侯王商穿长安城引沣水，灌府中大陂以行船；红阳侯王立父子"藏匿姦猾亡命，宾客为群盗"。[5] 据《汉书・孙宝

① 《汉书》第十一册，3727 页。
② 《汉书》第十册，3344 页。
③ 《汉书》第十册，3349 页。
④ 《汉书》第十二册，4023 页。
⑤ 《汉书》第十二册，4025 页。

传》记载，王立还通过南郡太守李尚占垦草田数百顷，其中有一部分是贫民所借的少府陂泽；后来上书想交给国家，成帝不查明真相就诏令南郡给予田价，钱增于时价一万万以上。侵占了国家的田地，反过来又向国家索取地价，聚敛的手法可谓无所不至，无奇不有。所谓“汉世衰于元、成”的说法，似乎要修改一下，西汉的政治，到了成帝的时候实在已经不是衰而是败了。当然，哀帝刘欣以后，更坏得多。

哀帝宠幸董贤，几乎要把帝位让给他，别的东西自然不会有所吝惜。《汉书·王嘉传》说：“为贤造大第，开门乡（同“向”）北阙，引王渠灌园池，使者护作（皇帝派专人监工），赏赐吏卒，甚于治宗庙。贤母病，长安厨（长安有厨官，主官食）给祠具（供办祭祷的酒食），道中过者皆饮食（因祷于道中，过路的人都得到饮食）。为贤治器，器成，奏御乃行（先由皇帝鉴定），或物好，特赐其工（赐给董贤以最精致的），自贡献宗庙三宫（三宫，指天子、太后和皇后），犹不至此，贤家有宾婚及见亲（会见亲族），诸官（有关各官署）并供，赐及苍头奴婢，人十万钱。使者护视发取市物（派专人领着董贤的家人到市上取商物），百贾震动，道路讙哗，群臣惶惑。诏书罢苑，而以赐贤二千余顷”。[①] 哀帝死，董贤被罢免，即日与妻皆自杀，家财没入官，“县官斥卖董氏财凡四十三万万”。[②] 哀帝时，外戚丁、傅两家也很有权势。师丹、孔光、何武以当时“豪富吏民资数钜万，而贫弱愈困”，奏请限制占田顷数和奴婢人数，由于对丁、傅外戚和董贤不利，得不到哀帝的批准。傅太后既干预政事，又贪得无厌，她无耻到派人到各官署用贱价买官婢，执金吾毋将隆奏言价贱，请更平直，把傅太后的这桩丑事在殿廷上暴露出来，哀帝十分恼火，下诏把毋将隆责骂一顿，说他与傅太后争贵贱之价是“伤化失俗”，贬为沛郡都尉。[③]

吏治从上层坏了，下边必然搞得更不像话。《汉书·薛宣传》记载：成帝时，栎阳令谢游“治行烦苛，谪罚作使千人以上，赋取钱财

① 《汉书》第十一册，3496 页，3740 页。
② 《汉书》第十一册，3496 页，3740 页。
③ 《汉书》第十册，3265 页，3388 页。

数十万”。[1] 这是地方官吏滥兴赋役和任意向人民敲诈勒索的例子。《汉书·何并传》记载：哀帝时，“钟元为尚书令，领廷尉，用事有权。弟威为郡椽，赃千金”。[2] 千金是一千万钱，小小一个郡椽能够从人民身上榨取一千万钱，那么，高级的地方官吏怎样搜刮民脂民膏也就可想而知了。像谢游、钟威这类贪官污吏在当时不是一个两个，而是很多很多；这件事也不是个别的，而是普遍的现象。

吏治的日益败坏是西汉后期农民负担日益苛重的根源。农民负担的重，常常不是重在正税方面，而是重在法外的摊派和浮收、勒索。早在元帝时，贡禹就已经指出“乡部私求，不可胜供”[3] 的问题。《汉书·薛宣传》记载：成帝永始二年，邛成太后（宣帝王皇后）死，官吏为了办太后的丧事向人民摊派。成帝在罢免丞相薛宣的册文中承认：“三辅赋敛无度，酷吏並缘为姦，侵扰百姓”。[4] 三辅就在帝都，尚且如此，别的地方的摊派勒索情况，一定更加严重，自不待说。哀帝时，鲍宣痛陈“民有七亡而无一得”，“有七死而无一生”，根本原因在于公卿守相的贪残成化（成化，成了风气）。鲍宣所举七亡是：“阴阳不和，水旱为灾，一亡也；县官重责更赋租税，二亡也；贪吏並公（並公，假公济私之意），受取不已，三亡也；豪强大姓，蚕食无厌，四亡也；苛吏傜役，失农桑时，五亡也；部落鼓鸣，男女遮列（部落，指村落。全句意思是说：村落之间一听到鼓声，便要出来遮列，追捕盗贼），六亡也；盗贼劫略，取民财物，七亡也。”所举七死是：“酷吏殴杀，一死也；治狱深刻，二死也；冤陷无辜，三死也；盗贼横发，四死也；怨雠相残，五死也；岁恶饥饿，六死也；时气疾疫，七死也。”这里把当时农民负担的苛重，封建压迫的残酷以及灾害频仍，社会骚动的种种情况都列举无遗了。“七亡”中所说的“贪吏并公，受取不已”和“苛吏傜役，失农桑时”，是指地方官吏的滥派傜役和敲诈勒索，这种情况，我们在上面已经举过一些实例。至于所说的“县

---

① 《汉书》第十册，3265 页，3388 页。

② 《汉书》第十册，3267—3268 页。

③ 《汉书》第十册，3075 页。乡部，乡的行政机构。这是说乡史的敲诈勒索。

④ 《汉书》第十册，3393 页。

官重责更赋租税”[①] 是指国家加重了人民的赋役负担，这是不是事实呢？也是事实。国家加赋役在成帝时就已经加重了，鸿嘉三年（公元前 18 年），成帝在低洼地积土营造昌陵，“作者数万人，徙郡国吏民五千余户以奉陵邑。作治五年不成，乃罢昌陵，还徙家”。[②] 这是一件劳民伤财而又十分荒谬的蠢事。永始二年（公元前 15 年），谷永迁凉州刺史，成帝使尚书问永，受所欲言。永对曰：“……陛下轻夺民财，不爱（爱，惜）民力，听邪臣之计，去高敞初陵，捐十年功绪，改作昌陵，反天地之性，因下为高，积土为山，发徒起邑，并治宫馆，大兴徭役，重增赋敛，征发如雨，役百乾谿，费疑骊山，靡敝天下，五年不成而后反故。”[③] 永始元年七月，成帝下诏罢昌陵时曾说：“朕……过听将作大匠万年（姓解名万年）言昌陵三年可成，作治五年，中陵（陵中正寝）司马殿门尚未加功（尚未兴工）。天下虚耗，百姓疲劳……”。[④] 永始二年十二月的诏书也说：“前将作大匠万年知昌陵卑下，不可为万岁居，奏请营作，建置郭邑，妄为巧诈，积土增高，多赋敛徭役，兴卒（猝）暴之作，卒徒蒙辜，死者连属，百姓疲极，天下匮竭。”[⑤] 这说明成帝已承认营造昌陵是劳民伤财的了，但对自己应负的责任不过轻描淡写，只说是一时糊涂，而把全部罪过推卸在解万年的身上。

相反，一些对人民有益的水利工程，朝廷却一毛不拔，不肯兴办。例如，成帝建始二年（公元前 31 年）清河都尉冯逡奏言：“郡承河下流，与兖州东郡分水为界，城郭所居尤卑下，土壤轻脆易伤。顷所以阔无大害者，以屯氏河通，两川分流也。今屯氏河塞[⑥]，鸣犊口又益不利。独一川兼受数河之任，虽高增堤防，终不能泄。如有霖雨，旬

---

① 《汉书》第十册，3088 页，更，更卒，徭役；赋，算赋和口钱，租，田租，即田赋；税，指其他杂税。

② 《汉书》第五册，1341 页。

③ 《汉书》第十一册，3462 页。“役百乾谿，费疑骊山”：颜师古注谓：疑读若拟拟比也。言劳役之功百倍于楚灵王（春秋时楚灵王在乾谿大治宫馆），费财之广比于秦始皇。

④ 《汉书》第一册，320 页，322 页。

⑤ 《汉书》第一册，320 页，322 页。

⑥ 武帝宣帝后，黄河北决于馆陶，分为屯氏河。元帝永光五年黄河决于清河郡灵县鸣犊河口，屯氏河绝。

日不霁，必盈溢。灵鸣犊口在清河东界，所在处下，虽令通利，犹不能为魏郡、清河减损水害。禹（大禹）非不爱民力，以地形有势，故穿九河，今既灭难明，屯氏河不流行七十余年，新绝未久，其处易浚。又其口所居高，于以分流杀（减弱）水力，道里便宜，可复浚以助大河泄暴水，备非常。又地节时郭昌穿直渠，后三岁，河水更从故第二曲间北可六里，复南合。今其曲势复斜直贝丘，百姓寒心，宜复穿渠东行。不豫修治，北决病四五郡（为四、五郡之害），南决病十余郡，然后忧之，晚矣！"[①] 冯逡所提疏通屯氏河和修渠的意见，无疑是正确的，必要的。但是丞相、御史大夫以财政困难为理由，未予采纳。后三岁，即建始五年，黄河果然"决于馆陶及东郡金堤，泛滥兖、豫，入平原、千乘、济南，凡灌四郡三十二县，水居地十五万余顷，深者三丈，坏败官亭室庐且四万所。"王延世奉命堵塞决口，36 日河堤成，以"功费约省"受到嘉奖，任为光禄大夫，进秩中二千石，赐爵关内侯，黄金百斤。成帝还把建始五年改为河平元年（公元前 28 年）。黄河真的平静了吗？并没有。这种"水来土掩"的办法，正如贾让所说，是治河的下策，只能救一时之急，不能从根本上解决问题。后二岁，即河平三年，黄河复决于平原，流于济南、千乘，这次堵塞决口，费时半年。再后九岁，即鸿嘉四年，勃海、清河、信都三郡河水泛滥，灌县邑三十一，坏官舍民房 4 万余所，丞相史孙禁认为："河溢之害数倍于前决平原时。今可决平原金隄间，开通大河，令入故笃马河（在平原县），至海五百余里，水道浚利，又干三郡水地，得美田且二十余万顷，足以偿所开伤民田庐处，又省吏卒治堤救水，岁三万人以上。"[②] 这回不仅没有采纳孙禁的意见，并且干脆一概不管，连决口也不去堵塞了。嗣后河患不绝。水、旱固然是自然灾害，但其中确带有"人祸"。

前述起昌陵不过是一个典型，像这类劳民伤财的事是很多的。成帝时由于国家财用不足（实际是理财无方，用财不当和官吏的贪污中饱）不仅无力治理水患，而且为应付庞大支出不断增加赋税。绥和二

---

① 《汉书》第六册，1687 页。

② 《汉书》第六册，1690 页。

年（公元前 7 年），成帝赐丞相翟方进的册文说："……往时之用，与今一也，百僚用度各有数。君不量多少，一听群下言，用度不足，奏请一切增赋，税城郭堧及园田，过更，算马牛羊，增益盐铁，变更无常。朕既不明，随奏许可，后议者以为不便，制诏下君，君云卖酒醪，后请止，未尽月，复奏议卖酒醪。"[①] 由此可以看出，当时国家财政的状况是：各种经费支出没有控制住，为了弥补亏空，采取了竭泽而渔的手段——征收城郭余地的田赋，增加园田的田赋，增加更卒代金，征收马牛羊等牲畜税，提高盐价和铁器的售价，后来又想恢复酒业专卖。竭泽而渔，非不得鱼，后恐无鱼。这是一种自杀的政策，其后果是：民生凋敝，民怨沸腾，社会骚动。到了问题成堆的时候，成帝再一次开脱自己的责任，让翟方进充当赎罪羊。当然，翟方进本身也不是没有罪的。国家财政这样拮据，人民生活这样困苦，完全是从中央到地方各级官吏的无能与贪污造成的。翟方进不仅说不上廉洁奉公，甚至在损公肥私、假公济私，为了追求私利而坑害百姓方面还起了很坏的带头作用。举一个例就可以知道：汝南郡有一个鸿隙大陂（大水库），一郡借其灌溉及鱼鳖萑蒲之利，方进曾求陂下良田不得，竟以"决去陂水，其地肥美，省堤防费而无水忧"为理由，奏请罢陂，使无数水田经常枯旱，当地的童谣说："坏陂谁？翟子威！饭我豆食羹芋魁！"[②]（子威，方进的字，饭我豆食羹芋魁，使我只能以豆作饭，喝芋根的汤）这些封建官僚为了私利是不管老百姓死活的。

鲍宣说人民遭受"七亡"和"七死"的痛苦，确是事实；并且是在哀帝以前就已经存在的事实。其根源概括起来不外是：残酷的封建压迫，苛重的封建剥削以及接连不断的自然灾害，而前两者应说是主要的。残酷的封建压迫和苛重的封建剥削使人民活不下去，社会自然不得安宁。

残酷的封建压迫和苛重的封建剥削，使封建社会的阶级矛盾日益

---

① 《汉书》第十册，3423 页。

② 《汉书》第十册，3440 页。又《后汉书·卷 82 许杨传》："汝南旧有鸿郤陂，成帝时丞相翟方进奏毁败之。……是后民失其利，多致饥困。时有谣歌曰：败我陂者翟子威，饴我大豆，亨我芋魁。"

尖锐化。阶级矛盾的尖锐化首先以零星的、局部的和小规模的社会骚动的形式表现出来。成帝建始三年（公元前 30 年）七月，长安虒上（地名，在渭水边）一个九岁的女孩名叫陈持弓的听说发大水，闯入宫中，吏民惊恐万状，纷纷登上城头，闹了一场虚惊。这场虚惊实际是社会骚动的第一个信号。成帝是懂得这个信号的意义的。他在九月间下诏说："乃者郡国被水灾，流杀人民，多至千数。京师无故讹言大水至，吏民惊恐，奔走乘（乘、登）城。殆苛暴深刻之吏未息，元元冤（受冤枉）失职（失职，失业）者众。"① 虽基本上是说中了，可就是没有采取什么有效的措施来解决问题，这样，问题只会变得更加严重。

几年以后，阶级矛盾便表面化，具体化了。接连不断的民变，首先是从当时居于社会最低层遭受痛苦最深重的"罪徒"发动的。阳朔三年（公元前 22 年），颍川郡铁官徒申屠圣等 180 人"杀长吏，盗库兵（兵，武器），自称将军，经历九郡。"鸿嘉三年（公元前 18 年），广汉郡男子郑躬等 60 余人"攻官寺（寺，衙署）篡（夺取）囚徒，盗库兵，自称山君"，一年之间发展到将近万人，波及四县。永始三年（公元前 14 年），尉氏县男子樊并等 13 人杀陈留太守，自称将军。同年，山阳铁官徒苏令等 228 人"攻杀长吏，盗库兵，自称将军，经历郡国十九，杀东郡太守，汝南都尉。"尽管这些零星的、局部的和小规模的民变都被镇压下去了，但是，阶级矛盾没有因此而缓和，社会骚动的根子依然存在。哀帝时，人心惶惶，不可终日。《汉书·哀帝纪》记载：建平四年（公元前 3 年）"春，大旱。关东民传行西王母筹，经历郡国，西入关至京师。民又会聚祠（祠，祭）西王母，或夜持火上屋，击鼓号呼相惊恐。"② 西汉末期，流行西王母神话，这次的传行西王母筹和祭西王母，已发展为一个群众运动，经历 26 个郡

① 《汉书》第一册，306—307 页。

② 《汉书》第一册，342 页。

国，时间延续好几个月。[①] 这场惊扰，一般出自封建迷信，可能还有部分群众的秘密串联。但总而言之，它流露出人民急于摆脱苦难的心情，暴露了社会的杌陧不安和西汉封建王朝日益深化的政治危机。这种政治危机到了王莽统治（平帝以后实际上已是王莽统治）时期便演变为总爆发。

第七节　从王莽“改制”到光武中兴

从汉平帝刘衎（音 kàn）元始元年到新莽地皇四年（公元 1—23 年）是混乱的 23 年，是被王莽搞乱的。王莽一掌权就开始把天下搞乱；篡位“改制”之后，15 年间，更搞得天下大乱。

王莽是中国历史上第一个大政治野心家和阴谋家。唐代诗人白居易有一首诗说：“周公恐惧流言日，王莽谦恭下士时，若使当年身便死，至今真伪有谁知!”这是深有感慨而作的。王莽确实很会玩弄两面派手段，未拿到国家权柄之前，他伪装成一个“忠孝仁爱谦恭俭朴”和“大公无私”的正人君子，骗得了元后（元帝王皇后）和一些士大夫的信任。哀帝死，嗣位的平帝年仅九岁，元后以太皇太后临朝，任用她的侄儿王莽为大司马。王莽便利用元后作为他篡权夺位的踏脚板，一步一步地由安汉公、宰衡进到摄政，最后夺取了皇位，改国号为新，建立起他自己的新王朝。王莽的真面目是逐渐暴露的，元后也逐渐发觉自己受了蒙蔽，上了当。《汉书 · 元后传》说：“平帝崩，无子，莽征宣帝玄孙选最少者广戚侯子刘婴，年二岁，托以卜相为最吉。乃风公卿奏请立婴为孺子，令宰衡安汉公莽践祚居摄，如周公傅成王故事。太后不以为可，力不能禁，于是莽遂为摄皇帝，改元称制焉。

---

① 《汉书 · 五行志》说：“哀帝建平四年正月，民惊走，持藁或椒（稾，禾秆；椒，音，zōu，麻杆。）一枚，传相付与，曰行诏筹。道中相过逢多至千数，或被发徒践（徒践，光着脚走路），或夜折关，或踰墙入，或乘车骑奔驰，以置驿传行，经历郡国二十六，至京师。其夏，京师郡国民聚会里巷阡陌，设张博具，歌舞祠西王母。又传书曰：母告百姓，佩此书者不死。不信我言，视门枢下，当有白发。至秋止。”见《汉书》第五册，1476 页。

俄而宗室安众侯刘崇及东郡太守翟义等恶之，更举兵欲诛莽。太后闻之，曰：‘人心不相远也。我虽妇人，亦知莽必以是自危，不可，其后莽遂以符命自立为真皇帝，先奉诸符瑞以白太后，太后大惊。……及莽即位，请玺（汉传国玺），太后不肯授莽。莽使安阳侯舜（王舜，莽从弟）谕指。……舜既见，太后知其为莽求玺，怒骂之曰：‘而属父子宗族蒙汉家力，富贵累世，既无以报，受人孤寄，乘便利时，夺取其国，不复顾恩义。人如此者，狗猪不食其余，天下岂有而兄弟耶！’[①] 然而，大错业已铸成，后悔莫及，怒骂自更无济于事。”

王莽一上台，便利用元后对他的支持，排斥异己，树立自己的势力。他迫害了许多人，都是指使当时的丞相孔光或别人出面干的。《汉书·王莽传》说：“诸哀帝外戚及大臣居位素所不悦者，莽皆傅致其罪，为请奏，令邯（甄邯）持与光（孔光）。光素畏惧，不敢不上之，莽白太后，辄可其奏。于是前将军何武、后将军公孙禄坐互相举免。丁、傅及董贤亲属皆免官爵，徙远方。”[②] 何武是朝臣中比较有威望的，他是王莽的眼中钉，非拔去不可，免职不过是第一步，事情不算完结。《汉书·何武传》说：“元始三年（公元3年），吕宽等事起。时大司空甄丰承莽风指，遣使臣乘传（驿车）案治党与，连引诸所欲诛（把王莽想杀害的人一一牵连进去），上党鲍宣、南阳彭伟、杜公子，郡国豪杰坐死者数百人。武在见（被）诬中，大理正槛车（拘送罪犯的车）征武，武自杀。”[③] 王莽连自己本家的人也不放过，《汉书·元后传》说：“红阳侯立（王立），莽诸父；平阿侯仁（王仁），素刚直；莽内惮之，令大臣以罪过奏遣立、仁就国。……后遂遣使者迫守立、仁，令自杀。”[④] 王仁素性刚直，人较正派，王莽对他有所畏忌。王立本来不是好人，又没有实权，可是，因为王立是元后的亲弟，王莽的父辈，王莽一来怕他倚老卖老，二来怕他在元后面前说自己的坏话。所以，王莽把两人看作眼中钉，也都要拔去。

---

① 《汉书》第十二册，4031—4032页。
② 《汉书》第十二册，4044—4045页。
③ 《汉书》第十一册，3487—3488页。
④ 《汉书》第十二册，4030页。

王莽一面诛锄异己，一面树立自己的政治势力，把王舜、王邑、甄丰、甄邯、平晏、刘歆、孙建、崔发、陈崇拉作自己的心腹和爪牙。篡位以后，这批人便成为王莽的中枢权贵。王莽篡国后，设置所谓四辅、三公、四将：王舜为太师，平晏为太傅，刘歆为国师，哀章为国将，谓之四辅；甄邯为大司马，王寻为大司徒，王邑为大司空，谓之三公；甄丰为更始将军，王兴为卫将军，孙建为立国将军，王盛为前将军，谓之四将。四将中的王兴本来不过是城门令史，王盛则以卖饼为业，这两人是王莽根据所谓符命破格擢用的。王莽喜欢用所谓符命来骗人，后来不少人便用符命来找官做，使王莽应付不了。更可笑的是，甄丰的儿子甄寻竟然"作符命，言故汉平帝后黄皇室主（王莽的女儿）为寻之妻。莽……发怒曰……收捕寻。寻亡，丰自杀"。[①] 寻随方士入华山，岁余捕得。甄丰的死是活该，但因为这个案子又牵连了好几百人，一齐做了枉死鬼。王莽为了树立威信，喜欢别人对他的吹捧。居摄元年（公元 6 年）四月安众侯刘崇与其相张绍举兵反莽失败。张绍的弟弟张竦替刘崇的族叔刘嘉写了一道奏章，除了大骂刘崇"恶不忍闻，罪不容诛"以外，连篇累牍地说了许多对王莽歌功颂德的肉麻话。王莽看了十分高兴，请太后封刘嘉为师礼侯，食千户，嘉子七人皆赐爵关内侯；后又封张竦为淑德侯。长安人编了一首顺口溜，说："欲求封，过张伯松（张竦字）；力战斗，不如巧为奏!"附顺者拔擢，忤恨者诛灭，当时的情况就是这样。

现在，应该说说王莽的"改制"了。

如上所述，西汉后期吏治败坏，赋役苛重，民不聊生，社会骚动，老百姓对现状极其不满，希望当局作一番改革。但是，王莽的"改制"却不合民意，不得人心。

这首先因为王莽的"改制"不从实际出发，而以《周礼》这个本本为模式，力求复古，把历史引向倒退，这样的改制当然是注定要失败的。

其次因为王莽的"改制"不务实效，有许多事情是只讲形式，结

① 《汉书》第十二册，4123 页。

果必然是徒劳而无益的。例如根据《周礼》去改官制，改官职名称，把大司农改称为羲和，后又改为纳言（不多举例）等等，都是无谓的。改地名，不但无谓，并且引起不少麻烦，其甚者，“一郡至五易名，而还复其故（最后又改回原名）。吏民不能记，每下诏书，辄系其故名，曰：‘制诏陈留大尹、太尉：其以益岁（旧陈留郡圉县，王莽改称益岁）以南付新平。新平，故淮阳（这就是所谓辄系其故名，新平是新政的郡名，人家不懂，所以又注明旧名淮阳，以下类推）。以雍丘以东付陈定。陈定，故深郡。以封丘以东付治亭。治亭，故东郡。以陈留以西付祈隧。祈隧，故荥阳。’……其号令变易，皆此类也。”[①] 这简直是胡闹了。更改宫室的名称，如长乐宫改称常乐室，未央宫改称寿成室，前殿改称王路堂……也是非常无聊的。

王莽“改制”的主要措施有三：一是恢复井田制和禁止土地、奴隶的买卖；二是推行“五均、六管”；三是实行新币制。

一、始建国元年（公元 9 年），王莽下令说：“古者设庐井八家，一夫一妇田百亩，什一而税，则国给民富而颂声作。此唐虞之道，三代所遵行也。秦为无道。厚赋税以自供奉，疲民力以极欲，坏圣制，废井田，是以兼并起，贪鄙生，强者规田以千数，弱者曾无立锥之居。又置奴婢之市，与牛马同阑，制于民臣，专断其命，姦虐之人因缘为利，至略卖人妻子，逆天心，悖人伦，谬于‘天地之性人为贵’之义。书曰‘予则奴戮汝’，唯不用命者，然后被此辜矣。汉氏减轻田租，三十而税一，常有更、赋，疲癃咸出，而豪民侵陵，分田劫假：厥名三十税一，实什税五也。父子夫妇终年耕芸，所得不足以自存。故富者犬马余菽粟，骄而为邪；贫者不厌糟糠（连糟糠也吃不饱），穷而为姦。俱陷于辜，刑用不措（刑罚因而不得停止）。予前在大麓（指在大司马，宰衡时），始令天下公田口井（计口而为井田），时则有嘉禾之祥，遭反虏逆贼且止。今更名天下田曰‘王田’，奴婢曰‘私属’，皆不得买卖。其男口不盈八，而田过一井者，分余田予九族邻里乡党。故无田（故，以前），今当受田者，如制度。敢有非（非

① 《汉书》第十二册，4137 页。

议）井田圣制，无法惑众者，投诸四裔，以禦魑魅，如皇祖考虞帝故事。”[①]

这是一篇写得堂而皇哉的漂亮文章。文章虽然写得漂亮，却完全脱离实际，不妨算一笔大账。根据《汉书·地理志》记载，平帝元始二年（公元2年）全国户数为12 233 062户，口数为59 594 978人，垦田为827 053 600亩。[②]依此计算，平均每户4.87人，基本上是“五口之家”；按制度是一夫一妇受田百亩，如果平均每户有两夫，应受田2 446 616 400亩，而当时全国垦田数只相当于应受田数的1/3强。即使按每户受田百亩计算，当时全国垦田平均每户只能摊得67.6亩，不敷之数也约达1/3。在这种实际情况下，一夫一妇受田百亩的井田制度，怎么能够实行得通呢？所以说，文章虽然写得漂亮，却完全脱离实际。脱离实际的文章不过是用来欺骗人民的空话。王莽下这道命令，其意图正是用空话来欺骗人民的。西汉后期土地兼并剧烈，失地农民不堪高地租的剥削，这些情况他都知道得很清楚。他利用农民急于得到土地的愿望，在篡位的当年开出了这张空头支票，企图以此稳住人心，巩固自己用阴谋篡夺得来的政权。说到底，这又是阴谋，是王莽惯使的手段。他在颁发这道命令的同时，没有宣布采取相应的措施来做保证。例如：只说“其男口不盈八，而田过一井者，分余田予九族邻里乡党”，却没有规定怎么个分法，不执行的会给予什么处分，谁来监督、检查等等；只说“故无田今当受田者，如制度”，没有规定谁负责授田，授田的时间和程序，等等。这就充分说明了，他只是开出一张空头支票，而压根儿没有打算过要兑现。

然而，王莽的算盘打错了，农民是不能用空话来满足的，欺骗只能在一瞬间里起点作用，时间一长就不灵了。三年后，王莽不得不把这道命令取消。至于这道命令所说的禁止买卖土地和奴婢，更不过是一堆废话。土地的自由买卖已经实行多年，不是一纸空文所能取消的，何况这在历史上又是开倒车。禁止奴婢的自由买卖，不等于废除人身依附关系，不是解放奴隶，根本不能解除奴隶的痛苦。哀帝时，师丹、

---

① 《汉书》第十二册，4110—4111页。

② 《汉书》第六册，1640页。

孔光、何武等人提出限制占有土地亩数和奴婢人数的建议，曾经一度引起土地和奴婢的跌价；而这道命令颁发后却连点反应都没有。所以说这些不过是一堆废话，实在不算过分。但是，好处没有，坏作用却是有的，它给贪暴的官吏开辟了一条敲诈勒索的新路，这是事实。

二、《汉书·食货志》记载，王莽篡位后，“下诏曰：‘夫《周礼》有赊贷，《乐语》有五均，传记各有管焉。今开赊贷，张五均（张亦开也），设诸管者，所以齐众庶，抑并兼也。’遂于长安及五都立五均官，更名长安东西市令及洛阳、邯郸、临淄、宛、成都市长皆为五均司市师。东市称京，西市称畿，洛阳称中，余四郡各用东西南北为称（临淄为东市，成都为西市，宛为南市，邯郸为北市），皆置交易丞五人，钱府丞一人”。[1] 各郡县均设司市，司市师和司市统称为市官。这就是所谓五均，或称五均赊贷。交易丞主管均输平准，《汉书·王莽传》说：“又令市官收贱卖贵，赊贷予民，收息百月三。”[2] 可知当时的均输平准，主要不是为了平抑物价，而是“收贱卖贵”以逐利。钱府丞主管征税和赊贷，贷放官钱的利息是月息三厘，年息达三分六厘（36%），实际是高利贷。征的是山泽之税，“工商能采金银铜连锡登龟取贝者，皆自占（自己陈报）司市钱府，顺时气而取之”。[3] 《汉书·王莽传》记载：始建国二年（公元10年）“初设大管之令，命县官酤酒、卖盐、铁器、铸钱，诸采取名山大泽众物者税之。又令市官收贱卖贵，赊贷予民，收息百月三。羲和（大司农改称）置酒士，郡一人，乘传（驿车）督酒利”。[4]

酒、盐、铁器的专卖，征山泽工商税，五均赊贷，再加上铸钱，这就是所谓六管。五均、六管，牌子挺新，但除赊贷一项以外，其余货色全是旧的。王莽靠五均、六管来搜刮天下民财，大量任用各地富商替他效劳。《汉书·食货志》说：“羲和置命士督五均六管，郡有数人，皆用富贾。洛阳薛子仲、张长叔、临淄姓伟（姓姓名伟）等，乘

---

① 《汉书》第四册，1179—1180页。

② 《汉书》第十二册，4118页。

③ 《汉书》第四册，1180页。

④ 《汉书》第十二册，4118页。

传求利，交错天下，因与郡吏通奸，多张空簿（多设账册），府藏不实，百姓愈病。”[①] 这些人一面为王莽敛财，一面和地方官吏相勾结，从中舞弊。“上下交征利”的结果，自然是老百姓遭殃。

三、应该说，老百姓受害最大的是在改币制方面。居摄二年（公元7年），王莽铸造三种新的铜币，与五铢钱并行。这三种新的铜币是：错刀，一直五千；契刀，一直五百；大钱一直五十。大钱重十二铢，而直五十钱，面值高出实值许多，这是不合理的（错刀、契刀也如此），既使人民遭受重大的损失，同时也引起民间的盗铸[②]。两年后，王莽篡位，又对币制进行一次大“改革”。王莽说：“今百姓，咸言皇天革汉而立新，废刘而兴王。夫刘之为字，‘卯、金、刀’也，……其去刚卯莫以为佩，除刀钱勿以为利。”[③] 于是，“罢错刀、契刀及五铢钱，而更作金、银、龟、贝、钱、布之品，名曰‘宝货’。”“凡宝货五物（金、银、龟、贝、铜），六名（金、银、龟、贝、钱、布），二十八品。”[④] 流通手段如此复杂，只能引起市场的混乱，货币制度早已进入铸币阶段，恢复某些商品货币的使用是不必要的，把铜币分为钱和布两种也是不必要的。人民不接受这种币制，一切交易买卖，私下里仍然按照过去的习惯行使五铢钱。王莽又下诏：“敢非井田挟五铢钱者为惑众，投诸四裔以御魑魅。”结果，“农商失业，食货俱废，民涕泣于市道。坐卖买田宅奴婢铸钱抵罪者，自公卿大夫至庶人，不可称数。莽知民愁，乃但行小钱直一与大钱五十，二品并行，龟贝布属且寝”。[⑤]

其后五岁，天凤元年（公元14年）“复申下（再下令实行）金银龟贝之货（货币），颇增减其价值。而罢大小钱，改作货布，长二寸五分，广一寸，首长八分有奇，广八分，其圜好（好，孔也）径二分半，足枝长八分，间（距离）广二分，其文右曰‘货’，左曰‘布’，重二十五铢，直货泉二十五。货泉径一寸，重五铢，文右曰‘货’，

① 《汉书》第四册，1183页，1177—1179页。

② 《汉书》第四册，1177页；第十二册，4087页。

③ 《汉书》第十二册，4109页。

④ 《汉书》第四册，1183页，1177—1179页。

⑤ 《汉书》第四册，1179页。

左曰‘泉’，枚直一，与货布二品并行。又以大钱行久，罢之，恐民挟不止，乃令民且独行大钱，与新货泉俱枚直一，并行尽六年，毋得复挟大钱矣。每一易钱，民用（用，因此）破业（破产），而大陷刑。莽以私铸钱死，及非沮宝货投四裔，犯法者多，不可胜行，乃更轻其法：私铸作泉布者，与妻子没入为官奴婢；吏及比伍（相邻的五家）知而不举告，与同罪；非沮宝货，民罚作一岁，吏免官。犯者愈众，及五人相坐皆没入（为官奴婢），郡国槛车铁锁，传送长安钟官（主铸钱），愁苦死者什六七”。[1] 这里应该指出，陷入刑罚的人民，真正犯私铸罪的只占极少数，大多数是因为家里有铜、炭而被指控犯禁（王莽禁民挟铜、炭），或因伍犯禁而受牵连的。王莽频繁地更改币制，造成了市场的混乱，妨碍了社会经济的正常发展，使人民遭受重大损失。许多人因此而破产；不少人因此而陷于刑罚，被没入为官奴婢，以致含冤死去。

王莽统治时期，官吏常常得不到俸禄。元凤三年五月才颁发吏禄制度，下诏说：“余遭阳九之厄，百六之会（意思是说运气不好），国用不足，民人骚动，自公卿以下，一月之禄十緵（音 zōng）布二匹或帛一匹。余每念之，未尝不戚焉。今厄会已度，府帑虽未能充，略颇稍给，其以六月朔庚寅始，赋吏禄如制度。”他所颁发的吏禄制度是：“四辅公卿大夫士，下至舆僚，凡十五等，僚禄一岁六十六斛，稍以差增，上至四辅而为万斛云。”[2] 由此可知，元凤三年以前，自公卿以下，一月之禄仅为十緵布两匹或帛一匹。汉代粗布有七緵、八緵、九緵和十緵之分。居延汉简有两个简文说：“广汉八緵布十九匹八寸大半寸，直四千三百廿”（平均每匹约 227 钱），“九緵布三匹，匹三百卌五”。[3] 又，汉木简中，帛一匹的价格通常在五百至八百钱左右。元凤三年以前，官吏的月禄最多不过八百钱，这是很微薄的。元凤三年颁发的吏禄制度，下级官吏的待遇仍比西汉低。

即使这样，也还是骗人的，并没有真给。是由于“国用不足”

① 《汉书》第四册，1184 页。

② 《汉书》第十二册，4142 页。

③ 《居延汉简释文》卷三，2 页，卷一，82 页。

吗？不是。地皇四年（公元23年），王莽垮台之前，“省中（官中）黄金万斤者为一柜，尚有六十柜，黄门、钩盾、臧府、中尚方处处各有数柜，长乐御府、中御府及都内、平淮帑藏钱帛珠玉财物甚众”。[①] 官吏之所以不得禄，显然是被王莽尅扣了。官吏不得禄，遭殃的还是老百姓。《汉书·王莽传》说：“吏终不得禄，各因官职为姦，受取赇赂以自供给。”[②] 又说：“天下吏以不得俸禄，并为姦利，郡尹、县宰家累千金。”[③] 结果，吏治比西汉后期更坏，而人民所受的封建压迫和剥削比西汉后期更甚。

王莽歧视国内各少数民族。他毫无道理地调换汉朝授予匈奴王的国玺，改玺字为章字；改匈奴单于称号为“降奴服于”、贬句町王及西域诸属国国王为侯。从而制造民族摩擦，挑起了汉族与各少数民族之间的战争，劳师动众，天下骚动，给人民带来极大的苦难。

始建国二年，王莽下令讨伐匈奴单子囊知牙斯，宣称要把匈奴分为15部，立稽侯狦子孙15人为单于，派立国将军孙建等12将，统率30万大军，分10路进兵。各路大军集结在边郡，便不再进发，“吏士放纵（不守纪律，侵犯百姓），而内郡愁于征发（衣裘、兵器、粮食等皆自内郡转输到北边），民弃城郭流亡为盗贼，并州、平州尤甚”。[④] 王莽也承认这些将士“各为权势，恐愒（威胁）良民，妄封人颈，得钱者去（枉良人为僮仆，封其颈以别之，得顾钱乃去封）；毒蠚并作，农民离散”。[⑤] 名义上说讨伐匈奴，实际上是讨伐人民。相反，匈奴却不断入侵，数为边患；边郡人民有的流入内地，卖为奴婢。天凤六年，王莽再一次要伐匈奴，“大募天下丁男及死罪囚，吏民奴，名曰猪突豨勇，以为锐卒。一切税天下吏民，赀三十取一，缣帛皆输长安”。[⑥] 这次依然是只弯弓，不射箭。看来王莽要和匈奴打仗是假，借此搜刮民财是真。

---

① 《汉书》第十二册，4188页，4143页，4152页。

② 《汉书》第十二册，4188页，4143页，4152页。

③ 《汉书》第十二册，4188页，4143页，4152页。

④ 《汉书》第十二册，4125页，4155页。

⑤ 《汉书》第十二册，4125页，4155页。

⑥ 《汉书》第十二册，4125页，4155页。

王莽贬钩町王为侯，钩町“王邯（邯，钩町王之名）怨恨，牂柯（郡名）大尹（王莽改称太守为大尹）周钦诈杀邯。邯弟承攻杀钦，州郡击之，不能服。三边蛮夷愁扰尽反，复杀益州大尹程隆。莽遣平蛮将军冯茂发巴、蜀、犍为吏士，赋敛取足于民，以击益州。出入三年，疾疫死者什七，巴、蜀骚动。莽征茂还，诛之。更遣守始将军廉丹与庸部牧（王莽改称刺史为牧，改称益州为庸部）史熊大发天水、陇西骑士，广汉、巴、蜀、犍为吏民十万人，转输者（运送军需物资的）合二十万人，击之。始至，颇斩首数千，其后军粮前后不相及，士卒饥疫，三岁余死者数万”。[①] 整个西南地区都因此而不得安宁。

王莽对西域各少数民族的侵侮，激起西域人民的反抗，西域同内地的交通断绝了。王莽诱杀高句丽侯，改称高句丽为下句丽，又激起了东北各少数民族的反抗。

王莽破坏了和睦的民族关系，使原来统一的多民族国家陷于分裂和混乱。所有这些，都加深了人民的苦难。面对风雨飘摇的局面，王莽故作镇定，还在长安城南大兴土木，修建九庙，九庙之一的黄帝太初祖庙：东西南北各四十丈，高十七丈，为铜柱，“饰以金银彫文”“功费数百钜万，卒徒死者万数”。[②]

王莽统治时期农民负担的苛重，达到难以估计的程度。在人祸与天灾交相袭击之下，农业衰落，农村残破，粮价不断暴涨，“洛阳以东，米石二千”；[③] 其尤甚者，“黄金一斤，易粟一斛”。[④] 千百万失业的农民流离道路，嗷嗷待哺。而王莽对待人民的痛苦显得十分冷酷无情，他异想天开地“多遣大夫、谒者分教民煮草木为酪，酪不可食”。[⑤] 这样的措施，在历史上可算荒谬之尤！

残暴的政治压迫和苛酷的经济剥削，终于导致了社会危机的总爆发。王莽篡位以来，天下从未宁静过。始建国五年（公元 13 年），樊崇纠集百余人起兵于莒，一岁间众至万余人，转战青、徐间，号称

---

① 《汉书》第十一册，3846 页。

② 《汉书》第十二册，4162 页。

③ 《汉书》第十二册，4172 页，4175 页。

④ 《后汉书·光武纪》。

⑤ 《汉书》第十二册，4175 页。

“赤眉”。天凤四年（公元 17 年），王匡、王凤率领数百人起兵于新市（今湖北省京山县），数月间众至七八千人，居绿林山（今湖北省大洪山）中，号称绿林军，以后分为下江兵、新市兵、平林兵。赤眉及下江、新市、平林兵都发展到几十万人。在北方冀、兖二州有大小起义军数十部，如铜马、城头子路、大枪、青犊、尤来、檀乡……，共有众数百万人。王莽使用全部军队妄图把起义军镇压下去。他的军队只知掳掠屠杀，加重了人民的苦难，加深了人民的怨恨。东方为之语曰：“宁逢赤眉，不逢太师（王莽的太师王匡，不同于绿林军的王匡）！太师尚可，更始（王莽的更始将军廉丹，不同于绿林军所立的更始帝刘玄）杀我！”[①] 这样的军队是没有战斗力的，它扑灭不了农民大起义的烈火。一代暴君终于葬身在这场烈火之中。

王莽虽已覆灭，天下仍扰攘未定。除了绿林军已奉刘玄为更始帝以外，赤眉立刘盆子为上将军；王郎在邯郸自立为天子；公孙述称帝于蜀；隗嚣拥兵于陇；等等。群雄割据，互相攻杀，这种局面不会符合人民的愿望。在推翻王莽这个暴君之后，人民迫切要求国家的统一，社会的稳定；要求能够安居乐业。这种心理也在起义军内部有所反映。

刘秀是汉宗室，地皇三年（公元 22 年），同他的哥哥刘縯发动族人及宾客共数千人在南阳郡舂陵乡（今湖北省枣阳县东）举事，与下江、新市、平林兵合流。地皇四年，新市、平林诸将拥刘玄为更始帝，排斥南阳集团；并通过刘玄杀死刘縯，命刘秀经营河北。刘秀首先消灭了据邯郸称帝的王郎，接着又击败铜马、青犊等部，得降众数十万。建武元年（公元 25 年），刘秀即帝位于鄗，正式与更始决裂。不久，赤眉攻陷长安，更始兵败乞降（后被杀）。赤眉是当时最大的一支军事力量，但无组织，无纪律的情况异常严重，攻入长安后，“诸将日会论功，争言讙呼，拔剑击柱，不能相一。三辅郡县营长遣使贡献，兵士辄剽夺之，又数暴虐吏民。百姓保壁，由是皆复固守”“城中粮食尽，遂收载珍宝，因大纵火烧宫室，引兵而西。……遂入安定、北地；至阳城、番须中，逢大雪，坑谷皆满，士多冻死，乃复还”“时

① 《汉书》第十二册，4175 页。

三辅大饥，人相食，城郭皆空，白骨蔽野。遗人（留下来的人）往往聚为营保，各坚守不下。赤眉虏掠无所得。十二月，乃引而东归，众尚二十余万，随道复散”。[①] 从这段记载，可以看到赤眉军组织松懈，纪律废弛，既不得人心，而自身亦濒于解体，这是注定要失败的。刘秀以逸待劳，以饱乘饥，部署大军在宜阳截击。赤眉忽遇大军，震惊不知所措，只得束手归降。

与赤眉及其他农民起义军不同，刘秀一开始就重视组织和纪律。更始元年（公元 23 年）三月，刘秀攻克昆阳、定陵、郾等地，把缴获的数十万斛粮食和无数牛马财物解送宛城（当时更始的政权在宛），这是一个很能说明问题的例子。与此同时，刘秀重视政治工作，把安民放在首位。《后汉书・光武纪》记载：更始元年十月，刘秀北渡黄河，“所到部县（部、州部）辄见二千石、长吏、三老、官属，下至佐史，考察黜陟，如州牧行部事（州牧、州刺史；行部，视察辖内地区）。辄平遣囚徒（平，平反；遣，释放），除王莽苛政，复汉官名”。这些事赢得了人心，所以，“吏人喜悦，争持牛酒迎劳”，仿佛当年刘邦入关的情景。

刘秀另一项重要的政治措施是解放部分奴隶。建武二年（公元 26 年），下诏：“民有嫁妻卖子欲归父母者，恣听之。敢拘执，论如律（依法判罪）。”嫁妻卖子的都是穷人，让这些已卖为奴隶的穷人妻子恢复人身自由，不少已经妻离子散的家庭重新团圆，这是好事，必然博得人民的拥护。建武六年下诏：“王莽时吏人没入为奴婢（官吏和人民被没入为奴婢）不应旧法者（不符合从前西汉王朝法律所规定的），皆免为庶人。”这就解放了为数相当多的官奴隶。以后建武七年、十一年、十二年、十三年和十四年都曾下过有关解放奴隶的命令。其中建武十一年（公元 35 年）的命令是：“杀奴婢，不得减罪”和“敢灸灼奴婢，论如律，免所灸灼者为庶人。”并废除奴婢射伤人处死刑的旧法令。这是刘邦在汉初也实行过的得到人民拥护的进步措施。

上述这些措施，使刘秀赢得人心，在政治上处于压倒一般农民起

---

① 《后汉书・刘盆子传》。

义军的优势。

此外，刘秀选择寇恂守河内郡，让寇恂像当年萧何在关中那样经营河内郡作为根据地。同时，在战争期间也没有忽视屯田，例如建武四年命刘隆屯田武当，建武六年命王霸屯田新安，保证了军队的补给。这两项措施，一般农民起义军连想也没有想过。刘秀能够夺得最后的胜利绝不是偶然的。刘秀经过十多年的混战，终于在建武十二年（公元 36 年）使分裂多年的国家复归于统一。

《后汉书·循吏传》说："光武长于民间，颇达情伪，见稼穑艰难，百姓病害。至天下已定，务用安静，解王莽之繁密，还汉世之轻法。"刘秀在全国统一以后，实行一系列拨乱反正的措施，革除王莽苛政，与民休养生息，其主观目的固然在于巩固东汉封建王朝的政权，但同时也取得了促进社会生产的恢复和发展的客观效果（应该说，主观目的正是通过客观效果来实现的），引导出中兴的局面，这是不能抹杀的。明帝刘庄和章帝刘炟（音 dá）继续执行光武的政策。这三朝财政经济方面的主要措施是：

一、恢复西汉初期的轻徭薄赋政策。建武六年以前，田赋方面采用过"什一之税"。建武六年十二月下诏说："顷者师旅未解，用度不足，故行什一之税。今军士屯田，粮储差积，其令郡国收见田租三十税一，如旧制。"建武六年，天下只算粗定，隗嚣和公孙述割据陇、蜀，战局尚未完结。刘秀先让将士和人民松一口气，暂置隗嚣和公孙述"于度外"，趁着屯田积谷已见成效，下决心减轻田赋负担，恢复西汉三十税一的旧制，为轻徭薄赋开了一个头，这是一种明智的决策。自此以后，"三十税一"便成为东汉田赋的定制。《后汉书·光武帝纪》说："兵革既息，天下少事，文书调役，务必简寡。"随着全国统一，封建徭役也减轻了。《后汉书·明帝纪》说：永平十二年（公元 69 年）"天下安平，人无徭役"。所谓"人无徭役"，不可能是把封建徭役完全取消了，实际的情况大概是：一方面没有额外的征发；另一方面正常的徭役也有所减省，如文帝时"三年一事"那样。总之，明帝以后，封建徭役又轻于光武朝，这是可以肯定的。例如章帝元和二年（公元 85 年）正月下诏："令云'人有产子者复，勿算三岁（家中产子，免除当年徭役并免征三年算赋；这是重申旧令）’。今诸怀妊者，赐胎养谷人三斛，复其夫（免除其夫的当年徭役），勿算一岁（免征一年算赋），著以为令（这是新令）。”这便是当年实行轻徭薄赋的措施之一。

二、重视社会救济，建武二十九年（公元53年）和三十年，对鳏、寡、孤，独、废疾以及贫困无以为生的困难户，每人发给救济粮五斛，建武三十一年增加为每人六斛。明帝即位当年，对上述困难户，每人发给救济粮十斛，永平三年（公元60年）每人发给五斛。永平十二年、十七年、十八年均为每人发给三斛。章帝建初三年（公元78年）、四年，对上述困难户，每人发给救济粮五斛。明、章两朝都曾把公田分给农民耕种。明帝永平九年诏“郡国以公田赐贫人各有差”。永平十三年汴渠完工，下诏“滨渠下田（地势低下受灌溉之田），赋与（赋与，分配给）贫人，无令豪右得固（固，垄断之意）其利”。章帝建初元年（公元76年）诏“以上林池籞（音yù，禁苑）田赋与贫人”。元和元年（公元84年）诏：“其令郡国募人无田欲徙他界就肥饶者，恣听之。到在所，赐给公田，为雇耕傭，赁种饷，贳与田器，勿收租（田赋）五岁，除算（算赋）三年。其后欲还本乡者，勿禁。”元和三年诏：“今肥田尚多，未有垦辟。其悉以赋贫民，给与粮种，务尽地力，勿令游手。”封建王朝是不会认真实行土地改革，给农民彻底解决土地问题的；把公田及无主的田地分给农民耕种，已经是一种进步的措施了。

三、注意兴修水利。光武朝，杜诗为南阳太守，“修治陂池，广拓土田。郡内比室（比室，犹言“家家”）殷足。时人方（方，比拟）于召信臣，故南阳为之语曰：‘前有召父，后有杜母’！”。[1] 邓晨为汝南太守，署许杨为都水掾，使主持鸿隙陂的修复工程，“起塘四百余里，数年乃立。百姓得其便，累岁大稔（稔，丰收）”。鸿隙做灌溉数千顷田，“汝土以殷，鱼稻之饶，流衍他郡”。[2] 马援也为陇西郡县治

① 《后汉书·杜诗传》。

② 《后汉书·邓晨传》，又《许杨传》。

城郭，开渠灌溉，以利其民。[1] 明帝朝，修汴渠是一项规模相当大的水利工程。王莽时，黄河在魏郡崩决，改道从千乘（今山东省利津县）入海；河水侵入汴渠，使兖、豫两州郡县连年遭受水患，人民损失极大。永平十二年（公元 69 年）夏四月，明帝派王景、王吴主持汴渠工程，“发卒数十万，遣景与王吴修渠筑堤，自荥阳东至千乘海口千余里。……景虽简省役费，然犹以百亿计”。[2] 永平十三年夏四月，汴渠成，明帝亲至荥阳，巡视河渠，诏滨河郡国置河堤员史；滨渠下田，赋予贫民。章帝建初八年（公元 83 年），王景为庐江太守，“郡界有楚相孙叔敖所起芍陂稻田，景乃驱率吏民，修起芜废，教用犁耕。由是垦辟倍多，境内丰给”。[3] 章帝元和三年（公元 86 年）张禹为下邳相，“徐县北界有蒲阳陂，旁多良田（李贤注引《东观汉记》：蒲阳陂水广二十里，径且百里，在道西，其东有田可万顷），而堙废莫修。禹为开水门，通引灌溉，遂成熟田数百顷。劝率吏民，假与粮种，亲自勉劳，遂大收谷实。邻郡贫者归之千余户，室庐相属，其下成市。后岁至垦千余顷，民用温给”。[4] 章和元年（公元 87 年），马棱为广陵太守，“兴复陂湖，溉田二万余顷”。[5] 东汉前期积极兴修水利，对社会经济的恢复和发展起了很大的促进作用。

四、统一币制。王莽之乱，货币杂用布、帛、金、粟，市场上作为流通手段的不仅有种类复杂的金属货币，而且还有商品货币。光武帝建武十六年（公元 40 年）复行五铢钱，使币制归于统一。这对社会经济的恢复和发展是有利的，是经济方面拨乱反正的重要措施之一。

以上只举其荦荦大端，其余从略。

从光武帝建武元年到章帝章和二年（公元 25—88 年）是东汉封建王朝的前期。其间，建武六年以前战事是紧张的，建武八年伐陇，建武十一年伐蜀，到建武十二年才完成全国的统一，结束了战局。所以，在 64 年里，真正的和平年份不过 50 多年，但社会经济的恢复和

---

① 《后汉书·马援传》。

② 《后汉书·明帝纪》，卷一〇六，《王景传》。

③ 《后汉书·王景传》。

④ 《后汉书·张禹传》。

⑤ 《后汉书·马援传附棱传》。

发展却可以说是高速度的。

随着全国统一、战乱平定，人口的增长很快。《后汉书·郡国志》注引《帝王世纪》说:“汉兴，至于孝平，户口极盛。及王莽篡位，续以更始、赤眉之乱，至光武中兴，百姓虚耗，十有二存。”所谓“十有二存”不过是推测之辞，并非那么准确，但是，既然史籍留给我们的只有这个大概数，我们也就只好依照这个不太准确的数据来进行估算了。西汉平帝元始二年（公元 2 年）全国户口数为 12 233 062 户，59 594 978 人；经历王莽之乱，到东汉建武初年，户口损耗了 80%，只剩下大约 250 万户，1 200 万人。这就是王莽的乱政造成的悲剧。《后汉书·郡国志》注引伏无忌所记光武、明、章三朝的户口数字，分别为：光武中元二年（公元 57 年），4 279 634 户，21 007 820 人；明帝永平十二年（公元 69 年），5 860 573 户，34 125 021 人；章帝章和二年（公元 88 年），7 456 784 户，43 356 367 人。从建武初年（姑定为建武六年）到章和二年，58 年之间，人口净增长了 2.6 倍；从中元二年到章和二年，31 年之间，人口净增长了一倍多；从中元二年到永平十二年，12 年之间，人口净增长了 62%。这是高速度的人口增殖，它反映了这一时期社会的稳定，经济的发展和人民生活的逐步有所改善，见表 2－3。

表 2－3

年　份	人口数	人口增殖指数	耕地指数
建武初年	12 000 000	100	—
中元二年	210 007 820	175	100
永平十二年	34 125 021	284	162
章和二年	43 356 367	361	206

由于国家由分裂复归于统一，人口陆续返回农村。由于实行了轻徭薄赋政策，实行了社会救济、兴修水利和其他振兴农业的措施；荒弃的土地重新被开垦，在人口不断增殖的同时，耕地面积也不断扩大。《后汉书·光武帝纪》说：建武五年“野谷渐少，田亩益（益也是渐的意思）广”；就是说，从建武五年开始，田野的面貌已逐渐改观，

耕地面积已逐渐增加了。光武、明、章三朝的垦田面积，史缺数字；《后汉书·郡国志》注引伏无忌所记和帝永兴元年（应为元兴元年，公元 105 年）垦田 7 320 170 顷 80 亩 140 步，可知明、章两朝的垦田面积当已恢复到七百万顷，相当于西汉平帝元始二年垦田数的 85% 左右。以章和二年为例，平均每人约有耕地十五六亩，还稍高于平帝元始二年的水平。

粮价是显示社会、政治、经济各方面情况的晴雨计。王莽末年，黄金一斤易粟一斛，这是天下大乱的标志。《后汉书·明帝纪》说：永平十二年“天下安平，人无徭役，岁比登稔，百姓殷富，粟斛三十（三十钱），牛马被野”。这反映了明帝在位的 18 年，东汉已进入一个社会稳定、经济发展的时期。

王莽挑起匈奴的入寇，并断绝了西域与内地的交通。永平十五年，明帝命窦固击走北匈奴，取伊吾卢（今新疆哈密市），设宜禾都尉屯田。就在这一年，班超率领 36 人出使西域，杀鄯善的匈奴使官，恢复了西域与内地的交通。建初元年，章帝不愿和匈奴作战，放弃伊吾卢，召回班超。西域各民族由于同汉人在经济、文化等方而已结成紧密的关系，又不愿受匈奴人的奴役，坚决要求班超留下。章和二年，班超率西域诸国兵 25 000 人击败亲匈奴反汉的龟兹等国兵 5 万人，重新巩固了汉王朝在西域的统治地位。东汉前期的几十年可以被认为东汉封建王朝的全盛时期。

第八节　历史的重演

如上所述，光武、明、章三朝是东汉的极盛时期。如同西汉一样，极盛时期一过，东汉王朝便从下坡路滑下去，由盛而衰，由治而乱，一直弄到天下大乱。

从汉和帝刘肇到汉灵帝刘宏的 100 年间，政权落入外戚和宦官之手。外戚与宦官互相倾轧，官僚及士人亦卷入漩涡，发生了连续不断的宫廷政变。

汉和帝即位时年仅10岁，窦太后临朝，窦宪专权，窦氏父子兄弟充满朝廷。地方官吏多出窦氏之门，向老百姓横征暴敛来孝敬窦家。永元四年（公元92年），和帝依靠中常侍（宦官）郑众杀死窦宪及其党羽。郑众与中常侍蔡伦皆参与国政，这是东汉宦官参政的开端。但史书上没有说郑众和蔡伦有什么劣迹，蔡伦还发明了造纸，在科学技术上有光辉的贡献。

和帝死，年仅13岁的安帝刘祜继位，邓太后临朝，外戚邓骘（音zhì）辅政，总算没闹出什么乱子。邓太后死后，安帝听信宫人的诬告，废邓氏五侯为庶人，邓骘绝食而死；又听信宦官樊丰等人的谗言，罢免司徒杨震，杨震饮酖自杀：这是东汉宦官乱国之始。安帝死，阎太后与阎显立北乡侯刘懿为嗣，杀宦官樊丰等。不到几个月刘懿便死，中黄门孙程等杀阎显兄弟及江京等，迎济阴王刘保（顺帝）即位，孙程等19人均封侯。这次政变，既是宦官与外戚的斗争，也是宦官内部的斗争。

顺帝时，外戚梁冀以大将军专政，其弟梁不疑为河南尹，梁氏姻戚满朝，东汉王朝变成梁家的天下。顺帝死，冲帝刘炳继位，立一年便死。梁太后与梁冀立八岁幼童刘缵（质帝）嗣位。小孩子不知忌讳，他对旁人说梁冀是“跋扈将军”。梁冀当即毒死了他，另立蠡吾侯刘志（桓帝），并杀害了李固、杜乔等，更加专横凶恣。延熹二年（公元159年），桓帝与宦官单超、徐璜、具瑗、左绾、唐衡五人密谋，使具瑗率领亲兵千余人包围梁冀官邸，梁冀措手不及，和他的妻孙寿皆自杀。梁、孙两家宗亲不论老幼全都问斩，徒党被罢免，贬斥者300余人，朝廷为之一空。朝廷没收梁冀的资产卖得30余万万。单超等五人均封侯，小黄门刘普等8人亦封为乡侯，自此权归宦官。宦官的兄弟姻戚宰州临郡，残暴贪婪，人民痛苦万状。中常侍侯览之兄侯参为益州刺史，被太尉杨秉劾捕，道上畏罪自杀，从车三百余辆所载尽是金银锦帛珍玩。即此一例，可概其余。

桓帝死，灵帝刘宏继位，窦太后临朝。窦武、陈蕃合议剪除宦官，反为宦官曹节、王甫等所杀，东汉依然是宦官的天下。曹节、王甫的父兄子弟，在朝为九卿，在地方为刺史、太守与县令，倚仗宦官的权势，无恶不作。例如，王甫的养子王吉为沛相，在任5年，凡杀万余人。宦官的亲戚党羽在外郡做官的，其残暴类多如此。

范晔在《后汉书·党锢列传序》中说:“桓、灵之间，主荒政谬”，这话一点也不错。最荒谬的莫过于两次党锢之祸。延熹九年（公元166年），桓帝下令逮捕司隶校尉李膺、太仆杜密、御史中丞陈朔及陈寔、范滂等200余人，谓之党人，下狱治罪；翌年6月，赦党人200余人还乡，禁锢终身。这就是第一次党锢之祸。灵帝建宁二年（公元169年），宦官曹节重又逮捕已赦归田里的党人，下州郡拷治，死者几百余人，妻子徙边；“天下豪杰及儒学有行义者，宦官一切指为党人，其死、徙、废者又六七百人”。这就是第二次党锢之祸。

财政经济方面最荒谬的事莫过于为了修治宫室、铸造铜人而额外加赋公开出卖官缺。灵帝光和元年（公元178年）开西园卖官，公、卿（三公九卿）都有定价。公的价值是1 000万钱，卿的价值是500万钱；新任命的地方官吏，要先到西园讲妥价钱，然后才能赴任，大郡的卖价高至二三千万钱。灵帝平二年（公元185年），“税天下田，亩十钱”这是史书上有记录的最早的田赋附加税，[①] 汉灵帝是个典型的市侩和财迷。他在西园盖了一座万金堂，把公家的金钱缯帛储藏在内。在河间（他的曾祖刘开的封地）购置田宅，修筑亭台楼观，除了自己多贮钱财以外，又在小黄门、常侍等宦官处寄存各数千万。郡国贡献，还要先向内署交纳所谓“导行费”（相当于后世所谓“门包”）。有了这样贪得无厌的皇帝，老百姓的日子还会好过吗？

东汉已经普遍使用牛耕，耕作技术比西汉有了明显的进步。然而，在东汉后期，苛酷的经济剥削和残暴的政治压迫，既使老百姓的日子不得好过，也使农业生产力停滞不前，得不到发展。上一节里曾经说过，在东汉前期，人口的增殖和耕地面积的扩大都是高速度的，这是社会安定和经济不断增长的标志。东汉后期的情况则是相反的，请看

① 《桓帝纪》说延熹八年（公元165年），“初令郡国有田者亩敛税钱”，但其事不详。灵帝中平二年“税天下田，亩十钱”，史书记载比较具体，且见之于《后汉书·陆康传》，当属可靠。

表2－4。

表2－4

年　份	户　数	人　口	耕地面积（亩）	人口指数	耕地指数
和帝元兴元年（公元105年）	9 237112	53 256 229	732 017 080	100	100
安帝延光四年（公元125年）	9 647 838	48 690 789	694 289 213	91.43	94.85
顺帝永和五年（公元140年）	9 689 630	49150 220	—	92.29	—
建康元年（公元144年）	9 946 919	49 734 550	689 627 156	93.38	94.21
冲帝永嘉元年（公元145年）	9 937680	49 524183	695 767 620	92.99	95.05
质帝本初元年（公元146年）	9348 227	47 566 772	693 012 338	89.32	94.67

资料来源：《后汉书·郡国志》注引伏无忌所记数字。

表2－4告诉我们：从和帝元兴元年（公元105年）到质帝本初元年（公元146年）的41年之间，人口减少了一成，耕地面积减少了5%；这种情况反映了社会的动乱，经济的停滞不前和人民生活的日益困苦。

《晋书·地理志》载汉桓帝永寿三年（公元157年）的户数为10 677 960户，人口数为56 486 856人，[①] 永寿三年的人口数比和帝元兴元年仅增加了6%。52年之间，人口仅增加6%，平均每年仅增加1‰，从长期的趋势来看，只能说是停滞。永寿三年的耕地面积不详，但不会比前扩大而只会继续减少，这是可以肯定的。桓帝时，有人认为人民的贫困是由于钱轻，建议改铸大钱。刘陶上疏说："盖以为当今之忧，不在于货（指货币），在乎民饥。……窃见比年以来，良苗尽于蝗螟之口（灾害频仍，连年歉收），杼轴（织机，指民家纺织得来的布匹）空于公私之求；所急朝夕之餐（人民为每天的两顿饭发

① 《后汉书·郡国志》注引《帝王世纪》作永寿二年户16 070 966，人口50 066 856人，平均每户只有3.1人。而明帝永平十八年、章帝章和二年及和帝元兴元年，平均每户人数均为5.8人左右；安帝延光四年、顺帝永和五年及建康元年、冲帝永嘉元年、质帝本初元年，平均每户人数均为5人左右。可见《帝王世纪》所载户数不够确实，《晋书·地理志》所载户数较为合理（平均每户5.3人）。又，范文澜《中国通史》第2册209页，表列桓帝永寿二年户数26 070 960，未详所据，且由900余万户一下跃增至2 600万户，极难置信，疑是笔误。

愁），所患靡盬（音 gǔ）之事（《诗》：“王事靡盬”，指官府的劳役没完没了）；岂谓钱货之厚薄，铢两之轻重哉！……夫欲民殷财阜，要在止役禁夺，则百姓不劳而足。……当今地广而不得耕，民众而无所食。”[①] 这些话把当时赋役的苛重和人民生活的困难都说出来了，从“地广而不得耕”一语更可以体会到当时土地荒废和农业生产衰落的情况，所以，耕地面积只会少于前而绝不会有所增加是毫无疑义的。灵帝以后，更不用说了。

在封建社会，粮价是最敏感的经济信息。上一节里说过，明帝永平十二年，粟价每斛 30 钱，这可能是东汉前期粮价的最低点，整个时期不会都这样低，一般应高于这个最低点，至于实际高多少，则是一个尚待研究的未知数。与此相对的东汉前期粮价最高点也是一个未知数。章帝建初中，南阳大饥，米石千余，这是局部地区因遭受特大自然灾害而引起粮价暴涨的特殊情况。从这一例子可以推想出，东汉前期（建武初年除外）粮价只有在遭受严重自然灾害时才会上涨到每石千钱的高度；那么，在正常情况下粮价的最高点可能是每石几百钱左右，而常年粮价也许就摆动在这两点之间。东汉后期的情况怎么样呢？安帝永初四年，连年歉收，谷价每石上涨到万余钱；[②] 顺帝时，张掖岁饥，粟石数千；[③] 灵帝熹平年间，益州米斛万钱。[④] 上举数例，虽然都是情况不正常，但是，粮价的上涨已不是每石千余，而是数千、数万钱，以至万余钱，那就说明东汉后期的常年粮价已比前期涨了好几倍，这一点也是毫无疑义的。献帝初平元年（公元 190 年），董卓破坏币制，椎破洛阳、长安的铜人、铜钟和熔毁五铢钱，改铸一铢小钱，引起了粮价的暴涨。献帝兴平元年，三辅大旱，粮价暴涨到谷一斛 50 万钱，豆、麦一斛 20 万钱。[⑤] 即使扣除货币因素，谷价也达到每斛 10 万钱，豆，麦价也达到每斛 4 万钱的高度。东汉前后期粮价的悬殊，反映了这个封建国家的盛衰治乱。

---

① 《后汉书·刘陶传》。
② 《后汉书·庞参传》。
③ 《后汉书·第五访传》。
④ 《后汉书·西南夷夜郎传》。
⑤ 《后汉书·献帝纪》。

上面提到桓帝时刘陶所上的条陈，刘陶在这个条陈中向封建统治者发出了紧急警报。他很坦率地说："诚恐卒（猝）有役夫穷匠，起子板筑之间，投斤（斧）攘臂，登高远呼，使愁怨之民，响应云合，八方分崩，中夏鱼溃！"①这并非危言耸听。安帝以后，民变已屡见；顺帝时，广陵张婴聚众万余人，出入扬、徐之间，凡十余年；桓帝永寿二年，泰山、琅琊人民聚众至三万人，出入青、兖、徐三州。这是人数较多的。至于小规模的民变，则此起彼伏，几乎从没有中断过。腐朽的东汉封建王朝已面临风雨飘摇的局面，岌岌可危。灵帝中平元年（公元184年）终于爆发了以钜鹿人张角及其两弟张宝、张梁为领袖的有组织的、大规模的农民起义——黄巾起义。黄巾起义虽然遭到血腥的镇压，但是社会骚动并未因此而平息，农民起义的余波仍在奔腾。另一方面，统治阶级内部的矛盾也更加激化了。灵帝死，何太后临朝，何进谋灭宦官，反为宦官所杀；袁绍又尽诛宦官。这一斗争的结果是招来董卓之乱。董卓死后便是长期的军阀混战，形成了天下大乱；东汉王朝也在大乱中寿终正寝。

历史不是电影拷贝，不可能一次又一次地重复出现在银幕上面。但当考察西汉和东汉的盛衰兴亡过程的时候，我们得到的印象是"如出一辙"，不能不感觉到仿佛是历史的重演。

两汉农民负担的历史经验是丰富的，重要的。

西汉初期首先实行了与民休养生息的政策，树立了轻徭薄赋的典型。由此出现了文、景之治，为汉武帝讨伐匈奴及开疆拓土奠定了物质基础。汉武帝在长期战争中基本上没有加重农民负担，使得昭、宣两朝能够迅速恢复国家元气。东汉前期再度实行了轻徭薄赋政策，由此出现了光武中兴和明、章之治。两汉前期都实行轻徭薄赋，都取得了良好的效果——促进了生产的恢复和发展，经济的繁荣，社会的安定。这些经验是值得注意的。

但是，西汉的历史经验又告诉我们，一到后期，农民负担便不断地加重了。农民负担的加重，常常不是重在正项，而是重在没完没了

---

① 《后汉书·刘陶传》。

的封建徭役和封建官吏的额外剥削以及其他杂项负担。当农民负担达到高峰的时候，看不到生路的农民便会在每一个角落骚动起来，并且使整个国家都沸腾起来。西汉王朝和东汉王朝都是在农民起义中覆灭的。实际上，后来的各个封建王朝（除了清王朝是被资产阶级民主革命推翻的以外）全都如此，这是悲剧性的历史重演，也是一条客观存在的历史规律。恩格斯在《反杜林论》中说过："在政治权力对社会独立起来并且从公仆变为主人以后，它可以朝两个方向起作用。或者按照合乎规律的经济发展的精神和方向起作用，在这种情况下，它和经济发展之间就没有任何冲突，经济发展就加速了。或者违反经济发展而起作用，在这种情况下，除去少数例外，它照例总是在经济发展的压力下陷于崩溃。"[①] 两汉的前期和后期，分别代表了两种不同的方向，当然也就必然得到两种相反的结果。

① 《马克思恩格斯选集》第三卷，222 页。

第三章

魏晋南北朝的赋役制度与农民负担

第一节　曹魏的屯田和租调制度

灵帝末年声势浩大的农民起义队伍——黄巾军和继起的黑山军，虽然先后在血腥镇压下陷于瓦解，然而，东汉王朝的政权并没有能够因此而巩固。当各地农民爆发大规模起义的时候，从中央政权到地方豪强，所有各种封建势力全部汇合一起，共同对付起义军；而当起义军在残酷镇压下遭受打击之后，封建统治阶级内部的矛盾却尖锐化了。灵帝死，何太后临朝，外戚何进掌政，为了剪除宦官，令并州牧董卓领兵到京师。何进拙劣的决策无异引狼入室，结果招来了董卓之乱，并因而导致军阀间的混战，使国家陷入长期分裂，给人民造成了无穷灾难。

董卓兵到洛阳，何进已为宦官所杀，袁绍又把所有宦官斩尽杀绝；骑都尉鲍信劝袁绍袭攻董卓，除掉后患，袁绍却不敢动手。董卓废少帝刘辩为弘农王（随后又把他和何太后都杀掉），另立陈留王刘协为帝（汉献帝）。董卓是个杀人不眨眼的魔王，睚眦（音 yá zì，瞪眼睛的意思）之隙（怨恨）必报，除了杀戮朝臣以外，还滥杀良民。有一回派军队到阳城（今河南省登封县东南），适逢社祭（汉代俗尚社祭），把所有男子全杀了，用牛车把抢得的妇女和财物运载回洛阳，谎说讨贼大捷。东郡太守桥瑁首倡讨卓，袁术、袁绍、韩馥等同时起兵，众各数万，但都逗留不进。尽管这样，董卓还是有点害怕，便烧毁洛阳宫室，发掘陵墓（掠取陵墓中的财宝），强迫献帝迁都长安，也胁迫老百姓跟着搬家，沿途死者不计其数，洛阳二百里内化为焦土。献帝初平三年（公元 192 年），司徒王允串通董卓的亲信吕布杀死了董卓。董卓部将李傕（音决 jué）、郭汜、樊稠等聚众十余万围攻长安，吕布败走。李傕等入城，杀王允，纵兵大掠，长安居民死者狼藉。李傕、郭汜又火并起来，长安大乱，人民饥困。三辅原来尚存数十万户，两年之间，“相啖食略尽”（《三国志・魏书・董卓传》）。

曹操的父亲曹嵩是桓帝时大宦官曹腾的养子，官至太尉并袭封费亭侯。黄巾军起，曹操被任用为骑都尉，为东汉王朝镇压起义农民卖了力，入朝为典军校尉。董卓废立，任曹操为骁骑校尉。操不就，逃出洛阳；至陈留，得到陈留富豪卫兹的资助，聚兵 5 000 人，独树一帜。曹操带领这 5 000 人参加讨伐董卓之役，袁绍等人按兵不动。操独与卓将徐荣交战，战败，士卒死伤甚多，操本人亦中箭，狼狈而逃。初平二年（公元 191 年），曹操引兵入东郡，击破黑山军白绕于濮阳，遂为东郡太守。初平三年，青州黄巾众百万人入兖州，杀兖州牧刘岱；曹操设伏兵击败黄巾，得降卒 30 万，号青州兵，这是曹操军事上一笔最大的本钱。建安元年（公元 196 年），献帝逃返洛阳，曹操以护驾为名，领大军至洛阳，洛阳已残破不堪，遂迁都于许昌。献帝成为曹操手中的傀儡，曹操从此“挟天子以令诸侯”，这是他在政治上一笔最大的本钱。就在这一年，曹操接纳羽林监枣祗的建议，以枣祗为屯田都尉，骑都尉任峻为屯田中郎将，实行大规模的屯田。《三国志・魏书・武帝纪》注引王沈《魏书》说：“自遭丧乱，率乏粮谷。诸军并起，无终岁之计，饥则寇略，饱则弃余；瓦解流离，无敌自破者不可胜数。袁绍在河北，军人仰食桑椹。袁术在江、淮，取给蒲蠃（同“螺”）。民人相食，州里萧条。公（指曹操）曰：‘夫定国之术，在于强兵足食，秦人以急农（急农，以农事为急，意即积极发展农业生产）兼天下（兼并天下），孝武（汉武帝）以屯田定西域，此先代之良式也。’是岁（建安元年）乃募民屯田许（许昌）下，得谷百万斛。于是州郡例置田官，所在积谷。”这是曹操在财政经济上一笔最大的本钱。

曹操的屯田是把官田（实际上是无主的荒田）出租与佃户经营，政府按一定的分益比例收取地租。分益的比例一般是：“持官牛（使用官牛）者，官得六分，士（佃户）得四分（即四六分成）；自持私牛（佃户使用自有的牛）者，与官中分（即对半分成）”。[①] 这种屯田佃户，获得豁免徭役的优待。所谓州郡“例置田官”，也不是空话，见诸史书的，如严匡曾为颍川郡典农中郎将，[②] 徐州牧陶谦表荐陈登为典农校尉，[③] 许允也曾为典农校尉，[④] ……可见当时对屯田的推行是相当认真的。各州郡从屯田取得的地租为数甚巨，据《晋书·食货志》说：魏武之初“岁有数千万斛，以充兵戎之用”。[⑤]

《三国志·魏书·梁习传》载：曹操要在邺治宫室，命并州刺史梁习从上党供应木料，梁习请求“置屯田都尉二人，领客六百夫，于道次耕种菽粟，以给人牛之费”。运输木料的费用也取给于屯田，这就说明屯田已成为当时财政上的支柱。

《三国志·魏书·卫觊传》说：“觊与荀彧书曰：‘关中膏腴之地，顷遭荒乱，人民流入荆州者十万余家，闻本土安宁，皆企望思归。而归者无以自业（意为自己一无所有，没法谋生），诸将各竞招怀，以为部曲。郡县贫弱，不能与争，兵家遂强。一旦变动，必有后忧。夫盐，国之大宝也，自乱来散放，宜如旧置使者监卖，以其直（值）益市犁牛，若有归民，以供给之。勤耕积粟，以丰殖关中。……’彧以白太祖（指曹操），太祖从之。”卫觊这个建议的具体内容是恢复盐专卖，用专卖收入来购置耕牛和农具，供给归农的人。他没有提到屯田，

---

① 《晋书》，中华书局 1982 年版（下同），第五册，1321 页。

② 《三国志》，中华书局 1982 年版（下同），第一册，50 页，230 页，303 页。

③ 《三国志》，中华书局 1982 年版（下同），第一册，50 页，230 页，303 页。

④ 《三国志》，中华书局 1982 年版（下同），第一册，50 页，230 页，303 页。

⑤ 《晋书》第三册，782 页。

曹操既然采纳他的建议，当然会按屯田的办法来实施，这是可以肯定的。值得注意的是：卫觊的建议是从抑制豪强，防止割据的政治目的出发的。东汉后期，无地的农民不少投充地方豪强的“徒附”，平时给豪强地主服劳役，打起仗来还要替豪强地主卖命，所以又称为“部曲”，也习惯称为“客”，这种农民实质上是对封建地主有人身依附关系的农奴。拥有“徒附（部曲）”的豪强都是土霸王，摇身一变就是割据称雄的地方军阀。这种情况在战乱时期更加突出。卫觊不失为一个有深谋远虑的人，曹操之所以采纳他的建议，也是由于注意到这个问题。这件事向我们说明了，曹操实行屯田，不只出自财政经济方面的需要，还有他的政治目的。

对不属于屯田的民户，曹操实行租调制度。《三国志·魏书·武帝纪》说：建安九年（公元 204 年）九月，“令曰：河北罹袁氏之难，其令无出今年租赋”。裴松之注引王沈《魏书》载曹操的命令说：“其收田租亩四升，户出绢二匹、绵二斤而已，他不得擅兴发（他，其他，指正项以外的附加、摊派等等）。郡国守相明检察之，无令强民有所隐藏，而弱民兼赋（兼赋，既出本户的租赋，又代豪强户交纳租赋）也。”据此，田赋的征收额是每亩 4 升。同当时的每亩收获量相比，税率是低的。当时每亩收获量一般有多少呢？傅玄说：“近魏初课田，不务多其顷亩，但务修其功力，故白田（旱地）收至十余斛，水田收数十斛。”[①] 当时的一斛只相当于现在的两斗，即使这样，傅玄所说的每亩收获量还嫌估计过高，不大可信。仲长统是反对汉代三十税一的轻税政策的，他认为“通肥饶之率，计稼穑之入，令亩收三斛，斛取一斗，未为甚多”。[②] 仲长统是当时的人，他所说的“令亩收三斛”虽然是一个假设，但这个假设决不会远离实际。荀悦在《汉纪》里说：“今汉人田或百一而税，可谓鲜矣。”汉代明明是三十税一，而荀悦却说“或百一而税”，这里面是有文章的。我们在第二章里曾经推断，汉代征收田赋的办法是以亩产一石为标准，按照“三十税一”的税率，每亩征收三升三的定额税。亩产一石的标准在西汉初

---

① 《晋书》第五册，1321 页。

② 《后汉书·仲长统传》。

年同实际情况相差不太远，但由于农业生产力的发展，亩产提高到三石（三斛）以上，这时候每亩三升三的定额税同产量相比，便不是“三十税一”而是“百一而税”了。这样看来，仲长统同荀悦的说法基本上是吻合的。当时一般产量可能在每亩三斛（石）左右，每亩征收四升的田赋，再加上户调的两匹绢和两斤绵，农民负担并不重。这同当时大规模推行屯田是分不开的，比起屯田的地租来，田赋收入实在算不了什么。与此同时，汉代废除了按人征收的算赋和口钱，改为按户征收绢、绵，魏晋以后通称为“户调”之制，“调”是调度、调发的意思，现在用作“赋”的代称（《后汉书·明帝纪》记载明帝初即位时曾下诏“勿收今年租调”，这个“调”字也是赋的代称）。为什么不征钱而改征绢、绵呢？原因是当时钱法败坏。《晋书·食货志》说：“献帝初平中，董卓乃更（改）铸小钱，由是货轻而物贵，谷一斛至钱数百万（百字疑衍）。至魏武（曹操）为相，于是罢之（罢小钱），还用五铢。是时不铸钱既久，货本不多，又更无增益，故谷贱无已。及黄初二年（公元221年），魏文帝（曹丕）罢五铢钱，使百姓以谷、帛为市。”[①] 曹操时没有铸钱，所谓恢复五铢钱是有名无实，民间交易一般使用绢、谷等商品货币，这就是户调不能征钱而必须改征绢、绵的根本原因。

凭借三大优越条件——军事方面拥有30万青州兵，政治方面“挟天子以令诸侯”，财政经济方面实行屯田，曹操在军阀混战中取得一连串的胜利；建安二年（公元197年）打垮袁术；建安三年杀吕布，夺徐州；建安五年在官渡击败袁绍，建安十年全部歼灭袁家军，曹操夺得了冀、青、幽、并四州；至此北方大致平定，黄河流域基本统一。建安十三年，曹操进军荆州，正想插足江东，但赤壁之战一败涂地，狼狈北归，于是形成了魏、蜀、吴鼎足分立的割据局面。

三国之中，蜀汉地盘最狭，人力物力均见绌。然而，由于诸葛亮的悉心经营，政治情况最好。《三国志·蜀书·诸葛亮传》说他“立法施度，整理戎旅，工械技巧，物究其极；科教严明，赏罚必信，无

① 《晋书》第三册，794—795页。

恶不惩，无善不显；至于吏不容奸，人怀自励，道不拾遗，强不侵弱”。诸葛亮在生时，弱小的蜀汉，能够一直对强大的魏国采取主动的攻势，并使司马懿“畏蜀如死”。诸葛亮死于蜀汉建兴十二年（公元234年），他死后，蜀汉在昏庸的后主刘禅的统治下，仍然能够延续28年才灭亡，这不是偶然的，也不是什么奇迹。陈寿在《诸葛亮传》里说：“至今梁、益之民，咨述亮者，言犹在耳，虽甘棠之咏召公，郑人之歌子产，无以远譬也。”1 000多年来，诸葛亮在人们心目中一直是智慧的化身，他的“鞠躬尽瘁，死而后已”的精神，一直为人们所称颂。一个封建知识分子能够在历史上享有如此崇高的荣誉，不仅为当时的敌国君臣所重视①，并且长期受到后人的崇拜，这当然不是一件简单的事情。

吴国雄踞江东，疆域南及交趾，兵多将广。孙权也是一个英雄人物，目空一切的曹操也曾有“生子当如孙仲谋”的慨叹。但是，东吴的政治远远比不上诸葛亮统治下（刘备死后，蜀汉实际上是由诸葛亮统治的）的蜀汉，人民的赋役负担最重，兵役的频繁征发尤其严重地影响农业生产。这种情况，孙权知道得十分清楚，例如黄武五年（公元226年）春下令说：“军兴日久，民离农畔，父子夫妇，不听相恤，孤甚愍之。”② 黄龙三年（公元231年）说：“兵久不辍，民困于役。”③ 赤乌三年（公元240年）说：“顷者以来，民多征役，岁又水旱，年谷有损；而吏或不良，侵夺民时，以致饥困。”④ 吴国人民的赋役负担，特别是兵役及其他徭役负担的苛重，孙权是公开承认的。然而，承认是一回事，有没有纠正是另一回事。孙权是一面承认这种不合理的情况，同时又为它辩护。例如黄武五年冬十月，陆逊曾劝孙权

---

① 《三国志·蜀书·诸葛亮传》说：“其年《后主建兴十二年）八月，亮疾病，卒于军，时年五十四。及军退，宣王（司马懿）案行其营垒处所，曰：天下奇才也！”《诸葛亮传》注引《汉晋春秋》说：“樊建为给事中，晋武帝（司马炎）问诸葛亮之治国，建对曰：‘闻恶必改，而不矜过，赏罚之信，足感神明。’帝曰：善哉！使我得此人以自辅，岂有今日之劳乎！”又，晋初，命陈寿定故蜀丞相诸葛亮故事，寿编纂《诸葛氏集》二十四篇，凡十万四千一百一十二字。

② 《三国志》第五册，1132页，1140页，1144页。

③ 《三国志》第五册，1132页，1140页，1144页。

④ 《三国志》第五册，1132页，1140页，1144页。

"施德缓刑，宽赋息调（这里所说的"调"指征发兵役）"；孙权回答说："至于发调者，徒以天下未定，事以众济（人多才能成事）。……若不豫调，恐临时未可便用也。"[①] 赤乌元年（公元238年）说："自孤兴军五十年，所役赋凡百皆出于民，天下未定，孽类犹存，士民勤苦，诚所贯知。然劳百姓，事不得已耳！"[②] 这就充分说明他根本不会去纠正。太元元年（公元251年）冬十一月，孙权患病不起，下诏要"省徭役，减征赋，除民所疾苦"。[③] 也许这就是所谓"鸟之将死，其鸣也哀；人之将死，其言也善"吧，但也不过是孙权临死前写下的官样文章，说得挺好，却不会付诸实施的。永安元年（公元258年）十一月，吴景帝孙休的诏书说："诸吏家有五人三人兼重为役，父兄在都，子弟给郡县吏，既出限米，军出又从，至于家事无经护者。"[④] 家有5丁或3丁的，有几个人同时服役，既要依期交纳粮食，大军出发时又要当兵差，家里的事情没有人照管，老百姓的日子怎么过呢！末代皇帝孙皓，残暴有如桀、纣，"虐用其民，穷淫极侈"，结果必然是众叛亲离，自召灭亡，自掘坟墓。公元279年，晋遣司马伷（音zhòu）、杜预、王濬、唐彬等率领几路大军攻吴，水陆并进。公元280年，"濬、彬（从水路进攻）所至，则土崩瓦解，靡有御者"。只丞相张悌率众3万渡江迎战，张悌是估计到必败的，他说："吴之将亡，贤愚所知，非今日也！……相与坐待敌到，君臣俱降，无复一人死难者，不亦辱乎！"[⑤] 这虽然是一种愚忠，然明知必死而慷慨赴难，不失为壮士。张悌兵败被杀，孙皓俯首归降，吴国遂亡。

三国之中，魏最强大，司马氏的晋王朝是凭借曹魏的基础才能够完成统一大业的。

---

① 《三国志》第五册，1133页，1142页。
② 《三国志》第五册，1133页，1142页。
③ 《三国志》第五册，1148页，1157页。
④ 《三国志》第五册，1148页，1157页。
⑤ 裴松之注引《襄阳记》，见《三国志》第五册，1175页。

第二节　西晋的占田、课田和租调

从汉献帝初平元年（公元 190 年）到晋武帝司马炎太康元年（公元 280 年，是年灭吴，全国统一），其间凡 91 年，天下扰扰攘攘，干戈不戢，国家长期分裂，几代人民饱受兵燹和天灾的折磨。

人口的大量损耗是社会经济总崩溃的集中表现。《后汉书·郡国志》注引《帝王世纪》说："魏武克平天下，文帝受禅，人众之损，万有一存。（魏元帝曹奂）景元四年（公元 263 年），（魏）与蜀通计民户九十四万三千四百三十二，口五百三十七万二千八百九十一人。"人口的大量损耗是毫无疑义的，但所谓"万有一存"的说法未免过于夸张。上揭景元四年魏蜀两国的人口，相当于汉桓帝永寿三年（公元 157 年）人口的 9.5%；因为没有包括东吴，不能作为全国的人口数。同时，上揭魏、蜀两国的人口数也不完全。按《三国志·蜀书·后主传》注引王隐《蜀纪》：炎兴元年（公元 263 年）刘禅降邓艾，"遣尚书郎李虎送士民簿，领户二十八万，男女口九十四万，带甲将士十万二千，吏四万人"①；蜀后主炎兴元年即魏元帝景元四年，这一年的蜀汉人口（军、吏、民合计）应为 1 082 000 人。据《通典·食货七》，魏景元四年户 663 423 户，口 4 432 881 人；魏、蜀两国人口合计应为 5 514 881 人。

东吴的户口，据《晋书·地理志》：孙权赤乌五年（公元 242 年），"户五十二万三千，男女口二百四十万"。②《三国志·吴书·三嗣主传》注引《晋阳秋》：天纪四年（公元 280 年，晋武帝太康元年），孙皓降晋，晋大将"（王）濬收其图籍，领州四，郡四十三，县三百一十三，户五十二万三千，吏三万二千，兵二十三万，男女口二

① 《三国志》第四册，901 页。

② 《晋书》第二册，414 页。

百三十万，"[1] 军、吏、民合计 2 562 000 人。景元四年魏蜀两国人口加上赤乌五年的东吴人口，总计 8 076 881 人，相当于汉桓帝永寿三年人口的 14%。上述的算法是不科学的，由于史料的限制，只好勉强地凑合一下。考虑到存在大量不见于户籍的流亡人口和荫附人口，这个数字可能偏低。如果说，汉末的战乱曾使人口损耗十分之七八左右，也许比较接近实际。《隋书·地理志上》谓："逮炎灵数尽，三国争强，兵革屡兴，户口减半。"[2] 这也只能算是一种概略的估计，不一定是准确的。

《晋书·地理志》记载：晋武帝"太康元年（公元 280 年），平吴，大凡户二百四十五万九千八百四十，口一千六百一十六万三千八百六十三"[3]，全国统一时的人口相当于汉桓帝永寿三年人口的 28.6%。如果在这个数字中扣除东吴人口，则为 13 601 863 人，同魏景元四年比较，17 年间，人口净增 8 086 982 人，即增长 47%。在这期间，黄河流域已摆脱了军阀混战的局面，社会秩序基本稳定，经济进入恢复阶段，生产的发展和人口的迅速增长是合乎规律的。实际上，上述数字还可能有点偏低。据《三国志·魏书·陈群传》裴松之注引《晋太康三年地记》："晋户有三百七十七万，吴、蜀户不能居半。"[4] 依照裴松之所引户数，以每户 6.57 人（太康元年的平均数）推算，太康三年的人口总计达 24 768 900 人，比太康元年增加8 605 037人，净增 50% 以上；仅仅两年之间，不可能骤增此数。如果裴松之所引太康三年的户数是确实的，那么，太康元年的人口当在2 000万左右。总之，黄河流域的统一是这一期间人口回增的决定性因素，这是毫无疑义的。

《晋书·食货志》记载了西晋的占田、课田和户调制度，史家对此（特别是对占田和课田的解释）争论颇多；这里，只谈谈我们的看法。

---

① 《三国志》第五册，1177 页。《晋书·武帝纪》所载数目相同（《晋书》第一册，71 页）。

② 《隋书》，中华书局版（下同），第三册，807 页。

③ 《晋书》第二册，415 页。

④ 《三国志》第三册，667 页。

《晋书·食货志》说：

“及平吴之后，……又制户调之式：丁男之户，岁输绢三匹，绵三斤，女及次丁男为户者半输。其诸边郡或三分之二，远者三分之一。夷人输賨（音 cóng）布，户一匹，远者或一丈。”

“男子一人占田七十亩，女子三十亩。”

“其外（按杜佑《通典》无外字，外字显属衍文）丁男课田五十亩，丁女二十亩，次丁男半之，女则不课。男女年十六已上至六十为正丁，十五已下至十三、六十一已上至六十五为次丁，十二已下、六十六已上为老小，不事。远夷不课田者输义米，户三斛，远者五斗，极远者输算钱，人二十八文。”

“其官品第一至于第九，各以贵贱占田：品第一者占五十顷，第二品四十五顷，第三品四十顷，第四品三十五顷，第五品三十顷，第六品二十五顷，第七品二十顷，第八品十五顷，第九品十顷。而又各以品之高卑荫其亲属，多者及九族，少者三世。宗室、国宾、先贤之后及士人子孙亦如之。而又得荫人以为衣食客及佃客，品第六已上得衣食客三人，第七、第八品二人，第九品及举辇、迹禽、前驱、由基、强弩、司马、羽林郎、殿中冗从武贲、殿中武贲、持椎斧武骑武贲、持钑冗从武贲、命中武贲武骑，一人。其应有佃客者，官品第一、第二者，佃客无过五十户（五十户疑是十五户之误），第三品十户，第四品七户，第五品五户，第六品三户，第七品二户，第八品、第九品一户。”①

上引《晋书·食货志》史料的第一段是关于户调制度的规定，很清楚，这是曹魏创立的户调制度的继承；不同的只在征收数额上，西晋时每户要多交一匹绢，一斤绵。至于“夷人输賨布”等规定，也只有西晋统一了全国以后才具有实际意义，曹魏时当然不会作这种空洞的条令。

第二段和第四段都是关于占田制度的规定。第二段的规定适用于一般平民，它是根据性别来确定不同的占田数额的——男子每人得占

① 《晋书》第三册，790—791 页。

田 70 亩，女子每人得占田 30 亩，它没有确定每户占田数额的极限。因此，有一男一女的户得占田 100 亩，有两男两女的户便得占田 200 亩……；年龄的大小同占田数额并没有关系。第四段的规定适用于当时的特权阶层——官僚和士族，对于他们是“各以贵贱占田”，例如第一品的户得占田 5 000 亩，以下每品递降 500 亩，至第九品的户仍得占田 1 000 亩。封建官僚和士族又按照“品之高卑”可以荫其亲属、衣食客和佃客。衣食客和佃客就是东汉后期的“徒附”，佃客是士族地主阶级的佃户，给地主服劳役；衣食客则脱离生产。他们对士族地主阶级都存在人身依附关系。所谓“荫”是一种优待，具体地说，就是免除官府徭役的负担。

第三段是关于课田的规定（占田及课田的意义和实质，下面再进行研究），看来是只适用于一般平民的规定。课田数额的确定以性别和年龄的大小（实质上是劳动力的强弱）为根据：年 16 以上至 60 岁的丁男（全劳动力）每人课田 50 亩；年 16 以上至 60 岁的丁女（半劳动力）课田 20 亩；年 15 以下至 13 岁或年 61 以上至 65 岁的次丁男（半劳动力）课田 25 亩；年 15 以下至 13 岁或年 61 以上至 65 岁的次丁女（被认为缺乏劳动力）不课田；年在 12 岁以下和 66 岁以上的“老、小”也不课田（原文说“十二已下、六十六已上为老小，不事。”史籍上所谓不事，一般指免除徭役而言，在这里似应理解为既免除徭役，又不课田）。对少数民族，规定：不课田的，每户输义米 3 斛，远方的输义米 5 斗，极远的折交代金每人 28 文。“义米”是什么？显然是按户征收的田赋（当时仍称作租）。从这里我们可以体会到，课田和田赋是有密切关系的。上一节我们说过曹魏的租调制度是：每户出绢 2 匹，绵 2 斤（户调），每亩征田租 4 升（田赋）。西晋继承了曹魏的户调，停止了屯田，对一般农户断不会不征收田赋；并且，《晋书》上别的地方也出现过“租”字，例如《晋书·武帝纪》：太康三年冬十二月丙申，“诏四方水旱甚者无出田租”①；“太康六年春正月甲申朔，以比岁不登（不登，歉收），免租、贷宿负。”② 这说明西

① 《晋书》第一册，74 页，76 页。

② 《晋书》第一册，74 页，76 页。

晋实行的还是曹魏的租调制度。但是，《晋书·食货志》却完全没有提到田租，是史官的疏忽还是别的原因，这里也不去研究了。幸而这一缺漏在唐人徐坚的《初学记》中得到补救。

《初学记》卷27宝器部“绢”字条引《晋故事》[①] 说：“凡民丁课田，夫五十亩，收租四斛，绢三匹，绵三斤。凡属诸侯，皆减租谷亩一斗（斗应为升字），计所减以增诸侯绢，户一匹，以为诸侯秩。又分民租，户二斛，以为诸侯俸。其余租及田调绢户三匹，绵三斤，书为公赋；九品相通，皆输入于官，自如旧制。”

《晋故事》已失传。《初学记》属类书，引文每多删节。尽管如此，这段短短的引文，对弄清楚西晋的田制和租赋制度，却给我们帮了大忙。这段引文告诉我们：

一、“凡民丁课田，夫五十亩，收租四斛”，这就是说，田赋的征收额是每亩8升。田赋的征收对象不会仅限于丁男的50亩课田，按理也应包括丁女的20亩和次丁男的25亩课田在内。由此可见，西晋实行的仍然是曹魏的租调制度；不过，租调的征收额都增加了，户调方面增加了1匹绢和1斤绵，田赋方面由每亩4升提高到每亩8升。

二、“九品相通，皆输入于官，自如旧制”，这几句话很值得注意。所谓“九品相通”是九等户匀算赋额的意思。当时的田赋征收办法很可能是这样的：每亩征收8升只是中央规定的征收指标，不是一律每亩征收8升；地方政府根据这个指标，按照本地区的课田总亩数，算出本地区田赋的应征总额，把应征数在各等户内匀摊，分别订定各等户的每亩征收额；户等高的，每亩征收额超过8升；户等低的，每亩征收额少于8升。户调的绢3匹和绵3斤，大概也不过是征收指标，实际征收办法同田赋一样，都是“九品相通”。引文说“自如旧制”，可知这种征收办法在曹魏时便已经实行了。

三、从“凡属诸侯”起到“书为公赋”止的一段引文，说的是朝

---

① 《隋书·经籍志二》：“《晋故事》四十三卷”。见《隋书》，第四册，966页。又说：“晋初，甲令以下，至九百余卷。晋武帝命车骑将军贾充，博引群儒，删采其要，增律十篇。其余不足经远者（指一些临时措施）为法令，施行制度者为令，品式章程者为故事”。（同上书，967页）可见，《晋故事》所载，多为各种实施办法。

廷和诸侯对封地内民户租调的分配办法。办法的具体内容是：在诸侯封地内的民户，每亩田赋扣出1升，用来折充诸侯秩的绢，以每户1匹为标准（以谷代绢）；另外，从每户田赋扣出2斛，作为诸侯俸。“其余租”是指课田田赋扣除分给诸侯作俸秩部分的余额（余租），这部分田赋余额连同每户应纳的3匹绢、3斤绵的户调，一律登记为国家的税收。

这就是西晋租调制度的概略。下面我们要说到占田、课田的意义和实质了。

什么叫占田？荀悦在《汉纪》里说：“古者什一而税，以为天下之中正。今汉人田或百一而税，可谓鲜（鲜，少）矣。然豪强富人，占田逾侈（过多）。……孝武皇帝时，董仲舒尝言宜限人占田。至哀帝时，乃限人占田不得过三十顷，虽有其制，卒难施行，然三十顷又不平矣！……光武中兴之后，人众稀少，立之（指建立井田）易矣，既未悉备井田之法，宜以口数占田，为之正限；人得耕种，不得买卖，以赡贫弱，以防兼并，且为制度张本，不亦宜乎？”这一段议论，有四个地方使用了“占田”这个词——“占田逾侈”“宜限人占田”“乃限人占田不得过三十顷”“宜以口数占田”。四个“占田”都只能理解为占有田地，除此以外，别的说法都是牵强和背离文义的。西汉人使用“名田”一词，例如：董仲舒劝汉武帝“限民名田，以赡不足，塞兼并之路”；汉武帝元光中令“贾人有市籍，及家属，皆无得名田”；汉哀帝时丞相孔光、大司空何武根据师丹的建议，奏请“诸侯王、列侯皆得名田国中，列侯在长安，公主名田县道，及关内侯、吏民名田皆毋过三十顷”。西汉人说的“名田”，荀悦一概改作“占田”，这是词汇的变化，概念的内涵却没有变化，都是占有田地——从法律上来说，都是私人取得土地所有权的意思。颜师古对《汉书·食货志》所引董仲舒的“限民名田”一语的解释是：“名田，占田也。各为立限，不使富者过制，则贫弱之家可足也。”颜氏的解释是正确的，这足以证明“名田”和“占田”是古今语，西汉人说“名田”，东汉（也许是东汉末年）以后则说“占田”。董仲舒和师丹都是井田主义者，他们认为井田是最理想的土地制度，但又认为时移世易，恢复古井田法有困难，因而主张实行限田政策以防止土地兼并。荀悦同样是井田主义者，他认为光武中兴的时候，土旷人稀，是恢复井田的良好机会，而光武却把这个机会错过了；他还认为，即使那时候恢复井田的条件不够成熟，也应该按照口数规定占田的限度，禁止田地买卖，以防止土地兼并，并为恢复井田制度打好基础。从董仲舒、师丹到荀悦，都是在理论上赞美井田制度而在政策上则主张限制占田的。

很明显，西晋初年关于占田的规定就是这种限田政策的体现。所谓“男子一人占田七十亩，女子占田三十亩”，正是实行荀悦所说的“以口数占田，为之正限”的办法。这个规定，说得更清楚一点，就是男子每人占有田地不得超过 70 亩，女子每人占有田地不得超过 30 亩。所以，关于占田的规定，实质是限制占田的规定，这是非常明确的。

但是，应该补充说明，要限制的主要是世俗地主阶级，这一点也是非常明确的，因为官僚和士族都受到特殊的优待；同时，由此可以体会到，这样的政策是不可能获得太大的实际效果的。

关于课田，《晋书·傅玄传》说：“近魏初课田，不务多其顷亩，但务修其功力，……自顷以来，日增田顷亩之课，而田兵益甚，功不能修理。”[①] 又，《晋书·束晰传》说：“地利可以计生，人力可以课致”，“今天下千城，人多游食，废业占空，无田课之实。……可申严此防，令监司精察，一人失课，负及郡县，此人力之可致也。”[②] 据此，可以认为课田是督课耕田之意，是有强制性的。再从《晋故事》所载“凡民丁课田，夫五十亩，收租四斛”的规定分析，课田和征收田赋是有密切关系的。我们可以这样地理解：1. 课田是政府强制地给农户分派耕种任务，分派的标准是全劳动力的正丁男 50 亩，半劳动力的正丁女 20 亩，半劳动力的次丁男 25 亩；2. 不管农户实际耕种的亩数多少，政府征收田赋一律以课田的亩数为根据，例如一户如果有正丁男和正丁女各一人，次丁男和次丁女各一人，老、小各一人，那么，这个 6 口之家应征收田赋的面积为 95 亩，应交纳相当于 95 亩的赋额，

① 《晋书》第五册，1321 页，1431 页。

② 《晋书》第五册，1321 页，1431 页。

这是一种硬性的规定，即使这户的实际耕种面积只有七十亩，也要负担 95 亩的田赋。有的学者说：“所谓课田租，如果纳租者并无实田，那就等于纳口赋算钱”。这种看法是有道理的。有的学者说：“课田是政府课耕和征收户调的强制办法，但如耕种者已有的占田还没有达到课田的规定亩数时，则得由政府授予，同时也得按课田的数额来征收租调”。这种说法有对的地方，也有不对的地方。什么地方不对呢？课田同户调并没有关系，说课田是政府征收户调的强制办法是错误的；说政府按课田额数来征收租调也不妥当，因为政府只按规定的课田额数征收田赋（租），至于“调”则是以户为单位征收的，不管课田额数多少都是绢 3 匹和绵 3 斤（户主为丁女或次丁男的减半）；所谓“如耕种者已有的占田还没有达到课田的规定亩数，则得由政府授予”，在史料上缺乏根据。古时有人认为田赋已包含在户调之中，看来也没有注意到《初学记》所引《晋故事》的纪述。

西晋初年实行课田，主要目的有二：一是保证国家财政收入；另一是企图以这种办法为杠杆，推动耕地面积的扩大和农业生产的发展。从立法上讲，西晋的占田、课田和租调制度不能算坏，在执行中也取得过一定的效果。《晋书·食货志》说：“是时（指平吴后）天下无事，赋税平均，人咸安其生而乐其事。”① 干宝也说：“至于世祖（晋武帝）……天下书同文，车同轨，牛马被野，余粮委亩，故于时有‘天下无穷人’之谚。虽太平未洽，亦足以明吏奉其法，民乐其生矣。”② 干宝的话，说得很有分寸，当时还够不上称为“太平盛世”，但老百姓基本上是安居乐业的。国家由长期分裂复归统一，社会由长期动乱趋向安定，在这种情况下，各方面特别是经济方面能够取得一定的进步，这是合乎规律的。

可惜的是，这种局面未能继续发展下去，甚至在晋武帝执政时期亦未能维持多久。这不能归咎于占田、课田和租调制度，起决定作用的是西晋封建统治的腐朽性。《晋书·刘毅传》说：晋武帝问刘毅，“卿以朕方（方，比拟）汉何帝也？（刘毅）对曰：可方桓、灵。帝曰：吾虽德

① 《晋书》第三册，791 页。

② 《晋书》第一册，133 页。

不及古人，犹克己为政，又平吴会（吴会，吴郡和会稽郡，统指东吴统治的江南地区），混一天下；方之桓、灵，其已（已，太过）甚乎！对曰：桓、灵卖官，钱入官库；陛下卖官，钱入私门。以此言之，殆不如也！”[①] 晋武帝说什么“克己为政”显然是替自己吹牛，至于他如何卖官，则史缺纪述，但刘毅讽刺他卖官，也并不冤枉。刘毅所谓“陛下卖官，钱入私门”，实际是说晋武帝听任朝臣竞相聚敛，“政以贿成”，与卖官无异。《晋书·武帝纪》说：“平吴之后，天下乂安，遂怠于政术，耽于游宴，宠爱后党，亲贵当权，旧臣不得专任，彝章（彝章，典章，指各种制度）紊废，请谒行矣。”[②] 所谓“请谒行”，就是贿赂公行，就是“政以贿成”。《晋书·杨骏传》也说：“（武）帝自太康以后，天下无事，不复留心万机，惟耽酒色，始宠后党，请谒公行。”[③] 由此可见，西晋封建王朝的天下，正是司马炎自己带头把它搞坏的。西晋封建统治的腐朽性，主要表现在：当时的权贵们，政治上崇尚空谈，生活上穷极奢侈。何曾“食，日万钱”，还说“无下箸处”；他的儿子何劭“一日之供，以钱二万为限（不能少于二万钱）”。石崇和外戚王恺（武帝的舅父）斗富，武帝给王恺当啦啦队，赐给王恺一枝二尺多高的珊瑚，但石崇毫不在乎地拿起铁如意把它打碎了，因为石崇家里有的是三四尺高的珊瑚，赔得起有余。和峤被称为有“钱癖”的人，其实当时的王公大臣个个都有钱癖，个个都是聚钱如积山，花钱像流水的吸血鬼，老百姓的血都被他们吸干了，天下哪能不乱！

第三节　从八王之乱到国内各民族的长期混战和十六国时期的农民负担情况

太熙元年（公元290年）四月，晋武帝死，惠帝司马衷继位。惠

① 《晋书》第四册，1272页，1177页。

② 《晋书》第一册，80页。

③ 《晋书》第四册，1272页，1177页。

帝是一个被公认为既不会办事又不懂事的低能儿，《晋书·惠帝纪》说他登位以后“政出群下，纲纪大坏，货赂公行。势位之家，以贵陵物（意为仗势欺人）。忠贤路绝，谗邪得志，更相荐举（坏人当权，互相提拔），天下谓之互市（官场变成市场）焉。高平王沈作《释时论》，南阳鲁褒作《钱神论》，庐江杜嵩（《晋书·杜夷传》作杜崧，杜夷之兄）作《任子春秋》，皆疾时（痛恨当时社会风气的败坏）之作也”。[1] 王沈的《释时论》说：“贱有常辱，贵有常荣；肉食继踵于华屋，疏（即蔬字）饭袭迹于耨耕。谈名位者以谄媚附势，举高誉者因资以随形。”[2] 鲁褒的《钱神论》说：钱在当时是“神物”，只要有钱，便“无德而尊，无势而热，排金门而入紫闼（金门、紫闼，宫内的门户）。危可使安，死可使活，贵可使贱，生可使杀”。[3] 他的结论是：“凡今之人，惟钱而已！”。这些话概括了当时封建统治的腐朽和社会风气的败坏的普遍情况。

惠帝初即位，外戚杨骏（杨太后之父）以太傅辅政。杨骏排挤异己，刚愎自用；但是，不过一年工夫，便惨败于妇人之手。永平元年（公元 291 年）三月，贾后矫诏楚王司马玮诛夷杨骏三族及其党羽，凡数千人。贾后是一个阴险、狡诈和毒辣的政治野心家，推倒杨骏后，用楚王玮杀死辅政的汝南王司马亮和卫瓘，接着又借口楚王玮擅害亮、瓘，把司马玮也杀了；由此开始了所谓“八王之乱”。永康元年（公元 300 年）四月，赵王司马伦杀贾后。次年正月赵王伦篡位；齐王司马冏（音 jiǒng、成都王司马颖、河南王司马颙（音 yóng）和常山王司马乂（音 yì）起兵讨伦，四月诛伦及其党羽，惠帝复位。太安元年（公元 302 年）十二月，长沙王（由常山王改封）又攻杀齐王冏；次年八月，河间王颙和成都王颖举兵讨长沙王乂，在洛阳地区展开激烈的战斗；九月，颙将张方陷洛阳，烧清明门和开阳门，死者万计。惠帝出奔偃师，再奔缑氏。成都王颖部将陆机、牵秀、石超先后败走，张方也退屯十三里桥。十月，惠帝复入洛阳，两军相持，公私交困，

① 《晋书》第一册，108 页。
② 《晋书》第八册，2382 页，2437 页。
③ 《晋书》第八册，2382 页，2437 页。

米价涨至每石万钱，惠帝的诏命不出都城。十一月，东海王司马越拘捕了长沙王乂，把他送给张方，乂为张方所虐杀。张方纵兵在洛阳大抢劫，掳掠奴隶万余人，还师长安。永兴元年（公元 304 年）七月，惠帝与司徒王戎和东海王越等率众北征成都王颖，颖遣石超拒战，帝师败绩于荡阴（今河南省汤阴），惠帝中三箭，颊部受伤，被石超所俘，送到邺城（颖在邺）。是年八月，张方复入洛阳，安北将军王浚遣乌桓骑兵进攻邺城，成都王颖大败，与惠帝仓皇逃返洛阳。惠帝在路上借用太监的私钱三千买饭吃，晚上睡觉也是盖的太监的布被。十一月，张方劫惠帝往长安（河间王颙在长安），兵士掳掠后宫，分争库藏，魏晋以来的积蓄，扫地无遗。次年（永兴二年，公元 305 年）七月东海王越自徐州起兵。又次年（光熙元年，公元 306 年），成都王颖、河间王颙战败，先后被杀，越将祁弘所部鲜卑兵大掠长安，杀二万余人，惠帝乘牛车还洛阳，数月后被东海王越毒死，怀帝司马炽继位，“八王之乱”才算结束。

封建皇族的同室操戈，骨肉相残，本来是司空见惯的事情，但如延续 16 年之久的“八王之乱”，在中国历史上却是十分突出的，它导致的后果也是极其严重的。

正如古语所说：“城门失火，殃及池鱼”，在“八王之乱”中受祸最重的是人民，或死于干戈，或死于饥馑，好几十万人被夺去了生命，数以百万计的农民离开了家乡，流离失所，成为游民无产阶级，即史书上所说的“流人”。“八王之乱”促使西晋已经激化的农民和封建统治者之间的阶级矛盾转变为大冲突，爆发了农民起义。

首先是惠帝永宁元年（公元 301 年）以巴族人李特为首的六郡流人在四川的起义。关西连年大饥，再加兵祸，略阳（今甘肃秦安县东南）、天水（今甘肃天水市西南）等六郡（六郡指秦州六郡：陇西、南安、天水、略阳、武都、阴平）流人数万户 10 余万人经汉中入蜀求食，晋朝官吏不但没有给予救济和安置，反而诸多留难和压迫，甚至公然抢掠其财物，这就不能不引起流民的反抗，爆发为这场大规模的起义。李特打败了河间王司马颙派来镇压的兵将，陷梓潼、巴西，进攻成都。惠帝太安二年（公元 303 年），晋益州刺史罗尚勾结各村堡的地主武装，李特中了暗算，兵败被杀。李特虽死，这次农民起义却没有因而瓦解，李特的儿子李雄继续率领起义群众，击败罗尚，占领成都，逐渐平定全蜀。惠帝永兴元年（公元 304 年）李雄称成都王，国号大成（匈奴刘渊亦于同年举兵，称汉王），揭开了“十六国”时期的初叶。

就在李特战死的那年（公元 303 年）的 5 月，张昌（本为义阳蛮族）于安陆（今湖北安陆县）石岩山高举起义旗帜，“诸流人及避戍役者多往从之，”屡破官军，攻占江夏。“江、沔间一时猋（音 biāo，暴风从下上）起，竖牙旗，鸣鼓角，以应昌（响应张昌），旬月之间，众至三万”。张昌先攻破武昌，接着攻破宛，击败晋前将军赵骧，杀死晋平南将军羊伊；转攻襄阳，杀死新野王司马歆；张昌的部将石冰东破江、扬二州；一时声势浩大，占地甚广。但是，张昌的起义部队缺乏组织性和纪律性，到处劫掠，不只失去民心，并且减弱了战斗力，终为晋将陶侃所败。次年（惠帝永兴元年，公元 304 年）张昌被擒，石冰也被晋将陈敏所杀。这次起义，仅有一年多的时间便被镇压下去了。

惠帝永兴二年（公元 305 年），成都王司马颖部众公师藩起兵反晋，河北人民纷纷响应，茌平（山东茌平县）马牧帅（官马场的牧卒头目）汲桑和羯（音 jié）族人石勒纠集了数百牧卒前往参加。公师藩兵败被杀，汲桑和石勒于晋怀帝永嘉元年（公元 307 年）再度起义，攻陷邺城，杀死新蔡王司马腾，这次起义，只延续了几个月，汲桑兵败被杀，石勒投奔匈奴刘渊。此外，零星的起义尚有好几起，但是，自此以后，农民战争已不占主要地位，代之而起的是民族战争了。

“八王之乱”引致的另一个严重的后果是空前残酷的长期民族战争。

第二章里说过，中国作为一个统一的多民族国家，在西汉前期已臻成熟。汉宣帝甘露二年（公元前 52 年），匈奴呼韩邪单于率部归附，宣帝下诏说：“盖闻五帝三王，礼所不施，不及以政。今匈奴单于称北藩臣，朝正月（每年正月朝见），朕之不逮，德不能弘覆。其以客礼待之，位在诸侯王上。”[①] 次年正月，“匈奴呼韩邪单于稽侯狦来朝，赞谒称藩臣而不名。赐以玺绶、冠带、衣裳、安车、驷马、黄金、锦绣、缯絮。使有司道（道，同导，引导）单于先行就邸长安，宿长平。上（宣帝）自甘泉宿池阳宫。上登长平阪（阪名，在池阳南），诏单于毋谒（不用行谒见礼）。其左右当户（当户，匈奴官名）之群皆列观，蛮夷君长王侯迎者数万人，夹道陈（陈同阵，列队）。上登渭桥，咸称万岁。单于就邸（回宾馆休息）。置酒建章宫，飨赐单于，观以珍宝（让他参观汉室的珍宝）。二月，单于罢归，遣长乐卫尉高昌侯（董）忠、车骑都尉（韩）昌、骑都尉虎（史失其姓）将万六千骑送单于。单于居幕（漠）南，保（守）光禄城，诏北边振谷食”。[②] 这是关于古代中国这个统一的多民族国家的一段极有意义的历史记录。匈奴单于受到极其优渥的款待，匈奴族人有了一定的聚居地区，更重要的一点是汉中央政府不强迫他们改变风俗习惯，不干涉他们的内部事务（礼所不施，不及以政），还在经济上给予支援（诏北边振谷食）。对其他少数民族，基本上也是这样。当然，这种政策不能与现在的民族区域自治思想相提并论，不能说大汉族主义思想不存在，但起码可以认为对民族压迫和民族歧视是有所克制的，匈奴及其他少数民族是乐于接受的。正因为这样，在相当长的一段时期内，这个统一的多民族国家相当巩固。

后来，多民族的团结统一渐遭破坏。先是王莽破坏了一次，在各少数民族中种下了对汉族的仇恨。到东汉献帝建安二十一年（公元216年），曹操又分匈奴人为左右南北中五部，立呼韩邪单于的子孙为各部部帅；晋武帝司马炎复改部帅为都尉（都尉是晋官）；匈奴贵族对这种措施极为不满。刘宣（十六国时期汉国建立者刘渊的从祖父）所说的一段话：“昔我先人与汉约为兄弟，忧泰同之（同甘苦、共患难）。自汉亡以来，魏、晋代兴，我单于虽有虚号，无复尺土之业，自诸王侯，降同编户”，[③] 充分反映了匈奴贵族的不满情绪。民族压迫

---

① 《汉书》第一册，270 页。

② 《汉书》第一册，271 页。

③ 《晋书》第九册，2647 页。

和民族歧视显然也加剧了，《晋书·王恂传》说：“太原诸部亦以匈奴胡人为田客，多者数千”；[①] 刘宣所说的“晋为无道，奴隶御我（用我们作奴隶）”，[②] 确是事实。匈奴势力较强大，尚且受到这样的压迫，其他势力较弱小的少数民族自然会受到更甚的虐待。《晋书·石勒载记》所说的并州刺史司马腾“使将军郭阳、张隆虏群胡将诣（将诣，带到）冀州，两胡一枷。（石）勒时年二十余，亦在其中，数为隆所殴辱”[③] 就是这种虐待的一个实例。晋王朝所执行的大汉族主义的民族压迫和民族歧视政策，不利于统一的多民族国家的巩固；它促使民族矛盾日趋激化，民族仇恨日益加深，为残酷的民族战争安置了一颗定时炸弹。

早在晋武帝泰始七年（公 271 年），匈奴人就已经发生了一次叛乱。《晋书·四夷传》说：“泰始七年，单于猛（刘猛）叛，屯孔邪城。武帝遣娄侯何桢持节讨之。桢素有志略，以猛众凶悍，非少兵所制，乃潜诱猛左部督李恪杀猛，于是匈奴震服，积年不敢复反。”[④] 但所谓“不敢复反”只是二三十年短暂期间内的情况。《晋书·惠帝纪》记载：元康六年（公元 296 年）五月，“匈奴郝散弟度元帅（帅，率领）冯翊、北地马兰羌、卢水胡反，攻北地，太守张损死之。冯翊太守欧阳建与度元战，建败绩”。[⑤] 并且，不只匈奴人敢反，连氐、羌也敢反了，这一年八月，“秦雍氐、羌悉叛，推氐帅（氐族的首领）齐万年僭号称帝，围泾阳”。[⑥] 齐万年的起事历时一年多，终于被镇压下去了，因为那时候“八王之乱”未作，晋王朝的统治力量还相当强大。

“八王之乱”大大损伤了国力，成为民族战争的催化剂。匈奴刘渊正是乘这个机会崛起的。永嘉五年（公元 311 年），匈奴人攻陷洛阳，晋怀帝司马炽当了俘虏，解送到平阳（今山西临汾县，匈奴建立

---

① 《晋书》第八册，2412 页。
② 《晋书》第九册，2648 页，2708 页。
③ 《晋书》第九册，2648 页，2708 页。
④ 《晋书》第八册，2549 页。
⑤ 《晋书》第一册，94 页。
⑥ 《晋书》第一册，94 页。

的汉国的国都），汉主刘聪（其时刘渊已死）对怀帝说："卿家骨肉相残，何其甚也?"帝曰："此殆非人事，皇天之意也。大汉将应乾（周易以乾为君德）受历（《尚书》：天之历数在尔躬），故为陛下自相驱除。"[①] 司马炽此语虽属解嘲，但也是事实。这就是孟子所说的："国必自伐，然后人伐之"吧！

从惠帝永兴元年（公元 304 年）匈奴刘渊建立汉国起，进入了国内各民族大混战的十六国时期。对这一时期的历史演变，本书不可能作详细的叙述。

史家一般以东晋灭亡和刘裕建立宋朝的公元 420 年作为南北朝时期的开始，这个界限不算完全恰当。因为公元 420 年以后直到 439 年，北方除了有一个强大的北魏以外还存在几个较小的国家，汉族的西凉到公元 421 年才灭于北凉；匈奴的夏国到 431 年才灭于北魏的属国吐谷浑；汉族的北燕到 436 年才灭于北魏；匈奴的北凉到 439 年才灭于北魏。所以，实际上所谓十六国时期是在 439 年才算结束的。《晋书·刘元海载记》说："大凡刘元海（刘元海即刘渊，因避唐高祖李渊讳，故《晋书》称其字而不名）以惠帝永兴元年据离石称汉。……其为战国者一百三十六载。"[②] 这种说法是正确的，从公元 304 年到 439 年经历的时间正是 136 年。这是社会经济大破坏、人民灾难深重的 136 年。

这 136 年间国内各民族的混战是空前残酷的。匈奴刘曜攻陷洛阳，纵兵大掠，悉收宫人、珍宝，焚烧宫庙，百官士庶死者三万余人。最残忍好杀、破坏性最大的要算羯族的石勒。石勒以十八骑起家，初随汲桑攻陷邺城，便屠杀万余人，纵火焚烧邺宫，火旬日不灭，大掠妇女、珍宝而去；白马之役，坑男女三千余人；武德之役，坑梁巨降卒万余人；长乐之役，屠黎阳；苦县之役，坑王公以下十余万人（大部分为降卒及俘虏）；广固之役，坑曹嶷降卒三万人；陷幽州，屠杀万余人，焚烧城邑；此外又坑徐龛降卒三千人。这个杀人魔王前后共杀死多少人，实在无法算得清楚，仅就屠杀降卒及无辜平民来说，已有 30 万人以上。石勒受过苦，他对西晋封建统治阶级充满仇恨，这是可

① 《晋书》第九册，2661 页。

② 《晋书》第九册，2644 页。

以理解的；不过，把这种仇恨发泄在平民和降卒的身上，则只能被认为兽性的表现。他自知欠下许多血债，怕后来被人发掘坟墓，临死之前，遗令："三日而葬……敛以时服，载以常车，无藏金宝，无内器玩。"死后，"夜瘗山谷，莫知其所"；另备文物虚葬，号高平陵，藉以欺人。他还告诫子侄说："司马氏汝等之殷鉴，其务于敦穆也！中山王（即石虎）深可三思周霍"！他希望自己的后人不重蹈西晋皇家的覆辙，希望石虎效法周公和霍光辅助他的儿子。

殊不知正是这个中山王，在石勒死后不久便杀了石弘（石勒的次子），篡夺了王位，并先后杀死石堪、石朗和石生，引起内讧。石虎是石勒的侄子，性更残忍，《晋书·石季龙载记》说他："所为酷虐。军中有勇于策略与己侔（音 móu，相等）者，辄方便害之，前后所杀甚众。至于降城陷垒，不复断别善恶，坑斩士女，鲜有遗类。"[①] 石虎的儿子们同样残忍成性，太子石邃竟然"欲行冒顿（冒顿音墨突，汉初的匈奴单于，杀死父亲自立）之事"，既要杀死自己的父亲石虎，还想到冀州杀弟弟石宣；石虎一怒之下杀死石邃及其妻张氏并男女二十六人，同埋于一棺之中。石宣当上太子，派人暗害了弟弟石韬，石虎查出后，用极其残酷的刑罚将石宣处死。

石虎死，少子石世继位，石虎诸子间的残杀并未停息。先是石世的母亲刘氏矫命杀了石斌，接着便是石遵杀死石世，夺取了王位；石遵的哥哥石冲举兵反抗，石遵杀死石冲，并坑其士卒三万余人；石鉴又杀死石遵；最后是冉闵（石虎的养孙，汉人）杀死石鉴和石虎的孙子三十八人，建立大魏国（史称冉魏）。

冉闵知道胡人不会帮助自己，遂下令"内外赵人（后赵境内的汉人），斩一胡首送凤阳门者，文官进位三等，武官悉拜牙门。一日之中，斩首数万。闵躬率赵人诛诸胡羯，无贵贱男女少长皆斩之，死者二十余万，尸诸城外，悉为野犬豺狼所食。屯据四方者，所在承闵书诛之，于时高鼻多须至有滥死者半"。[②] 石勒和石虎滥杀汉人，得到了几至种族灭绝的报复。石祗据襄国（今河北省邢台，石勒都于此，石

① 《晋书》第九册，2761 页。石季龙即石虎，名犯唐太祖讳，故《晋书》称字而不名。

② 《晋书》第九册，2791—2792 页，2795 页。

虎迁都邺），率众十万伐邺，被冉闵击败，邯郸之役死万余人，苍亭之役死二万八千人。石祗再遣刘显率众七万攻邺，冉闵复击败显军，斩首三万余级，刘显投降并杀了石祗。石祗和冉闵交战时，"青、雍、幽、荆州徙户及诸氐、羌、胡、蛮数百余万，各还本土，道路交错，互相杀掠，且饥疫死亡，其能达者（能回归故乡的）十有二三。诸夏纷乱，无复农者"。①

各少数民族间的混战，同样是空前残酷的。前秦的苻坚，向来满口仁义道德，淝水战败以后，鲜卑慕容部的叛变激起他的怒火，在打败慕容冲的一次战役中，俘虏鲜卑万余人，苻坚兽性勃发，把俘虏全部坑杀掉。②

十六国时期，国内各民族间的混战，长达 136 年之久，人口的损耗和社会经济所遭受的破坏是难以估计的。在这方面，不再多费笔墨了。

现在，我们转入正题，谈一谈这个时期农民负担的情况。

先说东晋。永嘉五年（公元 311 年）匈奴刘曜攻陷洛阳，怀帝被俘送平阳。建兴四年（公元 316 年）刘曜围长安，愍帝司马邺出降，亦被解送平阳，西晋灭亡。建武元年（公元 317 年）元帝司马睿（音 ruì）即位于建康（原名建业，避愍帝讳改名，今南京），史称东晋。

东晋的田赋，《晋书·食货志》记载甚略。仅云："咸和五年（公元 330 年）成帝始度百姓田，取十分之一，率亩税米三升。咸康初，算度田税米（《晋书·成帝纪》："咸康二年二月，算军用税米……"事当在咸康二年即公元 336 年，惟《成帝纪》所说军用税米乃度田税米之误），空悬五十余万斛，尚书褚裒（《成帝纪》作谢褒，褚裒在康帝时始为尚书，《成帝纪》是）以下免官。……哀帝即位（公元 362 年），乃减田租，亩收二升。孝武太元二年（公元 377 年），除度田收租之制，王公以下口税三斛，唯蠲在役之身（正在服役者免纳，据《晋书·武帝纪》则事在太元元年）。八年，又增税米，口五石。"③

---

① 《晋书》第九册，2791—2792 页，2795 页。

② 《晋书》第九册，2926 页。

③ 《晋书》第三册，792 页。

《隋书·食货志》叙述较详。书中说："晋自中原丧乱，元帝寓居江左，百姓之自拔南奔者，并谓之侨人，皆取旧壤之名，侨立郡县，往往散居，无有土著。而江南之俗，火耕水耨，土地卑湿，无有蓄积之资。诸蛮陬俚洞，霑沐王化者，各随轻重，收其赕（音 dǎn,《玉篇》：蛮夷以财赎罪也；在这里应该是贡纳的意思）物，以裨国用。又岭外酋帅，因生口（生口即马牛羊等牲畜）、翡翠、明珠、犀、象之饶，雄于乡曲者，朝廷多因而署之，以收其利；历宋、齐、梁、陈，皆因而不改。其军国所需杂物，随土所出，临时析课市取，乃无恒法定令。列州郡县，制其任土所出，以为征赋。其无贯之人，不乐州县编户者，谓之浮浪人，乐输亦无定数，任量准所输（准字《通典》作惟，不论作准作惟，义均费解，可能是任从酌量输纳之意，当否尚须研究），终优于正课焉。都下人多为诸王公贵人左右、佃客、典计、衣食客之类，皆无课役。……其课，丁男调布绢各二丈，丝三两，绵八两，禄绢八尺，禄绵三两二分；租米五石，禄米二石；丁女并半之。男女年十六已上至六十为丁，男年十六亦半课，年十八正课，六十六免课。女以嫁者为丁，若在室（未出嫁）者，年二十乃为丁。其男丁，每岁役不过二十日，又率十八人出一运丁役之。其田，亩税米二斗。盖大率如此。"①

综合以上两段记载，并参考有关史料，可以得到如下的一些分析、体会：

一、元帝渡江后，在相当长的一段期间（10 多年）内，并未建立田赋制度（无恒法定令），军国所需都取给于临时摊派。直到成帝咸和五年才开始采取"度田收租"的办法。

所谓度田，不是进行土地清丈（在当时的情况下，这是不可能的），不过是根据原有的土地册籍实行按亩征收田赋的办法。这就可以看出，西晋的占田、课田制度实际上已经取消了。每亩征收田赋多少呢？《晋书·食货志》说最初是每亩三升，哀帝时减为每亩二升。

但是，这个赋额是值得怀疑的。西晋时的赋额是每亩八升。东晋

① 《隋书》第三册，673—674 页。

王朝的版图，据《晋书·地理志》:“永嘉南度（同渡），绝行建邺，九分天下而有二焉”，[①] 统治区内的户口不盈八十万，面积和户口缩减这样多，军国经费却不会少于前时，每亩赋额由西晋时的八升减为三升，又再减为二升，这怎么可能呢？

升、斗二字，字形相近；升误为斗，斗讹作升，史书上是常见的。例如《晋书·成帝纪》：咸康元年，“大旱，会稽、余姚尤甚，米斗五百价，人相卖”。[②] 周永禄《晋书校勘记》谓：“咸和四年大饥，米斗万钱，今仅五百，不足为贵；疑斗当作升。”周说是有道理的。又如《晋书·石季龙载记》：“咸康二年……时众役烦兴，军旅不息，加以久旱谷贵，金一斤直米二斗。”[③] 但《太平御览》35 引《三十国春秋》、810 引《后赵录》，斗并作升。由此可见，史书上升斗二字时相混淆，确是事实。因此，可以断定，《晋书·食货志》所说的亩税三升和亩税二升，极有可能是亩税三斗和亩税二斗之误。

再者，《晋书·食货志》说：“始度百姓田，取十分之一，率亩税米三升。”既然以十分取一为率，则赋额自不会是每亩三升，因为当时每亩产量无论怎样低也绝不会低到三斗；既然以十分取一为率，则每亩赋额三斗是合乎实际的（据《隋书·食货志》，当时的三斗只合唐代一斗）。《隋书·食货志》所说的“其田亩税米二斗”，当是根据哀帝司马丕时的规定，可正《晋书·食货志》之误。

40 多年后，孝武帝司马曜废除度田收租之制，改行按丁税米，开始是每丁税米三斛，后又增至每丁税米五石。如果以每丁种田 15 亩，亩收 3 石计算，田赋负担率高达九分之一。以前每亩赋额 2 斗，15 亩合计 3 石，现在增为 5 石，赋额增加了三分之二，田赋负担显然加重了。

这里还有一个问题需要研究：每丁的赋额，《晋书·食货志》所记是五石，而《隋书·食货志》所记则为租米五石，禄米二石，共计七石；究竟是五石还是七石呢？《宋书·良吏传·阮长之传》有这样

---

① 《晋书》第二册，408 页。

② 《晋书》第一册，179 页。

③ 《晋书》第九册，2764 页。

一段记载：“时郡县田禄，以芒种为断，此前（芒种节之前）去官（解职）者，则一年秩禄皆入后人；此后（芒种节之后）去官者，则一年秩禄皆入前人。始以元嘉末改此科，计月分禄。长之去武昌郡，代人未至，以芒种前一日解印绶（把全年田禄留给后任）。”[①] 可知禄米即郡县田禄，是郡县官的秩禄所取给的，《隋书·食货志》所记每丁征收禄米二石是确实的，《晋书·食货志》不载禄米是脱漏。依此计算，田赋负担率便高达15.6%，赋额比前增加了一倍又1/3。这可以说明东晋田赋负担的苛重。

而且，一户之中，不只丁男要纳租米和禄米，丁女也要半输（即输纳租米2.5石，禄米1石）。既然“男年十六亦半课，年十八正课，六十六免课”，那么，年十六以下的次丁男是否也要承担半课呢？史书没有说，看来可能是要承担的。

田赋如此苛重，大大超过了农民的负担能力，逋欠在所难免，可以推想到，东晋王朝的田赋收入绝不可能达到足额。虽然咸康二年度田税米短缺的50余万斛，主要由于王公贵族佃客的免除课役，大户的匿赋和官吏的贪污中饱（也有可能一小部分浮额未予剔除）；但是，那时候每亩3斗的赋额已经不轻（否则，哀帝时便不会减为2斗），再加以咸康元年又遭受过大旱灾，在这50余万斛缺额中肯定会有一部分是农民的逋欠。正是因为每年都有逋欠，所以，哀帝时才会减为亩征2斗。

孝武帝废除度田收租，改行按丁收租，可能是根据亩征2斗的标准来规定每丁征米3斛的赋额的。这一改制，只是由按亩征收改为按丁征收，赋额基本没有变动；太元八年增为5石，赋额就大大提高了。宋朝的郡县田禄，不用说，是从东晋继承下来的，但创自何时，限于史料，很难稽考，也许是在太元八年以后。总之，每丁赋额高达7石，这是一种竭泽而渔和杀鸡取卵的政策。

二、农民负担，除田赋外，还有户调：“丁男输布、绢各二丈，丝三两，绵八两，禄绢八尺，禄绵三两二分”；丁女半输。其中禄绢和

---

① 《宋书》，中华书局版（下同），第八册，2269页。

禄绵，大概也同禄米一样，输给郡县官作秩禄、禄米、禄绢和禄绵，实质上是地方附加。禄米是田赋附加，它相当于田赋正税——租米的 40%。

三、东晋的徭役，《隋书·食货志》说，“其男丁，每岁役不过二十日，”这种规定不过是具文。当时军务频繁，男丁服役的时间一定超过 20 日。《隋书·食货志》又说，“率十八人出一运丁役之”；这种运丁是给漕运服役的。《晋书·成帝纪》咸和六年春正月“以运漕不继，发王公以下千余丁，各运米六斛”。[①] 可见当时漕运方面要耗费大量的劳力。

四、关于侨人的负担。自中州沦陷，不少人民辗转逃命，流寓江左，这就是所谓侨人。根据《隋书·食货志》的记载，对侨人是任其“乐输”，并无定数；并且既是“乐输”，则不输的当然也可以。这是对侨人的一种优待。在一定期间内，给予侨人以豁免负担的优待是必要的。

但是，当侨人已定居下来，并从事耕作以后，长期豁免其租调，那就必然会加重土人的负担，影响土人与侨人之间的关系，同时也减少了国家的财政收入。哀帝兴宁二年（公元 364 年），桓温当政，曾下令“土断”，即人民住在哪里就在哪里编户，解决了没有籍贯的浮浪人问题，收到了一定的效果，这就是所谓“庚戌土断”（庚戌是下土断令的那一天）。后来这种制度废弛了。安帝义熙九年（公元 413 年）刘裕以太尉、中书监掌政，复行土断之制。《宋书·武帝纪》说：“时民居未一，公（刘裕）表（上表）曰：‘……自永嘉播越，爰托淮、海，朝有匡复之算，民怀思本之心，经略之图，日不暇给；是以宁民绥治，犹有未遑。及至大司马桓温，以民无定本，伤治为深，庚戌土断，以一其业。于时财阜国丰，实由于此。自兹迄今，弥历年载，画一之制，渐用颓弛；杂居流寓，闾伍弗修，王化所以未纯，民瘼所以犹在。……自非改调解张（改弦更张之意），无以济治。夫人情滞常，难与虑始，所谓父母之邦以为桑梓者，诚以生焉终焉，敬爱所托

① 《晋书》第一册，176 页。

耳。今所居累世，坟垄成行，恭敬之诚，岂不与事而至。请准庚戌土断之科……付外施行，于是依界土断，唯徐、兖、青三州居晋陵（今江苏常州市一带）者，不在断例。诸流寓郡县，多被并省。”① 刘裕在整顿吏治和赋役等方面，还采取了一些有力的措施。这时候东晋王朝已将结束，留在下一节里再说。

五、关于南方少数民族的负担。西晋初年的租调制度曾规定：夷人输賨布，户一匹，远者或一丈（户调）；远夷不课田者输义米，户三斛，远者五斗，极远者输算钱，人二十八文（田赋）；东晋时可能还在一些地区继续执行。《隋书・食货志》所说的“诸蛮陬（音 zōu，角落）俚（南方少数民族名）洞，霑沐王化者，各随轻重，收其赕物，以裨国用”，实际上就是采取贡纳的办法。广东的南海、始兴（怀帝时改属湘州，成帝时改属荆州）诸郡，“俚、僚猥杂，皆楼居山险，不肯宾服”；② 对这些不属编户的少数民族，征收租调有困难，看来只好采取贡纳的办法。

《隋书・食货志》所说的“岭外酋帅，因生口、翡翠、明珠、犀、象之饶，雄于乡曲者，朝廷多因而署之，以收其利”，这是说对交州等地少数民族的头人给予官职，收取他们的贡纳；同时，也还会通过他们向各少数民族人民征收租调。与汉人杂居，属于编户的少数民族，其负担大概亦与汉人相同。

有的地区，少数民族的负担是很不合理的。例如始兴太守徐豁曾经表陈：“中宿县（属始兴郡，今广东省清远县西北）俚民课银，一子丁（子丁即男丁）输南秤（南方的市用衡制）半两。寻（考查）此县自不出银，又俚民皆巢居鸟语（意为不通汉语），不闲贸易之宜（不熟悉买卖情况），每至买银，为损（吃亏）已甚；又秤两受入，易生奸巧，山俚愚怯，不辨自申（自己不会也不敢据理申辩）。官所课甚轻，民以所输为剧。”③ 徐豁上表的时间是宋文帝元嘉三年，可知这种制度是东晋遗留下来的。中宿县不产银，却要俚人用银交赋。这是

① 《宋书》第一册，29—30 页。

② 《南齐书・州郡志上》。

③ 《宋书》第八册，2266 页。

极不合理的。俚人自己没有银，只好到市上去买，买银的时候吃了短秤的亏，交银的时候又受到压秤的讹诈，这样一来，负担就要加重了许多，这就是“民以所输为剧”的原因。

总之，东晋农民的赋役负担是十分苛重的。田赋是丁男每人七石，上面已经说过了。户调是丁男每人布二丈，绢二丈八尺，此外还有丝三两，绵十一两二分，总共折算作一匹中绢吧，据《晋书·石勒载记》，当时民间买卖的价格是4 000钱，负担也不轻。封建徭役的负担更加厉害。孝武帝时，范宁出为豫章太守，赴任前上疏说：“古者使人，岁不过三日（这是儒家的老生常谈，并非事实）。今之劳扰，殆无三日休亭（亭，同停）；至有残刑（自己把身体弄残废以逃避徭役）剪发（削发为僧以逃避徭役），要求复除（免役），生儿不复举养，鳏寡不敢妻娶。岂不怨结人鬼，感伤和气！臣恐社稷之忧，积薪不足以为喻！”[①] 这一段话，已把当时徭役负担苛重的情况，说得相当清楚了。

赋役之所以苛重，除了由于封建统治阶级的贪婪，上下交相侵削以外，还由于存在着“鱼大水小”——国家经费膨胀和赋役负担面缩小的严重矛盾。渡江后的东晋，按版图来说，只能算个小朝廷，却依然摆出泱泱大国的排场，文武百官不见减少，同时军旅用费又日益增加；另一方面，州、郡、县设置太多，地方行政机构臃肿，这是国家经费膨胀的主要原因。豪门世族及其佃客、衣食客都免除课役，侨人不入编户当然也不承担课役，再加上为了逃避赋役有些人投充豪门世族的荫户，有些人遁入空门，有些人被逼上山，这就使得赋役的负担面越来越窄，从而形成了“鱼大水小”的严重矛盾。在这种情况下，农民赋役负担的日益苛重，民变频仍，必然无可避免。范宁痛陈时弊，建议实行土断和裁并郡县，他说：“昔中原丧乱，流寓江左，庶有（庶有，希望有）旋反之期，故许其挟注本郡。自尔渐久，人安其业，丘垄坟柏，皆已成行，虽无本邦之名，而有安土之实。今宜正其封疆，以土断人口，明考课之科，修闾伍之法。……今荒小郡县，皆宜并合，

① 《晋书》第七册，1985—1986页。

不满五千户不得为郡，不满千户不得为县。”[①] 这两点建议，无疑都是正确的。但当时未被采纳，直到东晋王朝将要完蛋，刘裕当政的时候才付诸实施。

东晋农民负担之所以苛重，更由于正项之外还有无穷无尽的杂派，其中有所谓“送故钱”和“修城钱”。范宁说：“方镇[②]去官，皆割精兵器仗以为送故，米布之属不可称计。监司相容，初无弹纠（送故本来不是制度规定的，是一种陋习，却没有人反对）；其中或有清白，亦复不见甄异。送兵多者至有千余家，少者数十户。既力入私门，复资官廪布（兵被私人带走了，还要当地政府继续支给粮饷）。”[③] 当地政府当然向人民摊派“送故”的费用。什么是“修城钱”呢？《南史·齐纪》记齐武帝萧赜（音 zé）建元四年（公元482年），“诏免逋（积欠）城钱，自今以后，申明旧制。初，晋、宋旧制，受官二十日，辄送修城钱二千。宋泰始初，军役大起，受官者万数，兵戎机急，事有未遑，自是令仆以下，并不输送。二十年中，大限不可胜计，文符督切，扰乱在所。至是除荡，百姓悦焉”。[④] 为什么百姓欢喜呢？因为这笔修城钱，归根到底是由百姓负担的。“送故钱”在齐武帝时废除了，但修城钱没有废除，只是豁免了积欠部分。

这里附带说一说东晋的商税。据《隋书·食货志》：“晋自过江，凡货卖奴婢、马牛、田宅，有文券，率钱一万输估四百入官，卖者三百，买者一百。无文券者，随物所堪，亦百分收四，名为散估。历宋、齐、梁、陈，如此以为常。以此（此字疑是衍文）人竞商贩，不为田业，故使均输（这里说的均输只是平均负担之意，非汉武帝时所建立的均输制），欲为惩劝。虽以此为辞，其实利在侵削。又都（指建康，即今南京）西有石头津（津，渡口），东有方山津，各置津主一人，贼曹一人，直水五人，以检察禁物及亡叛者。其荻炭鱼薪之类过津者，并由十分税一以入官，其东路无禁货，方山津检察甚简。淮水（这里

① 《晋书》第七册，1986页。

② 当时州刺史皆领将军职，故称方镇。

③ 《晋书》第七册，1987页。

④ 《南史》，中华书局版（下同），第一册，117—118页。

说的淮水，当指秦淮河）北有大市百余，小市十余所。大市备置官司，税敛既重，时甚苦之。”[①] 如果不再发现新的史料，那么，我们就可以确定，我国传统的田房契税和牲畜交易税都创始于东晋（汉武帝时的“税及六畜”是资产税，不是交易税），这两种税的税率都是4%，卖方负担税额3/4，买方负担税额1/4（奴隶交易税也是如此）。东晋王朝所持理由是冠冕堂皇的，它认为当时人们趋商弃农，为了平衡人民的负担，所以要开征这些新税。这话不可信。《隋书·食货志》毕竟把它的真正意图揭穿，说了一句公道话:“虽以此为辞，其实利在侵削。”石头津和方山津实际上是两个厘卡，不过，当时还没有厘金这个名称罢了；税率却比清代的厘金更高得多，厘金的税率为1%，而东晋对过津的“荻炭鱼薪”等农产品要征10%的税。市税的征收办法不详,《隋书·食货志》已说“税敛既重，时甚苦之”，可知对商业的发展是非常不利的。

总而言之，在东晋王朝的统治下，农民叫苦连天，商人亦怨声载道；用最恰当的活来说，就是民不聊生。

以下择要谈一谈十六国的农民负担情况。

十六国中最强大的，最初是羯族的后赵，其后是氐族的前秦。各少数民族的汉化程度并不相同。汉化程度较高的首先是匈奴人，刘渊“幼好学，师事上党崔游，习毛诗、京氏易、马氏尚书，尤好春秋左氏传、孙吴兵法，略皆诵之；史、汉、诸子，无不综览。尝谓同门生（同学）朱纪、范隆曰：‘吾每观书传常鄙随（随何）、陆（陆贾）无武，绛（绛侯周勃）、灌（灌婴）无文。道由人弘，一物之不知者，固君子之所耻也。二生（指随何、陆贾）遇高皇（汉高祖刘邦）而不能建封侯之业，两公（指周勃、灌婴）属太宗（汉文帝刘恒）而不能开庠序之美，惜哉！’”[②] 刘渊的儿子刘聪“幼而聪悟好学，博士朱纪大奇之。年十四，究通经史，兼综百家之言，孙吴兵法，靡不诵之。工草（草书）隶（隶书），善属文（属文，写文章），著述怀诗百余

① 《隋书》第三册，689页。

② 《晋书》第九册，2645—2646页，2657页。

篇、赋颂五十余篇”。[①] 匈奴人通诗书经史的，颇不乏人。鲜卑族的慕容部，汉化程度也较高。慕容廆曾为张华所赏识，晋武帝时“拜为鲜卑都督。廆致敬于东夷府，巾衣诣门，抗士大夫之礼。何龛严兵引见，廆乃改服戎衣而入。人问其故，廆曰：‘主人不以礼，宾复何为哉！’龛闻而惭之，弥加敬惮”。[②] 这是很有讽刺性的一则故事。氐族的汉化程度不算高，但苻坚很崇拜汉族文化，“八岁，请师就家学。……博学多才艺”。[③] 羯族汉化程度低，经济、文化落后，同汉族相比，应该算是“比较野蛮”的民族，破坏性最大。

羯族后赵的石勒和石虎暴虐无道，使生灵涂炭，为历史所少见。他们到处屠杀、纵火和抢掠妇女财货。正如恩格斯所指出：“每一次由比较野蛮的民族所进行的征服，不言而喻地都阻碍了经济的发展，摧毁了大批的生产力。”[④] 石勒占领幽州后，下令各州郡“阅实人口，户赀二匹，租三斛”。[⑤] 表面看来，租调所取，不能算太多。但是，石勒穷兵黩武，军事征发不少，农民的赋役负担必然不会轻。及至石虎这个暴君，横征暴敛，滥取民财，滥役人力，简直是史无前例的。兵役方面是“五丁取三，四丁取二”（但为了拉拢士族，雍、秦二州的皇甫、胡、梁、韦、杜、牛、辛等十七姓都得到免除兵役的优待）。军事征发的制度是：“征士五人出车一乘（《晋书》无出字，据《通鉴》97 补入），牛二头，米各十五斛，绢十匹，调不办者以斩论（不能完成征发额数的要问斩）。”[⑥] 石虎禁私人养马，违禁的腰斩，把私人的马匹都没收了；还征发百姓的牛二万余头配给朔州的官牧场。在石虎看来，人民的财物都是可以随意要过来的，“你的就是我的”，这就是他的逻辑。石虎的滥役人力，比起秦始皇，似乎有过之而无不及。他建都在邺城（石勒原都襄国，今河北省邢台，石虎改都邺），盛兴宫室，“起台观四十余所”。这还不满足，又征“发雍、洛、秦、并州十

① 《晋书》第九册，2645—2646 页，2657 页。
② 《晋书》第九册，2804 页，2884 页，2724 页，2773 页。
③ 《晋书》第九册，2804 页，2884 页，2724 页，2773 页。
④ 《马克思恩格斯选集》第三卷，222 页。
⑤ 《晋书》第九册，2804 页，2884 页，2724 页，2773 页。
⑥ 《晋书》第九册，2804 页，2884 页，2724 页，2773 页。

六万人”，修长安未央宫；“发诸州二十六万人修洛阳宫。”为了准备南攻东晋，征发各州五十万人造甲，以致“百姓失业，十室而七。”他接纳解飞的荒谬建议，在邺城正南投石于河以起飞桥，“功费数千亿万，桥竟不成”。还听信沙门吴进的胡说:“胡运将衰，晋当复兴，宜苦役晋人以厌其气。”于是征发“近郡男女十六万，车十万乘，运土筑华林苑及长墙于邺北，广长数十里”。这样的事，不胜枚举。最不像话的是发掘坟墓，《晋书·石季龙载记》说：“勒及季龙并贪而无礼，既王有十州之地，金帛珠玉及外国珍奇异货不可胜纪，尚犹以为不足。曩代帝王及先贤陵墓靡不发掘，而取其宝货焉。……又使掘秦始皇冢，取铜柱铸以为器。”苻洪说他“猎车千乘（石虎后来身体太胖，不能骑马，只能乘车狩猎），养兽万里（在他狩猎地区内的禽兽，不许百姓损害），夺人妻女，十万盈宫”，一点也没有冤枉了他。石虎的荒淫暴虐，确实无以复加；在他统治下的人民，苦难的深重，很难以言语形容。①

前燕的慕容皝比较注重生产，亲自巡行郡县，劝课农桑。他在位期间，前燕政治较好，吸引了不少流人。慕容皝打算“以牧牛给贫家，田于苑中，公收其八，二分入私（佃户与官府二八分成）。有牛而无地者，亦田苑中，公收其七，三分入私”。② 慕容皝的记室参军封裕谏道：“臣闻圣王之宰国也，薄赋而藏于百姓，分之以三等之田，十一而税之；寒者衣之，饥者食之，使家给人足。……自永嘉丧乱，百姓流亡，中原萧条，千里无烟，饥寒流陨（流陨，流离死亡），相继沟壑。……九州之人，塞（塞外）表（内地）殊类（不同的民族），襁负万里（意为带着子女投奔前燕），若赤子之归慈父，流人之多旧土十倍有余（前燕因流人来奔，人口骤增），人殷地狭，故无田者十有四焉。……宜省罢诸苑，以业流人。人至而无资产者，赐之以牧牛（官府牧场的牛）。人既殿下之人，牛岂失乎！善藏者藏于百姓，若斯而已矣。……（魏晋）持官牛田者官得六分，百姓得四分；私牛

---

① 上引史料均见《晋书·石季龙载记》，为免烦琐，未分别注明页数。
② 《晋书》第九册，第2822—2823页。

而官田者与官中分；百姓安之，人皆悦乐。臣犹曰非明王之道而况增乎！”[①] 皝乃令曰：“览封记室之谏，孤实惧焉。……苑囿可悉罢之，以给百姓无田业者。贫者全无资产，不能自存，各赐牧牛一头。若私有余力，乐取官牛垦官田者，其依魏晋旧法。”[②] 慕容皝表扬了封裕，并赐钱五万。皇甫真建议“宽减岁赋，休息力役”，却因“不合旨”而被免官。[③] 这就说明，在军事时期，慕容皝不愿意认真执行轻徭薄赋政策。尽管如此，在当时已算是难得的了。到了慕容暐的时候，前燕景况一落千丈，史书上说：“时外则王师（晋师）及苻坚交侵，兵革不息；内则暐母乱政，评（慕容评，当时掌握大权）等贪冒，政以贿成，官非才举，群下切齿（切齿，痛恨之意）焉。”尚书左丞申绍上疏，指出当时“赋法靡恒（赋无常法），役之非道（征发力役不合理）。郡县守宰每于差调之际，无不舍越殷强，首先贫弱（每有征发，先贫弱户而后大户）；……后宫四千有余，僮侍厮养通兼十倍，日费之重，价盈万金，绮縠罗纨，岁增常调，戎器弗营（戎器，武器），奢玩是务”。[④] 慕容评在政治、军事方面是庸才，而在贪污方面却是个专家。史书上说：“评性贪鄙，障固（垄断）山泉（把山和井泉据为己有），卖樵鬻水（上山砍柴和汲水的，都得交钱给他），积钱绢如丘陵。”[⑤] 贪污的门路至于“卖樵鬻水”，真是水银泻地，无孔不入了。所以，这时候的前燕已是众叛亲离，“三军莫有斗志”，王猛一来攻，立即解体，这是理所当然的。

氐族建立的前秦，在苻坚时统治的区域比后赵更广阔。前秦之所以能够如此强大，主要原因是苻坚知人善任。他把王猛比作春秋时代齐国的管仲和郑国的子产，还认为王猛之才凌驾于周代开国元勋姜尚之上；他信任王猛，就像刘备信任诸葛亮一样。史称“猛宰政公平，流放尸素（罢免尸位素餐的人），拔幽滞，显贤才，外修兵革，内崇儒学，劝课农桑，教以廉耻，无罪而不刑（有罪必加刑罚，王猛裁抑

① 《晋书》第九册，2823—2824 页，2825 页，2860 页。
② 《晋书》第九册，2823—2824 页，2825 页，2860 页。
③ 《晋书》第九册，2823—2824 页，2825 页，2860 页。
④ 《晋书》第九册，2855—2856 页，2857 页。
⑤ 《晋书》第九册，2855—2856 页，2857 页。

豪强，毫不手软，曾引起权贵的攻击，但苻坚始终支持王猛），无才而不任（有才能的必予提拔）；……于是（前秦）兵强国富，垂及升平，猛之力也”。① 王猛之治秦同诸葛亮治蜀，其基本方针和政策，如出一辙，也许王猛就是以诸葛亮为榜样的。史称前秦之所以兵强国富，赖猛之力，这种评价是公允的。不过，说得更公道一些，王猛固是千里马，而苻坚不愧为善相马的伯乐。苻坚尚有一个很大的优点，就是：他虽然是氐族，却没有歧视汉族，并且还能重用汉人，王猛不用说，在专任王猛以前，对太原的薛瓒和略阳的权翼等人亦相当信任和尊重。苻坚也不歧视鲜卑、羌和其他少数民族。所以，在一段期间内，前秦人民的日子比较好过，曾经是各民族的一块乐土。王猛死后，苻坚由于被胜利冲昏了头脑而骄傲起来，好大喜功，刚愎自用，知进不知退，知存不知亡，把王猛弥留时的遗嘱忘得干干净净，也听不进朝臣和自己的亲人的劝谏，招致了淝水战役的大败，最后死于羌族姚苌之手。历史从来就是这样冷酷无情的。

公元 304 年，李特的儿子李雄，凭借起义农民的力量（同时也借助于大地主和道教领袖范长生的支持），在四川建立成国，史称“雄性宽厚，简刑约法，甚有名望。氐苻成、隗文既降复叛，手伤雄母，及其来也，咸释其罪，厚加待纳。由是夷夏安之，威震西土。时海内大乱，而蜀独无事，故归之者相寻（相寻，相随不绝）。雄乃兴学校，置史官，听览之暇（办公之余），手不释卷。其赋：男丁岁谷三斛，女丁半之，户调绢不过数丈，绵数两。事少役稀，百姓富实，闾门不闭，无相侵盗”。② 同东晋及同时诸国（甚至可以说在整个十六国时期）比较，成国的赋役负担是最轻的。李雄执政的 30 年间，四川是各民族的乐土。李雄有 10 多个儿子，却指定由他的侄子李班继位，这是有原因的，李班“谦虚博纳（广泛采纳别人的意见），敬爱儒贤，自何点、李钊，班皆师之；又引名士王嘏及陇西董融、天水文夔等为宾友”。③ 诸李子弟皆尚奢靡，而班常戒厉之。李雄在位时，已让李班参

---

① 《晋书》第九册，2932 页。

② 《晋书》第十册，3040 页。

③ 《晋书》第十册，3041 页。

与大事。李班曾对李雄说："古者垦田均平，贫富获所，今贵者广占荒田，贫者种植无地，富者以己所余而卖之（卖其所余产品以获利），此岂王者大均之义乎！"① 这是替农民说话的。李雄赞赏他的见识，所以确定由他继位。但是，李班在位仅一年便被李雄的儿子李越杀害，李越另立李雄的另一个儿子李期为君。李期在位 3 年，被李寿篡位。李寿在位 5 年，死后由他的长子李势继位。李势被东晋的大司马桓温所灭。

十六国的赋役制度和农民负担情况，不能一一叙述，上面只选了后赵、前燕、前秦和成国作为典型。

在漫长的 136 年中，千百万人民死于兵刃、饥馑和疾疫，无数城邑化为焦土，无数田地遍生荆棘，白骨蔽野，千里无烟，好几代人陷于水深火热之中，这种血和泪的历史教训是极其深刻的。

第四节　南朝宋、齐、梁、陈四代的农民负担

南朝赋役制度，除了个别的修修补补以外，基本上沿用东晋的那一套。因此，在本节里，打算着重介绍宋、齐、梁、陈四代特别是宋、齐、梁的一些史料和农民负担情况。

宋（公元 420—479 年）

请读者们先欣赏南宋著名爱国诗人辛弃疾（稼轩）的一首词：

永遇乐　京口北固亭怀古

千古江山，英雄无觅，孙仲谋处。舞榭歌台，风流总被雨打风吹去。斜阳草树，寻常巷陌，人道寄奴曾住。想当年，金戈铁马，气吞万里如虎！

---

① 《晋书》第十册，3041 页。

元嘉草草，封狼居胥，赢得仓皇北顾。四十三年，望中犹记，烽火扬州路。可堪回首，佛狸祠下，一片神鸦社鼓。凭谁问：廉颇老矣，尚能饭否？

这是一首怀古论今的词。上阕从“斜阳草树”到“气吞万里如虎”，是对刘裕的怀念。寄奴是刘裕的小名，京口（今江苏省镇江）人。晋安帝元兴三年（公元404年）二月，刘裕与刘毅、何无忌纠合义众百余人，在京口发难，讨桓玄。“想当年，金戈铁马，气吞万里如虎！”这三句概括地描绘了东晋末年刘裕领军北征的英雄气概，表达了作者对刘裕这个英雄人物的崇敬心情。但怀古不过是表面文章，人们可以体会到，作者深刻的寓意是谴责南宋朝廷多年来满足于偏安局面，无所作为，屈辱求存，完全不以光复失地解救人民为念。换头的“元嘉草草，封狼居胥，赢得仓皇北顾”三句，表面说的是宋文帝刘义隆的事，实际是对时局的担忧。当时南宋掌权的韩侂（托的本字）胄正要举兵北伐，辛稼轩是一贯倡议收复失地的，但他反对打无准备之仗，所以委婉地向韩侂胄提出忠告，劝他不要盲目冒进，以免丧师辱国，重蹈宋文帝的覆辙。宋武帝刘裕和宋文帝刘义隆的事，这里都是要说到的，我们就先从刘裕讲起。

刘裕是起自民间的英雄人物，是一位杰出的军事家，善于料敌制胜，以寡克众，临阵身先士卒，有勇往直前不畏艰险的拼搏精神。刘裕一掌握东晋军政大权便筹划北伐。晋安帝司马德宗义熙五年（公元409年），刘裕领兵攻南燕，六月在临朐（今山东境内）击破南燕主力，进围广固（南燕都城，在今山东益都），“河北居民荷戈负担至者，日以千数”。次年二月，攻下广固，杀南燕主慕容超，收复齐地。义熙八年（公元412年），刘裕派大将朱龄石入蜀，消灭割据益州的谯纵。义熙十二年（公元416年），刘裕分兵四路，直捣关中；十月收复沦陷多年的旧都洛阳。次年三月，大破集结在黄河渡口企图阻截的北魏军步骑十万人（当时，北魏固然是为了支援后秦，更主要的是怀疑刘裕要袭取北魏）。五月，攻克潼关；八月，大破后秦军于陕西蓝田，收复长安，活捉后秦主姚泓（《晋书·安帝纪》载：“秋七月，刘裕克长安，执姚泓。”这里说八月是根据《宋书·武帝纪》及《南史·宋本纪》)。

刘裕的两次北征，取得了显赫的胜利，对他“气吞万里如虎”的颂扬的确当之无愧。他立下雄心壮志，要使分裂了100多年的国家复归于统一。消灭后秦后，打算“息驾长安，经略赵、魏”，由于右仆射、前将军刘穆之于这年十一月病逝，这一策划落了空。刘穆之是为刘裕坐镇建康的“萧何”，史称他“内总朝政，外供军旅，决断如流，事无壅滞”。[①] 刘穆之的死在当时是一个很大的损失，刘裕只得匆匆回镇彭城（今徐州），以致长安被赫连勃勃袭取，关中得而复失。刘裕代晋称帝，在位不到三年便死去，当年的雄心壮志也随着破灭了。

但是，从义熙到永初（刘裕代晋称帝的年号）的10多年间，刘裕在政治、经济和赋役等方面大力进行整顿，实行了一系列较有进步意义的政策，还是值得称述的。

刘裕针对东晋的积弊，以整饬朝纲和抑制豪强为重点来进行政治方面的整顿。《宋书·武帝纪》说：“先是朝廷（指安帝时东晋朝廷）承晋氏（指西晋以来）乱政，百司纵弛（纵，放纵，指违法乱纪；弛，松懈，指不守职责），……高祖（宋武帝刘裕的庙号）以身范物（即以身作则），先以威禁内外，百官皆肃然奉职，二三日间，风俗（指风气）顿改。”[②] 刘裕先拿尚书左仆射王愉及其子荆州刺史王绥来开刀，王愉父子是有名的“江左冠族”，刘裕毫不留情地杀了他们，其他朝臣大为震慑，这就收到杀鸡儆猴、杀一儆百的效果，政治风气很快有所改变。

刘裕对罪行严重的豪强，惩治更不手软。刁逵是京口大族，兄弟子侄均事货殖，“有田万顷，奴婢数千人”。刘裕微时家贫，积欠刁逵社钱[③]三万，被拘系追索，亲受凌辱。刁逵当了桓玄的豫州刺史，镇历阳；桓玄既败，刁逵弃城逃遁，被部下逮住，刘裕把刁逵一家大小都杀个干净。《晋书·刁协传》说：“刁氏素殷富，奴客纵横（奴客亦

---

① 《宋书》第五册，1306页。

② 《宋书》第一册，第9页。

③ 汉代重社祭，各家分担费用。《汉书·食货志》说：“社闾尝新春秋之祠，用钱三百”，这就是“社钱”。魏晋犹存此俗，但社钱份额会高于西汉。刁逵既是京口大族，社钱由他掌握；刘裕历年都交不起社钱，这就算是欠刁逵的了。

仗势欺压良民，无恶不作），固吝山泽（刁家垄断山泽之利），为京口之蠹。（刘）裕散其资蓄，令百姓称力（称力，量力）而取之（不把刁家财富没收入官，而分给当地老百姓，这在历史上算得创举），弥日不尽（整整一天也分取不尽）。"[1] 既除了大恶霸，又分得财物，老百姓自然高兴。会稽郡余姚县的大族虞亮，"藏匿亡命千余人"。刘裕把虞亮杀了[2]，老百姓当然也高兴。对各地豪强侵削人民，刘裕更厉行制裁。以前"山湖水泽，皆为豪强所专"，人民砍柴捕鱼，都要向豪强交费。义熙九年，刘裕下令禁绝豪强霸占山泽，让人民都能分享山湖水泽之利[3]，老百姓当然同样高兴。同年还实行了土断法和裁并州县，上节已说过，不再赘述。

刘裕下过几次赦免令：义熙八年（公元 412 年），赦免江州已被判处五岁刑以下的"犯人"和尚在拘系中的所谓"贼家"余口（当是卢循部属的家口，下面所说的"劫贼余口"亦同），这些"犯人"和所谓"贼"的家口，基本上都是无辜的平民。永初元年（公元 420 年）大赦天下，释放以前没入台省的所谓"劫贼"余口，以前被流徙远地的人户也听任他们回归本土；又赦免所谓亡叛的人，这些人能够在限期内自首，免除他们两年租调，如果原来有官爵而户籍上有记载的，还可给予恢复。

在整顿赋役方面，刘裕实行了如下的一些措施：

一、义熙八年，下令荆、江二州，"凡租税调役，悉宜以见户（见户，现有的户）为正"。这就剔除了浮额，限制了地方官吏的滥征。"郡县屯田、池塞，诸非军国所资，利入守宰者，今一切除之"（以前各郡县很多役用吏户来屯田和养鱼，收益尽入郡守县令的私囊，现在一概废除）"台调癸卯梓材，庚子皮毛，可悉停省，别量所出"（以前尚书台向荆、江二州调发的梓木、皮毛，一概停止，由尚书省另想办法解决）"巴陵（今湖南岳阳县）均折度支（指巴陵赋税的某部分折纳实物应解送中央的），依旧兵运"，这就免除了巴陵人民的这项徭役。

---

① 《晋书》第六册，1845—1846 页。

② 《宋书》第一册，27 页，29 页。

③ 《宋书》第一册，27 页，29 页。

二、义熙十年，“息民简役”，这时候国内比较平静，让人民松一口气，以便恢复国力，再图北伐。

三、免除荆、雍二州人民义熙十一年的租税。

四、永初元年下令：造船木材和运船不再向各郡县征调，一概由都水台（都水台，中央水利工程主管机构）另想办法解决；中央各部门所需要的物品，均派主办人员向人民平价采办，并即时付给价款，不得向人民勒索；从宽减轻市税；全部豁免积欠的租调和其他债项。

刘裕对吏户和兵户的积弊亦曾进行整顿。关于吏户方面：义熙八年，下令荆、江二州，“州郡县吏皆依尚书定制，实户置”。这是说，以前各州、郡、县地方官吏都大量征发人民为吏，加以奴役，现在下令要按照尚书台规定的编制，按照当地户口的实数多少来设置（实户置），不得滥发人民为吏。义熙十一年又下令，“荆、雍二州、西局（西局，平西将军府）、蛮府（南蛮校尉府）吏及军人（兵户），年十二以还（十二岁以下），六十以上，及扶养（家里有人需要扶养）、孤幼、单丁、大艰（家有父母丧事），悉仰遣之（都遣散为民）。穷独不能存者，给其长赈（给予长期救济）”。按照这道命令，解放了不少吏户和兵户。

关于兵户方面：除了上面所述义熙十一年的命令以外，永初元年下诏：“制有无故自伤残者补冶士，实由政刑繁苛，民不堪命，可除此条。”以前人民为逃避苛重的徭役，有的把身体伤残了，政府对这种人也不放过，又规定了要他们“补冶士”。“冶士”是服冶铁劳役的兵户，这样，尽管把身体弄伤残了，也还是免不了劳役。刘裕把这条苛酷的法律废除了。永初二年下诏说：“兵制峻重，务在得宜。役身死叛，辄考（查考）旁亲，流迁（辗转牵连）弥广，未见其极（这是说以前兵户制度的积弊）……自今犯罪充兵，合举府从役者，便付营押领。其有户绝（《宋书》原文为“户统”，义不可解；《册府元龟》209作‘科户绝’；可知‘户统’乃‘户绝’之误）及谪止一身者，不得复侵滥服亲（服亲，五服内的亲属），以相连染。”[①] 这是对过去兵户

① 以上各事，均见《宋书·武帝纪》，为免烦琐，不分别注明页数。

积弊的一次大扫荡，限制了地方官吏的滥役兵户，兵户的人数减少了，不少老百姓可以专心务农，免除了随时都有可能横被牵连被征发为兵户的威胁。

综上所述，刘裕当政十余年所采取的各项措施——从政治到赋役的整顿，大体上都符合人民的利益，有利于生产的发展。刘裕虽然两度大举北伐，但并没有加重人民的赋役负担。刘裕还注意社会救济工作，例如永初三年，秦、雍二州流户南入梁州，刘裕曾送纻绢万匹，命荆、雍二州运米给予救济。[①] 刘裕农民出身，深悉民间疾苦，同情劳动人民，这一点有异于一般封建帝王。另外，他知道要巩固自己的政权，完成国家统一大业，必须得到人民的拥护，这一点和一些开明的封建帝王则是相同的。刘裕当政 10 多年，为长江流域特别是江南地区社会经济的发展，打下了基础。

刘裕死后，少帝刘义符嗣位两年被废，刘裕的第三子宋文帝刘义隆继位，在位凡三十年。

文帝致力于督课农桑，奖励力田。元嘉八年（公元 431 年）诏令各郡守县宰注意劝导，使“地无遗利”，“若有力田殊众，岁竟（岁终）条名列上”，[②] 有点像评选劳动模范的样子。以后也常常诏令各州郡注意劝农。

在赋役方面，他遵行刘裕的政策。例如，元嘉元年（公元 424 年），诏减荆、湘二州当年租布（即租调）之半。元嘉十二年（公元 435 年）诏免遭受水灾各郡的欠课。元嘉十七年（公元 440 年）诏：“前所给扬、南徐二州百姓田、粮（口粮）、种子，兖、两豫（豫州及南豫州）、青、徐诸州比年（连年）所宽租谷（宽，宽限，即延期交纳）应督入者，悉除半（减收应交纳数额的半数，包括贷放的粮、种和宽限的租谷）。今半有不收处都原之（歉收五成的全免租谷）。凡诸逋债，优量申减（百姓各种欠项，从宽减收）。又，州郡估税（估税，即田房契税及牲畜交易税等），所在市调（各地的市调；市调，指和市及其他杂项调发，也有可能是指市税而言），多有烦刻（烦刻，烦

① 《宋书》第一册，59 页，80 页。
② 《宋书》第一册，59 页，80 页。

琐苛刻）；山泽之利，犹或禁断（有的地方尚禁止人民分享山泽之利）；役召之品，遂及稚弱（征发到年少和老弱的人服役）；诸如此比，伤治害民。自今咸依法令，务尽优允（办法力求从宽和公允）。”这道诏书的主要内容，一是实行各项减免，另一是对赋役和杂调实行一揽子的整顿。元嘉二十四年（公元447年）下令：“系囚降宥（在狱的囚犯，或减刑，或免罪）；诸逋负（各种欠赋及负债）宽减各有差。”元嘉二十八年（公元451年）下诏：“遭受北魏蹂躏的各州，其人民流寓江、淮的，听其落户，并豁免税（指田赋）调。”

文帝更重视社会救济，在这方面花钱比较慷慨。这里只举几个较大的事件作例。元嘉十二年（公元435年）六月，丹阳、淮南、吴兴、义兴大水。京邑[①]的街道全浸了，往来都得坐船；文帝从徐、豫、南兖三州和会稽、宣城两郡拨米数百万斛，救济上述五郡遭受水灾的人民。元嘉二十年（公元443年），诸州郡水旱伤稼，民大饥，文帝遣使开仓赈恤，给赐粮种（口粮和种子）。元嘉二十五年（公元448年）正月下诏：“比者冰雪经旬，薪粒贵踊，贫敝之室，多有窘罄。可检行京邑二县及营署，赐以柴米。”元嘉二十九年（公元452年）正月下诏：“经寇六州（遭受北魏军蹂躏的兖、南兖、徐、豫、青、冀六州），居业未立，仍值灾涝，饥困荐臻（荐臻，频至）。可速符诸镇，优量救恤。今农事行兴，务尽地利；若须田种，随宜给之。”[②]

值得一提的是文帝还对役龄作了一次比前合理的调整。《宋书·王弘传》说：“弘又上言：‘旧制，民年十三半役，十六全役。当以十三以上，能自营私及公，故以充役。而考之见（见，同现）事，犹或未尽。体有强弱，不皆称年（体质不一定全都同年龄相称）。且在家自随，力所能堪，不容过苦。移之公役，动有定科。循吏隐恤，可无其患；庸宰守常，已有勤剧；况值苛政，岂可称言。……役召之宜，应存乎消息（应斟酌情况增减）。十五至十六，宜为半丁；十七为全

---

① 《宋书》凡说“京邑”，指首都建康，京邑二县是建康和秣陵；凡说“京城”，则指京口而言。

② 以上均见《宋书·文帝纪》，不分别注明页数。

丁。’（文帝）从之。”[①] 此事《文帝纪》未载，可能发生在元嘉六年至元嘉九年之间。

根据上述各项史料，我们可以也应该肯定，从义熙到元嘉的40多年是南朝历史上农民负担最轻、[②] 人民的日子比较好过的一段期间；旧史家也有称颂“元嘉之治”的，确实不能说是“溢美之词”。

但是，宋文帝却做了两件蠢事。一是违反刘裕的遗嘱杀了徐羡之、傅亮和谢晦等有才干的大臣，尤其错误的是冤杀了杰出的将领檀道济。檀道济很会用兵，更善于保存实力，“魏甚惮（惮，畏惧）之，图之以禳鬼（用檀道济的画像来驱鬼邪）”。“道济见收（见收，被逮捕），愤怒气盛，目光如炬，俄尔间引饮一斛，乃脱帻（裹头的巾）投地，曰：‘乃坏汝万里长城！’时人歌曰：‘枉杀檀江州（道济为江州刺史）。’”“魏人闻之，皆曰：道济已死，吴子辈不足复惮”。[③] 北魏主拓跋焘说：“知彼公（指刘裕）时旧臣，都已杀尽，彼臣若在，年几（年纪）虽老，犹有智策，今已杀尽，岂不天资我也！”[④] 宋文帝在北伐失败、魏军进至瓜步（今江苏六合区）的时候，登石头城上远望，甚有忧色，叹口气说：“若道济在，岂至此！”然而，后悔已经晚了。

文帝所干的另一件蠢事便是元嘉二十七年（公元450年）的仓促出师北伐。《宋书·王玄谟传》说：“玄谟每陈北侵之策，上（指文帝）谓殷景仁曰：‘闻王玄谟陈说，使人有封狼居胥意’。”[⑤] 继承刘裕遗志，完成国家统一大业，这本来是要受称赞的。但是，“兵者，国之大事”，不能视同儿戏。孙武子说得好：“知彼知己，百战不殆！”那时候北魏兵力正强大，拓跋焘剽悍难制，是必须认真对付的；若非策出万全，

---

① 《宋书》第五册，1321页。

② 郭沫若主编《中国史稿》第三册184页：“刘宋时，武吏年满十六，便课米六十斛，十五以至十三，皆课米三十斛，一户内随丁多少，悉皆课米”。按《宋书·徐豁传》元嘉三年始兴太守徐豁表陈“郡大田武吏……”云云，当属东晋以来便如此，且仅属始兴郡之事，郭书用“刘宋时”三字来概括，似不妥。

③ 《南史》第二册，447页。

④ 《宋书》第八册，2347页。

⑤ 《宋书》第七册，1973页。

不宜轻率冒进，而文帝恰恰犯了轻率冒进的错误。辛弃疾所说的："元嘉草草，封狼居胥，赢得仓皇北顾"，的确一针见血。人贵有自知之明，文帝并非将才，同他的父亲刘裕相比，实有天壤之别，而文帝偏偏要自己发号施令，盲目地指挥千里外的战场，捆住将领们的手脚，怎么能够打好这一场大规模的战争呢？《宋书·文帝纪》说他"才谢（谢，不如）光武，而遥制兵略，至于攻日战时（进攻和迎战的时间），莫不仰听成旨。虽覆师丧旅，将非韩、白（韩信、白起），而延寇蹙境，抑此之由"。[①] 这段议论，也是中肯的。由于宋朝君民的顽强抵抗，魏军死伤亦极惨重，最后不能不撤退，但却"俘广陵居人万余家以北"，并且在这次战役中，魏军侵扰"徐、豫、青、冀、二兖（兖州和南兖州）六州，杀略不可胜算，所过州郡，赤地无余（全都变成废墟）"。[②] 人民罹受了一场浩劫，宋王朝的国家财政也陷于破产。元嘉二十七年二月北伐时，"以军兴减百官（朝内各官）俸禄三分之一。"三月，"淮南太守诸葛阐求减俸禄同内百官，于是州及郡县丞尉并悉同减"。与此同时，"王公妃主及朝士牧守，各献金帛等物，以助国用；下及富室小民，亦奉献私财至数十万者。……有司又奏军用不充，扬、南徐、兖、江四州富有之民，家资满五十万，僧尼满二十万者，并四分换一（换，借），过此率计，事息即还"。[③] 由此可见当时财政的拮据，不得不靠捐献和举债来解决军用。这里也使我们发现：是宋文帝举办了在中国历史上应该算是第一次的战时国内公债。这次举办的国内公债的特点是：它是强制性的，对象限于富户，可能是无息的。至于这次内债偿还了没有？史书没有说，无从查考。但当时，宋朝举国上下对这次北伐是积极支持的，反映了人民迫切要求结束长期分裂状态，恢复国家统一的热情，民气是高涨的。战局之所以失利，主要归咎于宋文帝个人的举措乖谬。

这里值得我们注意的是，宋文帝即使在战时财政如此拮据的情况下，也没有增加租调，没有怎样加重农民负担，这在封建社会算是不

① 《宋书》第一册，103 页。

② 《南史》第一册，52 页。

③ 《宋书》第八册，2349 页。

寻常的。汉武帝同匈奴侵略者进行了长期的战争，财政上靠的是盐铁、均输等措施；宋文帝同北魏打仗，靠的是捐献和举办内债，办法不相同，而都没有加重农民负担。正因为这样，宋文帝虽然吃了败仗，并没有引起国内的骚动。尽管“元嘉草草”，给人民带来了灾难，宋文帝毕竟也尽力做了一些善后的工作。例如，命令广陵、南沛两郡太守刘怀之带领人民渡江，战后对流寓江、淮地区的予以安置，对遭受战祸的六州百姓予以救济等等，这些措施还是差强人意的。

宋文帝虽然干了蠢事，但对他在位30年间政治、经济方面的措施取得相当大的成绩，却是不应抹杀的。长江流域特别是江南地区社会经济的发展，体现了刘裕和刘义隆两代的政绩，对这一点更是不应抹杀的。《宋书》有两则史论，足供读者参考：

一见卷92的《良吏传序》。序云：“高祖（宋武帝刘裕）起自匹庶（匹，匹夫，庶，平民）知民事艰难。及登庸作宰（指安帝义熙年间入朝做宰相），留心吏职。而王略外举（指两次举兵北伐），未遑内务，奉师之费，日耗千金。播兹宽简，虽所未暇（意谓因用兵关系，来不及宽简赋役，实则刘裕在这方面也作了不少整顿工作，已见上述），而绌华屏欲，以俭抑身（说刘裕生活上俭朴），左右无幸谒之私，闺房无文绮之饰。故能戎车岁驾（连年出征），邦甸不扰（邦，国都内，甸，都外）。太祖（宋文帝刘义隆）幼而宽仁，入纂（纂，继）大业。及难兴陕方（难，音 nàn，患难，这里指战事；元嘉七年，宋军攻占虎牢、洛阳等地，接近陕县地区），六戎薄伐（六戎，六军；薄，发语词，无义），命将动师，经略司、兖（司州和兖州），费由府实，役不及民（军费出自国库，亦不征发人民服役；意谓虽进行战争亦未加重人民的赋役负担）。自此区寓晏安，方内无事（区寓、方内，都指国内；两句意谓国内安宁）。三十年间，氓庶繁息，奉上供徭，止于岁赋（每午赋役均以正额为限，没有额外的负担），晨出暮归，自事而已（人民起早贪黑，只是为自己而劳动）。守宰之职，以六期（六期，六年）为断，虽没世不徙（终身得不到升转，这是一个缺点），未及曩时（曩时，往时；究指何代，不详，显然不是指两晋），而民有所系，吏无苟得。家给人足，即事虽难（虽说要做到家给人足不是易事)，转死沟渠，于时可免（但可见死于饥寒)。凡百户之乡，有市之邑，歌谣舞蹈，触处（触处，到处）成群，盖宋世之极盛也!”① 论的是元嘉二十七年以前的情况，说得比较公允。

另一则见卷54孔季恭、羊玄保、沈昙庆等传后的评语。谓：“史臣曰：……自义熙十一年司马休之外奔（司马休之，晋宗室荆州刺史，是年刘裕平江陵，休之奔后秦，异己势力剪除略尽，东晋政权实际上已归刘裕掌握)，至于元嘉末，三十有九载，兵车勿用，民不外劳，役宽务简（务，政务)，氓庶繁息，至余粮栖亩（余粮栖亩或余粮委亩，都是说田亩上还有遗留的谷穗，用以形容岁丰粮多的好情况)，户不夜扃（夜不闭户；扃，音jiōng，门杠)，盖东西（东，指南朝；西，指北朝）之极盛也……地广野丰，民勤本业，一岁或稔（稔，丰收)，则数郡忘饥。会土（会稽郡）带海傍湖，良畴亦数十万顷，膏腴上地，亩直（直，同值）一金（一金，一斤黄金)，鄠、杜之间（鄠，音hù；鄠、杜均长安近县)，不能比也。荆城（荆州）跨南楚之富，扬部（扬州）有全吴之沃，鱼盐杞梓之利，充牣（音rèn，充满）八方；丝绵布帛之饶，覆衣天下（覆，盖；衣，穿；意谓足供全国衣被所需）……常平之议，行于汉世。元嘉十三年（应为元嘉十二年，此误)，东土潦浸，民命棘矣。太祖省费减用，开仓廪以赈之，病而不凶，盖此力也。大明（宋孝武帝刘骏年号）之末，积旱成灾，虽弊同往困，而救非昔主（意谓：大明末年人民遭受自然灾害，其困苦虽与元嘉十二年相同，但刘骏对救济工作不够重视，远远比不上刘必隆)，所以病未半古（灾情的严重程度未到元嘉十二年的一半)，死已倍之（饿死的人数比元嘉十二年加倍)。”② 这一则史论，概括地说明了刘裕和刘义隆当政的40年间，长江流域特别是江南地区社会经济的发展情况，并指出自此以后宋王朝一蹶不振，每况愈下。这同样是说得公允的。

关于当时的粮价，文献有阙。惟布价则《南齐书·王敬则传》载：“永初中，官布一匹直钱一千，而民间所输，听为九百。渐及元

① 《宋书》第八册，2261页。
② 《宋书》第五册，1540页。

嘉，物价转贱，私货（私人间交易）则束（束，十匹）直六千，官受则匹准五百。所以每欲优民，必为降落。”① 从永初到元嘉，布价下降了40%，说明在这期间物价变化的倾向是逐渐下跌的。在不发生重大自然灾害的正常情况下，粮价自然不会例外。“物价转贱”反映了社会生产力的发展。这一期间，正如上引两则史论所说的：“氓庶繁息”，人口增殖较快。孝武帝刘骏大明八年（公元464年），宋国的户口数为906 870户，4 685 501人。② 经过多年战乱，户数比东晋初期增加了10多万户。扬州面积不大，却拥有247 108户，1 605 894人，③ 占民户总数27%，人口总数的34%。这足以看出江南地区在政治、经济诸方面所占的重要地位。数字虽是大明八年的，而户口的增殖则是刘裕、刘义隆执政期间“内政修明，赋役宽简”的结果。户口的增殖同耕地面积的扩大是孪生的，但田亩数字不详。总之，这也是反映这段时期社会经济发展迅速的另一个方面。

元嘉三十年（公元453年）二月，文帝被太子刘劭所弑，第三子刘骏（孝武帝）继位。刘骏是一个不能守业的败家子，《宋书·孝武纪》是这样说的：“史臣曰：役己以利天下，尧、舜之心也；利己以及万物，中主之志也；尽民命以自养，桀、纣之行也。观大明之世，其将尽民命乎！”④ 这是一个含蓄却又非常严厉的评语。刘骏确实是“尽民命以自养”的。《宋书·武帝纪下》说刘裕“清简寡欲，严整有法度，未尝视珠玉舆马之饰，后庭无纨绮丝竹之音。……财帛皆在外府，内无私藏。……诸主出适（各公主出嫁），遣送不过二十万，无锦绣珠玉。内外奉禁，莫不节俭……孝武大明中，坏上（指刘裕，下同）所居阴室，于其处起玉烛殿，与群臣观之。床头有土障，壁上挂

---

① 户调的布，有时可以折纳钱。布一匹的市价本为一千，而折纳时只作九百钱计算；布一匹的市价本为六百，而折纳时只作五百计算。这是有意让老百姓占点便宜，所以说是“优民”。

② 《宋书·州郡志》只有各州郡户口散数，这里援引的是梁方仲核算的总计数，见《中国历代户口、田地、田赋统计》第4页，但梁书原列“武帝大明八年”是错误的，更正为“孝武帝大明八年”。宋武帝是刘裕，刘骏是孝武帝，两者不容混淆。

③ 扬州户口数亦采自梁方仲书（48页），因《宋书·州郡志》所载各郡散数与州总数不符，故不用。

④ 《宋书》第一册，135页，60页。

葛灯笼、麻绳拂（拂，尘拂；魏晋时，尘拂崇尚麈尾，麈音 zhǔ，麈尾是鹿尾）。侍中袁颢盛称上俭素之德，孝武不答，独曰：‘田舍公（乡下佬）得此，以（以同已）为过矣’”。[①] 体味言外之音，刘骏不仅没有被祖父的俭德所感动，反而觉得他的祖父既已经当上皇帝还像个乡下佬一样，未免太小气了。他自己确实是够阔气的，《宋书·良吏传序》说：“世祖（刘骏的庙号）承统（承统即继位），制度奢广，犬马余菽粟，土木衣绨绣；追陋前规（刘裕和刘义隆都沿用东晋的清暑殿，无所改作，刘骏认为简陋），更造正光、玉烛、紫极诸殿，雕栾绮节，珠窗网户；嬖女幸臣，赐倾府藏，竭四海不供其欲，单（同殚，尽）民命未快其心。”[②] 这就是“尽民命以自养”这个评语的注释。由此引起的后果必然是国家财政的拮据和农民赋役负担的加重。

首先加重的是户调。大明五年（公元 461 年），“制天下民户岁输布四匹”。[③] 东晋以后，户调之课是丁男调布绢各二丈，丝三两，绵八两，禄绢八尺，禄绵三两二分。《初学记》卷 37 引《晋令》：“其赵郡、中山、常山国输缣当绢者，及余处常输疏布当绵、绢者，缣一匹当布六丈，疏布一匹当绢一匹。”这是西晋的规定，但由此可以知道，疏布和绢的折合率是一比一；东晋户调的布、绢各二丈等于布一匹。南朝统治地区，当时蚕桑事业不发达，产绢的少，产布的多，户调征收的主要是布，宋代干脆把租、调说成租、布。所以，大明五年的规定实际上是把户调的负担一下子增加到原额的四倍。

除了提高户调征收额，杂派也很多。大明二年（公元 458 年）闰十二月的诏书说：“顷岁多虞，军调繁切，违方设赋，本济一时，而主者玩习，遂为常典。”[④] 从这道诏令可以知道，有不少本来是临时性的杂派已经转变为经常性的负担。大明七年（公元 463 年）的诏书说：“前诏江海田池，与民共利。历岁未久，浸（浸，逐渐）以弛替。名山大川，往往占固。”[⑤] 刘裕曾禁绝豪强霸占山泽，这项禁令到孝武

① 《宋书》第一册，135 页，60 页。
② 《宋书》第八册，2262 页。
③ 《宋书》第一册，129 页。
④ 《宋书》第一册，122 页，132 页。
⑤ 《宋书》第一册，122 页，132 页。

帝刘骏时成了具文。他不是严申禁令，而是用法律来保障这种霸占，采纳羊希的建议确立了占山之制，规定:“官品第一、第二，听占山三顷；第三、第四品，二顷五十亩；第五、第六品，二顷；第七、第八品，一顷五十亩；第九品及百姓，一顷。皆依定格，条上赀簿（记入家资册内）。若先已占山，不得更占；先占阙少，依限占足。”[①] 山都给做官的占去，老百姓的活路也就更窄了。大明八年春正月的诏书说：“东境去岁不稔，宜广商货。远近贩鬻米粟者，可停道中杂税。其以仗（仗，兵器）自防，悉勿禁。”[②] 从这道诏令又可以知道，当时许多地区都设有税卡，农产品在转贩途中要交纳不少苛捐杂税，“其以仗自防”一语更反映了当时社会治安的恶化。人民负担的苛重，生计的困难，是可想而知的。刘骏自己也不能不承认：“政道未著，俗弊尚深，豪强兼并，贫弱困窘，存阙衣裳，没无敛槥（音 huì；两句是说：活着的衣不蔽体，死的没有棺木殓葬）。”[③] 但他没有把责任归到自己身上，而当时人民的悲惨景况正是由他一手造成的。大明七年及八年，京郊各郡大旱，米价暴涨，“甚者米一升数百（钱），京邑亦至百余。饿死者十有六七”。[④] 这真是一场浩劫！

孝武以后，更是“一蟹不如一蟹”。前废帝刘子业，继位只有一年半，被弑时年仅十七，但已经干了无数凶悖绝伦的事，被史官认为“武王数殷纣之衅（音 xìn，指罪恶），不能挂其万一；霍光书昌邑（昌邑王刘贺）之过，未足举其毫厘”。

宋明帝刘彧（音 yù）同样是一个“尽民命以自养”的暴君。他的奢侈是惊人的，“每所造制，必为正御（御，用）三十副，御次、副（即次御、副御）又各三十，须（同需）一物辄造九十枚，天下骚然，民不堪命”。[⑤] 他即位的次年（泰始二年，公元 466 年）便失去淮北四州及豫州淮西地，疆土缩小，军旅不息，国家财政更加陷入捉襟见肘的窘境。他采取什么样的财政措施呢？第一个措施是：卖官。“令人

---

① 《宋书》第五册，1537 页。
② 《宋书》第一册，134 页，121 页。
③ 《宋书》第一册，134 页，121 页。
④ 《宋书》第一册，143 页。《南史》升字作斗，误，应以《宋书》为正。
⑤ 《宋书》第一册，170 页。

入米七百石者除郡（除郡，当郡太守），减此各有差（入米在七百石以下的，看入米多少分别授予较低的官职）”。[①] 他的亲信阮佃夫、杨运长、王道隆也都在公开卖官，你也卖，他也卖，弄出“郡长、令长，一缺十除”的笑话。官是用钱买来的，买官的钱当然要从老百姓方面捞回来，捞回老本之外，当然还要赚个一本万利。第二个措施是把各州郡县的田禄攫为己有。前废帝永光元年（公元 465 年）二月，已下令“减州郡县田禄之半”，而明帝泰始四年（公元 468 年）又下令“复减郡县田禄之半”，这就把各州郡县的田禄全部取消了，把人民交纳的禄米等于全部抢过来了。地方官没有田禄并不要紧，他们可以加重对人民的剥削来得到补偿。其实断了俸禄的，不止地方官，朝官也如是。《宋书·明帝纪》说：“内外百官，并日料禄俸。”[②] 日料，照字面讲是天天核算的意思，事理上说不通。《魏书·岛夷传》作“普断禄奉”，《南史》及《通鉴》均作“并断禄奉”，可见，“并日料禄俸”是“普断禄俸”之误。地方官也好，朝臣也好，对断禄俸是毫不在乎的，权位愈高愈不介意。归根到底，受苦的是老百姓。老百姓愈苦，国家财政收入愈不会有起色。

后废帝刘昱元徽四年（公元 476 年），尚书右丞虞玩之表陈时事说：“天府（天府，国库）虚散，垂三十年（可知财政危机从元嘉末年就已经开始了）。江、荆诸州，税调本少，自顷以来，军募多乏（乏，不足额）。其谷帛所入，折供文武。豫、兖、司、徐，开口待哺（这四州人民都等待救济，交不起租调）；西北戎将（西北将士），裸身求衣（连服装也成问题）。委输京都，盖为寡薄。天府所资，唯有淮、海，民荒财单，不及曩日，而国度弘费，四倍元嘉。”[③] 宋季民穷财尽，于此可见一斑。然而，封建统治者并不管老百姓死活，虞玩之表中曾说到当时追收积欠的事：“昔岁奉敕，课以扬、徐众逋，凡入米谷六十万斛，钱五千余万，布绢五万匹，杂物在外。”这是“尽民命”的突出典型。宋王朝本身也随着民穷财尽而灭亡了。

---

① 《南史》第一册，79 页。

② 《宋书》第一册，170 页。

③ 《宋书》第一册，185 页。

齐（公元 479—502 年）

公元 479 年，萧道成篡宋，建立南齐王朝。史称齐高帝萧道成提倡俭朴，能以身作则，不御精细之物，后宫器物栏槛以铜为饰者，皆改用铁。他常对人说：假使我能够君临天下十年，当会做到黄金与泥土同价，但是他在位不过四年，政治上只做过一件比较重大的事——“检籍”，即清理户籍的工作。当时的户口册籍（因为封面用黄纸，所以称为黄籍），异常紊乱，有偷注爵位（有爵位之家可以免役）的，有偷改年月的，有户存而不见册籍的，有人在而册籍上已注死亡的，有人本在家而册籍上注称从役的，有身体健康而册籍上注称残废的，种种弊端不一而足。各县令长不加核实，循例封送到州，州如果发现不实，退回各县复核，各县亦迟迟不予更正。从宋明帝泰始三年（公元 467 年）至后废帝元徽四年（公元 476 年），扬州等九郡黄籍共却（却，退回，即退回各县复核）71 000 余户，历时 11 年，更正的户数未满 4 万。主要原因是地方官吏收受贿赂，相率为伪。户籍不实，使徭役负担集中在少数人身上，更加苛重。齐高帝采纳虞玩之的建议，以宋文帝元嘉二十七年的黄籍为根据，一面号召作弊的自首，能自首的不予追究，不自首的依法惩罚；一面责令各县令长亲自审查，必须把户籍搞清楚，然后报送到州，“若有虚昧，州县同咎”。并置板籍官，下设令史，还规定每人每天一定要剔出几个作弊的户口。检籍是为了均役，本来没有什么不对，但由于吏治未经大力整顿，依然“货贿潜通”，实际上收不到预期的效果。检籍工作连年不已，主办人员为完成“每人一日得数巧（巧户，作伪的户）”的限额，“籍注虽正，犹强推却（尽管户籍上的记载已经属实，仍然退回复查更正）”，百姓不胜其烦。齐武帝萧赜（音 zé）永明八年（公元 490 年），谪巧户戍守淮水沿岸（当时的边境）各十年，一来追究过远，二来刑罚过重，弄得怨声载道。齐武帝鉴于永明三年（公元 485 年）唐寓之的新城（浙江新登县东）之变，生怕引起国内的骚动，不能不下令不再追究

“既往之愆”，谪役边疆的各许还归本土。[1]

萧赜在位 11 年，注意整饬吏治，史称“十许年中，百姓无犬吠之惊。都邑之盛，士安昌逸，歌声舞节，袨服华妆。桃花泉水之间，秋月春风之下，无往非适”。[2] 虽说不无溢美之词，但齐高、齐武当政的 15 年间，比起刘宋末年，人民的日子确实好过得多。萧赜即位后即诏免逋城钱，做了一件使老百姓高兴的事。永明六年（公元 488 年）诏“省（免除）州郡县送故输钱者”，这事也得人心。据《通鉴》卷 138 记载，他在永明十一年（公元 493 年）七月临死前遗诏“蠲除三调及众逋”，这在南朝统治者中确属比较开明的。兹分述如下：

关于“送故”，上面已经说过了。齐武帝永明六年的诏令不是禁绝“送故”这种陋习，只是免除了人民的“输钱”。人民在“送故”方面要交纳什么钱呢？方镇离职，带走了一部分兵户，州郡县除了依旧负责给付粮饷（即所谓“资官廪布”）以外，还向人民另外摊派一笔钱，送给已去职的方镇作为补助金。人民交纳的这种钱，在当时叫作“恤”，《南齐书·顾宪之传》所引俗谚“会稽打鼓送恤”，说的就是这回事。另外，《南齐书·虞玩之传》所说的“将位既众，举恤为禄”，《南齐书·王敬则传》载竟陵王萧子良所说的“僮恤所上，咸是见（见，同现）直（直，同值）”，同样说的是这回事。废除因“送故”而交纳的恤钱，无疑是减轻人民负担的一项措施。至于这项措施已否全面贯彻，则要打上一个问号。据《南史·循吏传》记载，范述曾在齐明帝萧鸾时为永嘉太守，有治绩，明帝下诏褒美，征为游击将军，“郡送故旧（旧字疑衍）钱二十余万，一无所受”。[3] 永嘉郡在明帝时还保留送故钱，不能说只是个别现象，当然也不能说所有的州郡县全都如此；不过，这项改革并没有得到全面贯彻，却是可以肯定的。

再说所谓“三调”。据胡三省的注释，所谓三调指的是调租、调布和杂调。调租就是田租（即田赋）；调布就是户调。租、布是正项赋税，禄米、禄布等是地方附加。杂调则包括一切经常性和临时性的

---

① 以上关于检籍的事，均见《南齐书·卷 34，虞玩之传》。

② 《南史》第六册，1697 页。

③ 《南史》第六册，1714—1715 页。

各种摊派、征发（包括实物和劳役的征发）以及形形色色的捐税。南朝的杂调的确够杂，够多，也够重的。上面说过的修城钱"送故"的恤钱，都属于杂调。此外，从史籍中还可以看到一些别的项目。例如：《南齐书·王敬则传》说，"会土（会稽郡）边带湖海，民丁无士庶（无士庶，不论是士族还是平民）皆保塘役。敬则以功力有余，悉评敛为钱，送台库（台库即国库），以为便宜（便宜，灵活变通之意）。上（指齐武帝，事在永明二年）许之。"王敬则所敛的这笔塘役钱，便是杂调之一。但是，塘役原来是会稽人民自己分配的，如果甲地的塘陂桥路有所损坏，便由甲地人民负责修理，怎样派役，怎样出钱，都是甲地人民的事；如果乙地的塘陂桥路完好无缺，则乙地人民便"终岁无役"，既不用派丁，也不用摊钱。王敬则这一插手，把塘役统统折收现钱，上交台库，"租赋之外，更生一调，"不仅加重了人民负担，并且破坏了塘工制度。《王敬则传》还提到"建元初，狡虏游魂（指齐高帝建元元年北魏派宋宗室刘昶攻扰司、豫三州，建元二年又攻扰寿阳），军用殷广，浙东五郡，丁税一千"，这项丁税，可能是临时的军事征发。又如《南齐书·豫章王（萧）嶷传》说，齐高帝建元二年（公元480年），"以谷过贱，听民以米当口钱，优评斛一百。"这里所说的"口钱"，也属于杂调。还有所谓滂役，《南齐书·周颙传》说：山阴"县旧订[①]滂民，以供杂使"，这是征发劳役的杂调。滂民是干什么的呢？有认为"滂民，当是专为国家采集水产品的服役户"[②]；这只是忖测。案：《淮南子·时则训》说，"令滂人纳材苇"；这样看来，滂民可能是给官府上山砍木材和割柴草的。当然，这还是忖测，不一定就对。周颙当时是山阴令，他对会稽太守闻喜公萧子良（子良初封闻喜公，后来晋封竟陵王）说，山阴滂民的痛苦，达到极点了！"险者或窜避山湖，困者自经沟渎尔。亦有摧臂斮（音 zhuó，砍）手，苟自残落，贩佣贴子（贩佣，当佣工；贴子，用儿子作抵押去借债；子字也可能指利息，总之，都是举借高利贷来应急），权赴急难。"不止山阴县如此，除了上虞县百户一滂较为轻松以外，其余

① 《正字通》：齐、梁间谓赋民为订。

② 《中国通史参考资料·古代部分》第三册，182页脚注。

各县的滂役也都相当苛重。许多杂调是前代遗留下来的。应该说，齐高帝和齐武帝先后当政的15年间，杂调还算较少，农民负担还算较轻，国家财政状况还算较好。齐武帝虽然革除了一些杂调，但是，他本人在生活上是奢侈的，因而他不但不可能革除所有不合理的杂调，还同意了王敬则征收塘役钱。

附带谈一谈齐高、武时期的粮价和货币问题。上文说"优评（从优评价）斛一百"，可知当时的米价每石不过数十钱。粮价的下跌，反映了农业生产的发展，但在当时也包含有货币的因素。建元四年，孔颚上《铸钱均货议》，大略谓："食货（货，指货币）相通，理势自然。李悝曰：'籴甚贵伤人，甚贱伤农。人伤则离散，农伤则国贫。甚贱与甚贵，其伤一也。'三吴（指会稽、吴郡及吴兴三郡，一般泛指江南地区），国之关奥，比岁时被水潦，而籴不贵（粮价没有上涨），是天下钱少，非谷穰贱，此不可不察也。铸钱之弊，在轻重屡变。毛钱患难用，而难用为累轻；轻钱弊盗铸，而盗铸为祸深。人所盗铸，严法不禁（严法也不能禁绝偷铸）者，由上铸钱惜铜爱工也。惜铜爱工，谓钱无用之器。以通交易，务欲令轻而数多，使省工而易成，不详虑其为患也。自汉铸五铢至宋文帝，历五百余年，制度世有废兴，而不变五铢钱者，明其轻重可法，得货之宜。以为宜开置泉（泉，钱）府，方牧贡金（地方官负责为中央采办黄铜），大兴熔铸。钱重五铢，一依汉法。若官铸已布于人，便严断翦凿，轻小破缺无周郭（周郭，轮廓）者，悉不得行。官钱细小者，称合铢两，销以为大。利贫良之人，塞奸巧之路。钱货既均，远近若一，百姓乐业，市道无争，衣食滋殖矣。"① 这是一篇极有价值的经济论文。孔颚对当时粮价的分析，独具只眼，并且看出了通货收缩的害处，这是难得的。他主张大铸五铢钱，这在当时确是必要的，也是可行的。齐高帝接纳这种主张，使诸州郡大市铜炭，筹划开铸；由于他不久便逝世，铸钱的事中止。永明八年，刘悛复向齐武帝建议铸钱，并说在四川的蒙城找到了铜矿和汉文帝时邓通铸钱的遗址。齐武帝派人入四川铸钱，铸了千

① 《南史》第四册，1004—1005页。

余万钱，据说因为功费过多便停下来了。货币问题一直是南朝的一个重要问题，很长时间没有得到解决。后来梁武帝的铸铁钱是错误的，既不能适应商品流通的需要，反而引起社会经济的混乱。

武帝去世，继位的嫡孙萧昭业是一个不务正业的败家子。他宠用一大帮流氓，天天过着声色犬马的腐朽生活，“极意赏赐左右，动至百数十万。每见钱曰：‘我昔思汝一个不得（他的父亲文惠太子萧长懋未死之前对他管束极严，每禁其起居，节其用度），今日得用汝未？’武帝聚钱上库五亿万，[1] 斋库（内库）亦出三亿万，金银布帛不可称计。即位未期岁，所用已过半，皆赐与诸不逞群小。取诸宝器以相击剖破碎之，以为笑乐。及至废黜，府库悉空”。[2] 萧昭业从继位到被废，为时仅一年，齐高和齐武积攒下的家业已被他散荡无余。明帝萧鸾（在位五年）虽欲扭转局势，已无能为力。

南齐王朝的最后三年，外患内乱接踵而至，君主荒淫，官吏贪暴，“赋调云起，徭役无度”，农民负担的苛重达到不可思议的高度。东昏侯萧宝卷是历史上最荒谬的封建皇帝之一。他在民穷财尽的情况下大兴土木，起芳乐、芳德、仙华、大兴、含德、清曜、安寿等殿；又别为所宠潘妃起神仙、永寿、玉寿三殿，凿金为莲花用以铺地，让潘妃在上面行走，叫作“步步生莲花”。潘妃的居室用麝香涂壁，锦幔珠帘，绮丽无比；潘妃服御，极选珍宝，主衣库旧物已不够用。“贵市人间金银宝物，价皆数倍，琥珀钏一只，直百七十万。都下酒租（酒税），皆折输金，以供杂用。犹不能足，下（下令）扬、南徐二州桥桁塘埭丁计功为直，敛取见钱，供太乐、主衣杂费。由是所在塘渎，悉皆隳废。又订（订，已见上注）出雄雉头、鹤氅、白鹭缞等物，百品千条，无复穷已（无穷无尽）。亲幸小人，因缘为奸，科一输十。……令富室卖金，不问多少，限以贱价，又不还直（以前是高价收买珍宝，现在已闹穷，只好强夺了）”。[3] 兵役方面，征发“扬、南徐二

---

① 《礼·内则》：“降德于众兆民。”疏：“算法亿之数有大小二法，小数以十为等，十万为亿，十亿为兆也；大数以万为等，万至万是万万为亿也。”按：汉以十万为亿；凡言亿万，指十万；凡言万万，则直书，不加亿字。这里所说“亿万”，指万万，与汉代所说“亿万”不同。

② 《南史》第一册，137 页。

③ 《南史》第一册，153—155 页。

州人丁，三人取两”“远郡悉令上米准行（纳米代役），一人五十斛，输米既毕，就役如故”，这是欺骗加强夺，受害的是平民。徭役方面，则派人到各郡县检占属名（为避役而依附士族的叫属名）和病户（在黄籍上注明有病的），派去的人专看贿赂行事，“随意纵舍”，注病已多年的仍要应役，还追索病者的租、布[①]。萧宝卷的暴行，擢发难数，给人民造成的灾难，也非笔墨所能形容。会稽是江南最富庶的地区，南齐末年弄到“米斗至数千，人多流散”，[②] 其余地区就更不用说了。南齐王朝终于在天怒人怨之下垮了台。

梁（公元 502—557 年）

萧衍取代南齐，建立起梁王朝。《南史·循吏传序》说：“梁武在田，[③] 知人疾苦，及定乱之始，仍下宽书。东昏时杂调咸悉除省于是四海之内，始得息肩。”[④] 这几句话虽属捧场，却也是事实。

梁武帝萧衍与齐王朝同族，年少时有博学之称，和沈约、王融、谢朓等被号为竟陵王萧子良的西邸“八友”，齐明帝遗诏任为雍州刺史。永元二年（公元 500 年）十一月自襄阳起事，奉南康王萧宝融举兵东向。次年十二月攻陷建康，萧宝卷为部下所杀。这时候齐和帝萧宝融只是一个傀儡，南齐军政大权实际已落入萧衍的手上。中兴二年（公元 502 年）4 月萧衍篡齐，建立梁王朝。梁武帝萧衍在位凡 48 年，终年 86 岁；执政时间之长，年寿之高，在南朝诸帝中再找不出另一个。

梁武帝进入建康后，即下令荡除一切“昏制谬赋，淫刑滥役”并葬殓死亡，收恤遗孤；减损浮费，精减官署。即位后，下诏豁免“逋布、口钱、宿债”，释放没在台府的所谓“劫贼余口”，给予鳏寡孤独不能自存者每人谷五斛，这些措施都是古代封建社会的所谓“仁政”。封建统治阶级施“仁政”，最终目的是要巩固自己的统治地位，这一

① 《南史》第一册，156 页。

② 《南史》第四册，1211 页。

③ 《周易》乾卦第二爻爻辞：“九二，见龙在田，利见大人。”指萧衍未即帝位而已作方镇之时，不要把“在田”理解为“在田间”。

④ 《南史》第六册，1697 页。

点是无可怀疑的；在某种意义上，说是假慈悲也未尝不可。但是，另一方面实事求是地进行分析，这种假慈悲要比残酷的压迫和剥削好得多，因为它对社会生产总会或大或小地起推动的作用。梁武帝废除齐末的杂调滥役，老百姓可以松一口气，这就是《南史·循吏传序》所说的“于是四海之内，始得息肩”。天监元年（公元502年）“大旱，米斗五千（齐末会稽米价亦斗至数千），人多饿死”。[①] 时隔三年，天监四年（公元505年）“大穰（音 ráng，丰收），米斛三十”。[②] 历史事实最能说明问题，如果认为这纯属偶然，那是说不过去的。梁武帝执政期间，在赋役方面的其他措施，值得说一说的还有以下的几件事：

一、天监元年，“始去人赀，计丁为布。”[③] 这是户调制度的一项改革。西晋租调的征收办法是“九品相通”，计资产定户等，按户等订税额。东晋的田租（即田赋），最初按亩征收，后来改为按丁征收；只有户调（宋以后称为布）还和户等挂钩。从征收办法的本身来说，应该认为比较公平合理。问题出在征收工作上，由于吏治败坏，地方官吏在计算资产时过于苛刻，加重了平民的负担。宋孝武帝时，周朗已经指出过这种弊病。周朗说：“取税之法，宜计人为输，不应以赀。云何使富者不尽，贫者不蠲？乃令桑长一尺，围以为价；田进一亩，度以为钱；屋不得瓦，皆责资实（房子尚未盖成或修好，即令按完整的房产陈报）。民以此，树不敢种，土畏妄垦（不敢垦辟土地）栋焚榱（音 cuī，屋椽）露，不敢加泥。岂有剥善害民，禁衣恶食（意谓不让人民生活有所改善），若此苦者！方今若重斯农，则宜务削兹法。”[④] 齐武帝时，竟陵王萧子良也说过同样的话：“守宰相继，务在裒克（裒音 póu，裒克，剥削），围桑品屋，以准资课。致令斩树发瓦，以充重赋；破民财产，要利一时。”[⑤] 两人所述情况基本相同。可知从刘宋中叶到南齐的几十年间，按户等征收调布的制度在执行中走了样，已成为地方官吏营私舞弊的工具。豪门世族不会受影响，地方

① 《南史》第一册，186页，189页。
② 《南史》第一册，186页，189页。
③ 《梁书》卷53，《良吏传序》。
④ 《宋书》第七册，2094页。
⑤ 《南齐书》卷40，《竟陵王萧子良传》。

官史是不敢惹他们的；一般富室只要花点小钱，也可以占点便宜；越是贫民，受害越烈。既然人民憎恶这种征收办法，那么，变通一下，改为“计丁征布”，不失为一种治标的措施。（要根本解决这个问题，本来是应该从整饬吏治下手的）

二、天监十六年（公元 517 年）诏：“尤贫家（最穷苦的人家）勿收今年三调；无田业者，所在量宜赋给（酌量给予田地）；及优蠲产子之家（产子之家从优免役）；恤理冤狱；并赈孤老鳏寡不能自存者。”① 最贫苦的农民根本没有负担能力，只免一年的三调是远远不够的；不过，能免一年，总比完全不免好。

三、普通六年（公元 525 年）三月丙午，“赐新附人长复除（永远免役），诖误罪失（诖，音 guà；诖误，被牵累的），一无所问”。② 比年来，梁朝的北伐获得胜利，普通二年（公元 521 年）北魏荆州刺史率部归降；普通六年正月北魏徐州刺史元法僧以彭城来降（当年六月，武帝的儿子豫章王萧综——据说实际是齐东昏侯萧宝卷的儿子——奔魏，魏复据彭城）。梁王朝收复了一些地区，对新收复区的人民给予优惠是做得对的。但是，不应“长复除”，而给予较长时间（例如 15 年，20 年以至 30 年）的复除，人民也会满意的。给现在这部分收复区的人民以“长复除”的优惠，对将来更多的收复区的人民当然也要援例给予这种优惠，这就“难乎为继”了。并且，除非对所有人民都免除封建徭役（这在封建社会是办不到的），否则，把全部封建徭役压在小部分人民的身上，这是非常苛重、非常不合理的。所以，“长复除”的规定，只是政治上的一时冲动，没有计及长远。

四、大通元年（公元 527 年）正月诏：“流亡者听复宅业，蠲役五年，尤贫家勿收今年三调，孝弟力田赐爵一级。”③ 这些规定比较恰当。

五、大同四年（公元 538 年）八月诏：“南兖等十二州，既经饥

① 《南史》第一册，196 页，204 页。

② 《南史》第一册，196 页，204 页。

③ 《南史》第一册，205 页。

馑，曲赦逋租宿责（责，同债），勿收今年三调。”[①] 什么叫“曲赦”呢？史书上常说的大赦和曲赦是有区别的。“曲”是一部分的意思。大赦是对全国实行赦免（政治上的或财政和赋役上的）；曲赦则只是对一部分地区实行赦免。

六、大同七年（公元541年）诏：“停在所（在所，指各郡县役使女丁。”[②] 按照制度，妇女本来不服役，然而，妇女充役之事，历代均有。出现这种情况的主要原因：一是徭役频繁，征发无度，男丁应付不了，结果便会役及女丁（有时还会役及老弱）；二是逃避徭役的人越来越多，徭役的负担面越来越窄，结果也会役及女丁。《南史》卷52《梁宗室传下》记载，天监十三年（公元514年），安平郡王萧秀为郢州刺史，“郢州地居冲要，赋敛殷烦，人力不堪，至以妇人供作。秀务存约己，省去游费，百姓安堵，境内晏然”。[③] 既然“百姓安堵，境内晏然”，“妇人供作”的情况自然不存在了，而萧秀是用“省去游费”从而减轻赋役的办法来解决这个问题的。由此可知，不从根本上去求解决，停役女丁的诏令很可能变成具文。梁武帝大同七年所下的这道诏令，不能说它不好，只是它的实际效果如何，是值得怀疑的。

其他措施，不再多说。总的说来，同宋、齐两代的晚季比较，梁武帝执政期间的农民负担不能算重，而在初期，即天监年间，可以说是相当轻的。主要原因有如下的几点：

一、梁武帝即位后废除了齐末的许多苛重的杂调。

二、天监四年（公元505年）大举北伐，没有从农民身上打主意，而是由“王公以下各上国租及田谷，以助军资”。[④] 王公以下是指从王侯到郡县守宰；国租指王侯在封邑内应得的田赋。西晋时王侯在封邑田赋中应得的份额是“三分食一”，例如封邑内的田赋总额为三千石，王侯在三千石中应得一千石（户调亦如此），东晋以后降为

① 《南史》第一册，213页。

② 《梁书》卷3，《武帝纪》。《南史》第一册，215页中“在所”作“所在”，“役使”作“使役”，意义相同。

③ 《南史》第四册，1289页。

④ 《梁书》卷2，《武帝纪》。

“九分食一”。田谷，即田禄，指郡县守宰应得的禄米。在军事支出十分庞大的非常情况下，不增加农民的租调负担，应该说是难得的。

三、天监年间，地方吏治较好。《南史·循吏传序》对梁武帝评价很高，说他“每选长吏，务简廉平，皆召见于前，亲勗（音 xù，勉励）政道。始擢尚书殿中郎到溉为建安内史，左户侍郎刘鬷（音 zōng）为晋安太守。溉等居官，并以廉洁著。又著令（制定法令）：小县有能，迁为大县令，大县有能，选为二千石（二千石，郡太守以上）。于是山阴令丘仲孚有异绩，以为长沙内史；武康令何远清公，以为宣城太守。剖符为吏者，往往承风焉（一般官吏都受到影响）。”捧得虽然过分一些，但天监年间，梁武帝对吏治确是比较注意的，到溉、刘鬷的“以廉洁著”也是事实。丘仲孚在山阴令任内，“政为天下第一”；在豫章内史任内逝世，灵车离郡的时候，“豫章老幼母哭攀送，车轮不得前”。[①] 何远原来和萧懿有历史关系，梁武帝举事时，又曾到北魏借兵响应，所以，梁武帝即位后被封广兴男。他在武昌太守任内，廉洁自守，不受馈遗。“车服尤敝素，器物无铜漆”，是一个清官，结果被劾去职。后来才被起用为武康令，以治绩擢为宣城太守，一年后迁为始兴内史，以后又再迁东阳太守。了解这一段经过，便会明白，何远并不是“大县有能，选为二千石”的典型；不过，何远不愧为汉宣帝所要求的“良二千石”。他在始兴内史任内，“田秩奉钱，并无所取，岁暮择人尤穷者充其租调，以此为常。”在东阳太守任内，“疾强富为仇雠，视贫细（细，弱小）如子弟”。尽管他在东阳一年多又因被受罚者诬告而免职，但“所至皆生为立祠，”说明老百姓是拥护他，怀念他的。[②]

除上面引述的几个良吏典型外，这里再举两例。有一个孙谦，“天监六年为零陵太守，年已衰老，犹强力为政，吏人安之……常勤劝农桑，务尽地利，收入（指零陵郡的产量）常多于邻境……历二其五郡，所在廉洁，居身俭素”。[③] 还有一个任昉，“武帝践祚，历给事

① 《南史》第六册，1765 页。

② 《南史》第六册，1718—1719 页。

③ 《南史》第六册，1716 页。

黄门侍郎，吏部郎；出为义兴太守。岁荒民散，以私俸米豆为粥，活三千余人。时产子者不举（齐末役重及人民贫困的关系），昉严其制（严令禁止），罪同杀人；孕者供其资费，济者千室（千室，千家）。在郡所得公田俸秩八百余石，昉五分督一，余者悉原（原，免），儿妾食麦而已”。解职时，“止有绢七匹，米五石”。[①] 在这些人的治下，农民的负担是比较轻的，老百姓的日子是比较好过的。

梁宗室出任方镇的，也有好几个算得上出类拔萃的人物。例如萧景（梁武帝的堂弟），武帝即位时封吴平县侯，任南兖州刺史，加都督，“居州清恪（音 kè，谨慎），有威裁，明解吏职，文案无壅，下不敢欺，吏人畏敬如神。会年荒，计口振恤，又为饘粥于路以赋之（分给饥民），死者给棺具，人甚赖焉”。天监七年（公元 508 年）为宁蛮校尉、雍州刺史，加都督。次年，大败入侵的魏军。他在任内，“修葺城垒，申警边备，理辞讼，劝农桑。郡县皆改节自励，州内清静，抄盗绝迹”。天监十五年（公元 516 年），监扬州，以后又迁都督、郢州刺史，都有治绩[②]。萧业（萧懿之子），天监二年（公元 503 年）袭封长沙王，历位秘书监、侍中、都督南兖州刺史，“运私邸米（自己家里的米）僦（音 jiù，雇）人作甓（音 pì，砖）以砌城”；后“徙湘州，尤著善政”。[③] 萧业之弟萧藻，天监元年封西昌县侯，为益州刺史，到任后杀了蜀人憎恨的跋扈将军邓元起。邓元起在蜀聚敛，“财货山积，金玉珍帛为一室，名为内藏；绮縠锦（都是丝织品）罽（音 jì，毛毡子）为一室，号曰外府。藻以外府赐将帅，内藏归王府（指国库），不有私焉（自己没有私占）”。天监九年（公元 510 年）还朝，“轻装就路”。他历任雍、兖二州刺史，都得到人民的称颂。梁武帝赞叹地说：“子弟并如迦叶（藻的小名），吾复何忧！”[④] 鄱阳王萧恢（武帝的亲弟），天监元年为郢州刺史，加都督，“初，郢城内疾疫死者甚多，不及藏殡。恢下车（下车，到任）遽（遽，立即）命埋瘗

① 《南史》第五册，1454 页。

② 《南史》第四册，1260—1261 页。

③ 《南史》第四册，1267 页，1268 页，1295 页。

④ 《南史》第四册，1267 页，1268 页，1295 页。

（音 yì），……累迁都督、益州刺史。成都去新城五百里，陆路往来，悉订（订，征派）私马，百姓息焉，累政（历任）不能改。恢乃市马千匹以付所订（有征派任务的）之家，须（有需要时）则以次发之，百姓赖焉”。[1] 萧憺（音 dàn，梁武帝亲弟），“天监元年，加安西将军，封为始兴郡王。时军旅之后，公私匮乏，憺厉精为政，广辟屯田，减省力役，存问（存问，慰问）兵死（有人死于战祸）之家，供其穷困，人甚安之。……（天监）六年（公元 507 年），州大水，江溢堤坏，憺亲率将吏，冒雨赋丈尺筑之（赋丈尺，分配各人负责的地段）；……邴洲在南岸，数百家见水长（长，涨）惊走，登屋缘树。憺募人救之，一口赏一万。估客（客商）数十人应募，洲人皆以免（以免，因此得不死）。……又分遣诸郡遭水死者给棺槥，失田者与粮种（给口粮及种子）。……（天监）七年冬，诏征（征，召）以本号还朝。人歌曰：始兴王，人之爹（爹，古音多），赴人急，如水火，何时复来哺乳我？”[2] 萧憺和上述几个宗室王侯，他们确实给人民办了好事，这是不应抹杀的。一个好县令的作用是有限的，一个好郡守的作用也只能达到本郡，而一个出任方镇的宗室王侯则会使许多郡县都受他的影响，这是更不能忽视的。

梁宗室中也有恣意聚敛的。如临川王萧宏（武帝亲弟）是突出的典型。他在内堂后有库房近百间，其中三十余间贮钱，每库千万钱，共计藏现钱三万万余；余屋贮布、绢、丝、绵、漆、蜜、纻、腊、朱砂、黄屑及其他杂货，满仓满库，不知多少。萧宏又在都下分设几十家店铺，专放高利贷，借债的要以田宅邸店立券作抵押，到期便夺人产业。[3] 守宰中也有异常贪酷的。例如鱼弘，他恬不知耻地对别人说道：“我为郡（为郡，治郡，即当郡太守之意）有四尽：水中鱼鳖尽，山中獐鹿尽，田中米谷尽，村里人庶尽。”[4]

总的看来，天监年间是积极因素占上风的，所以，这一期间农民

---

① 《南史》第四册，1267 页，1268 页，1295 页。

② 《南史》第四册，1301—1302 页，1278 页。

③ 《南史》第四册，1301—1302 页，1278 页。

④ 《南史》第五册，1362 页。

的负担比较轻，老百姓的日子比较好过。

另一方面，也应该指出，梁武帝一生也做了许多蠢事。这里仅举出影响很大，给人民造成极大灾难的几件：

一、天监四年（公元505年）的北伐。当时，人民都盼望长期分裂的国家能够得到统一，天监四年的大举北伐符合人民的愿望。当时梁朝国力强大，"器械精新，军容甚盛，北人以为百数十年所未之有"，已经占有"先声夺人"的形势，并且士气高涨，又有一批勇略兼备的优秀将领，北伐的条件是成熟了的。但是，他没有刘裕那样的雄才大志，他的北伐，说穿了，不过是为了保持小朝廷的政权，所采取的阻止魏军南侵，以进为退的战略而已。而且，在用人方面，梁武帝秉性猜忌，不敢将兵权交给能担起北伐重任的将领，却让自己也认为是愚人的临川王萧宏挂帅。这就铸成了大错，白白丧失了统一国家，摆脱战祸的大好时机。

二、天监十三年（公元514年）的"作浮山堰"是一次劳民伤财的大役。筑浮山堰的目的是引淮水灌北魏的寿阳。为了兴办这一艰巨的工程，征发徐、扬二州民丁（二十户取五丁），连同战士共"有众二十万人，于钟离南起浮山，北抵巉石，依岸筑土，合脊于中流。（天监）十四年四月，堰将合，淮水漂疾，复溃决。"于是沉铁数千万斤于堰所，"伐树为井干（井干，井栏，这里指木框），填以巨石，加土其上。缘淮百里内冈陵木石无巨细必尽，负担者肩穿。夏日疾疫，死者相枕……是冬寒甚，淮、泗尽冻，士卒死者十之七八。"天监十五年（公元516年）四月，堰成；这年秋天，淮水暴涨，又再溃决，死数万人。[①] 修筑浮山堰给人民造成了重大的灾难。

三、大兴佛教，大造寺院，大开法会。十六国时期，石勒和石虎都把佛图澄当作圣人，苻坚尊奉道安，姚兴尊奉鸠摩罗什；在东晋，支遁、慧远和法显均负盛名。南朝宋武帝以后，也兴造寺院之风。宋孝武帝造七层庄严刹（刹，塔；后转称佛寺为刹）；宋明帝起湘宫寺，要造十层的塔。《南史·虞愿传》载："（宋明）帝以故宅起湘宫寺，

---

① 《南史》第五册，1374—1375页。

费极奢侈。以孝武庄严刹七层，帝欲起十层，不可立，分为两刹，各五层。新安太守巢尚之罢郡还见帝，（帝）曰：‘卿至湘宫寺未？我起此寺是大功德。’愿在侧曰：‘陛下起此寺，皆是百姓卖儿贴（贴，典）妇钱，佛若有知，当悲哭哀愍。罪高佛图（佛图或浮屠，亦是指塔），有何功德！”[①] 虞愿的话一点也不假。要说这方面的罪过，则梁武帝不止高于佛图，简直是高于泰山了。梁武帝好弄权术，利用佛法来推行愚民政策，企图借助“佛力”来巩固自己的统治地位。从天监十八年（公元519年）四月在无碍殿受戒以后，便大量兴造佛寺，铸造佛像，无休止地开法会和施斋，把金钱、精力和时间全都浪费在寺院里。还先后三次到同泰寺舍身，要群臣用钱把他赎回来，一次用了两万万钱，两次分别是一万万钱，这分明是替和尚们敲竹杠。敲谁的竹杠呢？表面上敲群臣的竹杠，群臣哪里来的钱？还不是老百姓的！所以，实际上是替和尚们敲老百姓的竹杠。其实，佛寺拥有大量地产和大量钱财，既收地租，又放高利贷，还接受“布施”，对老百姓的剥削已经够苛酷的了。他自以为得计，完全不知道这种做法不只殃民，并且导致了亡国。据《南史·循吏传》记载:“都下佛寺五百余所，穷极宏丽。僧尼十余万，资产丰沃。所在郡数，不可胜言。道人（道人，和尚，或写作和上）又有白徒（白徒，未受戒的人），尼则皆畜养女（未受戒落发的女子，都穿着罗纨，装饰妖冶），皆不贯人籍（不注入户籍），天下户口几亡其半。”郭祖深上的封事说得极其沉痛：“比来慕法，普天信向，家家斋戒，人人忏礼，不务农桑，空谈彼岸（彼岸是佛经上的用语）。……耕夫日少，杼轴日空。……百僚卿士，尠有奉公，尸禄（尸位素餐）竞利，不尚廉洁。累金积镪，侍列（指家中的妾仆）如仙，不田不商，何故而尔（尔，这样）?”他建议淘汰僧尼，没有道行而年在四十岁以下的，一律着令还俗归农；并罢白徒、养女。他还建议“去贪浊，进廉平，明法令，严刑罚，禁奢侈，薄赋敛”。[②] 郭祖深的这些建议当然不会被梁武帝接受。梁武帝推行佛教给人民造成的灾难，再加上风俗奢侈，官吏贪暴，农村经济日趋凋敝，

① 《南史》第六册，1710页。

② 《南史》第六册，1720—1722页。

农民负担日益苛重，当然是无可避免的了。自此梁王朝的政治、经济一直走下坡路，国力一天比一天更加削弱，人民生活一天比一天更加困苦，梁武帝自己的统治地位也因此而一天比一天更加危险。历史说明了：使用愚民政策的封建统治者，本身是最愚蠢不过的。

四、普通四年（公元523年）的铸铁钱。梁初只有建康及三吴、荆、郢、江、湘、梁、益等地（也就是从四川到江浙的长江流域）用钱，其余州郡杂用粮食、布帛等商品货币。天监年间，一度铸过质量较好的五铢钱（数量可能不多），另外又铸造没有边沿轮廓的“女钱”，二品并行。按照“恶币驱逐良币”的经济规律，五铢钱或被贮藏，或被剪凿，退出了流通界。女钱亦逐渐不受欢迎，也许它的数量不够商品流通上的需用，民间便私以古钱交易，这时候良币反过来驱逐劣币了。梁武帝频下诏令：“非新铸二种之钱并不许用”，这种违反经济规律的诏令是行不通的。于是，普通四年“尽罢铜钱，更铸铁钱。”为了适应商品经济的发展，钱是一定要铸的，但不应铸铁钱。不铸钱，会遭受通货收缩的弊害，而铸铁钱却会引起通货膨胀的灾难，道理十分明白。所以，铸铁钱是错误的。然而，在当时的情况下，梁武帝只能铸铁钱，主要原因是没有铜。那么，铜到哪里去了呢？铜都到佛寺里去了。即使还有，梁武帝也会首先用来铸佛像，却舍不得拿去铸钱。铸铁钱同推行佛教的关联，就在于此。结果怎么样呢？结果是：“人以铁贱易得，并皆私铸。及大同以后（公元535年以后），所在铁钱遂如丘山，物价腾贵。交易者以车载钱，不复计数，而唯论贯。”① 通货膨胀的现象严重起来了。因为交易上只论钱贯，不复计数，于是一个新的问题又被引起了。“商旅奸诈，因之以求利。自破岭（在今江苏省丹阳县西南）以东，八十为百，名曰东钱；江（今江西）、郢（今湖北）以上，七十为百，名曰西钱；京师以九十为百，名曰长钱。中大同元年（公元546年），天子（指梁武帝）乃诏通用

① 《隋书》第三册，690页。

足陌。[1] 诏下而人不从，钱陌益少。至于末年，遂以三十五为百云”。[2]货币流通情况如此紊乱，对于商业和生产都是严重的打击。这种“短陌”钱的陋习，影响很深远。宋人洪迈在《容斋三笔》里说：“用钱为币，本皆足陌。梁武帝时，以铁钱之故，商贾浸以奸诈。自破岭以东，八十为百，名曰东钱；江、郢以上，七十为百，名曰西钱；京师以九十为百，名曰长钱。大同元年，诏通用足陌，诏下而人不从，钱陌益少。至于末年，遂以三十五为百。唐之盛际，纯用足陌。天祐（唐昭宗李晔年号，晔音 yè）中以兵乱窘乏，始令以八十五为百。后唐天成（后唐明宗李亶年号，亶音 dǎn）又减其五。汉（五代时的后汉）乾祐（后汉高祖刘知远的年号，但事在后汉隐帝刘承祐时，隐帝未改元）中，王章为三司使，复减三。皇朝（指宋朝）因汉（后汉）制，其输官者亦用八十或八十五。然诸州私用（私用，民间用钱），犹有随俗，至于四十八钱。太平兴国（宋太宗赵炅，即赵光义的年号，炅音 jiǒng）二年（公元 977 年），始诏以七十七为百，公私出纳皆然，故名省钱。”顾炎武在《日知录》里说：“《抱朴子》（晋人葛洪所著）云：‘取人长钱，还人短陌’。则是晋时已有之，不始于梁也。”顾氏所说，未尝无理。大概晋时只是个别现象，而梁代则已成为一个具有普遍性的严重问题。梁武帝的铸铁钱，既给当时人民带来灾难，也给后代留下祸根，这是事实。

五、梁武帝最后一件蠢事是，当他在年过古稀之年，并且已把国家搞得乱七八糟的时候，还贪恋帝位，不愿交班。子侄间的钩心斗角他闭着眼睛不管，致使反复无常的野心家侯景得以乘机构乱，结果武帝自己也被拘禁以至饿死。梁武帝的饿死是活该，老百姓却给他害苦了。《南史·贼臣传》记载：侯景围城，屡攻不下，“乃纵兵杀掠，交尸塞路。富室豪家，恣意裒剥，子女妻妾，悉入军营。……景食石头常平仓既尽，便掠居人，尔后米一升七八万钱，人相食，有食其子者。又筑土山（欲制高攻城），不限贵贱，昼夜不息，乱加驱捶，疲羸者

---

① 沈括《梦溪笔谈》:“今之钱数，百钱谓之陌者，借陌字用之，其实只是百字，如什与伍耳。”按：百字作陌或佰，是账据上防止涂改的大写。

② 《隋书》第三册，690 页。

因杀以填山，号哭之声动天地”。[①] 又说：“初，城围之日，男女十余万（建康是当时一个富庶的大城市），贯甲者三万；至是疾疫且尽（被围日久，城内瘟疫流行，死者甚众；且尽，将尽），守埤者止二三千人，并悉羸懦。”[②] 城被攻破后，侯景进城，“城中积尸不暇埋瘗，又有已死未殓，或将死未绝，景悉令聚而焚之，臭气闻十余里”。[③] 建康的户口只剩下百分之一二。这是历史上最悲惨的记录之一。侯景每逢派兵外出必告诉将士：“若破城邑，净杀却（杀个干净），使天下知吾威名。”建康的惨剧也在吴郡、吴兴和会稽各地相继演出，当地的金银财物全被抢光，居民来不及逃走的或遭屠杀，或被远贩北方为奴。这些地方本来兵精粮足，例如吴郡有精兵五千，会稽有精兵数万，无奈那些有守土之责的刺史太守，平时对老百姓作威作福，而对既饥饿又疲乏的叛乱部队却怕得要死，望见贼旗便开城投降，致使无辜平民惨罹浩劫！侯景之乱，江左丘墟，梁王朝一蹶不振，“州郡太半入魏。自巴陵（今湖南岳阳）以下至建康，缘以长江为限。荆州界北尽武宁（郡名今湖北荆门县北部），西距峡口（长江三峡）；自岭以南，复为萧勃（梁武帝堂侄儿，广州刺史）所据。文轨所同（书同文，车同轨，指统治所及），千里而近，人户箸籍，不盈三万”。[④] 梁元帝萧绎（音 yì）平定侯景的叛乱，定都江陵。承圣三年（公元 554 年）十一月，西魏军攻陷江陵，萧绎率其太子以下面缚出降。西魏杀了萧绎，尽收府库财宝，虏男女十余万人。[⑤] 老百姓再一次惨罹浩劫。追原祸始，梁武帝萧衍应负主要责任，他是造成江南浩劫的头号罪人。

陈（公元 557—589 年）

公元 557 年，陈霸先篡梁，建立陈王朝。陈在南朝中统治地区最狭小，但武帝（陈霸先）、文帝（陈蒨，蒨音 qiàn）和宣帝陈顼（顼

---

① 《南史》第六册，2001 页，2006 页。

② 《南史》第六册，2001 页，2006 页。

③ 《南史》第六册，2007 页。

④ 《南史》第一册，244 页。

⑤ 《周书·于谨传》。《南史》第一册 245 页谓：“汝南王（萧）大封、尚书左仆射王褒以下，并为俘以归长安。乃选百姓男女数万口，分为奴婢，小弱者皆杀之。”

音 xù）执政的 20 余年间，创痍稍复，江南经济又有了缓慢的发展。陈宣帝时，民户增至六十万。[①] 到后主陈叔宝继位，则盛修宫室，无时休止："税江税市，征取百端"；政治十分暴虐，"牢狱常满"。这个被隋文帝杨坚称为毫无心肝的末代皇帝，只知纵情享乐，"君臣酣饮，从夕达旦，以此为常"。[②] 到了隋军南北并进，士无斗志，君臣一齐被俘送长安。公元 589 年（陈后主祯明三年，隋文帝开皇九年），分裂了 300 年的国家复归于统一。

第五节　北朝的均田制度与农民负担

在各少数民族中，鲜卑族的拓跋部长期过着游牧生活，经济、文化都最落后。《魏书·刑罚志》说："魏初礼俗纯朴，刑禁疏简。宣帝南迁，复置四部大人，坐王庭决辞讼，以言语约束，刻契记事，无囹圄（音 líng yù，监狱）考讯之法，诸犯罪者皆临时决遣。神元因循，无所革易。"[③] 宣帝是北魏的远祖拓跋推寅（推寅，拓跋语为钻研之义），传说他是率领拓跋部族从北荒南迁大泽的第一人。神元指神元皇帝（北魏建国后追谥的尊号）拓跋力微。他的父亲圣武皇帝拓跋诘汾真正实现了南迁的计划，从这个时候开始，拓跋部入居匈奴旧地。同所有原始民族一样，拓跋部也有许多流传下来的神话，其中之一说力微是天女所生的，诘汾也有过一段"天仙配"的奇遇。因此，拓跋部便有了这样的谚语："诘汾皇帝无妇家，力微皇帝无舅家"；这个神话无疑地大大提高了拓跋力微在部族中的威信。从《刑罚志》所说的这段话，可以体会到力微是拓跋部部落联盟的领袖，而当时拓跋部既无文字，也不存在国家机器，还停留在原始公社阶段。

力微统治拓跋部的时间，正当魏末晋初，魏元帝曹奂景元二年

① 《通典·食货七》。

② 《南史》第一册，306 页。

③ 《魏书》，中华书局版（下同），第八册，2873 页。

（公元 261 年），力微派长子沙漠汗到魏国作质子，到晋武帝司马炎咸宁年间才回部。10 多年间他深受汉族文化的熏陶，生活习惯都已汉化了。力微派诸部大人到阴馆（今山西代县西北）迎接他，诸部大人不喜欢这个汉化的鲜卑人，私下计议说："太子风采被服同于南夏，兼奇术绝人（指沙漠汗用弹丸打下飞鸟，当时拓跋部人根本没见过弹丸这种东西），若继国统，变易旧俗，吾等必不得志"。于是，他们先回去向力微报告，得到力微的同意，又回去在半路上杀害了沙漠汗。这一件事表明了拓跋部的大人和力微都极端保守，竭力防止汉族文化的渗入。

历史的车轮总是向前滚动的，从力微到拓跋珪的 100 多年间，拓跋部由原始公社演变为家长奴隶制。登国元年（公元 386 年）道武帝拓跋珪建立魏国（初称代国，是年四月改称魏国）。魏国初期，基本上还是一个奴隶制国家，每次军事胜利都把俘虏作为奴隶。例如：登国四年（公元 389 年）破解如部，获母女杂畜十余万口；次年破高车、袁纥（回纥）部，获生口马牛羊二十余万口；都是人畜合计，把俘虏和牲畜同等看待的。《隋书·刑法志》说："魏虏西凉之人，没入，名为隶户。"奴隶经常被用于赏赐。例如：许谦从征卫辰（匈奴刘卫辰部）有功，赏赐僮隶三十户；长孙肥从征功多，赏赐奴婢数百口，畜物以千计；安同出使功多，赏赐妻妾及隶户三十，马二匹，羊三十头；赫连文陈父子归降，赏赐奴婢数十口，等等；这样的例子不胜枚举。《魏书·官氏志》记载，天赐元年（公元 404 年）十二月，"诏始赐王、公、侯、子国臣吏：大郡王二百人，次郡王、上郡公百人，次郡公五十人，侯二十五人，子十二人；皆立典师，职比家丞，总统群隶"。[①] 可知这些所谓臣吏，也都是奴隶。至于皇室方面，据《南齐书·魏虏传》，东晋安帝义熙中（公元 405—418 年，相当于道武帝拓跋珪及明元帝拓跋嗣执政时期），仇池公杨盛表陈的情况是："妃妾住皆瓦屋。婢使（婢，女奴；使，男奴）千余人，织绫锦贩卖，酤酒，养猪羊，牧牛马，种菜逐利。……置尚方，作铁及木；其袍衣，

① 《魏书》第八册，2974 页。

使宫内婢为（之）。”可知从皇室到贵族和大臣基本上都是靠役使奴隶来过活的。

随着征服地区的不断扩大，由于新征服的地区多数是汉族文化统治的地区，农业在社会经济中占主要地位，这就必然促使拓跋部逐渐汉化，封建化，由奴隶制国家转变为封建国家。恩格斯曾经指出："每一次由比较野蛮的民族所进行的征服，不言而喻地都阻碍了经济的发展，摧毁了大批的生产力。但是在长时期的征服中，比较野蛮的征服者，在绝大多数情况下，都不得不适应征服后存在的比较高的'经济情况'；他们为被征服者所同化，而且大部分甚至不得不采用被征服者的语言"。[①] 北魏的历史正是这样的。

登国初年，拓跋珪对征服地区实行惨无人道的大屠杀。例如：登国六年（公元391年）九月袭破五原，"屠之，收其积谷"；同年十二月，破刘卫辰部，"收卫辰子弟宗党无少长五千余人，尽杀之"；登国八年（公元393年）征薛干部（即《晋书·赫连勃勃载记》所说的"叱干部"，《北史》及《魏书·太祖纪》"干"字误作"于"字），"屠其城"；最残酷的一次是登国十年（公元395年）俘获后燕慕容宝部属四五万人，全部坑杀于参合陂（今山西大同东）。这是拓跋部在初期征服中所表现的破坏性。这些接连不断的大屠杀，摧毁了大批生产力，阻碍了经济的发展。

皇始元年（公元396年）八月，拓跋珪率领四十万大军攻后燕，平定并州，次年十月攻陷后燕国都中山（今河北省定县），天兴元年（公元398年）正月，攻克邺城，至是大河以北诸州全被征服，是年七月，迁都平城（今山西大同县），"始营宫室，建宗庙，立社稷"。八月，"诏有司正封畿，制郊甸，端（正）径术（径术，田间道路），标道里，平五权，较五量，定五度（以上三句是说订定度量衡标准）"。十月，"起天文殿"。十一月，命"尚书吏部郎中邓渊（彦海）典官制，立爵品，定律吕，协音乐；仪曹郎中董谧撰郊庙、社稷、朝觐、飨宴之仪；三公郎中王德定律令，申科禁；太史令晁崇造浑仪

---

① 《马克思恩格斯选集》第三卷，222页。

（浑天仪），考天象；吏部尚书崔宏总裁之。”十二月，改称皇帝。封建王朝的礼、乐和法制基本上齐备了，这是灭后燕以后为了适应被征服地区所存在的比较高级的经济生活（也就是为了适应原来的社会经济基础）而改造了上层建筑。

这时候，拓跋珪在被征服地区所采取的政策，已经不是摧毁生产力而是保护和发展生产力了。《魏书·食货志》说：“天兴初，制定京邑：东至代郡（今河北省蔚县），西及善无（今山西右玉县），南及阴馆，北尽参合（今山西阳高县，一说约在今内蒙境内丰镇与集宁之间），为畿内之田。其外四方四维置八部帅以监之，劝课农耕，量校收入，以为殿最（殿，下等；最，优等；这是说以当地农业生产情况作为考核八部帅治绩优劣的标准）。又躬耕籍田，率先百姓。”[①] 这表明拓跋部已放弃传统的游牧生活，而把农业生产作为国家的经济命脉了。

《魏书·太祖（道武帝拓跋珪的庙号）纪》记：天兴元年“徙山东六州民吏及徒何（鲜卑族慕容部）、高丽杂夷三十六万（据校勘记注，‘万’当是‘署’字之讹；‘署’是百工伎巧所属的机构），百工伎巧十余万口，以充京师。……诏给内徙新民耕牛，计口授田”。[②]《魏书·太宗（明元帝拓跋嗣）纪》记：永兴五年（公元413年）七月，“奚斤等破越勤倍泥部落于跋那山（约在今内蒙伊克昭盟境内）西，获马五万匹，牛二十万头，徙二万余家于大宁（今河北省涿鹿县，一说约在今北京市延庆县境内），计口授田。……八月，……置新民于大宁川，给农器，计口授田（这与上面所说是同一件事）”。[③]值得注意的是：这些内徙的被征服者，已经被称为新民（不当作奴隶），并由统治者给予耕牛、农器和田地，让他们安居乐业了。当时计口授田的具体办法无从详悉；作为国家的佃户，大概是可能的。

《魏书·恭宗纪》记载，太武帝拓跋焘太延五年（公元439年）

---

① 《魏书》第八册，2850页。

② 《魏书》第一册，32页。《魏书·食货志》记此事作“分徒吏民及徒河种人工技巧十万余家，以充京都，各给耕牛，计口授田”。按这段记载，过于简略，不好理解，还是《太祖纪》说得清楚。

③ 《魏书》第一册，53页。

景穆太子拓跋晃（即恭宗，未继位便死，恭宗庙号是追谥）监国时，曾下令："其制（其，开端词；制，有命令和规定之意）有司课畿内之民（意与西晋的课田相同），使无牛家以人牛力相贸（贸，交换），垦殖锄耨。其有牛家与（与，给予）无牛家一牛种田二十二亩，偿以耘锄功七亩，如是为差，至与小、老无牛家种田七亩，小、老者偿以锄功二亩。皆以五口下贫家为率。各列家别口数，所劝种顷亩，明立簿目。所种者于地首标题姓名，以辨播殖之功。"① 这个命令的具体内容有三点：一是规定主管官吏有劝课农耕的任务，并规定必须造报清册，分别注明家别口数及课种面积，以凭考核；二是规定牛工和人工的换工办法及标准，借以解决贫户因缺乏耕牛而不能播种的困难，并使有牛家不能利用出租耕牛向贫户勒索苛重的牛租，这一规定是具有进步意义的；三是规定耕者必须在地头树立标志，写明姓名，用作考核是否种足课田面积的根据。命令的本身是好的，但在当时鲜卑贵族和汉士族都拥有大地产和众多荫户的情况下，它所能发挥的作用是受到限制的。这一年，拓跋焘灭北凉，统一了北方，在这个时候推行重农主义的政策，对推动经济的恢复和发展应当认为是有利的。

又，《北史·高允传》记载："太武（拓跋焘）引允与论刑政，言甚称旨。因问允：'万机何者为先？'时多禁封良田，又京师游食众。允因曰：'臣少也贱，所知唯田，请言农事。古人云：方一里则为田三顷七十亩，方百里则田三万七千顷。若劝之（鼓励生产），则亩益（益，增加）三斗；不劝，则亩损（损，减少）三斗。方百里损益之率，为粟二百二十二万斛，况以天下之广乎？若公私有储，虽遇饥年，复何忧乎？'帝（指太武）善之，遂除田禁，悉以授百姓。"②

上述各事，说明了一个问题：鲜卑拓跋部——一个经济、文化原来十分落后的游牧民族，在征服中国北方地区后，不能不适应被征服地区的比较高的经济状况，并为了这个适应而改造了上层建筑，演变

① 《魏书》第一册，108—109 页。原文中"其有牛家与无牛家一人种田二十二亩，偿以私锄功七亩"句，《册府元龟》则"一人"作"一牛"，"私锄功"作"耘锄功"，义较妥贴，兹据改。另见同书 110 页，校勘记注（七）。

② 《北史》，中华书局版（下同），第四册，1119 页。

为封建国家。这就是说，征服者已为被征服者所同化。这种同化，到了孝文帝元宏进行全面汉化改革的时候达到了高峰，不但生活习惯要求汉化，在语言方面也要求汉化（正如恩格斯所指出的“甚至不能不采用被征服者的语言”）。北魏的统治者深深懂得，不这样做，便不能指望他们在汉族地区建立起来的政权能够长期巩固下去。在分裂为东魏和西魏以前，北魏统治北方的时间达150多年之久，其根本原因就在于此。

北魏前期（指实行均田令以前）基本上沿袭西晋的租调制度。

据《魏书·食货志》记载，当时征收租调的办法是：“天下户以九品混通（即西晋的九品相通），户调（每户征收）：帛二匹，絮二斤，丝一斤，粟二十石；又入帛一匹二丈，委之州库，以供调外之费。”① 与西晋不同的，主要是田赋（租）由按亩改为按户征收（东晋亦如此），实际上已把租调两项合并为一种户税；另外一点是正税外另征收附加税（帛一匹二丈）。《魏书·世祖纪上》记载：太武帝拓跋焘延和三年（公元434年）二月下诏说：“频年屡征，有事西北。运输之役，百姓勤劳，废失农业，遭离（离，同罹）水旱，致使生民贫富不均，未得家给人足，或有寒穷不能自赡者。……其令州郡县隐括（隐括，调查登记之意）贫富，以为三级。其富者租赋如常，中者（中等户）复二年（免两年租调），下穷者复三年。”② 这只是临时性的措施，但贫民得到免除两三年租调的照顾，生活上亦不无小补，不能因为这是封建统治者的小恩小惠而给予否定。

《魏书·食货志》还记载，献文帝拓跋弘即位时（公元465年），“因民贫富，为租输三等九品之制：千里内纳粟（原粮），千里外纳米（细粮）；上三品户（上等上品，上等中品，上等下品；以下类推）入京师（入，交纳），中三品入他州要仓，下三品入本州”。③ 田赋交纳的粮食要由纳税户负责输送，或折交运脚；这项改革有利于中下等户，实际上在一定程度上减轻了中下等户，特别是下三品户的负担。

---

① 《魏书》第八册，2852页。

② 《魏书》第一册，83页。

③ 《魏书》第八册，2852页。

但是，应当指出，北魏前期一般农民的赋役负担是十分苛重的。其所以苛重，由于除了正项租调以外，还有：

一、军马之赋。据《魏书·太宗（明元帝拓跋嗣）纪》，永兴五年（公元413年）下令每“六十户出戎马一匹”，到泰常六年（公元421年）改为每“二十户输戎马一匹、大牛一头”；并规定六部民凡羊满百口的①，亦输戎马一匹。这项军马之赋，是拓跋嗣为了应付南侵的军事需要而征发的。《魏书·食货志》说：“世祖（太武帝拓跋焘）之平统万（在今陕西横山县西，赫连氏大夏国的国都，始光四年，即公元427年，魏军破统万），定秦陇，以河西水草善，乃以为牧地。畜产滋息，马至二百余万匹，橐驼（即骆驼）将半之，牛羊则无数。”②按理说，自此以后，再没有必要向人民征发戎马的了；限于史料，这种军马之赋是否已经废除，尚难断定。

二、运畜之赋。太武帝始元二年（公元425年），“诏天下十家发大牛一头，运粟塞上”。征发的运畜，除了大牛以外，还有驴，《魏书》和《北史》的《公孙表传》都记载太武北征发驴以运粮的事。另据《北史·循吏传》：北齐武成帝高湛“河清三年（公元564年）敕人间养驴，催买甚切。业（孟业，时为东郡太守）曰：‘吾既为人父母，岂可坐看此急。令（当为今字之误）宜权出库钱，贷人取办，后日有罪，吾自当之。’后为宪司所劾”。③可知发驴运粮的制度，一直到北齐还是继续实行的，并且这种负担实在是不轻的。

三、临时加派田赋。例如：明元帝泰常三年（公元418年）“诏诸州调（征发）民租，户五十石，积于定、相、冀三州”；延兴三年（公元473年）献文帝拓跋弘率领大军南侵，“诏州郡之民，十丁取一以充行，户收租五十石”。可知临时加派田赋之事，虽然不能说经常都有，但显然也不会是绝无仅有。

四、正项之外，带有经常性的杂调也不少。《魏书·食货志》说：

---

① 六部民：《魏书·官氏志》说：“泰常二年（公元417年）夏，置六部大人官，有天部，地部，东、南、西、北部，皆以诸公为之。”所谓六部民，当是以畜牧为主业的拓跋部牧民。

② 《魏书》第八册，2857页。

③ 《北史》第九册，2875页。

“太安（文成帝拓跋濬年号）中，高宗（文成帝的庙号）以常赋之外杂调十五（杂调相当于正赋的十分之五），颇为烦重，将与除之（打算废除杂调）。尚书毛法仁曰：‘此是军国资用，今顿罢之，臣愚以为不可。’帝曰：‘使地利无穷，民力不竭，百姓有余，吾孰与不足（孰与，何如；吾孰与不足，我怎么会不够呢！他似乎懂得了孔子所说的“百姓足，君孰与不足？”的道理）！’遂免之。未几，复调如前，至是（到了献文帝拓跋弘时）乃终罢焉。于是赋敛稍轻，民复赡矣。”[①] 应当指出，所谓“终罢”是有时间性的。封建社会的杂派，正如“野火烧不尽，春风吹又生”的杂草，是永远废除不了的，一度废除之后，过了一段时间又会复活，并且会比以前更多，更重。

北魏前期农民负担的苛重，更因为在孝文帝太和八年（公元 484 年）以前，百官并无俸禄。百官无禄，必然引起人民遭受更苛酷剥削的后果，这些文武百官必然会从人民身上攫取十倍以至百倍以上的俸禄；官位愈高，权力愈大的，对人民的剥削就愈加厉害。只举出公孙轨的例子便足以说明这种情况了。公孙轨在太武帝时为武牢（即虎牢关，避唐讳改虎为武）镇将，《北史·公孙表（轨是公孙表的次子）传》说：“初，太武将北征，发驴以运粮，使轨部诣（部，督率；诣，送到）雍州。轨令驴主皆加绢一匹，乃与受之。百姓语曰：‘驴无强弱，负绢自壮（《北史》原文为‘辅脊自壮’，兹据《太平御览》卷 901 改）。’……轨既死，帝（太武帝）谓崔浩曰：‘吾过上党，父老皆曰：公孙轨为将，受货纵贼，使至今余奸不除，轨之罪也。其初来，单匹执鞭；及去，从车百辆。’”[②] 像公孙轨这样，来时单马执鞭，去时从车百辆的，比比皆是。所以，不设官禄的后果必然是加重农民负担。

最苛重的负担是封建徭役。由于连年南征北战，军事徭役频繁是可想而知的。为了防备北方柔然（亦称蠕蠕，茹茹等名）族的入侵，泰常八年（公元 423 年）“筑长城于长川之南，起自赤城（今河北省赤城），西至五原，延袤二千余里”。拓跋族统政者喜欢打猎，为了满

---

① 《魏书》第八册，2852 页。

② 《北史》第四册，975 页。

足这方面的享乐，天兴二年（公元 399 年）“起鹿苑于南台阴，北距长城，东包白登，属之西山，广轮数十里；凿渠引武川水，注之苑中，疏为三沟，分流宫城内外。”泰常六年（公元 421 年）又“发京师六千人筑苑，起自旧苑，东包白登，周回四十余里”。太延二年（公元 436 年）八月，（太武）“帝校猎于河西，诏广平公张黎发定州七郡一万二千人，通莎泉道（今山西东、负丘县西）”。和平二年（公元 461 年）二月，“发并、肆（今山西太原市以北，雁门关以南，忻县、定襄一带地区）州五千人治河西猎道”。两次修鹿苑和先后修两条猎道，都耗费不少劳力。此外，拓跋部统治者还大兴土木，从道武帝到文成帝，先后修筑了天华殿，豺山离宫，西昭阳殿，西宫，灅南宫，蓬台，白台（高二十丈），万寿宫，永安殿，安乐殿，临望观，九华堂，承华宫，太华殿等等。为了修灅南宫，天赐三年（公元 406 年）发八部五百里内男丁供役作，“门阙高十余丈，引沟穿池，广苑囿，规立外城，方二十里”，规模是相当大的。无休止的徭役，对农民来说，负担既沉重，并耽误了农业生产。

总之，由于赋役负担的苛重，北方虽已统一，而农业生产的恢复与发展却是十分缓慢的。

再谈谈一个有关农民负担的问题。魏晋以来，户调征收布帛，引起了尺度的加长，其实质是用另一种手法来加重农民负担。这一点王国维曾经指出过：“尝考尺度之制，由短而长，殆为定例。其增率之速，莫剧于西晋后魏之间。三百年间几增十分之三。求其原因，实由魏晋以后，以绢、布为调。官吏惧其短耗，又欲多取于民，故代有增益。”①

王氏所说，确是事实，从表 3 - 1 中的数字可以得到证明②。

由此可见，北魏前期人民交纳的调布，实际上比规定的数额大约超过二成以至四分之一左右。类似情况也存在于权、量方面。这些问题，这里不作进一步的研究。

---

① 王国维：《观堂集林》，卷 17。

② 表内“一尺合市尺数”引自吴承洛的《中国度量衡史》一书。

表 3－1

时　　代	一尺合市尺数	以西晋尺为 100
西晋武帝泰始十年以后	0.6912	100.0
北魏登国元年以后	0.8370	121.9
北魏至西魏	0.8851	128.1
北魏太和十九年至东魏	0.8991	130.1

现在要转过来以均田制度为重点，对孝文帝元宏太和年代的改革，进行比较详细的叙述。元弘于皇兴五年（公元 471 年）受禅，改元延兴，军国大权仍由太上皇献文帝拓跋弘掌握。承明元年（公元 476 年）献文帝死，太皇太后（即文明冯太后，文成帝的皇后，以后简称冯太后）临朝称制。直到太和十四年（公元 490 年）九月冯太后死，孝文始亲政。可以说，在太和十四年以前包括班官禄、行均田、立三长以及建立以均田为基础的新的租调制度在内的一系列重要改革，实际上都是在冯太后主持下实现的。

班官禄的目的在于整顿吏治，行均田和立三长的目的在于促进农业生产和增加国家财政收入；所有这些措施的最终目的都在于巩固北魏王朝的统治政权。

政治压迫和苛重的赋役负担，既阻碍了农业生产的发展，同时也引起了社会的骚动。在拓跋焘当政期间，北魏的强大正处于顶峰状态。但到了太平真君六年（公元 445 年）九月，盖吴在杏城（今陕西黄陵县境）起义，屡挫魏军，聚众至十余万；次年八月，盖吴中流矢阵亡，起义军才瓦解。受盖吴起义的影响，太平真君七年（公元 446 年）三月，金城的边同和天水的梁会据上邽（今甘肃天水市西南）东城起事，参加起事的秦、益二州各民族人民达万余户。与此同时，略阳王元达聚众攻城，参加这次起事的有休官（氐族）、屠各（匈奴族）等族人民。尽管这些起义都被镇压下去，但是，北魏王朝的政治危机并没有因此而消除。在孝文帝受禅（实际在最初六年还是献文帝掌权）以后，小规模的民变仍不断发生。例如：延兴元年（公元 471 年）聚众起事的就有青州高阳的封辨，平陵（今山东历城县东）的司马小君，沃野、统万二镇的敕勒族；延兴五年（公元 475 年）聚众起事的有洛州的贾伯奴，豫州的田智度；在冯太后已临朝称制的太和元年（公元477年），聚众起事的有略阳人王元寿，怀州人伊祁苟。

另一方面，由于吏治败坏，人祸引致和助长了天灾。延兴三年，十一个州、镇遭受了水、旱灾害，虽然采取了免除田赋和开仓救济的措施，相州饿死的仍达2845人（实际不只此数）。承明元年（公元476年）发生牛疫，耕牛损失了半数以上。太和元年有八个州、镇分别遭受水、旱、蝗灾，发生饥荒。太和二年（公元478年）有二十多个州、镇因遭受水、旱，闹起饥荒。太和三年（公元479年）雍州闹饥荒。太和四年（公元480年）有十八个州、镇受灾闹饥荒。太和七年（公元483年）有十三个州、镇闹饥荒。尽管都采取了开仓救济的措施，尽管这种措施也不能说全无实效，例如太和七年冀州曾上报官府的施粥救活了九十四万七千多人（这数字可能夸大）；但可以断言，天灾连年不断，饥荒连年发生，饿死的人是不会少的。饥荒引起了农民的流亡，田地的荒废，农业生产的衰落，酝酿着社会的大动乱。如何挽救风雨飘摇的局面，这是摆在北魏统治者面前的一个最大的课题。

冯太后决定从整顿吏治着手，而首先以班官禄作为整顿吏治的条件。太和八年（公元484年）六月下诏建立官吏俸禄制度。在这以前，北魏实行所谓“断禄”制，对官吏不给俸禄。守法安分的官吏不能说一个也没有，如高允的草屋数间，布被缊袍。厨中唯有盐菜；张应（《北史》作张膺）常使妻子樵采自给。但这种清官实如凤毛麟角，找不出几个人来。绝大多数官吏都属于上面已经说过的公孙轨那一类型的人，他们个个脑满肠肥，对所谓官禄是毫不在乎的，老百姓是这种“断禄制”的牺牲者。为了班官禄，在财政上采取的措施，据《魏书·食货志》的记载，是：“户增帛三匹，粟二石九斗，以为官司之禄。复（原文作“后”，据《通典》改）增调外帛满二匹（原为一匹二丈，现加二丈使满两匹之数）。所调各随其土所出。”① 同原来的征收数额比较，正调帛增加了一倍半，田赋增加了14.5%，调外帛增加了1/3。”所调各随其土所出”，就是当地出产什么就交纳什么，例如

① 《魏书》第八册，2852页，2877页。

有蚕桑的司、冀、雍、华、定、相、泰、洛、豫、怀、兖、陕、徐、青、齐、济、南豫、东兖、东徐十九州交纳绢、绵和丝，其地出产麻布的地区则以麻布充调。上述十九州的部分地区没有蚕桑的，例如华州华山郡的夏阳县等，也可以交纳麻布。这样，不产蚕桑的地区，人民不用再从商人手中购买绢帛来交税，少受一道剥削。地方官吏和商人也不能在这方面互相勾结来剥削农民。

太和八年六月所下的班禄诏还规定："禄行之后，赃满一匹者死。"[1] 这就是整顿吏治的公开声明。《魏书·刑罚志》说："律枉法十匹，义赃（官吏私受馈赠）二百匹大辟（死刑）。至（太和）八年始班禄制，更定义赃一匹、枉法无多少（无论多少）皆死。是秋，遣使者巡行天下，纠守宰之不法，坐赃死者四十余人。食禄者跼蹐（音 jú jì，恐惧不安），赇谒（赇，音 qiú，贿赂；谒，请托）之路殆绝。"[2] 当时，对拓跋宗室中贪赃枉法的，也严加惩处（但都免死，可见封建王朝是不会做到法律面前人人平等的）。例如：临淮王元提，除削除官爵外，徙配北镇，其子请求解官代父边戍，没有被允许；汝阳王元天赐和章武王元彬也都削除官爵；南齐王元桢削除官爵，以庶人归第，禁锢终身。外戚李洪之（文成元皇后李氏之兄，据说是冒牌的）被锁解平城，判令自尽。从这些事实看来，在班官禄的同时实行整顿吏治，还是比较认真的，也是收到效果的。表面上租调有所增加，实际上人民的负担却是减轻了的。诏书所说"虽有一时之烦，终克永逸之益"，在当时来说并非虚语；但所谓"永逸"却是办不到的。

接着，太和九年（公元 485 年）十月颁布了均田令。诏令说："朕承乾在位（《周易》以乾代表君德，承乾在位即继承君位之意），十有五年。每览先王之典（这里说的"先王"是指尧、舜及三代以来的所谓明君），经纶百氏，储蓄既积，黎元永安。爰暨（爰，句首助词，无义；暨，到）季叶（后世），斯道凌替：富强者并兼山泽，贫弱者望绝一廛（望绝即绝望，一廛是一家之居。全句意谓穷人想得到棲身之地也没有希望），致令地有遗利，民无余财，或争亩畔以亡身，

① 《魏书》第一册，154 页。

② 《魏书》第八册，2852 页，2877 页。

或因饥馑以弃业，而欲天下太平，百姓丰足，安可得哉？今遣使者循行州郡，与牧守均给天下之田，还受以生死为断，劝课农桑，兴富民之本。”①（《魏书·高祖纪上》，高祖是孝文帝的庙号）。

均田之议，倡自李安世。《魏书·李孝伯附安世传》说：孝文即位初年，“民困饥流散，豪右多有占夺。安世乃上疏曰：‘臣闻量地画野，经国大式（治国的重要制度）；邑地相参，致治之本。井税（指井田制度，税指“藉而不税”的助法，西周称为彻）之兴，其来日久；田莱（莱本指草地，这里田莱合称，仅指田亩而言）之数，制之有限（每夫受田有一定数额的限制）。盖欲使土不旷功（没有丢荒的土地），民罔游力（人民都有本业，没有游惰的）。雄擅之家（豪强大族），不独（不能独占）膏腴之美；单陋之夫，亦有顷亩之分。所以恤彼贫微，抑兹贪欲（抑制贪欲无厌的豪强，使不能恣意兼并）；同富约（约，贫）之不均，一齐民于编户。窃见州郡之民，或因年俭（年俭指凶年）流移，弃卖田宅，漂（漂，流）居异乡；事涉（涉，经历）数世（数世，多年），子孙（《魏书》原文误作‘三长’，据《册府元龟》卷495改）既立，始返旧墟，庐井荒废，桑榆改植。事已历远，易生假冒。强宗豪族，肆其侵凌，远认魏晋之家，近引亲旧之验（验，作证）；又年载稍久，乡老所惑（惑，迷惑，记忆模糊），群证虽多，莫可取据。各附亲知，互有长短，两证（争讼双方提供的证据）徒具，听者犹疑（犹疑，不能决定），争讼迁延，数纪（数纪，亦多年之意《魏书》误作‘连纪’）不判。良畴委（委，弃）而不开，柔桑枯而不采，侥倖之徒兴，繁多之狱作。欲令家丰岁储（岁储，每年都能有积贮），人给资用，其可得乎？愚谓今虽桑井难复，宜更均量，审其径术，令分艺有准，力业相称（劳动力与田业相适应），细民获资生之利，豪右靡余地之盈。则无私之泽（王者无私，指王者‘利天下的恩、德’），乃播均予兆庶（亿兆庶民）；如阜如山（喻粮食数量之多），可有积于比户矣。又所争之田，宜限年断（规定判决争论的年限），事久难明，悉属今主。然后虚妄之民，绝望于觊

---

① 《魏书》第一册，156页。

覦；守分之士，永免于凌夺矣。高祖（实际上是冯太后）深纳之，后均田之制起于此矣”。[1] 试比较太和九年所下的均田诏，其主要论点与安世疏中所述完全一致，由此可知，均田的建议者是李安世，主要设计人也是李安世。

简括起来，行均田的时代背景，除李安世疏中和太和九年均田诏中所指出的情况外，还应该补充的是，在所谓争田的纠纷中，土地已被豪强地主占夺的，农民的官司肯定要打输，所谓拖延多年也得不到解决的，只是发生于同样处在无权地位的农民与农民之间的纠纷而已，封建统治阶级感觉到李安世疏中和太和九年均田诏中所述各种情况正在威胁着自己的政权，不能坐视不顾，因而下决心实行均田。可以说，行均田是当时的形势逼出来的。

实行均田制度的目的主要在于：(1) 防止土地兼并现象的进一步扩大，以免出现更多的农民失去土地，沦为流民。(2) 分给无业的农民以土地（主要依靠固有土地和无主荒地），让他们有生活上的出路，安安分分地从事生产。这实质上是把农民附着在土地上，成为拥有自己的独立经济的国家佃户——也可以说是一种有不完全的人身自由的农奴。农民向国家交纳的不是劳役地租，而是实物地租和赋税混为一体的租、调；此外，他们还要对国家服徭役。这就是均田制度的实质。(3) 通过这样的措施来推动农业生产的恢复和发展，并同时增加国家的财政收入。(4) 最终的目的则是稳住人心，安定社会秩序，借此巩固北魏封建王朝的政权。

关于均田制度的具体内容，《魏书·食货志》说得相当详细（但并不是十分明白）。下面以《魏书·食货志》的记载为基础，对北魏的均田制度予以介绍，对其中一些有明显错误的地方根据其他史籍予以校正，并对必须解释的地方适当地作一些说明。

“诸男夫年十五以上，受露田四十亩，妇人二十亩，奴婢依良。丁牛一头，受田三十亩，限四牛。所受之田，率倍之，三易之田再倍之，以供耕休及还受之盈缩。”

---

① 《魏书》第四册，1176 页。

"诸民年及课则受田，老免及身没则还田；奴婢、牛随有无以还、受。"

以上是关于露田受、还等事项的规定。

分给农民种植粮食的田（实际上只给予使用权），魏、北齐、周、隋均称露田，唐代称口分田。为什么叫作露田呢？杜佑在《通典》里解释说：不栽树者，谓之露田。汪篯说：露田即国有荒地。[①] 分给农民的露田确实是包括无主荒地在内（当时规定无主荒地一律收归国有）的国有荒地，可是，分给农民（自己没有桑田的农民）的桑田和麻田等同样也是国有荒地，这种说法不能指出露田得名的来由。所以，还是杜佑说得对。按《玉篇》说："露，见（现）也"。这部分土地本来没有树也不允许栽树，因此叫作露田。

诸男夫年十五以上，受露田四十亩：按照北魏的法令，年十五以上至七十为丁，年十一以上至十四为中，十岁以下为小，七十岁以上为老。丁男要接受课田的任务，太和元年的课田令规定："一夫制治田四十亩"，因此，对丁男必须给予露田四十亩。

妇人二十亩：妇人是已结婚的女子。从西晋以来，女子没有课田的任务（女则不课），为什么也授田呢？因为当时的租调是以一夫一妇（北齐称为一床）作为单位来征收的，所以，对妇人也要分给相当于男丁半数的露田。未结婚的女子是不授田的。

奴婢依良：良、贱对称，良指一般平民，没有人身自由的奴婢属于贱民。奴婢依良是说奴婢依照良民的规定受田。同租调法联系来看，奴任耕、婢任织的方能受田，不从事生产劳动的奴婢不能受田。奴婢受田的规定是对占有大量奴婢的拓跋部贵族和汉族大地主的一种让步，但同时也增加了他们的租调负担。

丁牛一头受田三十亩，限四牛：什么是丁牛？《通鉴·卷一六九》胡三省注："丁牛者，胜（胜，胜任）耕之牛"，这个解释是恰当的。如果把"丁牛"的丁字属上句，写作"奴婢依良丁（良人成丁者）"，把下句的"丁牛"去掉一个丁字，就变成不论什么牛，不论小牛犊还

---

① 汪篯遗稿：《对北魏均田令条文的解释》，载《魏晋隋唐史论集》第一辑。

是已淘汰的老牛，都可以受田三十亩，是不合情理的。

限四牛：也有误解为“四龄以上的耕牛，每头受露田三十亩”的，这种误解可能是受了《隋书·食货志》的影响。《隋书·食货志》叙述北齐河清三年（公元564年）的均田制时写作“限四年”，但这个“年”字显属“牛”字之误。如果受田的只限于四岁的牛，则已能胜耕的三岁牛及五岁以上的牛都不能受田，这样规定就脱离实际。限四牛的规定实质是对拥有多牛的大地主的一种限制，不让他们多得土地，是从防止土地兼并进一步发展的政策出发的。

所受之田率倍之：率，一般。这是说，年十五以上的男夫所受的露田，在一般情况下，都照定额（男夫40亩，妇人20亩）加倍分给。

三易之田再倍之：三易之田，指土质硗瘠，习惯上耕一年、休两年的田地，对这种露田，可以再加一倍分给。除了土地十分多而人口极少的个别地区，这个规定是不容易兑现的。

以供耕休及还受之盈缩：耕休，《魏书·食货志》原文为“耕作”，作字显属休字之误，现据《通典》改正。按定额授与的露田称为正田，加倍（或两倍）授与的称为倍田。给予倍田是为了提供充足的土地，保证农民能够正常地进行两圃制或三圃制的生产活动；如果处理得法的话，还可能不断进行扩大再生产；避免在土地不足的情况下出现掠夺性的农耕或萎缩的再生产。同时，也是为了作为机动地，便于在露田还、受之际进行调剂。

诸民年及课则受田：课，课田；年及课，指已达应接受课田任务的年龄。本句的意思与“诸男夫年十五以上”一句相同，指出“年及课”是受田的条件。

老免及身没则还田：老免，七十为老，七十以上免课、免租调和免役；身没，死亡。这是说，分得露田（包括正田和倍田）的农民到了七十岁或在此之前身死的，都必须把露田交还。

以上两句话规定了受田和还田的年限。从十五受田到七十还田，农民对分得的露田可以享有五十五年的使用权。“人生七十古来稀”，能够享有五十年以上的土地使用权的人是不会多的。古人的平均寿命，无可稽考，如果根据新中国成立前的一些调查资料来估测，可能平均在四十五岁以下。照这样来计算，农民对所受露田（还有下面将要说到的麻布地区的麻田）享有使用权的时间实际上一般在二三十年左右。

奴婢、牛随有无以还、受：按照“奴婢依良”的规定，凡从事生产劳动的奴婢可以各受田四十亩；丁牛一头受田三十亩，以四牛为限（在均田令中没有说到对奴婢数量的限制）。没有奴婢、牛的当然不受田。奴婢、牛都是可以买卖的商品，若因卖出以及因死亡或其他原因而数量减少，应将已受的露田交还。

“诸桑田不在还受之限，但通入倍田分。于分虽盈，不得以充露田之数；不足者以露田充倍。”

对均田令的这一条文，汪篯的解释是正确的，兹录如下：

《魏书·食货志》在“于分虽盈”后有“没则还田”四字，《通典》卷一、《册府元龟》卷495所载北魏均田令同一条，均无此四字。《魏书》“没则还田”四字，系上一条关于露田、倍田部分“老免及身没则还田”在本条重出，应删去此四字。

此条之桑田，指父祖桑田即私有土地而言。

“通入倍田分”。通，计算到倍田的数字（份额）里去。多的不算露田，也不计入露田的份额。

“倍田”即第一条“所受之田率倍之”之倍。假如一户有一丁，父祖桑田150亩。依第4、6条（注：汪氏所说第4条是“诸初受田者，男夫一人给田二十亩，……于桑榆地分杂莳余果及多种桑榆者不禁”这一段规定；所说第6条是“诸桑田皆为世业，……亦不得买过所足”这一段规定）之规定，应以其中20亩为定分之桑田，余130亩。又依第一条“所受之田率倍之”之规定，应以其中40亩为定分之倍田，余90亩。此90亩即于分虽盈，但仍为桑田，不得以充露田之数，即谓不入还受之列。假如一户有一丁，父祖桑田30亩，依第4、6条之规定，应以其中20亩为定分之桑田，余10亩。又依第一条“所受之田率倍之”之规定，应以此10亩纳入倍田内，但尚不足30亩，此不足之30亩由国家授以露田补足。此即“不足者以露田充倍”。故倍田中包括父祖桑田与国有露田两类。

“诸初受田者，男夫一人给田二十亩，课种桑五十树，枣五株，榆三根。非桑之土，夫给一亩，依法课莳榆、枣。奴各依良。限三年种毕；不毕，夺其不毕之地。於桑榆地分，杂莳余果及多种桑、榆者，不禁。”

诸初受田者，男夫一人给田二十亩：原来没有父祖桑田的男夫，由国家给田二十亩，作为桑田。

课种桑五十树，枣五株，榆三根：《魏书·食货志》原文作“课莳余种桑五十树，枣五株，榆三根。”“课莳余”三字，义不可解。如果以为余字下漏去果字，应为“课莳余果”（余果，指枣以外的其他果木），这也站不住，因为下文只是说“杂莳余果……不禁。”可知均田令并无必须在桑田里种余果的硬性规定。桑田的课种任务应该首先是“桑五十树”，不应该是别的什么，这一点是关键性的。所以“莳余”两字是衍文，是下文误在本句重出，应删去，否则不合理。

非桑之土：指非蚕桑地区。既非蚕桑地区，所以不给桑田，只给地一亩（任耕之奴亦各给一亩）用以栽种榆、枣，这种榆枣地也是不用归还的，但条件是必须依照规定在三年内种毕，不能在限内种完的，便收回没有依法种完的那部分土地，把这部分土地归入该户应还土地的分额内。

桑榆地分：即桑田。农民想超过上述定额多种桑、榆或间种其他果木的，不予禁止。

“诸应还之田，不得种桑、榆、枣、果，种者以违令论，地入还分。”

诸应还之田：指露田及下面将要说到的麻田。露田和麻田，均须依法还、受，所以不允许在田内栽种多年生的树木。特别是露田，露田是种粮食的，《齐民要术》说：“榆性扇地，其阴下五谷不植”，当时认为在露田内栽种多年生的树木，必然影响粮食生产，故须禁止。

“诸桑田皆为世业，身终不还，恒从见（见同现）口。有盈者无受无还，不足者受种如法。盈者得卖其盈，不足者得买所不足。不得卖其分，亦不得买过所足。”

诸桑田皆为世业，身终不还，恒从见口：凡属桑田，不论是父祖传下还是国家授给的，所有权都属于农民，可以继承，也允许依法买卖。“恒从见口”，包含有这样的意思：如果本户已没有现口，成为绝户，那么，这个户的桑田便收归国有。

不足者受种如法：假如这个户有一男夫，父祖遗下的桑田只有10亩，这个男夫可以依照规定向国家受桑田10亩，其余类推；同时，应依照规定种桑50树，枣5株，榆3根。

盈者得卖其盈：假如这个户有一男夫，父祖遗下的桑田有30亩，超过分额（20亩）10亩，这10亩允许出卖给别人。在这个例子里，假如男夫出卖15亩，那就是把分额中的5亩也出卖了，依照“不得卖其分”的规定，这是不允许的。

不足者得买所不足：假如某户有一男夫，其父祖遗下的桑田只有15亩，不足5亩。一方面可以依照规定向国家受桑田5亩；另一方面，假如这个男夫愿意自己买进，国家也予允许，不过，只能买进5亩，不能多买，这就是“不得买过所足”。由此可见，桑田虽然允许买卖，但在买进卖出之间在数量上是受到法律限制的，其目的在于确保每夫20亩桑田的定额，并防止兼并。

以上是关于桑田方面的各项规定。桑田的所有权属于农民，允许继承，所以，从北魏到北齐和北周、隋，都称为世业田。唐代因避太宗李世民讳，改称永业田。

“诸麻布之土，男夫及课，别给麻田十亩，妇人五亩，奴婢依良。皆从还受之法。”

这是关于麻田的规定。麻布地区，户调规定交纳麻布，所以要授给麻田。又因为已规定“非桑之土，夫给一亩，依时课莳榆、枣”，所以这一条说“别给”麻田。麻田同露田一样，农民只有使用权。

桑田作为世业田，麻田则要归还，主要因为桑是多年生的，而麻是一年生的；另外，也由于桑田中有一部分是本户父祖遗下的。

在封建社会，妇女被剥夺了财产权，所以，桑田不给妇人；但麻田方面则妇人得受五亩。

“诸有举户老小癃残无授田者：年十一以上及癃者，各授以半夫田；年逾七十者不还所受。寡妇守志者虽免课，亦授妇田。”

举户，全家。癃，疲病；《史记·平原君传》注谓“罢（同疲）癃，背疾，言腰曲而背隆高也。”梁方仲谓即今之所谓驼背。残，残废。这一条，针对两种情况，规定在均田中分别给予照顾：（1）对全家尽是老（七十岁以上）、小（十岁以下）、癃、残没有符合受田条件的，规定癃者可以受半夫田（即二十亩），小男满十一岁者（十一至十四岁为中男）亦可以受半夫田；年逾七十以上，已受的田无须归还。（2）对“守节”的寡妇，虽然不用承担课田任务，也给与半夫亩。这两种情况的户，都可以按照这一条的规定在均田中得到照顾。

“诸还受民田，恒以正月。若始受田而身亡，及卖买奴婢、牛者，皆至明年正月，乃得还受。”

这是关于还田、受田时间的规定。时间确定为每年的正月是为了行政上的便利。这样，有的户会占点便宜，有的户会吃点亏；但这无关大局，事实上不可能随时处理各户的还田和受田的事务。条文文义甚明，毋须再加解释。

“诸土广民稀之处，随力所及，官借民种莳。后有来居者依法封授。”

土广民稀之处：这就是所谓“宽乡”。《唐六典》云：“凡州县界内所受田悉足者为宽乡，不足者为狭乡”。唐以前各朝代关于宽乡和狭乡的概念是相同的。

这一条规定在宽乡，授田后土地仍有羡余时当地政府可以权时借给民户耕种，以免荒废。借给多少亩，根据借户的劳动力情况来决定民户除耕种本身受田部分外，尚有余力能多耕 10 亩，则借给 10 亩；能多耕 20 亩，则借给 20 亩，这就是“随力所及”。

后有来居者：《魏书·食货志》原文讹作“役有土居者”，义不可解，现据《册府元龟》卷 495 及《通典》改正。这是指后来移居宽乡的人，对这部分新来的移民，按照均田令的规定分给田亩（依法封授）。“封”是划定疆界之意，不同于封爵和给予采地。

“诸地狭之处，有进丁受田而不乐迁者，则以其家桑田为正田分；又不足，不给倍田；又不足，家内人别减分。无桑之乡，准此为法。乐迁者听逐空荒，不限异州他郡，唯不听避劳就逸。其地足之处，不得无故而移。”

地狭之处即狭乡。进丁：原来年十四，现增一岁达十五岁，即为新进之丁，依法得受露田 40 亩，倍田 40 亩（或 80 亩），桑田 20 亩（麻布地区则为榆枣地一亩，麻田 10 亩）。

狭乡的新进丁，应移居宽乡受田。但农民有安土重迁的保守性，如果新进的丁不愿意移居宽乡而本处又没有土地可以依法授给时，只能用在本户内调剂的办法来解决他的受田问题。能否解决得好，关键在本户作为世业的桑田数量的多少。举例来说，假如某甲一夫一妇，已受露田正田 60 亩，倍田 60 亩，本户原有桑田 60 亩（比正额多出 40 亩）；其弟乙进丁不愿迁往宽乡受田，则由某甲从 60 亩桑田中拨出 40 亩作为其弟乙的露田。（这种办法，与桑田的“于分虽盈，不得以充露田之数”的规定是有抵触的，但在狭乡为解决新进丁的受田问题，只好如此。按桑田无还无受的规定，这部分田仍属世业）在这种情况下，已无法给其弟乙增给倍田，如当地也没有国有荒地的话，则不再给倍田。又假如上述某甲户原有桑田只得 20 亩，无法从桑田中拨给其弟乙以 40 亩露田时，某甲夫妇只好从自己所受露田分额（正田 60 亩，倍田 60 亩）中匀出一部分给其弟乙。这种情况就是条文所说的“又不足，家内人别减分”。

无桑之乡，准此为法：麻布地区的狭乡，原则上按照上述办法来解决新进丁不乐迁者的受田问题。实际上，麻布地区狭乡的麻田数量是不多的；看来，解决的办法主要是“家内人别减分”。此句之后，文义甚明，毋须解释。

“诸民有新居者，三口给地一亩，以为居室；奴婢五口给一亩。男女十五以上，因其地分，口课种菜五分亩之一。”

新居：新来定居。均田令规定：新来定居的，每三人给一亩地（不满三人也给一亩地）盖房子，如果有五六口人便给两亩地；他们有奴婢的，奴婢每五人给一亩地。这种居室地（北周称宅地，隋、唐称园宅地），不用还官；如果户绝，才会被收回。

因其地分：男女年在十五岁以上的，有种菜任务，按照他们所受宅地的数量每人要在宅地上用 1/5 亩（即二分地）的面积来种菜（口课种菜五分亩之一)。

“诸一人之分，正从正，倍从倍，不得隔越他畔。进丁受田者，恒从所近。若同时俱受，先贫后富。再倍之田，仿此为法”。

每人所受露田，40 亩正田要连在一片内，40 亩（或 80 亩）倍田也要挨在一片内，不得分隔数处。这一规定主要是为了便于还受。

进丁所受的田，原则上要给他挨近本户原有露田的地。如果同时有若干人都要受田，给田的次序是先贫后富；给倍田的办法也按上述规定（即恒从所近和先贫后富）办理。

“诸远流犯谪无子孙及户绝者，墟宅桑榆，尽为公田，以供授受。授受之次，给其所亲；未给之间，亦借其所亲。”

犯罪谪戍的人，其原籍的墟（指荒地）宅桑榆等不动产，应由子孙继承；如本人并无子孙，则收归国有。

绝户的墟宅桑榆，亦收归国有。

这部分土地，优先授给其旁亲，如果未到规定的授田时间（每年正月)，则先借给其旁亲使用。

“诸宰民之官，各随地给公田：刺史十五顷，太守十顷，治中、别驾各八顷，县令、郡丞六顷。更代相付。卖者坐如律。”

这就是“职分田”。官员在任时可以享有这种公田的收益，解职者应交代给后任。私卖公田的，按刑律论处。

以上介绍了北魏均田令的全部条文，并作了必要的解释。

北魏太和九年实行均田的背景、目的及其实质，上面已有论述，毋须再赘。

对均田制度，不能评价过高。但在一段期间内，这一制度的施行使许多农民获得生活上的出路，不致流离失所；对农业生产发展，社会相对稳定，确实起了一定的积极作用，这是应当承认的。并且，这种制度从北魏开始，经历北齐、北周以至隋、唐，实行近三百年，在历史上有深远的影响，这也是不应当抹杀的。

现在要说到太和十年（公元 486 年）的立三长和新定的租调制度。

立三长是李冲建议的。《魏书·食货志》说：“魏初不立三长，故民多荫附。荫附者皆无官役。豪强征敛，倍于公赋。(太和）十年，给事中李冲上言:‘宜准古，五家立一邻长，五邻立一里长，五里立一党长。长，取乡人强谨者。邻长复一夫，里长二，党长三；所复，复征戍（即免除兵役），余若民。三载无愆（愆，过失）则陟（陟，音zhi、提升）用，陟之一等（提升一级）。’”① 立三长的目的，在于清出荫附户，整理户籍，从而增加租调收入并扩大徭役的负担面。这触犯了宗主督护（宗主即族长；宗主督护，魏初所立）等豪强地主的利益，必然引起他们的剧烈的反对。于是，代表豪强地主的王公大臣纷纷起来抗议，但他们提不出半条正当的理由，而只能以“言似可用，事实难行”的话来阻挠，中书令郑羲还警告说：“不信臣言，但试行之，事败之后，当知愚言之不谬。”冯太后排除干扰，果断地说：“立三长，则课有常准，赋有恒分，苞（苞同包）荫之户可出，侥倖之人（指逃避徭役的人）可止。何为而不可?”立三长的事就这样定下来了。《魏书·李冲传》说：“遂立三长，公私便之。”《魏书·食货志》说：“事施行后，计省昔十有余倍（指人民的负担），于是海内安之。”② 这说明三长制的实行是见效的。

在实行三长制的同时，根据李冲的建议改定了新的租调制度。《魏书·食货志》说：“其民调，一夫一妇帛一匹，粟二石。民年十五以上未娶者，四人出一夫一妇之调（即每人出帛一丈，粟五斗）。奴任耕、婢任织者，八口当未娶者四（即每人出帛五尺，粟二斗五升）。耕牛二十头，当奴婢八（即每头耕牛只出一夫一妇应纳租调的1/20）。其麻布之乡，一夫一妇布一匹，下至牛以此为降（一夫一妇以下，从民十五以上未娶者、奴任耕和婢任织者到耕牛，其负担照上述蚕桑地区的比例递减。原文未说租粟，实际征收额当与蚕桑地区相同）。大率（大约）十匹中五匹为公调（原文讹作“大率十匹为工调”，现据《通典》卷五赋税中改正），二匹为调外费（即以前所称调外帛），三匹为内外百官俸。此外杂调。民年八十已上，听一子不从役。孤独癃

① 《魏书》第八册，2855页。

② 《魏书》第八册，2856页。《魏书》第四册，1180页。

老笃疾贫穷不能自存者，三长内迭养食之。”① 个人的租调负担明显地减轻了，这是无可争议的事实。国家的财政收入，却因租调负担面的扩大反而增加了，这也是显而易见的事实。同时，由于徭役负担面的扩大，徭役负担不再集中在一部分农民的身上，取得了均役的效果。可以认为，立三长是成功的。

冯太后死后，孝文帝继续进行各项改革，迁都洛阳，推行汉语，改革鲜卑旧俗等等，这些同赋役制度和农民负担没有直接关系，不在这里细说。

孝文帝死后，太和改革的成果没有能够保持，北魏国内形势急转直下。《隋书·食货志》说：“魏自永安（公元528—530年孝庄帝元子攸年号）之后，政道陵夷，寇乱实繁，农商失业。官有征伐，皆权调（临时摊派、征发）于人，犹不足以相资奉，乃令所在（各处）迭相纠发。百姓愁怨，不复聊生。”②

其实孝文一死，北魏即已开始走下坡路，贪婪骄奢的元禧受遗诏辅政，带头破坏朝纲。元禧“昧求货贿，奴婢千数，田业盐铁，遍于远近”。吏部尚书元晖公开卖官，“大郡二千匹，次郡一千匹，下郡五百匹”。高阳王元雍正光（孝明帝元诩年号）中为丞相，贵极人臣，富兼山海，居址第宅，匹于帝宫，僮仆六千，妓女五百，一食必数万钱，其豪侈为汉晋以来诸王所未有。河间王元琛与元雍斗富争豪，尝曰：“不恨我不见石崇，恨石崇不见我！”孝明帝时，灵太后（即胡太后）临朝专政，“任用非人，赏罚乖舛”，把国家搞得乱七八糟。她迷信佛法（自己曾一度出家为尼），“在京师则起永宁、太上宫等佛寺，工费不少；外郡各造五级佛图（寺塔），又数为一切斋会，施物动以万计。百姓疲于土木之功，金银之价为之踊上。”她的“慷慨大方”达到不可思议的程度，当时国库中钱绢委积，不可校数，灵太后令群臣任意取绢，能背多少便背多少，章武王元融与陈留侯李崇负绢过重，跌倒地上，伤了脚踝骨。当时洛阳城内有佛寺500余所，北魏境内共有佛寺13 700余所，寺院主实际上是大地主，残酷地奴役僧众和剥削

① 《魏书》第八册，2855页。
② 《隋书》第三册，675页。

僧祇户农民。

灵太后这个败家妇，散尽了北魏王朝的库藏。弄得国家一贫如洗，以致每有兵事，都要临时向人民摊派、征发。例如孝昌二年（公元526年），“税京师田租，亩五升；借赁公田者，亩一斗”；又把店舍分为五等征收市税，连入市的人也要交纳每人一钱的市税，税捐的苛杂，可想而知。地方官吏更是横征暴敛。相州刺史奚康生征民岁调，每匹皆七八十尺；各地征收租调，大都用长尺、大斗、重秤。苛重的负担，逼使各地人民纷纷起义。在连年战乱中，北魏的政权落入高欢之手。永熙三年（公元534年），孝武帝元修不能忍受高欢的胁制，西走长安，投靠宇文泰；北魏分裂为东魏和西魏。

东魏孝静帝元善见武定八年（公元550年）。高洋篡位，建立北齐王朝。北齐武成帝高湛河清三年（公元564年）实行均田。

北齐的均田和租调制度，根据《隋书·食货志》的记载，其具体内容如下：

“人居十家为比邻，五十家为闾里，百家为族党。”

这是承袭北魏的三长制来建立地方基层组织；每级基层组织都扩大了。邻、闾、族可能是畿内三级基层组织的名称，邻、里、党可能是畿外三级基层组织的名称。

“男子十八以上，六十五以下为丁；十六以上，十七以下为中；六十六以上为老；十五以下为小。率以十八受田，输租调，二十充兵，六十免力役，六十六退田，免租调。”

北魏晚年已将丁龄由年十五以上提高为年十八以上，北齐关于丁、中、老、小年限的规定比北魏初年放宽了。由于提高了丁龄，随着也把受田的年龄提高为男子年十八以上；女子的受田仍然以已否结婚为准，即只有已结婚的妇人才能受田。丁男受田后的义务是：依法交纳租调，服徭役，二十以上还要服兵役。六十六以上还田，免租调；但在年满六十时已可以免除一切力役。

“京城四面，诸坊之外三十里内为公田。受公田者：三县代迁户、执事官一品以下逮于羽林、武贲，各有差。其外畿郡，华人官第一品以下，羽林、武贲以上，各有差。职事及百姓请垦田者，名为受田。

奴婢受田者，亲王止三百人，嗣王止二百人，第二品嗣王以下及庶姓王，止一百五十人，正三品以上及皇宗，止一百人，七品以上限止八十人，八品以下至庶人限只六十人。奴婢限外不给田者，皆不输。”

以上是京畿地区受田的规定。

京城（邺城）四面诸坊之外的三十里范围内，属于畿内；京城三十里外至百里内，属于畿郡。

京城四面，诸坊之外三十里内为公田：《通典》引宋孝王《关东风俗传》说：“魏令，职分公田，不问贵贱，一人一顷，以供刍秣。自宣武（宣武或是孝武之误，姑存疑）出猎以来，始以永赐，得听买卖。迁邺（东魏孝静帝元善见自洛阳迁都邺城）之始，滥职众多，所得公田，悉从货易。”[1] 可知这里所谓“公田”，是赐给王公百官的永业田。

三县代迁户：北魏时从代郡随迁洛阳的鲜卑人户，东魏迁邺后又移居于邺、临漳及繁阳三县，故称三县代迁户。

执事官：和下文所说的职事（官），指有实职的官。

职事（官）及百姓请垦田者，名为受田：《百衲本隋书》作“永田”，《通典》作永业田。这种田是在畿郡赐给百官的永业田。所谓“百姓”实际是当地豪族，不会是一般平民。

畿内王公百官及畿郡百官所受公田，《志》文仅言“各有差”，即随官位的高低分别订定受田顷亩，具体数量不详。

嗣王：袭封的亲王。

庶姓王：高氏宗室以外（非高氏）的王。

奴婢受田的人数有所限制，这个规定是太和均田时所缺的。

超过限额的奴婢，不给田，亦无纳租调的义务。

“其方百里外及州人，一夫受露田八十亩，妇四十亩。奴婢依良人，限数与在京百官同。丁牛一头，受田六十亩，限止四牛。又每丁给永业二十亩，为桑田，其中种桑五十根，榆三根，枣五根，不在还受之限。非此田（即桑田）者，悉入还受之分。土不宜桑者，给麻

---

① 《通典·食货二》。

田，如桑田法。”

以上是外州郡人民的受田办法，除了所受露田的亩数有所增加（但无倍田）、奴婢受田的人数有定限以外，其余规定与北魏太和九年的均田令基本上相同。

土不宜桑者，给麻田，如桑田法：土不宜桑者，给麻田，办法与北魏相同；但“如桑田法”一语，既笼统又含糊，史学家对此语的理解有争论，这个问题有待于历史学者继续研究。

“率人一床，调绢一匹，绵八两；凡十斤绵中，折一斤作丝；垦租二石，义租五斗。奴婢各准良人之半。牛，调二尺（《通典》及《文献通考》均作二丈，误），垦租一斗，义租五升。垦租送台，义租纳郡，以备水旱。垦租皆依贫富为三枭。其赋税常调，则少者直出上户，中者及中户，多者及下户。上枭输远处，中枭输次远，下枭输当州仓。三年一校焉。租入台者，五百里内输粟，五百里外输米。入州、镇者，输粟。人欲输钱者，准上绢收钱。”

以上是关于租调制度的规定，须加诠释的有如下几点：

一床：即一夫一妇。奴婢交纳的租调，按一夫一妇的数额折半计算，谓之“半床”。男丁未娶的，亦交半床。

垦租：即田租，亦即田赋。据上述规定，“垦租皆依贫富分为三枭（枭，等级）”，已把“九品混通”改变为“三品混通”，但也可能三等中又各分三级，实际上仍为九品。户等的评定三年一次（三年一校焉）。垦租送台，台指尚书台，亦即解送中央。

义租：供当年常平仓用，实质是一种地方附加。

常调：按上述规定，当地赋税常调的征收总额少的，全由上等户输纳；征收总额属中等的，由上等户和中等户输纳；征收总额多的，才需要下等户分担。但是，征收总额的所谓“少”“中”和“多”究竟有什么具体界限，按什么范围——按族党还是按县、郡来计算？这些问题在史料中还得不到解答。应该说明，这里所谓赋税常调，不包括垦租和义租在内。

人欲输钱者，准上绢收钱：这是允许折变现金的规定。上绢指上等绢；准上绢指按上等绢的价格来折算。北魏孝文帝在太和十九年

（公元 495 年）铸太和五铢钱，宣武帝永平三年（公元 510 年）亦铸五铢钱，孝庄帝永安二年（公元 529 年）又铸永安五铢钱。东魏孝静帝武定元年（公元 543 年），高欢执政，收境内之铜及钱，改铸为永安五铢。北齐文宣帝高洋天保四年（公元 553 年）复铸新钱，名常平五铢。货币流通情况比孝文帝以前有了很大的发展，这是当时能够允许用现金抵交实物的条件。

条例倒是定得不错，问题在于执行。武成帝高湛时，北齐政治已开始衰败，河清三年的均田令是不会得到认真执行的。宋孝王在《关东风俗传》里记述当时的情况："争地文案，有三十年不了者，此由授受无法者也"；又说："露田虽复不听卖买，卖买亦无重责，贫户因王课不济，率多卖其田业。"寥寥数语，已经道破了河清三年均田令的未尝生效及农民负担的转重。河清四年四月高湛传位于其子北齐后主高纬，《隋书·食货志》说："是时频岁大水，州郡多遇沉溺，谷价腾踊。朝廷遣使开仓，从贵价以粜之（按市面的高价出售仓谷，这是营利而不是救济），而百姓无益，饥馑尤甚；重以疾疫相乘，死者十四五焉。"[①] 这虽不能说是均田带来的灾难，但足以充分证明均田令确未认真执行。北齐后主高纬荒淫无道，他宠幸陆令萱、和士开、高阿那肱、穆婆提等人，让他们宰制天下。他们各引亲党，占居高位，官由财进，狱以贿成，乱政害民，不胜纪述。高纬自己穷奢极侈，宫女五百余人皆宝衣玉食。一裙值万匹，镜台值千金，喂马的食物有十余种，狗则饲以粱肉；又大兴土木，造修文、偃武、隆基诸院，起玳瑁楼；于游豫园穿池，池四周建列馆，池中筑三山，构高台，以象沧海；又大修佛寺，并在晋阳起十二苑，壮丽逾于邺都；劳役以巨万计，财用不给，乃减朝官俸禄，断诸曹（在京各衙门）粮膳及九州军人常赐以供之；结果是"赋敛日重，徭役日烦"。农民负担的苛重无以复加，卒召亡国之祸，自己亦成为北周的俘虏。《北史·齐本纪》引魏征论曰："齐自河清之后，逮于武平（后主年号）之末，土木之工不息，嫔嫱（妃嫔）之选无已；征税尽，人力殚，物产无以给其求，江海不

① 《隋书》第三册，678 页。

能赡其欲。所谓火既炽矣，更负薪以足之；数既穷矣，又为恶以促之。欲求大厦不燔，延期历曆，不亦难乎！”中国历史上各个封建王朝几乎毫无例外地都是这样地覆灭的。

北周的均田和赋役制度，《隋书·食货志》所记，极为简略：

“后周太祖作相，创制六官。……司均掌田里之政令：凡人口十以上，宅五亩；口九以下（原文作口九以上，误），宅四亩；口五以下，宅三亩。有室者，田百四十亩；丁者四百亩。”

以上是关于均田的规定。

后周太祖宇文泰，属鲜卑族宇文部，魏孝武帝元修永熙三年（公元534年）已作相，但始建六官则在西魏恭帝元廓的三年（公元556年）。当时宇文泰的职位为太师、大冢宰，亦即宰相，条令当颁发于这一年。次年，即公元557年，宇文觉篡西魏，建立周王朝，史称北周，这些条令遂成为北周的制度。

司均：是中央政府掌管均田行政的官。园宅地按各户人口多少授给三至五亩。

有室者，田百四十亩：条文无露田、桑田（麻田）之分。实际上这140亩可能是：男丁露田80亩，桑田（或麻田）20亩，妇人露田40亩，与北齐基本上相同。丁者（未结婚的男丁）100亩中可能包括露田80亩，桑田（或麻田）20亩，也与北齐基本上相同。奴婢及丁牛是否受田，不详。

北齐、北周均不给倍田，可能从北魏晚年开始就已经如此。

“司赋；功赋之政令：凡人自十八以至六十有四与轻癃者，皆赋之。其赋之法，有室者岁不过绢一匹，绵八两，粟五斛；丁者半之。其非桑土，有室者布一匹，麻十斤；丁者又半之。丰年则全赋，中年半之，下年三之，皆以时征焉，若艰、凶札，则不征其赋。”

以上是关于租调的规定。

司赋：是中央政府掌管租调的官。

轻癃：有轻微疾病的人。轻癃者亦有交纳租调的义务，则当亦受田，与丁男同。

租调的最高征收额（条文中有“不过”两字，表明说的是上限）

是：一夫一妇（一床）调绢一匹，绵八两，租粟五斛；未结婚的丁男调绢二丈，绵四两，租粟二斛五斗。若在麻布地区则为：一夫一妇调麻布一匹，麻十斤，租粟五斛；未结婚的丁男调麻布二丈，麻五斤，租粟二斛五斗。

丰年全征，中年征一半，下年征三分之一。

艰、凶札：艰指家中父或母，凶札（札本意为夭殇）泛指家中有人病死。"若艰、凶札，则不征其赋"是说，如果家有丧事的免征租调。

北周的租调制度，既有对灾歉的减免，又有一定的社会照顾，应该说，比前代是较为完善的。

"司役掌力役之政令：凡人自十八以至五十有九，皆任于役。丰年不过三旬，中年则二旬，下年则一旬。凡起徒役，无过家一人。其人有年八十者，一子不从役；百年者，家不从役；废疾非人不养者，一人不从役。若凶札，又无力征。"

司役：是中央政府掌管徭役的官。

从敦煌发现的西魏大统十三年（公元547年）《邓延天富等户户籍计帐残卷》中可以知道，当时的规定是：三岁以下为黄，四岁至九岁为小，十岁至十七岁为中，十八岁至六十四岁为丁，六十五岁以上为老。北周大约沿袭此制。男子年十八至六十四受田，受课田任务，负担租调和徭役，老免及身没则还田。但免除徭役的年限则提前为六十岁。

凡起徒役，无过家一人：指赴别地服役而言，与一般徭役不同。一般徭役是在当地郡县服役的。

《周书·武帝纪上》记周武帝宇文邕保定元年（公元561年），"改八丁兵为十二丁兵，率岁一月役"。[①] 八丁兵（这里所说的兵实际是役）是一年内八丁轮番服役，即每丁每年服役一个半月，这是周武帝以前的情况。又，上引《邓延天富等户户籍计帐残卷》有"六丁兵"的名称，可知两魏时每丁每年要服役两个月（也许北魏末年就是

① 《周书》，中华书局版（下同），第一册，64页。

如此，也许这仅是部分地区的例外情况）。由此看来，上述条令中关于每丁每年服役日数（丰年不过三旬，中年则二旬，下年则一旬）的规定，是未付实行的。北周男丁的服役时间到周武帝时才确定为每年一个月。

史称周武帝“沉毅有智谋”“劳谦接下，自强不息”；生活俭朴，“身衣布袍，寝布被，无金宝之饰，诸宫殿华绮者皆撤毁之，后宫嫔御不过十余人”。[①] 他即位的第二年，即保定二年（公元 562 年），便注意兴修农田水利，“于蒲州开河渠，同州开龙首渠，以广灌溉”，促进了农业生产的发展。建德元年（公元 572 年）他下诏说：“顷兴造无度，征发不已，加以频岁师旅，农亩废业，去秋灾蝗，年谷不登。……自今正调以外，无妄（不许擅自）征发！”[②] 他是令出必行的，所以，北周的农民负担虽在战争时期仍然不过重。他曾几次下令释放奴婢。他还爱恤士卒，甚至“见军士有跣行者，亲脱靴以赐之”。在北朝中，他和北魏孝文帝是比较杰出的。周武帝能够在建德六年（公元 577 年）灭齐，统一北方，绝不是偶然的。他死年才三十六，未能更有所作为。死后仅 3 年，北周便被隋王朝取代。但是，周武帝已经为后来隋文帝杨坚完成国家的统一铺平了道路。

---

① 《周书》第一册，107 页。

② 《周书》第一册，80 页。

第四章

隋、唐的赋役制度与农民负担

第一节　隋王朝的均田和赋役制度

隋王朝的建立人杨坚是弘农郡华阴县人。他的父亲杨忠追随宇文泰起兵关西，屡立军功，位至柱国、大司空，赐姓普六茹氏，封隋国公。宣政元年（公元 578 年）六月周武帝死，宣帝宇文赟（音 yūn）继位，杨坚的女儿是宣帝的皇后。大象元年（公元 580 年）五月周宣帝死，杨坚与郑译、刘昉等人合谋，矫遗诏入总朝政，掌握军国大权，从寡妇孤儿手中夺得帝位，公元 581 年二月建立隋王朝，改元开皇。

杨坚喜用权术，早具篡位野心。封建地主阶级的统治集团不是铁板一块的，当社会比较稳定，封建统治阶级同人民之间的矛盾比较缓和的时候，封建统治阶级的内部矛盾便会日益尖锐，彼此间钩心斗角的政治斗争便会愈演愈烈。齐王宇文宪曾劝周武帝早日除掉杨坚，武帝不听。内史王轨也屡言“普六茹坚貌有反相”，周武帝生气地回答王轨说：“必天命有在，将若之何?”那时候杨坚韬光养晦，深敛锋芒，周武帝不愿妄杀无罪大臣，使他能获保全。周宣帝死后，杨坚夺得相位。当时内有周宗室诸王的威胁，外则尉迟迥、司马消难和王谦三大军阀先后称兵作乱，形势正如杨坚的妻独孤氏所说："骑虎之势，必不得下"。杨坚的取代周室自是势所必然。这样说，并不是给杨坚作什么辩护。杨坚固然是一个政治野心家，而周宗室诸王以及尉迟迥等地方军阀同样也是政治野心家，都觊觎着皇帝的宝座。一个野心家当了皇帝，把其他也想当皇帝的野心家压下去，也许对避免分裂，促进国家的统一有好处。开皇九年（公元589年）隋军伐陈，几乎没有打上几次硬仗，众叛亲离的陈后主便当了俘虏，重现了"一片降幡出石头"的戏剧性场面，分裂了近300年的国家再一次复归统一（其实在平陈之前中国大陆已可以算是基本上统一了）。前后约有20余年的时间，人民在一定程度上获得休养生息，社会经济的恢复，尤其是农业生产的发展，都相当快。

隋文帝杨坚建国后，对政治和经济都采取了一些新的措施，国家呈现了一番新气象。本书要着重论述的，是隋王朝的以均田为基础的赋役制度以及当时的农民负担情况。

先从与均田和赋役有密切关联的基层组织说起。《隋书·食货志》说："制：人五家为保，保有长；保五为闾，闾四为族，皆有正。畿外置里正，比闾正；党长比族正，以相检察焉。"① 据此，隋初规定的基层组织，畿内分为保、闾、族三级，畿外分为保（也许称为邻）、里、党三级，族正和党长都管辖一百户；除辖户较少（北魏的党长辖125户）以外，基本上与北魏的三长制相同。《隋书·高祖纪下》载：开皇九年二月，"制：五百家为乡，正一人；百家为里，长一人。"② 这次改制，出自苏威的建议。《隋书·李德林传》载："（苏）威又奏置五百家乡正，即令理民间辞讼。德林以为本废乡官判事，为（因为）其闾里亲戚，剖断不平；今令乡正专治五百家，恐为害更甚。且今时吏部总选人物，天下不过数百县，于六七百万户内诠简数百县令，犹不能称（音 chèn，适合）其才，乃欲于一乡之内选一人能治五百家者，必恐难得。又即时（现时）要荒小县，有不至五百家者，复不可

① 《隋书》第三册，680页。
② 《隋书》第一册，32页。

令两县共管一乡。”[①] 群臣也多数反对设置乡正。但是，杨坚还是采纳了苏威的建议，结果碰了壁。次年，即开皇十年“虞庆则等于关东诸道巡省（省，视察）使还，并奏云：‘五百家乡正，专理词讼，不便于人，党与爱憎，公行货贿。’乃废之”。[②] 从此恢复了原制。

关于均田，《隋书·食货志》所纪甚略，只说：“自诸王以下，至于都督，皆给永业田，各有差，多者至一百顷，少者至四十亩。其丁男、中男永业、露田，皆遵后齐之制；并课树以桑榆及枣。其园宅，率三口给一亩，奴婢则五口给一亩。……京官又给职分田：一品者给田五顷，每品以五十亩为差，至五品则为田三顷，六品二顷五十亩；其下品以五十亩为差，至九品为一顷。外官亦各有职分田。又给公廨田，以供公用。”[③]

“自诸王以下，至于都督，皆给永业田”，这就是所谓王侯百官永业田，都督是官名，相当于现代的“总指挥”。中央的军事长官叫“都督内外诸军事”，杨坚作周相国时曾兼任这个官职以掌握军权。在地方的叫“都督某地军事”，一般州刺史也都称都督。用公田赐给王侯百官作永业田，这是齐制，隋初沿用。赐给王侯百官的永业田是按照品级的高低分别规定赐田多少的，但具体办法不详，北齐只说“各有差”，隋初则于“各有差”这句笼统的话以外，补充说明了“多者至一百顷，少者至四十亩”。这部分永业田占去不少公田是可以肯定的。

“其丁男、中男永业、露田，皆遵后齐之制”，这是关于均田规定的概述。具体内容是：丁男（年十八至六十）受露田八十亩，妇人受露田二十亩，中男（年十一至十七）受半夫田，即露田四十亩；另每丁给永业田二十亩为桑田，课种桑五十根，榆三根，枣五根；非蚕桑地区则每丁给麻田二十亩。除桑田为永业，可以继承和买卖外，露田及麻田均须依法还受（老免及身没则还田，进丁则受田）。奴婢及丁牛是否也如北齐之制，可以受田呢？《志》文没有说。根据租调制度

---

① 《隋书》第四册，1200 页。

② 《通典》卷三，《食货三》。

③ 《隋书》第三册，680—681 页。

的规定，单丁及仆隶要交纳一夫一妇（一床）租调的半数，又根据“未受地者皆不课”的原则，可以断言：奴婢受田，丁牛不受田（因丁牛无课）。《隋书·食货志》说：“炀帝即位，是时户口益多，府库盈溢，乃除妇人及奴婢部曲（部曲，指当时“身系于主”的附属户，其身份与奴无异）之课。”[①] 可能在炀帝时妇人及奴婢受田的规定也相应地取消了。《隋书·高祖纪下》说：开皇十年（公元590年）五月下诏，“魏末丧乱，宇县瓜分，役车岁动，未遑休息。兵士军人，权置坊府，南征北伐，居处无定，家无完堵，地罕包（包同苞）桑，恒为流庸之人，竟无乡里之号。朕甚愍之。凡是军人，可悉属州县，垦田籍帐，一与民同。军府统领，宜依旧式”。[②] 从此军人与平民一样有户籍，一样受田。

关于园宅地的规定，《志》文说得很清楚，毋须再加说明。

职分田又称职田。各品级授给职分田的数额如下：

一品	500亩
二品	450亩
三品	400亩
四品	350亩
五品	300亩
六品	250亩
七品	200亩
八品	150亩
九品	100亩

职分田不同于王侯百官永业田，解官时要还给政府。

公廨田又不同于职分田，它不是给职官个人，而是给官署，以其收入充作行政经费的。公廨田之制创自开皇十四年（公元594年），在这以前已有所谓公廨钱的设置。《隋书·食货志》说：“先是，京官及诸州，并给公廨钱，迴易（迴，周转；易，市易，即买卖）生利，以给公用。至（开皇）十四年六月，工部尚书、安平郡公苏孝慈等，

① 《隋书》第三册，686页。

② 《隋书》第一册，34—35页。

以为所在官司，因循往昔，以公廨钱物出举兴生（出举，出贷，即放高利贷），唯利是求，烦扰百姓，败损风俗，莫斯之甚。于是奏皆给地以营农；迴易取利，一皆禁止。十七年十一月，诏在京及在外诸司公廨，在市迴易，及诸处兴生，并听之，唯禁出举收利云。”[1]《隋书·苏孝慈传》说：“先是，以百僚供费不足，台省府寺（在京各衙门）咸置廨钱，收息取给。孝慈以为官民争利，非兴化之道，上表请罢之，请公卿以下给职田各有差（这里说的是职田，似属史官纪述时的笔误）；上（隋高祖）并嘉纳焉。”[2] 又，《隋书·高祖纪下》说：十四年六月丁卯，“诏省府（省府，统指在京台省府寺各官署）州县，皆给公廨田，不得治生，与人争利”。[3] 从这三段记载可以清楚地了解开皇十四年创立公廨田的来龙去脉。公廨钱是一种专项基金，这笔基金运用得当的话，既可以充裕地方经费，减轻人民负担，也许还可以在商品流通方面起点积极作用。设置这种基金是未可厚非的。可是，在封建社会，这种基金没有得到合理运用，反而成为地方上贪官污吏剥削人民的本钱，或是用来放高利贷，或是凭借官势同商人勾结进行垄断性的经营；并且有相当大的部分收入很可能被中饱而落入私囊。苏孝慈的建议，原意是废除公廨钱，用公廨田来代替它。杨坚采纳了创立公廨田的意见，却没有废除公廨钱，让两者同时存在。不过，从“上并嘉纳焉”这句话来体会，开皇十四年创立公廨田的时候，对公廨钱的运用是曾经加以严格约束的。到了开皇十七年，这种约束又放松了，只禁止用来放高利贷；所以，公廨钱的弊病并没有根除。

现在我们研究一下：隋王朝均田制的推行，究竟达到什么程度，取得多大的实效？

我们试想一想，又是王侯百官永业田，又是职分田，还有公廨田，国有土地已被占用不少了，剩下的不会太多了，还能满足一般平民迫切希望得到土地的要求吗？显然不能。

杜佑在《通典·食货二》里说，“开皇九年任垦四千九百四十万

---

① 《隋书》第三册，685—686 页。

② 《隋书》第五册，1259 页。

③ 《隋书》第一册，39 页。

四千二百六十七顷”；并注云：“隋开皇中户总八百九十万七千五百三十六，按定垦之数，每户合垦田二顷余也。”平均每户有田200余亩，在杜佑看来，隋初的均田是实实在在的。可是，杜佑的计算是错误的。先不说户口数（杜佑所引开皇中户口总数其实是大业初年的户口总数），户口问题留待下面再谈。他的主要错误是把“任垦田”和“定垦田”混同起来。《汉书》所说定垦田指实际耕地面积，《隋书》所说任垦田指依法应授给民户的田数，不是实际耕地面积，两者不应混同。“开皇九年任垦四千九百四十万四千二百六十七顷”，按0.69156的比率计算，折合3 416 601 489市亩；当时的实际耕地面积显然不可能超过30亿市亩。再看《隋书·地理志》所载炀帝大业五年的垦田数字，问题就更加清楚了。《志》文说当时的垦田数是“五千五百八十五万四千四十一顷”，按0.69156的比率计算，折合3 862 642 059市亩，如果认为隋炀帝时中国的耕地面积已经超过38亿市亩，这是不可思议的。毫无疑义，隋代所谓任垦田（或垦田）是指依法应授给民户的田数，并非实际的耕地面积。当时的国有土地，不可能使一般民户都能够受田200余亩，不可能满足农民对土地的要求。

《隋书·王谊传》记载：隋初年“太常卿苏威立议，以为户口滋多，民田不赡（赡，足），欲减功臣之地以给民。谊奏曰：‘百官者，历世勋贤，方蒙爵土，一旦削之，未见其可。如臣所虑，正恐朝臣功德不建，何患人田有不足？’上（隋高祖）然之，竟寝威议”。[①] 这段记载暴露了当时的实际情况：功臣赐地，王侯百官永业田以及职分田和公廨田等等，占去了很大一部分国有土地，以致“民田不赡”，均田制所规定授给农民的田数是无法完全兑现的。《通典卷二·食货二·田制下》也有这样的记载：“开皇十二年，文帝以天下户口岁增，京辅及三河地少而人众，衣食不给，议者咸欲徙就宽乡。帝乃发使四出，均天下之田。其狭乡每丁才至二十亩”，宽乡会多一些，但也远远不及法定之数。这又是一个有力的证明。

上文只说明隋初的均田未能授给农民以法定的田地数额，并不是

---

① 《隋书》第四册，1169页。

全盘否定均田的实效。尽管打了折扣，实效还是有的。无地的农民能够获得主要的生产资料（尽管只是它的使用权，尽管有些地区每丁所得不过20亩），对农民总是有好处的，对农业生产和社会经济的发展总是能起一定的积极作用的。

现在要说到租调制度。据《隋书·食货志》所记，隋王朝的租调，规定："丁男一床（一夫一妇），租粟三石（比北齐的规定多一石）。桑土调以绢絁（絁，音 shī；绢絁，细粗经纬不同的丝织品）；麻土以布。绢、絁以匹（每匹长四丈），加绵三两；布以端（每端长五丈），加麻三斤。单丁及仆隶各半之。未受地者皆不课。有品爵及孝子顺孙义夫节妇，并免课役。"[①] 同书又记：开皇三年（公元583年），"减调绢一匹为二丈"，[②] 即户调的绢、絁征收额从原定的一匹减为二丈。按理麻布地区户调布的征收额亦当从原定的一端减为二丈五尺。租调的负担不能算重，不合理的是有品爵者享受并免课役的优待。但那时候是封建社会，皇帝是代表封建地主阶级利益的；杨坚篡位之初，为了取得封建地主阶级的支持，自然要给予有品爵的大地主以特殊的优待。上面说过他不敢接纳苏威的建议，不敢动用功臣的赐地，也正是出自同一的动机。

租调之外，另有义仓税。义仓的设立是长孙平建议的。《隋书·长孙平传》说："开皇三年，征拜度支尚书（官名，主管国家财政，是朝中最高级官僚的所谓"八座"之一）。平见天下州县多罹水旱，百姓不给，奏令民间每秋家出粟麦一石以下，贫富差等（贫者少出，富户多出），储之闾巷，以备凶年，名曰义仓。……上深嘉纳。自是州里丰衍，民多赖焉。"[③] 义仓设立后的一段时期内，对义仓税征收额未见作统一规定。《隋书·食货志》说：开皇十六年（公元596年），二月，"又诏社仓（即义仓），准上中下三等税，上户不过一石，中户不过七斗，下户不过四斗"。[④] 统一规定的税额，贫富有差，总算比较合理。

---

① 《隋书》第三册，680—681页。

② 《隋书》第三册，680—681页。

③ 《隋书》第五册，1254页。

④ 《隋书》第三册，685页，680页。

关于封建徭役，《隋书·食货志》说："男女三岁以下为黄，十岁以下（四至十岁）为小，十七以下（十一至十七岁）为中，十八以上为丁。丁（指男丁）从课役，六十为老，乃免。"[①] 依此规定，起役年龄为十八岁，免役年龄为六十岁，一生中有42年，每年要规定服徭役。开皇三年，"初令军人以二十一成丁，减十二番每岁为二十日役"。[②] 按照这一规定，每年服徭役的日数由30天减为20天，即减去三分之一；一生要服徭役的年数也由42年减为39年。《隋书·高祖纪下》记载：开皇十年（公元590年）"六月辛酉制：人年五十，免役收庸"。[③] 庸是工值，"免役收庸"就是折收徭役代金。

户籍是征收赋役的根据。开皇初年大力整顿户籍。《隋书·食货志》记载："是时山东尚承齐俗，机巧奸伪，避役惰游者十六七。四方疲人，或诈老诈小，规免租赋。高祖令州县大索貌阅，户口不实者，正长远配；而又开相纠之科。大功已下（大功，丧服名，服九个月；指堂兄弟以下的非直系亲属），兼令析籍，各为户头，以防容隐。于是计帐进四十四万三千丁，新附一百六十四万一千五百口。"[④] "大索"是全面清查，"貌阅"指根据容貌面色检查年龄之实，"大索貌阅"就是逐户清查和登记人口。凡非直系亲属，均须从本户分出，另立户籍。户口不实的，里正（闾正）、党长（族正）都有罪，要发配远方。这一次"大索貌阅"，查出了隐漏人口1 641 500人，增加了课丁443 000人，起到了均役的作用。《隋书·食货志》说："高颎又以人间课输，虽有定分，年常征纳，除注恒多，长吏肆情，文帐出没，复无定薄，难以推校，乃为输籍定样，请编下诸州。每年正月五日，县令巡人，各随便近，五党三党，共为一团（这可能就是所谓团貌的起源），依样定户上下。帝从之，自是奸无所容矣。"高颎所制"输籍"相当于后世的赋役清册或赋役全书。《通典》说："高颎睹流冗之病，建输籍之法；于是定其名，轻其数，使人知为浮客，被强家收大半之赋；为

① 《隋书》第三册，685页，680页。
② 《隋书》第三册，681页。
③ 《隋书》第一册，35页。
④ 《隋书》第三册，681页。

编甿，奉公上蒙轻减之征。”杜佑于此条加注说：“浮客谓避公税依强豪作佃家也”；并说：“高颎设轻税之法，浮客悉自归于编户。隋代之盛，实由于斯。”由此可知，隋代的“输籍”，其作用与后世的赋役全书基本上是相同的。此后，炀帝大业五年（公元609年）又进行了一次貌阅，查出隐漏人口641 500人，新增课丁243 000人。[①]

杨坚即位，罢东京之役（北周末年发山东各州男丁兴建洛阳宫室）。开皇二年（公元582年）六月，在汉代长安城东面、渭水南岸地区营造新都大兴城，总面积共达84平方公里，约相当于后来明、清两代的西安旧城的七倍半，至翌年年初竣工。这是杨坚在位期间一次“大兴土木”的工程。开皇四年（公元584年），“命宇文恺率水工凿渠，引渭水，自大兴城东至潼关，三百余里，名曰广通渠”。[②] 开皇六年（公元586年）二月“丁亥，发丁男十一万修筑长城，二旬而罢”。[③] 开皇七年（公元587年）二月“发丁男十万余，修筑长城，二旬而罢”。[④] 杨坚在位24年，对兴发徭役，较有节制，农民的徭役负担较轻。

手工业工匠每年要服役两个月，北朝的匠役从来是重的。但是，在杨坚统治期间，农民的赋役负担却相当轻，而国库又是十分充裕的。

杨坚生活俭朴，尝恐太子杨勇（后废为庶人）奢侈，告诫他说：“我闻天道无亲，唯德是与，历观前代帝王，未有奢华而得长久者。汝当储后（储后，即储君），若不上称天心，下合人意，何以承宗庙之重，居兆民之上？吾昔日衣服，各留一物，时复看之，以自警戒。今以刀子赐汝，宜识我心。”[⑤] 杨坚自己“躬履俭约，六宫咸服瀚濯之衣；乘舆供御有故敝（故，旧；敝，破）者，随令补用，皆不改作；非享燕（宴会）之事，所食不过一肉而已”。[⑥] 史书所说，虽然有溢美之词，但杨坚生活的俭朴，在封建帝王中并不多见。

---

① 《隋书》第六册，1575页。
② 《隋书》第三册，684页。
③ 《隋书》第一册，23、25页。
④ 《隋书》第一册，23、25页。
⑤ 《隋书》第四册，1230页。
⑥ 《隋书》第三册，682页。

《隋书·杨尚希传》说:“尚希时见天下州郡过多，上表曰：“……窃见当今郡县，倍多于古，或地无百里，数县并置，或户不满千，二郡分领。具寮（寮，同僚，官吏）以众，资费日多，吏卒人倍，租调岁减。清翰良才，百分无一；动须数万，如何可觅？所谓民少官多，十羊九牧（牧，牧人）。琴有更张之义，瑟无胶柱之理（两句言必须适应实际进行改革）。今存要去闲，并小为大，国家则不亏粟帛，选举则易得贤才。”[①] 杨坚采纳这个建议，“遂罢天下诸郡”。历来地方行政区划都是州、郡、县三级，杨坚省去郡一级（炀帝时改为罢州置郡），精简了地方行政机构，相应地节省了国家财政开支，从而也减轻了农民的负担。

杨坚颇留意吏治的整顿，曾派柳彧“持节巡省河北五十二州，奏免长吏赃污不称职者二百余人，州县肃然，莫不震惧。……仁寿初，复持节巡省太原道十九州”。[②] 地方吏治的整顿，实际上也起了减轻农民负担的作用。

杨坚即位后，弛山泽之禁，除入市之税，罢酒坊，开放盐池盐井，在经济上采取了一系列放宽措施。再加上开皇九年后国家的统一和国境的安定，社会经济特别是农业生产在和平的环境中得到迅速的恢复和发展。尽管杨坚有不少缺点，如对大臣猜忌及用刑过酷（盗一钱以上皆弃市）等等，但由于上述财政、经济和政治各种积极因素发挥了作用，终于出现了开皇中的小康局面。《隋书·高祖纪》说当时“人庶殷繁，帑藏充实”；又说“二十年间，天下无事，区宇之内晏如也”。[③] 当是事实。

人口的大量增加是政治安定和社会经济发展的集中表现。杨坚篡周时，民户只有 360 万，开皇九年平陈，得户 50 万，[④] 两者合计约 410 万户。但李德林说当时有户六七百万（已见上述），可知仅仅 9 年之间户口已骤增 200 多万户。《旧唐书·高宗纪上》记：永徽三年（公

---

① 《隋书》第五册，1253 页，1484 页。

② 《隋书》第五册，1253 页，1484 页。

③ 《隋书》第一册，54—55 页。

④ 《通典》卷七，《食货七》。

元 652 年）唐高宗李治“问户部尚书高履行：‘去年进户多少？’履行奏称：‘进户总一十五万。’又问曰：‘隋日有几户？今见（同现）有几户？’履行奏：‘隋开皇中有户八百七十万，即今现有户三百八十万。’”① 根据这一记载，20 年间，隋的户口已增加一倍以上。倘使社会生产没有得到发展，人民生活没有得到改善，那么，人口的增殖如此迅速，便是不可思议的了。

当然，户口的猛增同整顿户籍也有关。开皇初年的“大索貌阅”，“进丁四十四万三千丁，新附一百六十四万一千五百口”，按平均每户 5 人（隋炀帝大业五年平均每户 5.17 人）计算，约共 328 300 户。扣除这一因素，开皇年间户口仍较前增加近一倍。开皇中有户 870 万，按平均每户 5 人计算，约共 4 350 万人，相当于汉平帝元始二年人口（59 594 978 人，西汉人口极盛数）的 73%，汉桓帝永寿三年人口（56 486 856 人，东汉人口极盛数）的 77%，大大超过魏晋南北朝时期的全国人口数字。这充分说明短短 20 年间，国力的恢复是高速度的。这种高速度主要来自三个方面：国内的和平安定，国家财政开支（特别是皇室用度）的节约和轻徭薄赋的政策。两汉前期和隋朝开皇中的历史，为这个论点提供了很有说服力的论据。

开皇年间国家财政的充裕同样是十分显著的，史书所说的“帑藏充实”并非虚语。《隋书·食货志》记载：开皇“十二年（公元 592 年），有司上言，库藏皆满。帝曰：“朕既薄赋于人，又大经赐用，何得尔（尔，这样）也？’对曰：‘用处常出，纳处常入，略计每年赐用至数百万段，曾无减损。’于是乃更辟左藏之院，构屋以受之。下诏曰：‘既富而教，方知廉耻，宁积于人，无藏府库。河北、河东今年田租三分减一，兵减半功（徭役减半），调全免。’”② 这里所说的库藏是从户调得来的绢帛和其他钱物。杨坚对给他卖力的功臣，从来是厚加赏赐，非常慷慨的。例如，平尉迟迥之役，赏宇文忻奴婢二百口，牛马羊万计；赏杜彦是物三千段，奴婢三十口；赏和洪是物万段，奴婢五十口，金银各百链，牛马百匹；赏李询是帛千匹，加以口（奴婢）

① 《旧唐书》，中华书局版（下同），第一册，70 页。

② 《隋书》第三册，682 页。

马；赏柳裘是綵三百匹，金九环带一腰；赏豆卢通是物八百段。平王谦之役，赏梁睿是物五千段，奴婢一千口，金二千两，银三千两；赏于义奴婢五百口，杂綵三千段；赏李衍缣两千匹。平陈之役，赏贺若弼物八千段，杂綵二千段，加以宝剑宝带，金瓮金盘各一；赏韩擒虎物八千段；赏高颎物九千段。对杨素前后赏赐特多：进取陈之计，赐钱百万，锦千段，马二百匹；平陈之役，赐物万段，粟万石，加以金宝；废太子杨勇，赐物三千段；以后又续有赏赐，一次赏綵物三千段，一次赏黄金四十斤，加银瓶，实以金钱，缣三千段，马二百匹，羊二千口，公田百顷，宅一区；开皇十八年讨突厥达头可汗，赏物二千段，黄金百斤；仁寿初，赐良马百匹，牝马二百匹，奴婢百口；定独派皇后山陵制度，赐田三十顷，绢万段，米万石，金钵一，实以金，银钵一，实以珠，并绫锦五百段等等。赏赐臣下如此慷慨，而库藏仍能充实，除“纳处常入”外，这与国家经费特别是皇室用度的撙节也是有关系的。

粮食的仓储更是“陈陈相因”。《通典》说:“隋氏西京（长安）太仓，东京（洛阳）含嘉仓、洛口仓，华州永丰仓，陕州太原仓，储米粟多者千万石，少者不减数百万石。天下义仓，又皆充满。”① 据说隋季天下储粮，足供五六十年食用。这个说法虽然夸大，但粮食储备的充足是无可怀疑的。杨坚曾说过“宁积于人，无藏府库”的话，说得挺漂亮，却没有兑现。开皇十四年（公元 594 年）八月,“关中大旱，人饥”。杨坚舍不得开仓振恤，而是带领饥民到洛阳就食。② 唐太宗李世民批评这件事说：“隋开皇十四年大旱，人苦饥乏。是时仓库盈溢，竟不许赈给，乃令百姓逐粮。隋文（帝）不怜百姓而惜仓库，比至末年，计天下储积，得供五六十年。炀帝恃此富饶，所以奢华无道，遂致灭亡。炀帝失国，亦此之由。”③ 唐太宗的批评确属一针见血，尽管他把这视作隋王朝覆灭主要原因的观点是带有片面性的。

---

① 《通典》，卷七，《丁中》条注文。

② 《隋书》，第一册，39 页。

③ 吴兢：《贞观政要》，上海古籍出版社（下同），256 页。

第二节　苛重的赋役导致隋王朝的覆灭

杨坚死于仁寿四年（公元 604 年）七月，留下了一份大家业。可是，继位的炀帝杨广却是个荒唐的败家子，不但把这份家业败得精光，而且把一个本来很富裕的国家搞到彻底破产，把几千万人民推下灾难的深渊。结果是愤怒的人民起来反抗，结束了隋王朝的历史。

中国有句古语："殷鉴不远，在夏后氏之世!"许多封建王朝的开国君主及其支持者都重视这样的一个问题：它的前代是怎样摔了跟头，怎样滚下历史舞台的？正如汉人善于总结秦代的历史教训一样，唐人也善于总结隋朝的历史教训。贞观九年（公元 635 年）唐太宗李世民对侍臣说："往昔初平京师（长安），宫中美女珍玩，无院不满。炀帝意犹不足，征求无已；兼东西征讨，穷兵黩武，百姓不堪，遂致亡灭。此皆朕所目见。故夙夜孜孜，惟欲清静，使天下无事。遂得徭役不兴，年谷丰稔，百姓安乐。夫治国犹如栽树，本根不摇，则枝叶茂荣。君能清静，百姓何得不安乐乎?"[1] 贞观十一年（公元 637 年）魏征上疏说："昔在有隋，统一寰宇，甲兵强锐，三十余年，风行万里，威动殊俗（殊俗，不同风俗习惯的民族）。一旦举而弃之，尽为他人之有。彼炀帝岂恶天下之治安，不欲社稷之长久，故行桀虐，以就灭亡哉！恃其富强，不虞后患。驱天下以从欲，罄万物而自奉，采域中之子女，求远方之奇异。宫苑是饰，台榭是崇，徭役无时，干戈不戢。外示严重，内多险忌，谗邪者必受其福，忠正者莫保其生。上下相蒙，君臣道隔；民不堪命，率土分崩。遂以四海之尊，殒于匹夫之手，子孙殄绝，为天下笑，可不痛哉!"[2] 魏征这道疏，可与贾谊的《过秦论》媲

① 吴兢：《贞观政要》，22 页。

② 吴兢：《贞观政要》，5 页。

美，而精炼且过之。杜佑在《通典》里说："炀帝大业二年[①]（公元606年），户八百九十万七千五百三十六，口四千六百一万九千九百五十六；此隋之极盛也。承其全实，遂恣荒淫。登极之初，即建洛邑，每月役丁二百万人。导洛至河及淮，又引沁水达河，北通涿郡；筑长城东西千余里，皆征百万余人。丁男不充，以妇人兼役，而死者大半。及亲征吐谷浑，驻军青海，遇雨雪，士卒死者十二三。又三驾东征辽泽（辽泽，辽海，指辽东），皆兴百余万众，馈运者倍之。又逆征数年之赋（预征租调，寅吃卯粮），穷侈极奢。举天下之人，十分九（十分之九）为'盗贼'。身丧国灭，实自取之！"[②] 他们说的都是事实。

《旧唐书·李密传》载祖君彦为李密起草的声讨炀帝的檄文，[③] 指斥杨广十大罪恶，其中第四、第五两条是最主要的。檄文说："广立池台，多营宫观，金铺玉户，青琐丹墀，蔽亏日月，隔阂寒暑。穷生人之精力，罄天下之资财，使鬼尚难为之，劳人固其不可。其罪四也。"这说的是炀帝大兴土木，滥用民财，滥役民力的罪恶。又说："科税繁猥（猥，琐碎），不知纪极；猛火屡烧，漏卮难满。头会箕敛（按人头收税，以箕敛钱；此秦时事），逆折十年之租；杼轴其空（意谓贡赋繁重，使人民的织机只剩下个空架子），日损千金之费。父母不得保其赤子，夫妻相弃于匡床。万户则城郭空虚（万户的城邑变成废墟），千里则烟火断绝。西蜀王孙（王孙，西汉时卓文君的父亲卓王孙，蜀中大富户）之室，翻同原宪之贫（原宪，孔子的学生，家极贫）；东海糜竺（糜竺，三国时东海大富户）之家，俄成邓通（邓通，汉文帝的宠臣，文帝特许他铸钱，富甲天下，有邓氏铜山之称；景帝即位后，籍没邓通的家财，死时竟不名一钱。事见《史记·佞幸列传》）之鬼。其罪五也。"这说的是炀帝赋敛无度，弄到民穷财尽，人民妻离子散，流离失所。"万户则城郭空虚，千里则烟火断绝"两句话，描绘了当时社会的悲惨景象。檄文还说："罄南山之竹，书罪未

---

① 这里所列户口数与《隋书·地理志》所列大业五年（公元609年）的户口数（户八百九十万七千五百四十六，口四千六百一万九千九百五十六）仅差一字。《册府元龟》卷486，户籍条则与《通典》相同。

② 《通典》卷七，《食货七》。

③ 檄文全文载《旧唐书》第七册，2212—2218页。

穷；决东海之波，流恶难尽！”的确，炀帝的种种罪恶是擢发难数的。

杨广同王莽一样工于矫诈，曾经在他的母亲独孤皇后身边装扮成一个孝子，在他的父亲杨坚面前装扮成一个不爱声色犬马的正人；一旦登上了皇帝宝座，立刻便把伪善的面罩撕个粉碎，赤裸裸地显露了暴君的真面目。

炀帝在位14年的所作所为，可以概括为如下的十六个字：骄奢淫暴，穷兵黩武，滥用民财，滥役人力。他一直以为自己在演喜剧，而实际上是演了一出历史大悲剧。

炀帝于仁寿四年七月继位，同年十一月便急不可待地往洛阳游乐。到洛阳后即征“发丁男数十万人掘堑，自龙门（今山西河津）东接长平（今山西晋城）、汲郡（今河南濬县），抵临清关（今河南新丰县东），度河，至浚仪（今河南开封）、襄城，达于上洛（今陕西商县）”，沿堑设置关防；[1] 下诏于伊、洛营建东京，设官分职。大业元年（公元605年）三月命“尚书令杨素、纳言杨达、将作大匠宇文恺营建东京，徙豫州郭下居民以实之”。又于皁涧营建显仁宫，“采海内奇禽异兽草木之类，以实园苑。徙天下富商大贾数万家于东京”。[2] 杨素等每月役丁二百万人，仅用十个月的时间便完成了东京的营建工程，役使促迫，僵仆而死的十分之四五，每月车载死丁，东至城皋，北至河阳，相望于道。[3] 贞观四年（公元630年）张玄素追述洛阳乾元殿的营建情况说：“臣尝见隋室初造此殿，楹栋宏壮，大木非近道所有，多自豫章采来，二千人拽一柱，其下施毂，皆以生铁为之，中间若用木轮，动即火出。略计一柱，已用数十万，则余费又过倍于此。臣闻阿房成，秦人散；章华就（楚灵王为章华之台），楚众离；乾元毕工，隋人解体。”[4] 洛阳宫室的壮丽，财力、物力及人力耗费之大，于此可知。

同年三月，炀帝征发河南诸郡男女100余万开通济渠，自洛阳西

① 《隋书》第一册，60页。
② 《隋书》第一册，63页。
③ 《隋书》第三册，686页。
④ 吴兢：《贞观政要》，57页。

苑引谷、洛水通入黄河，又自板渚（今河南荥阳汜水镇东北）引黄河通于淮，长 1 000 余里，宽 40 步，谓之御河。河两畔筑御道，道旁栽种柳树。与此同时，命黄门侍郎王弘、上仪同于士澄往江南采木，造龙舟，凤艒（音 tà，大船曰艒，小船曰艒）、黄龙、赤舰、楼船等数万艘。“又盛修车舆辇辂，旌旗羽仪（仪，仪仗）之饰。课天下州县，凡骨角齿牙，皮革毛羽，可饰器用，堪为氅毦（音 yǐ，结毛为饰）者，皆责焉（责令供应）。征发仓卒，朝令夕办，百姓求捕，网罟遍野，水陆禽兽殆尽，犹不能给，而买于豪富蓄积之家，其价腾踊。”①驱役几百万人，引起天下骚动，使全国人民不得安宁，只是为了一个目的——到扬州游乐。这年八月，炀帝“御龙舟，幸江都（扬州）。以左武卫大将军郭衍为前军，右武卫大将军李景为后军。文武官五品以上给楼船，九品以上给黄篾。舳舻相接，二百余里”。②《资治通鉴》纪述这次巡幸的情景说：“上（炀帝）御小朱航，自漕渠出洛口（胡三省注：洛水入河之口），御龙舟。龙舟四重，高四十五尺（一说高五丈），长二百丈（或作长二百尺，疑作尺是）；上重有正殿、内殿、东西朝堂；中二重有百二十房，皆饰以金玉；下重内侍处之。皇后乘翔螭舟，制度差小，而装饰无异。别有浮景九艘，三重，皆水殿也。又有漾彩、朱鸟、苍螭、白虎、玄武、飞羽、青凫、陵波、五楼、道场、玄坛、板艒，黄篾等数千艘，后宫、诸王、公主、百官、僧、尼、道士、蕃客（西域及外国客商）乘之，及载内外百司供奉之物。共用挽船（拉纤）士八万余人，其挽漾彩以上者九千余人，谓之殿脚，皆以锦綵为袍。又有平乘、青龙、艨艟、艚䑿、八櫂、艇舸等数千艘，并十二卫兵乘之，并载兵器帐幕，兵士自引，不给仗。”③ 沿途“所经州县，并令供顿，献食丰办者加官爵，阙乏者谴至死。”④ 盛况确属空前，炀帝的骄奢淫暴，劳民伤财，也确属空前。这是他即位后的第一次，却不是最后的一次。

① 《隋书》第三册，686 页。
② 《隋书》第一册，65 页。
③ 《资治通鉴》卷 180，《隋纪 · 四》。
④ 《隋书》第三册，686 页。

炀帝假“观风省俗”之名，四处游乐，为了便于游乐，首先是大开运河。除了大业元年征发河南诸郡男女100余万开通济渠外，大业四年，（公元608年）又“诏发河北诸郡男女百余万开永济渠，引沁水（在今山西沁水县）南达于河，北通涿郡”，全长二千余里。大业六年（公元610年），复从京口（今江苏镇江）至余杭（今浙江杭州），在旧河道的基础上开江南河八百里，河宽十丈。前后不过六年，历史上有名的南北大运河完工了，它凝聚了数百万人民的血和汗，其中有不少人丧失了生命。运河对南北的物资交流起了积极作用，这是隋代劳动人民对历史做出的贡献，而炀帝则只是为了个人的游乐。

其次是筑驰道。大业三年（公元607年）征“发河北十余郡丁男凿太行山，达于并州（山西旧太原府），以通驰道”。[①] 同年六月又从陕西榆林北境东达河北蓟县修筑长三千里、宽百步的驰道，史书上说是“举国就役”。[②]

除了营建洛阳宫室以外，又在其他地方兴修了离宫别馆，例如大业三年八月在太原营晋阳宫，翌年四月又起汾阳宫，土木之功，无时或息。还造活动宫殿，《隋书·宇文恺传》说：炀帝“又造观风行殿，上容待卫者数百人，离合为之（同时把预构件拼合起来成为宫殿，不用时可以拆开），下施轮轴，推移倏忽，有若神功”。[③] 这是7世纪初叶出现在中国的活动房屋，它表现了中国人民的高度智慧，同时也标志了炀帝的无比骄奢。

大业三年七月，征发“丁男百余万筑长城”，死者十之五六。大业四年七月，再“发丁男二十余万筑长城”。

从大业元年到大业六年，每年都有好几百万人在苛重的徭役中饱受折磨。炀帝的滥用民财和滥役人力，远远超出秦始皇、秦二世。

炀帝的穷兵黩武，也甚于秦始皇。《隋书·食货志》记载：大业二年“使朝请大夫张镇州击流求，俘数万。士卒深入，蒙犯瘴疠，馁疾而死者十八九”。（此事《炀帝纪》系大业六年，《东夷传》系大业

---

① 《隋书》第一册，68页。

② 《资治通鉴》卷180，《隋纪·四》。

③ 《隋书》第六册，1588页。

四年，互不相同。)[①] 又载：大业五年（《炀帝纪》同）炀帝“亲征吐谷浑，破之于赤水。慕容佛允（吐谷浑酋长）委（委，舍弃）其家属，西奔青海。帝驻兵不出，遇天霖雨，经大斗拔谷，士卒死者十二三焉，马驴十八九”（《炀帝纪》作：经大斗拔谷，山路隘险，鱼贯而出。风霰晦冥，与从官相失，士卒冻死者大半）。[②]

大业初年又准备伐高丽。《隋书·元弘嗣传》载：“大业初，炀帝潜有取辽东之意，遣弘嗣往东莱海口监造船。诸州役丁苦其棰楚，官人督役，昼夜立于水中，略不敢息，自腰以下，无不生蛆，死者十三四。”[③]《隋书·食货志》载：“（大业）六年，将征高丽，有司奏兵马已多损耗。诏又课天下富人，量其资产，出钱市武马，填元（原有）数，限令取足。复点兵具器仗，皆令精新，滥恶则使人（所派的人）便斩。于是马匹（马一匹）至十万。”[④] 大业七年（公元611年）发生大水灾，“山东、河南漂没三十余郡（《炀帝纪》说三十余郡，《食货志》说四十余郡），民相卖为奴婢。”炀帝不管老百姓的死活，一意发动战争，这年冬天，“辽东战士及馈运者填咽于道，昼夜不绝”；大业八年（公元612年）正月，大军云集于涿郡，炀帝诏令十二军分道进发，“总一百一十三万三千八百，号二百万，其馈运者倍之”，真可以算是“倾国以从”了。这年七月，宇文述等败绩，诸军并陷，将士逃还者只有二千余骑；由于惨败，只好下令班师。炀帝没有悔祸，大业九年（公元613年）正月又征天下兵，集于涿郡，再次发动战争；这年六月，礼部尚书杨玄感（杨素之子）反于黎阳，进逼东都（洛阳），炀帝又不能不下令班师。大业十年（614年）二月，炀帝还召集文武大臣，议伐高丽，“数日无敢言者”，炀帝仍下诏出师。这年七月，高丽遣使请降，战事才算了结。[⑤] 但这并没有把隋王朝从风雨飘摇的危局中拯救出来。

早在杨玄感起事之前，反对隋王朝封建统治的农民起义就已经揭

---

① 《隋书》第三册，687页。
② 《隋书》第三册，687页。
③ 《隋书》第六册，1701页。
④ 《隋书》第三册，687页。
⑤ 以上均见《隋书》第一册，《炀帝纪》，不分注页数。

开序幕了。大业九年正月，“杜彦冰、王润等陷平原郡”；“平原李德逸聚众数万，称‘阿舅贼’”；“灵武白榆妄称‘奴贼’”，据陇右。二月，济北人韩进洛聚众数万。三月，济阴人孟海公聚众数万；北海人郭方预自号“卢公”，聚众三万。五月，济北人甄宝车聚众万余。七月，余杭人刘元进聚众数万。[1] 八月，杨玄感兵败阌乡，被杀。《北史·裴蕴传》说：“杨玄感之反也，（炀）帝遣蕴推（推，追查）其党与，谓蕴曰：‘玄感一呼，从者十万，益知天下人不欲多，多即相聚为盗耳（这是何等荒谬的逻辑！）。不尽加诛，则后无以劝。’蕴由是乃峻法理之，所戮者数万人，皆籍没其家。”[2] 炀帝并下令，后为“盗贼”，均籍没其家。

但是，血腥的镇压并没有吓倒起义的人民，相反，各地起义军更加风起云涌，势如燎原。大业九年八月，吴人朱粲、晋人管崇拥众十万余，攻江左；陈瑱率众三万，陷信安郡。九月，济阴人吴海流、东海人彭孝才并举兵，众数万。十月，齐人孟让、王薄等拥众十余万，据长白山（此在山东章丘，不是吉林的长白山）；清河张金称有众数万；渤海格谦号燕王，孙宣雅号齐王，众各十万。自此以后，群雄蜂起，天下大乱。大业十三年（公元 617 年）五月，李渊起兵于太原。“是时，刘武周起马邑，林士弘起豫章，刘元进起晋安（《隋书》及《资治通鉴》均作余杭），皆称皇帝；朱粲起南阳，号楚帝；李子通起海陵，号楚王；邵江海据岐州，号新平王；薛举起金城，号西秦霸王；郭子和起榆林，号永乐王；窦建德起河间，号长乐王；王须拔起恒、定，号漫天王；汪华起新安，杜伏威起淮南，皆号吴王；李密起巩，号魏公；王德仁起邺，号太公；左才相起齐郡，号博山公；罗艺据幽州，左难当据泾，冯盎据高、罗，皆号总管；梁师都据朔方，号大丞相；孟海公据曹州，号录事；周文举据淮阳，号柳叶军；高开道据北平，张长愻据五原，周洮据上洛，杨士林据山南，徐圆朗据兖州，杨仲达据豫州，张善相据伊、汝，王要汉据汴州，时德叡据尉氏，李义满据平陵，綦公顺据青、莱，淳于难据文登，徐师顺据任城，蒋弘度

---

① 以上均见《隋书》第一册，《炀帝纪》，不分注页数。

② 《北史》第八册，2552 页。

据东海，王薄据齐郡，蒋善合据郓州，田留安据章丘，张青特据济北，臧君相据海州，殷恭邃据舒州，周法明据永安，苗海潮据永嘉，梅知岩据宣城，邓文进据广州，俚首杨世略据循、潮，冉安昌据巴东，宁长真据郁林”。[①] 整个国家陷于四分五裂。义宁（李渊拥立的隋恭帝杨侑的年号）二年（公元618年）三月，炀帝被他的大臣宇文化及等所杀，隋王朝亦从此覆灭了。

秦王朝二世而亡，隋王朝也是二世而亡。这两个短命的封建王朝有一些相同或相似的地方：由苛重的赋役剥削及残暴的政治压迫导致了全国性农民起义的爆发，这是基本相同的；胡亥死于赵高、阎乐之手，杨广死于宇文化及之手，这是十分相似的。炀帝的可悲下场，不会有谁怜悯；他的骄奢淫暴的种种罪恶，则永远为人民所痛恨，永远受到历史的谴责。

大业初年，天下民户总计890多万户，到唐高祖武德初年只残存200余万户，全国户口损耗四分之三左右。人民遭受灾难的惨重，国家元气所遭受的毁丧和社会经济所遭受的破坏，都可以从这一数字推想出来了。

第三节　唐王朝前期的均田与租庸调

李渊是十六国时期西凉王李暠的第七代孙，其祖父李虎为西魏左仆射，封陇西郡公，与宇文泰、李弼、独孤信等共称八柱国，北周建国后追封唐国公。李渊七岁袭爵，大业初年屡官荥阳、楼烦二郡太守、殿内少监、卫尉少卿，大业十二年迁右骁卫将军，大业十三年（公元617年）为太原留守。这年五月李渊在太原举事，十月攻克长安，拥立代王杨侑为天子，改元义宁。义宁二年（公元618年，史书上亦称大业十四年）五月取代杨侑即皇帝位，国号唐，改隋义宁二年为唐武

① 《新唐书》，中华书局（下同），第一册，3页。

德元年。经过数年征战，剪平各派势力，至武德七年（公元 624 年）基本上恢复了国家的统一。

唐王朝前期农业生产是兴盛的。应该说，实行均田和租庸调法对农业生产的发展起了积极的作用。

隋炀帝大业初全国共计 890 万户（据《隋书·地理志》所列各郡户数总计为 9 070 414 户），武德年间仅存 200 余万户（《通典》及《册府元龟》均同），人户少而荒地多，这是唐初得以继续实行均田制度的条件。

武德七年三月二十九日，始定均田。唐代的均田和租庸调制度，《唐六典》《通典》《唐会要》《旧唐书》《新唐书》《册府元龟》及《文献通考》诸书均有记载，内容互有详略而大同小异。《唐六典》成于开元二十五年（公元 737 年），出书最早。下面的叙述以《唐六典》为主，有疑阙处则杂用他书校补。

“百户为里，五里为乡，两京（指首都长安及东京洛阳）及州县之郭内分为坊，郊外为村。里村坊（《旧唐书·职官志》作里及坊村，文义较顺）皆有正，以司督察。四家为邻，五家为保（《旧唐书·职官志》作五邻为保，同书《食货志》仍作五家为保）。保有长，以相禁约。”

这是唐代的基层组织。里正的职责，除了管理治安以外，主要是案比户口，收手实，造籍书和“课种农桑，催驱赋役”。

“凡男女始生为黄，四岁为小，十六为中，二十有一为丁，六十为老。每一岁一造计帐，三年一造户籍。县以籍成于州，州成于省（省，指尚书省），户部总而领焉（原注：诸造籍起正月，毕三月。所须纸笔、装潢、轴帙，皆出当户内，口别一钱；计帐所须，户别一钱）。凡天下之户，量其资产，定为九等（原注：每三年县司注定，州司覆之，然后注籍而申之于省）。每定户以仲年（原注：子、卯、午、酉），造籍以季年（原注：丑、辰、未、戌）。州县之籍，恒留五比，省籍留九比。凡户之两贯（两贯，两个籍贯）者，先从边州为定，次从关（原误为开字）内，次从军府州。若住（原误为俱字）者，各从其先贯焉。乐住之制：居狭乡者，听其从宽；居远者，听其从近；居轻役之地者，听其从重（原注：畿内诸州，不得乐住畿外；畿外诸州，不得乐住余州；其京城县，不得住余县；有军府州，不得住无军府州）。辨天下之四人（四人即四民，避唐太宗讳改民字为人字），使各专其业。凡习学文武者为士，肆力农桑者为农，巧作器用（原为工作贸易，依《旧唐书·职官志》改）者为工，屠沽兴贩者为商（原注：工商曰皆为家专其业以求利者，其织袵组紃之类非也）。工商之家不得预于士，食禄之人不得夺下人之利。”

这是唐代的户籍制度，说得十分详备。需要补充的是，关于役龄的规定，据《旧唐书·食货志》的记载：“神龙元年（公元 705 年），韦庶人（即中宗的韦后）为皇后，务欲求媚于人，上表请以二十二为丁，五十八为老；制从之。及韦氏诛，复旧。至天宝三年（公元 744 年），又降优制，以十八为中男，二十二为丁。”① 又据《旧唐书·食货志》的记载：代宗李豫广德元年（公元 763 年）规定，“天下男子宜二十三成丁，五十八为老”。②

下面是唐代户籍的一个样本（为便于参考，有些地方给加了标点）：

唐大历四年（公元 769 年）沙州敦煌县悬泉乡户籍中索思礼户：
户主索思礼　年陆拾伍岁　老男　昭武校尉前行右金吾卫灵州　武略府别将守上柱国官，天宝十三年十一月廿七日授，甲头张思默。

勋，开元十九年四月十八日授，甲头王游仙、曾贵祖、□运。

下中户　不课户

母汜氏	年捌拾玖岁	寡　上元二年帐后死
妻汜	年伍拾玖岁	老男妻
男　游鸾	年叁拾柒岁	丹州通化府折冲，上柱国 大历元年　月　日授，甲头李季礼
鸾妻　张	年叁拾捌岁	职资妻
鸾男　齐岳	年壹拾贰岁	小男　大历二年帐后编附
奴　罗汉	年肆拾陆岁	丁

① 《旧唐书》第六册，2089 页。

② 《旧唐书》第六册，2091 页。《旧唐书·代宗纪》载“二十成丁，五十入老”，似有误。

奴　　富奴　年贰拾贰岁　　丁

沙洲敦煌县悬泉乡宜禾里　　大历四年□□手实

奴　　安安　年伍拾叁岁　　丁乾元三年籍后死

婢　　实子　年贰拾玖岁　　丁

合应授田陆拾壹顷伍拾叁亩　　二百四十亩已授：
四十亩永业，一十九亩勋田，一十四亩买田，一百六十七亩口分，三亩居住园宅。五十九顷一十亩未授。

王国维在《唐写本敦煌县户籍跋》一文里对这一户籍曾经作过解释，现引录如下：

“此狩野博士所录，英伦博物馆所藏，唐大历四年沙州敦煌县户籍也。《唐六典》户部尚书职：每一岁一造计帐，三年一造户籍；凡定户以仲年（子、卯、午、酉），造籍以季年（丑、辰、未、戌）。大历四年，岁在己酉，正定户之年也。云户主者，《通典》引开元二十五年令云：凡户主皆以家长为之是也。云户主索思礼年六十五岁老男者，《六典》：凡男女始生为黄，四岁为小，十六为中，二十有一为丁，六十为老。《唐志》（指《旧唐书食货志》）：天宝三载，更民十八以上为中，二十三以上成丁。广德元年诏：男子二十五为成丁，五十五为老（案与旧唐书食货志不同，此据《唐会要》）。又《六典》：凡给田之制，丁男、中男以一顷，老男、笃疾、废疾以四十亩，寡妻妾以三十亩，若为户者（户主）则减丁之半。此索思礼年六十五，故云老男。必书此者，以与授田之事相关故也。此下或书寡，或书小男，或书废疾，或书小女、中女，皆仿此。云昭武都尉前行右金吾卫灵州武略府别将上柱国者，昭武都尉，武散官，正六品上；别将，则唐制：上府别将，职事官，正七品下，中府从七品上，下府从七品下；云前行者，《六典》：凡任官阶高而拟卑曰行，此以六品散官任七品职事官，故曰行；又时已罢职，故曰前行也。上柱国者，勋官第十二转。云甲头某某者，唐制授官有团甲过甲之制，授散官与勋亦然。言甲头某某者，犹唐以来言某某下及第、某某榜下进士矣。云下中户者，

《六典》：天下之户，量其资产，分为九等，下中则第八等也。云不课户者，《通典》：户内有课口者为课户，无课口者为不课户。诸视流内九品以上官皆为不课户是也。云母汜氏上元二年帐后死者，谓上元二年计帐上有其名，其后即死；已死而犹列于籍者，造籍者之失也。云男游鸾丹州通化府折冲者，案《唐志》（指地理志）丹州府名有同化，无通化，然唐袁秀岩墓志云，迁左威卫丹州通化府折冲，正与此合。折冲者，折冲都尉之略。唐制：上府折冲都尉，职事官，正四品上，中府正四品下，下府从四品上，不知通化府居何等矣。上索思礼名下，具散官、职事官、勋官三种，此仅具职事官、勋官，而不著散官者，因勋官自上柱国以下授田各有差，而散官则与授田无涉故也。云鸾男齐岳年一十二岁、大历二年帐后编附者，谓至大历计帐后其名始编入也。云沙州敦煌县悬泉乡宜禾里大历四年□□手实者，《唐会要》（八十五）开元十八年，敕诸户籍三年一造，起正月上旬，县司责手实计帐，赴州依式勘造；乡别为卷，总为三通，其缝皆注某州某县某年籍，州名用州印，县名用县印，三月三十日纳讫。此行连用四印即是也。手实者，《文献通考》载宋熙宁七年吕惠卿议，引户令云，手实者，令人户具其丁口田宅之实也；《宋史·吕惠卿传》亦云自供手实。是前后所具丁口田宅皆出人户自供矣。云乾元三年籍者，乾元三年，岁在庚子，亦定户之年。《六典》注：诸造籍起正月，毕三月。故户籍以定籍之年名之，不以造籍之年名之也。云合应受田六十一顷五十三亩者，唐制上柱国受田三十顷，思礼父子两人勋皆上柱国，合受田六十顷；又思礼以老男为户主，合受田五十亩；游鸾为丁，合受百亩；又园宅地三亩，故合受田六十一顷五十三亩。下安游璟户云，应受田三十一顷一亩，亦上柱国勋田三十顷，丁田一顷，园宅一亩，与此同例也。云二百四十亩已受，四十亩永业，一十九亩勋田，一十四亩买田，一百六十七亩口分，三亩居住园宅；五十九顷一十亩未受者（以上数句，原书标点有误，已改正），案从上应受田数中，除去勋田六十顷、园宅三亩外，只余百五十亩为永业、口分之田，其中四十亩为永业，百一十一亩为口分（原注：《唐志》丁中人一顷，其八十亩为口分，二十亩为永业，老及笃疾、废疾、寡妻妾皆以二十亩为永业，余为口分），而此口分得一百六十七亩（原书漏一百两字）者，此亦有说。盖思礼已老，游鸾又为他州四品职事官，均未必能躬耕，为之耕者，二奴也。二奴之年正在丁中，例得受田百亩，意其初以二奴之名受田二顷；然唐制奴婢无受田之文，于是即以思礼、游鸾之名受田百五十亩，然实际已受田二百七亩。有司以其家勋田未受者尚多，又以游鸾官稍高，遂不复致诘，即据以定籍，故有此参池也。勋田六十顷，仅受一十九亩，盖唐时职事官田与勋官田皆有名无实。下安游璟勋亦上柱国，而勋田未受半亩，亦其证也。田亩皆注所在地及四至者，为授受田也。瓜渠地在城东十五里，疑即唐《沙州图经》之北府渠，孟授渠亦见《图经》，云长二十里；《西凉录》云，敦煌太守赵郡孟敏于州西南十八里甘泉乡乡斗门上开渠溉田，百姓蒙赖，因以为号。今城东一里，尚有此渠，知此渠自城西南迤至城东矣。"①

王国维的解释相当清楚，除个别地方外，其余基本正确。通过这个实例和王国维的解释，人们对唐代户籍的内容可以得到一个大概的了解。需要指出的是，户籍的内容，除了王氏所说，与均田有关之外，还与征发赋役——租庸调有关，与征收户税有关。因为与租庸调有关，所以户籍上一定注明是课户还是不课户。《通典》卷七引开元二十五年（公元737年）户令："诸户主皆以家长为之，户内有课口者为课户，无课口者为不课户。诸视流内九品以上官及男年二十以下（原文误为上字）、老男、废疾、妻妾、部曲、客女、奴婢，皆为不课户。无夫者为寡妻妾。余准旧令"。上引索思礼户，户主索思礼为老男，其妻汜氏及儿媳妇张氏为妻妾，其子游鸾为四品职事官，孙齐岳为小男，罗汉、富奴、安安和实子均为奴婢，全户无课口，故属不课户。有课口的课户，户籍上分别注明"课户见（同现）输"或"课户见不输"。下面再举两例来说明。

一、武后大足元年（公元701年）沙州敦煌效谷乡邯寿寿户：

户主邯寿寿	年伍拾陆岁	白丁	课户见输
女娘子	年拾叁岁	小女	

① 王国维：《观堂集林》卷21，中华书局1961年版，1027—1033页。

亡弟妻孙	年叁拾陆岁	寡

计布二丈五尺

计麻三斤

计租二石

户主邯寿寿年五十六岁（武后时以六十岁为老）属白丁，即课口，所以要负担租庸调（户籍内注明的仅为租调之数），这叫作“课户见输”。

二、开元四年（公元 716 年）杨法子户：

户主杨法子	年叁拾玖岁	卫士下中户	课户见不输
妻阴	年叁拾陆岁	卫士妻	
男乾昱	年捌岁	小男	
女娘子	年壹拾贰岁	小女	

户主杨法子年三十九岁，本属课口，由于他正在服兵役，在这期间可以不输租庸调，所以叫作“课户见不输”。

唐代的户税是按户等征收的。评定户等和在户籍上注明户等与征收户税有关。上引索思礼户定为下中户，即八等户，依照大历四年的规定，应纳户税七百文。

以上是关于基层组织和户籍制度的规定，以下各段则是关于均田的规定。

“凡给田之制有差：丁男、中男以一顷，老男、笃疾、废疾者以四十亩；寡妻妾以三十亩，若为户者则减丁之半。凡田分为二等，一曰永业，二曰口分。丁之田，二为永业，八为口分。”

以上规定一般平民的受田额数。据《唐律疏议 · 卷廿二》：“腰脊折，一支（同肢）废，为废疾。……笃疾者，两目盲，二支（肢）废”。无夫者为寡妻妾已见上述。寡妻妾如果是户主，可以受田五十亩（即减丁之半），其中二十亩为永业。“丁之田，二为永业，八为口分”，是说丁田 100 亩中，20 亩是永业田，80 亩是口分田。老男、笃疾、废疾者所受 40 亩都是口分田。

“凡道士给田三十亩，女冠二十亩，僧尼亦如之。”

“女冠”是女道士。僧人同道士一样受田三十亩，尼姑所受田数亦如女冠，即二十亩。南北朝以来，僧寺道院都占有大地产。唐初规定僧道的受田数，既是迁就现状，也有限制寺院占田的意图。

“凡官户受田，减百姓口分之半。”

什么是官户？如果理解为当官的户，那就大错特错了。《唐六典》卷六，刑部都官条：“凡反叛相坐，没其家为官奴婢。一免为番户，再免为杂户，三免为良人。”原注云：“官户者，番户之总号，非谓别有一色。”这就是说，凡坐反叛罪的，其家口没入为官奴婢；官奴婢减罪一等，成为番户，亦即官户。官户的身份是贱民，户籍由所隶官署主管，不属州县。他们所受口分只相当于平民的半数，不给与永业田。杂户的户籍在州县，受田数与平民同，但赋役则重于平民。

“凡天下百姓给园宅地者，良口三人以下（原文误作以上，据《通典》改正）给一亩，（每）三口加一亩；贱口（奴婢之类）五人给一亩，每五口加一亩：其口分、永业不与（音 yú）焉。”

这是关于园宅地的规定。上引索思礼户共有良口五人，贱口四人，故共受园宅地三亩。园宅地是另外给予的，不在口分田和永业田数内。

“凡给口分田，皆从便近。居城之人，本县无田者则隔县给受。凡应收授之田，皆起十月，毕十二月。凡授田，先课后不课，先贫后富，先无后少。凡州县界内所部受田悉足者为宽乡，不足者为狭乡。”

这是关于受田程序、时间等的规定。条文甚明白，毋须说明。《旧唐书·职官志》所载，大致相同，惟作“先多后少”，则于理不合，“多”字实误。需要补充的是，《通典》说：“应给宽乡，并依定田数。若狭乡所受者，减宽乡口分之半。”这是说，宽乡授田，要依定额给足；狭乡人多地少，所授口分田可以减少一半。

“凡官人及勋（原无及勋二字，据《旧唐书·职官志》补入），受永业田。亲王一百顷；职事官正一品六十顷；郡王及职事官从一品，五十顷；国公若（若，义等于或，下同）职事官二品，四十顷；郡公若职事官从二品，三十五顷；县公若职事官正三品，二十五顷；职事官从三品，二十顷；侯若职事官正四品，十四顷；伯若职事官从四品，十一顷；子若职事官正五品，八顷；男若职事官从五品，五顷。上柱国，三十顷；柱国，二十五顷；上护军，二十顷；护军，十五顷；上轻车都尉，一十顷；轻车都尉，七顷；上骑都尉，六顷；骑都尉，四顷；骁骑尉、飞骑尉，各八十亩；云骑尉、武骑尉，各六十亩。其散官五品以上，同职事官给。”

这是关于王公百官永业田的规定。这里，应该先介绍一下唐代所谓爵、勋、职事官和散官。

爵是封给皇亲国戚及功臣的，分为九等：(1) 王，正一品，食邑一万户；(2) 郡王，从一品，食邑五千户；(3) 国公，从一品，食邑三千户；(4) 郡公，正二品，食邑二千户；(5) 县公，从二品，食邑一千五百户；(6) 县侯，从三品，食邑一千户；(7) 县伯，正四品，食邑七百户；(8) 县子，正五品，食邑五百户；(9) 县男，从五品，食邑三百户。唐代的爵，除实封外，并给永业田。

勋是授给有军功的，凡十二转：十二转为上柱国，比正二品；十一转为柱国，比从二品；十转为上护军，比正三品；九转为护军，比从三品；八转为上轻车都尉，比正四品；七转为轻车都尉，比从四品；六转为上骑都尉，比正五品；五转为骑都尉，比从五品；四转为骁骑尉，比正六品；三转为飞骑尉，比从六品；二转为云骑尉，比正七品；一转为武骑尉，比从七品。勋官无禄，但给永业田。

职事官是有实职的官。文职事官，如京官中的尚书左右仆射（从二品），侍中、中书令、各部尚书（均正三品），御史大夫、秘书监、光禄、卫尉、太仆、大理、鸿胪、司农、太府卿（均从三品），尚书左丞（正四品上阶）、尚书右丞（正四品下阶），尚书左右诸司郎中（均从五品上阶）等；外官中的上州（户满四万以上）刺史（从三品）、别驾（从四品下阶）、长史（从五品上阶）、司马（从五品下阶），中州（户满二万以上）刺史（正四品上阶），下州（户不满二万）刺史（正四品下阶），京县（长安、万年、河南、洛阳、太原、晋阳六县）令（正五品上阶）、丞（从七品），畿县（京兆、河南、太原所管诸县）令（正六品下阶）、丞（正八品下阶），诸州上县令（从六品上阶），诸州中县令（正七品上阶），诸州中下县令（从七品上阶），诸州下县令（从七品下阶）等都是。武职事官，如京官中的左右金吾卫大将军（正三品）、将军（从三品）等；外官中的府折冲都尉（上府正四品，中府从四品下阶，下府正五品下阶）等都是。职官名多，不能细录，职事官武德年间无禄，只给职分田及永业田，贞观二年（公元628年）尚规定考绩得上考者乃给禄，其后始定禄俸之制。

散官是只有官衔和官阶（唐代共分九品三十阶）而无实职的官（有以散官领实职的），分文散官和武散官。文散官，如开府仪同三司（从一品），特进（正二品），光禄大夫（从二品）至将仕郎（从九品下阶）等。文散官中开府仪同三司及特进不带职事官的，朝参禄俸并同职事官。其余无禄。散官五品以上并给永业田，如职事官。武散官，如骠骑大将军（从一品），辅国大将军（正二品），镇军大将军（从二品）至陪戎副将（从九品下阶）等都是。名多亦不能细录。王国维在《唐写本敦煌县户籍跋》一文中说“散官与授田无涉”，失考。散官六品以下是否授永业田，则史无明文，根据“多闻阙疑”之旨，不敢臆断。

对《唐六典》关于王公百官永业田的规定，需加补充的，有如下四点：

一、《通典·卷二·田制下》引开元二十五年令：“诸永业田皆传子孙，不在收授之限，即子孙犯除名（除名：削去官爵，贬为庶人）者，所承之地亦不追。每亩课种桑五十根以上，榆、枣各十根以上，三年种毕。乡土不宜者，任以所宜树充。”

二、同书又说：“所给五品以上永业田，皆不得狭乡受，任于宽乡隔越射无主荒地充。其六品以下永业，即听本乡取还公田充，愿于宽乡取者亦听。”

三、同书还说：“兼有官、爵及勋，俱应给（永业田）者，唯从多，不并给。”例如，某人封县公，勋上柱国，以冠军大将军（武散官，正三品）行上府折冲都尉（武职事官，正四品上阶），县公例授永业田二十五顷，上柱国三十顷，冠军大将军二十五顷，上府折冲都尉十四顷，按照上述规定，只授给永业田三十顷，不授给九十四顷。这就是“唯从多，不并给”。

四、职事官六品以下授永业田数，仅《新唐书》有记载，其数为六品及七品授永业田二顷半，八品及九品授永业田二顷。

平民授永业田只有二十亩，而亲王至百顷，相当于平民永业田的五百倍；郡王永业田五十顷，相当于平民永业田的二百五十倍；职事官从三品永业田二十顷，相当于平民永业田的一百倍；下如职事官八、九品的永业田亦授二顷，相当于平民永业田的十倍。唐代王公百官永业田的规定，使土地集中在封建贵族和官僚的手中，这是显而易见的。所以，唐代的封建贵族和大官僚都是剥削农民最厉害的大地主。唐代均田制度最大的缺陷在于此。可以说，唐代所谓均田，实际上并不均。

关于工商业户的受田，《通典》引开元二十五年令说："诸以工商为业者，永业、口分田各减半（减一般平民之半，即永业田只授十亩，口分田只授四十亩）给之。在狭乡者并不给。"

关于职事官的职分田，《通典》记载："诸京官文武职事职分田：一品一十二顷，二品十顷，三品九顷，四品七顷，五品六顷，六品四顷，七品三顷五十亩，八品二顷五十亩，九品二顷，并去京城百里内给。其京兆、河南府及京县官人职分田，亦准此。即百里外给者（意为百里内地少，欲于百里外给者），亦听。诸州及都护府、亲王府官人职分田：二品一十二顷，三品一十顷，四品八顷，五品七顷，六品五顷（原注：京畿县亦准此），七品四顷，八品三顷，九品二顷五十亩。镇戍关津岳渎及在外监官，五品五顷，六品三顷五十亩，七品三顷，八品二顷，九品一顷五十亩。三卫中郎将、上府折冲都尉各六顷，中府五顷五十亩，下府及郎将各五顷。上府果毅都尉四顷，中府三顷五十亩，下府三顷。上府长史、别将各三顷，中府、下府各二顷五十亩。亲王府典军五顷五十亩，副典军四顷，千牛备身左右、太子千牛备身各三顷。诸军上折冲府兵曹二顷，中府、下府各一顷五十亩。其外军校尉一顷二十亩，旅师一顷，队正、副各八十亩。皆于领侧州县内给。其校尉以下在本县及去家百里内领者，不给。"

唐初武德年间内外百官无禄，只给职分田。《旧唐书・玄宗纪上》记载：开元十年（公元722年），"停天下公廨钱，其官人料以税户钱充，每月准旧分例数给""内外官职田，除公廨田园外，并官收，给还逃户（还逃户，回归本土的逃户）及贫下户欠丁田（贫下户课丁应受而未给足的田数）。”[1] 这本来是一项比较进步的措施。但开元十八年（公元730年）又下令“依旧给京官职田”。[2] 唐代的职分田废置不常，而停给的时候较少。职分田同下面将要谈到的公廨田都是由农户耕种而官府收取地租的，租额虽规定不能超过每亩6斗，实际上这个限制恐怕靠不住。

关于公廨田，《唐六典》说：“凡天下诸州公廨田，大都督府四十顷；中都督府三十五顷，下都督、都护、上州各三十顷；中州二十顷；官总监、下州各十五顷；上县十顷；中县八顷；下县六顷；上牧监、上镇各五顷；下县及中牧、下牧、司竹监、中镇、诸军、折冲府各四顷；诸冶监、诸仓监、下镇、上关各三顷；互市监、诸屯监、上戍、中关及津各二顷（原注：津隶都水则不别给；《通典》注云：其津隶都水使者，不给）；下关一顷五十亩；中戍、下戍、岳、渎各一顷。”

在京诸司亦给公廨田，其田数，《唐六典》未载。据《通典·卷三十五·职官十七》载：“大唐凡京诸司，各有公廨田：司农寺给二十六顷；殿中省二十五顷；少府监二十二顷；太常寺二十顷；京兆府、河南府各十七顷；太府寺十六顷；吏部、户部各十五顷；兵部、内侍省各十四顷；中书省、将作监各十三顷；刑部、大理寺各十二顷；尚书都省、门下省、太子左春坊各十一顷，工部一十顷；光禄寺、太仆寺、秘书监各九顷；礼部、鸿胪寺、都水监、太子詹事府各八顷；御史台、国子监、京县各七顷；左右卫、太子家令寺各六顷；卫尉寺、左右骁卫、左右武卫、左右威卫、左右领军卫、左右金吾卫、左右监门卫、太子左右春坊各五顷（按：上已云太子左春坊十顷，此处又云太子左右春坊各五顷，必有衍文）；太子左右卫率府、太史局各四顷；宗正寺、左右千牛卫、太子仆寺、左右司御率府、左右清道率府、左右监门率府各三顷；内坊、左右内率府、率更府各二顷。”

公廨田的租入本来是供公用的。《新唐书·食货志》说：“京司及州县皆有公廨田，供公私之费。”[3] 似乎官吏的私用也从中挹注了，事

---

① 《旧唐书》第一册，183页，194页。
② 《旧唐书》第一册，183页，194页。
③ 《新唐书》第五册，1394页。

实上，公廨田的收入是一笔糊涂账，私人的中饱是免不了的。贞观至开元、天宝之间，京官待遇优于外官。据《通典·卷三十五·职官十七》说："凡京文武正官，每岁供给俸食等钱，并防阁、庶仆及杂钱等。……外官则以公廨田收及息钱（公廨钱的收益）等，常食公用之外，充分用料"。肃宗、代宗以后，中央财政拮据，元载作相又反其道而行，《资治通鉴·唐纪四十一》说：代宗大历十二年（公元777年）"元载以仕进者多乐京师，恶其逼己，乃制俸禄，厚外官而薄京官，京官不能自给，常从外官乞贷。杨绾、常衮奏京官俸太薄；己酉，诏加京官俸，岁约十五万六千余缗（千文为缗）。"颜鲁公（真卿）为刑部尚书，有《乞米帖》流传于世，帖上写道："拙于生事，举家食粥，今又罄矣，实用忧煎！"当然，像颜真卿这样的清官，在封建社会中只占极少数。而大多数官僚决不甘食贫，他们凭借自己的权势恣意向人民剥削，对俸禄的厚薄，是毫不在乎的。所以，在封建统治下，一般的情况是：官吏的待遇越低，人民的负担愈重。

王公百官永业田、职分田及公廨田，均袭自前朝，惟唐代给予之数特大。以永业田而论，隋代最少者为40亩，而唐代则九品亦给2顷。以职分田而论，隋代京官一品给5顷，唐代则为12顷。唐代公廨田，仅给在京各官署便达500多顷，给地方官署之数又数十百倍于此。因此，王公百官永业田、职分田和公廨田，此外还有赐地，在全国土地面积中要占去一个很大的比重。王国维说的"唐时职事官田与勋官田皆有名无实"，在唐初，恐非如此。

唐代的均田制度还有一个特点，便是在很大的程度上允许土地的自由买卖。唐代不仅允许永业田的买卖，也允许口分田的买卖。《通典·卷二·田制下》说："诸庶人有身死家贫无以供葬者，听卖永业田；即流移者，亦如之。乐迁就宽乡者，并听卖口分（原注：卖充住宅、邸、店、碾硙者，虽非乐迁，亦听私卖）。"《唐律疏议·卷十二·户婚》也说："即应合卖者，谓永业田家贫卖供葬；及口分田卖充宅及碾硙、邸、店之类。狭乡乐迁就宽者，准令并许卖之。其赐田欲卖者，亦不在禁限。其五品以上若勋官永业地，亦并听卖。"《通典》又说："凡卖买，皆须经所部官司申牒"，经官司批准，土地的买卖便算合法的了。放宽对土地买卖的限制，其结果必然是助长土地兼并。

唐王朝前期的均田制度与其前代一样，实质上都是把农民束缚在土地上，使广大农民成为封建国家的佃户。唐王朝前期向农民征收的便是地租和赋税混为一体的租、庸、调。

《旧唐书·食货志》说："赋役之法：每丁岁入租粟二石；调则随乡土所产，绫、绢、絁各二丈，布加五分之一。输绫、绢、絁者，兼调绵三两；输布者，麻三斤。凡丁，岁役二旬；若不役，则收其佣，每日三尺。有事而加役者，旬有五日免其调，三旬则租、调俱免。通正役，并不过五十日。"① 其他各书所载相同。惟"布加五分之一"则有通书"输布二丈五尺"的，实际也无差异，因隋唐之制，绢一匹长四丈，麻布一端长五丈，所谓"布加五分之一"，意为加五尺，即比绢二丈多五尺。这就是所谓租、庸、调。租、调之名由来已久，只有庸是新立的名目，庸是力役，陆贽说："以其出绢而当庸直，故谓之庸。"这里要补充的是，每丁一般岁役二旬，但闰年则要加役二日。

唐以前，租、调以床（一夫一妇）为征收单位，唐因妇人（除寡妻妾外）不受田，故以课丁为征收单位（中男亦受田一顷，与丁同输租调）。役则均以丁计。《贞观政要》说："简点使右仆射封德彝等，并欲中男十八以上，简点入军。敕三四出，(魏) 征执奏以为不可。德彝重奏：'今见简点者云，次男内大有壮者。'太宗怒，乃出敕：'中男以上，虽未十八，身形壮大，亦取。'征又不从，不肯署敕。太宗召征及王珪，作色（盛气）而待之，曰：'中男若实小，自不点入军；若实大，亦可简取。于君何嫌？过作如此固执，朕不解公意！'征正色曰：'臣闻竭泽取鱼，非不得鱼，明年无鱼。焚林而畋，非不获兽，明年无兽。若次男以上，尽点入军，租赋杂徭，将何取给？'"② 由此可知，唐代中男除输租调外亦服杂徭，惟不服兵役。唐代调、役之数，与隋开皇年间相同，但租粟则减少一石。隋代一夫一妇受田一百四十亩，其中口分田占一百二十亩；唐代每丁受田一百亩，其中口分田为八十亩，妇人不受田。按比例，所减不多，甚至可以说没有减（按口

---

① 《旧唐书》第六册，2088 页。

② 《贞观政要》，66—67 页。

分田的比例来说，实际上没有减)。不管怎样，租、庸、调的征收额都不能算重。并且，加役十五日则免调，加役三十日则租调并免，加役连同正役合计不能超过五十日。这些规定均为前代所无，而对力役则有严格限制，使轻徭政策得以具体化，不失为具有进步意义的立法。

唐代的赋役减免办法也比较具体。关于灾歉的减免，《唐六典》说:"凡水、旱、虫、霜为灾害，则有分数（评定成数)。十分损四以上（歉收四成以上未到六成的）免租，损六以上（歉收六成以上未到七成）免租、调，损七（歉收七成）以上，课役俱免。若桑麻损尽者，各免调。若已役已输者，听免其来年。"关于移民和新附人口的减免，《通典·卷六·食货六》说:"诸人居狭乡乐迁就宽乡者，去（距离）本居千里外，复三年（免除租庸调三年)；五百里外，复二年；三百里外，复一年。一迁之后，不复更移。诸没落外蕃（汉人被外族掳去为奴隶）得还者，一年以上（没落一年以上）复三年，二年以上复四年，三年以上复五年。外蕃之人投化（投化，归化）者复十年。诸部曲、奴婢放附户贯（部曲、奴婢脱离主户自立户籍)，复三年"。这些照顾，也都是合理的。上面曾说过，唐代规定："诸视流内九品以上官及男二十以下、老男、废疾、妻妾、部曲、客女、奴婢，皆为不课户"；中男既受田，当然不会免除租、调。看来所谓"男年二十以下"是仅指未受田的小男；对老男、废疾、妻妾等免除赋役是合理的；对部曲等免除赋役，有助长隐户的缺点；而对九品以上的官吏的优惠，则是极不合理的。但在封建社会这又是必然的。

《旧唐书·食货志》说："若岭南诸州则税米，上户一石二斗，次户八斗，下户六斗。若夷獠之户，皆从半输（即上户六斗，次户四斗，下户三斗)。蕃胡内附者，上户丁税钱十文，次户五文，下户免之。附经二年（归化为编户已达二年）者，上户丁输羊二口，次户一口，下三户共一口（下户则三户共交一头羊)。"[①] 对少数民族给予优惠是合理的。《唐六典》说："蕃人内附者，定为九等。四等以上者为

① 《旧唐书》第六册，2088—2089 页。

上户，七等以上者为次户，八等以下者为下户；上户丁税钱十文，次户五丈，下户免之。附经二年者，上户输羊二口，次户一口，下户三户共一口。”内容实际相同。对附经二年的蕃户，《旧唐书·食货志》说“上户丁输羊二口”，是以丁为单位征收的，丁字有可能是衍文。

以上所述是唐王朝前期租庸调法的一个轮廓。各书所载，基本一致。唯《新唐书·食货志》所说：“丁随乡所出，岁输绢二匹，绫、絁二丈，布加五分之一，绵三两，麻三斤，非蚕乡则银十四两，谓之调。”[①] 其中说的“岁输绢二匹”，是错误的；“非蚕乡则银十四两”，是不能相信的。

除租、庸、调外，唐代的正税尚有地税和户税。《唐律疏议·卷十五》说：“应输课税，谓租、调、地税之类。”地税即义仓米，创自贞观二年（公元628年）。《旧唐书·食货志》说：“贞观二年四月，尚书左丞戴胄上言曰：‘水旱凶灾，前圣之所不免。国无九年储蓄，礼经之所明诫。今丧乱之后，户口凋残，每岁纳租，未实仓廪。随时出给，才供当年，若有凶灾，将何赈恤？故隋开皇立制，天下之人，节级输粟，多为社仓，终于文皇（隋高祖），得无饥馑。及大业中年，国用不足，并贷（借用）社仓之物，以充官费，故至末涂（末涂，末年），无以支给。今请自王公以下，爰及众庶，计所垦田稼穑顷亩，至秋熟，准其见在苗以理劝课，尽令出粟。稻麦之乡，亦同此税。各纳所在，为立义仓。若年谷不登，百姓饥馑，当所州县，随便取给。’太宗曰：‘既为百姓预作储贮，官为举掌（举办及管理），以备凶年，非朕所须横生赋敛。利人之事，深是可嘉。宜下所司，议立条制。’户部尚书韩仲良奏：‘王公以下垦田，亩纳二升。其粟麦粳稻之属，各依土地。贮之州县，以备凶年。’可之（太宗批准户部的办法）。自是天下州县，始置义仓，每有饥馑，则开仓赈给。”[②] 唐高宗李治永徽二年（公元651年）下令：“义仓据地收税，实是劳烦；宜令率户出粟，上上户五石，余各有差（其余各等户递减）。”[③] 唐玄宗李隆基又恢复

① 《新唐书》第五册，1342—1343页。

② 《旧唐书》第六册，2122—2123页。

③ 《旧唐书》第六册，2122—2123页。

每亩二升的税额，并规定商贾户无田或不足者也要按户等交纳地税。其税额，据《唐六典》为“上上户税五石，上中以下递减一石，中中户一石五斗，中下户一石，下上七斗，下中五斗，下下户及全户逃散并夷獠薄税（少数民族轻税地区）并不在取限”。

户税，据《旧唐书·食货志》记载，唐代宗李豫大历四年（公元769年）下令：“定天下百姓及王公以下每年税钱，分为九等；上上户（一等户，以下类推）四千文，上中户三千五百文，上下户三千文；中上户二千五百文，中中户二千文，中下户一千五百文；下上户一千文，下中户七百文，下下户五百文。其见官（现任的官），一品准上上户，九品准下下户，余品并准依此户等税。若一户数处任官，亦每处依品纳税。其内外官，仍据正员及占额内缺者税。其试（试用）及同正员文武官，不在税限。其百姓有邸店行铺及炉治，应准式合加本户二等税者，依税数勘责征纳。其寄庄户，准旧例从八等户税，寄住户从九等户税，比类百姓，事恐不均，宜各递加一等税（即依照旧例纳九等户税的加为八等，纳八等户税的加为七等）。其诸色浮客及权时寄住户者，无问有官无官各所在为两等收税；稍殷有者准八等户，余准九等户。如数处有庄田，亦每处税。诸道将士庄田，既缘防御勤劳，不可同百姓例，并一切从九等输税。”[①] 上引索思礼户，定下中户，即八等户，本户应纳户税七百文：其子游鸾任丹州通化府折冲都尉，官四品，亦应在当地按四等户纳户税二千五百文。户税，唐王朝前期已开征，税额不详。《唐六典》说：“凡天下诸州税钱，各有准常。三年一大税，其率一百五十万贯。每年一小税，其率四十万贯，以供军国传驿及邮递之用。每年又别税八十万贯，以供外官之月料及公廨之用。”《通典》记天宝七年至天宝十四年（公元748—755年），八等户税钱四百五十二文，九等户税钱二百二十二文。由此可见，大历四年以前，户税税额是较轻的。

地税和户税，王公官商都得交纳，并且采用累进的差别税率，富有者负担较重，这是比较合理的。

---

① 《旧唐书》第六册，2091—2092页。

以上说的是唐王朝前期的均田和租庸调制度以及地税、户税，至于这一时期的农民负担情况，下一节里再说。

第四节　唐王朝前期的农民负担

隋炀帝骄奢淫暴，穷兵黩武，滥耗民财，滥役民力，把一个好端端的国家弄到土崩瓦解，把几千万人民推下苦难的深渊。万户则城郭空虚，千里则烟火断绝，积怨满于山川，号哭动于天地。这是多么悲惨的景象。隋末社会经济所受破坏之大，人民所遭苦难之深重，实在不是言语笔墨所能形容的。

唐武德七年国内初定，尽管当时的国家已经糜烂不堪，但既然恢复了统一，就会为社会经济的发展铺平道路。武德九年（公元626年）八月唐太宗李世民即位，翌年改元贞观，开创了政治新局面。

贞观初，太宗对侍臣说过："为君之道，必须先存百姓，若损百姓以奉其身，犹割股以啖腹，腹饱而身毙。"又说："治国与养病无异也。病人觉愈，弥须将护，若有触犯，必至殒命。治国亦然，天下稍安，尤须兢慎，若便骄逸，必至丧败。"[①] 可以说，这是他为巩固唐王朝封建政权的基本指导思想。

太宗亲自听过隋炀帝这个反面教员的课，他深刻地认识到，要巩固自己的政权非走汉文帝的"轻徭薄赋"道路不可。《资治通鉴》记载：武德九年十一月，太宗与群臣论止盗，或请重法以禁之，帝哂之曰："民之所以为盗者，由赋繁役重，官吏贪求，饥寒切身，故不暇顾廉耻耳！朕当去奢省费，轻徭薄赋，选用廉吏，使民衣食有余，则自不为盗，安用重法也！"去奢省费，轻徭薄赋，这就是太宗的政治纲领。他不会真正信奉"以一人治天下，不以天下奉一人"的教条，但他深刻地认识到，不能去奢省费也就不能实现轻徭薄赋。因此，他

---

① 《贞观政要》，1页，16页。

时刻警惕自己，极力克制私欲，极力节省皇室用度，特别在贞观初年，确实是战战兢兢，防微杜渐，时刻以骄逸为戒的。他有气疾（关节病），贞观二年，公卿以宫中卑湿，奏请营造一阁。他说："昔汉文帝将起露台，而惜十家之产（露台要费百金，汉文帝说，百金，中人十家之产也，遂罢而不造）。朕德不逮于汉帝，而所费过之，岂为人父母之道也?"公卿固请再三，终不许。贞观四年，太宗谓侍臣曰："崇饰宫宇，游赏池台，帝王之所欲，百姓之所不欲。帝王所欲者放逸，百姓所不欲者劳弊。孔子云：'有一言可以终身行之者，其恕乎！己所不欲，勿施于人。'劳弊之事，诚不可施于百姓。"① 终贞观一朝，基本上可以说没有什么大兴土木、劳民伤财之事。太宗在贞观初年是比较自觉的，后期也是比较自制的，或能够听从大臣谏阻的。这是贞观年间能够全面推行轻徭薄赋政策的政治保证。

敦煌和吐鲁番出土的唐代户籍及其他文书，证明唐王朝前期是按照均田法令实行授田的。问题在于：从这些出土户籍中可以看到开元以后一般授田不足，那么，开元以前是否也这样呢?

由于户口情况的不同（丁口的多少，有无职官及勋等），各户应受田数有很大差别。《旧唐书·地理志》载："开元二十八年（公元740年），户部计帐，凡郡府三百二十有八，县千五百七十有三，羁縻州郡，不在此数。户八百四十一万二千八百七十一，口四千八百一十四万三千六百九，应受田一千四百四十万三千八百六十二顷一十三亩。"② 根据这个资料，平均每户应受田数为170亩。又，《通典》载：天宝十四年（公元755年）户"八百九十一万四千七百九"，口"五千二百九十一万九千三百九"，应受田（原文作垦田，误）"一千四百三十万三千八百六十二顷一十三亩"。③ 据此计算，平均每户应受田数为160亩。《通典》又载："大唐贞观（按：当指贞观初年）户不满三百万"，永徽三年（原文作元年，误）"户三百八十万"。④ 如果以平

① 《贞观政要》，186页。

② 《旧唐书》第五册，1393页。

③ 户、口数见《通典·食货七》，应受田数见《通典·食货二》。

④ 《通典》卷七，《历代盛衰户口》。

均每户应受田一百七十亩为标准，按三百万户计算，全国应受田数总计仅达五亿亩；即使按三百五十万户计算，全国应受田数总数也仅达六亿亩。在户口少而荒地多的情况下，贞观年间的授田极有可能是足数的。授田之数既足，则每丁的负担——租粟二石（平均每亩粟二升），调绢二丈，绵三两（或布二丈五尺，麻三斤）和役二十日，自然是很轻的。这是当时能够全面推行轻徭薄赋政策的物质保证。

由于户口和田地分布不平衡，狭乡的农户受田较少，负担较重。太宗注意到这个问题。《册府元龟·卷一〇五·惠民》载：贞观十八年（公元644年），太宗“幸灵口（今陕西临潼区），村落偪侧，问其受田，丁三十亩……诏雍州录（录，登记）尤少田者，并给复（免赋役），移之于宽乡”。（《册府元龟·卷一一三帝王部·巡幸》亦载此事）由此可见，贞观年间对均田法令的执行是比较认真的，无地或少地的农民是得到适当照顾的。

上节说过，均田制度的实质，是把农民束缚在土地上，使其成为封建国家的佃户。这和根本推翻封建土地制度的土地改革是迥然不同的。但是，大乱之后，农民迫切希望能够摆脱长期流离失所的灾难，迫切希望能够安安稳稳地活下去。既然有田可耕，其中有一小部分永业田又归个人私有，衣食便有了着落。饥者易为食，均田制度满足了农民的最低要求，农民愿意接受均田制度，这是可以理解的。

政治较开明，社会较稳定，为农民创造了较好的环境。授田足额，赋役较轻，有利于农民改善生活和扩大生产。

贞观年间，农民负担的确较轻。我们可以粗略地算一个大账如下：

一、唐代的亩产量，蒙文通的研究可以采用。他说：“陆贽说：‘有田之家，坐食租税。京畿之内，每田一亩，官税五升。而私家收租，亩至一石；降及中等，租犹半之（按即每亩五斗）。官取一，私取十。’唐时豪民收租，仍然是见税十五。段秀实传：‘泾大将焦令谌取人田自占，给与农约熟归其半。’政府屯田管田，也还是这种办法。‘徐申迁韶州刺史，按公田之废者，募人垦发，以所收半畀之’照这样来看，私家收租，亩至一石。自然是亩收两石。‘中等租犹半之’，这是次等的田亩收一石。‘调露（高宗年号）中，河源垦田五千顷，收粟斛百余万’正是百亩收二百石的实证。通鉴说：‘元和（宪宗年号）中，振武垦田四千八百顷，收谷四十余万斛。’正是百亩收百余石的实证。‘韩重华代北开废田，益兵三千人，岁收粟二十万石’这里没有说是若干顷，如其是人耕七十亩，依然是他在振武的办法，那么三千人就该二十一万亩，还是百亩百石的样子。‘崔弘礼为河阳节度使，溉田千顷，岁收八万斛’那是百亩八十石的样子。这里溉田就可能是收租一半的办法。千顷是收十六万斛的样子。从田有高下来看，通肥硗之率，唐代平均每亩大约是一石半，合汉量就是四石半，唐的生产量比汉时增加百分之五十。但汉是六尺为步，唐是五尺为步，都是二百四十步为亩，汉亩大于唐亩几乎三分之一，唐百亩只能合汉七十亩，可知汉的一百亩在唐的产量应该是两百石，合汉量是六百石，这显然是比汉扩大了一倍。”[①] 又，《新唐书·地理志》载，江陵府江陵，贞元（德宗年号）八年节度使李皋“塞古堤，广良田五千顷，亩收一钟”。[②] 钟是古量器，《左传·昭公三年》杜预注：“六斛四斗。”所谓“亩收一钟”是大概之词，不过，有灌溉之利的良田亩收二石（相当于今量一石二斗）应是可能的。《新唐书·地理志》又载：龙门“东南二十三里有十石垆渠……溉田良沃，亩收十石”。[③] “亩收十石”自然也是大概之词，不过，数字过大（相当于今量 6 石），恐怕不一定靠得住，只能说明有些地区产量是相当高的。我们知道，唐代注意修水利，长江流域的农业生产又比前代有更大的发展，所以，平均亩产一石半的估计，在开元以后是保守了。由于缺乏文献资料，唐代各朝的平均亩产量，未能确知。如果推断贞观年间平均亩产量为 1 石 5 斗，开元以后平均亩产量为 2 石，也许比较接近历史实际。如上所述，唐初的授田是足额的，每丁受田一百亩，年产量应为粟 150 石。

二、每丁的负担：(1) 租粟二石；(2) 调绢二丈，绵三两；(3) 庸绢六丈（每天绢三尺，二十天共计六丈）；(4) 地税粟二石（每亩二

---

① 蒙文通：《中国历代农产量的扩大和赋役制度及学术思想的演变》，《四川大学学报》1957 年第二期，45 页。

② 《新唐书》第四册，1028 页，1001 页。

③ 《新唐书》第四册，1028 页，1001 页。

升，百亩共计二石）。贞观年间粟、绢的正常比价不详。但唐初规定有事而加役旬有五日者免调，加役三旬则租、调俱免。由此可以推知，当时的官估，租粟二石与调绢二丈是等价的。二丈绢等于二石粟，一匹绢就等于四石粟了。这样，每丁的负担，通折为粟，便是租粟 2 石，调 2 石，庸 2 石，地税 2 石，共计 12 石，占每丁百亩收入 150 石的 8%。这就是说，贞观年间的租庸调负担是低于所谓“什一之税”的。当然，也应该说明：由于贞观年间的户税税额不详，所以未把户税负担计算在内。

三、每丁百亩收 150 石，扣除租庸调和地税 12 石，负担后余粮 138 石，这是一个很可观的数字。如果折成今石（唐 1 石约合今量 6 斗），也有 82.8 石，还是一个很可观的数字。假如每丁以赡养两人（连本身共三人）计算，在食的方面，平均每人年消费粮食 7 石 2 斗，三人共计 21.6 石；在穿着方面，平均每人年用绢两匹，三人共计 6 匹，折合粟 24 石；衣食所需合计 45.6 石。在负担后的余粮 138 石中，扣除衣食所需尚余 92.4 石，用来应付生活上的其他开销和生产上的投资，显然是相当宽裕的。这样，农民的生活不但有所保证，并且能有所改善，他们的积极性就被调动起来了。勤劳的农民推动了社会经济，首先是农业生产的恢复和发展，在经济发展的基础上又推动了文化的兴旺发达，从而使唐王朝成为一个文明富强的大帝国，在世界历史上留下光荣的纪录。

上述各种因素交互发挥作用（轻徭薄赋发挥了不容低估的作用），形成了中国历史上有名的“贞观之治”。《贞观政要》记载：“太宗自即位之始，霜旱为灾，米谷踊贵，突厥侵扰，州县骚然。帝志在忧人，锐精为政，崇尚节俭，大布恩德。是时，自京师及河东、河南、陇右，饥馑尤甚，一匹绢才得一斗米。百姓虽东西逐食（逃荒），未尝嗟怨，莫不自安。至贞观三年，关中丰熟，咸自归乡，竟无一人逃散。其得人心如此。加以从谏如流，雅好儒术，孜孜求士，务在择官，改革旧弊，兴复制度。每因一事，触类为善。初，息隐（太宗即位后，追封建成为息王，谥曰隐）、海陵（太宗即位后，追封元吉为海陵王，谥曰刺）之党，同谋害太宗者数百千人，事宁（事宁，事平；指玄武门事变，杀建成及元吉)，复引居左右近侍（如王珪、魏征等均是)，心术豁然，不有疑阻。时论以为能断决大事，得帝王之体。深恶官吏贪浊，有枉法受财者，必无赦免。在京流外有犯赃者，皆遣执奏，随其所犯，置以重法。由是官吏多自清谨。制驭王公、妃主之家，大姓豪猾之伍，皆畏威屏迹，无敢侵欺佃人。商旅野次，无复盗贼，囹圄常空，马牛布野，外户不闭。又频致丰稔，米斗三四钱，行旅自京师至于岭表（五岭以外地区)，自山东（旧史称山东，均指太行山以东地区，不是说现在的山东省）至于沧海（即东海)，皆不赍（携带）粮，取给于路。入山东村落，行客经过者，必厚加供侍，或发（发，动程）时有赠遗。此皆古昔未有也。[①] 这是对贞观之治的综述。史官把一切归美于太宗固然是片面和错误的，但太宗毕竟是当时封建王朝的掌舵人，对他在政治上所起的有益作用是不应抹杀的。这段综述所说的，有许多都是史实。看了上面对农民家计的估计和分析，便会了解所谓“行旅不赍粮”，不会是无稽之谈。

《旧唐书·太宗纪下》载贞观四年（公元 630 年)，“是岁，断死刑二十九人，几致刑措。东至于海，南至于岭，皆外户不闭，行旅不赍粮焉”。[②] 如果认为从贞观四年开始已进入太平盛世，这是不能令人相信的。不过，贞观初年政尚宽大，断死刑的只有二十九人的事是有可能的。贞观六年十二月，太宗“亲录囚徒，归死罪者二百九十人于家（欧阳修在《新唐书》里说是三百九十人)，令明年秋末就刑。其后应期毕至，诏悉原（免罪）之”。[③] 这些身陷死罪的人，部分或多数可以说是封建制度的受害者，其中难免还有含冤受屈的，但太宗这种富有人道主义精神的处置，不能说是一件坏事。另外，经过隋末的大动乱，唐王朝建立时满目疮痍，太宗即位的最初两年还遭受了严重的自然灾害，但此后社会经济的恢复是十分迅速的，农业生产方面接二连三地获得好收成，贞观四年某些地区出现“行旅不赍粮”的事可能是有的。贞观初年，政治上颇有威信，贞观三年（公元 629 年）“户

① 《贞观政要》，24 页。

② 《旧唐书》第一册，41 页。

③ 《旧唐书》第一册，42 页，37 页。

部奏言：中国人自塞外来归及突厥前后内附、开四夷为州县者，男女一百二十余万口”。[1] 这反映了贞观政治的吸引力。可以推定，所谓贞观之治的太平盛世，大约是在贞观五年到贞观十年（公元631—636年）之间开始逐渐形成的。

户口从贞观初年的不满300万户增加到贞观末年的300余万户；粮价从贞观初年的一匹绢才得粟一斗下降至贞观十六年（公元642年）的天下粟价率计斗直五钱，其尤贱处，计斗直三钱。这是贞观年间社会经济发展的两大标志。

不能把贞观政治说得十全十美。唐太宗李世民也不是一个完人，特别在贞观末年，他干了一些不应干的事。

贞观二十二年（公元648年）充容（唐女官号，九嫔之一）徐惠上疏谏议，疏文说得很清楚："自贞观以来，二十有二载，风调雨顺，年登岁稔，人无水旱之弊，国无饥馑之灾……古人有云：'虽休勿休'，良有以也。守初保末，圣哲罕兼。是知业大者易骄，愿陛下难之；善始者难终，愿陛下易之！窃见顷年以来，力役兼总，东有辽海之军，西有昆丘之役，士马疲于甲胄，舟车倦于转输。且召募役戍，去留怀死生之痛；因风阻浪，人米有漂溺之危。一夫力耕，年无数十之获；一船至损，则倾数百之粮。是犹运有尽之农功，填无穷之巨浪；图未获之他众，丧已成之我军。虽除凶伐暴，有国常规；然黩武玩兵，先哲所戒……愿陛下布泽流人，矜弊恤乏，减行役之烦，增湛露之惠。妾又闻为政之本，贵在无为。窃见土木之功，不可兼遂。北阙初建，南营翠微，曾未踰时，玉华创制（翠微、玉华均宫名）。虽复因山借水，非无架筑之劳；损之又损，颇有工力之费。终以茅茨示约，犹兴木石之疲；假使和雇取人（和雇，官府用平价雇役），不无烦扰之弊。是以卑宫菲食，圣王之所安；金屋瑶台，骄主之为丽。故有道之君，以逸逸人；无道之君，以乐乐身。愿陛下使之以时，则力不竭矣；用而息之，则人斯悦矣！夫珍玩技巧，为丧国之斧斤；珠玉锦绣，实迷心之酖毒。窃见服玩纤靡，如变化于自然；职贡奇珍，若神仙之所制。

---

① 《旧唐书》第一册，42页，37页。

虽驰华于季俗，实败素于淳风。是知漆器非延叛之方，桀造之而人叛；玉杯岂招亡之术，纣用之而国亡。方验侈丽之源，不可不遏。作法于俭，犹恐其奢；作法于奢，何以制后？伏惟陛下明鉴未形，智周无际……惟恐知之非难，行之不易；志骄于业泰，体逸于时安。伏愿抑志裁心，慎终如始，削轻过以添重德，循今是以替前非，则鸿名与日月无穷，盛业与乾坤永泰。”[①] 疏文所述贞观末年太宗志骄意逸，忘居安思危之戒，不能善始善终，可谓一针见血。据说太宗“甚善其言”，亦颇后悔。

然而，徐惠的疏上得晚了，太宗的后悔更晚了。实事求是地说，贞观末年，太宗还不算是过分奢纵的，唯不听谏阻，两次出师辽东，劳民伤财，损了国家元气，这是最大的错误。《资治通鉴·卷199·唐纪》说：“贞观二十三年（公元649年），蜀人苦造船（为征伐辽东而造船）之役。或乞输直雇潭州人造船，上许之。州县督迫严急，民至卖田宅，鬻子女不能供；谷价踊贵，剑外（剑门关以南地区）骚然。”这只是一例，受征辽之害的，不仅仅是四川人民。《旧唐书·太宗纪下》的史臣评语说：“若文皇帝自定储于哲嗣（意谓原先不应立承乾为太子），不骋志于高丽，用人如贞观之初，纳谏比魏征之日。况（况，比譬）周发（周武王）、周成之世袭，我有遗妍（意谓太宗的优点本应多于周武王和周成王）；较汉文、汉武之恢弘，彼多惭德（惭德，溢美之词）意谓迹其听断不惑。从善如流，千载可称，一人而已！”[②] 这段话，除了有几句对太宗的歌颂未免过分以外，其余还算公允。

贞观初年，太宗曾讥刺秦皇、汉武迷信神仙之事，为方士所惑。贞观末年，他却忘记了自己说过的话，做了一件大蠢事。《旧唐书·郝处俊传》载：胡僧卢伽阿逸多受诏合长年药，高宗将饵之，处俊谏曰：“修短有命，未闻万乘之主，轻服蕃夷之药。昔贞观末年，先帝令婆罗门僧那罗迩娑寐依其本国旧方合长生药。胡人有异术，征求灵草秘石，历年而成。先帝服之，竟无异效，大渐之际（大渐，病危），

① 《旧唐书》第七册，2167—2169页。

② 《旧唐书》第一册，63页。

名医莫知所为。”[①]《旧唐书·宪宗纪下》亦载：元和四年（公元809年）宰相李藩对宪宗说：“文皇帝服胡僧长生药，遂致暴疾不救。古诗云：‘服食求神仙，多为药所误（古诗十九首中两句）。’诚哉，是言也！”[②] 这正是聪明人做了糊涂事。

太宗在位23年，其中20年，农民得到休养生息。由于有了这20年的成就，贞观末年的两次军事行动，虽然伤了元气，却未动摇国家的根基。这20年的成就，给唐王朝的文明富强奠定了基础。

高宗李治于贞观二十三年（公元649年）六月继承皇位，永徽六年（公元655年）册立武则天为皇后。《旧唐书·则天皇后纪》说：自显庆（高宗年号，公元656—661年2月）以后，“百官表奏，皆委天后（武则天）详决”，当时称为“二圣”。实际上唐王朝政权已落在武后掌握中，高宗只是摆设而已。

从显庆元年到长安四年（公元704年），武则天当政掌权凡49年，其中从天授元年（公元690年）建立周王朝起，当了15年正式的女皇帝。不能说武则天只是一个政治野心家，她是既有政治抱负又有政治才能的。《新唐书·高宗则天顺圣皇后武氏传》载：“上元元年（公元674年），进号天后，建言十二事：1. 劝农桑、薄赋徭；2. 给复（给复，免赋役）三辅地（唐代所谓三辅，指京兆府、华州及同州）；3. 息兵，以道德化天下；4. 南北中尚禁浮巧（南：南衙，宰相官署，这里泛指京师各官署；北：北门，指宫内，因宫禁在皇城之北；中尚：少府监的中尚署，掌供郊祀圭璧及天子器玩，后妃服饰雕文错綵之制）；5. 省功费力役；6. 广言路；7. 杜谗口；8. 王君以降（以降，以下）皆习老子；9. 父在为母服齐衰三年；10. 上元前勋官已给告身者无追覈；11. 京官八品以上益禀入（益，增加；禀，同廪；益禀入，增加官俸）；12. 百官任事久，材官位下者，得进阶（进阶，升级）申滞（滞，滞留，指长期不得升迁）。”[③] 武则天列举的12条建议，大部分是封建政治中的开明措施：她把减轻农民负担放在首要地位是很有

① 《旧唐书》第八册，2799页。

② 《旧唐书》第二册，432页。

③ 《新唐书》第十一册，3477页。

见地的。这些开明措施如果能够贯彻执行，那么，显庆以后几十年间的国计民生是可以比贞观年代好得多的。

然而，这些诺言并没有得到全部兑现。武则天本人当然要负主要责任，而客观环境的掣肘也不容忽视。封建伦理不许妇人干政，周武王伐纣，誓于牧野，誓词中就说过："古人有言，牝鸡无晨；牝鸡之晨，惟家之索！"（意谓母鸡报晓要把家业败尽）武则天代替公鸡报晓，不仅临朝称制，还要再进一步当女皇帝，这不能不引起封建卫道者们的激烈反对。骆宾王代徐敬业起草的檄文有两句话："一抔（音póu）之土未干，六尺之孤何托！"这两句话之所以极受赞赏，正是因为它代表了封建的正统观念。但是，后来的事实却证明了武则天比她自己的儿子，即所谓"六尺之孤"的中宗李显强得多。

武则天在政治上犯过很大的错误。第一个是由于担心朝臣背叛自己，她一度利用周兴、来俊臣等人搞特务政治，尽管后来也悔悟过来，并先后把周兴、来俊臣杀了，但已经造成不少冤假错案，枉害了许多人。第二个大错误犯在民族关系上，和吐蕃等少数民族的关系处理得不好，未能实践她自己提出过的"息兵"的主张，以致西北边境不得安宁，西北人民苦于征戍和战祸。

但是，与此同时，边区的屯田却很有成绩，仅河源地区的军屯就达50万亩，年收粟100余万石（平均亩收2至3石）。武则天把屯田事务交给娄师德负责，可算知人善任。她褒扬娄师德说："自卿受委北陲，总司军任，往还灵、夏，检校屯田，收率（收率，按分成比例收取屯田租额）既多，京坻（京，大；坻，水中高地）遽积。不烦和籴之费，无复转输之艰，西军及北镇兵数年咸得支给。"[①] 长寿元年（公元692年）娄师德入为夏官侍郎（武后改称兵部为夏官），次年同凤阁鸾台平章事（武后改称中书省为凤阁，门下省为鸾台；同平章事是宰相职），则天又对娄师德说："王师外镇，必借边境营田，卿须不惮劬劳，更充使检校。"大足元年（公元701年）郭元振为凉州都督、陇右诸军州大使，"令甘州刺史李汉通开置屯田，尽其水陆之利。旧凉

① 《旧唐书》第九册，2975页。

州粟麦斛至数千，及汉通收率之后，数年丰稔，乃至一匹绢籴数十斛，积军粮支数十年”。[①] 由于屯田办得好，既能支应军需，平抑边区粮价，又减轻了农民的赋役负担，并且对边区的安全也起了相当大的作用。长寿元年收复四镇（龟兹、于阗、疏勒、碎叶），屯田有一份功劳。

武则天犯封建伦理的大不韪，而能牢牢地紧握住统治权几达50年，原因何在呢？原因首先在于民心恶乱。嗣圣元年（公元684年）九月，徐敬业以匡复为名，据扬州起兵，只得楚州司马李崇福率所部三县响应。魏元忠对李孝逸（政府军的统帅）说:“海内承平日久，忽闻狂狡，莫不注心倾耳，以俟其诛”;[②] 陈子昂也说过：“扬州构祸，殆有五旬，而海内晏然，纤尘不动”;[③] 说明当时人民对封建统治阶级的内讧，抱袖手旁观的态度。四年后，越王李贞父子举兵，不到二十天便彻底瓦解。正因为民心恶乱，而这两次军事行动又只是封建统治阶级的内讧，缺乏群众基础，所以，结果只是“响了几声雷”，却没有带来一场“暴风雨”。同时，这也说明了武则天的统治未失民心。

这个女皇帝之所以未失民心，主要是由于用人得法。陆贽曾说她“进用不疑，求访无倦；非但人得荐士，亦许自举其才。所荐必行，所举辄试（试，试用），……而课责既严（严格要求），进退皆速，不肖者旋黜，才能者骤升。是以当代谓知人之明，累朝赖多士之用”。[④] 陆贽所说并非虚美之辞，武则天不愧为用人得法的女政治家，她先后选置左右的苏良嗣、娄师德、狄仁杰、姚崇、宋璟、魏元忠、陆元方父子和苏颋父子等都是深孚众望的人才，也是支撑武氏王朝的大梁。她把边防重任交给唐休璟，说:“恨用卿晚”，并对李峤、姚崇等说：“休璟谙练边事，卿等十不当一也。”[⑤] 西域四镇的收复，就出自休璟的策划。并州司马韦安石有政绩，则天手制劳之曰：“闻卿在彼，庶事存心，善政表于能官，仁明彰于镇抚。如此称职，深慰朕怀。”立即

① 《旧唐书》第九册，3044页。

② 《旧唐书》第九册，2951页，2979页。

③ 《陈子昂集》，卷九，《谏用刑书》。

④ 《旧唐书》第十二册，3803页。

⑤ 《旧唐书》第九册，2979页。

擢他为并州刺史，以后又提升为鸾台侍郎、同凤阁鸾台平章事。[①] 狄仁杰先后当过宁州、豫州、洛州刺史，郡人勒碑颂德，为置生祠。越王李贞之变，“缘坐者六七百人，籍没者五千口”，仁杰时为豫州刺史，密表上奏：“臣欲显奏，似为逆人申理；知而不言，恐乖陛下存恤之旨。表成复毁，意不能定。此辈咸非本心，伏望哀其诖误！”则天见表，免了这六七百人的死罪。[②] 王方庆为广州都督，境内清肃，“当时议者以为有唐以来，治广州者无出方庆之右”，则天下制褒扬，并赐给杂綵及瑞锦等物。[③] 姚崇、宋璟和苏颋后来都成了开元名相，这就是陆贽所说的“累朝赖多士之用”，所以，武则天在选拔人才这方面是有突出表现的。

高宗永徽三年民户总计380万，到中宗李显神龙元年（公元705年），民户总计6 156 141，人口3 714 000；[④] 武则天统治时期，天下户数增加了62%。户口的增加反映了这一期间的政治、经济情况没有走下坡路，农民负担也没有加重。

然而中宗在位不过五年却把天下搞乱了。中宗弊政之大者厥有三端：一为封爵过滥；二为崇饰寺观；三为贿赂公行，官吏冗杂。《旧唐书·韦思谦传》载，景龙三年（公元709年）韦嗣立（思谦之子）上疏说：“比者营造寺观，其数极多，皆务取宏博，竞崇瑰丽，大则费耗百十万，小则尚用三五余万，略计都（都，总）用资财，动至千万以上。转送木石，人牛不停；废人功，害农务，……臣窃见食封之家，其数甚众。昨略问户部，云用六十余万丁，一丁两匹（按：一丁两匹，仅指庸，调之数）即是一百二十万以上。臣顷在太府，知每年庸调绢数，多不过百万，少则七八十万以来，比诸封家所入全少。倘有虫霜旱涝，曾不半在，国家支供，何以取给？……皇运之初，功臣共定天下，当时食封才上三二十家；今以寻常特恩，遂至百家以上。

---

① 《旧唐书》第九册，2956页，2887页，287页。

② 《旧唐书》第九册，2956页，2887页，287页。

③ 《旧唐书》第九册，2956页，2887页，287页。

④ 《资治通鉴》，卷208。《旧唐书·苏瓌传》所载户数基本相同，唯《资治通鉴》所载数只到万位止。

国家租赋，太半私门；私门则资用有余，国家则支计不足。……封户之物，诸家自征，或是官典，或是奴仆，多挟势骋威，凌突州县。凡是封户，不胜侵扰”。[①]《旧唐书·柳亨传》载，睿宗李旦时，柳泽（柳亨之孙）上疏说：“神龙以来……卖官鬻爵……妃主之门，有同商贾；举选之署，实同阛阓。”[②]出自妃主之门的所谓邪封官，不计其数。所有这些，不仅削弱了国家财政，并且大大加重了农民负担。

先天元年（公元712年）六月，睿宗李旦传位于玄宗李隆基，这是唐王朝历史的一个转折点。先天二年（这年十二月改号开元）七月，玄宗粉碎了以太平公主为首的政变阴谋，十一月任姚崇为兵部尚书、同中书门下三品（宰相职），不久又转为紫微令（中书令的改称）。姚崇就任之先，条陈十事：1. 政先仁恕；2. 不倖边功；3. 法行自近；4. 宦竖不预政；5. 正赋以外无所取；6. 皇室戚属不任台省之职；7. 接臣下以礼；8. 群臣皆得批逆鳞，犯忌讳；9. 绝道佛营造；10. 永以汉代禄、莽、阎、梁（吕禄、王莽、阎显、梁冀，均外戚）乱天下为戒。玄宗一一答应，说：“朕能行之。”开元初年专任姚崇。姚崇明达吏事，政无壅滞。头一把火是开元二年（公元714年）正月甄别天下僧尼，勒令二万余人还俗。第二把火是开元三年六月山东诸州大蝗，他不顾有些朝臣的反对，分遣御史到各道，督促地方官吏动员群众驱扑焚瘗，挽救了秋稼，使这一年仍然能够获得较好的收成。这两件事都做得有声有色。开元四年十二月姚崇荐宋璟自代，玄宗以宋璟为吏部尚书兼黄门（门下省的改称）监，紫微侍郎苏颋同紫微黄门平章事。宋璟、苏颋同心辅政，《旧唐书·苏瓌传》载：“璟刚正，多所裁断，颋皆顺从其美；若上前承旨、敷奏及应对，则颋为之助。相得甚悦。璟尝谓人曰：‘吾与苏家父子，前后同时为宰相。仆射（苏颋之父苏瓌曾官尚书右仆射）长厚，诚为国器；若献可替否；罄尽臣节，断割吏事，至公无私，即颋过其父也！’”[③]此外，玄宗曾重用的大臣如张说、张九龄等，也都是有才能有识见的正派人物。唐人有一

---

① 《旧唐书》第九册，2870—2871页。

② 《旧唐书》第八册，2683页。

③ 《旧唐书》第九册，2881页。

句话："姚、宋在位，邪不胜正！"有了这批人在中枢，国家政治走上正轨，造就了"开元之治"。

开元（凡29年）、天宝（凡14年）40多年间，史家称为盛唐。特别是开元期间，算得上是太平盛世，国家富裕，百姓的日子也好过。杜甫在《忆昔》一诗里说："忆昔开元全盛日，小邑犹藏万家室；稻米流脂粟米白，公私仓廪俱丰实。"天宝八年（公元749年），各地粮食仓储总计2 000余万石，所谓公私仓廪俱丰实是真的。白居易在《新丰折臂翁》里说："翁云贯属新丰县，生逢圣代无征战，惯听梨园歌管声，不识旗枪与弓箭"，正是指的开元年间歌舞升平的情景。

物价的下跌和户口的增长，从两个方面反映了开元、天宝期间社会经济的蓬勃发展。《旧唐书·玄宗纪上》载：开元十三年（公元725年），"累岁丰稔，东都（洛阳）米斗十钱，青、齐米斗五钱"。[①]《通典》载："十三年封泰山，米斗至十三文，青、齐谷斗至五文。自后天下无贵物，两京（长安及洛阳）米斗不至二十文，面三十二文，绢一匹二百一十文。"[②]《新唐书》载：天宝时，"海内富实，米斗之价钱十三，青、齐间斗才三钱，绢一匹钱二百"。[③] 有些地区物价较高，例如，天宝四年（公元745年）河西豆卢军和籴会计录载有粟价两种，一种斗估27文，另一种斗估32文；载有绢价六种，最低的匹估460文，最高的匹估620文。就全国来说，开元、天宝间的正常物价可能是粟每石80钱（折合米每石133钱），绢每匹200钱。粟和绢的比价可能是粟二石半当一匹绢。另一方面，户口的增长从表4-1（见次页）可以看到：高宗永徽三年到玄宗天宝十四年的100多年的时间内，全国民户增加了一倍又三分之一强，已超过隋炀帝大业五年的水平；中宗神龙元年到玄宗天宝十四年的50多年的时间内，全国人口增加了42.5%。如果高宗永徽三年的人口按平均每户6人推算，共计2 280万人，那么，在100多年的时间内，全国人口也增加了一倍又三分之一弱。物价和户口的这些数字，充分说明了这一期间，特别是其中的开

① 《旧唐书》第一册，189页。

② 《通典》卷七，《历代盛衰户口》。

③ 《新唐书》第五册，1346页。

元期间，是唐王朝的黄金时代。

下面接着谈开元、天宝期间农民负担的一般情况。

《通典·卷六·赋税下》记载天宝中国家财政收入数字相当详细，现在把这些资料整理如下：

1. 天宝中，“天下计帐，户约有八百九十余万，其税钱约得二百余万贯”。

表 4－1

年度	公元	户数	民户增长率（%）	人口数	人口增殖率（%）
高宗永徽三年	652	3 800 000	100.00		
中宗神龙元年	705	6 156 141	162.00	37 140 000	100.00
玄宗开元十四年	726	7 069 565	186.04	41 419 712	111.52
开元二十年	732	7 861 236	206.87	45 431 265	122.32
开元二十二年	734	8 018 710	211.02	46 285 161	124.62
开元二十八年	740	8 412 871	211.39	48 143 609	120.63
天宝元年	742	8 525 763	224.36	48 909 800	131.69
天宝十三年	754	9 619 254	253.14	52 880 488	142.38
天宝十四年	755	8 914 709	234.60	52 919 309	142.49

注：①表列数字根据《旧唐书》《新唐书》《唐六典》《通典》《资治通鉴》《唐会要》《太平御览》各书不一一注明。

②天宝十三年户数疑大。

按：这里说的是户税。户税分按九等征收。据杜佑原注，天宝七年至天宝十四年，八等户税钱452文，九等户税钱222文，890万户的税钱共计200余万贯，是通按九等户的税额计算的，此数可能偏低。

2. “其地税约得千二百四十余万石。”

按：地税即义仓米。原注谓“两汉每户所垦田不过七十亩，今亦准此约计数”。每户70亩，890万户共计62 300万亩，这大概就是当时的全国垦田总数。杜佑掌管度支多年，熟悉具体情况，这一推算相信是接近实际的。地税税额每亩二升，全国总计约如上数。

3. “课丁八百二十余万。其庸、调、租等：约出丝绵郡县计三百七十余万丁，庸、调输绢约七百四十余万匹（原注：每丁计两匹），绵则百八十五万余屯（原注：每丁三两，六两为屯，两丁合成一屯），租粟则七百四十余万石（原注：每丁两石）；约出布郡县计四百五十余万丁，庸调输布千三十五万余端（原注：每丁两端一丈五尺，十丁则二十三端也）；其租：约百九十余万丁江南郡县，折纳布约五百七十余万端（原注：大约八等以下户计之，八等折租，每丁三端一丈，九等则二端二丈，今通以三端为率）；二百六十余万丁江北郡县，纳粟约五百二十余万石。大凡都计租税庸调，每岁钱粟绢绵布约得五千二百三十余万端匹屯贯石。”

按：以上列举租庸调的岁入数，有几点要稍加说明：（1）庸调输绢每丁两匹，其中二丈是调，六丈是役二十日的折纳绢（每日三尺），即所谓庸。（2）出布郡县庸调输布每丁两端一丈五尺，其中一丈五尺用抵麻三斤。由此可知麻三斤的官估为一端布价的30%，绵三两的官估当亦为一匹绢价的30%。（3）江南出布郡县的田租不交粮食而折纳布，其折纳的比率，一是按照官估，二是包括运脚在内。纳税人有运送的义务，折纳布后不用运送粮食，但政府并不让纳税人占便宜，还是照收运脚用布折纳。按照规定，义务运送里程有长有短，一般是上户输远处，下户输近地，所以，八等户和九等户的折纳数额不相同。（4）全年岁入的分类数字如下：

户税	钱 2 000 000 贯
地税	粟 12 400 000 石
租	粟 12 600 000 石
	折纳布 5 700 000 端
庸调	绢 7 400 000 匹
	绵 1 850 000 屯
	布 10 350 000 端

如果按品种计算，则为：

钱	2 000 000 贯
粟	25 000 000 石
绢	7 400 000 匹
布	16 050 000 端
绵	1 850 000 屯

根据这些资料，可以给这一期间的农民负担算一个大账：

表 4－2　　天宝中全国负担统计表

项目	原额	折粟（石）	占比（%）
户　　税	钱 2 000 000 贯	25 000 000	22.44
地　　税	粟 12 400 000 石	12 400 000	11.42
租庸调合计		74 000 000	66.43
其中：租		26 850 000	24.10
出丝绵郡县	粟 7 400 000 石	7 400 000	
江北出布郡县	粟 5 200 000 石	5 200 000	
江南出布郡县	布 5 700 000 端	14 250 000	
庸调		47 150 000	42.33
出丝绵郡县	绢 7 400 000 匹	18 500 000	
	绵 1 850 000 屯	2 775 000	
出布郡县	布 10 350 000 端	25 875 000	100.00
全国负担总计		111 400 000	
全国垦田总数	623 000 000 亩		
全国粮食总产量	1 246 000 000 石		
平均负担率			8.94
平均每亩负担额		0.18	

注：①可代表开元、天宝期间全国一般负担情况。

②折算率：80 钱折粟一石，绢一匹和布一端均折粟两石半，绵一屯按 0.6 匹绢计。

③全国粮食总产量按平均每亩两石推算。

表 4－3　　天宝中租庸调负担统计表　　单位：粟石

项　　目	全　　国	出丝绵郡县	江北出布郡县	江南出布郡县
课丁数（人）	8 200 000	3 700 000	2 600 000	1 900 000
租	26 850 000	7 400 000	5 200 000	14 250 000
庸　　调	47 150 000	21 275 000	14 950 000	10 925 000
租庸调合计	74 000 000	28 675 000	20 150 000	25 175 000
平均每丁负担数	9.02	7.75	7.75	13.25

注：绢、绵、布均折算为粟。

从表 4－2、表 4－3 可以看出：

1. 每年户税、地税及租庸调的收入，折合粮食 11 000 多万石，折合钱近 90 万万，折合绢达 4 450 多万匹；盐税及其他杂项收入尚未包括在内。国家财政的宽裕为前代所未有。

2. 在国家财政收入构成中，租庸调占三分之二，全部由农民负担。户税占 22%，比重亦不小。户税的负担面几乎为 100%，王侯百官及商户都不免，并且按九等定税，而农民多数入九等，少数入八等，所以，农民的户税负担最轻。地税的负担面也很广，不仅王侯百官要交纳，就是“商贾户无田及不足者”也要按户等交纳。其税额据《唐六典·户部尚书》所载为：上上户税五石，上中以下递减一石，中中户一石五斗，中下户一石，下上七斗，下中五斗；所以，农民的地税负担也是最轻的。户税和地税两项合占岁入的三分之一，这是农民负担得以减轻的原因之一。

3. 全国平均负担率接近 9%，由于户税和地税所起的缓冲作用，农民的平均负担率会低于此数。也许比贞观年间的 8% 稍高一些。但是，生产力提高了，平均每亩产量已由 1.5 石增加到 2 石，即增加三分之一。因此，负担率提高一点点，对农民的生产和生活不会有多大的影响。毫无疑义，开元、天宝期间的农民负担是轻的。

4. 在租庸调总额中，租占 36%，庸调合占 64%，其中调占 16%，而庸占 48%，几及总额的半数。出丝绵郡县和江北出布郡县的运役未计在内，租庸调以外的杂徭也未计在内。可以推知，在唐王朝前期，相对来说，一般是役重于赋。表 4－3 江南出布郡县平均每课丁负担 13.25 石，比出丝绵郡县及江北出布郡县均高出 10%。这是因为后两类地区未计运脚的缘故。江南郡县运程最长，运费最高，负担当然比其他两类地区重，但上述的比例并不可靠。各类地区之间的负担历来是不平衡的，不过，表 4－3 各类地区的平均每课丁负担额，不能真实地反映这种差距。

有两个人和两件事需要着重说一说。

一是开元八年（公元 720 年）宇文融的检括逃户。《旧唐书·宇文融传》载：“时天下户口逃亡，免役多伪滥，朝廷深以为患。融乃陈便宜，奏请检察伪滥，搜括逃户。玄宗纳其言，因令融充使推勾。无几，获伪滥及诸免役甚众，特加朝散大夫，再迁兵部员外郎，兼侍御史。融于是奏置劝农判官十人，并摄御史，分往天下，所在检括田畴，招携户口。其新附客户，则免其六年赋调（案：《食货志》说免五年租赋），但轻税入官（案：《食货志》说每丁量税一千五百钱）。……于是诸道括得客户凡八十余万，田亦称是……岁终征得客户钱数百万”。[①] 这次检括逃户是有效果的，但也有弊端，就是“州县希融旨意，务于获多，皆虚张其数，亦有以实户为客者”。

二是开元二十二年（公元 734 年）裴耀卿的改革漕运。先是开元十八年（公元 730 年），裴耀卿条陈江南漕运的困顿并建议改革，他说：“江南户口稍广，仓库所资，惟出租庸，更无征防（没有征发防戍的兵役）。缘水陆遥远，转运艰辛，功力虽劳，仓储不益。窃见每州所送租及庸调等，本州正二月上道，至扬州入斗门（斗门，水闸）即逢水浅，已有阻碍，须留一月以上。至四月以后，始渡淮入汴，多属汴河干浅，又般（般，同盘）运停留，至六七月始至河口，即逢黄河水涨，不得入河。又须停一两月，待河水小，始得上河。入洛即漕路干浅，船艘隘闹，般载停滞，备极艰辛。计从江南至东都，停滞日多，得行日少，粮食既皆不足（运伕所带口粮不足），欠折因此而生。又江南百姓不习河水，皆转雇河师水手，更为损费。伏见国家旧法，往代成规，择制便宜，以垂永久。河口元置武牢仓（武牢即虎牢），江南船不入黄河，即于仓内便贮。巩县置洛口仓，从黄河不入漕洛，即于仓内安置。爰及河阳仓、柏崖仓、太原仓、永丰仓、渭南仓，节级取便，例皆如此。水通则随近运转，不通即且纳在仓，不滞远船，不忧久耗；比于旷年长运，利便一倍有余。今若且置武牢、洛口等仓，江南船至河口，即却还（却还，返回）本州，更得其船充运。并取所减脚钱，更运江淮变造义仓（改运江淮义仓米），每年剩得一二百万石，即望数年之外，仓廪转加。其江淮义仓，下湿不堪久贮，若无船可运，三两年色变，即给贷费散，公私无益。”[②] 玄宗没有采纳。到了

① 《旧唐书》第十册，3217—3218 页。

② 《旧唐书》第六册，3114—3115 页。

开元二十一年,“京师两水害稼，谷价踊贵，玄宗以问耀卿，奏称:‘昔贞观、永徽之际，禄廪未广，每岁转运，不过二十万石便足。今国用渐广，漕运数倍，犹不能支。从都至陕，河路艰险，既用陆运，无由广致。若能兼河漕，变陆为水，则所支有余，动盈万计。且江南租船，候水始进，吴人不便漕輓，由是所在停留。日月既淹，遂生窃盗。臣望于河口置一仓，纳江东租米，便放船归。从河口即分入河、洛，官自雇船载运。三门之东置一仓，三门既水险，即于河岸开山，车运十数里；三门之西又置一仓，每运至仓，即般（同搬）下贮纳；水通即运，水细便止。自太原仓溯河，更无停留，所省钜万。……’上（玄宗）深然其言。至二十二年八月，置河阴县及河阴仓、河西柏崖仓、三门东集津仓、三门西盐仓。开三门山十八里，以避湍险。自江淮而溯鸿沟，悉纳河阴仓，自河阴送纳含嘉仓，又送纳太原仓，谓之北运。自太原仓浮于渭，以实关中。……凡三年，运七百万石，省陆运之佣四十万贯。旧制，东都含嘉仓积江淮之米，载以大舆而西，至于陕三百里，率两斛计佣钱千，此耀卿所省之数也。”[①] 裴耀卿的这一改革，既疏通了漕运，充实了关中仓储，又免除了江南租船旷年久运之苦，可以说是公私两便之举。

自姚崇、苏颋相继谢世，宋璟于开元二十二年（公元734年）因年老致仕，张九龄成为当时的中流砥柱。玄宗本来很敬重张九龄，但是他不能容忍张九龄的耿直；开元二十四年便以“口蜜腹剑”的李林甫代替张九龄为宰相；翌年又贬谪张九龄为荆州长史（宋璟亦死于是年）。

开元二十五年以后，玄宗已不再励精图治，而纵情声色，身边需要的是逢迎阿顺的小人。李林甫和以后的杨国忠等都是这一类人，所以得到他的信任。诚如范祖禹所说:“明皇之末，朝廷无忠贤，左右无正人。”[②] 天宝以后，玄宗更喜欢聚敛之臣，王鉷便是其中之一。天宝四年（公元745年）王鉷“既为户口包役使，时有敕给百姓一年复，鉷即奏征其脚钱，广张其数，又市轻货，乃甚于不放”。[③] 租赋既免而

① 《旧唐书》，第六册，2115—2116页。

② 范祖禹:《唐鉴》，上海古籍出版社，卷五，13页。

③ 《旧唐书》第十册，3229页。

不免脚钱，这是不合理的；脚钱不但不免，而且随意浮征，这更是不合理的。这样的事，在开元年间是不会发生的。《旧唐书·王鉷传》说："玄宗在位多载，妃御承恩多赏赐，不欲频于左右藏取之。鉷探旨意，岁进钱宝百亿万，便贮于内库，以恣主恩锡赉。鉷云：'此是常年额外物，非征税物。玄宗以为鉷有富国之术，利于王用，益厚待之。"① 杨国忠的聚敛手段。比王鉷有过之而无不及，他身领四十余使，对人夸称：凡经他过问，收入便会增加好几倍。最荒谬的事是："安禄山反于范阳，两京仓库盈溢而不可名。杨国忠设计，称不可耗正库之物，乃使御史崔众于河东纳钱度僧尼道士，旬日间得钱百万。"②

上述事例可以说明：玄宗统治的后期，由于纵情声色，挥霍资财，重用佞臣，额外聚敛，自然就使农民的负担逐渐加重了。但从唐王朝的整个历史过程来说，玄宗统治时期即使在后期，农民负担还算是较轻的。

第五节　从租庸调到两税

"渔阳鼙鼓动地来，惊破霓裳羽衣曲。"天宝十四年（公元755年）十一月，安禄山发动蕃汉兵15万反于范阳，揭开了"安史（史，史思明）之乱"的序幕。这是一场历时7年多的残酷战争，直至代宗李豫广德元年（公元763年）十月史朝义兵败自杀，才算平息下来。在这场浩劫中，黄河流域各地区备受蹂躏，刘晏所见到的情况是："函、陕（函谷关地区及陕州一带）凋残，东周（指洛阳地区）尤甚。过宜阳、熊耳，至武牢、成皋，五百里中，编户千余而已。居无尺椽，人无烟爨，萧条凄惨，兽游鬼哭。"③ 战争的破坏性是从来不会有人怀疑的。安史之乱虽算平息，随之而来的仍是动荡不安的局面，内则宦

① 《旧唐书》第十册，3229页。
② 《旧唐书》第六册，2087页。
③ 《旧唐书》第十一册，3513页。

官擅权，外则藩镇割据，局部地区的骚乱不断发作，宁静的日子不多。在这种情况下，锋镝余生的人民，其生计如何困苦是可想而知的。

但是，当时唐王朝统治者最着急的是财政问题。国家财政收入的锐减，一方面是由于社会经济的衰敝，户口的损耗；另一方面是由于藩镇的割据。《新唐书・藩镇魏博列传序》说："安史乱天下，至肃宗，大难略平，君臣皆幸安，故瓜分河北地付诸叛将，护养孽萌（孽萌，妖孽的芽子，亦下句祸根之意），以成祸根。乱人乘之，遂擅署吏，以赋税自私，不朝献于廷。"[①] 藩镇截留地方租赋，大大加深了唐王朝的财政困难。有一段期间，京师官员的薪俸不能不拖欠和打折扣。《旧唐书・食货志》说："乾元（乾元，肃宗李亨年号，乾元元年为公元 758 年）以来，属天下用兵，京师百僚俸钱减耗。上（指代宗李豫）即位，推恩庶僚，下议公卿；或以税亩有苗者，公私咸济。乃分遣宪官，税天下地青苗钱，以充百官课料。"[②] 青苗钱是一种附加税，每亩征收十五钱（京兆地区最初征收三十钱），撂荒地除外。永泰二年（即大历元年，公元 766 年）共得钱 490 万贯，京师百官的俸料赖此挹注。这时唐王朝国家财政的捉襟见肘，由此可见一斑。

京师粮价的猛涨是另一个严重的问题。广德二年（公元 764 年），关辅"米斗千钱"；永泰元年（公元 765 年）春，"京师米斗千钱，"七月涨至米"斗一千四百"钱。京师是王朝的根本，粮食问题不能解决，根本就要动摇。唐王朝加重关辅地区的租赋，企图就近解决。永泰元年五月，京兆尹第五琦奏准"每十亩官税一亩，效古什一之税"，京兆地区每亩田赋高至一斗五升至二斗。这显然不是好办法，结果是"畿县百姓乃挼（音 ruó，搓揉）穗以供"禁军，军民交困。

江山代有才人出。就在这个时候，中国历史上著名的理财家刘晏，以其杰出的才能顺利地解决了当时极其严重的两个问题。一是刘晏以整顿盐政为基础来增加财政收入。《唐会要・卷 88 盐铁》说："自兵起，流庸（庸，平民）未复（未返归乡土），税赋不足供费。盐铁使刘晏以为因民所急而税之，则国足用。于是上盐法轻重之宜，以盐吏

① 《旧唐书》第十九册，5921 页。

② 《旧唐书》第六册，2091 页。

多则州县扰，出盐乡因旧监置吏，亭户（盐丁）粜商人，纵其所之（办法是亭户制盐，官收而卖与盐商，任盐商行销各地）。江、岭去盐远者，有常平盐，每商人不至，则减价以粜民，官收厚利而民不知贵。……奏罢州县率税（率税，抽税），禁堰埭邀以利者（商人贩盐，沿途州县不得征税，堰埭不得勒索）。晏之始至也，盐利岁才四十万缗，至大历末，六百余万缗。天下之赋，盐利居半，宫闱服御、军饷、百官禄俸，皆仰给焉。"《旧唐书·食货志》说：刘晏"代第五琦领盐务，其法益密。初年入钱六十万（贯），季年则十倍其初。大历末，通天下之财而计算其所入，总一千二百万贯，而盐利过半。李灵耀之乱（大历十一年，汴将李灵耀杀濮州刺史孟鉴，北连魏博田承嗣，据汴州叛），河南皆为盗据，不奉法制，赋税不上供，州县益减。晏以羡余相补，人不加赋，所入仍旧，议者称之"。[①] 刘晏管理盐务十多年，国家的盐利增加十倍以上，解救了财政困难。这里有什么秘诀呢？是否提高了盐价呢？乾元以前，盐价每斗 10 钱，第五琦增加了 100 钱，盐价提高到每斗 110 钱；刘晏接管以后，还是这个价格，并没有提高；相反，在距离盐场遥远的地区，人民还可以吃得平价盐。所谓秘诀不过是把过去盐吏的贪污中饱、州县和堰埭的过路钱以及盐商的暴利统统要过来，化为国家的盐利。所以，国家的盐利增加了，人民的负担却没有增加。

二是，刘晏认为疏通漕运是解决粮食问题的关键。《旧唐书·刘晏传》载他致宰相元载的信中提到他亲自踏勘运道，"驱马陕郊，见三门渠津遗迹；到河阴、巩、洛，见宇文恺置梁公堰，分黄河水入通济渠；大夫李杰新堤故事，饰象河庙，凛然如生；涉荥郊、浚泽，遥瞻涯甸；步步探讨，知昔人用心"。他下了"冥勤在官，不辞水死"（冥，殷人的先祖，曾为司空，在治水中以身殉职）的决心，亲自督理疏浚河道、加固堤堰的工程，"见一水不通，愿荷锸而先往；见一粒不运，愿负米而先趋"。[②] 这种认真负责的精神，在封建官僚中是不可多得的。《旧唐书·食货志》说："晏始以盐利为漕佣（用盐利作漕运

---

① 《旧唐书》第六册，2118 页。

② 《旧唐书》第十一册，3512—3513 页。

费用），自江、淮至渭桥，率十万斛佣七千缗，补纲吏督之（十船编为一纲，派官吏押运），不发丁男，不劳郡县，盖自古未之有也！自此岁运米数十万石。”①《新唐书·刘晏传》说：“岁输始至，天子（指代宗）大悦，遣卫士以鼓吹（鼓吹，乐队）迓东渭桥，驰使劳曰：‘卿，朕酂侯（汉初萧何封酂侯）也！’凡岁致四十万斛，自是关中虽水旱，物不翔贵矣。”② 大历四年（公元769年）八月，京城米斗八百文；官出米二万石，减价出粜。这说明京师的粮食已有储备了。同年十二月下令：“今关辅垦田渐广，江淮转漕常加，计一年之储，有太半之助，其于税地，固可从轻。其京兆来秋税，宜分作两等，上下各半，上等每亩税一斗，下等每亩税六升。其荒田如能佃者，宜准今年七月二十九日敕，一切每亩税二升（翌年五月改定为：‘夏税，上田亩税六升，下田亩税四升；秋税，上田亩税五升，下田亩税三升；荒田开佃者，亩率二升）。’大历八年（公元773年）下令：京畿青苗地亩钱减为每亩15文。”三辅农民的负担由此得到减轻。③

刘晏不仅在漕运方面，并且在造船方面也采用雇工的办法。过去官府造船都靠征发民伕，人民负担很重，造出来的船只也不好。刘晏废止了征发民伕的办法，雇工造船。当时每艘漕船的造价一般估算为500贯，刘晏要求船只能坚固耐用，宁可支付每艘1 000贯的造价；结果，漕船质量很高，10多年间没有沉没过一艘，漕粮不致遭受损失。刘晏以后，除了李巽、裴休以外，别人都不行。《旧唐书·食货志》说：“漕米岁四十万斛，其能至渭仓者，十不三四。漕吏狡蠹，败溺百端，官舟之沉，多者岁至七十余只。”④

漕道的畅通，同时带来了商业的活跃。李肇在《国史补》中说：“大历、贞元间，有俞大娘航船最大，居者养生送死嫁娶悉在其间，开巷为圃，操驾之工数百，南至江西，北至淮南，岁一往来，其利甚博。”刘晏所希望的贞观、永徽的盛况虽然没有达到，但是，长江流

---

① 《旧唐书》第六册，2117页。
② 《新唐书》第十五册，4795页。
③ 《旧唐书》第六册，2092页。
④ 《旧唐书》第六册，2122页。

域的经济还是有所发展的。

刘晏在均输、平准方面建立了一套相当完善的制度。《旧唐书·刘晏传》说："自诸道巡院距京师，重价募疾足，置递（递，传递信息的驿站）相望，四方物价之上下，虽极远不四五日知。故食货之重轻（重轻，贵贱），尽权在掌握，朝廷获美利而天下无甚贵甚贱之忧。"[①] 由于信息灵通，能及时买进或卖出，既赚了钱，又收到平抑物价的效果。可以说，刘晏是历史上重视经济信息的先驱者。

刘晏还重视人才，"其所领要务（主管重要业务的人），必一时之选；故晏没后二十余年，韩洄、元琇、裴腆、包佶、卢征、李衡继掌财赋，皆晏故吏"。[②] 总而言之，刘晏不愧为一个出类拔萃的理财家。

德宗李适建中元年（公元780年）二月，宰相杨炎以私怨贬刘晏为忠州刺史，同年七月又诬以谋叛，把刘晏杀害了。

杨炎自己主持财赋，就在这年废除租庸调制度，改行《两税法》。

为什么要改租庸调为两税呢？《新唐书·杨炎传》说，肃宗至德后，"富人多丁者以宦、学、释、老（释，佛教的僧人；老，道教的道士）得免，贫人无所入（无所入，不属于宦、学、释、老）则丁存。故课免于上，而赋增于下。是以天下残瘁，荡为浮人，乡居地著者百不四五。（杨）炎疾其敝，乃请为'两税法'，以一其制"。[③]

《旧唐书·杨炎传》说："初定令式，国家有租赋庸调之法。开元中，玄宗修道德，以宽仁为理本，故不为版籍之书，人户寖溢，隄防不禁。丁口转死，非旧名矣；田亩移换，非田额矣；贫富升降，非旧第矣（第，等级；指户的等级）。户部徒以空文总其故书（故书，旧册籍），盖得非当时之实。旧制，人丁戍边者，蠲其租庸，六岁免归。玄宗方事夷狄，戍者多死不返，边将怙（怙，恃）宠而讳（讳，隐瞒），不以死申（申，报告），故其贯籍之名不除。至天宝中，王鉷为户口使，方务聚敛，以丁籍且存，则丁身焉往，是隐课而不出耳，遂案田籍，计除六年之外，积征其家三十年租庸。天下之人苦而无告，

① 《旧唐书》第十一册，3515页。
② 《旧唐书》第十一册，3515页。
③ 《新唐书》第十五册，4742页。

则租庸之法弊久矣。迨至德之后，天下兵起，始以兵役，因之饥疠，征求运输，百役并作，人口凋耗，版图空虚。军国之用，仰给于度支、转运二使；四方征镇，又自给于节度、都团练使。赋敛之司数四，而莫相统摄，于是纲目大坏，朝廷不能覆诸使，诸使不能覆诸州，四方贡献，悉入内库。权臣猾吏，因缘为奸，或公托进献，私为赃盗者动万万计。河南、山东、荆襄、剑南有重兵处，皆厚自奉养，王赋所入无几。吏职之名，随人署置；俸给厚薄，由其增损。故科敛之名凡数百，废者不削，重者不去，新旧仍积，不知其涯。百姓受命而供之，沥膏血，鬻亲爱（卖儿鬻女），旬输月送无休息（指征敛之频繁）。吏因其苛，蚕食于人，凡富人多丁者，率为官为僧，以色役免；贫人无所入则丁存。故课免于上，而赋增于下。是以天下残瘁，荡为浮人，乡居地著者百不四五。如是者殆三十年。（杨）炎因奏对，恳言其弊，乃请作两税法，以一其名”。①

两段记载，一简一详。关于户籍不实，课丁减少，以致负担加重，逃亡日多这方面情况，新旧唐书同认为是改行两税的基本原因。至于《新唐书》所略的财权分散、科敛繁苛等情况，也是当时改行两税的主要原因之一。

租庸调是按丁征收的，“每一课丁征收租粟二石，调绢二丈、绵三两（或布二丈五尺、麻三斤），役二十日折庸绢六丈（或布七丈五尺）”。所以，课丁的减少有两种可能出现的结果：一是国家财政收入的减少；另一是为使国家财政收入不致减少而增加每一课丁的负担额。几乎可以断定，后一种可能性比前者更大。

租庸调的负担面原来就窄，户口的隐漏和逃亡又使它变得更窄。负担面愈窄，则每课丁的负担额便愈重，隐漏和逃亡的户口又更多，使负担面又更窄，这是一个恶性循环（见表4－4）。

两税的取代租庸调有一个根本原因，新旧唐书的杨炎传和食货志都没有说出来。

---

① 《旧唐书》第十册，3420—3421页。

表 4－4　　天宝、乾元课户课口统计表

年　度	天宝十三年	天宝十四年	乾元三年
总户数	9 619 254	8 914 709	1 933 174
不课户	3 886 504	3 565 501	1 174 592
课　户	5 301 044	5 349 208	758 582
课户所占百分比（%）		60	39
总口数	52 880 488	52 919 309	16 990 386
不课口	45 218 480	44 700 088	14 619 587
课　口	7 662 800	8 208 321	2 370 799
课口所占百分比（%）	14.5	15	14

注：①天宝十三年（公元 754 年）数字，根据《旧唐书·玄宗纪下》其中户数，散总相差悬殊，无法校正，故未算课户所占百分比；口数散总亦不符，但相差极微，故仍据以算出课口所占百分比。

②天宝十四年（公元 755 年）数字，根据《通典·食货七》，其中课户数据《文献通考·户口一》改正。

③肃宗乾元三年（公元 760 年）即上元元年，因是年闰四月更改年号，数字根据《通典·食货七》，只包括 169 个州（天宝十三年户部记账包括 321 个州）。

租庸调是以均田制度为基础的。租庸调负担的轻重与每丁受田的多寡成反比例。受田足数，即每丁达到（或接近）100 亩，则负担轻，农民的日子比较好过，贞观年间的情况就是如此。受田不足数则负担重，不足之数愈大则负担愈重，农民的日子愈不好过。

开元以后，户口骤增，均田制度的执行受到客观上的限制。从敦煌户籍残卷可以看到，各户受田一般都不足数。表 4－5 所揭示的 15 户情况，已受田占应受田的比例，平均仅为 27.7%，尚未到 30%。一般在 10% 至 30% 之间，最高的两户也不过接近 50% 和 60%。有两户根本未受田，这两户都是老男为户主的，属不课户，均田法规定授田的顺序为先课后不课，在课户受田不足数的情况下这两户分不到田是并不奇怪的。表 4－5 虽然只选了 15 户，但具有代表性，基本上能反映沙州敦煌地区开元以后均田制度的一般执行情况。

韩国磐在《隋唐的均田制度》一书中根据 22 户的情况算出平均每丁的受田数，兹转录于下，并供参考（见表 4－6）。

表 4－5　　敦煌残卷中开元、天宝间 15 户受田情况

户　主	应受田（亩）	已受田（亩）	未受田（亩）	已受田占应受田百分比（%）
（开元四年）				
董思勖	131	28	103	21.4
余善意	161	28	133	17.4
杜客生	201	40	161	19.9
（开元十年）				
赵玄表	101	30	71	29.7
王万寿	101	10	91	9.9
（天宝六年）				
刘智新	163	68	95	41.7
阴袭祖	51	0	51	0
阴承光	262	49	213	18.7
程思楚	365	79	286	21.6
程什柱	155	64	91	41.3
程仁贞	53	31	22	58.5
程智意	186	92	94	49.5
刘感德	51	0	51	0
令狐仙尚	51	8	43	15.7
郑恩养	234	101	133	43.2
总计	2 266	628	1 638	27.7

注：①有些户数字残缺不全；少数户勋田较多，而勋田依法在宽乡授受；故只选这 15 户作代表。

②王万寿的应受田数，原卷残缺；该户人口有白丁一，中女一，应受田数依法为 101 亩，故补上。

平均每丁受田不到三十六亩，却要负担一百亩的租庸调，这是不合理的。岑仲勉在所著《隋唐史》中认为敦煌四周沙漠多，绿洲甚少，应属狭乡之列。韩国磐则认为“考之新旧唐书·地理志，沙州敦煌郡仅有户四千二百六十五，口一万六千二百五十，分属二县。户口这样少，当属宽乡”。狭乡也好，宽乡也好，先不打这场笔墨官司；现在有关这方面的出土文物还不够多，只能引用敦煌的户籍残卷作实例来进行分析；个别地区不足以概括全国情况，这一点是应该承认的。

但是，在上一节里曾经引用过两个资料：（1）开元二十八年，“户八百四十一万二千八百七十一，口四千八百一十四万三千六百九，应受田一千四百四十万三千八百六十二顷一十三亩，平均每户应受田一百七十亩”；（2）天宝十四年，“户八百九十一万四千七百九，口五千二百九十一万九千三百九，应受田一千四百三十万三千八百六十二顷一十三亩，平均每户应受田一百六十亩”。当时全国垦田面积绝不可能超过十四亿亩。如果按照杜佑的估计，天宝中全国垦田面积不过六亿二千三百万亩，还不到应受田数的一半。所以，尽管就局部而言，会有狭乡和宽乡之分，而就全国而言，受田数一般不足是可以断言的。由此可见，唐初颁定的均田法到了开元以后已经行不通了。

那么，为什么开元至天宝中的盛唐时期的农民负担还是轻的呢？主要原因：1. 那时候租庸调在国家财政收入中仅占三分之二；2. 户口隐漏和课丁减少的情况不如安史之乱后那样严重；3. 政治还算清明，横征暴敛的事不多；4. 农业生产力有迅速的发展，每亩单产的提高对受田数的减少起了一定的补偿作用。再加以社会安定，所以，农民的日子比较好过。尽管如此，在受田数不足的情况下，在均田制度濒于瓦解的情况下，租庸调按丁征收的不合理性已经是客观存在的事实。这才是两税取代租庸调的根本原因。

表 4－6　　22 户受田情况表

户　主	丁　数	实受田数（亩）	平均每丁田数（亩）
常詈才	1.3	18	13.8
王万寿	1	10	10
张玄均	2.3	75	32.6
曹思礼	3.6	62	17.1
曹怀瑀	1	47	47
刘智新	1.6	68	42.5
阴袭祖	0.5	0	0
阴承光	2.6	49	18.8
徐廷芝	1	38	38
程思楚	3.3	79	23.9

续表

户　主	丁　数	实受田数（亩）	平均每丁田数（亩）
程什柱	1.5	55	39.3
程仁贞	0.5	17	34
程大忠	1	82	82
程大庆	1.6	68	42.5
程智意	1	92	92
令狐仙尚	0.5	8	16
杜怀奉	3.3	78	23.6
郑恩养	2.3	101	43.9
索思礼	2	221	110.5
安游璟	1	28	28
安大忠	1	33	33
刘感德	0.5	0	0
总计	34.4	1 229	35.72

注：原表说明：当户老男作半丁计，寡妻作三分之一丁计，勋田剔去不计。

《两税法》的具体内容，据《旧唐书·杨炎传》载（《新唐书·杨炎传》所载相同）：

“凡百役之费，一钱之敛，先度其数而赋于人，量出以制入。户无主客（无所谓主户、客户之分。主户，又称土户，当地土著的人户；客户，从外地迁来的人户），以见居为簿（见，同现）；人无丁中（无所谓丁男中男之分），以贫富为差。不居处而行商者，在所郡县税三十之一（案：后改为十分之一），度所取与居者均（原文脱取字，据《新唐书》补入），使无侥利。居人之税，秋夏两征之，俗有不便者正之（《旧唐书·食货志》作“各有不便者三之”，《册府元龟·卷488》作“俗有不便者二之”，均误）。其租庸杂徭悉省（悉省，全部废除），而丁额不废，申报出入（出入，增减）如旧式。其田亩之税，率以大历十四年垦田之数为准而均征之。夏税无过六月，秋税无过十一月。逾岁之后，有户增而税减轻及人散而失均者，进退长吏，而以尚书度支总统焉。”[①]

这就是《两税法》的概略。

两税因每年分夏、秋两次征收而得名，实际上它是单一税。由租庸调改为两税是唐王朝税收制度的一次重大的改革。这次改革的特点首先是简化税制，把形形色色的各个税种合并为一道税。在这一点上，它和后来明代万历年间实行的一条鞭法是相同的。明人于慎行说：“杨炎两税之法，即今之条编（条编即一条鞭）也。唐初租庸调之法，至天宝末年，版籍（版籍即户籍）浸（浸，渐）坏，多非其实；兵兴（主要指安史之乱）以后，所在迫趣（趣，催促），所办无常准，故不得不变为两税也。两税者，先计州县应用及上供之数，以制其入；约百姓丁产以定等级（按：杨炎明说‘人无丁中，以贫富为差’，是只计资产以定户等，于慎行说兼计丁产是错误的）；夏输无过六月，秋输无过十一月；其租庸调及新增科目一切罢之，盖合田丁而一之也。”[②] 于慎行这段话，除个别地方外，基本上是对的。

对税收制度的简化，当然是一项进步的措施。如果在改革过程中，能够有所取舍，把不合理的科敛一笔勾销；同时对地区之间负担上的畸轻畸重，能够有所调整，这就好了。但当时的做法并不是这样的。所谓“凡百役之费，一钱之敛，先度其数而赋于人，量出以制入”云云，只是官样文章里的漂亮词句。实际上是把大历中的一切非法赋敛，所谓“急备、供军、折估、宣索、进奉之类”，一股脑儿纳入征收总额之内，唯恐岁入减少一文，结果正如陆贽所说的“总无名之暴赋以立恒规”，没有能够在改革中发挥减轻人民负担的作用。

《旧唐书·德宗纪》载：建中元年（公元780年）“户部计帐，户总三百八万五千七十有六，赋入一千三百五万六千七十贯，盐利不在此限”。[③] 这里所说赋入就是这一年两税收入之数，平均每户负担4 232文。当时的绢价是每匹3 200文，平均每户负担不到绢一匹半之价。平心而论，建中元年初行两税的时候，人民负担不能算很重；甚至可

① 《旧唐书》第十册，3421—3422页。

② 于慎行：《谷山笔麈》，中华书局版，137页。

③ 《旧唐书》第二册，327页。

以说，比租庸调还有所减轻。《旧唐书·杨炎传》所说的：“天下便之。人不土断而地著，赋不加敛而增入，版籍不造而得其虚实，贪吏不诫（不诫，用不着予以儆诫）而奸无所取。”① 这不全是溢美之词，问题在于这些成绩只有短短一两年的时效。

建中元年颁行《两税法》的诏令说得很坚决：“自艰难以来，征赋名目颇多；今后除两税外，辄率（率，征收）一钱，以枉法论！”② 但后来并没有兑现。下这道诏令的德宗正是撕毁这道诏令的人。范祖禹说：“法令者，人君为之而与天下共守之者也。苟朝廷自不守其法，则天下其谁守之？德宗之政，名廉而实贪，故其令始戒而终废。其初禁暴非不严也，而刻剌之令纷然继出，天下不胜其弊。盖法虽备具而意常诛求，人君用意出于法外；天下之吏，奉朝廷之意而不奉其法；逆意有罪，奉法无功；是以法虽存而常为无用之文也！”③ 这段话指出《两税法》所以失败的根本原因，确是一针见血。

改行两税的时候以保障国用为急务，但只注意保持岁入总额，不考虑地区间负担的安排。陆贽对这一点说得很清楚：“创制之首，不务齐平（不求地区间负担的平衡），但令本道、本州各依旧额征税。军兴已久，事例不常，供应有烦简之殊，牧守有能否之异，所在徭赋，轻重相悬，既成新规，须惩积弊。化之所在，足使无偏；减重分轻（意谓本应把原来负担重的减下来，分给负担轻的地区），是将均济（这样两方面的问题都将得到解决）。而乃急于聚敛，惧或蠲除，不量物力所堪，唯以旧额为准。旧重之处，流亡益多，旧轻之乡，归附益众。有流亡，则已重者摊征转重，有归附，则已轻者散出转轻；高下相倾，势何能止。”④ 急于聚敛，唯以旧额为准，这是当时改制的主要缺点，也可以说是历史上的通病，明代的一条鞭法也是如此。征收旧额几乎被当作是神圣不可侵犯的，结果必然是重者益重而轻者常轻。这是地区间负担不平衡成为长期存在的历史问题的根本原因。

---

① 《旧唐书》第十册，3422 页。
② 《旧唐书》第二册，324 页。
③ 范祖禹：《唐鉴》，卷六，13 页。
④ 《唐陆宣公集》卷二十二。

《两税法》的另一特点是废除按丁征收的办法，改行以资产定户等按户征收的办法。在农民负担方面，“其田亩之税，率以大历十四年（公元779年）垦田之数为准，而均征之”，就是把原来的租庸调征收总额按照大历十四年的耕地面积来分摊。怎么个摊法？文献上语焉不详，无从确知。但以户为征收单位而按亩计算税额则是可能的。宋人洪迈在《容斋续笔》第十六引《吴唐拾遗录》说：“吴顺义年中（顺义，五代十国时吴主杨溥的年号，公元921—926年），差（差，派）官兴版籍，定租税：厥田上上者，每一顷税钱二贯一百文；中田一顷，税钱一贯八百；下田一顷，千五百；皆足陌见钱（足陌，钱文足数，千钱满千，百钱满百，不打折扣；不足数者为省陌；见，同现），见钱不足，许依市价折以金银。算计丁口课调，亦科钱。”这种办法不会是无所因袭的。两税按亩计征，可能已是以田等定科则。

陆贽对这一点持反对意见。他说：两税之立，“唯以资产为宗，不以丁身为本。资产少者则其税少，资产多者则其税多。曾不悟资产之中，事情不一：有藏于襟怀囊箧，物虽贵而人莫能窥；有积于场圃囤仓（指粮食等农产品），值虽轻而人以为富；有流通蕃息之货（指商业及高利贷资本），数虽寡而计日收赢（赢，利）；有庐舍器用之资，价虽高而终岁无利。如此之比，其流（流，类）实繁。一概计估算缗，宜其失平长伪（长伪，助长虚假）。由是务轻资（《陆宣公奏议》作费字，据《通鉴》改）而乐转徙者，恒脱于徭税，敦本业而树（树，立）居产者，每困于征求。此乃诱之为奸，殴之避役；力用不得不弛，风俗不得不讹，闾井不得不残，赋入不得不阙”。[①] 陆贽的论点是站不住的。实行均田时，每丁受田百亩，那时候的赋役形式上以丁身为本，实质上是按每一百亩田的收益征收租粟二石，调绢二丈和绵三两，庸绢六丈；课丁的负担能力不相上下，按同样的税额征收基本上是可行的。在均田制度名存实亡的情况下，受田不足数，土地日益集中于官僚、富商、大户和寺院之手（唐王朝放宽对土地买卖的限制，助长土地兼并，上面已经提及），每一课丁仍照原额征收租庸调

① 《唐陆宣公文集》卷二十二。

是极不合理的，结果必然引起农民逃亡，使社会更加不安定，同时，国家财政收入也得不到保证。租庸调必须改为两税，按丁征收办法必须废除，这是事势使然，我们在上面已经讲得很清楚，这里毋须费词。

总而言之，从按丁征收的租庸调改为以资产定户等，按户征收的两税，应该说是一次进步的改革。陆贽所说的："资产少者则其税少，资产多者则其税多"，正是这一改革的优点而不是它的缺点，因为它适应纳税人的负担能力，符合税收政策的纵向公平原则。至于陆贽所说的计算资产的方法不合理和有田产者负担较重的情况，也是事实；但这是技术问题，不是原则问题，不能据此对两税作根本性的否定。

两税的其他特点，如税额用钱计算、每年分两季征收等等，这里就不再多说了。至于保留丁额，申报出入如旧式，是出于兵役方面的需要，与税法无关。

第六节　两税法的失败与唐季赋役负担的苛重

两税初行，公私称便，说明了这次改革具有进步意义。然而，像昙花一现那样，仅仅两年工夫，《两税法》便宣告失败了。

建中二年（公元781年）十月，杨炎被贬为崖州司马，随后不久便被赐死。杨炎的被贬谪和赐死不是《两税法》失败的关键。《两税法》之所以失败，根本原因在于唐德宗采取竭泽而渔的财政政策。齐宣王曾直言不讳地承认："寡人有疾，寡人好货"；德宗好货利之心比齐宣王厉害得多，却总是扭扭捏捏的，在颁行《两税法》时还煞有介事地说什么"今后除两税外，辄率一钱，以枉法论"。范祖禹说："德宗之政，名廉而实贪"，这话一点也不假。建中二年，他便想放官债。《旧唐书·沈传师传》载："建中二年夏，敕中书、门下两省分置待诏官三十员……各准品秩给俸钱、廪饩、干力、什器、馆宇之设；以公钱为之本，收息以赡用。”[①] 当时官债，月息高达五厘，年利高达六分。德宗想用高利贷来盘剥百姓，这种财政政策可谓异想天开。事虽不果行，但他的追求货利，不择手段，使《两税法》不能真正贯彻下去自属当然之事。《旧唐书·德宗纪》载：建中二年五月，“以军兴十一而税”。[②] 这时候杨炎仍为尚书左仆射。但这是临时措施，并且可能只行于京兆等局部地区，不能认为废止两税。

《两税法》的被破坏是从建中三年（公元 782 年）开始的。《旧唐书·食货志》载：建中“三年五月，淮南节度使陈少游请于本道两税钱每千增二百，因诏他州悉如之”。[③] 全国两税征收额一下子增加了 20%。到了贞元八年（公元 792 年）四月，“（剑南西川观察使）韦皋请什二而税，以给官吏；从之（《食货志》作请加税什二）”。[④] 剑南西川地区的两税征收额又再增加了 20%。

两税在执行中还有许多流弊。陆贽指出：“定税之数，皆计缗钱；纳税之时，多配绫绢。往者纳绢一匹当钱三千二三百文，今者纳绢一匹当钱一千五六百文。往输其一者，今过于二矣！”[⑤] 这是其中最大的弊端，虽无加税之名，而人民已有倍输之实。

实行两税，旨在简化税制。改制之初，主要税种基本上为两税及盐税。建中三年除已增加两税税额（20%）及盐价（每斗增 100 文）外，各种不择手段的横征暴敛，纷至沓来。

是年“河北、河南连兵不息。度支使杜佑计诸道用军月费一百余万贯，京师帑廪不支数月，且得五百万贯可支半岁”。宰相卢杞以户部侍郎赵赞判度支。《旧唐书·卢杞传》载：赵赞“与其党太常博士韦都宾等谋行括率，以为泉货所聚，在于富商，钱出（出，超过）万贯者，留万贯为业，有余，官借以给军，冀得五百万贯（打的是如意算盘）。上（指德宗）许之，约以罢兵后以公钱还。敕既下，京兆少尹韦祯督责颇峻，长安尉薛苹荷校乘车，搜人财货，意其不实，即行

① 《旧唐书》第十二册，4036 页。
② 《旧唐书》第二册，329 页。
③ 《旧唐书》第六册，2093 页。
④ 《旧唐书》第二册，374 页。
⑤ 《唐陆宣公集》卷二十三。

搒箠，人不胜冤痛，或有自缢而死者，京师嚣然如被贼盗。都计富户田宅奴婢等估，才及八十八万贯（《旧唐书·德宗纪》及《新唐书·食货志》均云八十万贯）。又以僦柜纳质积钱货贮粟麦等，一切借四分之一（僦柜，典当；质，典押物。《新唐书·食货志》作：'又取僦柜纳质钱及粟麦粜于市者，四取其一'，文义较明），封其柜窖，长安为之罢市。……计僦质与借商，才二百万贯”。[①] 这是以借为名，公行抢劫。

是年九月，赵赞又以设置常平本金为名，开征新税。《旧唐书·德宗纪》载：“判度支赵赞上言，请为两都（长安及洛阳）、江陵、成都、扬（扬州）、汴（开封）、苏、洪（南昌）等州置常平轻重本钱，上至百万贯，下至十万贯，收贮斛斗（指粮食）、匹段（指绢布等）丝麻，候贵则下价出卖，贱则加估收籴，权轻重以利民，从之。赞乃于诸道津要置吏税商货，每贯税二十文（即从价征税 2%），竹木茶漆皆什分税一（即从价征税 10%），以充常平之本。”[②] 税是征了，但钱却挪作别用。《旧唐书·食货志》说：“时国用稍广，常赋不足，所税亦随时而尽，终不能为常平本。”[③]

翌年，赵赞又出新花样。《旧唐书·食货志》载：建中四年（公元 783 年）六月，赵赞“又以军须（须，同需）迫蹙，常平利不时集，乃请税屋间架、算除陌钱。间架法：凡屋两架为一间，屋有贵贱，约价三等，上价间出钱二千，中价一千，下价五百（这是一种房产税）。所由吏（所由吏，职吏）秉算执筹，入人之庐舍而计其数。衣冠士族，或贫无他财，独守故业，坐（坐，因）多屋出算者，动数十万（动辄要纳税数十万文），人不胜其苦。凡没一间（没，隐匿不纳税）者，杖六十；告者赏钱五十贯，取于其家（其家，指被告发之家）。除陌法：天下公私给与货易，率一贯旧算二十，益加算为五十。给与他物（即支付的不是钱而是别的东西）或两换者（两换，以物易物），约钱为率算之。市牙（市牙，又称牙郎，市场的经纪人）各给

① 《旧唐书》第十一册，3715 页。
② 《旧唐书》第二册，334—335 页。
③ 《旧唐书》第六册，2125 页。

印纸，人有买卖，随自署记，翌日合算之。有自贸易不用市牙者，验其私簿；无私簿者，投状自集。其有隐钱百者没入，二千杖六十；告者赏十千，取其家资。法既行，而主人（店主）市牙得专其柄，率多隐盗。公家所入，曾不得半，而怨讟之声嚣然满于天下。”[1] 所谓算除陌，规定一切公私的支付和交易，每千钱官府要扣去五十文（即每百文扣去五文，所以叫除陌，陌即百字），这就是宋代所说的“头子钱”。李心传说：“头子钱者，唐德宗除陌钱之法也。”[2] 有注释为土地契税的，[3] 这是误解。田房契税自东晋开征以后一直存在，它和头子钱并不相同。税间架是一种苛捐，要钱要得太狠了。有些人没有什么收入，只守着祖辈遗留的十余间或数十间房子，怎么负担得起呢？除陌钱是一种杂税，牵涉面广，一切公私支付和交易每贯都要扣除五十文。人民负担重而政府实际所入不多，从中捞到油水的倒是行头、店主和牙人。建中四年十月，泾原军叛，德宗仓皇出奔，乱兵进入长安后向百姓大声疾呼：“汝曹勿恐！不夺汝商货僦质矣！不税汝间架陌钱矣！”乱兵的呼声正是人民的呼声。

《旧唐书·食货志》载：“建中三年，初榷酒（开始实行酒专卖），除京师外，天下悉令官酿，斛收值三千，米虽贱，不得减至二千。”[4] 同书又载：“贞元九年（公元 793 年，贞元也是德宗年号）正月，初税茶。先是，诸道盐铁使张滂奏曰：‘伏以去岁水灾，诏令减税。今之国用，须有供储。伏请于出茶州县及茶山外商人要路，委所由定三等时估，每什税一，充所放两税。其明年以后所得税，外贮之。若诸州遭水旱，赋税不办，以此代之。’诏可之，仍委滂具处置条奏。自此每岁得钱四十万贯。然税无虚岁，遭水旱处亦未尝以钱拯赡。”[5] 在此之前，建中四年赵赞已奏准税竹木茶税。德宗一朝，盐酒茶都已经实行专卖了。

以上这些，还未能满足德宗诛求之意，于是，天下之吏奉朝廷之

---

① 《旧唐书》，第六册，2127—2128 页。
② 李心传：《建炎以来朝野杂记》甲集卷十五，财赋二，《经制钱》条。
③ 徐世钜：《历代理财人物选记》，184 页。
④ 《旧唐书》第六册，2130 页，2128 页。
⑤ 《旧唐书》第六册，2130 页，2128 页。

意，恣行朘削而有所谓进奉。《旧唐书·食货志》说:“兴元（德宗年号，兴元元年是公元784年）克复京师（平息朱泚的叛乱）后，府藏尽虚，诸道初有进奉，以资经费，复时有宣索（进奉是地方主动向朝廷进献财物，宣索是朝廷令地方上供财物）。其后诸贼既平，朝廷无事，常赋之外，进奉不息。韦皋剑南有日进，李兼江西有月进，杜亚扬州、刘赞宣州、王纬李锜浙西，皆竞为进奉，以固恩泽。贡入之奏，皆曰臣于正税外方圆（方圆，意为筹办、调剂），亦曰羡余（羡余，经费结余）。节度使或托言密旨，乘此盗贸官物。诸道有谪罚官吏入其财（入，没收）者，刻禄廪（刻，尅扣），通津达道者税之，莳蔬艺果者税之，死亡者税之。节度观察（节度使、观察使）交代，或先期税入以为进奉。然十献其三耳，其余没入（饱入私囊），不可胜纪。此节度使进奉也。其后裴肃为常州刺史，乃鬻货薪炭案牍，百贾之上，皆规利焉；岁余又进奉。无几，迁浙东观察使。天下刺史进奉，自肃始也。刘赞死于宣州，严绶为判官，倾军府资用进奉；无几，拜刑部员外郎。天下判官进奉，自绶始也。习以为常，流宕忘返。”① 这种所谓进奉，既非正赋，亦非节余，都是地方官吏巧立名目向人民剥削来的，可以说是各种苛捐杂税的汇总。然而，人民被敲诈出来的十个钱中，只有三个钱用作进奉，其余七个钱都成为封疆大臣的囊中物。

这里举两个官吏为进奉而苛敛扰民的例子。《旧唐书·韦皋传》说：“皋在蜀二十一年，重赋敛以事月进（食货志作日进，当以月进为较合情理），卒致蜀土虚竭，时论非之。其从事累官稍崇者，则奏为属郡刺史，或又署在府幕，多不令还朝，盖不欲泄所为于阙下故也。”② 杜亚兴元初为扬州长史、淮南节度观察使，淮南人希望他能革除陈少游时征税繁重的旧弊，杜亚却奢纵无比，大失民望；贞元五年（公元789年）改充东都留守，更加胡作非为了。《旧唐书·杜亚传》说：亚“既病风，尚建利以固宠，奏请开苑内地为营田，以资军粮，减度支每年所给，从之。亚不躬亲部署，但委判官张荐、杨胐。初，奏请取荒地营田，其苑内地堪耕食者，先为留司中官及军人开垦已尽。亚计

① 《旧唐书》第六册，2087—2088页。

② 《旧唐书》第十二册，3826页。

急，乃取军中杂钱举息与畿内百姓，每至田收之际，多令军人车牛散入村乡，收敛百姓所得菽粟将（将，携带）还军。民家略尽，无可输税，人多艰食，由是大致流散。”① 这样的例子毋须多举，总之，大都是迎合德宗爱财利的意思，为了个人邀宠，不顾人民的死活。所以，进奉一项是德宗以来唐季最大的弊政。这就是孟子所说的“上下交征利”。

文宗李昂开成元年（公元836年），湖南观察使卢周仁进羡余钱十万贯，御史中丞“（归）融奏曰：‘天下一家，何非君土？中外财赋，皆陛下府库也。周仁辄陈小利，妄设异端，言南方水灾，恐成灰烬，进于京国，姑恂私诚。入财货以希恩，待朝廷而何浅！臣恐天下仿效，以羡余为名，因缘刻剥，生人受弊。周仁请行重责，以例列藩。其所进钱，请还湖南，代贫下租税。’诏周仁所进于河阴院收贮，以备水旱”。② 文宗并没有因此责罚卢周仁，而唐季敢抨击进奉如归融者，亦属凤毛麟角，不可多见。

贞元二十年（公元804年）京兆人民卖苗纳赋一事，最足以反映当时赋役负担的苛重情况。《旧唐书·李实传》说：贞元“二十年春夏旱，关中大歉，（京兆尹李）实为政猛暴，方务聚敛进奉，以固恩顾；百姓所诉，一不介意。因入对，德宗问人疾苦，实奏曰：‘今年虽旱，谷田甚好。’由是租税皆不免，人穷无告，乃彻屋瓦木，卖麦苗以供赋敛。优人成辅端因作戏语，为秦民艰苦之状云：‘秦地城池二百年，何期如此贱田园，一顷麦苗五石米，三间堂屋二千钱！’凡如此语有数十篇。实闻之怒，言辅端诽谤国政；德宗遽令决杀。……京师无不切齿以怒实”。③ 京兆地区如此，其他地区可想而知。

京师地区还有一项弊政，就是所谓宫市。《旧唐书·张建封传》说：德宗“时宦者主宫中市买，谓之宫市，抑买（压价购买）人物，稍不如本估。末年不复行文书，置白望数十百人于两市及要闹坊曲（白望，或解释为在市上瞭望，白取货物不付本价；其实白字是指穿着白衣而言。白居易的《卖炭翁》一诗有一句说：黄衣使者白衫儿，

---

① 《旧唐书》第十二册，3964页。

② 《旧唐书》第十二册，4020—4021页。

③ 《旧唐书》第十一册，3731页。

黄衣使者是穿黄衣的宦官，白衫儿指穿白衣被称为白望的地方痞子），阅人所卖物，但称宫市，则敛手付与，真伪不复可辨，无敢问所从来及论价之高下者，率用值百钱物买人值数千物。仍索进奉门户（即门包钱）及脚价银。人将物诣市，至有空手而归者。名为宫市，其实夺之。尝有农夫以驴驮柴，宦者市之，与绢数尺，又就索门户，仍邀驴送柴至内（宫内）。农夫啼泣，以所得绢与之，不肯受。曰：‘须得尔驴。’农夫曰：‘我有父母妻子，待此而后食；今与汝柴，而不取值而归，汝尚不肯，我有死而已！’遂殴宦者。街使擒之以闻，乃黜宦者，赐农夫绢十匹。然宫市不为之改。谏官御史表疏论列，皆不听。吴凑以戚里为京兆尹，深言其弊。建封入觐，具奏之，德宗颇深嘉纳；而户部侍郎、判度支苏弁希宦者之旨，因入奏事，上问之，弁对曰：‘京师游手堕业者数千万家（数千万家，几千家至万家左右）无土著生业，仰宫市取给。’上信之，凡言宫市者皆不听用”。[①] 宫市为害京师，弄到怨声载道，德宗已经知道，却坚决不改。其他弊政当然也就更不会改革了。

元和年间（公元 806—820 年），宪宗李纯在政治上算是有点作为的。宪宗想恢复贞观、开元之治，注意选用人才。主管度支盐铁的李巽是一个理财能手。《旧唐书·李巽传》说：“司徒杜佑判度支盐铁转运使，以巽干治，奏为副使。佑辞重位，巽遂专领度支盐铁使。榷筦（榷，专卖；筦，平准均输）之法，号为难重，唯大历中仆射刘晏雅得其术，赋入丰羡。巽掌使一年，征课所入，类晏之多岁，明年过之，又一年加一百八十万贯。旧制，每岁运江淮米五十万斛抵河阴，久不盈其数，唯巽三年登焉。迁兵部尚书，明年改吏部尚书，使任（领度支盐铁使职）如故。巽精于吏职，盖性使然也。虽在私家，亦置案牍簿书，勾检如公署焉。人吏有过，丝毫无所贷；虽在千里外，其恐慄如在巽前。初，程异附王叔文贬窜，巽知其吏才明辨，奏而用之，宪宗不违其请。异勾检簿籍，又精于巽，故课最加衍，亦异之助焉。”[②] 李巽卒于元和四年（公元 809 年），程异继续管理度支盐铁淮西之役，

① 《旧唐书》第十二册，3830—3831 页。

② 《旧唐书》第十一册，3522 页。

程异的后勤工作相当出色。

宪宗先后所用宰辅大臣杜黄裳、李吉甫、裴垍、武元衡、李绛、李藩、韦贯之、崔群、裴度等，都是有才有识和有操守的正派人物。以下例举几个卓有政绩的人物：

一、李吉甫两次拜相

元和初召入自翰林承旨拜平章事，吉甫“谓（裴）垍（时为翰林学士）曰：‘吉甫自尚书郎流落远地，十余年方归，便入禁署，今才满岁，后进人物，罕所接识。宰相之职，宜选擢贤俊，今则懵然莫知能否。卿多精鉴，今之才杰，为我言之。’垍取笔疏其名氏，得三十余人；数月之内，选用略尽，当时翕然称吉甫有得人之称”。[①] 元和二年，吉甫编纂《元和国计簿》十卷，“总计天下方镇凡四十八，管州府二百九十五，县一千四百五十三，户二百四十四万二百五十四，其凤翔、鄜坊、邠宁、振武、泾原、银夏、灵盐、河东、易定、魏博、镇冀、范阳、沧景、淮西、淄青十五道，凡七十一州，不申户口。每岁赋入倚办，止于浙江东西、宣歙、淮南、江西、鄂岳、福建、湖南等八道，合四十九州，一百四十四万户。比量天宝供税之户，则四分有一。天下兵戎仰给县官者八十三万余人，比量天宝士马，则三分加一，率以两户资一兵”。[②] 又编纂《元和郡国图》五十四卷。元和三年，出镇淮南，荐裴垍自代。吉甫在扬州，“每有朝廷得失，军国利害，皆密疏论列。又于高邮筑堤为塘，溉田数千顷，人受其惠”。

元和六年（公元811年）吉甫再入相，请减省职员并诸色出身胥吏等，及量定中外官俸料，奏称：“官省则事省，事省则人清；官烦则事烦，事烦则人浊。清浊之由，在官之烦省。国家自天宝以后，中原宿兵，见在军士可使者八十余万。其余浮为商贩，度为僧道，杂入色役，不归农桑者，又十有五六。则是天下常以三分劳筋苦骨之人，奉七分坐衣待食之辈。今内外官给俸料者不下一万余员，其间有职出异名，奉离本局，府寺旷废，簪组因循者甚众。况敛财日寡而授禄至多，设官有限而入色无数，九流安得不杂，万物安得不烦。汉初置郡不过

① 《旧唐书》第十二册，3989页。

② 《旧唐书》第二册，424页。

六十，文景酦化，百王莫先，则官少不必政紊，郡多不必事理。今天下三百郡，一千四百县。故有一邑之地，虚设群司；一乡之甿，徒分县职；所费至广，所制全轻。伏请敕吏、兵部侍郎、郎中、给事中、中书舍人各一人，错综利病，详定废置。吏员可并省者并省之，州县可并合者并合之，每年入仕者可停减者停减之。此则利广而易求，官少而易理；稍减冗食，足宽疲甿。又国家旧章，依品制俸，官一品月俸三十千，其余职田禄米，大约不过千石，自一品以下，多少可知。艰难以来，禁网渐弛，于是增置使额，厚请俸钱。故大历中权臣月俸有至九千贯者，列郡刺史无大小给皆千贯。常衮为相，始定限约；至李泌又量其闲剧，随事增加。时谓通济，理难减削。然犹有名存职废，额去俸存，闲剧之间，厚薄顿异。将为永式，须立恒规。”宪宗从之，“命给事中段平仲、中书舍人韦贯之、兵部侍郎许孟容、户部侍郎李绛等详定减省”。[①] “京城诸僧有以庄硙免税者，吉甫奏曰：‘钱米所征，素有定额，宽缁徒（缁徒，僧众，僧人穿缁色衣）有余之力，配（配，分摊）贫下无告之民，必不可许。’宪宗乃止”。[②] 这两件事都有关农民负担，吉甫处理得当。

宪宗初即位时，刘辟反，宪宗命将讨之，吉甫密赞其谋，卒复西蜀。及再入相，“淮西节度使吴少阳卒，其子元济请袭父位。吉甫以为淮西内地，不同河朔，且四境无党援，国家常宿数十万兵以为守御，宜因时而取之”，乃为宪宗策划收复淮西，未及实现而于元和九年（公元814年）冬以暴病卒。[③]

二、裴垍于元和三年为相

《旧唐书·裴垍传》说：“先是，天下百姓输赋于州府，一曰上供，二曰送使，三曰留州。建中初定两税时，货重钱轻；是后货轻钱重，齐人（齐人，平民）所出，固已倍其初征。而其留州、送使，所在长吏又降省估使就实估，以自封殖（增加自己所得）而重赋于人。及垍为相，奏请：‘天下留州、送使物，一切令依省估。其所在观察

---

① 《旧唐书》第二册，435—436页。

② 《旧唐书》第十二册，3994页，3996页。

③ 《旧唐书》第十二册，3994页，3998页。

使，仍以其所莅之郡租赋自给，若不足，然后征于支郡。'其诸州送使额，悉变为上供，故江淮稍息肩。"① 省估是尚书省户部所定比价，对纳税人较优惠；实估是地方按时价所定比价，按实估交纳必然加重了负担。所以，裴垍的这一改革可以减轻人民负担，江淮人民得以松一口气。同书还说："垍在翰林，举李绛、崔群同掌密命；及在相位，用韦贯之、裴度知制诰，擢李夷简为御史中丞，其后继踵入相，咸著名迹。其余量材赋职，皆叶人望，选任之精，前后莫及。议者谓垍作相，才与时会，知无不为，于时朝无倖人，百废寖理"。② 可惜，元和五年（公元 810 年）裴垍即因病罢相，次年便卒，未能有更大的作为。

三、李绛正直敢言，多所匡救

元和二年，李锜反于浙西，"锜既诛，朝廷将辇其所没家财（将没收李锜的家财运归京师）。绛上言曰：'李锜凶狡叛戾，僭侈诛求，刻剥六州之人，积成一道之苦。圣恩本以叛乱致讨，苏息一方。今辇运钱帛，播闻四海，非所谓式遏乱略，惠绥困穷。伏望天慈，并赐本道，代贫下户今年租税（请用没收李锜的家财为浙西道贫下户代纳当年租税），则万姓欣戴，四海歌咏矣。'宪宗嘉之"。③ 这是很得民心的一件事。

元和四年（公元 809 年），宪宗以久旱欲行大赦，"李绛、白居易上言：'欲令实惠及人，无如减其租税；又请出宫人，禁诸道横敛以进奉，及岭南、黔中、福建掠卖人为奴婢。'闰月（闰正月）己酉，制降天下系囚，余皆如二臣之请"。④ 这又是很得民心的一件事。

李绛自翰林学士改户部侍郎，"尝因次对，宪宗曰：'户部比有进献，至卿独无，何也？'绛曰：'将户部钱献入内藏，是用公物以结私恩。'上耸然，益嘉其直"。⑤ 随即擢为宰相。元和七年（公元 812 年），田兴（即田弘正）以魏博六州版籍归朝廷，"李绛上言：'魏博五

① 《旧唐书》第十二册，3991—3992 页。
② 《旧唐书》第十二册，3991—3992 页。
③ 《旧唐书》第十三册，4285—4286 页，4287 页。
④ 《唐鉴》，卷九，5 页。
⑤ 《旧唐书》第十三册，4285—4286 页，4287 页。

十余年不霑皇化。一旦举六州之地来归，刳河朔之腹心，倾叛乱之巢穴，不有重赏过其所望，无以慰士卒之心，使四邻劝慕。请发内库钱百五十万缗以赐之。’左右宦官以为所与太多，后复有此比，将何给之？帝（宪宗）以语绛，绛曰：‘田兴不贪专地之利，不顾四邻之患，归命圣朝，陛下奈何爱小费而遗大计，不以收一道人心？钱用尽更来，机事一失不可复追。借使国家发十五万兵以取六州，期年而克之，其费岂止百五十万缗而已乎？’帝悦曰：‘朕所以恶衣菲食，蓄聚货财，正为欲平定四方。不然，徒贮之府库何为！’十一月遣知制诰裴度至魏博宣慰，以钱百五十万缗赏军士，六州百姓给复一年。军士受赐，欢声如雷。成德、衮、郓使者数辈，见之相顾失色”。[①] 这更是既得军心又得民心的一件事。

有一次，宪宗想在禁苑附近狩猎，走到蓬莱池西，对左右说：“李绛必谏，不如且止。”李绛或久不进谏，宪宗便问他：“岂朕不能容耶？将无事可谏也？”可见李绛的敢批逆鳞，不逊于魏征，深得宪宗的信任。因此，当时朝中大臣既敢争论政治得失，亦各忠于职守，形成了比较良好的政风。这对人民来说并非坏事。

与德宗厚敛以自奉相反，宪宗则对赈济、平粜和减免租赋的事不少做；还不止一次地拿出内库的钱、绢来充军用，甚至还出内库缯帛5万匹充奉皇太后山陵；他不收诸道进奉，元和四年四月山南东道节度使裴均进银器1 500两，以违敕，付左藏库；盐务和漕运，管理得人。所有这些因素，给老百姓以稍松一口气的机会，使元和年间的农民负担比德宗统治时能有所减轻。

元和十年（公元815年）六月，武元衡遇刺身死，裴度拜相，以收复淮西为己任。元和十二年十月，李愬夜袭蔡州，活捉吴元济，淮西平。安史乱后日益衰颓的唐王朝振作起来了。这不是偶然的。《旧唐书·宪宗纪》末引史臣蒋系的话说：“宪宗嗣位之初，读列圣实录，见贞观、开元故事，竦慕不能释卷，顾谓丞相曰：‘太宗之创业如此，玄宗之致理如此，既览国史，乃知万倍不如先圣。当先圣之代，犹须

① 《唐鉴》，卷九，9页。

宰执臣僚同心辅助，岂朕今日独能为理哉！’自是延英（殿名）议政，昼漏率下五六刻方退。自贞元十年以后，朝廷威福日削，方镇权重。德宗不委政宰相，人间细务，多自临决，奸佞之臣，如裴延龄辈数人，得以钱谷数术进，宰相备位而已。及上（指宪宗）自藩邸监国，以至临御，讫于元和，军国枢机，尽归之于宰相。由是中外咸理，纪律再张，果能剪削乱阶，诛除群盗。睿谋英断，近古罕俦。唐室中兴，章武（章武，宪宗谥号）而已！”[①] 宪宗知人善任，导致元和年间短暂的中兴局面，李唐政权赖以延续了数十年。

胜利每每冲昏人们的头脑，忘记居安思危的格言。贤者尚难避免，更何况封建君主。在胜利面前，宪宗经不起考验。《唐鉴》说：“淮西既平，帝浸（浸，渐）骄侈。户部侍郎、判度支皇甫镈，卫尉卿、盐铁转运使程异晓其意，数进羡余，以供其费，由是有宠。镈又厚赂结吐突承璀（宪宗宠信的宦官）。九月（元和十三年九月）镈以本官、异以工部侍郎并同平章事（拜相），使如故。制下，朝野骇愕，至市道负贩者亦嗤之。裴度、崔群极谏其不可，帝不听。度耻与小人同列，表求自退，不许。度复上疏，其略曰：‘所可惜者，淮西荡定，河北底宁，承宗（王承宗）敛手削地，韩弘舆疾讨贼，岂朝廷之力能制其命哉？直以处置得宜，能服其心耳！陛下建升平之业，十已八九，何忍还自隳坏，使四方解体乎？’帝以度为朋党，不之省。”[②] 皇甫镈这个典型的暴敛之臣的得势，政风为之败坏。宪宗还想借用宗教的麻醉力来支撑王朝政权。元和十四年（公元 819 年）正月，“令中使杜英奇押宫人三十人，持香花，赴临皋驿迎佛骨（风翔法门寺藏有释迦牟尼的指骨一节），自光顺门入大内，留禁中三日，乃送诸寺。王公士庶，奔走舍施，唯恐在后。百姓有废业破产，烧顶灼臂而求供养者”。[③] 韩愈上疏切谏，宪宗大怒，将加极法，赖裴度、崔群及至国戚诸贵的缓颊，才贬愈为潮州刺史。宪宗又服方士金丹以求长寿，元和十五年正月疾发，为内常侍陈弘志所弑。此后数十年，政治是一朝不如一朝，

---

① 《旧唐书》第二册，472 页。

② 《唐鉴》，卷九，13 页。

③ 《旧唐书》第十三册，4198 页。

而人民负担则一代重于一代。

穆宗李恒不恤政事，唯喜游宴，谏官郑覃，崔玄亮等廷奏曰："陛下即位以来，宴乐过多，畋游无度。今蕃寇（吐蕃）在境，缓急奏报，不知乘舆所在。臣等忝备谏官，不胜忧惕。伏愿稍减游纵，留心政道。伏闻陛下晨夜昵狎倡优，近习之徒，赏赐太厚。凡金银货币，皆出自生灵膏血，不可使无功之人，滥霑赐与。纵内藏有余，亦乞用之有节，如边上警急，即支用无阙。免令有司重敛百姓，实天下幸甚！"① 这些道理，穆宗听来逆耳，他依样把从人民身上重敛得来的钱十分慷慨地赏赐给将士以至僧人和近侍，使国家财政陷入困境。养兵九十九万，结果却是河朔三镇又从他的手里失去。

敬宗李湛即位时才16岁，他更加荒唐，一穿上龙袍便下诏各道多所宣索，征贡之使，道路相继。例如，浙西奉令"进盝子（盝音lù，小匣），计用银九千四百余两"；续又奉令"进妆具二十件，用银一万三千两，金一百三十两"。浙西观察使李德裕奏陈地方苦状，请令宰臣商议，如何能使地方"上不违宣索，下不阙军储，不困疲人，不敛物怨"，② 敬宗不予批复。敬宗不务正业，白天击毬，晚上捉狐狸。有一天夜猎还宫，被宦官刘克明、击毬军将苏佐明等杀害。穆宗在位5年，敬宗在位仅3年，都是短命皇帝。

刘克明等矫立绛王李悟，宦官王守澄等杀刘克明等及绛王，另立文宗李昂。大和九年（公元835年）十一月，文宗与李训、郑注谋诛宦官，事败，宦官仇士良领禁兵逢人即杀，先后死者千六七百余人，"横尸流血，狼籍涂地"，京师人心惶骇。"自是天下事皆决于北司（宦官）"。文宗对值班的翰林学士周墀说："赧（周赧王）、献（汉献帝）受制疆臣，今朕受制家奴，自以不及远矣！"③ 说罢泪下沾襟，后不复视朝，郁郁以殁，终年才33岁。仇士良训示宦官说："天子不可令闲，常宜以奢靡娱其耳目，使日新月盛，无暇更及它事，然后吾辈可以得志。慎勿使之读书，亲近儒生；彼见前代兴亡，心知忧惧，则吾辈疏

① 《旧唐书》第十四册，4489页。
② 《旧唐书》第十四册，4512页。
③ 《旧唐书》第十九册，5874页。

斥矣！”[①] 宦官们信奉这一教条，使唐季君主成为他们手中操纵的傀儡。懿宗李漼和僖宗李儇是这类傀儡皇帝的突出的典型。懿宗好音乐宴游，殿前供奉乐工常近五百人；每月宴设不减十余，水陆（海味山珍）皆陈；听乐观优，不知疲倦；赐与动及千缗；每出行幸，内外诸司扈从十余万人，所费不可胜纪。人民的负担哪能不苛重！僖宗即位时年才十四，政事一委中尉（领禁兵的宦官）田令孜，呼为“阿父”。令孜招权纳贿，除官及赐绯紫，一皆自决。僖宗与内园小儿狎昵，赏赐乐工优伎，所费动以万计。府藏空竭，令孜说僖宗没收长安东西两市商旅宝货，悉输内库。有陈诉者，付京兆尹杖杀之。宰相以下，钳口莫敢言，不到两年便爆发了全国性大规模的农民起义。

乾符二年（公元875年）五月王仙芝领众三千于长垣县起义，相继攻陷濮州和曹州，义军扩充至数万。黄巢率众数千人响应王仙芝，山东人民之苦于重敛者争归之，数月间义军亦扩充至数万。在这之前，早在穆宗长庆二年（公元822年）十二月和州乌江县就闹过饥民杀县令抢官米的风潮；此后，局部性小规模的农民骚动不断发生，都是由苛重的赋役引起的。

宪宗元和末年农民的赋役负担已开始加重。元和十二年（公元817年），各地的兵差一般不轻。《旧唐书·宪宗纪》载：“东畿（洛阳地区）民户供军尤苦，车数千乘相错于路，牛皆馈军，民户多以驴耕。”[②] 除了兵差，还有一个摊担逃户赋役问题。元和十三年，泽潞节度使郗士美卒，李渤充吊祭使，路过陕西，察知当地摊逃之弊，《旧唐书·李渤传》载李渤所上的疏，略云：“臣出使经行，历求利病。窃知渭南县长源乡本有四百户，今才一百余户；阌乡县本有三千户，今才有一千户，其他州县大约相似。访寻积弊，始自均摊逃户。凡十家之内，大半逃亡，亦须五家摊税。似投石水中，非到底不止。摊逃之弊，苛虐如斯，此皆聚敛之臣剥下媚上，唯思竭泽，不虑无鱼。乞降诏书，绝摊逃之弊”。[③] 赋役苛重迫使农民逃亡，而摊逃又使赋役更加

---

① 《资治通鉴》，卷247，《唐纪·六十三》。

② 《旧唐书》第二册，459页。

③ 《旧唐书》第十四册，4438页。

苛重，迫使更多的农民逃亡。这种恶性循环，穆宗长庆以后成为一个越来越严重的问题。

白居易有一首《重赋诗》说："原地植桑麻，所用济生民；生民理布帛，所求活一身。身外充征赋，上以奉君亲。国家定两税，本意在爱人。厥初防其淫（淫，滥），明敕内外臣：税外加一物，皆以枉法论。奈何岁月久，贪吏得因循。浚（浚，剥削）我以求宠，敛索无冬春。织绢未成匹，缫丝未成斤，里胥迫我纳，不许暂逡巡。岁暮天地闭，阴风生破村，夜深烟火尽，霰雪白纷纷。幼者形不蔽，老者体无温，悲喘与寒气，并入鼻中辛。昨日输残税，因窥官库门，缯帛如山积，丝絮如云屯：号为羡余物，随月献至尊。夺我身上暖，买尔眼前恩，进入琼林库（琼林库，内库名），岁久化为尘！"① 这首读来令人为之酸鼻的诗，对长庆以后赋役的苛重、农村的残破和农民生活的困苦，描绘得历历在目，同时也透露了农民的不满情绪。

懿宗时，刘允章上了一封直谏书，把当时的政治弊病和社会危机归纳为国有九破、人有八苦。所谓国有九破是说：终年聚兵，一破也；蛮夷炽兴，二破也；权豪奢僭，三破也；大将不朝（藩镇割据），四破也；广造佛寺，五破也；赂贿公行，六破也；长吏残暴，七破也；赋役不等（不等，不均），八破也；食禄人多，输税人少，九破也。所谓人有八苦是说：官吏苛刻，一苦也；私债征夺，二苦也；赋税繁多，三苦也；所由乞敛；四苦也；替逃人差科（即上述的摊担逃户赋役），五苦也；冤不得理，屈不得伸，六苦也；冻无衣，饥无食，七苦也，病不得医，死不得葬，八苦也。

残酷的政治压迫和苛重的赋役剥削，必然促使阶级矛盾激化，导致全国性大规模农民起义的爆发。黄巢领导的农民起义，喊出"均平"的口号，转战数万里，起义军的人数在革命高潮中曾发展到上百万人。虽然起义失败了，但在持续十年的革命战争中杀了一大批暴官污吏，削弱了封建大地主经济，并且给予李唐封建政权以致命的打击，宣告了唐王朝的覆灭。

---

① 《白氏长庆集》，卷二。

第五章

宋代的赋役制度与农民负担

第一节　从五代十国到宋王朝的建立

公元 907 年朱温灭唐建立后梁政权，自此经历后唐、后晋、后汉和后周，凡 50 余年，历史上称为五代十国时期。

旧史家奉为正统的五代是 5 个短命的封建王朝（最短命的后汉只有 4 年）。它们所统治的也仅是黄河流域的部分地区。

后周世宗柴荣显德六年（公元 959 年），这个王朝所辖民户只有 2 309 812 户（新得淮南郡县不在内），还不到当时全中国所有户口的半数。旧史家所谓僭伪之国，其所辖民户数合计超过了所谓正统的王朝。

宋太祖赵匡胤乾德元年（公元 963 年）平荆南，得州府三、县十七，计 142 300 户；平湖南周保权，得州十五（欧阳修《五代史》作得州十，《宋史·太祖纪》作十四，《地理志》作十五）、军一，县六十六，计 97 288 户。太祖乾德三年（公元 965 年）平后蜀，得州四十五，府一，县一百九十八，计 534 039 户。太祖开宝四年（公元 971

年）平南汉，得州六十、县二百十四，计 170 263 户。开宝八年（公元 975 年）平南唐，得州十九、军三、县一百八十，计 655 060 户。宋太宗赵光义太平兴国三年（公元 978 年）吴越纳土，计十三州、一军、八十六县，550 680 户；陈洪进献漳，泉二州、十四县，计 151 978 户。翌年平北汉，得州十、军一、县四十，计 35 220 户。以上各地合计 2 437 928 户，淮南郡县未计在内。

从民户数可以看出，五代的几个封建王朝不过是统治部分地区的小朝廷而已。

后梁“两税之法，咸因唐制”①。其实不只后梁，五代的赋役制度都如此。

后唐庄宗李存勗同光四年（公元 926 年）“以军食不足，敕河南尹预借夏秋税，民不聊生”②，就开了田赋预征的先例。

后唐明宗李嗣源比较爱惜民力，有意整顿田赋。天成四年（公元 929 年）五月敕：“百姓今年夏苗（夏苗，夏季交纳的税粮），委人户自通供手状，具顷亩多少，五家为保，委（委，确实）无隐漏，攒（攒，编册）连手状送于本州，本州具状送省，州县不得迭差人检括。如人户隐欺，许令陈告，其田倍令并征（加倍纳税）。”③ 这是实行人民自己陈报（即所谓手实）的办法。长兴二年（公元 931 年）“诏诸道观察使均补苗税，将有力人户（即富户）出剩田苗，补贫下不迨顷亩（不迨，不及）”④。这是纠正富户田多赋少和贫户田少赋多积弊的办法。应该说，这两项措施都不错。

天成三年（公元 928 年），明宗又许民间造麹，“于秋苗上纳征曲价，亩出五钱”⑤；长兴二年（公元 931 年）五月诏：“应（应，所有）田亩上所征曲钱并放（放，免除）”⑥；但同年七月却准奏又恢复了以

---

① 《册府元龟》卷 488。
② 马端临：《文献通考·田赋三·历代田赋之制》。
③ 薛居正：《五代史·食货志》。
④ 均见薛居正：《五代史·唐书·明宗纪》。
⑤ 均见薛居正：《五代史·唐书·明宗纪》。
⑥ 均见薛居正：《五代史·唐书·明宗纪》。

前的曲法，仍实行榷酒[1]，政策朝令夕改。

长兴二年十二月,“许农民自铸农器，杂器之属，于秋夏田亩上每亩输农器钱一文五分”。[2] 这是以开征农器钱来弥补废除铁器专卖的财政上的损失，从此两税的征收额内又增加了铁器钱这一项。又如天成元年（公元926年）曾下令：“秋夏税子，每斗先有省耗一升，今后只纳正数，其省耗宜停。”[3] 但以后又新增了所谓“雀鼠耗”。叶梦得说:“后唐明宗尝入仓观受纳，主吏惧责其多取，乃故为轻量。明宗曰:‘仓廪宿藏，动经数岁，若取之如此，后岂免销折（销折，亏空）乎?’吏因诉曰:‘自来主藏者，所以至破家竭产以偿欠，正为是（正因为这个缘故)。’明宗恻然，乃诏:‘自今石取二升为雀鼠耗’，至今行之，所谓‘加耗者’是也。明宗知恤吏矣，不知反堕其计中，遂为民害。”[4]

明宗曾杀了横征暴敛的租庸使孔谦，在五代中不失为一个比较开明的封建君主，但在位只有9年，对吏治和赋役的整顿，不可能有多大的建树。

后周世宗柴荣也算是封建君主中的佼佼者。欧阳修《五代史》说：周世宗“尝夜读书，见唐元稹《均田图》(按：应为《均田奏》)，慨然叹曰,‘此致治之本也，王者之政自此始!’乃诏颁其图法，使吏民先习知之，期以一岁大均天下之田”[5]。王溥《五代会要》说：世宗见元稹在同州时所上《均田奏》，因令制素成图遍赐诸道。

元稹的同州均田是怎么回事呢？唐穆宗李恒长庆二年（公元822年）六月，元稹罢相，出为同州刺史。均田一事具见《长庆集》内的均田奏，略谓：因农务稍暇，令百姓自通手实状，又令里正、书手等旁为稳审，并不遣官擅到村乡，略无欺隐；除去逃荒，其余顷亩，取两税充额，计七县沃瘠一例，作分抽税。很明显，元稹的所谓均田并非北魏至唐初的均田制度，实际上是均赋而已。其具体办法确然可晓

---

① 均见薛居正:《五代史·唐书·明宗纪》。
② 均见薛居正:《五代史·唐书·明宗纪》。
③ 均见薛居正:《五代史·唐书·明宗纪》。
④ 叶梦得:《石林燕语》，中华书局版，43页。
⑤ 欧阳修:《五代史·世宗纪》。

者，一为核实田亩（不派官吏到乡村插手，免其勒索舞弊，是这一办法的优点）；二为两税原额不动。至“沃瘠一例”一语则又颇暧昧，如果是不论田地等级的差别，一律按亩平分税额，这是不合理的。元稹也是个明白人，大概不致如此，也许当时的办法是沃瘠有差，七县一例。无论如何，这一次的均赋对平衡农民负担是有一定作用的。

上面说过后唐明宗天成四年所实行的大体上也是这样的办法；而长兴二年所实行的均补苗税，似乎更具有比较进步的意义。问题是当时不一定能够全面地认真推行。至于后周世宗则确实是下了决心，有一个雄心勃勃的计划。但是，在颁发均田图的翌年，他便病死，这一计划也随着落空了。

世宗不仅未能着力整顿田赋，反而给两税增添了盐钱这个新项。《宋史·张方平传》记方平对宋仁宗赵祯说：“昔周世宗以盐课均之税中，今两税盐钱是也。”[①] 把盐课摊入两税，由有田者负担，立意未可厚非，甚至还可以算作是一种合理的措施，类似于清代雍正年间的“摊丁入地”。然而，立意虽然好而后果却很坏，因为盐课旧额虽已摊入两税，而后来又另外征收盐课，并且在宋代是越来越重。世宗当时也许没有想到会有这样的后果。

五代时期尽管短暂，人民却饱受战争的痛苦。连年不息的战争使千万人流离失所，千万亩农田变成荒地。后晋出帝石重贵天福八年（公元943年），河南府“逃户凡五千三百八十七，饿死者兼之”；“河中逃户凡七千七百五十九”；贝州“逃户凡三千七百”；陕州“逃户凡八千一百”；泾、青、磁、邺都“逃户凡五千八百九十”；华州“逃户凡一万二千三百”……[②]直至北宋初期，黄河流域仍然残破不堪。宋太宗至道二年（公元996年）陈靖奏称：“京畿周环二十三州，幅员数千里，地之垦者十才二三”[③]。北方农村经济所遭受的严重破坏，于此可见一斑。

至于所谓僭伪十国，情况却是相当复杂的。

---

① 《宋史》，中华书局版（下同），第三十册，10355页。

② 薛居正：《五代史·晋书·少帝纪》。

③ 《宋史》第十三册，4160页。

史称闽政权初创立时，王审知宽刑薄赋，公私富实，境内安谧。其后，王昶于通文三年（后晋天福三年，公元938年）开征“身丁钱”。漳、泉二州的身丁钱（按丁计征）“折米五斗”，相当于宋代官斗的七斗三升；“凡江湖陂塘皆有赋”。[①] 王曦淫侈无度，国计使陈匡范增算商贾数倍，日进所谓羡余万金，务以聚敛取媚，人民不堪其苦。王曦宴近臣，举杯属匡范曰：“明珠美玉，求之可得，如匡范人中宝，不易得也！”[②] 王曦高兴，百姓却倒霉了。另一个以聚敛得幸的杨思恭，“累增田亩山泽之税，至于鱼盐蔬果，无不倍征，国人号曰杨剥皮”。[③]

楚王马希范奢欲无厌，不断加赋，“每遣使者行田，以增顷亩为功，民不胜租赋而逃。”希范却说：“但令田在，何忧无谷！”他又下令在常赋外另责贡米，“大县贡米三千斛（《通鉴》卷283作二千斛），中县千斛，小县七百斛，无米者输布帛以抵之”。[④]

南汉的刘鋹比他的父、祖父更加奢侈。他十六岁登位，委政于宦官龚澄枢等人。刘鋹置兵八千人于合浦，号媚川都[⑤]，责令采珠，以石缒其足，入海深五百尺，溺死者相属。所居宫殿以珍珠、玳瑁作饰，饰一柱凡用白金（银）三千铤。无名之费，日有千万；其挥霍之奢侈可想而知。由是赋敛繁重，人民困顿不堪；琼州斗米输税五钱，甚至邕（邕，今南宁地区）民入城者亦人输一钱。为镇压人民反抗，作烧、煮、剥、剔、刀山、剑树之刑，或令所谓罪人斗虎牴象[⑥]，南汉人民怨气冲天，不敢言而敢怒。

四川一地，几历沧桑。王建入蜀，纵兵“大掠西川十二州，皆被其患”。[⑦] 嗣后连岁用兵，自唐昭宗景福元年（公元892年）五月起围攻彭州凡三年，初年米斗五千，翌年又涨至十千，三年粮尽，城中人

① 吴任臣：《十国春秋》，中华书局版（下同），第三册，1331页。

② 《十国春秋》第三册，1404页，1405页，956页。

③ 《十国春秋》第三册，1404页，1405页，956页。

④ 《十国春秋》第三册，1404页，1405页，956页。

⑤ 媚川都：都，总队；媚川，采陆机《文赋》中“水怀珠而川媚”句意。

⑥ 《十国春秋》第二册，861页，864页；第四册，1770页。

⑦ 《十国春秋》第二册，484页。

相食；王建终于併吞两川，于唐亡之年（公元907年）称帝，国号大蜀。一将功成万骨枯，王建的帝座是四川人民的血肉堆成的。王建开征杂税："绫一匹一百文，绢一匹七十文，布一匹四十文，猪每头一百文。"[①]《十国春秋》引《五国故事》云："蜀中每三月为蚕市，至时货易毕集，阛阓填委，（王）建常登楼望之，见鬻桑者不一，顾左右曰：'条桑甚多，倘税之，必厚获利。'由是言出于外，民惧，尽伐其桑柘焉。此亦重赋厚敛之一端。"[②] 据说王建弥留时对臣下说："朕见百姓无数，列床前诉曰：'重赋厚敛，以至伤害而死，今已得诉于帝（帝，天帝）矣！'朕实不知下民如此，今若之何？"[③] 这是王建自己也知道重赋厚敛的造孽，内疚于心，病中产生了幻觉，与其说是活见鬼，毋宁认为临终前的忏悔。

同光三年（公元925年）十一月，后唐灭前蜀，得州六十四，县二百四十九，铠仗、钱粮、金银、缯锦以千万计。还向蜀民征所谓"犒赏钱"五百万缗，听以金银缯帛充纳，昼夜督责，至有自杀者，给军之余，犹二百万缗。

孟知祥入蜀后于公元934年（后唐闵帝李从厚应顺元年）称帝，是为后蜀。同年七月知祥病死，其子孟昶嗣位。蜀中赋税，轻重不均（例如阆州匹绢折税钱一千八百，而果州则仅折税钱六百），孟昶稍加整顿，并制官箴颁发各郡县，颇有孜孜求治的表现。宋太祖曾摘其中四句（'尔俸尔禄，民膏民脂，下民易虐，上天难欺！'）为《戒石铭》[④]，令各郡县刻石置公座前以作警惕。后主孟昶在位三十一年，蜀中基本安定，经济形势好转。史称后蜀广政十二年（公元949年，后汉隐帝刘承乾祐二年）八月，后主"游浣花溪，御龙舟观水嬉。时百姓饶富，夹江皆创亭榭，都人士女倾城游玩，珠翠罗绮，名花异卉，馥郁十里，望者有若神仙之境"。[⑤] 又称：广政十三年，"是时蜀中久安，斗米三钱，国都子弟不识菽麦之苗，金币（币，财货）充实，弦

① 《十国春秋》第二册，491页，528页，712页。
② 《十国春秋》第二册，491页，528页，712页。
③ 《十国春秋》第二册，491页，528页，712页。
④ 《十国春秋》第二册，491页，528页，712页。
⑤ 《十国春秋》第二册，718页，719页，736页，743页。

管歌诵盈于闾巷"[①]。又称广政二十八年（公年965年，宋太祖赵匡胤乾德三年）宋兵入蜀，孟昶归降，时后蜀民已滋息至"户五十三万四千三十有九"[②]。后主朝宋时，自二江至眉州，万民拥道，痛哭恸绝者凡数百人，后主亦掩面而泣。[③]《邵氏闻见录》也说："昶治蜀有恩，国人哭送之，至犍为别去，因号日蜀王滩。"尽管这些史料所描述的那种繁华景象，只能看作是富商和大地主们的生活片断，但是，从米价曾经跌到每斗三钱，户数逐渐增长到五十三万余户以及入朝时人民依依不舍这些情况看来，可以看出，孟昶所实行的"劝农恤刑、与民休息"的政策是有成效的，是深得人心的。

当宋军深入之际，孟昶果断地拒绝老将石斌（《宋史》作石斌，欧阳修《五代史》作石頵）的建议，放弃负隅顽抗的打算，立即草表求降，使老百姓得免战祸。正如他在死前所上遗表中所说："上思老母，下念民生，潜收拒辙之心，旋露投戈之请"，这种不愿牺牲老百姓来为小朝廷作垂死挣扎的决策，应该说是明智的，对保全四川是有益的。孟昶死后，他的生母李太后不哭，说孟昶"汝不能死社稷，苟生以取羞。"这种谴责是不对的。花蕊夫人有一首脍炙人口的诗说："君王城上树降旗，妾在深宫那得知？十四万人齐解甲，竟无一个是男儿！"这种批评也是错误的。孟子有一句名言："民为贵，社稷次之，君为轻。"孟昶总算懂得这个道理，所以说是明智的。

吴——南唐和吴越在所谓僭伪诸国中是较好的典型。

杨行密于唐僖宗李儇中和三年（公元883年）起兵，唐昭宗李晔天复二年（公元902年）被封为吴王。史称："淮南被兵六年，士民转徙几尽。太祖（杨行密的庙号）初至，赐与将吏帛不过数尺，钱不过数百，非公宴，未尝举乐；常服故时补绽衣于内，自言不敢忘本。轻徭薄赋，招抚流移。未及数载，几复承平之旧。"[④]

唐哀帝李柷天佑二年（公元905年）杨行密死，长子杨渥继位。

① 《十国春秋》第二册，718页，719页，736页，743页。

② 《十国春秋》第二册，718页，719页，736页，743页。

③ 《十国春秋》第二册，718页，719页，736页，743页。

④ 《十国春秋》第一册，29页，38页。

天佑（天佑本为唐哀帝李祝的年号，天佑四年朱温已篡唐自立，但吴国仍沿用唐年号）五年（公元908年，后梁太祖朱温开平二年）张灏发动了一次宫廷政变，杀了杨渥，拥立杨行密次子隆演，不久徐温又杀了张灏，平息了内乱，仍拥立隆演为吴王，但吴国军政大权实际上已由徐温掌握。

徐温对他的谋士严可球说："今大事已定，吾与公辈当力行善政。"于是，"乃立法度，禁强暴，政举大纲（即政尚简要），军民安之"。[①] 徐温以保境安民为国策，不谋求军事扩张。武义元年（公元919年，后梁末帝朱友贞贞明五年）七月，吴大破吴越军。"徐知诰（徐温的养子）请率步卒二千，易吴越旗帜铠仗，蹑败卒而东，袭取苏州。温曰：'尔策固善，然吾且求息兵，未暇如汝言也。'诸将又谓'吴越所恃者舟楫，今大旱，水道涸，此天亡之时也；宜尽步骑之势，一举灭之。'温叹曰：'天下离乱久矣，民困已甚，钱公（指当时的吴越王钱镠）亦未易可轻，若连兵不解，方为诸君之忧！不如战胜以惧之，戢兵以怀之，使两地百姓安业，君臣高枕，岂不乐哉？多杀何为！'……八月，归无锡之俘于吴越，遣客省使欧阳江往聘修好；吴越亦遣使请和。自是三十余州民乐业者二十余年。"[②]

天祐十五年（公元918年，后梁贞明四年）徐温坐镇金陵，退居第二线，只总军国大纲，自余庶政，皆决于徐知诰。知诰以吴王命尽蠲天祐十三年以前逋税，天祐十四年逋税可等到丰年才交纳。徐知诰注意减轻农民负担，振兴农业生产。南宋人洪迈说："自用兵（宋金交战）以来，令民间以现钱纽纳（纽纳，折纳）税值，既为不堪；然于其中所谓和买折帛尤为名不正而敛最重。偶阅大中祥符间（大中祥符为宋真宗赵恒年号）太常博士许载著《吴唐拾遗录》所载，多诸书未有者；其劝农桑一篇正云：吴顺义年中（顺义为吴王杨溥年号，顺义年中指顺义二年，即公元922年，后梁末帝龙德二年）差官兴版簿，定租税。厥田上上者，每一顷税钱二贯一百文；中田一顷税钱一贯八百文；下田一顷千五百；皆足陌现钱：如现钱不足，许依市价折以金

① 《十国春秋》第一册，29页，38页。

② 《十国春秋》第一册，53页。

银；算计丁口课调，亦科钱。宋齐丘时为员外郎，上策乞虚抬时价而折细（紬，音 chóu；《急就篇》注：抽引粗茧绪纺而织之日紬）、绵、绢本色。曰：江淮之地，唐季已来战争之所。今兵革乍息，黎甿始安，而必率以现钱，折以金银，此非民耕凿可得也。将兴贩以求之，是为教民弃本逐末耳。是时绢每匹市价五百文，紬六百文，绵每两十五文；齐丘请绢每匹抬为一贯七百，紬为二贯四百，绵为四十文，皆足钱；丁口课调亦请蠲除。朝议喧然沮之，谓亏损官钱为数不少。齐丘致书于徐知诰曰：'明公总百官，理大国，督民现钱与金银，求国富庶，所谓拥篲救火，挠水求清，欲火灭水清，可得乎？'知诰得书曰：'此劝农上策也！'即行之。自是不十年间，野无闲田，桑无隙地。自吴变唐（唐，指南唐，下同），自唐归宋，民到于今受其赐，齐丘之事美矣，徐知诰亟听而行之，可谓贤辅相！而《九国志》齐丘传中略不书，《资治通鉴》亦佚此事。今之君子为国（为国，治国），唯知朘民以益利，岂不有靦（有靦，有愧色）于偏闰（偏闰，指所谓僭号的小国）之臣乎？齐丘平生在所不论也。"[①] 其实《通鉴》并没有漏掉此事，只是记载不详，而且错列了年份而已，这里不再引证了。

徐知诰采纳宋齐丘的建议所实行的改革，其主要内容是：（1）废除丁口钱；（2）按两税钱额折征实物；（3）为折征的实物规定优惠的折合率。总之，其实质是减轻农民负担，这是一种好政策，很快就发挥了振兴农业生产的作用。

吴王杨溥天祚三年（后晋高祖石敬瑭天福二年，公元 937 年）徐知诰篡吴，改元升元，国号大齐。升元三年（后晋天福四年，公元 939 年）改国号为大唐（史称南唐），复姓名为李昪。马令《南唐书》载，是年春正月丙申诏曰："比者干戈相接，人无定主，地易而弗艺，桑陨而弗蚕，衣食渐耗，朕甚悯之。其向风面内（面内，来归）者，有司计口给食，愿耕植者授之土田，仍复（免除）三岁租役"（陆游《南唐书》亦载此事，措辞小异）。这是招徕外地流民的政策。《资治通鉴》载，升元五年（后晋天福六年，公元 941 年）"分遣使者按行

① 洪迈：《容斋续笔》卷十六，宋齐丘条。

民田，以肥瘠定其税，民间称为平允。”由此可见，在李昪的统治下，吴及南唐的赋役制度是比较合理的，农民负担是比较轻的。

南唐先主李昪继续奉行其义父徐温的保境安民国策，以穷兵黩武为戒。史称其“生长兵间，知民厌乱。诸臣多言：‘陛下中兴，宜出兵恢拓旧土。’帝叹息曰：‘兵为民害深矣，诚不忍复言！使彼民安，吾民亦安矣，又何求焉？’由是在位七年，兵不妄动，东与吴越连和，归其所执将士，钱氏（吴越）亦归我（南唐）败将，遂通好不绝，境内赖以休息”。[1]《钓矶立谈》说：“钱塘大火（按：事在升元五年），宫室器械为之一空。宋齐丘乘间进言曰：‘……我师晨出，而暮践其庭，愿勿失机，为后世忧。’烈祖（李昪的庙号）愀然久之，曰：‘疆域虽分，生齿理一，人各为主，其心未离，横生屠戮，朕所弗思。且救灾睦邻，治古之道。朕誓以后世子孙付之于天，不愿以力营也。大司徒（齐丘官职）其勿复以为言。’於是特命行人（行人，使者）厚遗之金粟缯绮，车盖相望於道焉。”《江南野史》也说：先主末年，“常曰：‘民各生父母（人人均为父母所生），安用争城广地，使之膏血涂于草野乎？’”据说他临死时还对太子李璟说：“德昌宫储戎器（戎器，兵器）金帛七百余万，汝守成业，宜善交邻国，以保社稷。”又云：“不可袭炀皇（隋炀帝）之迹，恃食阻兵，自取亡覆。苟能守吾言，汝为孝子，百姓谓汝为贤君矣！”

由于改革了赋税，减轻了农民负担，还由于坚持保境安民，不是有意扩大而是力求减少战祸；这就使得江淮地区的人民几十年间基本上能够安居乐业，并使这一地区的社会经济能够获得迅速和持续的发展。在五代十国的动乱年代，贤明的封建统治者寥寥无几，徐温父子可以各占一席，而得分最多的是李昪，他在政治上的才识和成就，都远在后唐明宗李嗣源和后周世宗柴荣等人之上。这样的评价是公允的。

南唐中主李璟虽然不是一个暴君，但在他的统治期间，人民负担已比前有所加重。《十国春秋·李家明传》载，家明“常从元宗（南唐中主李璟的庙号）游后苑，元宗登台望钟山曰：‘雨即至矣。’家明

① 《十国春秋》第一册，201—202页。

曰：‘雨虽来，必不敢入城。’元宗怪而问之，家明曰：‘惧陛下重税。’元宗遂命榷务减征之半”。[①]

上面引李家明所说的重税虽是指商税方面的，但是农民负担也比前重了。例如，保大十一年（后周太祖郭威广顺三年，公元 953 年）“冬十月，筑楚州自水塘以溉屯田，遂诏州县陂塘堙废者，皆修复之。于是力役暴兴，楚州、常州为甚。帝（李璟）使近侍车延规董其役，发洪、饶、吉、筠州民、牛以往。吏缘为奸，强夺民田为屯田，江淮骚然”。[②] 修水利和办屯田本来都是好事，但明显地把好事办成坏事了。又如，“升元初，括定民赋，每正苗（正苗，正项税粮）一斛，别输三斗于官廪，授盐二斤，谓之盐米。至是（指中主中兴元年，即后周世宗显德五年，公元 958 年，这一年南唐战败割江北郡县给后周）淮甸盐场皆入于周，遂不支盐，而输米如初，以为定式”。[③] 把原来以米换盐的盐米变为两税的一个附加项目，等于每斛正粮加征 30%，这更是明显地加重农民负担了。

后主李煜不是暴君，政治上却是个低能儿，他只配当翰林学士（宋太祖曾赞赏他的文才，说：好一个翰林学士）！尽管后主对宋奉贡称臣，但由于宋太祖认为“卧榻之侧不容他人鼾睡”，南唐小王朝终于开宝八年（公元 975 年）被宋灭掉。

钱镠于唐僖宗乾符二年（公元 875 年）起兵临安，受唐官职，先后被封为彭城郡开国侯、彭城郡王、南康王、彭城王、越王、吴王。朱温篡唐，封镠为吴越王。镠以唐室既亡，于次年（公元 908 年，后梁开平二年）改元天宝，以孙仲谋自许。天宝十二年与吴国媾和，双方息兵 20 余年。

钱镠重水利。天宝八年（公元 915 年，后梁贞明元年）“置都水营使以主水事，募卒为都，号曰‘撩浅军’，亦谓之‘撩清’；命于太湖旁置‘撩清卒’四部，凡七八千人，常为田事，治河筑堤，一路迳下吴淞江，一路自急水港下淀山湖入海。居民旱则运水灌田，涝则引

① 《十国春秋》第一册，460 页。

② 《十国春秋》第一册，220 页，231 页。

③ 《十国春秋》第一册，220 页，231 页。

水出田。又开东府南湖（即鉴湖），立法甚备”。[①] 息兵和兴修水利对吴越地区的农业生产起了很大的促进作用。

不过，钱镠也爱兴土木。例如，天宝三年（公元 910 年，后梁开平四年）便扩大杭州城，大修台馆，筑子城。有人夜署府（杭州称东府）门曰：“没了期，没了期，修城才了又开池！”[②] 史称吴越的第三代君主钱弘佐曾问仓吏，蓄积有多少？仓吏回答：够十年吃的。弘佐说：“军食足矣，可以宽吾民”，乃令普免境内租税三年[③]。封建统治者这样慷慨地减轻农民负担，在中国历史上除了汉文帝以外，别的朝代是极难找到这种事例的。

史又称吴越的末代君主钱俶于乾祐二年（公元 949 年）下令，“募民能垦荒田者，勿取其税，由是境内无弃田。或请纠遗丁以增赋，王杖之国门。又置营田卒数千人，以淞江辟土而耕。(按：宋高宗（赵构）时，知扬州（即扬州知府）晁公武言：吴越垦荒田而不加税，故无旷土)”[④]。由于振兴了农业生产，粮食充足，米一石不过钱数十文，这是别的地区所不能比拟的。

欧阳修《五代史》则说，吴越从钱镠起常重敛以事奢侈，并说官吏督课极严，每笞一人以责其负，则诸案吏各持簿于庭，唱其多少，量为笞数。笞已，则以次唱而笞之；少者犹积数十，多者百余，人不堪其苦。欧阳史所说不会没有根据，可能只是一时一地的情况；如果整个时期和所有地区都是这样的，那同上述史料（特别是钱弘佐普免三年租税一事）相对照，矛盾便太大了。不过，吴越每丁课钱 360，身丁钱的负担并不轻。

宋王朝建立后，钱俶倾资修贡献。宋《两朝供奉录》载吴越入贡品物，如赭黄犀、龙凤龟鱼、仙人鳌、山宝树等及通犀带 70 余条，皆稀世之宝，而金饰玳瑁器至 1 500 余件，水晶、玛瑙、玉器至 4 000 余件，珊瑚 10 件，高 3.5 尺，金银饰陶器 14 万余件，金银饰龙凤船舫

① 《十国春秋》第三册，1090 页。
② 《十国春秋》第三册，1087 页，1141 页。
③ 《十国春秋》第三册，1087 页，1141 页。
④ 《十国春秋》第三册，1150 页。

200 艘，银装器械 70 万件，白龙脑 200 余斤，玉带 24 条，紫金狮子带一条，金 9.5 万余两，银 110.2 万余两，锦 28 万余匹，色绢 79.7 万余匹，所有这些贡物共值多少钱，恐怕谁也估算不出来。钱俶对举朝文武阉寺亦多所餽遗。例如，《宋史·赵普传》载，开宝六年（公元 973 年），“钱王俶遣使致书于普，及海物（海物，水产品）十瓶，置于庑下。会车驾（指宋太祖）至，仓卒不及屏，帝顾问何物，普以实对。上曰：‘海物必佳。’即命启之，皆瓜子金也”。[①] 为了拉关系，钱俶究竟送去多少礼物，共值多少钱，又是谁也估算不出来的。进贡和送礼的是钱俶，而最终付账的却是人民，所以，这段时期吴越人民的负担必然大大加重，这是无可怀疑的。

但有些史家从另一个角度说得也不无道理：“竭十三州之物力，以供大国，务得中朝心，国以是而渐贫，民亦以是而得安。”钱俶顺应时势，选择了和平统一的道路，使吴越逃脱了一场可能发生的战争，社会经济免受摧残，生灵免遭涂炭，确也为人民办了一件大好事。这是比较明智的，值得赞许的。太平兴国四年（公元 979 年），宋太宗对钱俶说：“卿能保全一方以归于我，兵不血刃，深可嘉也！”钱俶既保全了吴越十三州，也保全了钱氏一家，又留下了美名。400 年后钱氏后人还受到明太祖朱元璋的眷顾。据《钱氏世谱》记载，洪武二十一年（公元 1388 年），钱氏十六世孙克邦由大臣引见，明太祖立即授钱克邦以建昌知府之职。洪武二十三年钱克邦死，都察院引见其子钱汝贤，明太祖说：“著孩子靠前来！五代时天下大乱，各据偏方，尔祖能保全两浙之民不识兵革，知恁祖宗忠孝好处。券（指铁券）与你保守，田产家财都给还你。”

显德六年（公元 959 年）后周世宗死，幼子恭帝柴宗训继位。显德七年春，北汉勾结契丹入寇，赵匡胤在“主少国疑”人心惶惶的情况下领兵抵御，师次陈桥驿（在今河南省封丘县东南陈桥镇），“将士阴相与谋曰：‘主上幼弱，未能亲政，今我辈出死力为国家破贼，谁则知之？不若先立点检（赵匡胤时为殿前都点检，即禁军总指挥）为天

① 《宋史》第二十五册，8933 页。

子，然后北伐未晚也。’甲辰，将士皆擐甲执兵仗集于驿门讙譟，突入驿中。太祖尚未起，太宗时为内殿祇侯（掌朝仪之官）、供奉官都知（掌扈从之官），入白太祖，太祖惊起出视之，诸将露刃罗立于庭，曰：‘诸军无主，愿奉太尉为天子！’太祖未及答，或以黄袍加太祖之身，众皆拜于庭下，大呼称万岁，声闻数里”。[1] 这就是所谓陈桥兵变，黄袍加身的一幕喜剧。赵匡胤半推半就，终于顺手牵羊，毫不费劲地篡取了后周政权，建立了宋王朝。

宋人魏泰说：“太祖皇帝得天下，破上党，取李筠，征维扬（即扬州），诛李重进，皆一举荡灭，知兵力可用，僭伪可平矣。尝语太宗曰：‘中国自五代以来，兵连祸结，帑廪虚竭，必先取西川，次及荆、广、江南，则国用富饶矣。今之勍敌，止在契丹，自开运（后晋出帝石重贵年号）以后，益轻中国。河东（北汉）正扼两蕃（指契丹和西北少数民族），若遽取河东，便与两蕃接境，莫若且存继元（北汉主刘继元），为我屏翰，俟我完实，取之未晚。’”[2] 赵匡胤的战略是正确的。到太平兴国四年（公元 979 年）北汉刘继元降，宋王朝基本上统一了中国。

第二节　北宋前期的政治、经济概况

这里所称北宋前期指太祖、太宗、真宗及仁宗四朝，共 103 年，占宋王朝国祚三分之一弱。

宋王朝建立之初，契丹族统治的辽王朝雄踞东北，军力强大，野心不小。上一节里已经说过，赵匡胤为了避免与契丹正面冲突，暂留北汉作缓冲地区。赵匡胤是要统一中国的，但他不敢有消灭辽王朝的念头，而只是打算从契丹人手中要回后晋石敬瑭所割让的燕云十六州。为此他在景福殿设置了内藏库，即所谓封桩库（封桩，封存财物以备

---

① 司马光：《涑水纪闻》卷一。

② 魏泰：《东轩笔录》，中华书局版，1 页。

专用之意)，准备储足缣帛200万匹便用来向契丹赎地。如果契丹人不让赎回，则用这笔财物赏赐将士，同契丹人决一雌雄。因此，这个内藏库又被称为激赏库。计划尚未实现，赵匡胤便死了。

宋太宗平河东后，缓冲地区不存在了，宋、辽的边境冲突接连不断。雍熙三年（公元986年）太宗命曹彬、潘美分两路大举北征，宋军贪胜冒进为契丹所乘，结果曹彬之师覆败于岐沟关（今河北省涿州市西南)，潘美之师仓皇后撤。名将杨业孤军苦战，中箭被擒，不屈而死。杨业素号“杨无敌”，契丹人很害怕他，杨业的牺牲引起全国的震悼。吃了这次败仗以后，太宗不敢再轻举妄动，而契丹则更加咄咄逼人。

宋真宗赵恒景德元年（公元1004年）冬，契丹大举入侵，宋将傅潜却畏懦不敢接战。河北郡县沦陷不少，举朝震骇，不知所措，甚至有建议真宗出幸金陵或成都的。宰相寇准主张真宗亲至前线督战，真宗接纳了寇准的主张亲至澶（音chán）州（治所在今河南省濮阳县)，寇准又力劝渡河，真宗也只好答应，渡河登上澶州北城城楼，远近军民望见御盖，踊跃欢呼，声闻数十里，宋军士气大振，契丹为之气夺。魏能守安肃军（易州安肃县，由遂城县分出)，杨延朗守广信军（易州遂城县）辽人百战不能下，人们夸称这两军为“铜梁门，铁遂城”。这里插几句话：杨延朗后名延昭，杨业之子，在边防20余年，与士卒同甘苦，屡次挫败入侵的敌人，深得边境人民的爱戴；辽人害怕他，称为杨六郎。死后归葬，河朔之人望灵柩而泣。延昭之子文广，在西北也立下战功。杨家将的故事，千百年来一直挂在人们的嘴里，并且不断地加以发展和美化，充分说明了人民对卫国英雄的崇拜与怀念。

是年十一月，契丹统军挞览中宋军伏弩阵亡，辽人不得已而求和。宋答应每年给辽王朝绢20万匹，银10万两，誓书写明“沿边州军，各守疆界；两地人户，不得交侵。或有盗贼逋逃，彼此无令停匿。至于陇亩稼穑，南北勿纵惊骚。”这就是我国史书上所称“澶渊之盟”。此后很长的一段期间，基本上互不侵犯。仁宗赵祯时，契丹求割十县，宋不允割地，却增加岁币为绢30万匹，银20万两。

宋人所谓“两蕃”，除了东北的契丹人以外，另一便是西北的羌族。所谓羌族，实际上是羌族和其他一些少数民族的统名。公元 1032 年（宋仁宗明道元年），李元昊建立西夏王朝。李元昊本姓拓跋，为鲜卑遗族，因世居夏州，其祖辈已是西北羌族人的首领。西夏不断入侵，西北不胜其扰。数年后，元昊以国力疲竭，始上誓表求和，乞岁“赐银、绮、绢、茶二十五万五千”，并予誓诏，“永以为好”。庆历四年（公元 1044 年）十月，仁宗答应了元昊的要求。终仁宗之世，宋与西夏基本上相安无事。

中国由一个多民族的统一国家分化为三个王朝——汉族统治的宋王朝，契丹族的辽王朝和羌族统治的西夏王朝。北宋前期，经济发展水平较高的宋王朝每年花几十万银、绢买来一个和平共处，消弭了可能发生的长期民族混战危机，对人民的休养生息，不能说没有好处。

太祖有鉴于唐代藩镇之祸，削去节度使的兵权（这就是史书上所说的“杯酒释兵权”），对保障国内的安宁也不能说没有好处。

太宗、真宗两朝，吕蒙正、李沆和王旦等有威望的重臣，比较能够关心人民疾苦。

《宋史·吕蒙正传》说，淳化四年（公元 993 年）。蒙正和太宗论征伐事，“上曰：‘朕比来征讨，盖为民除暴；苟好功黩武，则天下之民熸亡尽矣！’蒙正对曰：‘隋、唐数十年中，四征辽碣，人不堪命。炀帝全军陷没，太宗自运土木攻城，如此卒无所济。且治国之要，在内修政事，则远人来归，自致安静。’上韪之。尝灯夕设宴，蒙正侍，上语之曰：‘五代之际，生灵凋丧，周太祖自邺南归，士庶皆罹剽掠，下则火灾，上则彗孛，观者恐惧，当时谓无复太平之日矣。朕躬览庶政，万事粗理；每念上天之贶，致此繁盛，乃知理乱在人。’蒙正避席曰！‘乘舆所在，士庶走集，故繁盛如此。臣尝见都城外不数里，饥寒而死者甚众，不必尽然。愿陛下视近以及远，苍生之幸也！’上变色不言。”① 太宗时天下疮痍未复，却因为削平割据，统一中原，忘乎所以地骄傲自满起来了。吕蒙正不随声附和，阿谀取悦，而告以人民痛苦的实情，可渭“仁人之言”。同传又说，真宗景德二年（公元

① 《宋史》第二十六册，9147 页。

1005年）春，蒙正年老“表请归洛，陛辞日，肩舆至东园门，命二子掖以登殿，因言：‘远人请和，弭兵省财，古今上策，惟愿陛下以百姓为念！’上嘉纳之”。[①]

李沆为相，旨在无为。《宋史·李沆传》说，真宗问治道所宜先，沆曰：“不用浮薄新进喜事之人，此最为先。”沆尝言：“居重位实无补，惟中外所陈利害，一切报罢之，此少以报国尔。朝廷防制，纤悉备具，或徇所陈请，施行一事，即所伤多矣，陆象先（唐代名臣）曰：‘庸人扰之’，是已。憸人苟一时之进，岂念厉民耶？”沆为相，常读《论语》，或问之，沆曰：“沆为宰相，如《论语》中‘节用而爱人，使民以时’，尚未能行，圣人之言终身诵之可也。”[②] 同传又说：“沆为相，王旦参政事，以西北用兵，或至旰食。旦叹曰：‘我辈安能坐致太平，得优游无事耶？’沆曰：‘少有忧勤，足为警戒。他日四方宁谧，朝廷未必无事。’后契丹和亲，旦问何如，沆曰：‘善则善矣，然边患既息，恐人主渐生侈心耳！’旦未以为然。沆又日取四方水旱盗贼奏之，旦以为细事不足烦上听。沆曰：‘人主少年，当使知四方艰难。不然，血气方刚，不留意声色犬马，则土木、甲兵、祷祠之事作矣。吾老，不及见此，此参政他日之忧也。’沆没后，真宗以契丹既和，西夏纳款（元昊之父李德明景德三年上誓表归附宋王朝），遂封岱、祠汾，大营宫观，蒐讲坠典，靡有暇日。旦亲见王钦若、丁谓（沆曾认为丁谓不可使之在人上，抑而不用）等所为，欲谏则业已同之，欲去则上遇之厚，乃以沆先识之远，叹曰：‘李文靖（文靖，沆的谥号）真圣人也！’当时遂谓之‘圣相’。”[③]

王旦虽然不如寇准之刚直，不能犯颜强谏，但常以人民疾苦为念。《宋史·王旦传》说：“薛奎为江、淮发运使，辞旦（诣王旦辞行），旦无他语，但云：‘东南民力竭矣！’奎退而曰：‘真宰相之言也！’张士逊为江西转运使，辞旦求教。旦曰：‘朝廷榷利至矣（至矣，已到极限

---

① 《宋史》第二十六册，9148页。

② 《宋史》第二十七册，9538页，9540页。

③ 《宋史》第二十七册，9539页。

了)!’士逊迭更是职，思旦之言，未尝求利。”①

吕蒙正、李沆和王旦，都得到皇帝的信任和尊重，尽管未能够大刀阔斧地进行吏治的整顿，但时刻以人民疾苦为念，力求息兵简政，对人民的休养生息还是有利的。

仁宗朝人才济济，而仁宗未能知人善任，以致无所作为。范仲淹有才有识，以“先天下之忧而忧，后天下之乐而乐”来要求自己。他看到当时吏治的隳坏，打算认真地清洗一批不称职和贪赃枉法的官吏；富弼对他说：“一笔勾之甚易，焉知不一家哭耶?”仲淹答道：“一家哭何如一路（路是宋代的行政区划，太宗至道三年分全国为十五路，仁宗时析为十八路，神宗时又析为二十四路）哭!”庆历三年（公元1043年）仲淹条陈十事：明黜陟，抑侥幸，精贡举，择长官，均公田（这里所称公田，指职田而言)，厚农桑，修武备，减徭役，覃恩信，重命令。这是一个温和渐进的政治改革纲领，仁宗根据条陈采取了一些措施，却没有大力进行改革，史书上所谓庆历新政实际上只是走走过场而已。新政没有认真推行，仲淹亦因此而不安于位（仲淹任参知政事仅一年多)。

北宋前朝的政治远不如西汉前期，但人民也在一定程度上得到休养生息，从而使社会经济得到推进。

这一时期，国内商品经济和对外贸易的规模都比前扩大了。手工业，如纺织业、造纸业、陶瓷业（如柴窑、定窑、汝窑、官窑、哥窑、钧窑所出都是瓷器中的珍品)、印刷业（宋版书在明清以来被认为善本）以及造船业（能造载二千斛粟或载重一百五十吨的海舶）等等，都有较大的发展。金融方面出现了兑换纸币性质的“交子”，标志了社会经济的发展进入一个新的阶段。

本节要着重说一说的是农业生产和农村经济方面的情况。

先说这一时期的垦田面积。《宋史·食货志》说：“天下垦田：景德（真宗的第二个年号）中，丁谓著《会计录》云，总得一百八十六万余顷；以是岁七百二十二万余户（按：《宋会要辑稿》及《续资治通鉴长编》均作七百四十一万七千五百七十户，《玉海》作七百四十

① 《宋史》第二十七册，9550页。

一万余户。是年户数似应从宋会要及长编）计之，是四户耕田一顷，由是而知天下隐田多矣。又川峡（川峡四路：成都府路，潼川府路，利州路和夔州路）、广南（广南东路及广南西路）之田，顷亩不备，第（第，但）以五赋（宋制岁赋，其类有五，曰公田之赋，民田之赋，城郭之赋，丁口之赋及杂变之赋）约（约，估算）之。至天圣（仁宗的第一个年号）中，国史则云：开宝（太祖的第三个年号）末，垦田二百九十五万二千三百二十顷六十亩，至道（太宗的第五个年号）二年（公元996年）三百一十二万五千二百五十一顷二十五亩；天禧（真宗的第四个年号）五年（公元1021年）五百二十四万七千五百八十四顷三十二亩。而开宝之数乃倍于景德，则谓之所录，固未得其实。皇祐（仁宗的第七个年号）、治平（英宗赵曙的年号），三司（三司使，掌邦国财用之大计，总盐铁、度支、户部之事）皆有《会计录》，而皇祐中垦田二百二十八万余顷，治平中四百四十万余顷，其间相去不及二十年，而垦田之数增倍。以治平数视天禧则犹不及，而叙《治平录》者则谓此特计其赋租以知顷亩之数，而赋租所不加者十居其七。率而计之则天下垦田无虑三千余万顷。是时，累朝相承，重于扰民。未尝穷按，故莫得其实，而废田见于籍者犹四十八万顷。”[①]《食货志》谓“天下隐田多”，这是显而易见的，其推算当时垦田“无虑三千余万顷”，按0.69165的比率折算，超过20亿市亩，则是不可能的。有认为三千余万顷是一千余万顷之误，理由是：“据上文所载治平中垦田顷亩数推算，交纳税赋之四百四十余万顷，既只为当时垦田的十分之三，则全部垦田当为一千四百余万顷。故‘三’应为‘一’之误”[②]。1 400余万顷约合10亿市亩左右，这个估计还是高了。并且，赋田占十分之三、隐田占十分之七的说法，不过是“想当然”之词，未可作据。

《宋史·钱惟演传》载，惟演侄彦远，仁宗时知谏院，上疏曰：“唐开元户八百九十余万，而垦田一千四百三十余万顷。今国家户七百三十万，而垦田二百一十五万余顷，其间逃废之田不下三十余万，

① 《宋史》第十三册，4165—4166页。

② 邓广铭主编：《中国通史参考资料》古代部分第五册，73页注④。

是田畴不辟，而游手者多也。”① 疏中所说开元垦田数是应受田数之误；所举仁宗时户数及垦田数，均属偏低；所谓逃废之田不下三十余万顷，则可供参考。

开宝末有三百零九万余户②，按上列垦田数计算，平均每户约 96 亩；至道二年有四百五十七万余户③，平均每户约 68 亩；天禧五年有八百六十七万余户④，平均每户约 60 亩。看来，这三年的垦田数较近实际；景德、皇祐、治平的垦田数完全不可信（当然，作为课税面积看待，还是有参考价值的）。

表 5－1　　北宋前期垦田统计表

年　份	垦田亩数	指　数
开宝末年	295 232 060	
至道二年	312 525 125	100
天禧五年	524 758 432	168

开宝末年宋王朝的版图与太平兴国以后不可比，故表 5－1 以至道二年作为基期。从至道二年到天禧五年，时间不过 25 年，垦田数增加了 68%，耕地面积的扩大是十分迅速的。即使至道二年的垦田数偏低，耕地面积扩大的势头也还是来得相当猛烈的。估计仁宗朝的垦田数当会达到，甚至超过六亿亩。这是农业生产发展的一个标志。

与此同时，农业生产技术有了较显著的进步。

传统的农具有所改良，并出现了一些新农具。王祯所著《农书》。对耙（耰）、耧车、铁搭、高转筒车和水转高车等农具的构造和性能，纪述甚详，这里不赘。

江南圩（音围）田的发展引人注目。范仲淹在奏议中说：“江南应有圩田（应有，所有、多有之意），每一圩方数十里，如大城；中有河渠，外有门闸。旱则开闸引江水之利，潦则闭闸拒江水之害。旱

① 《宋史》第三十册，10346 页。
② 《文献通考》卷十一，户口二。
③ 宋《太宗实录》卷七十九。
④ 《宋会要辑稿》，食货十一。

潦不及，为农美利。”仁宗时芜湖秦家圩的修复工程值得说一说。秦家圩在芜湖县荆山之北，是一个大圩，太平兴国年间为大水所毁，废弃近八十年，嘉祐六年（公元1061年），岁饥，转运使张颙、判官谢景温奏准用以工代赈办法实行修复，十日之内募得民丁一万四千人，四十日而毕其功。修复后的秦家圩宽六丈，高一丈二尺，长八十四里，夹堤植桑数万株，治田十二万七千亩；接着又修通沟渠；大渠可以通小船；筑大道二十二里，可以两车并行，道旁植柳；并建造水门五个，亦四十日而毕功。这一工程，官府只花了粟三万斛，钱四万。圩中田按产量的15%取租，每年得粟三万六千斛，另收菰、蒲、桑、枲（音xǐ，麻类）之利，为钱五十余万。四年后，郡国十八大水，江、浙、汉、沔间所在淹没庐舍，人民流徙皆以万计；宣城、贵池之间，圩之沉者千余区，独秦家圩（仁宗改名万春圩）屹然为一方之屏藩，附近各小圩亦赖以不毁。这一工程的确办得好，经济效益很高[①]。

南方的梯田同样值得说一说。方勺纪述福建梯田的情况说：“垦山陇为田，层起如阶级；然每远引溪谷水以灌溉，中途必为之硙（硙，音wèi，水硙即水碓），不惟碓米，亦能播精。播精谓去其糠秕，以水运之，正如人为，其机巧如此。朱行中知泉州（为泉州知府），有‘水无涓滴不为用，山到崔嵬犹力耕’之诗，盖纪实也。”[②] 南方不只福建，凡丘陵地区多作梯田，其同时能利用山溪来灌溉和运转水硙的也不少。这都标志了农业生产技术的进步。

农作物品种的南北交流也值得说一说。太宗时，“言者谓江北之民杂植诸谷，江南专种秔稻，虽土风各有所宜，至於参植以防水旱，亦古之制。于是诏江南、两浙、荆湖、岭南、福建诸州长吏，劝民益种诸谷，民乏粟、麦、黍、豆种者，于淮北州郡给之；江北诸州，亦令就水广种秔稻，并免其租”。[③] 大中祥符四年（公元1011年），又在江、淮、两浙引种旱稻。《宋史·食货志》说，真宗“以江、淮、两浙稍旱即水田不登，遣使就福建取占城（今越南中南部）稻三万斛，

---

① 沈括：《万春圩图记》。

② 方勺：《泊宅编》，中华书局版（下同），15页。

③ 《宋史》第十三册，4159页，4162页。

分给三路为种，择民田高仰者莳之，盖旱稻也。内出种法，命转运使揭榜示民”。[①] 太宗时，何承矩在河北试种水稻成功。《宋史·食货志》说:“何承矩请于顺安砦西引易河筑堤为屯田。既而河朔连年大水，及承矩知雄州（州治在今河北省雄县），又言宜因积潦蓄为陂塘，大作稻田以足食。会沧州临津令闽人黄懋上书言:‘闽地惟种水田，缘山导泉，倍费功力。今河北州军多陂塘，引水溉田，省功易就，三五年间公私必大获其利。’诏承矩按视，还奏如懋言。遂以承矩为制置河北沿边屯田使，懋为大理寺丞充判官，发诸州镇兵一万八千人给其役。凡雄、莫（在今河北省任丘）、霸州（在今河北省霸州市）、平戎、顺安等军（平戎军在今河北文安西北新镇，顺安军在今河北高阳东）兴堰六百里，置斗门，引淀水灌溉。初年种稻，值霜不成。懋以晚稻九月熟，河北霜早而地气迟，江东早稻七月即熟，取其种（江东早稻种籽）课令种之，是岁八月稻熟。初，承矩建议，沮之者颇众；武臣习攻战，亦耻于营葺。既种稻不成，群议愈甚，事几为罢。至是，承矩载稻穗数车，遣史送阙下，议者乃息。而莞蒲、蜃蛤之饶，民赖其利。”[②] 既兴修了水利，又引种了水稻，这件事办得很见成效，但工作过程却不是一帆风顺的，如果何承矩和黄懋慑于众口，见难而退，那就以失败告终了。

棉花也由海南岛推广及闽广一带。方勺说:“闽广多种木绵（即现在所称棉花，不是木棉树），树高七八尺，叶如柞，结实如大菱而色青，秋深即开，露白绵茸然。土人摘取去壳，以铁杖桿尽黑子，徐以小弓弹令纷起，然后纺绩为布，名曰吉贝。今所货木绵，特其细紧者尔。当以花多为胜，横数之得一百二十花，此最上品。海南蛮人织为巾，上出细字，杂花卉，尤工巧，即古所谓白叠布。李琮诗有‘腥味鱼中墨（乌贼也），衣成木上绵’之句。”[③] 《岭外代答》一书，亦有描述，不复引。

由于南方农业生产的发展，宋代农田的单位产量比晚唐有所增长。

---

① 《宋史》第十三册，4159 页，4162 页。

② 《宋史》第十三册，4264 页。

③ 《泊宅编》，16 页。

上面所举芜湖秦家圩的例子——圩中为田 12.7 万亩，按产量的 15% 取租，岁共得粟 3.6 万斛。据此推算，总产量为 24 万斛，平均每亩产量为 1.9 斛，每亩佃租为 0.3 斛。秦家圩新修复，所订租额必然偏低，每亩所取 0.3 斛，可能低于实际产量的 15%，因此，每亩实际产量有可能超过 2 斛。

范仲淹在《条陈十事疏》中说过："苏州田出税者（即有赋之田）三万四千顷，中稔（平常年景）之利，每亩得米二石至三石"；如果疏中的米字不是谷字之误，那么，单位产量是很高的。

《宋史·食货志》载，宋初，度支判官陈尧叟等言："汉、魏、晋、唐于陈、许、颍暨蔡、宿、亳至于寿春，用水利垦田，陈迹具在。请选官大开屯田，以通水利，发江、淮下军散卒及募民充役。给官钱市牛，置农具，导沟渎，筑防堰。每屯千人，人给一牛，治田五十亩，虽古制一夫百亩，今且垦其半，俟久而古制可复也。亩约收三斛，岁可收十五万斛，七州之间置二十屯，可得三百万斛；因而益之，数年可使仓廪充实，省江、淮漕运。"① 其事未果行，但所估计亩约收 3 斛，当是这些地区水利条件较好田地的通常产量。《食货志》又载，熙宁三年（公元 1070 年）王韶言："渭源城而下至秦州、成纪，旁河五六百里，良田不耕者无虑万顷，治千顷，岁可得三十万斛。"② 这里说的亩产量也是 3 斛。

粗略估计，全国平均亩产量约为谷两石半左右。

由此可见，农业生产力是发展的。但是，它没有能够像脱缰之马那样地绝尘而驰，因为在它前进的道路上布满了"拒马"——这就是封建的生产关系。

土地兼并在北宋初期已经是一个异常严重的问题。太宗雍熙三年（公元 986 年）国子博士李觉就指出当时"富者有弥望之田，贫者无卓锥之地……富者益以多畜（畜，积蓄），贫者无能自存"的农村两极分化的尖锐情况③。仁宗时，"上书者言赋役未均，田制不立，因诏

① 《宋史》第十三册，4264 页，4267 页，4163 页。

② 《宋史》第十三册，4264 页，4267 页，4163 页。

③ 《续资治通鉴长编》，卷二十七。

限田：公卿以下毋过三十顷，衙前将吏应复役者毋过十五顷，止一州之内（即不得跨州占田），过是者论如违制律，以田赏告者……而任事者终以限田不便，未几即废”。[①] 看来，仁宗并无实行限田的决心，而只是敷衍一下舆论，根本不敢触犯权贵和大地主的利益，所以，这道限田诏便像电火一样一闪即灭。自此以后，“势官富姓，占田无限，兼并冒伪，习以成俗，重禁莫能止焉”。[②]

所谓客户问题是宋代的一个突出的问题。太宗时赵普便说：“邓州五县，其四在山，三分居民，二皆客户。”[③] 仁宗时李觏也说：“今之浮客，佃人之田，居人之地者，盖多于主户矣。”[④] 梁方仲根据《太平寰宇记》计算出宋初各道客户平均占总户数的42%。

从表5-2可以看到，客户占总户数的比例，十道平均为42%，其中有三个道达到50%以上至60%，淮南道为57%，陇右道为59%，山南道为60%。

表5-2　北宋初年各道主客户数及客户所占总户数的百分比

（约自太平兴国五年至端拱二年，即公元980—989年）

道　别	主　户	客　户	总户数	客户占总户数的百分比（%）
诸道总计	3 560 797	2 547 838	6 108 635	42
河南道	662 694	567 445	1 230 139	46
关西道	212 259	146 636	358 895	41
河东道	204 993	56 060	261 053	21
河北道	381 385	205 239	586 624	35
剑南道	566 739	300 749	867 488	35
江南道	1 100 115	733 842	1 833 957	40
淮南道	161 776	216 840	378 616	57
山南道	173 131	260 581	433 712	60
陇右道	25 204	35 969	61 173	59
岭南道	72 501	24 477	96 978	25

资料来源：《中国历代户口、田地、田赋统计》，132—140页。

原表甚繁，兹略去各府、州、军数，只取各道合计数，制成这个简表。

---

① 《宋史》第十三册，4264页，4267页，4163页。

② 《宋史》第十三册，4164页。

③ 《续资治通鉴长编》，卷二十七。

④ 李觏：《直讲李先生文集》，卷二十八，《寄上孙安抚书》。

从史料上看，仁宗朝以后客户占总户数的比例稍有降低。根据神宗元丰三年（公元1080年）编成的《元丰九域志》，可以算出，诸路客户占总户数比例平均为34%（见表5－3）。

表5－3　　元丰初年主、客户数及客户占总户数百分比

地　区	主户数	客户数	总户数	客户占总户数的百分比（%）
诸路总计	10 883 686	5 686 188	16 569 874	34
东京开封府	183 770	51 829	235 599	22
京东路	855 130	504 536	1 359 666	37
京西路	479 755	436 865	916 640	48
河北路	891 676	340 983	1 232 659	26
陕西路	971 584	383 660	1 355 244	28
河东路	465 408	110 790	576 198	19
淮南路	835 637	521 427	1 357 064	38
两浙路	1 418 682	360 271	1 778 953	20
江南东路	926 225	201 086	1 127 311	18
江南西路	835 266	451 870	1 287 136	35
荆湖南路	475 677	395 537	871 214	45
荆湖北路	280 000	377 533	657 533	57
成都府路	620 523	243 880	864 403	28
梓州路	248 481	229 690	478 171	48
利州路	186 133	147 115	336 248	44
夔州路	75 453	178 908	254 361	70
福建路	580 136	463 703	1 043 839	44
广南东路	355 986	223 267	579 253	39
广南西路	195 144	63 238	258 382	24

注：①采自梁方仲：《中国历代户口、田地、田赋统计》中甲表36《北宋元丰初年各路府州军主客户数及客户所占的百分比》，载原书141—148页。

②原表甚繁，兹删去各府州军监数，简化为此表。

宋代的户籍统计，特别是人口数字，不能认为确实可信。李心传说过："两汉户口至盛之时，率以十户为四十八口有奇。东汉户口，率以十户为五十二口。可准周之下农夫。唐人户口至盛之时，率以十户为五十八口有奇。可准周之中次。自本朝元丰至绍兴户口，率以十户为二十一口，以一家止於两口，则无是理。盖诡名子户（按：所谓诡名子户，指为了降低户等逃避差役的目的而将一户化作数户来陈报）、漏口者众也。”[①] 有谓宋代户籍统计中主户之数偏多而客户之数偏少，所言未尝无理，但究竟还是一种忖测。总之，上揭资料仍有参考价值。只要是近似的，不是远离事实的，我们认为，这就可以了。

宋代户籍制度中所谓客户，一般是无地的佃农。石介说：“乃乡野有不占田（不占田，没有私有的田地）之民，借人之牛，受人之土，佣而耕者，谓之客户。”[②] 洪迈说：“董仲舒……云，或耕豪民之田，见税十五。言下户贫民自无田而耕垦豪富家田，十分之中以五输本田主。今吾乡（洪迈是江西鄱阳人）俗正如此，目为主客分云。”[③] 又说：“吾乡之俗，募人耕田，十取其五；而用主牛者，取其六，谓之牛米。”[④] 洪迈虽是南宋人，但所说佃租情况，北宋想亦如此，并且不止江西如此，多数地区想亦如此。宋代一般佃租，大概是对半分成。

宋代客户基本上已不同于前代的部曲、徒附。仁宗天圣五年（公元 1027 年）诏：“江淮、两浙、荆湖、福建、广南州军，旧条（旧时法令规定）：私下分田客非时不得起移（起移，迁徙别地），如主人（田主）发遣，给与凭由，方许别住。多被主人抑勒（抑勒，压制），不放起移。自今后客户起移，更不取主人凭由，须每年收田毕日，商量去住，各取稳便；即不得非时衷私（衷私，私自）起移。如是主人非理拦占，许经县论诉。”[⑤] 这道诏令使佃户获得较大的自由，不致被地主束缚在土地上，但是，封建法制对佃农依然是歧视的。刑部处理佃户与田主间的刑事案件的原则是：“佃客犯主，加凡人一等。主犯之，杖以下勿论，徒以上减凡人一等。”[⑥] 四川客户最多，并且对地主有人身依附关系，当地称为旁户。《宋史·刘师道传》说：“川峡豪民

① 李心传：《建炎以来朝野杂记》，甲集卷十七·财赋四《本朝视汉唐户多丁少之弊》条。
② 石介：《徂徕集》卷八，《录微者言》。
③ 洪迈：《容斋续笔》，卷七，《田租轻重》条。
④ 洪迈：《容斋随笔》，卷四，《牛米》条。
⑤ 《宋会要辑稿》食货一之二十四。
⑥ 《宋史》第十五册，4981 页。

多旁户，以小民役属者为佃客，使之如奴隶。家或数十户。凡租调庸敛，悉佃客承之。”[①] 无地的佃户本来没有纳税义务，而四川的旁户却要承担一切租调庸敛，他们所受剥削无疑是最苛酷的。无地的佃户都应属四五等户，依法不承担差役，但事实也不尽然。欧阳修说：“往时因为臣僚起请，将天下州县城郭人户分为十等差科。当定户之时，系（系，关系於）其官吏能否，有只将堪任差配人户定为十等者，有将城邑之民不问贫穷孤老尽充十等者，有只将主户为十等者，有并客户亦列十等者。”[②] 这里虽然说的是城郭之民，但有些农村地区也会将客户列入应役户等；特别是那些人少役繁的小县更可能如此。个别地区还对客户横派滥征，如石介所说的情况：客户“人岁输其缗钱数百于有司，以其不地而征（佃户是无地的，本不应征税，征这种钱不是以土地为课税对象，故曰不地而征），无名而取，谓之‘干食盐钱’。此民年丰尚不逃饥与寒，岁凶谷价高，朝夕且恐死，乃不得与占田之民同除其赋”。[③] 北宋前期无地佃户已占总户数三分之一至五分之二以上，另外主户中的四等以下户又都是少地的农民，土地饥馑现象的严重，可想而知。

一方面农民呻吟于土地、饥馑，另一方面不少地区又存在着大量荒废的田亩，成为对封建制度的讽刺。《宋史·食货志》载，太宗时陈靖建议在京东西实行计口授田，他上疏说：“京畿周环二十三州，幅员数千里，地之垦者十才二三……诏书累下，许民复业，蠲其租调，宽以岁时。然乡县扰之，每一户归业，则申（原文为刺字，据《宋朝诸臣奏议》改，下文的呼字原作胥字，也是据改的）所由。朝耕尺寸之田，募入差徭之籍，追呼责问，继踵而来；虽蒙蠲其常租，实无补于捐瘠。况民之流徙，始由贫困，或避私债，或逃公税，亦既亡逝，则乡里检其资财，至于室庐、什器、桑枣、材木，或计其值，或乡官用以输税，或债主取以偿逋；生计荡然，还无所诣，以兹浮荡，绝意归耕（这一段话说出了流民不能归农和荒田未能垦辟的主要原因）。

① 《宋史》第二十九册，10064 页。

② 《欧阳文忠公文集》，卷一一六，《乞免浮客及下等人户差科扎子》。

③ 《徂徕集》卷八，《录微者言》。

如授以闲旷之田……酌民力丰寡，农亩肥硗，均配督课，令其不倦。其逃民归业，丁口授田，烦碎之事，并取大司农裁决。耕桑之外，令益树杂木蔬果，孳畜羊犬鸡豚。给授桑土，潜拟井田，营造室居，使立保伍；养生送死之具，庆吊问遗之资，并立条制。候至三五年间，生计成立，即计户定征，量田输税。若民力不足，官借籴钱，或以市馃粮，或以营耕具。凡此给受，委于司农，比及秋成，乃令偿值，依时价折纳，以其成数关白户部。”太宗览之喜，令靖条奏以闻。靖又言:“逃民复业及浮客请佃者，委农官勘验，以给受田土收附版籍，州县未得议其差役；乏粮种、耕牛者，令司农以官钱给借。其田，制为三品（三类）：以膏沃而无水旱之患者为上品，虽沃壤而有水旱之患、埆瘠而无水旱之虑者为中品，既埆瘠复患于水旱者为下品。上田人授百亩，中田百五十亩，下田二百亩，并五年后收其租，亦只计百亩，十收其三（租额为产量的 30%）。一家有三丁者，请加授田如丁数，五丁者从三丁之制，七丁者给五丁，十丁给七丁；至二十、三十丁者，以十丁为限。若宽乡田多，即委农官裁度以赋（赋，均给）之。其室庐、蔬韭及桑枣、榆柳种艺之地，每户十丁者给百五十亩，七丁者百亩，五丁者七十亩，三丁者五十亩，不及三丁者三十亩。除桑功五年后计其租，余悉蠲其课。”“宰相吕端谓靖所立田制，多改旧法，又大费资用（当时谓吕端小事糊涂，大事不糊涂；但对待这一件大事，吕端是糊涂到家了），以其状付有司。诏盐铁使陈恕等共议，请如靖奏。乃以靖为京西劝农使，按行陈、许、蔡、颍、邓、唐、汝等州，劝民垦田，以大理寺丞皇甫选、光禄寺丞何亮副之。选、亮上言功难成，愿罢其事。帝志在勉农，犹诏靖经度。未几，三司以费官钱数多，万一水旱，恐致散失（散失，官钱收不回来），事遂寝。”①

陈靖所上计口授田（正确地说，应该是计口召佃）法，计划周详而又简便易行，但需要国家拨付一笔经费，而正因为这一点受到梗阻，不能实施。

但陈靖的京西劝农工作，也收到一些效果，如果能够推行下去，

① 《宋史》第十三册，4160—4161 页。

效果就会好得多。如真宗时，陈靖再次列奏前所论劝农事。《宋史·循吏传》说：靖“又言：‘国家御戎西北，而仰食东南；东南食不足，则误国大计。靖自京东西及河北诸州大行劝农之法，以殿最州县官吏（以劝农有无成效及成效之大小作为考核州县官吏优劣的标准），岁可省江淮漕百余万。’复诏靖条上之。靖请刺史行春（行春，春耕时到田间视察），县令劝耕，孝悌力田者赐爵，置五保以检察奸盗，籍游惰之民以供役作，又下三司议，皆不果行”。[①] 只有唐州一地，得到赵尚宽的悉心经营，取得了优异的成绩。

《宋史·循吏传》说，尚宽“嘉祐（仁宗年号）中，以考课第一知唐州。唐素沃壤，经五代乱，田不耕，土旷民稀，赋不足以充役。议者欲废为邑。尚宽曰：‘土旷可益垦辟，民稀可益招徕，何废郡之有？’乃按视图记，得汉召信臣陂渠故迹，益发卒复疏三陂一渠，溉田万余顷（《食货志》说，引水溉田几数万顷）。又教民自为支渠数十，转相浸灌。而四方之民来者云布（《食货志》谓流民自归及淮南，湖北之民至者二千余户），尚宽复请以荒田计口授之，及贷民官钱买耕牛。比三年，榛莽复为膏腴，增户积万余。尚宽勤于农政，治有异等之效，三司使包拯与部使者交上其事，仁宗闻而嘉之，下诏褒焉，仍进秩赐金。留于唐凡五年，民象以祠（唐州人民为赵尚宽塑像立祠），而王安石、苏轼作《新田》《新渠》诗以美之”。[②]

尚宽去后，高赋继任，治绩亦卓异。《宋史·循吏传》说，高赋知唐州，“州田经百年旷不耕，前守赵尚宽菑垦不遗力，而榛莽者尚多。赋继其后，益募两河流民，计口给田使耕，作陂堰四十四。再满（满，任期届满）再留，比其去，田增辟三万一千三百余顷，户增一千三百八十，岁益税二万二千二百五十七。玺书褒谕，宣布治状以劝天下。两州为生立祠（高赋曾知衢州，有治绩）”。[③] 神宗赵顼元丰六年（公元1083年），御史翟思说：“赵尚宽为唐守，劝民垦田，高赋继之，流民自占者众，凡百亩起税四亩而已。税轻而民乐输，境内殆

① 《宋史》第三十六册，12693页。

② 《宋史》第三十六册，12702页，12703页。

③ 《宋史》第三十六册，12702页，12703页。

无旷土。”[①]

然而，以天下之大，仅仅搞好一个唐州是很不够的；前后官吏那样多，仅得陈靖、赵尚宽和高赋等寥寥可数的几个循吏是更加不够的。农村是国家的根基，根基不牢固是北宋社会不安和国家积弱的主因。

第三节　北宋的赋税制度与北宋前期农民的田赋负担

《宋史·食货志》说：“宋制岁赋，其类有五：曰公田之赋，凡田之在官，赋民耕而收其租者是也。曰民田之赋，百姓各得专之者是也。曰城郭之赋，宅税、地税之类是也。曰丁口之赋，百姓岁输身丁钱米是也。曰杂变之赋，牛革、蚕盐之类，随其所出，变而输之是也。”[②]

以上说的是赋的种类，说的不够完备，有些解释也不够恰当；以下作些说明和补充。

所谓公田之赋，是指公田的佃户所交纳的地租；租额比私田的地租稍低一些，可要受吏胥的敲诈勒索，算起来也并不轻。南宋“公租额重而纳重”，佃户益不堪。这方面的情况，不打算多说。

所谓民田之赋就是两税，宋代也称为二税，这是我们要研究的主要课题。“百姓各得专之者”实际是解释什么叫民田，而不是解释什么叫民田之赋。宋代征收田赋沿用唐代两税的那套办法，经过唐季和五代，税项增加了，税额也滚大了。下面所说杂变之赋就是两税中的一些项目，有些是唐代初行两税时还没有的。

所谓城郭之赋不属于两税的范围，除了上面列举的宅税、地税以外，还有茶课、盐课等杂税。在北宋时这些杂税的收入约占国家财政总收入的30%至40%；南宋时杂税繁多，其收入已超过两税。这方面

① 《宋史》第十三册，4210页。

② 《宋史》第十三册，4202页。

的情况，本节也不打算多说。

所谓丁口之赋指身丁钱米，属于人头税。这不是全国一律征收的税种，只行于部分地区。李心传说:“身丁钱者，东南淮、浙、湖广等路皆有之。自马氏据湖南，始取永、道、郴州、桂阳军、茶陵县民丁钱绢米麦。嘉祐四年，诏无业者与除放，有业者减半；然道州丁米，每岁犹为二千石（指全州的丁米额），人甚苦之。”[①] 这是从五代时所谓僭伪诸国承袭下来的，宋初屡有除减，例如真宗大中祥符四年（公元1011年）“除闽、浙、荆湖、广南岁丁钱四十五万”。[②] 仁宗时蔡襄为福建路转运使，“奏减五代时丁口税之半”[③]，这就是《宋史·仁宗纪》所载皇祐三年（公元1051年）十一月“减漳州、泉州、兴化军丁米”[④] 一条的由来。但是，北宋没有彻底废除，还留下尾巴，一直拖到南宋。李心传所举道州丁米不算是最苛重的，罗大经所述广右（即广南西路，今广西壮族自治区）丁钱之例，简直令人难以置信，却是千真万确的事实。他说:“广右深僻之郡，有所谓丁钱。盖计丁输钱于官，往往数岁之儿即有之；有至死而不与除豁者，甚为民病。故南人之谣曰:‘三岁孩儿便识丁，更从阴府役幽魂。’读之可为流涕。”[⑤] 身丁钱方面的情况，这里也不打算多说了。

所谓杂变之赋，实际上是两税中的项目。

关于牛革。《宋史·食货志》说:“中国（指中原地区）租二十石输牛革一（一张牛皮），准钱千。川蜀尚循旧制，牛驴死，革尽入官；乃诏蠲之，定民租二百石（《续资治通鉴长编》卷13，作二十石）输牛革一，准钱千五百。”[⑥] 封建政府一切取之于民，需用牛革便通过两税向人民要牛革，需用别的什么也同样向人民伸手，比如要造箭，便向人民征箭杆、征箭翎。有这样的一个故事：太宗雍熙中，王济为龙溪主簿，“时调福建输鹤翎为箭羽，鹤非常有物，有司督责急，一羽

① 《建炎以来朝野杂记》，甲集卷十五，财赋二，《身丁钱》条。

② 《宋史》第一册，149页，231页。

③ 《宋史》第三十册，10399页。

④ 《宋史》第一册，149页，231页。

⑤ 罗大经:《鹤林玉露》，中华书局版，326页。

⑥ 《宋史》第十三册，4204页及校勘（14），4202—4203页。

至值数百钱，民甚苦之。济谕民取鹅翎代输，仍驿奏其事，因诏旁郡悉如济所陈”。[①] 像这样极不合理的事，并非绝无仅有。所以，杂变项目，十分烦琐。而两税所征收的品种，也十分烦琐。《宋史·食货志》说：“岁赋之物，其类有四：曰谷，曰帛，曰金，铁，曰物产是也。谷之品七：一曰粟，二曰稻，三曰麦，四曰黍，五曰穄，六曰菽，七曰杂子。帛之品十：一曰罗，二曰绫，三曰绢，四曰纱，五曰絁，六曰䌷，七曰杂折，八曰丝线，九曰绵，十曰布葛。金铁之品四：一曰金，二曰银，三曰铁、镴（铅、锡合金），四曰铜、铁钱。物产之品六：一曰六畜，二曰齿、革、翎毛，三曰茶、盐，四曰竹木、麻草、刍莱，五曰果、药、油、纸、薪、炭、漆、蜡，六曰杂物。”[②] 真是应有尽有，无所不包的了。

“蚕盐”又是怎么回事呢？李心传说：“江东诸郡丁口盐钱者，李氏有国者（即南唐）所创也。盖以泰州及静海军（原注：今通州。按：此指南通州，不是今河北省的通州区。）盐货计口俵散（即分配之意），收钱入官。其后失淮南（南唐中主时淮南为后周所侵并），而盐不可得。既又令折绵绢输之，民益以为病。明道二年（公元1033年）范文正公（范仲淹）为江淮安抚，乞会一路主户，以现在盐价，于春时给盐食用，随夏税送纳价钱。奏可（仁宗批准范仲淹所奏）。其后谓之蚕盐者，此也。”[③] 《鹤林玉露》卷四《庐陵苗盐》条说：“庐陵苗斛（苗斛，税粮），元额三十六万。承平时，民苗纳苗（税粮）一斛，官支与盐二斗五升（这可能是范仲淹时所订下的办法），盖优之也（盐二斗五升之价高于粟一斛之价）。龙泉、太和两县，去郡差远，添支一升。渡江以来（南宋时）非惟官不支盐，反勒民户纳盐。由是输苗一斛者，并盐为一斛二斗五升，而两县亦皆增纳一升。今世和买，官不支钱而白取，已为可怪。若盐者，乃以其予民之数，而为取民之数，抑又甚矣！”[④] 这两段记载，对蚕盐的由来说得很清

① 《宋史》第二十九册，10066页。

② 《宋史》第十三册，4204页及校勘（14），4202—4203页。

③ 《建炎以来朝野杂记》甲集卷十五，财赋二。

④ 《鹤林玉露》，193页。

楚。两税中蚕盐这一项是极不合理的，但在封建社会什么离奇古怪的事都会发生，不只蚕盐一事。

两税的交纳有所谓“支移”。《宋史·食货志》说：“其输有常处，而以有余补不足，则移此输彼，移近输远，谓之支移。”① 又说：“陕西、河东用兵，民赋率多支移，因增取地里脚钱民不能堪。”② 这是说，不用支移的地区，两税要加纳脚钱。也许以平衡负担为理由，其实是借题发挥来聚敛。当然，支移的苦差是更难堪的。例如“钦（治所在今广西灵山西）、横（治所在今广西横县）二州每年支移百姓苗米，纳于邕州（今广西南宁市）太平诸寨；廉州（今广西合浦县）米纳于钦州；白州（今广西博白县）米纳于廉州；化州（今广东省化州市）米纳于雷州（今广东省雷州市）；高州（今广东省高州市）米纳于容州（今广西容县）。类皆陆行，近者十程，远者二十程，于民不便。”③ 这实际上是一种苛重的徭役。

两税的征收还有“折变”。《宋史·食货志》说：“其入有常物，而一时所须则变而取之，使其值轻重相当，谓之折变。”④ 折变就是折征，就是由于临时的需要而改征他物。改征时的折算正给予征收官吏以上下其手的机会，纳税人是肯定要吃亏的。所谓“使其值轻重相当”，是一句骗人的话。

两税税额，唐代定制之初用钱计算，宋代兼用钱贯和粮石。在征收绢帛及他物的时候便有一个折算问题，上面已经指出，农民总得吃亏。《宋史·刘挚传》载，嘉祐中刘挚为冀州南宫令，“县比不得人，俗化凋敝，其赋甚重，输绢匹折税钱五百，绵两折钱三十，民多破产。挚援例旁郡，条请裁以中价。转运使怒，将劾之。挚固请曰：‘独一州方邑被此苦，决非法意，但朝廷不知耳。’遂告于朝。三司使包拯奏从其议，自是绢为钱千三百，绵七十有六。民欢呼至泣下，曰：‘刘长官活我！’是时挚与信都令李冲、清河令黄莘皆以治行闻，人称河朔

---

① 《宋史》第十三册，4203 页，4207 页。

② 《宋史》第十三册，4203 页，4207 页。

③ 《宋会要辑稿》，食货七十之十六。

④ 《宋史》第十三册，4203 页。

三令。”[①] 每匹绢平价为 1 300 钱，纳税时只抵税款 500 钱，不及原价的 40%；反过来说，交纳 1 300 钱的税款本来用一匹绢就够了，现在却要用 2.6 匹。南宫市人民吃了多年的大亏，幸而遇上了一个好县令刘挚，又碰巧当时的三司使是“包青天”（没有他的支持，刘挚是斗不过转运使的），才能够摆脱那些异乎寻常的苛酷剥削。然而，在封建社会里哪来这样多的好县令呢？

包拯有一道《请免陈州添折见（见，同现）钱奏疏》说：“窃知本路转运司牒陈州，令将今年夏税大小麦与免支移，只令就本州送纳现钱；却令将大小麦每斗折现钱一百文，脚钱（即上面所说的地里脚钱，免支移的要纳脚钱）二十文，诸般头子（头子钱）、仓耗又纳二十文，是每斗麦纳钱一百四十文。况现今市上小麦每斗实价五十文，乃是于灾伤年分二倍诛剥贫民也，则民间钱货从何出办？兼将客户等蚕盐（客户无地，不纳田赋；但蚕盐是计口分配的，客户仍须负担）一斤，一例折作现钱一百文（官盐价格每斤不过五六十文）；又将此一百文纽做小麦二斗五升，每斗亦令纳现钱一百四十文，计每斤土盐却纳三百五十文（相当于原价的六七倍）。”[②] 征收两税的大小官吏使用这种手段来盘剥老百姓的事，不只出现在陈州一处，而同情人民敢替人民说话的包拯却只有一个。几百年来包公被人们看作神的化身，这是可以理解的。吏治的好坏对农民负担起着十分重要的作用，大家可以从上举两例获得更深刻的体会。

关于宋代两税（二税）制度的介绍，就到这里为止。现在，我们打算给北宋前期农民的两税负担试算一个大账。

关于两税岁入数，据《文献通考·卷四·历代田赋之制》所记：“至道末岁收谷三千一百七十万七千余石，钱四百六十五万六千余贯，绢一百六十二万五千余匹，絁䌷二十七万三千余匹，布二十八万二千余匹，丝线一百四十一万余两，绵五百一十七万余两，茶四十九万余斤，刍茭三千余万围（一围十束），蒿二百六十八万余围，薪二十八万余束，炭五十三万余秤，鹅翎杂翎六十二万余茎，箭杆八十九万余

① 《宋史》第三十一册，10849 页。

② 《包拯集》，卷七。

只，黄铁三十余万斤。此皆踰十万之数者，他物不复记。天禧末所收（较至道末年）谷增一百七十万五千余石，钱增二百七十万八千余贯，绢减一万余匹，绝䌷减九万二千余匹，丝线减五十万五千余两，布增五万六千余匹，绵减一百一十七万五千余两，茶增一百一十七万八千余斤，刍茭减一千一百万五十余围，蒿减一百万余围，炭减五十万四千余秤，鹅翎杂翎增一十二万九千余茎，箭杆增四十七万余只，黄铁增五万余斤，又鞋八十一万六千余量（自此以下五项，至道末未列数字），麻皮三十九万七千余斤，盐五十七万七千余石，纸一十二万三千余幅，芦席二十六万余张。”

《容斋三笔·卷二·国家府库条》载：“真宗嗣位之初，有司所上天下每岁赋入大数，是时至道三年也。凡收谷二千一百七十万石，钱四百六十五万贯，绢绝一百九十万匹，丝线六百五十八万两，茶四十九万斤，黄蜡三十万斤，自后多寡不常，然大略具此。”

我们不妨用至道三年（公元 997 年）和天禧末年（即天禧五年，公元 1021 年）的数字作根据，来推算北宋前期农民的两税负担。至道虽然是太宗的年号，但至道三年三月真宗已即位，所以，这两年都在真宗统治期内，可以代表真宗朝农民的两税负担水平；也可以认为，基本上代表北宋前期农民的两税负担水平。

必须先估算一下这一时期的主要物价，以便统一折算为钱贯数和粮石数。

关于粮价：《宋史·司马光传》说：“太宗平河东，立籴法（即和籴），时米斗十钱，民乐与官为市。其后物贵而和籴不解，遂为河东世世患。”① 米斗十钱即米石百钱，照此计算，谷价每石不过六十钱。这是河东大丰收出现谷贱伤农情况时的粮价，不能作为一般正常粮价来看待。《宋史·真宗纪》说：“大中祥符元年（公元 1008 年），诸路言岁稔，米斗七八钱。”这时候真宗正在大搞所谓“天书”的把戏，各地纷纷奏上“祥瑞”，米斗七八钱的说法是凑热闹的，完全不足信。《续资治通鉴长编》谓：真宗祥符间襄、许、荆南、夔、归、峡等州，

① 《宋史》第三十一册，10765 页。

米斛钱三百。照此计算，则谷价为每斛一百八十文。按：真宗景德三年（公元 1006 年）的常平仓制，规定灾伤州郡粜粟，斗毋过百钱；可以推断，一般正常谷价必然超过 一百八十文。《宋史·食货志》载，仁宗天圣四年（公元 1026 年）遣尚书屯田员外郎刘汉杰往视襄、唐二州营田，“汉杰言二州营田自复至今，襄州得谷三十三万余石，为缗钱九万余；唐州得谷六万余石，为缗钱二万余”。[①] 照此计算，襄州谷价每石约 270 文，唐州谷价每担约 330 文。在没有掌握更多资料之前，我们暂且粗略地估定北宋前期的谷价为每石 300 文。

关于绢价：从上面所引《刘挚传》的资料，可以知道，北宋前期每匹绢价为 1 300 文。《宋史·刑法志》也说：“旧以绢计赃者，千三百为一匹”[②]。《宋史·食货志》也说：“太平兴国二年（公元 977 年），江西转运使言：‘本路蚕桑数少，而金价颇低。今折征，绢估少而伤民，金估多而伤官。金上等旧估两十千，今请估八千；绢上等旧估一千，今请估一千三百；余以次增损。’从之。”[③] 因此，绢每匹估价为一千三百文是适当的。为了方便，绝、绸亦准此估价。

关于布价：《宋史·食货志》说：“皇佑中，诏：‘广西赋布，匹为钱二百。如闻有司擅损其价，重困远人，宜令复故。’”[④] 其实，布每匹折税钱 200，本来已经压了价。《食货志》说：“咸平初，广南西路转运使陈尧叟言：‘准诏课植桑枣，岭外唯产苎麻，许令折数，仍听织布赴官场博市，匹为钱百五十至二百。’至是（指天圣中），三司请以布偿刍值，登、莱端布为钱千三百六十，沂布千一百；仁宗以取值过厚，命差减其数。”[⑤] 取民时压价，予民时则抬价，这是封建官吏的惯技。布每端定价 1 100 至 1 360，显然抬得太高了，连仁宗也认为取值过厚。但减到什么价钱，书里没有说，不得而知。《宋史·职官志·绍兴折色条》说：“随身、元随、傔人，粮：每斗折钱三十文；衣：细、

---

① 《宋史》第十三册，4267 页，4204 页，4207 页。

② 《宋史》第十五册，4992 页。

③ 《宋史》第十三册，4267 页，4204 页，4207 页。

④ 《宋史》第十三册，4267 页，4204 页，4207 页。

⑤ 《宋史》第十二册，4232—4233 页。

绢每匹一贯，布每匹三百五十文，绵每两四十文。”[①] 这些规定远远低于南宋时的物价，显然是沿用北宋时规定的标准。参考上举资料，我们姑且把北宋前期的布价定为每匹 300 文。

茶价的估算是一件很伤脑筋的事。《宋史·食货志》说：“买腊茶斤自二十钱至一百九十钱，有十六等；片茶，大片自六十五钱至二百五钱，有五十五等；散茶斤自十六钱至三十八钱五分，有五十九等。鬻腊茶斤自四十七钱至四百二十钱，有十二等；片茶自十七钱至九百一十七钱，有六十五等；散茶自十五钱至一百二十一钱，有一百九等。”[②] 真叫人无所适从。根据这个资料是不可能找出一个平均价格来的。《宋史·李惟清传》说：太宗时，“淮南榷货务卖岳茶，斤为钱百五十”。[③] 我们只好按这个价来估算了。

草价更难确知。《宋史·食货志》说，宋徽宗宣和三年（公元 1121 年），“言者论西蜀折科之弊，其略谓：‘西蜀初税钱三百折绢一匹，草十围计钱二十（按：每围二文，压价压得太狠了）。今本路绢不用本色（即不征绢）。匹折草百五十围，围估钱百五十（这显然是抬价），税钱三百输至二十三千。’”[④] 我们来一个折中，把北宋前期的草价估定为每围 50 文，即每束 5 文。

以上估算，虽然各有根据，但不能认为准确，这是应当声明的。其次，这些估算只适用于北宋前期。因为北宋后期物价已上涨了，南宋更涨得厉害。例如熙宁二年，河朔丰稔，米斗七八十钱，当时已认为很贱了。南宋的绢价，每匹好几千钱。所以，都不能跟北宋前期相比。根据以上估定的价格，我们把至道三年和天禧末年的两税岁入数整理为如表 5－4 和表 5－5 所示：

---

① 《宋史》第十二册，4143 页。

② 《宋史》第十三册，4478 页，4213 页。

③ 《宋史》第二十六册，9217 页。

④ 《宋史》第十三册，4478 页，4213 页。

表 5－4　　　　至道三年两税岁入统计

品　种	单位	数　额	折钱（贯）	折粮（石）
谷	石	31 707 000	9 512 100	31 707 000
钱	贯	4 656 000	4 656 000	15 520 000
绢、絁、绸	匹	1 898 000	2 467 400	8 224 667
布	匹	282 000	84 600	282 000
丝线	两	1 410 000	141 000	470 000
绵	两	5 170 000	403 260	1 344 200
茶	斤	490 000	73 500	245 000
刍茭、蒿	围	32 680 000	1 634 000	5 446 667
总计			18 971 860	63 239 534

注：折算标准——谷每石 300 钱，绢、絁、绸每匹 1 300 钱，布每匹 300 钱，丝线每两 100 钱（绢每匹规定重 12 两，今依此估算丝线价），绵每两 78 钱，茶每斤 150 钱，草（刍茭、蒿）每围 50 钱。表 5－5 同此标准，不另注。

其他各项，不予估算，在表中删去。

表 5－5　　　　天禧末年两税岁入统计

品　种	单位	数　额	折钱（贯）	折粮（石）
谷	石	32 782 000	9 834 600	32 782 000
钱	贯	7 364 000	7 364 000	24 546 666
绢、絁、绸	匹	1 796 000	2 334 800	7 782 667
布	匹	338 000	101 400	338 000
丝线	两	905 000	90 500	301 667
绵	两	3 995 000	311 610	1 038 700
茶	斤	1 668 000	250 200	834 000
刍茭、蒿	围	20 679 950	1 033 998	3 446 660
总计			21 321 108	71 070 360

天禧五年垦田数为“五百二十四万七千五百八十四顷三十二亩”[①]，平均每亩产量以谷两石半计算，总产量共为谷 1 311 896 080 石，折钱 393 568 830 贯。无论按货币或粮食计算，至道三年的全国两

① 《宋史》第十三册，4166 页。

税负担率（亦即田赋负担率）约为4.8%，天禧末年约为5.4%。

田赋负担量只占总产量的4.8%到5.4%，不能不算是轻的，这符合历史事实，因为在北宋前期的确采取了薄赋政策。但是，应当指出，上面算的是一个大账，只能说明就全国的总情况来看田赋的负担是轻的。

地区之间，纳税人之间存在着田赋负担畸轻畸重现象。至道三年九月，监察御史王济上疏说田税不均，兼并之家私土（指逃税的黑田）多而公田（指课税田地）少，剥上损下。大中祥符六年（公元1013年），真宗也承认“天下赋税不均，豪富、形势（指势家）者田多而税少，贫弱地薄而税重，由是富者益富，贫者益贫。”郭谘曾在洺州肥乡县（在今河北省）作过一次整顿，《宋史·郭谘传》说：“洺州肥乡县田赋不平，岁久莫治，转运使杨偕遣谘摄令（代理县令职务）以往。既至，闭閤数日，以千步方田法四出量括，遂得其数（指田数），除无地之租者四百家（这四百家原来无田有赋），正无租之地（有田无赋）者百家，收逋赋八十万，流民乃复。”[①] 郭谘在清丈土地（当时称为方田）的基础上进行田赋的整顿，既纠正了有田无赋和无田有赋等不合理现象，使田赋负担大体公平合理，又增加了国家财政收入，成绩是显著的。仁宗景祐年间，“谏官王素言：‘天下田赋轻重不等，请均定。’而欧阳修亦言：‘秘书丞孙琳尝往洺州肥乡县，与大理寺丞郭谘以千步方田法括定民田，愿诏二人者任之。’三司亦以为然，且请于亳、寿、蔡、汝四州择尤不均者均之。于是遣谘蔡州。谘首括一县，得田二万六千九百三十余顷，均其赋于民。既而谘言州县多逃田，未可尽括，朝廷亦重劳民，遂罢。”[②] 很明显，郭谘是受到阻力知难而退的，而此次均赋一试即罢，也说明仁宗并未下决心。《宋史·食货志》说：“自郭谘均税之法罢，论者谓朝廷徒恤一时之劳，而失经远之虑。至皇祐中，天下垦田视景德增四十一万七千余顷，而岁入九谷乃减七十一万八千余石。盖田赋不均，其弊如此。”[③] 应该说，

---

① 《宋史》第三十册，10530页。

② 《宋史》第十三册，4207页，4208页。

③ 《宋史》第十三册，4207页，4208页。

田赋不均之弊，主要不是国家财政收入的减少，而是弱小农民负担的偏重。

弱小农民课赋既重，官府督索亦严。太宗时姚坦为益王府翊善，《宋史·姚坦传》说:“王尝于邸中为假山，费数百万，既成，召宾僚乐饮，置酒共观之。坦独俛首，王强使视之，曰:‘但见血山耳，安得假山!’王惊问故。坦曰:‘在田舍时，见州县催租，捕人父子兄弟，送县鞭笞，流血被体。此假山皆民租税所为，非血山而何?’”① 梅圣俞的一首田家诗有云:“谁道田家乐?春税秋未足，里胥叩我门，日夕苦煎促。”正是说的这种情况。所以，北宋前期尽管政尚宽大，并有好几十年基本安定的形势，但在政治、经济等方面的措施比汉、唐王朝的前期是大有逊色的。

田赋负担轻不等于农民负担轻。不仅因为存在着负担畸轻畸重问题，还由于北宋赋轻役重的特点，下一节里要说到这个问题。

第四节　北宋的徭役制度

在第四章里，我们曾经给唐代开元、天宝年间的农民负担算过一个大账。开元、天宝年间的租庸调岁入总额中，庸占48%，并且尚未包括杂徭等负担在内。根据这一点，我们指出了唐代实行租庸调制度时期存在役重于赋的现象。杨炎改行两税，把租庸调合为一条。其后，各种徭役纷纷复活，力役之征已取其二，既在两税中征收了徭役代金(庸)，同时又征发徭役。唐季及五代，许多地区开征了身丁钱，于是力役之征便由取其二变为取其三。北宋王朝虽然对身丁钱有所减免，而各种徭役却较前烦苛，所以，役重于赋这个问题便更加突出了。

北宋役法，据《宋史·食货志》说：“役出于民，州县皆有常数。宋因前代之制（按：所谓前代，显然不是汉、唐，而是五代乱世），

---

① 《宋史》第二十七册，9418页。

以衙前主官物（主官物的保管和运送，此外还要料理公使厨、库和场务），以里正、户长、乡书手课督赋税，以耆长、弓手、壮丁逐捕盗贼，以承符、人力、手力、散从官给使令（给使令，做打草供柴等各种杂务）；县曹司至押、录（押司、录事，办理县衙门文牍），州曹司至孔目官（掌管州衙门案卷），下至杂职、虞候（负责看管、守卫）、拣、掏（拣子、掏子，从事搬运、清点、收付财物的人伕）等人，各以乡户第定差。"①

宋制，"命官、形势（即势家）占田无限，皆得复役（官绅户都免役），衙前将吏（衙前，指在州郡衙门任职，不是说役法中的衙前；将，指州郡的都知兵马使和左右都押衙等武官；吏，指州郡的孔目官等）得免里正、户长"。②

宋分民户为五等，规定三等以上户任役，四、五等户不任役。仁宗时，张方平说："天下州县人户，大抵贫多富少，逐县五等户版簿，中等以上户不及五分之一，第四第五等户常及十分之九"。四、五等户都是"粗粝不充，布褐不备，未免冻馁之忧"的贫苦小农，他们是应该免除差役的。命官、形势之家的免役，则不仅不合理，并且流弊极大。

役户数少而供役无穷，这是宋代役重的主要原因之一。要减轻徭役，必先并减州县。范仲淹说："唐会昌中（会昌，唐武宗年号），河南府有户一十九万四千七百余户，置二十县。今河南府主、客户七万五千九百余户，仍置一十九县。巩县七百户，偃师一千一百户。逐县三等而堪役者，不过百家，而所供役人，不下二百数，新旧循环，非鳏寡孤独不能无役。西洛（西京洛阳地区）之民，最为穷困。"其实，别的地区，何尝不是如此。范仲淹建议援照后汉光武帝建武六年并省四百余县的前例，先把西京洛阳地区并省为十县。他提出的这个对症下药的建议，虽曾试行有效，却未能推行全国；在他罢政之后，所废之县又都复置。仁宗朝改革役法的议论不少，也下过诏书，"督州县长吏与转运使议蠲冗役，以宽民力"，还设置"宽恤民力司"，据说"州

① 《宋史》第十三册，4295页，4296页。

② 《宋史》第十三册，4295页，4296页。

县力役多所裁损，凡二万三千六百二十二人”，实际上并没有解决问题[1]。

衙前是令人谈虎色变的重役。《宋史·食货志》说：“役之重者，自里正、乡户为衙前，主典府库或辇运官物，往往破产。”[2] 宋初以第一等户为里正，又常以里正充衙前之役，称为里正衙前。衙前这种重役，本身已不合理，又指定里正为衙前，缩小了这种重役的负担面，变得更加不合理。所以，韩琦提出了罢里正衙前为乡户衙前的意见。他说：“州县生民之苦，无重于里正衙前。有孀母改嫁，亲族分居，或弃田与人，以免上等，或非命求死，以就单丁，规图百端，苟免沟壑之患。每乡被差疏密，与赀力高下不均。假有一县甲乙二乡，甲乡第一等户十五户，计赀为钱三百万（平均每户二十万），乙乡第一等户五户，计赀为钱五十万（平均每户十万）；番休递役（轮番服役），即甲乡十五年一周，乙乡五年一周（甲乡应役户数多，赀力亦较高，十五年轮役一次；乙乡应役户数少，赀力亦较低，而五年轮役一次：这就是被差疏密与赀力高低不均的矛盾，韩琦认为衙前一役不应以乡为范围定差）。富者休息有余，贫者败亡相继，岂朝廷为民父母意乎？请罢里正衙前，命转运司以州、军现役人数为额，令佐视五等簿通一县计之，籍皆在第一等，选赀最高者一户为乡户衙前，后差人做此。即甲县户少而役蕃，听差乙县户多而役简者（必要时可以打破县界）。‘仁宗’下其议京畿、河北、河东、陕西、京东西各转运司度利害，回奏‘皆以为便’。”同时，“知制诰韩绛、蔡襄极论江南、福建里正衙前之弊，韩绛请行乡户五则之法，襄请以产钱多少定役重轻”。仁宗至和（公元1054—1055年）中，经过几番研究，改行所谓五则法：“凡差乡户衙前，视赀产多寡置籍，分为五则，又第（第，排定次序）其役轻重做此（即赀产最多列第一则者轮服衙前中最重的第一则役，以下类推）。假有第一等重役十，当役十人，列第一等户百；第二等重役五，当役五人，列第二等户五十，以备十番役使。”[3] 这一改动，

① 《宋史》第十三册，4296页，4298页。

② 《宋史》第十三册，4296页，4298页。

③ 《宋史》第十三册，4297—4298页。

比旧法好一点；但是，衙前这种不合理的重役依然保留下来，由里正衙前改为乡户衙前，这样的改革只能说是改而不革。

英宗时，郑獬在《论安州差役状》里说（安州，今湖北省安陆市，郑獬是安州人）:“伏见安州衙门差役最为困弊。其合差役之家，类多贫苦。每至差作衙前，则州县差人依条估计家活值二百贯以上定差。应是（应是，凡是）在家之物，以至鸡犬、箕帚、匕筋以来，一钱之值，苟可以充二百贯，即定差作衙前。既以充役，入于衙司，为吏胥所欺，縻费已及百贯，始得公参（公参，谒见官长）。及差着重难纲运，上京或转往别州，脚乘关津出纳之所，动用钱物，一次须三五百贯。又本处酒务之类，尤为大弊，主管一次至费一千余贯……以至全家破坏，弃卖田业，父子离散，现今有在本处乞丐者不少。”郑獬又说，有时一家作衙前，须用三丁充役，以致本户农务无人料理。还说，访闻湖北一路，类皆如此。已提升为三司使的韩绛（仁宗时乡户五则法的建议者）也说:“闻京东民有父子二丁将为衙前役者，其父告其子曰:‘吾当求死，使汝曹免于冻馁。’遂自缢而死。又闻江南有嫁其祖母及与母析居以避役者；又有鬻田减其户等者。田归官户不役之家，而役并于同等现存之户。”还有这样的一件事实：有一个衙门给官府输送黄金七钱，跋涉千里到京城，库吏百般勒索，滞留踰年不放还家。所有这些事实，充分说明了衙前这种徭役在北宋时期是人民的一大害。

各地于常役之外，常常擅兴各种各样的无名之役。例如，《宋史·张平传》载，太宗时，张平监阳平都木务兼造船场，“旧官造舟既成，以河流湍悍，备其漂失，凡一舟调兰户守之，岁役户数千。平遂穿池引水，系舟其中，不复调民”。[①] 假如张平没有去管理这个造船场，阳平的老百姓依旧每年有几千户要去看守官船。又如《宋史·周湛传》载，“邓州美阳堰岁役工数十万，溉州县职田，而利不及民；湛奏罢之”。[②] 举此两例，可窥见一斑。

北宋的役法弊害极大，应该整顿，应该改革，而且上面所举两例也说明了真正要进行整顿和改革是完全有办法的；甚至像衙前这种重

① 《宋史》第二十七册，9405 页。

② 《宋史》第二十八册，9967 页。

役，仁宗时局部地区亦曾采用募役的方法稍减人民的痛苦。例如，《宋史·钱公辅传》记：公辅知明州，“衙前法以三等差次劳勤，应格者听指酒场以自补；富者足欲而贫者日困，充募益鲜；额有不足，至役乡民，破产不供费。公辅取酒场官鬻之，分轻重（区别役之轻重）以给役者，不复调民”。[①] 这是用鬻酒场所得的收入（宋代酒业专卖，所谓鬻酒场并不是把酒场卖了，而是让私人承包）来雇人充役，雇役的钱毋须摊派，应该说是一个较好的办法。又如，《宋史·曾巩传》记：曾巩通判越州，“州旧取酒场钱给募衙前，钱不足，赋诸乡户，期七年止；期尽，募者志于多入，犹责赋如初。巩访得其状，立罢之。”[②] 这个办法有点摊派，但仍不失为较好的办法。各地情况不同，明州靠出包酒场所得已敷募役之用，越州出包酒场的收入不敷支应，不能不有所摊派，但是，老百姓还是乐于接受的。衙前的弊害既能适当解决，其他杂役当然更易处理了。例如，《曾巩传》还记有这样的一件事：曾巩知齐州，“河北发民濬河，调及它路，齐当给伕二万。县初按籍三丁出伕一，巩括其隐漏，至于九而取一（九丁出一伕），省费数倍”。[③] 由此可见，北宋役法的整顿和改革不是没有办法可想的。问题之所以得不到解决，其症结在于真宗、仁宗两朝未下决心，无所作为，致使役重于赋的问题长期存在。土地兼并的激烈与徭役负担的加重，严重地妨碍了农村经济的发展。

这里，附带说一说和籴及和买。《宋史·司马光传》说：“太宗平河东，立籴法，时米斗十钱，民乐与官为市。”[④] 这是和籴的起源。真宗“祥符中，颍州饥，当路者奏出省钱十万缗，以纾艰食之民，令明年蚕事以缗纳缣，谓之和买。当是时，一缣之值不满千，民得本钱，经营数月，收什一之息，至期输公，颇优为也。”[⑤] 这是和买的起源。和籴及和买在北宋晚期，特别是南渡后才变为苛酷的剥削手段，故在论述北宋农民负担时，这两事从略。

---

① 《宋史》第三十册，10421 页，10390—10391 页。

② 《宋史》第三十册，10421 页，10390—10391 页。

③ 《宋史》第三十册，10421 页，10390—10391 页。

④ 《宋史》第三十一册，10765 页。

⑤ 《泊宅编》，43 页。

第五节　王安石变法及其失败

王安石变法是宋代历史上的一件大事。

神宗赵顼拔用王安石，推行新法。新法内容颇为复杂，《宋史·王安石传》作了简要的介绍："青苗法者，以常平籴本作青苗钱，散与人户，令出息二分，春散秋敛。均输法者，以发运之职改为均输，假以钱货，凡上供之物，皆得徙贵就贱，用近易远，预知在京仓库所当办者，得以便宜蓄买。保甲之法，籍乡村之民，二丁取一，十家为保，保丁皆授以弓弩，教之战阵。免役之法，据家资高下，各令出钱，雇人充役，下至单丁、女户本来无役者，亦一概输钱，谓之助役钱。市易之法，听人赊贷县官财货，以田宅或金帛为抵当，出息十分之二，过期不输，息外每月更加罚钱百分之二。保马之法，凡五路义保（五路，指京东路、京西路、河东路、河北路和陕西路；义，义勇；保，保甲）愿养马者，户一匹，以监牧（官牧场）现马给之；或官与其值，使自市；岁一阅其肥瘠，死病者补偿。方田之法，以东、西、南、北各千步，当四十一顷六十六亩一百六十步为一方，岁以九月，令、佐（县令、县佐）分地计量，验地土肥瘠，定其色号，分为五等，以地之等，均定税数。"① 其中的均输，汉代桑弘羊、唐代刘晏等均已行之有效，安石不过师其旧制。方田，郭谘亦已在局部地区取得实效，也不能算创新。限于篇幅，不能对新法的内容逐一论述。本节要说的，限于与农民负担有直接关系的方田、青苗及免役这三项。

先说方田。方田就是清丈土地，在课税面积失实的情况下，这是进行田赋整顿的必要条件。方田的直接目的是查清田亩，其最终目的是均税。具体地说，要求：一方面纠正有田无赋、无田有赋、田多赋少和田少赋多的不合理现象；另一方面达到按照土地的质量和数量来

---

① 《宋史》第三十册，10544—10545页。

征税，使田赋负担趋于大体平衡。王安石提出的方田均税法是符合这些原则的，在当时是一项进步的改革措施。这项改革，从北宋的实际情况来说，是必要的，既可以合理调整农民负担，同时又能够保证国家财政收入。

方田均税法的具体内容，据《宋史·食货志》记载："神宗患田赋不均，熙宁五年（公元 1072 年）重修定方田法，诏司农以《方田均税条约并式》颁之天下。以东西南北各千步，当四十一顷六十六亩一百六十步，为一方；岁以九月，县委令、佐分地计量，随陂原平泽而定其地，因赤淤（赤色淤地）黑垆（黑色硬土）而辨其色；方量毕，以地及色参定肥瘠而分五等，以定税则（按：熙宁六年下诏以土色分五等，疑未尽，令各郡县物其土宜，多为等以期均当，勿拘以五）；至明年三月毕，揭以示民（出榜公告），一季无讼（无讼，没有争议），即书户帖（户口册），连庄账（庄账，土地册）付之，以为地符（符即契）。均税之法，县各以其祖额（祖额，宋初所定税额；祖字原文作租，误）税数为限（按原额均税，不增不减，这是以县为范围进行调整的办法，简便易行；但不能对县与县之间的负担不平衡有所纠正，则是其缺点）。旧尝取蹙零（原文为旧尝收蹙奇零，兹据《文献通考·卷四·田赋考》改，蹙零即奇零，零数之意），如米不及十合而收为升，绢不满十分而收为寸之类，今不得用其数均摊增展，致溢旧额（超过原额），凡越额增数皆禁。若瘠卤不毛，及众所食利（群众都受益的）山林、陂塘、沟路，坟墓，皆不立税。凡田方之角，立木为埄（音 běng，土堆），植其野之所宜木（木，树），以封表之（作为标志）。有方账（方田册），有庄账，有甲帖（里甲册），有户帖；其分烟析产（指分家）、典卖割移，官给契（要交纳契税），县置簿，皆以今所方之田为正。"①

这个《方田均税条约并式》（条约，规则；式，样式）就是当时颁布的田赋条例。从这里我们看到了中国田赋制度的定型，这就是根据土地的不同等级及其相应的差别税率（田赋的税率不是用百分比，

① 《宋史》第十三册，4199—4200 页。

而是用固定税额来表现）按亩计征的办法。这种计征办法一直沿用到1949年中华人民共和国成立以前，经历了漫长的年代。

方田均税法于熙宁七年（公元1074年）首先实行于京东路十七州，“京东十七州选官四员，各主其方，分行郡县，以三年为任。每方差大甲头二人、小甲头三人，同集方户（方户，方内各乡户），令各认步亩，方田官验地色，更勒甲头、方户同定。”[①] 各地陆续于农闲时实行，其受灾在三分以上的县则暂缓执行。《食货志》说，元丰八年（公元1085年）“帝知官吏扰民，诏罢之。天下之田已方而见于籍者，至是二百四十八万四千三百四十有九顷云”。[②] 方田均税的工作结果，史书上只记了这样简单的一个数字，究竟清查出多少黑田，课税面积扩大了多少，一概无可稽考。从这个数字看来，已实行方田均税的地区可能达不到半数。而所谓官吏扰民（这是意中事），究竟是一般的还是个别地区的情况，扰到什么程度，是否极其严重，这些也一概无从稽考，不管怎样，到底是工作中的一个缺点。不过我们还是认为方田均税工作是会取得一定成绩的。

这项工作，徽宗赵佶时屡兴屡罢，利小而弊大。大观四年（公元1110年）十一月的诏书说：“方田官吏非特妄增田税，又兼不食之山（没有收益的荒山）方之，俾出刍草之值，民户因时废业失所。”[③] 这就只见其弊而未见其利了。又如宣和元年（公元1119年）御史台受理的有关案件，暴露了地方胥吏在方田均税工作中的胡作非为情况：“有二百余亩方为二十亩者，有二顷九十六亩方为一十七亩者（显然都是受了贿赂），虔之瑞金市是也。有租税十有三钱而增至二贯二百者，有租税二十七钱则增至一贯四百五十者（显然都是勒索不遂或企图贪污中饱），虔之会昌县是也。”[④] 这就同方田均税政策背道而驰了。也许神宗时的情况不至于如此糟糕。

再说青苗。王安石用事后，创立“制置三司条例司”，作为新法

① 《宋史》第十三册，4199—4200页。

② 《宋史》第十三册，4199—4200页。

③ 《宋史》第十三册，4201页，4202页。

④ 《宋史》第十三册，4201页，4202页。

的政策研究和立法中心，以吕惠卿为制置司检详文字（官职名），头一件大事是欲行青苗之法。所谓青苗法是挪用诸路常平仓和广惠仓（广惠仓是义仓）的钱谷来散发青苗钱，春散秋敛；实际上是罢常平法而以农贷代之。主要理由是：常平钱谷敛散未得其宜，发放青苗钱则兼并之家不能乘新陈不接之际向农民进行高利贷的剥削。青苗钱是取息的，最初定为二分。苏辙原为大名推官，亦被委为条例司检详文字。安石出青苗法示之，苏辙说："以钱贷民，使出息二分，本以救民，非为利也。然出纳之际，吏缘为奸，虽有法不能禁。钱入民手，虽良民不免妄用；及其纳钱（指偿还贷款），虽富民不免违限。如此则鞭笞必用，州县多事矣！唐刘晏掌国计，未尝有所假贷。有尤之（批评他）者，晏曰：'使民侥倖得钱，非国之福；使吏依法督责，非民之便。吾虽未尝假贷，而四方丰凶贵贱，知之未尝逾时。有贱必籴，有贵必粜，以此四方无甚贵甚贱之病，安用贷为？'晏之所言，汉常平法耳。今此法见在而患不修，公诚能有意于民，举而行之，晏之功可立俟也。"[①] 苏辙的看法是对的。常平仓制度是中国封建社会的良法，自汉耿寿昌创立以来，历代遵行不替。行青苗而废常平是十分错误的。所谓常平钱谷敛散未得宜，只是执行中的问题，不是制度本身的缺陷，应当讲求敛散得宜之方，不应以此为借口把它废掉。安石听了苏辙这番话，"逾月不言青苗"。不久，河东转运司干当公事（干当公事亦称勾当公事，官职名，有"负责人"之意）王广廉奉召到京议事，王广廉曾用度僧牒数千道作本金，在陕西转运司试行散放青苗钱，春散秋敛，王安石的青苗法就是以陕西的经验为蓝本的。这次议事，王广廉与安石谈得很投机，并请求在河北路施行青苗法，于是安石决意行之，而常平、广惠仓之法就被改变为青苗法了。

青苗法最受抨击，这里摘录几段反对意见于下。

熙宁三年（公元1070年），韩琦上疏说："臣准散青苗诏书，务在惠小民，不使兼并乘急以要倍息，而公家无所利其入。今所立条约，乃自乡户一等而下皆立借钱贯陌，三等以上更许增借，坊郭户有物业

---

① 《宋史》第三十一册，10822—10823页。

胜（胜，堪）质当者，亦依乡户例支借。且乡村上等户并坊郭有物业者，乃从来兼并之家，今令多借之钱，一千令纳一千三百，则是官自放钱取息，与初诏绝相违戾。又条约虽禁抑勒（抑勒，强迫乡户贷钱），然须得上户为甲头以任之，民愚不虑久远，请时甚易，纳时甚难。故自制下以来，上下惶惑，皆谓若不抑散，则上户必不愿请；近下等第与无业（没有产业）客户虽或愿请，必难催纳。将来必有行刑督索，及勒干系（干系，有关系的）书手、典押、耆户长同保均陪（陪，同赔）之患。去岁河朔丰稔，米斗不过七八十钱，若乘时多敛，俟贵而粜，不唯合古制，无失陷，兼民被实惠，亦是收其羡赢（意谓行常平之法，人民得到实惠，政府亦有收益）。今诸仓方籴而提举司已亟止之，意在移此籴本尽为青苗钱，则三分之息可为己功，岂暇更恤斯民久远之患？若谓陕西尝行其法，官有所得而民以为便，此乃转运司因军储有阙，适自冬及春，雨雪及时，麦苗滋盛，定见成熟，行于一时可也。今乃建官置司，以为每岁常行之法，而取利三分，岂陕西权宜之比哉？兼初诏且于京东、淮南、河北三路试行，俟有绪方推之他路。今三路未集，而遽尽于诸路置使，非陛下忧民、祖宗惠下之意。”韩琦的第二疏又说：“今放青苗钱，凡春贷十千，半年之内便令纳利二千；秋再放十千，至岁终又令纳利二千；则是贷万钱者，不问远近，岁令出息四千……王莽时贷以治产业者，但计所赢受息，无过岁什一……而王莽之外，上自两汉，下及有唐，更不闻有贷钱取利之法。”①

司马光与吕惠卿争论青苗法于神宗之前，司马光说：“平民举钱出息，尚能蚕食下户，况县官督责之威乎！”惠卿曰：“青苗法，愿取则与之，不愿不强也。”光曰：“愚民知取债之利，不知还债之害；非独县官不强，富民亦不强也。昔太宗平河东，立籴法，时米斗十钱，民乐与官为市。其后物贵而和籴不解，遂为河东世世患。臣恐异日之青苗，亦犹是也。”司马光后来又对神宗说：“今言青苗之害者，不过谓使者骚动州县，为今日之患耳。而臣之所忧，乃在十年之外，非今

① 《宋史》第十三册，4281—4284页。

日也。夫民之贫富，由勤惰不同，惰者常乏，故必资于人。今出钱贷民而敛其息，富者不愿取，使者以多散为功，一切抑配。恐其逋负，必令贫富相保，贫者无可偿，则散而之四方；富者不能去，必责使代偿数家之负。春算秋计，展转日滋，贫者既尽，富者亦贫。十年之外，百姓无复存者矣。又尽散常平钱谷，专行青苗，他日若思复之，将何所取？富室既尽，常平已废，加之以师旅，因之以饥馑，民之羸者必委死沟壑，壮者必聚而为盗贼，此事之必至者也。”①

范镇对神宗说：“常平之法，起于汉盛时，视谷贵贱发敛，以便农末（末指工商业者），最为近古，不可改。而青苗行于唐之衰世，不足法。且陛下疾富民之多取而少取之，此正百步、五十步之间耳。”②

苏轼上书说：“青苗放钱，自昔有禁。今陛下始立成法，每岁常行。虽云不许抑配，而数世之后，暴君污吏，陛下能保之欤？计愿请之户，必皆孤贫不济之人，鞭挞已急，则继之逃亡，不还，则均及邻保，势有必至。异日天下恨之，国史记之，曰：‘青苗钱自陛下始’，岂不惜哉！且常平之法，可谓至矣。今欲变为青苗，坏彼成此，所丧逾多，亏官害民，虽悔何及！”③

苏辙关于青苗法的议论，上面已作介绍，兹不再赘，其余别人的意见，小异大同，亦可以不再引述。

上引诸人意见，不能说全都正确，其中有误解，也有一些错误的论点。范镇说“青苗行于唐之衰世，不足法，”这是误解。唐季的青苗地头钱是一种田赋附加税，范镇对史实失考，致有此误。范镇说：“陛下疾富民之多取而少取之，此正百步、五十步之间耳。”这个论点是站不住脚的，如果青苗钱确实少取，那么，以官府的少取代替富民的多取，这有什么不好呢？孟子所说的“弃甲曳兵而走”的五十步与百步是另外一种情况，以此为譬喻是驳不倒青苗法的。又如司马光说的“民之贫富，由勤惰不同，惰者常乏，故必资于人”的论点也是错误的，它抹杀了阶级剥削关系，是站不住脚的。但这些都不是争论的焦点。

---

① 《宋史》第三十一册，10765—10766 页，10787 页，10806 页。

② 《宋史》第三十一册，10765—10766 页，10787 页，10806 页。

③ 《宋史》第三十一册，10765—10766 页，10787 页，10806 页。

上引各人的意见集中于一点——一致认为常平法不能罢，不应用青苗法去代替常平法。这可以说是青苗法反对派的主要论点，它一针见血地指出了青苗法的根本性错误，击中了要害。青苗法并不优于常平法，常平仓的作用更不是散敛青苗钱所能代替的，为了实行青苗法而废除常平仓制度，确实失策。

魏泰说："王荆公当国，始建常平钱（即青苗钱）之议，以谓百姓当五谷青苗未接之时，势多窘迫，贷钱于兼并之家，必有倍蓰之息，官于是结甲请钱，每千有二分之息，是亦济贫民而抑兼并之道。"[①] 这是公道话，王安石有反对兼并的思想，魏泰所说的正是王安石要立青苗法的原意。王安石的失策在于采取了削足就履的办法，为了散敛青苗钱而废除了常平仓制度。如果当真是为了扶助贫苦的农民，那就应该：首先由政府指拨一笔专款作青苗钱的基金（这是当时国家的财力所能承担的），而不应挪用常平仓和广惠仓的钱谷；其次，贷放的对象应该限于真正的贫苦农民，并且应该是无息的。青苗法虽然规定取息二分，但是，实际上并非如此，像韩琦所揭露的，取息已至三分、四分。《宋史·王广渊传》说：王广渊（王广廉之兄）为京东转运使，"以方春农事兴而民苦乏，兼并之家得以乘急要利，乞留本道钱帛五十万，贷之贫民，岁可获息二十五万。从之"。[②] 以五十万的本钱获息二十五万，则是五分取息了，这不是高利贷是什么？贫苦的农民能负担得起吗？这不是抑兼并而是以暴易暴！

通过地方吏胥之手来放债必然会发生许多流弊。上引诸人所估计的各种弊害，后来都变成了事实。也许这不是王安石始料所及的。陆佃是王安石的受业弟子，熙宁三年入京，安石首问新政，"佃曰：'法非不善，但推行不能如初意，还为扰民，如青苗是也。'安石惊曰：'何为乃尔？'……明日，安石召谓之曰：'惠卿云私家取债亦须一鸡半豚，已遣李承之使淮南质究矣。'既而，承之还，诡言于民无不便。佃说不行"。[③] 从这件事来看，王安石如果不是糊涂，便是护短了。

---

① 《东轩笔录》，45—46 页。

② 《宋史》第三十册，10608 页。

③ 《宋史》第三十册，10917—10918 页。

《宋史·食货志》说，熙宁七年（公元1074年）“帝（神宗）患俵（俵，散）常平官吏多违法，王安石请县专置一主簿，主给纳役钱及常平，不过五百员，费钱三十万耳。从之”。[①] 可是，新设的五百员主簿难道就一定不会违法么？恐怕谁也不敢作保。《食货志》接着又说：“帝以久旱为忧，翰林学士承旨韩维言：‘畿县近督青苗甚急，往往鞭挞取足，民至伐桑为薪以易钱。旱灾之际，重罹此苦。’帝颇感悟。”[②] 韩维及其兄韩绛均为王安石的心腹，安石之所以得到神宗的信任又是由于韩维的极力推荐，毫无疑义，韩维说的这番话绝不是有意中伤安石，而是如实向神宗反映。

青苗法是失败的。由于立法本身的缺陷，它本来是注定要失败的。

《宋史·食货志》记，元丰六年（公元1083年，原书失书元丰年号，兹据《续资治通鉴长编》及《宋会要辑稿》补入）“户部言：‘准诏诸路常平可酌三年敛散中数，取一年为格，岁终较其增亏。今以钱银谷帛贯、石、匹、两定年额：散一千一百三万七千七百七十二，敛一千三百九十六万五千四百五十九。比元丰三年，散增二百一十四万八千三百四十二，敛增一百三万四千九百六十三；四年（比元丰四年），散增二百七十九万九千九百六十四，敛亏一百九十八万六千五百一十五”。[③] 根据这段记载，元丰三年、元丰四年及元丰六年（定额）的青苗钱的散敛情况有如表5－6所示。

表5－6　青苗钱散敛情况表　　单位：贯、石、匹、两

年度＼数额＼项目	散数	敛数	溢额（敛多于散数）	溢额相当于散数的百分比（%）
元丰三年	8 889 430	12 930 496	4 041 066	45.5
元丰四年	8 237 808	15 951 974	7 714 166	93.6
元丰六年定额	11 037 772	13 965 459	2 927 687	26.5

表5－6所谓溢额，实际上等于散发青苗钱所得的利息；所谓溢额相当于散数的百分比，实际上等于青苗钱的利率。从上表可以看到，

① 《宋史》第十三册，4286页。

② 《宋史》第十三册，4286页。

③ 《宋史》第十三册，4287页。

元丰三年散发的青苗钱取利四分五厘以上，而元丰四年取利竟超过九分。应当声明，这些数字所用的是贯、石、匹、两的综合单位，依此计算出来的利息及利率未必准确，只能供读者们参考。

现在我们来说说免役法。所谓免役法，一句话，就是将过去实行的差役改为雇役。《宋史·食货志》记，熙宁元年（公元 1068 年），知谏院吴充上言：“今乡役之中，衙前为重。民间规避重役，土地不敢多耕，而避户等；骨肉不敢义聚，而惮人丁。故近年上户寖少，中下户寖多，役使频仍，生资不给，则转为工商，不得已而为盗贼。宜早定乡役利害，以时施行。”① 神宗又阅内藏库奏章，知道有衙前千里输金七钱的事（已见上述），于是下了改革役制的决心，命制置条例司讲立役法。熙宁二年，派刘彝、程颢等八人分行诸路，调查农田水利、税赋科率（科率，征收）、徭役利害情况。随着便指定开封府为试点。熙宁四年正月，判司农寺邓绾、曾布审议开封府所拟役法条例，奏言：“畿内乡户，计产业若（若，或）家资之贫富，上下分为五等。岁以夏秋随等输钱，乡户自四等、坊郭自六等（坊郭户分为十等）以下勿输。两县有产业者，上等各随县，中等并一县输。析居者随所析而升（原书作定字，据《通考·职役考》改）降其等。若官户、女户、寺观、未成丁，减半输。皆用其钱募三等以上税户代役，随役重轻制禄（禄，役人工食钱）。开封县户二万二千六百有奇，岁输钱万二千九百缗（按：平均每户输钱 570 文，当时米价每石八百文，约合米七斗，役钱负担尚不算重）。以万二百为禄，赢其二千七百（按：宽剩钱高达 26.5%，所取过多），以备凶荒欠阁（欠阁或倚阁都是拖欠、缓纳之意），他县做此。”② 熙宁四年十二月，遂颁其法于天下：“天下土俗不同，役重轻不一，民贫富不等，从所便为法。凡当役人户，以等第出钱，名免役钱。其坊郭等第户及未成丁、单丁、女户、寺观、品官之家，旧无色役而出钱者，名助役钱。凡敷（敷，摊派）钱，先视州若（若，或）县应用雇值多少，随户等均取；雇值既已用足，又率其

---

① 《宋史》第十三册，4299 页。

② 《宋史》第十三册，4300 页。

数增取二分，以备水旱欠阁，虽增无过二分，谓之免役宽剩钱。”[①] 以上所述为免役法制定过程及其主要内容。

对改差役为雇役不是没有争论的。御史中丞杨绘首先抨击两浙提点刑狱王庭老、提举常平张靓科配民输钱，多者一户至三百千，奏请稍加裁损，以安民心。杨绘说：“助役之利一，而难行有五。请先言其利：假如民田有一家而百顷者，亦有户才三顷者，其等乃俱在第一，以百顷而较三顷，则已三十倍矣，而受役月日，均齐无异：况如官户，则除耆长外皆应无役（以上说的是实行差役时的情况），今例使均出雇钱，则百顷所输必三十倍于三顷者，而又永无决射之讼，此其利也。然难行之说亦有五：民惟种田，而责其输钱，钱非田之所出，一也。近边州军，就募者非土著，姦细难防，二也。逐处（逐处，各处），田税，多少不同，三也。耆长雇人，则盗贼难止，四也。衙前雇人，则失陷官物，五也。乞先议防此五害，然后著为定制。仍先戒农寺（司农寺）无欲速就以祈恩赏，提举司无得多取于民以自为功，如此则谁复妄议。”[②] 杨绘所谓五害，其中一、三两项是技术问题，二、四、五各项是“想当然”的顾虑，但他请求研究解决的办法，不必急于求成，请求不要多取于民，都是有道理的。何况他所说的一利是对免役法给予肯定，因此，我们很难说杨绘是免役法的反对者。

刘挚则是坚决的反对派。他认为率钱助役、官自雇人有十害，其略曰：“天下州县户役，虚实重轻不同。今等以为率，则非一法所能齐，随其所宜，各自立法，则纷扰散殊，何以统率？一也。新法谓版籍不实，故令别立等第，且旧籍既不可信，今何以得其无失？不独搔扰生事患，将使富输少，贫输多，二也。天下上户少，中户多，上户役数而重，故以助钱为幸。中户役简而轻，下户役所不及，今概使输钱，则为不幸，三也。有司欲多得雇钱，而患上户之寡，故不用旧籍，临时升降，使民何以堪命？四也。岁有丰凶，而役人有定数，助钱不可阙。非若税赋有倚阁、减放之期，五也。谷、麦、布、帛，岁有所出，而助法必输现钱，六也。二税科买（科买，指和买等），色目已

① 《宋史》第十三册，4300—4301 页。

② 《宋史》第十三册，4303 页。

多，又概率钱以竭其所有，斯民未有悦而愿而为农者，户口当日耗失，七也。侥倖者又将缘法生姦，如近日两浙倍科钱数，自以为功，八也。差法近者十余年，远或二十年，乃一充役，民安习之久矣，今官自雇人，值重则民不堪，轻则人不愿，不免以力殴之就役，九也。且役人必用乡户，家有常产，则必知自爱；性既愚实，则鲜有盗欺；今一切雇募，但得轻猾浮伪之人，巧诈相资，何所不至？十也。"[1] 刘挚所论十害，有些观点根本站不住；多数属于可以解决的立法技术问题。至于所说人民久已安习于差役则是睁着眼睛说瞎话，抹杀了差役特别是人民常怨恨衙前一役的种种弊害。简直是一种谬论。所以，刘挚用来反对免役法的理由是没有力量的。

在讨论免役法的过程中，苏辙最初也是反对雇役的，他同样抱有这样的成见：役人不可不用乡户。但是，后来他的看法改变了。在哲宗赵煦元祐初年司马光要恢复差役的时候，苏辙便站在维护雇役的立场，说了公道话。他说："旧差乡户为衙前，破败人家，甚于兵火（兵火，战祸和火灾）。自新法行，天下不复知有衙前之患。"[2] 在变法斗争中，苏辙始终实事求是，服从真理、坚持真理，不愧为光明磊落的政治活动家。

司马光在熙宁初年低估了差役的弊害，而对雇役可能引起的问题却想得过多；在元祐初年只看到免役法在执行中所出现的各种弊害，而没有注意到雇役所带来的利；他的偏执性（来自认识上的片面性）使他成为免役法的最顽固的反对者。

宋代徭役制度非改革不可，我们已在上一节里说过了。用雇役代替差役，这是役法改革的一个正确的方向；要求封建王朝根本废除徭役，似乎过于天真了。所以，在这一点上，王安石是做对了的。然而，他所设计的免役法却不是尽善尽美而无可非议的。

用雇役代替差役是否必须征收免役钱（包括助役钱）？这是值得研究的一个问题。

给人民造成最大痛苦的是衙前这种重役，解决衙前问题应该是役

① 《宋史》第三十一册；10850—10851 页。

② 《宋史》第十三册，4315 页。

法改革工作的重点，这是无可争辩的。上一节里曾介绍过，钱公辅在明州用出包酒场所得以给衙前役人，没有向人民摊派；明州能做到的事，其他的州（即使不可能全部）也有可能做到。事实上，熙宁以前，诸路衙前多雇长名当役，西川全是长名，淮南、两浙长名大半以上，余路亦不减半。苏辙说："初疑衙前多是浮浪投雇，不如乡差税户可讬。然行之十余年（指熙宁、元丰实行免役法），投雇者亦无大败阙，不足以易乡差衙前之害。今略计天下坊场钱，一岁可得四百二十余万贯，若立定中价，不许添划，三分减一，尚有二百八十余万贯。而衙前支费及召募非泛纲运，一岁共不过一百五十余万缗，则是坊场之值，自可了办衙前百费，何用更差乡户？"[①] 刘挚说："昔惟衙前一役，有至破产者尔。今天下坊场，官收而官卖之，岁计缗数无虑数百万，自可足衙前雇募支酬之值，则役之重者已无所事于农民矣。"[②] 由此可知，若改行雇役而征收免役钱并不是必要的。

苏轼说："自杨炎为两税，租调与庸既兼之矣，奈何复欲取庸？万一后世不幸有聚敛之臣，庸钱不除，差役仍旧，推所从来，则必有任其咎者矣！"[③] 苏轼所假设的"万一"，从历史事实来看，却几乎是"必然"的。李心传说："余尝谓唐之庸钱，杨炎已均入两税。而后世差役，复不免焉。是力役之征，既取其二也。本朝王安石令民输钱以免役，而绍兴（南宋高宗赵构年号）以后，所谓耆户长、保正，雇钱复不给焉，是取其三也。合丁钱而论之，力役之征，盖取其四也。而一有边事，则免夫之令又不得免焉，是取其五也。"从这个道理说来，免役钱又是不应该征收的。

如果坊场所得不够支应全部雇役费用，也不是别无其他办法可想。宋代的郊祀费用，每年总得花好几百万贯，在这里撙节一点就可以挹此注彼了。退一万步说，如果确实不能不征收一点助役钱的话，那么，首先应当严格控制征收额，应当以补足差额为限，不能多取于民；其次应当根据负担能力的大小来摊派，以官户、寺观、坊郭户的五等以

---

① 《宋史》第十三册，4315 页。

② 《宋史》第十三册，4311 页。

③ 《宋史》第三十一册，10805—10806 页。

上户和乡户的三等以上户为限。

更不应当加征所谓宽剩钱。

概括说来，以雇役代替差役的政策，在方向上虽正确，但征收免役钱是不妥当的，加征宽剩钱是不合理的。因此，免役法的本身是存在缺陷的。古人说得好："作法于凉，其敝犹贪；作法于贪，敝将若之何？"由于立法上的失策，暴官污吏借此聚敛，把好事办成了坏事。《宋史·食货志》记，元丰七年（公元1084年）"天下免役缗钱岁计一千八百七十二万九千三百，场务钱五百五万九千，谷帛石匹九十七万六千六百五十七，役钱较熙宁所入多三之一"。[①] 史臣评论此事说："帝（神宗）之力主免役也，知民间通苦差役，而衙役（《宋史》原文误作投字，兹据《通考》改正）之任重行远者尤甚，特创免役。虽均敷（敷，摊派）雇值，不能不取之民（按：上面已说过，本来没有必要摊派的）；然民得一意田亩，实解前日困弊。故群议杂起，意不为变。顾其间采王安石策，不正用雇值为额，而展敷二分以备吏禄、水旱之用。群臣每以为言，屡疑屡诘（指神宗亦怀疑不当而向王安石诘问），而安石持之益坚。此其为法既不究终防弊，而聚敛小人又乘此增取，帝虽数诏禁戒，而不能尽止。至是，雇役不加多，而岁入比前增广，则安石不能将顺德意，其流弊已见矣。"[②] 这段评论基本上是公允的。

我们所以说这段史论基本上公允，是因为：首先它指出了立法的缺陷，指出了加征宽剩钱的错误。这一点，不能不归咎于王安石；但完全给神宗开脱责任也不能服人。其次它指出了聚敛小人的乘机增取，把好事办成了坏事。但聚敛小人之乘机增取，是上面作法于贪的必然结果。熙宁七年下诏，役钱千别纳头子五钱，凡修官舍，作什器，夫力辇运之类，皆许取以供费[③]。这一规定，比加征宽剩钱更不合理。"上有好者，下必有甚焉"。利州路岁需役钱不过九万余贯，而转运使李瑜却摊派至三十三万贯有奇，增大了三倍多。广南西路民户二十万，

① 《宋史》第十三册，4310页，4306页。

② 《宋史》第十三册，4310页，4306页。

③ 《宋史》第十三册，4306页。

役钱摊派十九万贯，平均每户几达一贯，土瘠民贫的地区显然是负担不起的。熙宁九年，侍御史周尹说：“州县希提举司风旨，广敷民钱，省役额（制定免役法时没有考虑节省役额，但在执行中许多州县却这样做了），损雇值，而民间输数一切如旧，宽剩数多。募值轻而仓法重（当时规定：有禄而赃者，用仓法重其坐），役人多不愿就募。天下皆谓朝廷设法聚敛，不无疑怨。”① 这是当时各州县的普遍情况。熙宁十年，知彭州吕陶言：“朝廷欲宽力役，立法召募，初无过敛民财之意。有司奉行过当，增添科出，谓之宽剩。自熙宁六年施行役法，至今四年，臣本州四县，已有宽剩钱四万八千七百余贯，今岁又须科纳一万余贯。以成都一路计之，无虑五六十万。推之天下，现今约有六七百万贯宽剩在官。岁岁如此，泉币绝乏，货法不通，商旅农夫，最受其弊。”② 元祐元年苏轼说：“先帝初行役法，取宽剩钱不得过二分，以备灾伤。有司奉行过当，行之几十六七年，积而不用，至三千余万贯石。”③ 这就是免役法由宽减力役演变为聚敛民财的总过程。

我们认为这段史论基本上公允，还因为它指出了“民得一意田亩，实解前日困弊”，这就是雇役优于差役的地方。如果只看到上述流弊而全盘否定免役法（司马光的错误正在于此），说它一无是处，这也不是实事求是的。元祐初，司马光议复差役，中书舍人范百禄对他说：“熙宁免役法行，百禄为咸平县，开封罢遣衙前数百人，民皆欣幸。其后有司求羡余，务刻剥，乃以法为病。”④ 这是老实人说的老实话。苏辙也说过：“自新法行，天下不复知有衙前之患”⑤。免役法使人民不再因衙前重役而破产亡家，并能“一意田亩”，这对农民对农业生产都是有利的。

还应当指出，当时也有少数官吏在役法改革中表现相当不错。例如《宋史·蒋之奇传》记，“新法行，（之奇）为福建转运判官，时诸道免役推行失平，之奇约僦佣费，随算钱高下均取之，民以为便”。

① 《宋史》第十三册，4308 页，4308—4309 页，4312 页。

② 《宋史》第十三册，4308 页，4308—4309 页，4312 页。

③ 《宋史》第十三册，4308 页，4308—4309 页，4312 页。

④ 《宋史》第十三册，4314 页，4315 页。

⑤ 《宋史》第十三册，4314 页，4315 页。

又如《宋史·韩琦传》记，熙宁初，韩琦“为梓州路转运使，朝廷命诸道议更役法，琦首建并纲减役之制，纲以数计者百二十有八，衙前以人计者二百八十有三，省役人五百。又请裁定诸州衙簿。于是王安石言：‘琦所言皆久为公私病，监司背公养誉，莫之或恤，而独能体上意，宜加赏’”。韩琦确实把握了役法改革的根本精神，可惜王安石没有把并纲减役的经验推行全国，没有把役法改革的重任交给韩琦。不管怎样，这些事实是不容抹杀的。不能说免役法一无是处，问题在于：利害相衡，害大于利，使免役法终归于失败。假如只行雇役而不征收免役钱（或只向富户酌征），更不加征宽剩钱和头子钱，那么，役法的改革本来是可以取得令人满意的效果的。

综上所述：方田的工作只做了一半（也许还不到一半），青苗法有害而无利，免役法害大于利，这样的结论不是主观的武断。

把王安石贬为小人，这是旧史家的成见。我们认为王安石不是坏人，而是一个有志于改革的人，只是改革不得其法而已。但如果认为王安石是中国历史杰出的理财家，那又未免推崇过分了。王安石的财政政策是不值得赞美的。

王安石在《上仁宗皇帝言事书》（即所谓万言书）中写道：“因天下之力以生天下之财，收天下之财以供天下之费，自古治世，未尝以财不足为公患也，患在治财无其道尔！”① 这几句话概括了王安石的财政思想。从这里，我们隐隐约约地看到他的指导思想是“收天下之财”。实际上，他的财政政策是以聚财为重点的，既忽视生财，又轻视用财。新法中有农田水利一项，是有成效的，但也做了一些劳民伤财的事。除此以外，安石对振兴农业生产，再没有采取过什么有效的措施，可以说，他对生财之道是不够重视的。

北宋财政上的浪费是惊人的，举一些例子来说明：

太宗时，王化基献《澄清略》，言时事有五，其四言“省冗官”。他说：“古人建官，初不必备者，惟得其人也。国家封疆虽踰前世，而分设庶官实倍常数……二十年前，江淮诸郡，扬、楚最居要冲，务

① 《宋史》第三十册，10542 页。

穰事众，地广民繁。然止设知州一人署领官事，其余通判官、推官及州官等，悉皆分筦榷务、仓库。当时事无不集，兼少狱讼。其后十年，臣任扬州时，朝廷添置监临、使臣等职，实踰本州官数。诸州冗员，似此非一。今以朝官、诸色使臣及县令、簿、尉等高卑相折而计之，一人月费不啻十千，以千人约之，岁计用十余万千；更倍万约之，万又过倍。使皆廉吏，只縻公帑；设或贪夫参错其间，则取于民者又加倍焉。”①

真宗时，王禹偁上疏请“减冗兵，并冗吏”。他说：“当乾德、开宝之时，土地未广，财赋未丰，然而击河东，备北鄙，国用未足，兵威亦强，其义安在？由所蓄之兵锐而不众，所用之将专而不疑故也。自后尽取东南数国，又平河东，土地财赋，可谓广且丰矣，而兵威不振，国用转急，其义安在？由所蓄之兵冗而不尽锐，所用之将众而不自专故也。臣愚以为宜经制兵赋，如开宝中，则可高枕而治矣。且开宝中设官至少，臣本鲁人，占籍济上，未及第时，一州止有刺史一人，司户一人，当时未尝阙事。自后有团练推官一人，太平兴国中增置通判、副使、判官、推官，而监酒、榷税算又增四员。曹官之外，更益司理。问其租税，减于曩日也；问其人民，逃于昔时也。一州既尔，天下可知。”②

仁宗时，宋祁上书论“三冗”和“三费”。他说：“何谓三冗？天下有定官无限员，一冗也。天下厢军不任战而耗衣食，二冗也。僧尼日益多而无定数，三冗也。三冗不去，不可为国……何谓三费？一曰道场斋醮，无有虚日，且百司供亿，至不可赀计……二曰京师寺观，或多设徒卒，添置官府，衣粮率三倍他处……三曰使相节度，不隶藩要……大臣罢黜，率叨恩除，坐靡邦用，莫此为甚！”③

北宋官禄丰厚，而养官特多。真宗咸平四年（公元1001年），“有司言：减天下冗吏十九万五千余人。”可见冗员之多，而其未减之数，更可想而知。包拯说得好，食禄者日增，力田者日耗，国计民力

① 《宋史》第二十六册，9185—9186页。

② 《宋史》第二十八册，9795—9796页。

③ 《宋史》第二十七册，9594—9595页。

安得不窘乏！

宋代养兵之数也特多。《宋史·兵志》记，仁宗嘉祐七年（公元1062年），“枢密院奏：开宝之籍总三十七万八千，而禁军马步十九万三千；至道之籍总六十六万六千，而禁军马步三十五万八千；天禧之籍总九十一万二千，而禁军马步四十三万二千；庆历之籍总一百二十五万九千，而禁军马步八十二万六千。”英宗“治平之兵一百十六万二千，而禁军马步六十六万三千。”[①] 正如张载所说：“养兵之费，在天下十居七八。”[②]

“国之大事，唯祀与戎”，古代的郊祀，从来都是花钱的，宋代郊祀比历代更费。《宋史·食货志》记，“至道末，天下总入缗钱二千二百二十四万五千八百，三岁一亲祀郊丘，计缗钱常五百余万，大半以金银、绫绮、绝䌷平其值给之……景德郊祀七百余万，东封（到泰山封禅）八百余万，祀汾阴（祀汾阴后土）、上宝册又增二十万”。[③]

以上列举的情况表明：北宋时期，包括王安石在朝身居要职期间，财政上支出浩繁，浪费很大。在这种情况下，一个称职的理财家显然应该把财政支出的节流问题放在工作日程上的首要地位，积极地在省官裁兵和削减郊祀等靡费方面做文章。可是，王安石对此却不大感兴趣。神宗“尝患增置官司费财。王安石谓增置官司，所以省费”。[④] 这是强词夺理的诡辩。熙宁五年在三司新设置一个账司，目的是为了“省费”。结果怎么样呢？结果是所用官吏六百人，到元丰三年止，“费钱三十九万缗，而勾磨出失陷钱止万缗”。[⑤] 熙宁年间“天下禁军凡五十六万八千六百八十八人”，元丰年间增为“六十一万二千二百四十三人”[⑥]，增加8%弱。《宋史·司马光传》记，河朔旱灾，执政以国用不足，建议南郊勿赐金帛（赐大臣金帛是宋代郊祀费中的大项）。司马光说：“救灾节用，宜自贵近始”，这个建议应当采纳。王

① 《宋史》第十四册，4576页。
② 《张载集》，中华书局版，358页。
③ 《宋史》第十三册，4349页。
④ 《宋史》第十三册，4355页，4356页。
⑤ 《宋史》第十三册，4355页，4356页。
⑥ 《宋史》第十五册，4579页。

安石却说："国用不足，非当世急务，所以不足者，以未得善理财者故也。"[①] 从这几个例子，可以看清楚王安石对待用财问题的态度。说王安石轻视用财，确实不冤枉。他的理财之道，是不讲生财和用财之道，而是不择手段地聚财，多聚财，更多地聚财。正因为这一点，投合神宗的心愿，因而得到神宗的高度信任。

洪迈说："神宗常愤北狄倔强，慨然有恢复幽燕之志，于内帑置府，自制四言诗曰：'五季失图，猃狁（猃狁，匈奴，此指辽人）孔炽，艺祖（赵匡胤）造邦，思有惩艾，爰设内府，基以募士；曾孙（神宗自称）保之，敢忘厥志！'凡三十二库，每库以一字揭之。储积皆满，又别置库，赋诗二十字，分揭于上，曰：'每虔夕惕心（周易乾卦：九三，君子终日乾乾，夕惕若、厉无咎），妄意遵遗业，顾予不武姿，何日成戎捷？'其用志如此，国家帑藏之富可知。"[②] 神宗帑藏之富，得力于王安石的财政政策——千方百计地收天下之财。李心传说，"神宗用王荆公（王安石封荆国公）计，凡摘山（指茶）、煮海（指盐）、坑冶、榷货、户绝没纳之财（原注：此旧三司窠名，属左藏库），与常平（青苗钱）、免役、坊场、河渡、禁军、阙额、地利之资，悉归朝廷。元丰元年，更内藏库名，凡三十二库，每库以诗一字目之。（元丰）五年，又取苗役羡财（苗，青苗钱；役，免役钱），为元丰库，直隶朝廷，在内藏之外"。[③] 新法中的青苗、免役、市易和均输等，都是假抑兼并之名，行聚敛之实。

李心传说，"国朝混一之初，天下岁入缗钱千六百余万，太宗皇帝以为极盛，两倍唐室矣。天禧之末，所入又增至二千六百五十余万缗。嘉祐间，又增至三千六百八十余万缗。其后月增岁广，至熙、丰间，合苗役税易等钱（苗，青苗钱；役，免役钱；税，两税及茶盐和各种杂税；易，市易），所入乃至六千余万"。[④] 熙、丰岁入较嘉祐猛增60%以上，约达三分之二。《宋史·安焘传》记，徽宗时，安焘上

---

① 《宋史》第三十一册，10763页。

② 《容斋三笔》，卷十三，《元丰库》条。

③ 《建炎以来朝野杂记》甲集卷十七，财赋四，《内藏库》条。

④ 《建炎以来朝野杂记》甲集卷十四，财赋一，《国初至绍熙天下岁收数》条。

疏说："熙宁、元丰之间，中外府库，无不充衍，小邑所积钱米，亦不减二十万。"[①]《续资治通鉴长编》亦谓"常平、坊场、免役积剩钱共五千余万贯，散在天下州县，贯朽不用，利不及物"。[②] 为了聚财，有时达到了不择手段的地步。卖度牒就是从神宗时开始的，当时每一道度牒的官价为130贯，而米价每石约自800至1 000文，一道度牒的卖价相当于米130石左右。在一些地方，例如夔州路，一道度牒更卖到300贯，广南西路则卖到650贯。还闹出卖祠庙的笑话，洪迈说："熙宁、元丰中，聚敛之臣，专务以利为国，司农遂鬻天下祠庙。"[③]《宋史·张方平传》记："新法鬻河渡、坊场，司农并及祠庙，宋阏伯、微子庙皆为贾区（贾区，市场）。方平言：'宋，王业所基，阏伯封于商丘，以主大火；微子为始封之君；是二祠者，亦不得免乎？'帝（神宗）震怒，批牍尾曰：'慢神辱国，无甚于斯！'于是天下祠庙皆得不鬻。"[④] 神宗对一些搞过头的事，还是不同意的。神宗曾对王安石说过："古者什一而税，今取财百端。"安石谓古非特什一而已[⑤]。王安石总是觉得自己的一切主张都是正确的。但是，他连孔子所说的"节用而爱人，使民以时"的话也没有做到，只是醉心于"收天下之财"。毕仲游说的"安石以兴作之说动先帝，而患财之不足也，故凡政之可以得民财者无不用"[⑥]，确是一针见血。财是聚了，其后果必然是"财聚则民散"。

神宗有他的雄心壮志，他的爱国主义精神是应当受到肯定的。但是，要有所作为，就必须首先从发展经济培养国力着手，为聚财而聚财是无济于事的。王安石不懂得这个道理，神宗也不懂得这个道理。手上钱多了就盲目追求边功。《宋史·外国传·夏国下》说："宋自熙宁用兵以来，凡得葭芦、吴保、义合、米脂、浮图、塞门六堡，而灵州（灵州战役在元丰四年）、永乐（永乐战役在元丰五年）之役，官

---

① 《宋史》第三十册，10568页。
② 《续资治通鉴长编》，卷384，元祐元年八月丁亥记事。
③ 《容斋四笔》，卷十一，《熙宁司农牟利》条。
④ 《宋史》第三十册，10358页。
⑤ 《宋史》第十三册，4355页。
⑥ 《宋史》第二十七册，9525页。

军、熟羌、义保（民兵）死者六十万人，钱、粟、银、绢以万数者不可胜计。帝（神宗）临朝痛悼。”[①] 自此不复言兵。这是一个深刻的历史教训。

王安石爱独断专行，听不得任何反面意见。他有这样的信条：“天变不足畏，祖宗不足法，人言不足恤”。前两句还有点道理，后一句话就坏事了。他把所有的不同政见不加分析地一律视作流俗之言，大肆抨击。陆佃曾经委婉地向他进说，“佃曰：‘公乐闻善，古所未有，然外间颇以为拒谏。’安石笑曰：‘吾岂拒谏者？但邪说营营（营营，苍蝇叫声；《毛诗》营营青蝇），顾无足听。’佃曰：‘是乃所以致人言也！’”[②] 陆佃是他的得意学生，安石嫌他不大听话，便疏远了他。安石有诗说：“世人未可非商鞅，商鞅能令法必行”，他为了推行新法，使用政治权力来排挤和迫害异己。他很尊敬吕公著，事之以兄礼，称为长者。《宋史·吕公著传》说，熙宁二年，公著为御史中丞，“时王安石方行青苗法，公著极言曰：‘自古有为之君，未有失人心而能图治，亦未有能胁之以威、胜之以辩而能得人心者也。昔日之所谓贤者，今皆以此举为非（此举，指青苗法），而生议者（指安石）一切诋为流俗浮论，岂昔皆贤而今皆不肖乎？’安石怒其深切。”[③] 以后终于用恶语中伤，贬公著出知颍州。

王安石在政治上使自己陷于孤立。为了摆脱窘境，他援引吕惠卿、邓绾之流为助手，而这些人不少是反复无常的野心政客。邓绾脸皮最厚，曾经对人说：“笑骂从汝，好官须我为之！”[④] 安石罢相，吕惠卿即想取而代之，设法阻止安石东山再起，邓绾转而依附惠卿。不久，安石再登相位，邓绾又一次随风转舵，把矛头转向惠卿。吕惠卿还是一个藉权营私的贪官，曾被人揭发其使华亭知县张若济借豪民朱庠等人的钱为置田产，使舅郑英请夺民田，使僧文捷请夺天竺僧舍等事。依靠这种人怎么能够抑兼并呢？新法产生的副作用便是败坏了政治风

① 《宋史》第四十册，14012 页。
② 《宋史》第三十一册，10917 页，10773 页。
③ 《宋史》第三十一册，10917 页，10773 页。
④ 《宋史》，第三十册，10597 页。

气。从此官僚们拉帮结派，互相倾轧，吏治日益腐朽，到徽宗时达到了极点。《青溪寇轨》说，哲宗绍圣后，“天下监司牧守，无非时宰私人，所在贪墨，民不聊生。迨徽庙继统，蔡京父子欲固其位，乃倡丰亨豫大之说，以恣蛊惑。童贯遂开造作局于苏、杭，以制御器。又引吴人朱勔进花石媚上，上心既侈，岁加增焉。舳舻相衔于淮、汴，号花石纲……民预是役者，多鬻田宅子女以供其须。思乱者益众”。[①]

徽宗宣和二年（公元1120年）十月，爆发了方腊起义。方腊是睦州（治所在今浙江省建德市）青溪县（治所在今浙江淳安西淳城镇）人。《青溪寇轨》说：“腊有漆园。造作局屡酷取之，腊怨而未敢发；会花石纲之扰，遂因民不忍，阴取贫乏游手（其实是破产失业）之徒，赈恤结纳之。众心既归，乃椎牛醴酒，召恶少之尤（其实是富有反抗精神）者百余人会，饮酒数行，腊起曰：‘天下国家，本同一理。今有子弟耕织，终岁劳苦，少有粟帛，父兄悉取而靡荡之，稍不如意，则鞭笞酷虐，至死弗恤。于汝甘乎？’皆曰：‘不能。’腊曰：‘靡荡之余，又悉举而奉之仇雠（指辽与夏），仇雠赖我之资益以富贵，反见侵侮，则使子弟应之，子弟力弗能支，则谴责无所不至。然岁奉仇雠之物，初不以侵侮废也。于汝甘乎？’皆曰：‘安有此理！’腊涕泣曰：‘今赋役繁重，官吏侵渔，农桑不足以供应，吾侪所赖为命者，漆楮竹木耳，又悉科取，无锱铢遗。夫天生烝民（烝民，众民），树之司牧，本以养民也。乃暴虐如是，天人之心，能无愠乎？且声色、狗马、土木、祷祠、甲兵、花石靡费之外，岁赂西北二虏银绢以百万计，皆吾东南赤子膏血也。二虏得此益轻中国，岁岁侵扰不已，朝廷奉之不敢废，宰相以为安边之长策也。独吾民终岁勤动，妻子冻馁，求一日饱食不可得。诸君以为何如？’皆愤愤曰：‘惟命！’腊曰：‘三十年来，元老旧臣贬死殆尽，当轴者（执政者）皆龌龊邪佞之徒，但知以声色土木淫蛊上心耳。朝廷大政事，一切弗恤也。在外监司、牧守，亦皆贪鄙成风，不以地方为意；东南之民，苦于剥削久矣！近岁花石之扰，尤所弗堪。诸君若能仗义而起，四方必闻风响应，旬日之

① 《泊宅编》，111页。

间，万众可集。守臣闻之，固将招徕商议，未便申奏，我以计縻之，廷滞一两月，江南列郡可一鼓下也。朝廷得报，亦未能决策发兵，计其迁延集议，亦须月余，调集兵食，非半年不可，是我起兵已首尾期月矣，此时当已大定，无足虑也。况西北二虏，岁币百万，朝廷军国经费千万，多出东南。我既据有江表，必将酷取中原（意谓宋廷必将向中原地区进行苛酷的剥削）；中原不堪，必生内变。二虏闻之，亦将乘机而入，腹背受敌，虽伊、吕不能为之谋也。我但画江而守，轻徭薄赋，以宽民力，四方孰不裣衽来朝；十年之间，终当混一矣。不然，徒死于贪吏耳！诸君其筹之。'皆曰：'善！'遂部署其众千余人，以诛朱勔为名，见官吏公使人皆杀之。民方苦于侵渔，果所在响应。数日，有众十万，连陷郡县数十，众殆百万，四方大震。"这次起义，历时一年半，最后虽在北宋王朝20万官军的血腥镇压下解体了，但北宋朝廷的日子也不多了。

第六节　南宋的农民负担

靖康元年（公元1126年）闰十一月，金人攻陷开封，徽宗、钦宗被俘虏，北宋朝廷解体。次年五月，高宗赵构即位于商丘（宋代称南京）改元建炎，宋室开始南渡，绍兴二年（公元1132年）至临安府（正式定都杭州是绍兴八年的事），建立了偏安于东南的南宋王朝。

北方及中原人民忍受不了金兵的种种暴行，纷纷起来反抗，使金人疲于奔命，这是南宋新政权得以在东南站稳脚跟的一个主要因素。然而，赵构害怕人民的力量，把爱国人民诬蔑为盗贼，在诏书中公然说出"遂假勤王之名，公为聚寇之患"这种丧心病狂的话。抗金将领韩世忠，特别是岳飞的屡奏战功，赵构不以为喜，反以为忧，害怕他们兵势过盛，对自己构成威胁。赵构丝毫没有中兴的雄心，他选择的是一条屈辱乞和的道路。绍兴十一年（公元1141年）四月剥夺了韩世忠和岳飞的兵权，十月下岳飞于大理狱，十一月便同金人订立和约，派何铸奉誓表赴金称臣。誓表说："臣构言：今来画疆，以淮水中流为界，西有唐、邓州，割属上国。既蒙恩造，许备藩方，世世子孙，谨守臣节，每年皇帝生辰并正旦，遣使称贺不绝；岁贡银、绢二十五万两、匹……"十二月便以"莫须有"的罪名杀死岳飞并其长子岳云、部将张宪。人们把杀害岳飞归罪于秦桧，秦桧确是历史罪人，确是杀害岳飞的凶手，但我们不应放过指使杀人的赵构。人们把主和归罪于秦桧，秦桧当然不能辞其咎，但在秦桧死后，赵构却公开自己承认："讲和之策，断自朕志，秦桧但能赞联而已。"[①]

秦桧既卖国，又殃民；既迫害忠良，又残酷地剥削老百姓。《宋史·食货志》说："自桧再相（秦桧于绍兴元年八月初任相职，绍兴二年九月落职，绍兴八年三月再入相），密谕诸路暗增民税七八，故民力重困，饿死者众，皆桧之为也。"[②] 绍兴十年（公元1140年），金人扬言入侵，宋廷被迫备战，秦桧借口筹措犒赏费用，计亩率钱，遍天下五等，贫民无得免者。[③] 南宋农民负担的苛重，实由秦桧首开厉阶（厉阶，祸端）。

建炎三年（公元1129年）林勋上《本政书》，曾说"本朝二税之数，视唐增至七倍"。[④] 他所说的"本朝"，可能指的是北宋末年；他所说的"二税"，是否包括其他"无名之赋"在内，则不得而知。"七倍于唐季"的估计虽然不一定准确，但北宋末年农民负担之重是无可怀疑的，南渡后农民负担日益加重也是无可怀疑的。

光宗赵惇绍熙元年（公元1190年）秘书监杨万里痛陈农民负担的苛重，他说："今之财赋有地基、茗课之征（地基之征，指城郭的地产税；茗课即茶课），有商贾关市之征，有鼓铸、榷酤（铸钱和酒业专卖）之入，有鬻爵、度僧之入（鬻爵指卖官，按：绍兴元年六月始鬻承直、修武郎以下官；度僧指卖度牒），犹曰非取于农民也。而取于农民者，其目亦不少矣。民之输粟于官者，谓之苗（苗，苗米，

① 《宋史》，第二册，584页。
② 《宋史》，第十三册，4216页，4170页。
③ 《宋史》，第十三册，4216页，4170页。
④ 《建炎以来朝野杂记》甲集卷十七，《三省枢密院激赏库》条。

秋税以征收粮食为主)，旧以一斛输一斛也，今则以二斛输一斛矣。民之输帛于官者，谓之税（指夏税，夏税以征收绢帛为主)，旧以正绢为税绢也，今则正绢之外又有和买矣。民之鬻帛于官者，谓之和买。旧之所谓和买者，官给其值，或以钱，或以盐，今则无钱与盐矣。无钱尚可也，无盐尚可也，今又以绢估值，倍其值而折输其钱矣（即所谓折帛钱，起自建炎三年)。民之不役于官而输其僦值（僦值，雇工钱）者，谓之免役（即免役钱)。旧以税为钱（按税额摊派免役钱）也，税亩一钱者，输免役一钱也；今则岁增其额而不知所止矣（按：绍兴初年耆户长不给雇钱，实际上已等于复行差役，杨万里奏中未提及这一点)。民之以军兴而暂佐师旅征行之费者，因其除（除，任命）军帅谓之经制使也。于是有经制之钱；既而经制使之军已罢，而经制钱之名遂为常赋矣。因其除军帅谓之总制使也，于是有总制之钱；既而总制之军已罢，而总制钱又为常赋矣。彼其初也，吾民之赋止于粟之若干斛，帛之若干匹而已。今既一倍其粟，数倍其帛矣；粟帛之外，又数倍其钱之名矣；而又有月桩之钱，又有板账之钱，不知几倍于祖宗之旧？又几倍于汉、唐之制乎？此犹东南之赋，臣所知者也；至于蜀民之赋（南宋时四川赋敛最重)，其额外无名者，臣不得而知也。"①

杨万里奏中提到的和买绢及经、总制钱等等，这里简单地作点补充说明。

关于和买绢的折帛钱，肇自高宗建炎三年。《宋史·食货志》说："建炎三年春，高宗初至杭州，朱胜非为相。两浙转运使王琮言：'本路上供、和买、夏税绸绢，岁为匹一百一十七万七千八百，每匹折输线二千以助用。'诏许之。东南折帛钱自此始。五月，诏每岁预买绵绢，令登时给其值。又诏江、浙和预买绢减四分之一，仍给现钱，违者置之法。绍兴元年，初赋鼎州和买折帛钱六百缗，以赡蔡兵；以两浙夏税及和买绸绢一百六十余万匹，半令输钱，匹二千。（绍兴）二年，以诸路上供丝、帛并半折钱如两浙例，江、淮、闽、广、荆湖折帛钱自此始。时江、浙、湖北、夔路岁额绸三十九万匹，江南、川、

① 杨万里：《诚斋集》，卷六十九。《宋史·食货上二》亦有摘录。

广、湖南、两浙绢二百三十七万匹，东川、湖南绫罗絁七万匹，西川、广西布七十七万匹；成都锦绮千八百余匹，皆有奇。（绍兴）三年三月，以两浙和买物帛，下户限于得钱，听以七分输正色，三分折现缗。初，洪州和买，八分输正色，二分折省钱（省，省陌钱），匹三千。（绍兴）四年，帅臣胡世将请以三分匹折六千省，又言绢值踊贵，请匹增为五千足（足，足陌钱）。户部定为六千足。殿中侍御史张致远言：'江西残破之余，和预买绢请折输钱，朝廷从之，是欲少宽民力。匹输钱五千省，比旧值已增其半，较之两浙时值，匹多一千五百，户部又令折六贯文足，是欲乘民之急而倍其敛也。物不赏贵，则绢有时而易办；钱额既定，则价无时而可减。'于是诏江西和买绢匹折输钱六千省，愿输正色者听。是冬，初令江、浙民户悉输折帛钱。当是时，行都月费钱百余万缗，重以征戍之费，令民输䌷者全折，输绢者半折，匹五千二百省。折帛钱由此愈重。"①

又，李心传说："东南折帛钱者，张本于建炎，而加重于绍兴。祖宗时，民户夏秋输钱米而已，未以绢折也。（真宗）咸平三年（公元1000年），度支计殿前诸军及府界诸色人，春冬衣应用布帛数百万，始令诸路漕司于管下出产物帛，诸州军于夏秋税钱物力科折，辇运上京，自此始以夏秋钱米科折绵绢，而于夏科输之。闻诸父老，川陕四路，大抵以税钱三百文折绢料一匹，此咸平间实值也。又有所谓和买绢者，大中详符九年（公元1016年），内帑灾，发镪下三司预市䌷绢，是时青、齐间绢值八百，䌷六百，官给钱率增二百，民甚便之。自后稍行之于四方。（仁宗）宝元后，西边用兵，国用颇屈，于是改给盐七分，钱三分。至（徽宗）崇宁三年（公元1104年）改钞法，则盐不复支，而所谓三分本钱，州县亦无从出矣。建炎三年，苗、刘（苗傅，刘正彦）作乱，两浙转运副使王琮言：'本路上供、和买䌷绢，每岁为一百十七万余匹，乞令民户每匹折纳钱二千。'朱藏一（朱胜非）为相，许之。东南折帛钱，盖自此始。绍兴二年，秦桧为相，吕元直（吕颐浩，当时任左相）督军于外，户部请诸路上供丝帛并半折钱，

① 《宋史》第十三册，4236—4237页。

如两浙例，又许之。是时行都月费钱百余万缗，则无所从出。四年，梁汝嘉在户部，乃令民输帛者，匹纳钱四千或六千（原注；䌷以十分为率，二分折四千，八分折六千；绢以十分为率，折纳五分，其二分折四千，三分折六千），折帛钱自此愈重。九年，复河南，赦，遂减折帛钱匹千。其后又增之。十七年，始诏两浙䌷绢每匹减作七千（这是指税绢而言），和买六千五百，绵每两四百；江东䌷绢每匹六千，绵每两三百。时东南诸路，岁起䌷三十九万匹，绢二百六十六万匹，绫罗絁三万余匹。其淮衣、福衣及天申大礼与绫罗䌷，总五十二万匹有奇，皆起正色；其他绢䌷二百五十六万余匹，约折钱一千七百余万缗，而绵不与焉。"①

概括说来，和买绢在北宋是付钱的，北宋前期还相当优惠。到了南宋却变成一种税收，并且抬高了绢帛价格，这就是杨万里所说的，"以绢估值，倍其值而折输其钱"，"数倍其帛"。这哪里是"买"呢？高宗时汪藻说得很干脆："古者以暴赋横敛为非，尚有赋敛之名也，今则直夺而已耳！"

杨万里没有提及和籴。和籴在北宋前期利多弊少，原因是政府按价（有时稍高于市价）给值（有时是预付，故又称预买），人民不吃亏。《宋史·食货志》载："（太祖）建隆初，河北连岁大稔，命使置场增价市籴，自是率以为常。（真宗）咸平中，尝出内府绫、罗、锦、绮计值缗钱百八十万、银三十万两，付河北转运使籴粟实边；继而诏：凡边州积谷可给三岁即止。大中详符初，三路（三路，河北、河东及陕西）岁丰，仍令增籴广蓄，靡限常数。后又时出内库缗钱，或数十万，或百万，别遣官经画市籴，中等户以下免之……河北又募商人输刍粟于边，以要券取盐及缗钱、香药、宝货于京师或东南州军，陕西则受盐于两池，谓之入中。陕西籴谷，又岁预给青苗钱（春季预付和籴价款，不是王安石的青苗法），（仁宗）天圣以来，罢不复给，然发内藏金帛以助籴者，前后不可胜数。宝元中，出内库珠值缗钱三十万，付三司售之，收其值以助边费。"② 所以，北宋前期的和籴，既保证了

① 《建炎以来朝野杂记》，甲集卷十四，《东南折帛钱》条。

② 《宋史》，第十三册，4240—4241 页，4248 页。

边食，又能对粮价起一定的调节作用。

但南宋的和籴便大大不同了。绍兴年间，“於江、浙、湖南博籴，多者给官告，少者给度牒，或以钞引，类多不售，而吏缘为姦，人情大扰”。[1] 官告即官吏告身，性质相当于委任状，南宋朝廷印发大量空白告身去卖钱。出卖度牒和官告是当时的一项财政收入。政府并不用现钱，而只拿官告、度牒和钞票去换人民的粮食，再加上吏胥的舞弊，和籴就成为扰民的苛政了。《建炎以来系年要录·卷42》载，绍兴元年，朱胜非宣抚江、湖三路，“首访民瘼，皆云正税之外，科条繁重。乃令民间陈其色目。税米一斛，有输及五、六斛：税钱一千，有输及七、八千者；如所谓和籴米，与所输正税等（即正税一石，和籴亦一石，当时称为对籴），而未尝支钱”。和籴与和买一样，都是夺。以后相沿，为害愈演愈烈，成为南宋弊政之一。景定四年（公元1623年）贾似道异想天开地用买公田的办法来废除和籴，引起了更大的骚动。这件事留在下面再说。

关于经、总制钱，李心传说得比较详细，兹引录如下：

“经制钱者，宣和末，陈亨伯资政所创也。时方腊初平，用度百出，徽宗命亨伯以发运兼经制使，亨伯乃创比较酒务（量添酒钱）及头子钱。头子钱者，唐德宗除陌钱之法也。五代国初，亦取之以供州用，其数甚鲜。（仁宗）康定元年（公元1040年）始令具数申省（申省，申报中央），不得擅支。（徽宗）政和四年（公元1114年）又令给系省钱物（系省，与中央有关的，隶属中央的）每贯收五文。及亨伯为经制，遂令凡公家出纳，每千收二十三文（头子钱），只供十三州县及漕计支用。所谓经制钱者，其始行之东南，后又行之京东西、河北，岁入钱数百万缗（《宋史·食货下一》作一岁得钱近二百万缗）。靖康初，废。建炎二年冬，上（指高宗）在维扬（扬州），四方贡赋不能如期至行在，户部尚书吕元直（吕颐浩）、翰林学士叶少蕴（叶梦得）乃请复之，於是先取钞旁定帖钱（即勘合钱），命提刑司掌之，仍禁不得擅用。三年冬，遂命东南八路提刑司收五色（五色，五

---

① 《宋史》，第十三册，4240—4241页，4248页。

种）经制钱赴行在一榷茶酒钱；二量添卖糟钱；三增添田宅牙税钱（按：南宋田房契税极重，李心传谓：大率民间市田百千，则输于官者十千七百有奇，而请买契纸，贿赂吏胥之费不在内）；四官员等请受（请受，领款）头子钱；五楼店务添收三分房钱。绍兴十七年（公元1147年）二月，又增头子钱十三文充经制。迄今东南经制钱，岁入凡六百六十余万缗，而四川不与焉（按：四川经、总制钱定额五百四十余万缗）。凡公家出纳，每千经、总二制共五十六钱（指头子钱而言），视宣和时过倍。”

“总制钱者，绍兴初孟富文（孟庾）参政所创也。（绍兴）五年春，高宗在平江，命富文提领措置财用。富文请以总制司为名，专察内外官司隐漏遗欠。从之。于是首增头子钱为三十文，其十五文充经制窠名，七文充总制窠名，六文提、转两司（提刑司、转运司），二文公使（公使库）支用。既又请收耆户长庸钱（不给耆户长雇役钱），抵当四分息钱，转运司移用钱，勘合朱墨钱，常平司七分钱，人户合零就整二税钱（将二税的畸零尾数改为整数，因此而增收的税款），免役一分宽剩钱，官户不减半（官户免役钱原有令减半征收），民户增三分役钱，常平司五文头子钱；并令诸州通判、诸路提刑催充总制。至（绍兴）十一年，浙东一路收总制钱一百八十九万缗，诸路准此。（孝宗）乾道元年（公元1165年）十月，又增头子钱每贯十三文充总制……至嘉泰（宁宗赵扩年号）初，除四川外，东南诸州，额理总制钱七百八十余万。”①

关于月桩钱，李心传说：“月桩钱者，自绍兴二年冬始。是时淮南宣抚使韩世忠驻军建康，宰相吕元直、朱藏一（朱胜非）共议，令江东漕臣月桩钱十万缗（每月指拨十万缗专款），以酒税、上供、经制等钱应副。其后江、浙、湖南皆有之。虽命以上供、经制、系省、封桩等钱充其数，然所桩不能给十之一二，故郡邑多横赋于民……今东南月桩钱，岁为缗钱犹三百九十余万。”②

关于板账钱，《宋史·食货志》说：“又有所谓板帐钱者，亦军兴

---

① 《建炎以来朝野杂记》甲集卷十五，财赋二，《经制钱》及《总制钱》条。

② 《建炎以来朝野杂记》甲集卷十五，财赋二，《月桩钱》条。

后所创也。如输米则增收耗剩，交钱帛则多收糜费，幸富人之犯法而重其罚，恣胥吏之受赇而课其入，索盗赃则不偿失主，检财产则不及卑幼，亡僧、绝户不俟核实而入官，逃产、废田不与消除而抑纳，他如此类，不可遍举。州县之吏固知其非法，然以板帐钱额太重，虽然不横取于民，不可得已。”①

南宋的苛捐杂税，多如牛毛，数不清，说不完，没有必要一一缕述了。

李心传总论北宋初期至南宋绍兴、淳熙年间的岁入情况说:“国朝混一之初，天下岁入缗钱千六百余万，太宗皇帝以为极盛，两倍唐室矣。天禧之末所入又增至二千六百五十余万缗。嘉祐间，又增至三千六百八十余万缗。其后月增岁广，至熙、丰间（神宗熙宁、元丰间），合苗、役、税、易等钱，所入乃至六千余万。元祐之初，除其苛急，岁入尚四千八百余万。渡江之初，东南岁入不满千万。逮淳熙末，遂增六千五百三十余万焉。今东南岁入之数，独上供钱二百万缗，此祖宗正赋也；其六百六十余万缗，号经制，盖吕元直在户部时复之；七百八十余万缗，号总制，盖孟富文秉政时创之；四百余万缗，号月桩钱，盖朱藏一当国时取之；自经制以下钱皆增赋也。合茶、盐、酒、算（指商税）、坑冶、榷货、籴本、和买之入，又四千四百九十余万缗。宜民力之困矣!”② 以上岁入总数 6 530 余万缗，如果加上四川经、总制钱 540 余万缗，则淳熙末年的岁入共达 7 070 余万缗（此数仍非完全），相当于仁宗嘉祐年间岁入数的 192%，相当于真宗天禧末年的 267%。

在 7 070 余万缗中，除了上供的 200 万缗是二税原额以外，经、总制钱（包括四川的）1 980 余万缗，月桩钱 400 余万缗，合计 2 380 余万缗，都是南渡后的增赋。此外，茶、盐、酒课等项收入中，也有增赋，和买折帛钱的 1 700 余万缗便是其例。估计南渡后的增赋当超过 4 000 万缗。约占岁入总数的 60% 左右。南宋的辖区只有十五路，而增赋 4 000 万缗以上，超过了天禧、嘉祐的岁入总数，人民负担之

① 《宋史》十三册，4369 页。
② 《建炎以来朝野杂记》甲集卷十四，财赋一，《国初至绍熙天下岁收数》条。

重可想而知。当然，这同南宋物价的上涨不能说没有关系；但是，从另一方面来看，国用膨胀和横征暴敛又是促使物价上涨的因素（当时还有滥发钞票的事），两者是互为因果的。

应当特别指出，财政岁入总数并不等于农民负担总数，后者要比前者大得多。

绍兴年间，右承议郎鲁冲上书论郡邑之弊，他说："以臣前任宜兴一县言之，漕计合收窠名，有丁盐、坊场课利钱、租地钱、租丝租纻钱，岁入不过一万五千余缗。其发纳之数，有大军钱、上供钱、籴本钱、造船钱、军器物料钱、天申节银绢钱之类，岁支不啻三万四千余缗。又有现任寄居官清奉、过往官兵批券与非泛州郡督索拖欠，略无虚日。今之为令者，苟以宽恤为意，而拙于催科，旋踵以不职罢；能迎合上司，惨刻聚敛，则以称职闻。"① 淳熙七年（公元1180年），知南康军朱熹应诏上封事言："今民间二税之入，朝廷尽取以供军，州县无复赢余，于是别立名色巧取。今民贫赋重，惟有核兵籍，广屯田，练民兵，可以渐省列屯坐食之兵，稍损州郡供军之数。使州县之力寖纾，然后禁其苛敛，责（责，要求）其宽恤，庶几穷困之民得保生业，无流移漂荡之患。"② 两人所说，都有点为州县官作辩护，但却暴露了州县官巧立名目朘削农民的事实。

除了州县官的额外摊派以外，农民还得忍受吏胥和揽户（承揽纳税的人，俗称揽子）的敲诈勒索。吏胥和揽户是勾结一起狼狈为奸的，农民怕同吏胥打交道，便要委托揽户纳税，总之是一样，都免不了被敲诈勒索，都要在正额外多花若干费用。遇到有诏减免，得到实惠的也是吏胥和揽户，而不是农民。理宗嘉熙二年（公元1238年），臣僚言："陛下自登大宝以来，蠲赋之诏无岁无之，而百姓未沾实惠。盖民输率先期归于吏胥、揽户，及遇诏下，则所放（放，免）者吏胥之物，所倚阁者揽户之钱，是以宽恤之诏虽颁，愁叹之声如故。"③

农民负担的苛重还由于田赋的预借。绍兴六年（公元1136年）

---

①《宋史》十三册，4216页，4219页，4221页。

②《宋史》十三册，4216页，4219页，4221页。

③《宋史》十三册，4216页，4219页，4221页。

八月，“预借江浙来年夏税纳绢之半，尽令折米：两浙䌷绢各折七千，江南六千有半，每匹折米二石”。① 这在当时还算是权宜的，以后便逐渐变为惯事了。理宗淳祐八年（公元 1248 年），监察御史兼崇政殿说书陈求鲁奏：“今之两税，本大历之弊法也。常赋之入尚为病，况预借乎？预借一岁未已也，至于再，至于三；预借三岁未已也，至于四，至于五。窃闻今之州县，有借淳祐十四年者矣！以百亩之家计之，罄其永业，岂足支数年之借乎？”②

赋役负担的苛重，使土地兼并现象更趋激化。理宗端平元年（公元 1234 年），刘克庄说，当时的大地主，“至于吞噬千家之膏腴，连亘数路之阡陌，岁入号百万斛”，为开天辟地以来所未有。理宗淳祐六年（公元 1246 年），殿中侍御史兼侍讲谢方叔言：“豪强兼併之患，至今日而极，非限民名田有所不可，是亦救世道之微权也。国朝驻跸钱塘，百有二十余年矣。外之境土日荒，内之生齿日繁，权势之家日盛，兼并之习日滋，百姓日贫，经制日坏，上下煎迫，若有不可为之势。所谓富贵操柄者，若非人主之所得专，识者惧焉。夫百万生灵资生养之具，皆本于谷粟，而谷粟之产，皆出于田。今百姓膏腴皆归贵势之家，租米有及百万石者。小民百亩之田，频年差充保役，官吏诛求百端，不得已则献其产于巨室，以规免役。小民田日减而保役不休，大官田日增而保役不及。以此弱之肉，强之食，兼并浸盛，民无以遂其生”。③ 这些话都是当时实情，不是危言耸听。

总之，吏治的隳坏，赋役的苛重，土地兼并的激化，农民生活的日益困苦、饥寒交迫及流离失所，是南宋社会动荡不安和国势萎靡不振的主要根源。

偏安东南的南宋朝廷，在风雨飘摇中终于吃力地度过了 150 余年。如果说，这个政权在这悠长岁月中始终是乱七八糟一无是处的，这也不近情理，不能使人入信。应该说，它也采取过一些较好的措施；例如兴修农田水利和实行清丈。

---

① 《宋史》十三册，4214 页，4221 页，4179—4180 页。
② 《宋史》十三册，4214 页，4221 页，4179—4180 页。
③ 《宋史》十三册，4214 页，4221 页，4179—4180 页。

《宋史·食货志》说："大抵南渡后水田之利，富于中原，故水利大兴。"① 确实，南宋兴修的水利工程，无论在数量上或规模上都跨越前代，这是有利于农业生产力发展的。本书不可能对这方面的史料再加引述，但要简单地指出：首先，这主要是农民出钱出力的结果，农民对兴修水利有很高的积极性；其次，兴修水利固然促进了农业生产，但由此带来的经济效益，相当大的一部分被政府通过赋税手段攫走了。

从绍兴十二年（公元1142年）起，高宗委任李椿年主理经界（即清丈）工作，绍兴十九年李椿年罢，先后由宋贶、王之望续成其事，费时十余年。光宗绍熙元年（公元1190年）朱熹奏言："经界最为民间莫大之利，绍兴已推行处，公私两利。"② 又，朱熹答王子合的信，也说："经界一事，固知不能无小扰，但以为不若此，则贫民受害无有了时……绍兴间，正施行时，人人嗟怨，如在汤火中，但讫事后，田税均齐，田里安静，公私皆享其利。凡事亦要其久远如何耳。少时见所在所立土封（土封，标志田界的土堆），皆为人题作李椿年墓，岂不知人之常情，恶劳喜逸，顾以为利害之实，有不得而避者耳。"③ 反对经界的人，主要是势家大地主，少数农民最初也有顾虑，但后来便站到经界一边了。当时能够冲破反对势力，坚持多年，还算是难得的。宁宗赵扩嘉定八年（公元1215年），"知婺州赵㥏（音yú）夫行经界于其州，整有伦绪，而㥏夫报罢。士民相率请于朝（由此可见一般群众已明白清丈均税的好处，亦足证明绍兴经界工作是有成效的），乃命赵师嵒继之。后二年，魏豹文代师嵒为守，行之益力。于是向之上户析为贫下之户，实田隐为逃绝之田者，粲然可考。凡结甲册、户产簿、丁口簿、鱼鳞图、类姓簿二十三万九千有奇，创库柜以藏之，历三年而后上其事于朝"。④ 这可以说是明代黄册、鱼鳞册制度的先驱。在推行清丈中，有不少缺点。例如，绍兴十九年郑克在四川行经界法时，"所谓'省庄田'者，虽蔬果桑柘莫不有征，而邛、蜀

① 《宋史》第十三册，4182页，4177页。
② 《宋史》第十三册，4182页，4177页。
③ 《鹤林玉露》，110页。
④ 《宋史》十三册，4179页，4172—4173页，4217页。

民田，至什税其五。”[①] 又如，“常州宜兴县无税产（没有田地）百姓，丁输盐钱二百文；下户有墓地者，谓之墓户，经界之时均纽正税，又令带输丁盐绢作折帛钱”。[②] 地方官吏乘机舞弊之事，也是一定会有的。但是，总的来说，清丈的成绩是不应抹杀的。

然而仅仅这一些较好的措施是解救不了南宋王朝的危机的。南宋朝廷做的好事太少，而所做的坏事却太多了，贾似道的买公田是一件最大的坏事。

关于贾似道买公田的事，主要有如下的记载：

《宋史·食货志》载：“景定四年（公元1263年），殿中侍御史陈尧道、右正言曹孝庆、监察御史虞虙（音fú）、张晞颜等言廪兵、和籴、造楮（楮，钞票，即会子）之弊，‘乞依祖宗限田议，自两浙、江东西官民户踰限之田，抽三分之一买充公田。得一千万亩之田，则岁有六七百万斛之入可以饷军，可以免籴，可以重楮（重楮，抬高钞票价值），可以平物而安富，一举而五利具矣’。有旨从其言。朝士有异议者，丞相贾似道奏：‘救楮之策莫切于住造楮（停止印发钞票），住造楮莫切于免和籴，免和籴莫切于买踰限田。’因历诋异议者之非。帝（理宗）曰：‘当一意行之。’浙西安抚魏克愚言：‘取四路民田立限回买，所以免和籴而益邦储，议者非不自以为公且忠也。然未见其利，而适见其害。近给事中徐经孙奏记丞相，言江西买田之弊甚详；若浙西之弊，则尤有甚于经孙所言者。’因历述其为害者八事、疏奏不省。六郡（指平江、嘉兴、安吉、常州、江阴、镇江，《宋史·理宗纪》载，六郡共买公田三百五十余万亩）回买公田，亩起租满石者偿二百贯，九斗者偿一百八十贯，八斗者偿一百六十贯，七斗者偿一百四十贯，六斗者偿一百二十贯。五千亩以上，以银半分、官告五分、度牒二分、会子（钞票）二分半；五千亩以下。以银半分、官告三分、度牒三分、会子三分半；千亩以下，度牒、会子各半；五百亩至三百亩，全以会子。是岁，田事成，每石（每收租一石的田）官给只四十贯，而半是告、牒，民持之而不得售，六郡骚然。所遣刘良贵（当时是官

① 《宋史》十三册，4179页，4172—4173页，4217页。

② 《宋史》十三册，4179页，4172—4173页，4217页。

田所的提领）、陈訔，赵与訔（音 yín）、廖公策等推赏有差。邦杰之在常州、害民特甚，民至有本无田而以归併抑买自经者。”①

《宋史·贾似道传》载，似道入相，权倾中外，进用群小，“买公田以罢和籴，浙西田亩有值千缗者，似道均以四十缗买之。数稍多，予银绢；又多，予度牒、告身。吏又恣为操切，浙中大扰。有奉行不至者，提督刘良贵劾之。有司争相迎合，务以买田多为功，皆缪以七八斗为石。其后，田少与硗瘠、亏租，与佃人负租而逃者，率取偿田主。六郡之民，破家者多。包恢知平江，督买田，至以肉刑从事。复以楮贱（楮指会子，当时为买官田每日增发会子十五万贯，会子大大贬值），作银关（关，关子；银关，可兑换白银的钞票），以一准十八界会之三（界，会子印发及流通的期限，以三年为一界，乾道四年规定每界以一千万贯为额，庆元元年增为三千万贯；十八界会即第十八期发行的会子；贾似道规定银关子与十八界会子的比值为 1∶3），自制其印文如‘贾’字状行之；十七界废不用。银关行，物价益踊，楮益贱”。②

周密说：“景定三年壬戌（《宋史·食货志》作景定四年），贾师宪丞相欲行富国强兵之策。是时刘良贵为都漕尹天府，吴势卿饷淮东，入为浙漕，遂交赞公田之事。欲先行之浙右，俟有端绪，则诸路倣行之。于是殿院陈尧道、正言曹孝庆等合奏，谓限田之法，自昔有之。买官户踰限之田，严归併飞走之弊，回买官田，可得一千万亩，则每岁六七百万之入，其于军饷沛然有余。可免和籴，可以饷军，可以住造楮币，可平物价，可安富室。一事行而五利兴，实为无穷之利。御笔批依，而买田之事起矣。时势卿已死，良贵独任提领之职，以太府丞陈訔为简阅官以副之。且乞内批下都省，严立赏罚，究归并之弊。然上意终出勉强，内批云，‘永免和籴，无如买逾限之田为良法。然东作方兴，权俟秋成，续议施行’。则上意盖可见矣。贾相愤然以去就争之，于是再降圣旨云：‘买田永免和籴，自是良法美意，要当始于浙西，庶他路视为则也。所在利病，各有不同，行移难于一律，可令三

① 《宋史》第十三册，4194—4195 页。

② 《宋史》，第三十九册，13782 页。

省照此施行。’既而贾相内引，入劄力言其便，御笔遵依，转劄侍从、台谏、给舍、左右司、三省，奉行惟谨焉……先是议以官品逾限田外回买立之说，此犹有抑强嫉富之意。既而转为派买之说，除二百亩以下免行派买外，余悉各买三分之一，及其后也，虽百亩之家亦不免焉。立价以租一石者偿十八界四十楮（付给十八界会子四十缗），不及石者，价随以减。买数少者，则全支楮券，稍多则银券各半，又多则副以度牒，至多则加以登仕、将仕、校尉、承信、承节、安人、孺人告身。准值以登仕三千楮，将士千楮，许赴漕试；校尉万楮，承信万五千，承节二万，则理为进纳；安人四千，孺人二千，此则几于白没矣……每乡创官庄一所，每租一石，明减二斗，不许多收斛面。约束虽严详，而民之受害亦不少。其间毗陵、澄江，一时迎合，只欲买数之多，凡六斗、七斗者，皆作一石。及收租之际，元额有亏，则取足于田主，以为无穷之害。或内有硗瘠及租佃顽恶之处，又从而责换于田主，其害尤惨……至咸淳戊辰正月，遂罢庄官，改为召佃。”[①]

以上三段记载，对买公田的办法、经过情况及其引起的严重后果，已经说得十分清楚。需要再予补充的有两点：一是和籴实际上未能废除，《宋史·食货志》载：“咸淳三年（公元1267年），京师籴贵，勒平江、嘉兴上户运米入京，鞭笞囚系，死于非命者十七八。太常寺簿陆逵渭：买田本以免和籴，今勒其运米，害甚于前。似道怒，出逵知台州，未至，怖死。”[②] 一是买公田的事，不止当时人民遭殃，并且成为以后东南重赋的祸根，遗害数百年。而南宋贾似道的买公田，虽然到了恭宗德佑元年（公元1275年）三月才下诏得以纠正，但是，宋王朝的江山也随即垮台了。

---

① 周密：《齐东野语》，中华书局版，313—316页。

② 《宋史》十三册，4195页。

第六章

辽、金、元的赋役制度与农民负担

第一节　辽的赋役制度与农民负担

契丹是我国东北地区的一个游牧民族，隋文帝开皇年间徙居于潢水之南。潢水《旧唐书》及《辽史·太祖纪》均称潢水，《隋书·北狄传》及《北史·北狄传》均称讬纥臣水，《辽史·营卫志》称纥臣水）即今内蒙古赤峰市的西拉木伦河。公元10世纪之初，耶律阿保机合并各部族组成一个统一的民族，契丹族开始强大起来。公元916年（后梁贞明二年），阿保机建国称帝，首先吞并附近的奚、室韦等部，随着于公元926年（后唐天成元年）灭了以靺鞨粟末部（属女真族）为主体的渤海国，基本上统治了东北地区。阿保机死，太宗耶律德光继位。公元936年，石敬瑭向契丹借兵，推翻后唐政权，建立后晋，当了可耻的儿皇帝，割燕云十六州（幽、蓟、瀛、莫、涿、檀、顺、妫、儒、新、武、云、应、朔、寰、蔚）与契丹。公元947年，耶律德光灭后晋，在开封举行登基典礼，改国号为大辽。由于汉族人民的反抗，契丹人吃了败仗，耶律德光狼狈北逃，中道病死。但是，辽政权还是巩固的，国力还是强大的。

《辽史·地理志》说："太宗（耶律德光）以皇都（辽太祖耶律阿保机于神册三年，即公元 918 年，后梁贞明四年，建都于临潢府；临潢府故址在内蒙古巴林左旗的波罗城）为上京，升幽州（今北京城西南）为南京，改南京为东京（太宗会同元年改称东京，设辽阳府：故址在今辽宁省辽阳市），圣宗（耶律隆绪）城中京（中京大定府故址在今内蒙古宁城县西大名城；顾祖禹《读史方舆纪要·历代州域形势》说：'宋景德四年，隆绪城辽西为中京，府曰大定，自上都徙都焉。'宋景德四年，即公元 1007 年，辽圣宗统和二十五年），兴宗（耶律宗真）升云州（今山西省大同市）为西京，于是五京备焉。又以征伐俘户建州襟要之地，多因旧居（旧居指被俘民户之原籍）名之；加以私奴，置投下州（投下州即头下军州。《辽史·地理志》说：'头下军州，皆诸王、外戚、大臣及诸部从征俘掠，或置生口，各团集建州县以居之'）。总京五，府六，州、军、城百五十有六，县二百有九，部族五十有二，属国六十。东至于海，西至金山（阿尔泰山），暨于流沙（沙漠），北至胪朐河（今克鲁伦河，发源于蒙古国肯特山，中游流入中国），南至白沟（五代后泛指拒马河，为宋与辽之界河），幅员万里。"① 可见辽的疆域是相当大的。

在《辽史·地理志》中记载有户口的只得 80 处，其中中京道只有高州一处；东京道也只有 25 处，缺嘉州等 22 个州、军。有记载的 80 处，总计 572 904 户，这是一个不完全的统计。（见表 6－1）

表 6－1　　　　辽各州户数表

地　　区	户　　数	地　　区	户　　数
80 处总计	572 904	凤州	4 000
上京道合计	104 400	遂州	500
临潢府	36 500	丰州	500
祖州	4 000	顺州	1 000
怀州	2 500	闾州	1 000

① 《辽史》，中华书局版（下同），第一册，438 页。

续表

地　区	户　数	地　区	户　数
庆州	6 000	松山州	500
泰州	700	豫州	500
长春州	2 000	宁州	300
乌州	1 000	边防城	700
永州	6 400	东京道合计	58 504
仪坤州	2 500	辽旧府	40 604
龙化州	1 000	开州	1 000
降圣州	800	盐州	300
饶州	6 000	穆州	300
头下军州		贺州	300
徽州	10 000	定州	800
成州	4 000	保州	1 000
懿州	4 000	辰州	2 000
渭州	1 000	卢州	300
壕州	6 000	铁州	1 000
原州	500	兴州	200
福州	300	汤州	500
横州	200	崇州	500
海州	1 500	景州	3 000
耀州	700	平州	15 000
嫔州	500	滦州	10 000
渌州	2 000	营州	3 000
桓州	700	西京道合计	161 000
丰州	300	大同府	38 000
正州	500	弘州	13 000
慕州	200	德州	3 000
通州	1 000	丰州	1 200
同州	300	奉圣州	16 000
信州	1 000	归化州	10 000
宾州	1 000	可汗州	3 000
中京道高州	5 000	儒州	5 000

续表

地　　区	户　　数	地　　区	户　　数
南京道合计	244 000	蔚州	41 000
析津府	99 000	应州	16 000
顺州	5 000	朔州	9 000
澶州	8 000	武州	5 000
涿州	34 000	金肃军	300
易州	57 000	河清军	500
蓟州	10 000		

辽的民族构成是复杂的：契丹人只占少数；南京和西京两道的燕云十六州及营、平、滦三州基本上是汉族聚居地区；上京、东京及中京三道，除契丹人外，还有女真、奚、室韦及其他民族。魏特夫格（Karl · A · Wittfogel）和冯家昇合著的《辽代中国社会史》（History of Chinese Liao，907 –1125）一书曾作过如下的一个估算：（见表 6 –2）

表 6 –2　　　　辽民族构成表

种族别	丁	户	口
契丹人	300 000	150 000	750 000
渤海人以外的蕃部（最低估计）	80 000	40 000	200 000
汉人（最低估计）	960 000	480 000	2 400 000
渤海人	180 000	90 000	450 000
总　计	1 520 000	760 000	3 800 000

注：转引自梁方仲《中国历代户口、田地、田赋统计》119 页。

按照这个估算，在辽的人口中，契丹人只占 20%，而汉族人民即使按最低估计也占 63% 以上。为了适应这种情况，契丹人采取了“以国制治契丹，以汉制待汉人”的政策，在所征服的汉人地区保存了汉族原来的社会制度和生活方式。

辽的赋税制度，《辽史 · 食货志》有如下记载：

1. “夫赋税之制，自太祖任韩延徽，始制国用。太宗籍五京户丁以定赋税，户丁之数无所于考。”①

这是说，辽太宗耶律德光时已有赋税制度，似乎是按丁课税，但无法确定。《辽史·太宗纪下》载：会同二年（公元 939 年，后晋天福四年）“闰（七）月癸未，乙室（部族名）大王坐赋调不均，以木剑背挞而释之”，② 也许当时的赋税制度还是很粗疏的。

2. “圣宗乾亨间，以上京‘云为户’资具实饶，善避徭役，遗害贫民，遂勒名户；凡子钱到本，悉送归官，与民均差。”③

乾亨本为景宗耶律贤年号，圣宗耶律隆绪于乾亨四年（公元 982 年，北宋太宗太平兴国七年）九月即位，这里所说乾亨间当指乾亨四年。“云为户”是营运户（云为‘乃营运’字之讹）。上京临潢府为当时辽国首都，民户 3 万余，商业较繁盛。这种营运户借口往来兴贩，算作流动人口，逃避徭役；并运用雄厚的资力，操纵物价和放高利贷，剥削平民。乾亨四年勒令营运户登记户籍，与平民一起服徭役。所谓“凡子钱到本（即所获利钱已与原本相等），悉送归官”，则是对暴利的取缔。

3. “统和（圣宗耶律隆绪第一个年号）中，耶律昭言（言，建议），西北之众，每岁农时，一夫侦候，一夫治公田，二夫给糺官（糺，契丹字，义为军，或谓乃汉字纠之别体，有督察、守备及管束之意；辽编边地部落为糺军）之役。当时沿边各置屯田戍兵，易田（易田，治田）积谷以给军饷。故太平（圣宗第三个年号）七年（公元 1027 年，北宋仁宗天圣五年）诏：诸屯田在官斛粟不得擅贷，在屯者力耕公田，不输税赋；此公田制也。”④

这里说的是西北屯田之制。所谓“西北之众”就是屯田戍兵，每四人中以一人耕公田，收获归官，戍兵只领饷食，故亦“不输税赋”。辽对西北屯田相当重视。《辽史·食货志》记载：“道宗（耶律洪基）初年，西北雨谷三十里（雨谷可能是龙卷风所致），春州（即长春州，州治在今吉林省乾安北）斗粟六钱。时西蕃（西夏）多叛，上欲为守

① 《辽史》第三册，926 页。

② 《辽史》第一册，46 页。

③ 《辽史》第一册，46 页。

④ 《辽史》第三册，926 页，925 页。

御计，命耶律唐古督耕稼以给西军。唐古率众田胪朐河侧，岁登上熟。移屯镇州（蒙古鄂尔浑河上游哈达桑北古回鹘城），凡十四稔，积粟数十万斛，每斗不过数钱。"[①] 耶律唐古督耕一事，据《辽史·耶律唐古传》是在圣宗统和二十四年（北宋真宗景德三年，公元1006年），[②] 志、传所记在时间上出入甚大。应以本传所记为准。但可以断定，从圣宗到道宗这一段时间，辽在西北的屯田积谷是有成效的。

4. "余民应募，或治闲田，或治私田，则计亩出粟以赋公上。"[③] 余民，指屯兵外的民户。闲田，指官有荒地。私田，指民户自有的土地。这一段是说，民户应募到西北耕种的，则按亩出粟纳赋。耕种闲田的交纳佃租，耕种自有土地的交纳田赋。

5. "统和十五年（北宋真宗至道三年，公元997年），募民耕滦河旷地，十年始租，此在官闲田制也。"[④]

辽没有实行计口授田的均田制，但注意到募民垦种官有荒地，并规定"十年始租"，条件相当优惠，这对恢复和发展农业生产是有积极作用的。

6. "又诏山前后（五代时称今河北省太行以东，军都山及燕山迤南地区为山前；今河北省太行山北端，军都山迤北地区为山后）未纳税户，并于密云、燕乐（在今密云东北）两县占田置业入税，此私田制也。"[⑤]

从这段及上述有关记述看来，民户耕种自有土地，除个别情况（如大凌河流域灵、锦、显、霸四州的所谓丝蚕户）外，都要按亩交纳田赋。由于采取"以权法待汉人"的政策，辽的田赋可能沿用唐的两税制度。但这种负担是比较轻的。《宋史·食货志下三》引余靖的话说："燕蓟之地，陷入契丹几（几，将近）百年，而民忘南顾心者，大率契丹之法简易，盐麹俱贱，科役不烦故也"。苏辙也引述北使的话说过：契丹"赋役颇轻，汉人亦易于供应"。

---

① 《辽史》第三册，926页，925页。

② 《辽史》第五册，1362页。

③ 《辽史》第三册，926页。

④ 《辽史》第三册，926页。

⑤ 《辽史》第三册，926页。

辽国汉人赋役负担之所以较轻，首先由于契丹政尚简易，其次由于澶渊媾和后辽、宋之间几十年内基本上没有发生战争。另外还有一个特殊原因，南宋人陆游曾透露了这个秘密，他说：辽的谋士刘六符对辽兴宗耶律宗真（原书作真宗，宋人常称耶律宗真为真宗）说："燕、蓟、云、朔，本皆中国地，不乐属我。非有以大收其心，必不能久。"辽主问道："如何收其心？"刘六符说："敛于民者十减其四五，则民唯恐不为北朝人矣！"辽主恐影响国用，刘六符献计向宋朝增索岁币以为补偿。于是派使臣到宋，要求割关南十县；同时集结大军在边境，扬言南侵以为恫吓。结果宋朝被迫以岁增银十万两和绢十万匹的条件了结争端。[①]《辽史·兴宗纪》记载：重熙十一年（宋仁宗庆历二年，公元1042年）正月"遣南院宣徽使萧特末（即萧英）、翰林学士刘六符使宋。取晋阳及瓦桥以南十县地，且问兴师伐夏及沿边疏濬水泽，增益兵戍之故"；六月，"宋遣富弼、张茂实奉书来聘，以书答之"；八月，"宋复遣富弼、张茂实奉书来聘，乞增岁币银绢，以书答之"；九月，"遣北院枢密副使耶律仁先、汉人行宫副部署刘六符使宋约和"；闰九月，"耶律仁先遣人报，宋岁增银、绢十万两、匹，文书称'贡'，送至白沟"；"仁先、刘六符还，进宋国誓书"。[②]《宋史·仁宗纪》亦有类似记载。这就是刘六符所表演的这出政治魔术的全部过程。可怜当时北宋满朝文武竟被契丹人的虚张声势所吓倒，没有人知道是一个圈套。契丹人把讹诈得来的每年二十万银、绢用以减赋，被统治的汉人当然是满意的。这一内幕，正史虽未明言，却仍有蛛丝马迹可寻。例如《辽史·刘六符传》说："宋币至，命六符为三司使以受之。"[③]《辽史·兴宗纪》说：重熙十七年"八月丙戌，复南京贫户租税"。[④] 从这些一鳞半爪的资料可以推断，陆游所记虽是当时的传闻，但还不至于失实。

辽王朝的组成以契丹人为主体，在大契丹主义思想的支配下，民

---

① 陆游：《老学庵笔记》，中华书局版，卷七，91—92页。

② 《辽史》第一册，227—228页。

③ 《辽史》第五册，1323页。

④ 《辽史》第一册，239页。

族间的矛盾是不可避免的，对汉族的歧视也是不可避免的。但是，契丹统治者认识到汉人在辽国人口中占60%以上，辽的经济基础又在汉人地区，并鉴于过去的历史教训（公元947年，耶律德光灭后晋，因遭受汉族人民的激烈反抗而狼狈北归），对汉人采取了怀柔政策。苏辙引述北使的话说："北朝之政，宽契丹，虐燕人（指汉人），盖已旧矣。然臣等访闻山前诸州祗候公人，只是小民争斗杀伤之狱则有此弊（官府对契丹与汉族平民间的争斗杀伤讼事，常常偏袒契丹人），至于燕人强家富族，似不至如此（汉人中的强家富族不会受到歧视）。契丹之人，每冬月多避寒于燕地，牧放住坐，亦止在天荒地上，不敢侵犯税土（税土，纳税的土地，即汉人的耕地）。"这说明契丹人对汉人的歧视是有节制的，以汉法待汉人，尊重汉民族原有的社会制度和生活方式，这种政策是明智的，对缓和契丹人和汉人之间的民族矛盾起了一定作用。而减轻汉人的赋役负担，则起了更大的作用。终北宋之世，辽国内的汉人与契丹人基本上没有爆发严重的冲突，这不是偶然的。辽王朝是依靠契丹人的军事力量和汉人的经济力量这"两条腿"才得以站立起来的。

另一方面，辽王朝对女真族的压迫和剥削却是苛酷的。耶律阿保机灭渤海后，建东丹国，改称渤海国都上京龙泉府（今黑龙江省宁安市渤海镇）为天福城，以长子耶律倍为东丹主。东丹人每年除了交纳当地赋税以外，还要向契丹进"贡布十五万端，马千匹"。[①] 契丹人以渤海遗族逐渐蕃息，所居辽远，不便控制，恐为后患，遂用暴力强迫东丹人南迁——从牡丹江地区迁徙到辽阳地区。《辽史·太宗纪》载：天显三年（公元928年，后唐天成三年），"诏遣耶律羽之（辽太宗的亲信，当时是东丹的右次相，东丹南迁是他建议的）迁东丹民以实东平。其民或亡入新罗、女直（即女真，避耶律宗真讳，改真为直，这里指生女真部），因诏困乏不能迁者，许上国富民给赡而隶属之。升东平郡为南京（后改称东京）"。[②] 契丹人在天福城放了一场大火，把原来渤海国都的宫殿、寺庙、官署、宅邸及一切建筑物付之一炬。即

① 《辽史》第五册，1210页。

② 《辽史》第一册，30页。

此一事，便可以想象当时强迫东丹人南迁所使用的手段是异常残忍的。这是一场浩劫，无数东丹人倾家荡产，流离失所，一部分东丹人成为契丹贵族的奴隶。

有压迫就有反抗。渤海遗民反抗契丹统治者的斗争从未停止过，大小规模的反抗斗争，指不胜屈。最有名的一次是爆发于辽圣宗耶律隆绪太平九年（公元1029年，宋仁宗天圣七年）八月的渤海王族后裔大延琳的东京起义。《辽史·圣宗纪》记载：太平九年，"八月己丑，东京舍利军详稳（详稳，《辽史·国语解》：诸官府监治长官）大延琳囚留守、驸马都尉萧孝先及南阳公主，杀户部使韩绍勋、副使王嘉、四捷军都指挥使萧颇得，延琳遂僭位，号其国为兴辽，年为天庆。初，东辽之地，自神册（辽太祖耶律阿保机的年号）来附，未有榷酤盐麹之法（未实行盐、酒专卖），关市之征亦甚宽弛。冯延休、韩绍勋相继以燕地平山之法绳之，民不堪命。燕又仍岁（仍岁，频年）大饥，户部副使王嘉复献计造船，使其民谙海事者漕粟以赈燕民，水路艰险，多至覆没。虽亩不信，鞭楚搒掠，民怨思乱。故延琳乘之，首杀绍勋、嘉，以快其众"。[①] 这次起义得到各地女真人的响应，史称"时南北女直皆从延琳"，南女直就是所谓熟女真，北女直就是所谓生女真，各地女真人纷纷起来响应，说明了他们都忍受不了辽王朝的压迫和剥削。起义延续了一年，终于被镇压下去了。辽王朝改用萧孝穆为东京留守，孝穆"为政务宽简，抚纳流徙"，算是对女真人做了一点让步；但这种让步；在时间上是不会持久的。

以后辽王朝对女真人的压迫和剥削，更是名目繁多。例如，女真人要侍候辽主打猎。辽主每出猎，服役的女真人便要担任呼鹿、射虎、搏熊等职务。女真人又要给辽主采珠，每岁腊冬十月，凿冰入水采取珠蚌，这显然是一种苦差。另外还有一种苦差是捕捉海东青（海东青，鹰的一种）。《三朝北盟会编·卷三》说："海东青者，出五国（指五国城），五国之东接大海，自海东而来者谓之海东青，小而俊健，爪白者，尤以为异，必求之女真。每岁遣外鹰坊子弟趋

① 《辽史》第一册，203—204页。

女真，发甲马千余人五国界，即海东巢穴取之，与五国（五个部族）战斗而后得，女真不胜其扰。”同时，辽国官吏对女真人的剥削尤其苛酷，沿边诸帅（如东京留守、黄龙府尹等）邀求赂遗无虚日。佩银牌的使者每到女真诸部族，便作威作福，气焰万丈，敲诈勒索，奸淫妇女，任性妄为。所有这些都是女真人所无法忍受的。而女真人的反辽斗争，继东京起义被镇压下去以后，仍是此起彼伏，并未完全熄灭。

辽道宗耶律洪基信任耶律乙辛和张孝杰。乙辛“势震中外，门下馈赂不绝。凡阿顺者蒙荐擢，忠直者被斥窜”。[①] 洪基却蒙在鼓里，竟听信了乙辛的谗言，迫害了自己的儿子。张孝杰“久在相位，贪货无厌，时与亲戚会饮，尝曰：无百万两黄金，不足为宰相家”。[②] 而这个糊涂到家的辽主，反认为张孝杰可比唐代名臣狄仁杰，赐姓名为耶律仁杰。虽然后来发觉了两人的罪恶，杀了乙辛，贬了孝杰，但为时已晚，终无济于事。因为政治风气早被两人彻底败坏，辽王朝早已从下坡路滑下去了。

道宗的继承人天祚帝耶律延禧荒淫不道，掊剥无厌，比他祖父道宗更糊涂。他宠任的萧奉先比耶律乙辛和张孝杰更贪婪，更险毒。此时，腐朽的辽王朝内部瓦解、民怨沸腾、军心涣散，已像一所残破的旧房子，随时都有崩塌的可能。

正在这个时候，生女真的完颜部日益壮大。公元1115年（宋徽宗政和五年，辽天祚帝天庆五年），完颜阿骨打称帝，建立大金国，举兵伐辽，当年九月就攻克了黄龙府。以后连年用兵，势如破竹，到了天辅六年（公元1122年，宋徽宗宣和四年，辽天祚帝保大二年）就已经基本上平定辽国。金太宗完颜晟天会三年（公元1125年，宋徽宗宣和七年，辽保大五年）二月，天祚帝逃“至应州金城（在今山西省应县，《辽史》原文误作新城）东六十里，为金人完颜娄室等所获。”[③] 辽遂亡。

---

① 《辽史》第五册，1484页，1487页。

② 《辽史》第五册，1484页，1487页。

③ 《辽史》第一册，351页。

辽王朝灭亡后尚有余波，这就是耶律大石建立的西辽。西辽亦被称为黑契丹、哈喇契丹（哈喇即黑也）。《辽史·天祚帝纪》附载：耶律大石谏辽主（天祚帝）不从，内不自安，率部西遁，“兵行万里，归者数国，获驼、马、牛、羊、财物，不可胜计。军势日盛，锐气日倍。至寻思干（史籍亦作邪迷思干、薛迷思干，即今乌兹别克斯坦之撒马儿罕 Samarhand），西域诸国举兵十万，号忽儿珊，来拒战”。大石分“三军并进，忽儿珊大败，僵死数十里。驻军寻思干凡九十日，……又西至起儿漫，文武百官册立大石为帝，以甲辰岁（公元 1124 年，宋徽宗宣和六年，金太宗天会二年）二月五日即位，年三十八，号葛儿罕……改元延庆……延庆三年，班师东归，马行二十日，得善地，遂建都城，号虎思斡耳朵，改延寿为康国元年”。[①] 这是《辽史》所记耶律大石建立西辽的概略。

葛儿罕，《元史》作菊儿汗（卷一·太祖纪）、阔儿罕（卷一二〇，曷思麦里传），都是 Gurkhan 的译音，意为大汗（Greatkhan）。忽儿珊，张星烺谓音与花剌子模沙（Khorazmshah）相似，当时占有阿母河北及拔汗那两地的库脱伯爱丁摩哈美德（Kutb – eddin Mohammed）自号曰花剌子模沙。起儿漫，张星烺谓即撒马儿罕与布哈拉之间的起儿漫内城（Kermaneh）。虎思斡耳朵，《元史》作谷则斡儿朵，阿拉伯史家称拜拉萨贡城（Belasagun），并谓蒙古人称为古八里（Gubalik）；张星烺认为此城在怛罗斯（Taras）之东，楚河上。楚河即唐时之碎叶川，虎思斡耳朵必在唐时碎叶城附近。[②] 阿拉伯史家谓西辽的疆域由怛罗斯至塔迷笈（Tamidj），其后又征服康里、喀什噶尔、和阗诸国；遣兵讨黠戛斯，攻陷别失八里、拔汗那及阿母河北诸地。[③] 阿拉伯史家还说：“葛儿罕既胜后，不干涉境内之治理，仅征收赋税，每户纳一底那儿（dinar，伊斯兰教诸国钱币名）。归附诸酋长之衣带上，系

---

① 《辽史》第一册，356—357 页。

② 张星烺编注，朱杰勤校订：《中西交通史料汇编》，中华书局版（下同），第五册，5—21 页。

③ 张星烺编注，朱杰勤校订：《中西交通史料汇编》，中华书局版（下同），第五册，5—21 页。

一银牌以示臣顺而已。”① 耶律大石是依靠这种政策建立西辽王朝的。西辽的历史凡88年，公元1211年被蒙古人所灭。

第二节　金的赋役制度

女真是居住在我国东北地区的一个古老民族，上古时称为肃慎。《国语·鲁语》载，周武王时肃慎氏入贡楛矢石砮——用楛木作杆，青石作镞的箭。《左传·昭九年》载，晋国大夫阎嘉与周王朝的甘大夫争阎田，周王使詹桓伯责备晋国，詹桓伯提到，“我（指周王朝）自夏以后稷（意谓在夏代因后稷之功得享有下列采邑），魏、骀、芮、岐、毕，吾西土地。及武王克商、蒲姑、商奄，吾东土也；巴濮、楚、邓，吾南土也；肃慎、燕、亳，吾北土也”。可见，自西周以来，肃慎就是我们这个多民族国家的成员之一。肃慎，在汉代称挹娄，南北朝时称勿吉，隋代称靺鞨（鞨，音 jié；靺鞨乃勿吉的异译），一直与中原的汉族王朝保持宗主国和附庸的关系。《金史·世纪》说：“金之先，出靺鞨氏。靺鞨本号勿吉。勿吉，古肃慎地也。元魏时，勿吉有七部：曰粟末部，曰伯咄部，曰安车骨部（按：安车骨音近安出虎），曰拂涅部、曰号室部。曰黑水部，曰白山部。隋称靺鞨，而七部并同。唐初有黑水靺鞨，粟末靺鞨，其五部无闻。”② 唐开元元年（公元713年）册封靺鞨粟末部酋长大祚荣为渤海郡王。渤海强盛时期，黑水靺鞨受其役属。10世纪初，契丹族崛起于东北，建立辽国。后唐明宗天成元年（公元926年），辽太祖灭渤海，不久，辽太宗复强迫渤海人从牡丹江地区南迁至辽阳地区。与此同时，“黑水靺鞨附属于契丹，其在南者籍契丹（受辽国直接统治的编户），号熟女直；其在北者不在

---

① 张星烺编注，朱杰勤校订：《中西交通史料汇编》，中华书局版（下同），第五册，5—21页。

② 《金史》，中华书局版（下同）第一册，1页。

契丹籍，号生女直”。[1] 女直即女真，上节已述及，而女真则为肃慎的音转。

建立金王朝的是生女真的完颜部。金的始祖函普是一个带有传奇色彩的人物。他是流徙于高丽的女真人，60 余岁才离开高丽投奔完颜部，为完颜部调解了部族间的怨隙，娶了一个 60 岁的老女，成家立业，成为完颜部人。他的曾孙完颜绥可，“徙居海古水（在今黑龙江省阿城区东北），耕垦树艺，始筑室，有栋宇之制，人呼其地为纳葛里。‘纳葛里’者，汉语居室也。自此遂定居于安出虎水（今黑龙江省哈尔滨市东南阿什河）之侧矣”。[2]《金史·地理志》说：“上京路，即海古之地，金之旧土也。国言‘金’曰‘按出虎’（即安出虎），以按出虎水源于此，故名金源，建国之号盖取诸此。”[3] 金建国后先灭辽，尽有辽地；继灭北宋，攫取了宋的部分领土，与南宋画淮为界，基本上形成南北对峙局面。

金的统治区域比辽更大。《金史·地理志》说：金“袭辽制，建五京，置十四总管府，是为十九路。其间散府九，节镇三十六，防御郡二十二，刺史郡七十三，军十有六，县六百三十二。后复尽升军为州，或升城堡寨镇为县，是以金之京府州凡百七十九，县加于旧五十一，城寨堡关百二十二，镇四百八十八”。[4] 金之所谓五京为：上京会宁府（今黑龙江省阿城里），东京辽阳府，北京大定府（辽的中京大定府），西京大同府，南京开封府。阿骨打开国时，建都于上京会宁府，海陵王完颜亮贞元元年（公元 1153 年）迁都于燕京，称中都大兴府（燕京原为南京，迁都后改称汴京为南京）。

金的户口，据《金史·地理志》所载，十九路各府州总计为 9 879 525 户。金的户数不但比辽代多，而且比南宋也多。这主要是统治区域扩大了，金王朝既尽有辽地，又从北宋侵占了黄河流域的很大一块领土，金的户口大部分集中在这一地带。（见表 6－3）

---

① 《金史》，第一册，2 页，3 页。

② 《金史》，第一册，2 页，3 页。

③ 《金史》，第二册，550 页。

④ 《金史》，第二册，549—550 页。

《金史·地理志》所载各府州户数，除了南京开封府以外，均未说明年份。不少人推测是金王朝末年的户数，这种意见未尝无理，但和《金史·食货志》所记述的情况是有矛盾的。章宗完颜璟泰和七年（公元1207年），户数为7 684 438，人口数为45 816 079人，[①]《金史·食货志》认为是金户口的高峰；并说："及卫绍王（完颜永济）之时，军旅不息，宣宗（完颜珣）立而南迁，死徙之余，所在为虚矣。户口日耗，军费日急，赋敛繁重，皆仰给于河南，民不堪命，率弃庐田，相继亡去。"[②]《食货志》所说，符合当时情况。所以，金末的户数绝不可能比泰和七年增加200余万。《金史·地理志》所载各州府户数实际上是大杂烩，用来代表金王朝某一时期的户数是不妥当的，我们把它整理出来，是因为它还有一定的参考价值。

表6－3　　金各路府州户数统计表

地　区	户　数	地　区	户　数
上京路合计	54 184	兴中府	40 927
会宁府	31 270	建　州	11 439
肇　州	5 375	全　州	9 319
隆　州	10 180	临潢府	67 907
信　州	7 359	庆　州	2 007
咸平路合计	71 818	兴　州	15 970
咸平府	56 404	泰　州	3 504
韩　州	15 412	西京路合计	458 144
东京路合计	142 733	大同府	93 444
辽阳府	40 604	丰　州	22 683
澄　州	11 935	弘　州	22 002
沈　州	36 892	净　州	5 938
贵德州	20 896	桓　州	578
盖　州	18 456	抚　州	11 380
复　州	13 950	德兴府	80 868

① 《金史》第四册，1036页。
② 《金史》第四册，1036页。

续表

地　　区	户　　数	地　　区	户　　数
北京路合计	411 237	昌　州	1 241
大定府	64 047	宜德州	32 147
利　州	21 296	朔　州	44 890
义　州	30 233	武　州	13 851
锦　州	39 123	应　州	32 977
瑞　州	19 953	蔚　州	56 674
广宁府	43 161	云内州	24 888
懿　州	42 351	宁边州	6 072
东胜州	3 531	邓　州	24 989
中都路合计	840 576	唐　州	11 031
大兴府	225 592	裕　州	8 300
通　州	35 099	河南府	55 635
蓟　州	69 015	嵩　州	26 649
易　州	41 577	汝　州	35 254
涿　州	114 912	许　州	45 587
顺　州	33 433	钧　州	18 510
平　州	41 748	亳　州	60 535
滦　州	69 806	陈　州	26 145
雄　州	20 411	蔡　州	36 093
霸　州	41 276	息　州	9 685
保　州	93 021	郑　州	45 657
安　州	30 532	颍　州	16 714
遂　州	11 174	宿　州	55 058
安肃州	12 980	泗　州	8 092
南京路合计	2 468 125	河北东路合计	413 540
开封府	1 746 210	河间府	31 691
睢　州	46 360	蠡　州	29 797
归德府	76 389	莫　州	22 933
单　州	65 545	献　州	50 632
寿　州	8 677	冀　州	3 670
陕　州	41 010	深　州	56 340

续表

地　　区	户　　数	地　　区	户　　数
清　州	47 875	莒　州	43 240
沧　州	104 774	棣　州	82 303
景　州	65 828	济南府	308 469
河北西路合计	726 560	淄　州	128 622
真定府	137 137	莱　州	86 675
威　州	8 310	登　州	55 913
沃　州	38 185	宁海州	61 933
邢　州	80 292	山东西路合计	476 770
洺　州	73 070	东平府	118 046
彰德府	77 276	济　州	40 484
磁　州	63 417	徐　州	44 689
中山府	83 490	邳　州	27 232
祁　州	23 382	滕　州	49 009
浚　州	29 319	博　州	88 046
卫　州	90 112	兖　州	50 099
滑　州	22 570	泰安州	31 435
山东东路合计	1 101 259	德　州	15 053
益都府	118 718	曹　州	12 677
潍　州	30 989	大名府路合计	494 414
滨　州	118 589	大名府	308 511
沂　州	24 035	恩　州	99 119
密　州	11 082	濮　州	52 948
海　州	30 691	开　州	33 836
河东北路合计	452 880	辽　州	15 850
太原府	165 862	沁　州	18 059
忻　州	32 341	怀　州	86 756
平定州	18 296	孟　州	41 649
汾　州	87 127	京兆府路合计	278 626
石　州	36 528	京兆府	98 177
葭　州	8 864	商　州	3 999
代　州	57 690	虢　州	10 022

续表

地　区	户　数	地　区	户　数
隩　州	7 592	乾　州	26 856
宁化州	6 100	同　州	35 561
岚　州	17 557	耀　州	50 211
岢岚州	5 851	华　州	53 800
保德州	3 191	凤翔路合计	196 122
管　州	5 881	凤翔府	62 303
河东南路合计	785 948	德顺州	35 449
平阳府	136 936	平凉府	31 033
隰　州	25 445	镇戎州	10 447
吉　州	13 324	秦　州	40 448
河中府	106 539	陇　州	16 442
绛　州	131 510	鄜延路合计	205 809
解　州	71 232	延安府	88 994
泽　州	59 416	丹　州	13 078
潞　州	79 232	保安州	7 340
绥德州	12 720	第八将营	1 222
鄜　州	62 931	第七将营	850
坊　州	20 746	第九将营	727
庆原路合计	193 018	第六将营	989
庆阳府	46 171	第五将营	364
环　州	9 504	临洮路合计	107 764
宁　州	34 757	临洮府	19 721
邠　州	47 291	积石州	5 185
原　州	17 800	洮　州	11 337
泾　州	26 290	兰　州	11 360
边将所辖营户	11 205	巩　州	36 301
第二将营	3 716	会　州	8 918
第四将营	1 232	河　州	14 942
第三将营	2 105	全国十九路总计	9 879 525

资料来源：《金史·地理志》，中华书局版《金史》第二册，549—655 页。

注：①南京开封府户数，原书作天德四年户 235 890，泰和末户 1 746 210，本表采用泰和末

户数。

②河东北路宁化州户数，原书作“六千□百”，百字上缺字；殿本《金史》作“六千一百”，本表据殿本改正。

③梁方仲所编《金代各路府州军的民户数及每县平均户数表》，其中河东北路汾州作87 227，凤翔路凤翔府作62 302（分见《中国历史户口、田地、田赋统计》第173、174页），均与本书所载户数不符。

《金史·食货志》载有世宗、章宗两朝几个年度的民户及人口数，见表6－4。

表6－4　　金世宗、章宗两朝户口统计表

年　度	公　元	户　数	人口数
世宗大定初年		3 000 000	
大定二十七年	1187	6 789 449	44 705 086
章宗明昌元年	1190	6 939 000	45 447 900
明昌六年	1195	7 223 400	48 490 400
泰和七年	1207	7 684 438	45 816 079

资料来源：《金史》第四册，1035—1036页。

注：大定初，原书只说“天下户才三百余万”，缺人口数。

据《宋会要辑稿·食货十一》，南宋光宗绍熙四年（公元1193年）户数为12 302 873，口数为27 845 085人，同金章宗明昌六年的户口数相比较，南宋的户数多59%，而人口则少43%。尽管南宋的人口统计不大可靠，但是，南宋偏安于东南一隅，统治区面积不及180万平方公里，有些地区的人民又曾被金人俘掠到北方，所以，南宋人口少于金是不奇怪的。

12世纪末期，宋、金人口合计约在7 500万至8 000万，再加上西辽、西夏、大理及其他少数民族，整个中国的人口可能已接近一亿，其中的半数（也许超过半数）居住在金的统治区内。

女真完颜部在建立国家之前并没有正规的赋税制度，“其税赋无常，遇用多寡而敛之”。[①]《金史·兵志》说：“金之初年，诸部之民无

① 徐夢莘《三朝北盟会编》，卷三。

它徭役，壮者皆兵，平居则听以佃渔射猎习为劳事，有警则下令部内，及遣使诣诸孛堇征兵，凡步骑之仗糗（仗，兵器；糗，粮食）皆取备焉。其部长曰孛堇，行兵则称曰猛安、谋克（清乾隆时改译为明安、穆昆），从其多寡以为号。猛安者，千夫长也；谋克者，百夫长也”。[①]我们不难看出，明季满族的八旗制度和八分制度与此非常类似，都是在奴隶社会的基础上产生的。在这种情况下，不存在所谓国家财政体制。

灭辽侵宋后，金王朝才建立了封建国家的正规赋役制度。

《金史．食货志》说：“金制，官地输租，私田输税。租之制不传。”[②] 这是说，一般民田都要交纳田赋，而租种官地的佃户则要交纳田租。金代官地的租佃制度，文献上只有一些零碎的记载，这些资料是：

1. 有三则资料记载了佃耕官地的若干规定：(1)“凡官地：猛安、谋克及贫民请射者（《增韵》：指物而取曰射），宽乡一丁百亩，狭乡十亩，中男半之。请射荒地者，以最下第五等减半定租，八年始征之。作己业者以第七等减半为税，七年始征之。自首冒佃比邻地者，输官租三分之二。佃黄河退滩者，次年纳租。”[③] (2) 明昌元年（公元1190年）十一月，“尚书省奏：‘河南荒闲官地，许人计丁请佃，愿仍为官者（愿意以所垦荒地归属官府而佃种的）免租八年，愿为己业者免税三年’。诏从之。”[④] (3) 泰和八年（公元1208年）八月，户部尚书高汝砺言：“旧制，人户请佃荒地者，以各路最下第五等减半定租，仍免八年输纳。若作己业，并依第七等税钱减半，亦免三年输纳。自首冒佃比邻田，定租三分纳二，其请佃黄河退滩地者，次年纳租。向者小民不为久计，比至纳租之时多巧避匿，或复告退（退佃）；盖由元限太远，请佃之初无人保识故尔。今请佃者可免三年，作己业者免一年，自首冒佃并请退滩地，并令当年输租，以邻（五家为邻）首

① 《金史》第三册，992页。
② 《金史》第三册，1055页。
③ 《金史》第四册，1043页，1059页，1051页。
④ 《金史》第四册，1043页，1059页，1051页。

保识，为长制。”[①] 从上述资料可以看出：佃种官有熟地的，按土地等级定租；佃种官有荒地的，免租七年，第八年起按最下第五等地的租额减半纳租；垦种官有荒地作为己业的，则自第三年起（上引（1）则资料所说“七年始征之”，疑有误）按私田第七等地的赋额减半纳税。泰和八年以后，优免年限缩短了，佃种官有荒地的只免租三年，开垦官有荒地作己业的只免税一年。

2. 官地租额不能详悉。据宣宗贞祐三年（公元1215年）高汝砺说：“河南租地计二十四万顷，岁租才一百五十六万（石）。”[②] 依此计算，平均每亩租额约六升半，这无疑是很低的。金代农田产量也很低，据宣宗兴定三年（公元1219年）尚书右丞领三司事侯挚所说：“河南军民田总一百九十七万顷有奇，现耕种者九十六万余顷，上田可收一石二斗，中田一石，下田八斗，”[③] 以平均亩产一石计算，官地佃租仅当正产物的6.5%。为什么会这样低？原因是金代农业生产长期衰落不振，逃户多，荒地多，单产低，这就在客观上限制了佃租的高度。但是，不能说农民负担就轻了，佃租虽低而农民所受其他方面的各种剥削却很重。关于农民负担情况，我们留待下一节再说。

3. 金统治区内，官地多，荒地多，因而租种官地的佃户亦多。例如，河南“官、民地相半，又多全佃官地之家”。[④] 应当指出的是：许多官地，特别是肥沃的官地，被仅贵豪强之家所占夺。例如大定十七年（公元1177年），邢州男子赵迪简言：“随路不附籍官田（各路没有登记在册内的官田）及河滩地，皆为豪强所占，而贫民土瘠税重。”[⑤] 大定二十一年，“陈言者言，豪强之家多占夺田者。上（世宗完颜雍）曰：‘前参政纳合椿年占地八百顷，又闻山西田亦多为权要所占，有一家一口至三十顷者，以致小民无田可耕，徙居阴山之恶地，何以自存？其令占官地十顷以上者皆括籍入官，将均赐贫民。’省臣又奏：‘椿年子猛安参谋合、故太师耨盌温敦思忠（之）孙长寿等，亲

① 《金史》第四册，1043页，1059页，1051页。
② 《金史》第四册，1052页，1054页，1044页，1046页。
③ 《金史》第四册，1052页，1054页，1044页，1046页。
④ 《金史》第四册，1052页，1054页，1044页，1046页。
⑤ 《金史》第四册，1052页，1054页，1044页，1046页。

属计七十余家，所占地三千余顷’。上曰：‘至秋，除牛头地外，仍各给十顷，余皆拘入官’”。[①] 世宗虽有改革之意，格于官僚政治，并未收令行禁止之效。

另一件事是民地被强括为官地。大定十九年，世宗谓宰臣曰:“朕闻括地事所行极不当，如皇后庄、太子务之类，止以名称便为官地，百姓所执凭验，一切不问。其相邻冒占官地，复有幸免者。”[②] 大定二十一年，“御史台奏：大名、济州因刷（刷，清理）粱山泺官地，或有以民地被刷者”。[③]《金史·张九思传》说：九思（世宗时为工部尚书）“一切以功利为务，率意任情不恤百姓。诏检刮官田，凡地名疑似者，如皇后店、太子庄、燕乐城之类，不问民田契验，一切籍之；复有邻接官地冒占幸免者”。[④] 这种糊涂公案，连世宗也知道了，世宗说：“张九思执强不通，向遣刷官田，凡犯秦、汉以来名称，如长城、燕子城之类者，皆以为官田。此田，百姓为已业不知几百年矣”![⑤] 民田被括为官地，而侵占官地的却逍遥法外，这是带有讽刺色彩的怪现象，它暴露了金王朝官僚政治的腐朽性。

4. 权势之家垄断了官地，无地的农民只好俯首听任这种二路地主的剥削。“随处官豪之家多请占官地，转与他人种佃，规取课利。”[⑥] 这种情况在金代相当普遍。女真屯田户不少也是实际上的二路地主。金初曾规定:“军人所授之地不得租赁与人”，章宗泰和四年（公元1204年)，为迁就现实，修改为：“所拨地土十里内自种之数，每丁四十亩，续进丁同此，余者许令便宜租赁。”[⑦] 既然开了绿灯，于是“屯田军户多冒名增口，以请官地”,[⑧] 也就毫不奇怪了。

以上说的是金代官地的租佃情况。

---

① 《金史》第四册，1052页，1054页，1044页，1046页。
② 《金史》第四册，1045页，1047页。
③ 《金史》第四册，1045页，1047页。
④ 《金史》第六册，2004页。
⑤ 《金史》第四册，1048页。
⑥ 《金史》第四册，1048页。
⑦ 《金史》第四册，1051页。
⑧ 《金史》第四册，1051页。

一般民田所纳的税，就是田赋。田赋的征收办法，据《金史·食货志》记载：“大率分田之等为九而差次之，夏税亩取三合，秋税亩取五升，又纳秸一束，束十有五斤。”① 纳税的期限，原定：“夏税六月止八月，秋税十月止十二月，分初、中、末三限；泰和五年改定“秋税限十一月为初，中都、西京、北京、上京、辽东、临潢、陕西地寒，稼穑迟熟，夏税限以七月为初。”② 夏秋两税交纳的品种为麦、粟、草三色。纳税人有输送的义务，输送粟麦的每三百里得减5%，大抵上户输远仓，中户次之，下户最近；远者数百里，近者亦不下百里，道路之费倍于所输。遇有水旱，规定歉收在八成以上者全免，歉收七成者减征七成，歉收在六成以下者全征；桑树受灾致不能养蚕的，免征丝绵绢税。人民要在一定期限内申报灾情，河南、山东、河东、大名、京兆、凤翔、彰德部内支郡的报灾期限，夏田为四月，秋田为七月；其余各路夏田为五月，秋田为八月；水田则通以八月为限；遇闰月则展期半月；逾限申报的，一概不予受理。③ 以上所说的是金代民田田赋制度的概略。

这里要谈一谈“二税户”问题。《金史·食货志》说：“世宗大定二年（公元1162年），诏免二税户为民。初，辽人佞佛尤甚，多以良民赐诸寺，分其税一半输官，一半输寺，故谓之二税户。辽亡，僧多匿其实，抑为贱（把这些二税户作为奴隶），有援左证（左证，证件）以告者，有司各执以闻。上（世宗）素知其事，故特免之。”④ 又，《金史·李晏传》说：“初，锦州龙宫寺，辽主拨赐户民俾输税于寺，岁久皆以为奴，有欲诉者害之岛中。晏乃具奏：‘在律，僧不杀生，况人命乎？辽以良民为二税户，此不道之甚也！今幸遇圣朝，乞尽释为良。’世宗纳其言，于是获免者六百余人。”⑤ 何谓二税户，上举两则资料已经解释得很清楚了，自南北朝以来，封建国家把大量财物和土地赐给佛寺的事，历代均有；而辽主却别开生面地把税户拨给佛寺。

---

① 《金史》第四册，1051页，1055页，1056页。
② 《金史》第四册，1051页，1055页，1056页。
③ 《金史》第四册，1051页，1055页，1056页。
④ 《金史》第四册，1033页。
⑤ 《金史》第六册，2127页。

这件事在辽代农民负担问题方面未占重要地位，所以在上一节里没有提到，留在这里补叙。但它确是一项弊政，这里谁都看得出来的，其带来的后果也是在意料之中的。世宗予以改革是做得对的，当时获得解放的二税户当然不只锦州一地的600余人。不过，这一次改革并不彻底，就是说，并不是全部二税户都已经得到了解放。如大定二十九年（公元1189年）十一月，仍有人上书“乞放二税户为良”，章宗派遣“大兴府治中乌古孙仲和、侍御史范楫分括北京路及中都路二税户”；明昌元年（公元1190年）共免北京等路二税户“一千七百余户，万三千九百余口”。[①] 所谓二税户问题至此才算基本解决。

猛安、谋克本来是一种军事组织，金王朝建立后又成为独立于州县之外的地方行政组织。猛安、谋克户交纳的田赋叫“牛头税”。《金史·食货志》说:“牛头税，即牛具税，猛安、谋克部女直户所输之税也。其制：每耒牛三头为一具，限民口二十五受田四顷四亩有奇，岁输粟大约不过一石，官民占田无过四十具。天会三年（公元1125年）太宗（完颜晟）以岁稔，官无储蓄无以备饥馑，诏冬一耒赋粟一石，每谋克别为一廪贮之。四年（《金史·太宗纪》作五年），诏内地诸路，每牛一具赋粟五斗，为定制。”[②] 牛头税以牛具为计税单位，猛安、谋克户对牛具数每多隐匿，大定二十三年（公元1183年）世宗始规定“民口二十五，算牛一具”，即以二十五人、四顷四亩土地算作一个计税单位，女真贵族对这一规定是不会高兴的。世宗对左丞完颜襄说：“卿家旧止七具，今定为四十具。朕始令卿等议此，而卿皆不欲，盖各顾其私尔!”其实，计税单位由原来的七具猛增为四十具，完颜襄的牛头税负担仍然是很轻的。大定二十一年，世宗曾对宰臣说：“牛头税粟，每牛一头止令各输三斗（这句话似应理解为每一具输粟三斗），又多逋悬，此皆递互隐匿所致。”[③] 可能大定年间已把牛头税税率降低到原来税率的60%，而猛安、谋克户，特别是女真贵族还是不满足，对交纳牛头税还是软拖硬欠。大定二十六年（公元1186年）

① 《金史》第四册，1035—1036页。

② 《金史》第四册，1062—1063页。

③ 《金史》第四册，1062—1063页，1056页。

尚书省奏请“并征牛头税粟”（并征，本年度牛头税连同历年积欠一齐征收），世宗认为已经积压五年了，一齐征收是不妥当的。

田赋之外有“物力钱”。《金史·食货志》说：“计民田园、邸舍、车乘、牧畜、种植之资，藏镪之数，征钱有差，谓之物力钱。遇差科，必按版籍，先及富者，势均则以丁多寡定甲乙。有横科（横科，正项外的临时性差科），则视物力，循大至小均科。”① 物力钱是一种财产税，物力钱的课税对象——物力（即财产）又是摊派差役的依据，正如世宗所说：“物力之数盖是定差役之法。”计物力时，居宅及粮食均不算在内。墓田和学田，租税及物力钱均免。《金史·食货志》又说：“近臣出使外国，归必增物力钱，以其受馈遗也”。② 例如：路伯达使宋，宋馈以黄金二百五十两，白银一千两；梁肃使宋，“自添物力钱至六十余贯”。物力钱是按财产的多寡划分等级计征的。

经常性的摊派有铺马钱，军须钱，输庸钱，司吏钱，河夫钱；金季还有所谓桑皮故纸钱。关于这方面的情况留待下面或下一节再说。这里先谈一谈通检推排制度。

通检就是普查。《金史·食货志》说：“通检，即《周礼》大司徒三年一大比，各登其乡之众寡、六畜、车辇，辨物（区别物力情况）行征（进行征课）之制也。金自国初占籍（占籍，登记户口）之后，至大定四年（公元1164年），承正隆（海陵王完颜亮的第三个年号）师旅之际，民之贫富变更，赋役不均。世宗下诏曰：‘粤自国初，有司常行大比，于今四十年矣。正隆时，兵役并兴，调发无度，富者今贫不能自存，版籍所无者今为富室（指原来户口册内没有登载的新发户）而犹幸免（因户口册未登载其物力，故仍为不课役户）。是用遣信臣泰宁军节度使张弘信等十三人，分路通检天下物力而差定之（差定、厘定户等），以革前弊，俾元元无不均（指赋役不均）之叹，以称朕意。凡规措条理，命尚书省画一以行’。”③ 通检的目的：一是定课役，有物力者为课役户，无物力者为不课役户；二是平衡赋役负担；

① 《金史》第四册，1062—1063页，1056页。

② 《金史》第四册，1028页。

③ 《金史》第四册，1037页。

三是据以征收物力钱。后来又定“通检地土等第税法”，这是田赋征收工作的基础。

推排就是复查。推是寻根究底查问清楚的意思，排是按物力排比贫富户等。大定十五年（公元 1175 年）九月，世宗“以天下物力，自通检以来十余年，贫富交易，赋调轻重不均，遣济南尹梁肃等二十六人分路推排”。[①] 大定二十六年（公元 1186 年）“复以李晏等分路推排”。[②] 世宗朝，基本上每十年进行一次推排。章宗泰和二年（公元 1202 年）规定了“人户物力随时推收法，”[③] 凡典卖物业必须依照期限办理过户手续。有了这一规定，推排的工作就比较省事了。推排时，地方政府需要调查的只是各户的丁口和浮财。地方政府核定各户物力集坊村人户推唱（推唱，相当于评议）后便可以定案。为了防止官吏在推排时营私舞弊，还制定了《推排受财法》。《金史·高汝砺传》记载，承安（章宗的第二个年号）初汝砺为左谏议大夫，“以赋调军须，郡县有司或不得人，追胥走卒利其事急，规取货赂，深为民害。建言：‘自今因兵调发，有犯者乞权依《推排受财法》治之，庶使小人有所畏惧。’（承安）二年公元 1197）六月，定制：因军前差发受财者，一贯以下徒二年，以上徒三年，十贯处死”。[④] 这一记载，证明了金代制定过《推排受财法》，尽管制定的时间不能确知，但其内容与上述军前差发受财的治罪条款大概相差不远。从制度本身来看，金代的通检推排算得上相当完善。《金史·食货志》记载：泰和八年（公元 1208 年）九月，“以吏部尚书贾守谦、知济南府事蒲察张家奴、莒州刺史完颜百嘉、南京路转运使宋元吉等十三员，分路同本路按察司官一员，推排诸路。上（章宗）召至香阁，亲谕之曰：‘朕选卿等随路推排，除推收外，其新强（新发户）消乏（破落户）户，虽集众推唱，然消乏者勿销不尽，如一户物力原三百贯，今蠲免二百五十贯犹有未当（意即尚未销尽）者。新强勿添尽，量存其力，如一

① 《金史》第四册，1037 页，1039 页，1040 页。

② 《金史》第四册，1037 页，1039 页，1040 页。

③ 《金史》第四册，1037 页，1039 页，1040 页。

④ 《金史》第七册，2351 页。

户可添三百贯，而止添二百贯之类。卿等各宜尽心，一推之后，十年利害所关，苟不副所任，罪当不轻也！’”① 这样的政策，也算是稳健的。

但是，古语说得好，徒法不能以自行。立法虽善，行之不得其人，则弊多而利少。大定四年的首场戏，演出的效果并不佳。世宗挑选的张弘信等人，大多数不是忠实可靠的信臣。史称“诸使往往以苛酷多得物力为功，弘信检山东州县尤为酷暴”。②《金史·完颜永元传》说：“张弘信通检山东，专以多得民间物力为功，督责苛急。永元（时为棣州防御使）面责弘信曰：‘朝廷以差调不均，立通检法。今使者所至，以残酷妄加农民田产，箠击百姓有至死者（《金史·食货志》作：‘今乃残暴，妄加民产业数倍，有来申诉者，则血肉淋漓，甚至即殒杖下’）。市肆贾贩贸易有赢亏，田园屋宇利入有多寡，故官子孙闭门自守，使与商贾同处上役，岂立法本意哉？’弘信无以对。于是棣州赋税得以实自占。”③ 棣州因有守法的宗室出面替人民说话，通检工作较能实事求是。东平、太名两路也交了好运气。《金史·梁肃传》说：梁肃于大定四年“通检东平、大名两路户籍物力，称其平允。他使者所至，皆以苛刻增益为功，百姓诉苦之”。④ 大定四年的通检，除了少数地区尚算平允以外，大多数地区都或多或少地加大了水分。由于水分大小不同，地区间工作的不平衡现象当然是很严重的。于是，大定五年，“有司奏诸路通检不均”，这无异于宣布通检的失败。面对这一结果，世宗也束手无策，只好“诏再以户口多寡、贫富轻重，适中定之”。⑤

推排的效果同样不佳。《金史·杨伯元传》记载：“伯元以才干多被委注，凡两为推排定课使，累为审录官，人称其平。”⑥ 像杨伯元这样的佼佼者，在金代是罕见的。史臣在传后所加的赞语说：“阎公贞

---

① 《金史》第四册，1041 页，1037 页。
② 《金史》第四册，1041 页，1037 页。
③ 《金史》第五册，1745 页。
④ 《金史》第六册，1982—1983 页。
⑤ 《金史》第四册，1037 页。
⑥ 《金史》第七册，2157 页，2352 页。

定金律令，杨伯元定金推排，人皆以平称之。难矣！”可见大多数负责推排的官员都是不得人心的，《推排受财法》似乎没有发生过实际作用，而又往往为豪强有力者所操纵。《金史·高汝砺传》记汝砺曾上言：“自大定四年通检前后，迄今三十余年，其间虽两经推排，其浮财物力，惟凭一时小民之语以为增减，有司惟务速定，不复推究其实。由是豪强有力者符同而幸免，贫弱寡援者抑屈而无诉。况近年以来，边方累有调发，贫户益多。如止循例推排，缘去岁条理已行（办法已公布），人所通知，恐新强之家预为请嘱狡狯之人，冀望至时同辞推唱；或虚作贫乏，故以产业低价质典，及将财物徙置他所，权止营运（暂停营业）。如此姦弊百端，欲望物力均一，难矣！”[①] 高汝砺所说的，都是当时的实际情况。

女真贵族一直阻挠对猛安谋克户的推排。《金史·蒲察通传》记蒲察通“大定十七年拜尚书右丞，转左丞。（世宗）诏议推排猛安谋克事，大臣皆以为止验现在产业，定贫富，依旧差科为便。通言：‘必须通括各谋克人户物力多寡，则贫富自分。贫富分则版籍定。如有缓急，验籍科差，富者不得隐，贫者不重困，与一例科差者大不侔矣！’上是通言，谓宰臣曰：‘议事当如通之尽心也’”。[②]《金史·食货志》记此事在大定二十年：“二十年四月，上谓宰臣曰：‘猛安谋克户，富贫差发不均，皆自谋克内科之，暗者惟胥吏之言是从，轻重不一。自窝斡叛后，贫富反复，今当籍其夹户（夹户，指依附的户口，即奴婢口），推其家资，傥有军役庶可均也。’诏集百官议，右丞相克宁、平章政事安礼、枢密副使宗尹言：‘女真人除猛安谋克仆从差使，余无差役。今不推奴婢孳畜、地土数目，止验产业科差为便。’左丞相守道等言：‘止验财产多寡，分为四等，置籍以科差，庶得均也。’左丞通、右丞遭、都点检襄言：‘括其奴婢之数，则贫富自见，缓急有事科差，与一例科差者不同。请俟农隙，拘括地土、牛具之数，各以所见上闻。’上曰：‘一谋克户之贫富，谋克岂不知？一猛安所领八谋克，一例科差。设如一谋克内，有奴婢二三百口者，有奴婢一二人

① 《金史》，第七册，2352 页。

② 《金史》，第三册，2106—2107 页。

者，科差与同，岂得平均？正隆兴兵时，朕（当时世宗以曹国公为东京留守）之奴婢万数，孳畜数千，而不差一人一马，岂可谓平？朕于庶事未尝专行，与卿谋之。往年散置契丹户，安礼极言恐扰动，朕决行之，果得安业。安礼虽尽忠，未审长策。其从左丞通等所见，拘括推排之。’十二月，上谓宰臣曰：‘猛安谋克多新强旧弱，差役不均，其令推排，当自中都路始。’至二十二年八月，始诏令集耆老，推贫富，验土地、牛具、奴婢之数，分为上中下三等。以同知大兴府事完颜乌里也先推中都路，续遣户部主事按带等十四人与外官同分路推排。”[①]《金史·世宗纪》记：大定二十三年八月，“括定猛安谋克户口、田土、牛具”。[②] 从这些记载可以明白，女真大奴隶主贵族都着眼于本身的利益，极力维护平均主义的一例科差，反对推排。世宗虽知其非，但又怕引起内部矛盾的激化，迁延久之才下令推排。从始议（即使把始议时间确定为大定二十年）至推排完毕，历时几达 4 年，阻力之大，可想而知。在这以前，未闻行过通检；在这以后，未闻再来一次推排。也许可以说，金代对猛安谋克户的推排仅此一回而已。

金代徭役制度，《金史·食货志》未作纪述，但从若干史料上可以略窥一二。

金初以五家为保；章宗泰和六年（公元 1206 年）改从唐制，以五家为邻，五邻为保。京府州县郭下设坊正，村社随户多寡为乡设里正；坊正、里正之职务为按比户口，催督赋役，劝课农桑。凡坊正、里正以其户十分内取三分（即一百户中以三十户轮任），富民均出雇钱，募强干有抵保者充任，人不得过百贯（当系指抵保而言），役不得过一年。[③] 这是坊、里正之役，采用的是雇役法。

《金史·兵志》记载，世宗大定三年（公元 1163 年，南宋孝宗隆兴元年），“言事者，以山东、河南、陕西等路循宋、齐（过去金人所扶植的刘豫傀儡政权）旧例，州县司吏、弓手于民间验物力均敷雇钱，名曰‘免役’，请以是钱赡军。至是，省（尚书省）具数以闻，

---

① 《金史》第四册，1038 页。

② 《金史》第一册，184 页。

③ 《金史》第四册，1031 页。

诏罢弓手钱，其司吏钱仍旧”。[①] 这是北宋旧地州县的司吏、弓手之役，沿用宋制实行雇役法。世宗没有挪用这项免役钱，因为他已决定摊派军须钱。至于弓手钱的废除，可能同时亦取消了弓手之役。州县司吏之役则仍旧实行。

金代徭役莫重于兵差与河工。

完颜亮南侵，“中都与四方所造军器材用皆赋于民，箭翎一尺至千钱，村落间往往椎牛（宰牛）以供筋革”。[②] 籍诸路水手三万人。[③] 造船与转送，当然也要征发大量民夫。而金代最大的军事工程则是西北边境的长堑。《金史·李石传》说：“北边岁警，朝廷欲发民穿深堑以御之。石与丞相纥石烈良弼皆曰：‘不可。古筑长城备北，徒耗民力，无益于事……不可疲中国有用之力，为此无益！’议遂寝。”[④] 这是世宗时的事。但世宗没有办的事，到章宗明昌年间却办了。《金史·张万公传》说：“明昌间，有司建议，自西南、西北路沿临潢达泰州，开筑濠堑以备大兵，役者三万人，连年未就。御史台言：‘所开旋为风沙所平，无益于御侮，而徒劳民。’上（章宗）因旱灾，问万公所由致。万公对以‘劳民之久，恐伤和气，宜从御史台所言，罢之为便。’后丞相（完颜）襄师还，卒为开筑，民甚苦之。”[⑤] 金代劳民伤财的事不少，这是其中最突出的一宗。金代军事徭役实际上说不上有什么制度，具体的事例也没有必要多加叙述。

河工，主要是黄河河工，这是长期间经常性的大役。据《金史·河渠志》记载，[⑥] “沿河上下凡二十五埽（埽，堤岸），六在河南，十九在河北”；“埽兵一万二千人，岁用薪百一十一万三千余束，草百八十三万七百余束”；此外还需要大量作桩杙用的木材。这只是每年的经常预算。每遇临时大工，所需物料大大超过此数。河工所需物料都取给于人民，虽然是和买，却永远是不等价的。大定十年（公元1170

① 《金史》第四册，1006页。
② 《金史》第一册，110页，112页。
③ 《金史》第一册，110页，112页。
④ 《金史》第六册，1915页，2103—2104页。
⑤ 《金史》第六册，1915页，2103—2104页。
⑥ 以下有关河工的资料，均摘自《金史》第三册669—682页。

年）世宗说过："朕每念百姓凡有差调（指河工物料的差调），吏互为姦，若不早计而迫期征敛，则民增十倍之费。然其所征之物，或委积经年，至腐朽不可复用，使吾民数十万之财，皆为弃物，此害非细。"有时干脆就不给价。泰和五年（公元1205年）二月"以崔守真言，'黄河危急，刍藁物料虽云折税，每年不下五六次，或名为和买，而未尝还其值'，勅委右三部司正郭澥、御史中丞孟铸讲究以闻。澥等言：'大名府、郑州等处自承安二年（公元1197年）以来，所科刍藁未给价者，计钱二十一万九千余贯'。"此即其例。黄河埽兵虽有一万二千人，但遇到黄河出现比较重大的险情特别是发生决口的时候，就必须调动大量的民伕。金代黄河决口的事，史不绝书。世宗、章宗两朝的黄河大役，据《金史·河渠志》的记载，有如下数宗：

大定十一年，"河决王村，南京孟、卫州界多被其害。"十二年正月，尚书省奏："水东南行，其势甚大。可自河阴广武山循河而东，至原武、阳武、东明等县孟、卫等州增筑堤岸，日役夫万一千，期以六十日毕。"

大定十七年秋七月，"大雨，河决白沟。十二月，尚书省奏；'修筑河堤，日役夫一万一千五百，以六十日毕工。'诏以十八年二月一日发六百里内军夫，并取职官人力之半，余听发民夫"。

大定二十年，"河决卫州及延津京东埽，弥漫至于归德府。检视官南京副留守石抹辉者言：'河水因今秋霖潦暴涨，遂失故道，势益南行。'宰臣以闻。乃自卫州埽下接归德府南北两岸增筑堤以捍湍怒，计工一百七十九万六千余，日役夫二万四千余，期以七十日毕工。遂于归德府创设巡河官一员，埽兵二百人；且诏频役夫之地与免今年税赋"。

大定二十九年五月，"河溢于曹州小堤之北。六月，上（章宗）谕旨有司曰：'比闻五月二十八日河溢，而所报文字如此稽滞；水事最急，功不可缓，稍缓时顷，则难固护矣！'十二月，工部言：'营筑河堤，用工六百八万余，就用埽兵军夫外，有四百三十余万工当用民夫'"。

明昌五年八月，"河决阳武故堤，灌封丘而东"。闰十月，行省参知政事马琪入见，言："孟阳河堤及汴堤已填筑补修，水不能犯汴城。自今河势趋北，来岁春首拟于中遭疏决，以解南北两岸之危。凡计工八百七十余万，可于正月终兴工。"

黄河役夫的调发办法，可于大定二十九年章宗所下诏令窥见其轮廓。当时河溢于曹州小堤之北，为营筑河堤，工部打算调发430余万民夫，章宗诏命"去役所五百里州、府差雇，于不差夫之地均征雇钱，验物力科之。每工钱百五十文外，日支官钱五十文，米升半"。由此可见，金代每遇黄河大役，一般在工地所在五六百里的范围内调发民夫。调发民夫采用雇役法。雇役的经费（除一小部分由政府拨支外）则在没有调发民夫的地区内按物力摊派，这就是所谓"黄河夫钱"。

河工物料的科募，河夫的调发以及黄河夫钱的摊派，对人民来说，负担是沉重的。事关身家安全，人民对这种沉重负担不能不忍受；但对官员的失职与贪索却不能没有怨言。同时，所谓忍受也有一个限度，章宗时河南路提刑司曾奏言："沿河居民多困乏逃移，盖以河防差役烦重故也。"人民的逃亡，说明负担的苛重已经超越所能忍受的限度了。

金代的徭役除上述兵差与河工两种大役外，还有所谓驿马之役。《金史·李复亨传》记载：兴定四年（公元1220年）七月，"河南雨水害稼，复亨为宣慰使……奏曰：'……民养驿马，此役最甚！使者求索百端，皆出养马之家，人多逃窜，职此之由。可依旧设回马官，使者食料皆官给之，岁终会计，均赋于民'"。[①] 从这则资料可以推想到，在这之前，驿马虽不用民养，但养马的费用还是向人民摊派的，也许这就是所谓"铺马钱"了。

又有牛夫之役。《金史·食货志》记载：大定"二十三年（公元1183年），宗州民王仲规告乞征还所役牛夫钱，省臣以奏。上（世宗）曰：'此既就役，复征钱于彼，前虽如此行之，复恐所给钱未必能到本户，是两不便也。不若止计所役，免租税及铺马钱为便。其预计实数以前。若和雇价值亦须裁定也。'有司上其数，岁约给六万四千余贯，

---

① 《金史》第七册，2218页。

计折粟八万六千余石。上复命：自今役牛夫之家，以去道三十里内居者充役”。[①] 上述 6.4 万余贯之数是和雇牛夫的钱，也是向人民摊派的，“用之于官，取之于民”，这是金王朝，也是所有封建王朝的财政政策。王仲规既服牛夫役，又纳牛夫钱，世间不合理的事恐怕以此为最了。偿还所纳牛夫钱是理所当然的，然而，世宗说了一句耐人寻味的话：“复恐所给钱未必能到本户”，可知凡是和卖、和雇的钱，究竟被官吏吞去了多少是很难估计的。

更有采办之役。《金史·世宗纪》记载：大定八年（公元 1168 年）“九月辛酉，上谕尚书右丞右瑶、参政孟浩曰：‘闻蔚州采地蕈（蘑菇），役夫数百千人（数百人甚至上千人），朕所用几何，而扰动如此！’”[②] 这是金代采办之役的一例。世宗在金代是比较节俭的，如曾减庖人，却琵琶之献，[③] 故能稍抑采办之弊。别的皇帝就不同了，如《金史·海陵纪》说，完颜亮“在位十余年，每饰情貌以御臣下，却尚食进鹅以示俭；及游猎顿次，不时需索，一鹅一鹑，民间或用数万售之（民间有时要花数万钱买来进奉），有以一牛易一鹑者”。[④] 采办之扰民，历代均如此。

最后要说到女真贵族的私役。女真贵族都拥有众多奴隶（大部分是俘掠得来的汉人），例如，世宗就说过他在藩时有奴隶万余人。又如，大定二十三年推排的统计，在都宗室将军司有“户一百七十，口二万八千七百九十，内正口九百八十二，奴婢口二万七千八百八”。[⑤] 平均每宗室户有奴婢 163.6 人，数目并不小。但是，每有所兴造，还都要私役百姓，习以为常，在金初特别严重。所以太宗天会三年（公元 1125 年）就曾下令“禁内外官及宗室私役百姓”。[⑥] 尽管有了这样的禁令，女真贵族仍仗其权势，通过官府役使平民，用公役的形式掩盖私役的真相。《金史·世宗纪》记载：大定九年五月，“尚书省奏越

① 《金史》第四册，1058 页。
② 《金史》第一册，142 页。
③ 《金史》第六册，2026 页。
④ 《金史》第一册，117 页。
⑤ 《金史》第四册，1034 页，1033 页。
⑥ 《金史》第四册，1034 页，1033 页。

王永中、隋王永功二府有所兴造，发役夫。上曰：‘朕见宫中竹有枯瘁者，欲令更植，恐劳人而止。二王府各有引从人力，又奴婢甚多，何得更役百姓！尔等但以例为请，海陵横役无度，可尽为例耶？自今在都浮役，久为例者仍旧，余并官给佣值’”。[①] 尽管如此，宗室私役百姓的事并没有彻底革掉。

金代的徭役制度，大致如上述。

第三节　金的农民负担

女真人在初期的战争中掠夺了大量财富。

首先是辽的积谷。《辽史·食货志》说：“东京如咸、信、苏、复、辰、海、同、银、乌、遂、春、泰（各州治所分别在今辽宁开原东北，吉林怀德西北，辽宁金县，辽宁复县，辽宁盖县，辽宁海城，辽宁开原南，辽宁铁岭，内蒙古通宁东北，辽宁彰武西北，吉林乾安北，吉林洮安东）等五十余城内，沿边诸州，各有和籴仓，依祖宗法，出陈易新，许民自愿假贷，收息二分。所在无虑二三十万石。虽累兵兴，未尝用乏。迨天庆（辽天祚帝的第二个年号）间，金兵大入，尽为所有。”[②] 辽人的马群，落入女真人手中的当然也不在少数。

其次是对宋朝的勒索。宋徽宗宣和二年（公元1120年，金太祖天辅四年），宋朝派赵良嗣自登州（今山东蓬莱）泛海抵蓟州关（在辽宁金县）下，约金人共同攻辽，求收回石晋所割与契丹的旧领土；金太祖阿骨打说：“一应系契丹州城俱是我家田地，为感南朝皇帝好意，及燕京本是汉地，特许燕云与南朝”；而宋许岁币五十万，如契丹旧数。约定女真兵自平地松林（今内蒙古东部克什克腾旗一带）趋古北

① 《金史》第一册，144页。
② 《辽史》第三册，925页。

口，南朝兵自雄州趋自沟夹攻。[①] 宣和四年（公元 1122 年），宋师驻永定河，连战俱败。金兵入居庸关，陷燕京。次年宋复派赵良嗣使金求割地，阿骨打先索燕京租税一百万，后再增索百万；宋复书说："本朝与贵朝通和，每曲从所欲以成交契。今代税之物，悉如来谕。"随着，又派人至宋求西京犒赏锦，徽宗答应给 20 万匹。这年四月，金以"燕京，涿、易、檀、顺、景、蓟六州归于宋，且索米二十万石……凡燕之金帛、子女、职官、民户为金人席卷而东，宋朝捐岁币数百万，所得者空城而已"。[②]

再次是南侵宋朝，掠地并勒索财物。宋宣和七年（公元 1125 年，金太宗天会三年），金人灭辽后即大举南侵，所至焚杀掳掠，城邑为墟。徽宗禅位于其子钦宗。金兵进围宋都城开封，钦宗派李棁（音 zhuō）求和。金人索金币以千万计，求割太原、中山（今河北定县）及河间三镇，以亲王、宰相为质。李纲坚主抗战，说："所需金币，竭天下且不足，况都城乎？三镇，国之屏蔽，割之何以立国？"钦宗却接纳投降派李邦彦等人的意见，全部答应了金人的条件。宋廷日输金币，而金人需求不已，日肆屠掠。四方援军渐至，金人既得宋割三镇的诏书及肃王赵枢为质，乃退师。宋靖康元年（公元 1126 年，金天会四年）金兵二次南侵，攻陷开封，徽宗、钦宗都做了俘虏，北宋解体。在这次战争中，金人掠夺得的财物，不计其数。宋室南渡以后，宋高宗与秦桧于绍兴十一年（公元 1141 年，金熙宗皇统元年）再一次演出了屈辱求和的丑剧，与金人画淮为界，答应了岁币银绢各二十五万。[③]

以金主为首的女真贵族占有了所有战利品，但在初期战争中掠夺得来的大量财富，对金王朝的国家财政并不起多大的作用。金王朝也

---

① 徐梦莘：《三朝北盟会编》卷四。

② 宇文懋昭：《大金国志》，卷二。

③ 《宋史·高宗纪》载："岁奉银二十五万两，绢二十五万匹"；而《金史·熙宗纪》则云"宋使曹勋来许岁币银绢二十五万两、匹"，易滋误解，不如《宋史》之明确。又，隆兴二年和议，《宋史·孝宗纪》载："易岁贡为岁币，减十万"，意为银、绢各减五万，共减十万，亦即重定岁币之数为银二十万两，绢二十万匹。此事《金史·世宗纪》云"岁币二十万"，疑为"岁币银、绢各二十万"之误。

没有把五十万岁币用来减轻人民负担。《金史·熙宗纪》载：皇统四年（公元1144年）正月甲寅，“诏以去年宋币赐始祖以下宗室”。[①] 金人如何支配岁币，于此可见一斑。在这一件事情上，金王朝远不如辽王朝之明智。

金王朝每年征收多少田赋，缺乏统计资料。《金史·食货志》记世宗之语：“朕闻国无九年之蓄则国非其国，朕是以括天下之田以均其赋，岁取九百万石，自经费七百万石外，二百万石又为水旱之所蠲免及赈贷之用，余才百万石而已。朕广蓄积，备饥馑也。小民以为税重，小臣沽民誉，亦多议之，盖不虑国家缓急之备也。”[②] 岁取九百万石，仅从总额来看，不会发现什么了不起的问题；但是“小民以为税重”是有道理的。人民之所以叫喊“税重”，首先是因为田赋负担的极度不均，具体地说就是，每年总额为九百万石的田赋绝大部分是由汉民族，特别是被称为“南人”（宋沦陷区内的居民）的那部分汉民族负担的。女真族占田特别多，而田赋负担却特别轻。表6-5充分说明了这种情况。

金制：民田田赋（基本上是汉族人民负担的田赋）的每亩赋额，一般为夏税三合，秋税五升，另秸十五斤。猛安谋克交纳的田赋，即牛具税，以二十五口、四顷四亩作一计税单位，征赋五斗——世宗时又减为三斗。按每具五斗计算，平均每亩赋额仅为1.2合；若按每具三斗计算则平均每亩赋额仅为0.7合。两者差距之大是非常显著的。

从表6-5可以计算出：

1. 女真族占田达174 008 792亩，每年交纳田赋按每牛具三斗计算仅为117 042.3石，只占每年900万石田赋征收总额的1.3%，汉族人民却要负担田赋征收总额的90%以上。

2. 女真族平均每户占田280亩，平均每户田赋负担仅为0.19石，即不到两斗。

---

① 《金史》第一册，80页。

② 《金史》第四册，1057页。

表 6－5　　女真族户口、占田及牛具统计表

项　目	总　计	猛安谋克	在都宗室将军司	迭剌、唐古二部五纠
户数	621 379	615 624	170	5 585
口数	6 324 970	6 158 636	28 790	137 544
其中正口	4 933 114	4 812 669	982	119 463
奴婢口	1 391 856	1 345 967	27 808	18 081
垦田（顷）	1 740 087.92	1 690 380	3 683.75	46 024.17
牛具	390 141	384 771	304	5 066

资料来源：《金史·食货志》牛具税条。《金史》第二册 1063—1064 页。

注：大定二十三年八月尚书省奏推排数。

3. 按规定每 25 人占田 404 亩计算，女真族（按正口计算）的应占田数为 79 719 122 亩，上表所列占田数却为 174 008 792 亩，实际占田数相当于应占田数的 218%。按规定每 404 亩作一牛具计算，应纳田赋的牛具数为 430 714 具，上表所列牛具数却为 390 141 具，仅占实际牛具数的 91%。这就清楚地说明了，尽管经过推排，女真族还是使用了多占田、少报牛具的手段减轻其本来就已经很轻的田赋负担。

实际上女真族所占的田地多数不是自耕而是出租的。大定二十一年，世宗对宰臣说："山东、大名等路猛安谋克户之民，往往骄纵，不亲稼穑，不令家人农作，尽令汉人佃莳，取租而已。"[①]《金史·食货志》又载："附都猛安户不自种，悉租与民，有一家百口垅无一苗者。"[②] 这种情况是很普遍的，并且一直到金的灭亡前夕还是如此。

民族间负担的异常不平衡，不只存在于田赋方面，也存在于其他方面。所以，汉族人民的负担特别重，女真族的负担特别轻，应该被认为金代农民负担的主要特点。这反映了金王朝的民族歧视政策，影响了金王朝的民族关系；同时也可以说是金王朝政权的一个致命伤。

人民之所以叫喊负担重，还因为金的国家财政一团糟，常常陷于捉襟见肘的窘境，以致不择手段，横征滥派。"军须钱"就是其中的一个典型。《金史·兵志》记载："世宗大定三年（公元 1163 年，南宋孝宗隆兴元年），南征，军士每岁可支一千万贯，官府只有二百万贯，

① 《金史》第四册，1046 页，1047 页。

② 《金史》第四册，1046 页，1047 页。

外可取于官民户，此军须钱之所由起也。”[1] 这就是说，这次所谓南征军饷的80%是依靠摊派军须钱来挹注的。《兵志》又记载：章宗“承安三年（公元1198年），以军须所费甚大，乞验物力均征。拟依黄河夫钱例，征军须钱，验各路新籍物力，每贯征钱四贯，西京、北京、辽东路每贯征钱二贯，临潢、全州则免征”。[2]《金史》每多缺漏，这里所说的每贯征钱四贯和每贯征钱二贯，不合情理，疑应为每百贯征钱四贯和每百贯征钱二贯。但从这则记载，可以知道军须钱的摊派办法；同时还可以推想黄河夫钱大体上也是这样摊派的。金代摊派繁多，除军须钱和黄河夫钱以外，还有铺马钱，牛夫钱，司吏钱等等，这些已在上一节里说过，兹不赘。

人民还叫喊徭役负担的苛重。关于金代封建徭役的具体情况，上一节里已作过较详细的论述，这里勿庸再赘。

徭役和许多摊派都以物力为依据，按理贫苦下户不会沾多大的边，可事实却不然。《金史·食货志》记，章宗“泰和七年（公元1207年）六月敕：中物力户，有役则多逃避，有司令以次户代之，事毕则复业，以致大损不逃之户”。[3] 财雄势大的上物力户，与地方吏胥相勾结，转嫁其负担于中下户；而下户则被强认为中户。这些情况是常有的。

章宗承安年间的刮田给军，同样反映了金王朝的民族压迫和民族歧视政策。《金史·张万公传》记载：“主兵者又言，‘比岁征伐，军多败衄，盖屯田地寡，无以养赡，至有不免饥寒者，故无斗志。愿括民田之冒税者分给之，则战士气自倍矣’。朝臣议已定，万公独上书，言其不可者五，大略以为：‘军旅之后，疮痍未复，百姓拊摩之不暇，何可重扰，一也。通检未久，田有定籍，括之必不能尽，适足以增猾吏之敝，长告讦之风，二也。浮费侈用，不可胜计，推之以养军，可敛不及民而足，无待于夺民之田，三也。兵士失于选择，强弱不别，而使同田共食，振厉者无以尽其力，疲劣者得以容其姦，四也。夺民

① 《金史》第三册，1005页，1006页。
② 《金史》第三册，1005页，1006页。
③ 《金史》第四册，1036页。

而与军，得军心而失天下心，其祸有不可胜言者，五也。必不得已，乞以冒地之已括者召民莳之，以所入赡军，则军有坐获之利，而民无被夺之怨矣。’皆不报。”[①] 主兵者以战事失利归咎于“屯田地寡”是强词夺理，推卸责任，而所谓“括民田之冒税者”实际上是夺民田以给军，通检之后，民间哪有许多黑地，其势必致夺民之田，如万公所言。

章宗不接纳万公的意见，种下了恶果。《金史·食货志》载：泰和四年（公元1204年）九月，“上（章宗）闻六路括地时，其间屯田军户多冒名增口，以请官地，及包取民田，而民有空输税赋、虚抱物力者，应诏陈言人多论之”。[②]

刮田给军之为弊政，虽已明显地暴露出来，但是，坚持民族压迫和民族歧视政策的金王朝并不以为意。《金史·张行简传》记，泰和五年张行简为天顺军节度使，“行简到保州，上书曰：比者括官田给军，既一定矣，有告欲别给者，辄从其告，至今未已。名曰官田，实取之民以与之；夺彼与此，徒启争端。臣所管深泽县地三百余顷，复告水占沙鹹者三之二，若悉从之，何时可定”。[③] 看来张行简的话也是白说。

宣宗（王颜珣）南迁后刮田给军之议复起。《金史·食货志》对此事纪述颇详：“贞祐三年（公元1215年）七月，以既徙河北军户于河南，议所以处之者……上卒从宰臣议，将括之。侍御史刘元规上书曰：‘伏见朝廷有括地之议，闻者无不骇愕。向者河北、山东已为此举，民之茔墓井灶悉为军有，怨嗟争讼至今未绝。若复行之，则将大失众心！荒田不可耕，徒有得地之名，而无享利之实。纵得熟土，不能亲耕，而复令民佃之，所得无几，而使纷纷交病哉！’上大悟，罢之。”[④] 尽管如此，刮田给军之议并没有从此停息。

这年八月，蒙古人侵及河南，金王朝尽起诸路军户南来，共图保

① 《金史》第五册，2104页。
② 《金史》第四册，1051页。
③ 《金史》第七册，2332页。
④ 《金史》第四册，1051—1052页。

守，而不能知所以得军粮之术。宣宗接纳参政高汝砺的建议，一方面“倍益官租”，另一方面，以“系官荒田，牧地”与军。这年十月，宣宗又派遣右司谏冯开等五人分赴诸郡，“就授以荒官田及牧地可耕者，人三十亩”。[①] 贞祐四年规定：“民有能开牧马地及官荒地作熟田者，以半给之为永业，半给军户”。[②] 兴定五年（公元1221年）又议括所谓“逋户旧耕田”，“分给军户人三十亩，使之自耕，或召人佃种”；[③] 虽议而不决，却使人看到了女真统治阶级对刮田给军这一政策的依恋，并不认为这是弊政。

历史是冷酷无情的，刮田给军引起了极其严重的后果。清人赵翼说：“一代敝政，有不尽载于正史，而散见于他书者。金制，以种人（种人指本民族，即女真族人）设明安、穆昆（即猛安，谋克）分领之，使散处中原。世宗虑种人为民害，乃令明安、穆昆自为保聚，其土地与民犬牙相入者互易之；使种人与汉民各有界址，意志深远也。其后蒙古兵起，种人往战辄败。承安中，主兵者谓种人所给田少，不足豢身家，故无斗志；请括民田之冒税者给之。于是武夫悍卒倚国威以为重，有耕之数世者，亦以冒占夺之。及宣宗贞祐间南渡，盗贼群起，向之恃势夺田者，人视之为血仇骨怨，一顾盼之顷，皆死于锋镝之下，虽赤子亦不免，事见元遗山（元好问）所作《张万公碑》文。又，《完颜怀德碑》亦云：民间仇拨地之怨，睚眦种人，期必杀而后已；寻踪捕影，不三二日屠戮净尽，甚至掘坟墓，弃骸骨。惟怀德令临淄有惠政，民不忍杀，得全其生。可见种人之安插河北诸郡者，尽歼于贞祐对。盖由种人与平民杂处，初则种人倚势虐平民，后则平民报怨杀种人，此亦一代得失之林也。然《金史》绝不载此事，仅于《张万公传》略见之。则知《金史》之缺漏多矣！”[④] 金王朝推行民族压迫和民族歧视政策，使汉人饱受痛苦，而其结局则又使女真人陷入厄运。奇怪的是，贞祐南迁后，金季君臣仍视刮田给军为灵丹妙药，

---

① 《金史》第四册，1051—1052页。

② 《金史》第四册，1054页，1055页。

③ 《金史》第四册，1054页，1055页。

④ 赵翼：《廿二史劄记》，卷二十八。

真可谓执迷不悟了！

金季农民负担，最为苛重。高汝砺曾经向宣宗指出过："今民之赋役，三倍平时；飞輓转输，日不暇给"。[1] 所谓三倍平时的估计，绝不会是夸大了的。《金史·食货志》说："国用之屈，未有若金季之甚者。金之为政，常有邺民之志，而不能已苛征之令，徒有聚敛之名，而不能致富国之实。及其亡也，括粟、阑籴，一切掊克之政，靡不为之。加赋数倍，预借数年。"[2] 所谓"常有恤民之志"是骗人的，世宗算是金代唯一较为开明的君主，虽有励精图治之心，却乏综核名实之术，眼看着吏治败坏而一筹莫展；别的君主有时也说几句关心人民的话，却不过像小和尚念经文而已。至于所谓"未能已苛征之令"，却是千真万确的，世宗也不例外，军须钱就是那时候首创的；其他君主更不用说了。

现在我们接着说一说刮粟、阑籴这两件事。

刮粟是搜刮民间粮食。《金史·宣宗纪》载：贞祐二年（公元1214年）三月癸未，"京师大括粟"。[3]《金史·奥屯忠孝传》记："中都围急（蒙古人围攻燕京），粮运道绝。诏忠孝搜括民间积粟，存两月食用，悉令输官，酬以银钞或僧道戒牒。是时知大兴府事胥鼎计划军食，奏许人纳粟买官，鼎已籍（已登记纳粟买官的）者忠孝再括之，令百姓两输，欲为己功。"[4] 这样一来，有的人家便没有什么余粮了。刮粟之事，南迁后一再实行。《金史·哀宗纪》载，哀宗（完颜守绪）"天兴元年（公元1232年）八月，诏罢括粟，复以进献取之"。[5] 诏令说罢刮粟，可知在这以前是实行刮粟的；并且这一次也不是真正的罢，而是换上一个漂亮的词儿——进献。这年的闰九月，干脆名正言顺地"再括京城粟"，还闹出了人命："括粟使者兵马都总领完颜九住以粟有蓬稗，杖杀孝妇于省门。"[6] 这个不幸的妇人是被杀死的，而因刮

---

① 《金史》第四册，1053页。

② 《金史》第四册，1030页。

③ 《金史》第二册，303页，389页。

④ 《金史》第七册，2298—2299页。

⑤ 《金史》第二册，303页，389页。

⑥ 《金史》第二册，393—394页，397页，401页，311页。

粟而被活活饿死的又不计其数:“（十一月）壬子，京城人相食”,① 天兴二年哀宗出奔归德府，二月“括城中粮”。② 是年六月再奔蔡州，九月“己未，括蔡城粟”。③ 这时候，金王朝只有靠刮粟来苟延残喘，此外别无其他办法可想了。

阑籴（阑，遮截）是强买商民运往黄河北岸的粮食。《金史·宣宗纪》记：贞祐三年“八月乙卯，“增沿河阑籴之法，十取其八，以抑贩粟之弊，仍严禁私渡”。④《金史·食货志》记:“又制：凡军民客旅粟不予官籴处粜，而私贩渡河者，杖百。”⑤ 又记:“上（宣宗）以河北州府钱多，其散失民间颇广，命尚书省措画之。省臣奏:‘已命山东、河北榷酤及滨、沧盐司，以分数带纳矣。今河北艰食，贩粟北渡者众，宜权立法以遮籴之。拟于诸渡口南岸，选通练财货官，先以金银丝绢等博易商贩之粮，转之北岸，以迴易籴本，兼收现钱。不惟杜姦弊，亦使钱入京师。’从之。”⑥ 贞祐二年三月，金与蒙古人缔和，五月，宣宗决定南渡；七月，迁都于开封。贞祐三年时，黄河北岸的部分州县尚在金人手中。当时河朔大饥，粮价暴涨，观、沧等州斗米价至银十余两。商民见有利可图，纷纷贩粟北渡。金王朝在黄河各渡口南岸设置和籴机构，命令商民必须将所贩粮食的十分之八粜与官府，其余十分之二准许运往北岸，否则以私贩论罪。这就是阑籴。金王朝以维持河南军民粮食为理由，实际上是与民争利，要垄断这笔一本万利的大买卖，这一点尚书省已说得很清楚。

一个没落的封建王朝是无论怎么不得人心的事情也会干得出来的。《金史·陈规传》记:(贞祐)“四年（公元1216年）正月，（陈规）上言:‘伏见沿河悉禁物斛北渡，遂使河北艰食，人心不安。昔秦晋为

① 《金史》第二册，393—394页，397页，401页，311页。

② 《金史》第二册，393—394页，397页，401页，311页。

③ 《金史》第二册，393—394页，397页，401页，311页。

④ 《金史》第二册，311页。

⑤ 《金史》第四册，1119页，按：这两条原书系在贞祐四年下，时间上恐有舛误，疑当在贞祐三年。

⑥ 《金史》第四册，1119页，按：这两条原书系在贞祐四年下，时间上恐有舛误，疑当在贞祐三年。

雠，一遇年饥，则互输之粟。今圣主在上，一视同仁，岂可以一家之民自限南北，坐视困馁而不救哉？况军民效死御敌，使复乏食，生亦何聊，人心一摇，为害不细。臣谓宜于大阳、孟津等渡委官阅视，过河之物，每石官收不过其半；则富有之家利其厚息，辐凑而往，庶几公私俱足。’宰执以河南军储为重，诏南渡（南渡，渡口南岸）委官取其八，二以与民；至春泽足，大兵北还，乃依规请”。[①] 陈规所请，不过减少和籴数，但宰臣仍不同意，仅用几句空话来敷衍过去。

又《金史·侯挚传》记：贞祐“四年正月，进拜尚书右丞。尝上言，宜开沁水以便馈运，至是，诏有司开之。是时河北大饥，挚上言曰：‘今河朔饥甚，人至相食，观、沧等州斗米银十余两，殍殣相属。伏见沿河上下许贩粟北渡，然每石官籴其八。彼商人非有济物之心也，所以涉河往来者特利其厚息而已；利既无有，谁复为之？是虽有济物之名，而实无所渡之物，其与不渡何异。昔春秋列国各列疆界，然晋饥则秦输之粟，及秦饥，晋闭之籴，千古讥之。况今天下一家，河朔之民皆陛下赤子，而遭罹兵革，尤为可哀，其忍坐视其死而不救欤！人心惟危，臣恐弄兵之徒，得以藉口而起也。愿止其籴，纵民输贩为便。’诏尚书省行之”。[②] 侯挚的意见获得宣宗批准，阑籴可能取消了。其实，阑籴一行，北运的粮食自然会大为减少，金王朝的如意算盘毕竟敌不过商民的现实算盘，纵然维持下去也不能捞到多大好处了。

至于《食货志》所说的加赋和预借，《金史》纪述不详。散见的如：宣宗贞祐三年七月，“借平阳民租一年”；[③] 哀宗天兴元年（公元1232年）九月，“以牓召民卖放下年军须钱，上户田租如之”；[④] 这都是预借。哀宗正大四年（公元1227年）三月，“征夏税二倍”，[⑤] 这是加赋。从史料中只能摭拾得零碎的几条。不过，金季赋敛的苛重是无可怀疑的。高汝砺说“民之赋役三倍平时”，这是最低的估计。农民的负担究竟增加了多少倍。谁也很难算得准确。下面我们再摘录几条

---

① 《金史》第七册，2402—2403页。

② 《金史》，第七册，2386页。

③ 《金史》，第二册，310页，393页，378页。

④ 《金史》，第二册，310页，393页，378页。

⑤ 《金史》，第二册，310页，393页，378页。

资料，以供参考。

刘炳于贞祐三年中进士第，即日上书条陈十事，其中第四条痛斥地方官吏的贪暴昏乱，说：“公有斗粟之赋，私有万钱之索”。[①] 说明地方官吏私下的浮收勒索，比之公赋不知增加多少倍。

贞祐三年十月，御史田迥秀言：“方今军国所需，一切责之河南。有司不惜民力，征调太急，促其期限，痛其箠楚。民既罄其所有而不足，遂使奔走傍求于他境，力竭财殚，相踵散亡，禁之不能止也。”[②]

贞祐四年五月，山东行省仆散安贞言：“泗州被灾，道殣相望，所食者草根木皮而已。而邳州戍兵数万，急征重役，悉出三县。官吏酷暴，擅括宿藏，以应一切之命。民皆逋窜，又别遣进纳闲官以相迫督。皆怙势营私，实到官者才十之一，而徒使国家有厚敛之名。”[③] 国家是厚敛的，不是徒有空名；但地方官吏的厚敛更甚于国家。这就是孟子所说的“上下交征利”。

兴定二年（公元 1218 年）集庆军节度使温迪罕达上疏言：“亳州户旧六万，今存者无十一，何以为州？且今调发数倍于旧，乞量为减免。”[④]

元光元年（公元 1222 年）八月，胡鲁任参知政事，宣宗对他说：“卿顷为大司农，巡行郡县，盗贼如何可息？”对曰：“盗贼之多，以赋役多也。赋役省则盗贼息。”上（宣宗）曰：“朕固省之矣。”胡鲁曰：“如行院（行枢密院）、帅府扰之何！”[⑤]

金季农民负担的苛重，从以上几则资料可以看到一个轮廓。

除了各种摊派以外，金代还有许多苛捐杂税，末世尤甚，不能一一缕述。最后要说一说的是所谓桑皮故纸钱。

金代钞法屡变而愈变愈坏。“民以货币屡变，往往怨嗟，聚语于市。”章宗知道后告诉御史台：“自今都市敢有相聚论钞法难行者，许

① 《金史》，第七册，2338 页。
② 《金史》，第四册，1060—1061 页。
③ 《金史》，第七册，2338 页。
④ 《金史》，第七册，2294 页，2392 页。
⑤ 《金史》，第七册，2294 页，2392 页。

人捕告，赏钱三百贯。”[①] 用暴力来抗拒经济规律是必然要失败的。卫绍王大安三年（公元1211年）会河之役，至以交钞八十四车为军赏，交钞之贱可知。宣宗贞祐三年（公元1215年）七月，改行‘贞祐宝券’，同时制定了所谓沮阻罪；但严刑重法维持不了‘宝券’的价值，不到一年，“千钱之券仅值数钱”。

兴定元年（公元1217年）二月，又改造‘贞祐通宝’，并于这年五月开征桑皮故纸钱。《金史·食货志》记载：“五月，以钞法屡变，随出而随坏，制纸之桑皮故纸皆取于民，至是又甚艰得，遂令计价，但征宝券、通宝，名曰‘桑皮故纸钱’，谓可以免民输輓之劳，而省工物之费也。高汝砺言：‘河南调发繁重，所征租税三倍于旧，仅可供亿，如此其重也。而今年五月省部以岁收通宝不充所用，乃于民间敛桑皮故纸钞七千万贯以补之，又太甚矣！而近又以通宝稍滞，又增两倍。河南人户农居三之二，今年租税征尚未足，而复令出此，民若不粜当纳之租，则卖所食之粟，舍此将何得焉。今所急而难得者刍粮也，出于民而有限。可缓而易为者交钞也，出于国而可变。以国家之所自行者而强求之民，将若之何！向者大钞滞则更为小钞，小钞弊则改为宝券，宝券不行则易为通宝，变制在我，尚何烦民哉！民既悉力以奉军而不足，又计口、计税、计物、计生殖之业而加征，若是其剥，彼不能给，则有亡而已矣！民逃田秽，兵食不给，是军储钞法两废矣！臣非于钞法不加意，非故与省部相违也，但以钞滞物贵之害轻，民去军饥之害重尔。’时不能用。”[②] 金王朝财政政策的基本指导原则是一切取之于民，从不考虑竭泽而渔带来的后果，所以，桑皮故纸钱的开征并不奇怪。高汝砺对当时的财政危机也没有提出什么补救办法；而他认为“钞滞物贵之害轻”更是一种片面的。但是，他说出了当时农民负担苛重的真相，这对我们研究金代农民负担是有帮助的；他委婉地要求女真统治阶级要注意农民的负担能力，这一点无疑是切中时弊的。

《宋史·李全传》说：“大元兵破中都，金主窜汴，赋敛益横，遗

① 《金史》第四册，1079页。

② 《金史》第四册，1087—1088页。

民保岩阻思乱。于是刘二祖起泰安，掠淄、沂。二祖死，霍仪继之，彭义斌、石珪、夏全、时青、裴渊、葛平、杨德广、王显忠等附之。杨安儿起，掠莒、密，展徽、王敏为谋主，母舅刘全为帅，汲君立、王琳、阎通、董友、张正忠、孙武正等附之”。[1]《金史·仆散安贞传》说：“自杨安儿，刘二祖败后，河北残破，干戈相寻。其党往往复相团结，所在寇掠，皆衣红衲袄以相识别，号‘红袄贼’。官军虽讨之，不能除也。大概皆李全、国用安、时青之徒焉。”[2] 金王朝直至灭亡也没有能够消灭红袄军。金季的农民起义是民族斗争和阶级斗争的交响诗，其导火线显然是苛重的赋役。风起云涌的农民起义，集中表现了人民对金王朝统治的不满与仇恨。得不到人民支持的王朝是必然要解体的。

第四节　蒙古族的崛兴与元王朝的建立

公元 1206 年，岁次丙寅，这是一个不寻常的“虎年”，一头出山猛虎闯进了历史舞台，这位叱咤风云的英雄人物就是蒙古各部落人民拥立为成吉思汗的孛儿只斤·铁木真。在铁木真领导下蒙古族崛兴于漠北，震撼了世界，使十三世纪成为蒙古人的世纪。

成吉思汗并没有要征服世界的野心，他心目中的猎物本来只是西夏和金。蒙古人从 1205 年开始就对西夏用兵，到 1227 年把它全灭了。1211 年二月，成吉思汗亲自领兵伐金，败金将定薛于野狐岭，取大水泺、丰利等县；八月复大败金师于宣平的会河川。公元 1213 年秋，成吉思汗大举攻金，“分兵三道：命皇子术赤（成吉思汗的长子）。察合台（次子）、窝阔台（三子，后继位，即太宗）为右军，循太行而南，取保、遂，安肃、安、定、邢、洺、磁、相、卫、辉、怀、孟，掠泽、潞、辽、沁、平阳、太原、吉、隰、拔汾、石、岚、忻、代、武等州

① 《宋史》第三十九册，13817 页。
② 《金史》第七册，2246 页。

而还；皇帝哈撒儿及斡陈那颜，拙赤䚟、薄刹为左军，遵海而东，取蓟州、平、滦、辽西诸郡而还；帝（成吉思汗）与皇子拖雷（四子，后追谥睿宗）为中军，取雄、霸、莫、安、河间、沧、景、献、深、祁、蠡、冀、恩、濮、开、滑、博、济、泰安、济南、滨、棣、益都、淄、潍、登、莱、沂等郡”。[①] 时间不过三个月，各路大军势如破竹，“凡破九十余郡，所过无不残灭，两河、山东数千里，人民杀戮几尽，金帛、子女、牛羊马畜皆席卷而去，屋庐焚毁，城郭丘墟矣！惟大名、真定、青、郓、邳、海、沃、顺，通州有兵坚守，未能破。（金贞祐二年，公元1214年）二月，复还燕京。燕京粮乏，（金）军民饿死者十四五”。[②] 三月，金主完颜珣遣使求和，献卫绍王女岐国公主及童男女各五百人，彩绣衣三千载，马三千匹，金银珠玉无数，并以左丞相完颜福兴为质。成吉思汗许和退师。这年的五月，金主南迁。成吉思汗把对付金人的任务交给了他的心腹大将木华黎。到公元1222年，金主完颜珣再次派遣乌古孙仲端远道至花剌子模国乞和，成吉思汗还是勉强地答应了，让已到了穷途末路的金王朝得以在河南地区苟延残喘数年。

从公元1219年到1224年，成吉思汗亲自组织和领导了长达七年之久的征服中亚细亚的战争。这就是世界历史上有名的成吉思汗西征。关于这一次战争，《元史·太祖纪》有几条简略的记载，兹摘录于下：

1. 十四年己卯“夏六月，西域杀使者，帝率师亲征，取讹答剌城，擒其酋哈只儿只兰秃”。[③]

按：“十四年”是指成吉思汗称帝后的第十四个年头，即公元1219年，南宋宁宗嘉定十二年，金宣宗兴定三年。“讹答剌城”即《元史·地理志·西北地附录》的兀提剌耳。“西域杀使者”一事、张星烺说：“据回教著作家之记载，当时讹答剌城守官曰亦纳尔柱克盖耳汗（Inaldjuk Gair Khan）。1218年，有奉回教之蒙古骆驼商队四百人，往花剌子模，携有成吉思汗之国书。抵讹答剌时，盖耳汗杀之。成吉思

① 《元史》中华书局版（下同），第一册，17页。
② 李心传：《建炎以来朝野杂记》乙集卷19，《鞑靼款塞》。
③ 《元史》第一册，20页。

汗遣突厥人巴格拉，Bagra）及蒙古武官二人往责问。花剌子模王摩哈美德（Mohammed）杀巴格拉而髡武官二人之首，遣还蒙古。稍后，又袭击蒙古军之追灭里乞人（Merkits）逃往康里（Kankali）者。成吉思汗由是大怒。1218 年秋，离其窝耳朵（蒙古语宫帐也）西征。”①由此可知，中亚的战祸并不是蒙古人挑起的。成吉思汗被动地进行了一场报复性的战争。

2.“十五年庚辰春三月，帝克蒲华城。夏五月，克寻思干城，驻跸也儿的石河。秋，攻斡脱罗儿城，克之。”②

按：“蒲华城”即《西北地附录》的不花剌。“寻思干”即撒马儿罕。“也儿的石河”即额尔齐斯河。“斡脱罗儿城”，今哈萨克斯坦阿里思河入锡尔河处的废城。此城是由察合台和窝阔台攻克的。

3.“十六年辛巳春，帝攻卜哈儿、薛迷思干等城，皇子术赤攻养吉干、八儿真等城，并下之。夏四月、驻跸铁门关，……秋，帝攻班勒纥等城，皇子术赤、察合台、窝阔台分攻玉龙杰赤等城，下之。冬十月，皇子拖雷克马鲁察叶可、马鲁，昔剌思等城。”③

按：“薛迷思干”即寻思干，已于上年攻陷，此为重出之文，《元史》中这类错误是常见的。“养吉干，八儿真”是锡尔河下游的两座城，今已俱废。“帝攻班勒纥等城”，《圣武亲征录》作“上亲克迭儿密城，又破班勒纥城，围守塔里寒寨”。迭儿密城在今苏联乌兹别克加盟共和国东南苏尔罕河入阿姆河处；班勒纥城在迭儿密南阿富汗境；塔里寒寨在今阿富汗西南，巴拉穆加布东，城已废。玉龙杰赤乃花剌子模的国都，因术赤与察合台不和，蒙古军久攻未下，成吉思汗大怒，命窝阔台统一指挥。《元朝秘史·卷十三》记其事说：“太祖自回回地面归，命拙赤（即术赤）、察阿歹（即察合台）、斡歌歹（即窝阔台）三子领右手军，过阿梅河（即阿姆河），至兀笼格赤（即玉龙杰赤）城下营。命拖雷往亦鲁（即也里，《明史》作哈烈）等城下营。拙赤等至兀笼格赤下营了，差人来说：如今俺三人内，听谁调遣？太祖教

---

① 张星烺：《中西交通史料汇编》第五册，29 页。

② 《元史》第一册，20 页。

③ 《元史》第一册，21 页。

听斡歌歹调遣。”玉龙杰赤既下，三子将百姓分了，不曾留下太祖处的分子，又使成吉思汗大为恼火，三日不许三子入见。拖雷所克各城，韩儒林主编的《中国通史参考资料古代部分第六册》引《圣武亲征录》作：“四太子又克马鲁察、叶可、马卢、昔剌思等城，”注谓：“小马鲁，今阿富汗西南麻鲁查；大马卢，今土库曼斯坦穆尔加布河下游马勒城东废城。”韩书注释较正确，《元史》在地名的标点上疑有误。昔剌思，《西北地附录》作撒剌哈夕，为波斯古城，位于大马卢西南。

4.“十七年壬午春，皇子拖雷克徒思、匿察兀儿等城。还经木剌夷国，大掠之。渡搠搠阑河，克也里等城；遂与帝会，合兵攻塔里寒寨，拔之……夏，避暑塔里寒寨。西域主札阑丁出奔，与灭里可汗合，忽都忽与战不利。帝自将击之，擒灭里可汗，札阑丁遁去；遣八剌追之，不获。”①

按：“匿察兀儿”即《西北地附录》之乃沙不耳，位于伊朗东北；《元史》卷120《曷斯麦里传》作你沙不儿，《元史》卷122《巴而术阿而忒的斤（成吉思汗之婿）传》作你沙卜里。《圣武亲征录》于辛巳年记“命四太子攻也里、泥沙兀儿等城”，而于壬午年则记“又克徒思，匿察兀儿等城”，泥沙兀儿与匿察兀儿两名互用，比较混乱。徒思亦为波斯古城，在匿察兀儿东北。木剌夷即没里奚，清人洪钧所著《元史译文证补》有《木剌夷补传》可参考，主要据点在今伊朗厄尔布尔山（Elburs）中的库亦斯坦。木剌夷，至宪宗（蒙哥）时始为蒙古人所灭，拖雷此次只是过境大掠而已。搠搠阑河即赫里鲁德河（Herirud）。也里城在今阿富汗西部赫拉特，《圣武亲征录》作野里。塔里寒，《西北地附录》作塔里干，在班勒纥城之东。札阑丁是花剌子模国算端（义与国王、可汗等相同，疑即苏丹之异译）摩哈美德的儿子；灭里可汗，或谓札阑丁之大臣帖木儿灭里，或说是札阑丁的表兄弟。忽都忽是成吉思汗的养子。张星烺引回教著作家对这一战役的纪述说：“据回教著作家之记载，1221年（元太祖十六年），成吉思（汗）避暑于塔里寒附近山中。至秋，札阑丁在哥疾宁（Ghazna）收

① 《元史》第一册，22页。

集余烬，以图复逞。成吉思（汗）往攻之，围寇端（Kerduan）寨，阅月始下。成吉思（汗）越印度库斯山攻巴缅城（Bamian）。有一孙战死，故命毁其城，并屠全境居民。史起库脱库（即忽都忽）驻兵可不里（Kabul，今译喀布尔，为阿富汗首都）及柴伯尔斯坦（Zabelstan）两地山中，以作声援。札阑丁击败之于八鲁湾（Beruan），虽胜而兵士多逃亡者，不得已乃退至辛头河（R. Sind 即印度斯河）。札阑丁离哥疾宁后十五日，成吉思（汗）即追踪而至。札阑丁尚未渡河，而蒙古军马已至，于是大战。札阑丁兵败，跃马入河，泳至他岸。时为 1221 年十二月也。次年春，札阑丁在印度境内又纠众起事。成吉思（汗）遣拜剌（即《元史》之八剌）及图尔泰（Turtai）二将过河讨之。札阑丁退往德梨（Del－hi，今译德里）。蒙古人围麦尔塘（Multan），城中人死守。天酷暑，蒙古人乃退回哥疾宁，大掠麦尔塘、拉和尔（Lahore）、配夏窪（Peshawur）及梅里普儿（Melikpur）诸省。”①

5. 十八年“夏，避暑八鲁弯川。皇子术赤、察合台、窝阔台及八剌之兵来会，遂定西域诸城，置达鲁花赤监治之”。②

按：八鲁弯在今阿富汗首都喀布尔之北。达鲁花赤，蒙古语谓掌印办事之长官，不论文武职或路府州县，均设此官。

6. 十九年甲申夏，“帝至东印度国，角端见，班师”。二十年（公元 1225 年）“乙酉春正月，还行宫”。③

按：角端，独角兽。《元史·耶律楚材传》记：“甲申，帝至东印度，驻铁门关，有一角兽，形如鹿而马尾，其色绿……帝以问楚材，对曰：‘此瑞兽也，其名角端……好生恶杀，此天降符以告陛下。陛下天之元子，天下之人皆陛下之子，愿承天心，以全民命。’帝即日班师。”④ 原传记有角兽作人言，极怪诞不可信。但是，耶律楚材随机应变，婉为劝诫，减轻了战祸，挽回不少人命，这是值得赞赏的。另

---

① 《中西交通史料汇编》第五册，34—35 页。

② 《元史》第一册，22 页。

③ 《元史》第一册，23 页。

④ 《元史》第十一册，3456 页。

一个对成吉思汗有影响的人物为长春山人丘处机。丘处机于公元1219年自山东莱州应召西行，1222年晤成吉思汗于八鲁弯，《元史·释老传》记："太祖时方西征，日事攻战，处机每言欲一天下者，必在乎不嗜杀人。及问为治之方，则对以敬天爱民为本。问长生久视之道，则告以清心寡欲为要。太祖深契其言，曰：'天锡仙翁，以寤朕志。'命左右书之，且以训诸子焉。"[①]（《元史·太祖纪》记成吉思汗避暑八鲁弯川是在公元1223年，有误。）丘处机和耶律楚材的话对成吉思汗都有一定影响。《元史·太祖纪》记：二十二年夏六月，"金遣完颜合周、奥屯阿虎来请和。帝谓群臣曰：'朕自去冬五星聚时，已尝许不杀掠，遽忘下诏耶！今可布告中外，令彼行人亦知朕意'"。[②] 这就是一个证明。

成吉思汗西征的马蹄实际已经踩到俄罗斯。此事《元史·太祖纪》漏载，《元朝秘史》记："再命速别额台（即速不台）勇士征迤北康邻等十一部落。渡亦得勒、札牙黑二水，直至乞瓦儿绵客儿绵等城。"[③]《元史·速不台传》记："癸未（公元1223年，成吉思汗十八年），速不台上奏，请讨钦察，许之。遂引兵绕宽定吉思海，辗转至太和岭，凿石开道，出其不意。至则遇其酋长玉里吉及塔塔哈儿方聚于不租河，纵兵奋击，其众溃走。矢及玉里吉之子，逃于林间，其奴来告而执之，余众悉降，遂收其境。又至阿里吉河，与斡罗思部大小密赤思老遇，一战降之，略阿速部而还。"[④]

按：所谓康邻等十一部落，包括：康邻（《元史》作康里）钦察、斡罗斯（即俄罗斯，但当时尚未出现一个统一的俄罗斯帝国）、阿速惕（惕是蒙古语表示复数的词尾）、马札儿（即匈牙利）、兀巴只吉（今阿伯斯）、薛速、薛儿格速（《西北地附录》作撒耳柯思）、客失米儿（即克什米尔）、不合儿和客列勒。亦得勒河即今之伏尔加河。札牙黑河为今之乌拉尔河。乞瓦儿绵客儿绵城即基辅城。宽定吉海即

① 《元史》第十五册，4524—4525页。

② 《元史》第一册，24页。

③ 《元朝秘史》，卷13。

④ 《元史》第十册，2976页。

今之里海。太和岭即高加索山。当时俄罗斯族的乞瓦、车尔尼哥夫、嘀里赤三王均取名密赤思老，故云“大小密赤思老”。这一年年末，蒙古人即自俄罗斯境撤兵东归。

成吉思汗死于二十二年（公元1227年）七月。蒙古人的大规模西征实际上是在成吉思汗已死之后。成吉思汗之后，经历太宗窝阔台（公元1229—1241年，1228年由拖雷监国），乃马真后（公元1242—1245），定宗贵由（公元1246—1248），海迷失后（公元1249—1250），宪宗蒙哥（公元1251—1259）数朝，都未有国号和年号。太宗六年（公元1234年）灭金。宪宗三年（公元1253年）灭大理。世祖忽必烈于公元1260年即位，是年五月定年号为中统，四年后改元至元。至元八年（公元1271）十一月始建国号为大元。至元十六年（公元1279年）正月灭南宋；中国统一于元王朝的统治之下。

从第10世纪起，约达380年之久，神州大陆陷于四分五裂状态。最初是五代十国，接着是北宋、辽、西夏和后来的南宋、金、西夏的鼎足分立（实际上还有一个大理国），直至元世祖至元十六年才恢复了全国的统一。元的版图比以往各王朝都大。《元史·地理志》说：“自封建变为郡县，有天下者，汉、隋、唐、宋为盛，然幅员之广，咸不逮元。汉梗于北狄，隋不能服东夷，唐患在西戎，宋患常在西北。若元，则起朔漠，并西域，平西夏，灭女真，臣高丽，定南诏（即大理国），遂下江南，而天下为一。故其地北踰阴山，西极流沙，东尽辽左，南越海表。盖汉东西九千三百二里，南北一万三千三百六十八里；唐东西九千五百一十一里，南北一万六千九百一十八里。元东南所至不下汉、唐，而西北则过之，有难以里数限者矣。”① 这话并没有夸大。元代行政区划亦与以往各朝有所不同。其先征服的山东西、河北之地谓之腹里，直辖于中书省；世祖迁都于中都（后改称大都，今北京市）后，于原来的首都哈剌和林地区设岭北行中书省，并陆续分设辽阳、河南、江北、陕西、四川、甘肃、云南、江浙、江西、湖广及征东等行中书省（行省之名由此而起）。中书省及行中书省以下为

① 《元史》第五册，1345页。

路、府、州、县，则基本下仍沿前代旧制，只作个别调整而已。

元代的户口见后文及表6－6和表6－7。

表6－6　　元代户口统计表

地　区	户	人　口
总　计	13 966 363	59 599 329
中书省合计	1 355 354	3 691 516
大都路	147 590	401 350
上都路	41 062	118 191
兴和路	8 973	39 495
永平路	13 519	35 300
保定路	75 182	130 940
真定路	134 986	240 670
顺德路	30 501	124 465
广平路	41 446	69 082
彰德路	35 246	88 206
大名路	68 639	160 369
怀庆路	34 993	170 926
卫辉路	22 119	127 247
河间路	79 266	168 536
东平路	44 731	50 247
东昌路	33 102	125 406
济宁路	10 545	59 818
曹　州	37 153	195 335
濮　州	17 316	64 293
高唐州	19 104	23 121
泰安州	9 540	10 795
德　州	24 424	156 952
恩　州	10 545	37 479
冠　州	5 697	23 040
益都路	77 164	212 502
济南路	63 289	164 885
般阳府路	21 530	123 185

续表

地　　区	户	人　　口
宁海州	5 713	15 743
大同路	45 945	128 496
冀宁路	75 404	155 321
晋宁路	120 630	270 121
辽阳等处行中书省合计	84 765	481 424
辽阳路	3 708	33 231
广宁府路	4 595	缺
大宁路	46 006	448 193
沈阳路	5 183	缺
开元路	4 367	缺
合兰府水达达等路	20 906	缺
河南江北等处行中书省合计	905 370	4 175 239
汴梁路	30 018	184 367
河南府路	9 502	65 751
南阳府	692	4 893
汝宁府	7 075	33 751
信阳州	3 414	23 751
归德府	23 317	缺
襄阳路	5 090	缺
蕲州路	39 190	249 321
黄州路	14 878	36 879
庐州路	31 746	229 457
安丰路	17 992	97 611
安庆路	35 106	219 490
扬州路	249 466	1 471 194
淮安路	91 022	547 377
高邮府	50 098	缺
中兴路	170 682	599 224
峡州路	37 291	93 947
安陆府	14 665	33 554
沔阳府	17 766	30 955

续表

地　　区	户	人　　口
荆门州	29 471	165 435
德安府	10 923	36 218
随　州	15 966	52 064
陕西等处行中书省合计	89 839	769 598
奉元路	33 935	271 399
延安路	6 539	94 641
兴元路	2 149	19 378
凤翔府	2 081	14 908
巩昌府	45 135	369 272
四川等处行中书省合计	98 538	615 772
成都路	32 912	215 888
广元路	16 442	96 406
顺庆路	2 821	95 196
重庆路	22 395	93 535
绍庆府	3 944	15 189
夔州路	20 024	99 598
甘肃等处行中书省合计	2 812	32 666
甘州路	1 550	23 987
肃州路	1 262	8 679
江浙等处行中书省合计	6 326 423	28 736 947
杭州路	360 850	1 834 710
湖州路	254 345	缺
嘉兴路	426 656	2 245 742
平江路	466 158	2 433 700
常州路	209 732	1 020 011
镇江路	103 315	623 644
建德路	103 481	504 264
松江府	163 931	缺
江阴州	53 821	300 177
庆元路	241 457	511 113
衢州路	108 567	543 660

续表

地　　区	户	人　　口
婺州路	221 118	1 077 540
绍兴路	151 234	521 588
温州路	187 403	497 848
台州路	196 415	1 003 833
处州路	132 754	493 692
宁国路	232 538	1 162 690
徽州路	157 471	824 304
饶州路	680 235	4 036 570
集庆路	214 538	1 072 690
太平路	76 202	446 371
池州路	68 547	366 567
信州路	132 290	662 258
广德路	56 513	339 780
铅山路	26 035	缺
福州路	799 694	3 875 127
建宁路	127 254	506 926
泉州路	89 060	455 545
兴化路	67 739	352 534
邵武路	64 127	248 761
延平路	89 825	435 869
汀州路	41 423	238 127
漳州路	21 695	101 306
江西等处行中书省合计	2 332 811	11 674 542
龙兴路	371 436	1 485 744
吉安路	444 083	2 220 415
瑞州路	144 572	722 302
袁州路	198 563	992 815
临江路	158 348	791 740
抚州路	218 455	1 092 275
江州路	83 977	503 852
南康路	95 678	478 390

续表

地　　区	户	人　　口
赣州路	71 287	285 148
建昌路	92 223	553 338
南安路	50 611	303 666
南丰州	25 078	128 900
广州路	170 216	1 021 296
韶州路	19 584	176 256
惠州路	19 803	99 015
南雄路	10 792	53 960
潮州路	63 650	445 550
德庆路	13 705	32 997
肇庆路	33 338	55 429
梅　州	2 478	14 865
南恩州	19 373	96 865
封　州	2 077	10 742
新　州	11 316	67 896
桂阳州	6 356	25 655
连　州	4 154	7 141
循　州	1 658	8 290
湖广等处行中书省合计	2 770 451	9 421 625
武昌路	114 632	617 118
岳州路	137 508	787 743
常德路	206 425	1 026 042
澧州路	209 989	1 111 543
辰州路	83 223	115 945
沅州路	48 632	79 545
兴国路	50 952	407 616
汉阳府	14 486	40 866
归　州	7 492	10 964
靖州路	26 594	65 955
天临路	603 501	1 081 010
衡州路	113 373	207 523

续表

地　　区	户	人　　口
道州路	78 018	100 989
永州路	55 666	105 864
郴州路	61 259	95 119
全州路	41 645	240 519
宝庆路	72 309	126 105
武冈路	77 207	356 863
桂阳路	65 057	102 204
茶陵州	36 642	177 202
耒阳州	25 311	110 010
常宁州	18 431	69 402
静江路	210 852	1 352 678
南宁路	10 542	24 520
梧州路	5 200	10 910
浔州路	9 248	30 089
柳州路	19 143	30 694
庆远南丹安抚司	26 537	50 253
平乐府	7 067	33 820
玉林州	9 053	51 528
容　州	2 999	7 854
象　州	19 558	92 126
宾　州	6 248	38 879
横　州	4 098	31 476
融　州	21 393	39 334
藤　州	4 295	11 218
贺　州	8 676	39 235
贵　州	8 891	20 811
思明路	4 229	18 510
太平路	5 319	22 186
田州路	2 991	18 901
雷州路	89 535	125 310
化州路	19 749	52 317

续表

地　　区	户	人　　口
高州路	14 675	43 493
钦州路	13 559	61 393
廉州路	5 998	11 686
乾宁安抚司	75 837	128 184
南宁军	9 627	23 652
万安军	5 341	8 686
吉阳军	1 439	5 735

资料来源：《元史·地理志》。

注：梁方仲关于元代各省的户口统计（见《中国历代户口、田地、田赋统计》178—184页），与本表数字稍有出入。主要原因是，彼此所根据的《元史》版本不同；其次则梁表于河南江北行省漏列信阳州的户口数，于江浙行省的池州路户数误列为63 547，少了五千户（广德路人口数少了九千人，显然是排印上出的差错，不是梁氏的笔误）。又，本表据《新元史》补入汝宁州人口数，亦为梁表所无。这是两表数字稍有出入的具体原因。

表 6－7　　　　元代各省户口占总户口的百分比

省　　别	户	人　　口
各省总计	100.00	100.00
中书省	9.70	6.10
辽阳等处行中书省	0.61	0.81
河南江北等处行中书省	6.48	7.01
陕西等处行中书省	0.64	1.29
四川等处行中书省	0.70	1.03
甘肃等处行中书省	0.02	0.05
江浙等处行中书省	45.28	48.22
江西等处行中书省	16.74	19.59
湖广等处行中书省	19.83	15.81

表 6－6 缺少许多地区的户口数字，在时间上也不划一，只能说是一个什锦拼盘。也许接近于 14 世纪中期元王朝的户口数字，但一定低于实际数字。

根据元代户口的地理分布情况：中国北半部户口的大量减少反映了长期战乱的残酷性，东南半部户口的高度集中则反映了经济发展的趋向，反映了经济中心的转移。

蒙古人的武力震撼了世界；元王朝统治下的中国，在物质文明方面，也走在世界的前列，使西方旅行家眼花缭乱。

第五节　元的税粮制度

公元1206年成吉思汗所建立的，只能算是一个雏形的国家。《元史·百官志》说:“元太祖起自朔土，统有其众，部落野处，非有城郭之制（这是游牧民族的特点）；国俗淳厚，非有庶事之繁（这是奴隶占有制社会低级阶段的特点）；惟以万户统军旅，以断事官治政刑，任用者不过一二亲贵重臣耳。”[①] 断事官，蒙古人称为札鲁忽赤。《百官志》说:“国初未有官制，首置断事官，曰札鲁忽赤，会决庶务。”[②] 当时国家机器的主要部分是军事组织。《元史·兵志》说：“考之国初，典兵之官，视兵数多寡，为爵秩崇卑。长万夫者为万户，千夫者为千户，百夫者为百户。”[③]《元史·木华黎传》记：“岁丙寅，太祖即皇帝位，首命木华黎、博尔术为左右万户（此事亦见《博尔术传》）。”[④] 这就是上面所说的“以万户统军旅”。木华黎、博尔术和博尔忽、赤老温都是成吉思汗手下的骁将，称为“掇里班曲律”（汉语“四杰”之意）。《兵志》又说：“若夫军士，则初有蒙古军、探马赤军。蒙古军皆国人，探马赤军则诸部族也。其法，家有男子，十五以上、七十以下，无众寡尽签为兵。十人为一牌，设牌头；上马则备战斗，下马则屯聚牧养。孩幼稍长，又籍之，曰渐丁军。”[⑤] 诸部族，指首先归附成吉思汗的畏兀部（又称畏吾儿，即唐代的回纥、回鹘，亦即今之维吾尔族）、达达尔（即鞑靼，蒙古人在当时又被称为黑鞑靼）

① 《元史》第七册，2119页。
② 《元史》第七册，2187页。
③ 《元史》第八册，2507页，2508页。
④ 《元史》第十册，2930页。
⑤ 《元史》第八册，2507页，2508页。

等部。探马赤是先遣部队，蒙古人打仗常用达达尔等族的部队打头阵。社会组织与军事组织混为一体，恐怕是我国古代许多游牧民族的共同特点。

在战争中掠夺得来的财物，由成吉思汗及其指定的大奴隶主按比例瓜分。成吉思汗任用失吉忽秃忽作札鲁忽赤，对他说："你曾做我第六的弟，依我诸弟一般分分子，九次犯罪不要罚。"[①] 又对锁儿罕失剌、巴歹、乞失里黑说："教你每（你每，你们）自在，出征去处得的财物，围猎时得的野兽，都自要者。"[②]《元朝秘史》续集卷一还记有这样的一回事："拙赤、察阿歹、斡歌歹（即成吉思汗的儿子术赤、察合台和窝阔台）三人得了兀笼格赤城（即玉龙杰赤），将百姓分了，不曾留下太祖处的分子。及回，太祖三日不许三子入见。木合里（即木华黎）等说：'不服的回回百姓已屈服了。分了的城池，及分要的儿子，皆是皇帝的。天地祐护，既屈服了回回百姓，俺众人皆欢喜，皇帝如何这般怒。儿子每（儿子们）既知不是，已怕了。在后教他戒慎，可以着他来见。'太祖怒遂少止，教拙赤等来见。太祖依旧怪责。三子恐惧流汗。有带弓箭的晃孩、晃塔合儿、搠儿马罕等三人向前说：三子如初调习的鹰雏一般，方才出征，如此怪责，恐向后学上的心怠慢了。如今日出入所在，皆是敌人，将俺如西蕃狗般使去。天若佑护，将敌人胜了，凡金银匹帛都将来献。又说这西边有巴黑塔惕（按即今伊拉克的巴格达）种的百姓、合里伯王（即哈里发），可命俺那里出征。太祖道是，怒遂息。留晃孩、晃塔合儿二人，命搠儿马罕征合里伯王去了。"[③] 如果说当时的这个雏形国家有所谓财政制度的话，我们只能举出这种分分子制度。落后的游牧民族只能采取这种办法，这是一点也不奇怪的。满族入关前所实行的八分制度，与此相似。

到太宗窝阔台才开始在本民族内部初步建立赋税制度。《元朝秘史》记："斡歌歹（即窝阔台）皇帝说，我成吉思皇帝艰难创立国家，如今教百姓每（百姓们）安宁快活，休教他辛苦。遂将合行之事，与

① 《元朝秘史》，卷九。
② 《元朝秘史》，卷十。
③ 转引自《中西交通史料汇编》第五册，45 页。

兄察阿歹（即察合台）商议：一、百姓羊群里，可每年只出一个二岁羯羊（羯羊，壮健的公羊）做汤羊；每一百羊里，可只出一个羊，接济本部落之穷乏者……”[①]《元史·太宗纪》载：元年秋八月，“议伐金。敕蒙古民有马百者输牝马一，牛百者输牸牛（牸音 zì，牝牛）一，羊百者输羒羊（羒音 fén，牝羊）一，为永制”。[②]

对被征服者怎么办？马克思在《政治经济学批判导言》里曾经指出：“所有的征服有三种可能。征服民族把自己的生产方式强加于被征服的民族（例如，20 世纪英国人在爱尔兰所做的，部分地在印度所做的）；或者是征服民族让旧生产方式维持下去，自己满足于征收贡赋（如土耳其人和罗马人）；或者是发生一种相互作用，产生一种新的、综合的生产方式（日耳曼人的征服中一部分就是这样）。”[③] 太宗嗣位之初，蒙古人已经占领了金的北部地区，当时曾经有人主张把这些地区变为牧场。但是，太宗没有接纳这种主张，他走了第二条道路。

《元史·耶律楚材传》说：“太祖之世，岁有事西域，未暇经理中原，官吏多聚敛自私，赀至钜万，而官（指政府）无储偫（音 zhì，与储同）。近臣别迭等言：‘汉人无补于国，可悉空其人以为牧地（蒙古人把金统治区的汉人、女真人、契丹人、高丽人等统称为汉人）。’楚材曰：‘陛下将南伐，军需宜有所资。诚均定中原地税、商税、盐、酒、铁冶，山泽之利，岁可得银五十万两、帛八万匹、粟四十余万石，足以供给，何谓无补哉？’帝（太宗）曰：‘卿试为朕行之。’乃奏立燕京等十路征收课税使。”[④] 这是太宗元年的事，太宗接纳耶律楚材的建议，于次年十一月在新统治的所谓“腹里”地区建立赋税制度，而让这一地区原来的生产方式继续保持下去。《元史·太宗纪》记：二年冬十一月，“始置十路征收课税使，以陈时可、赵昉使燕京，刘中、刘恒使宣德，周立和、王贞使西京，吕振、刘子振使太原，杨简、高廷英使平阳，王晋、贾从使真定，张瑜、王锐使东平，王德亨、侯显使北

---

① 《元朝秘史》，卷十三。

② 《元史》第一册，29 页。

③ 《马克思恩格斯选集》第二卷，100 页。

④ 《元史》十一册，3458 页。

京，夹谷永、程泰使平州，田木西、李天冀使济南”。[1] 太宗对耶律楚材的措置很满意，立即任用他作中书令（中书省的长官），事无巨细，都征询他的意见。

耶律楚材做了许多好事，保全了许多人命。如前述成吉思汗西征，转战数年，楚材以角端的出现，婉请回师，暂时减轻了战祸。又如，开封将下，蒙古大将速不台以金人抗命日久，奏请于城下之日实行屠城，亦赖楚材善为劝说，太宗下令“罪止完颜氏，余皆勿问”，当时避兵居汴得以存活者凡“百四十七万人”。像这样的例子还有一些。但是，耶律楚材最大的功绩就在于上述他阻止了把腹里地区改为牧场这种荒谬主张的实现，保持了这一地区的封建生产方式，使社会经济在经过战争破坏后能够得到恢复和有所发展，使历史车轮不致向后倒退。实际上，他已为蒙古族的汉化打下了基础。自此以后，蒙古人一直走这条路，太宗六年全灭金，世祖至元十六年（公元 1279 年）全灭南宋，都是沿着这条路走下去的。蒙古人没有放弃奴隶制度，但是，也没有把被征服地区的封建制度改造为奴隶制度。

元的赋税制度刱始于太宗时期而成熟于世祖忽必烈时期。元的赋税主要为税粮和科差两种，本节和下一节将根据《元史·食货志》分别作概括的介绍。

本节先说税粮。税粮是元代田赋中的土地税。《食货志》说：“元之取民，大率以唐为法。其取于内郡者，曰丁税，曰地税，此仿唐之租庸调也。取于江南者，曰秋税，曰夏税，此做唐之两税也。”[2]

按：所谓内郡，指的是原属金王朝统治的地区，包括中书省直辖的腹里（河北、山东、山西）、辽阳等处行中书省（简称辽阳省）、河南江北等处行中书省（简称河南省）及陕西等处行中书省（简称陕西省）等。所谓江南，指的是原属南宋王朝统治的江南地区，元代在这一地区设置三个行中书省，即江浙等处行中书省（简称江浙省），江西等处行中书省（简称江西省）及湖广等处行中书省（简称湖广省）。《元史》编者谓内郡的田赋相当于唐的租庸调，这种比拟不伦不类。

① 《元史》第一册，30 页。
② 《元史》第八册，2357 页。

唐之租庸调以均田制度为基础，而元代却未尝均田，存在这个重大的差别，使我们无法在二者之间划一个等号。江南三省的秋税、夏税固然是南宋的二税旧制，但宋代的二税可以认为沿袭唐的两税，而元代江南三省除秋夏二税外还须负担科差——包银、俸钞和户钞（丝料的代金），则不能说是仿唐之两税。元代农民，包括内郡和江南，都要负担税粮和科差，毋宁说近乎晋的租调制度——税粮同于田租，科差近乎户调。

《食货志》接着说："丁税、地税之法，自太宗始行之。初，太宗每户科粟二石，后又以兵食不足，增为四石。至丙申年（太宗八年，公元 1236 年）乃定科征之法，令诸路验民户成丁之数，每丁岁科粟一石，驱丁五升，新户丁、驱各半之，老幼不与。其闻有耕种者，或验其牛具之数，或验其土地之等征焉。丁税少而地税多者纳地税，地税少而丁税多者纳丁税。工匠僧道验地，官吏商贾验丁。"①

按：1. 丁税是按丁征收税粮，地税是按亩征收税粮，这只是税粮计征办法的差异，并非要求纳税人同时交纳丁税和地税。《元史·张珪传》记：泰定元年（公元 1324 年）张珪与枢密院、御史台、翰林、集贤两院官集论时政上奏，其奏议中有一条说："国家经费，皆取于民。世祖时，淮北内地惟输丁税（这是指一般民户说的）。铁水迭儿（入《元史·奸臣传》，可参考）为相，专务聚敛，遣使括勘两淮、河南田土，重并科粮（民户已纳丁税，又据新括田土按亩征收地税，故曰重并科粮）；又以两淮、荆囊沙碛作熟（作为熟地）收征，徼名兴利，农民流徙。臣等议：宜如旧制，止征丁税，其括勘重并之粮及沙碛不可田亩之税，悉除之。"② 这足以说明元代内郡税粮的规定是：应按丁计征的纳丁税，应按亩计征的纳地税；丁税和地税是不两纳的。"丁税少而地税多者纳地税，地税少而丁税多者纳丁税"，这两句话也是有力的旁证。2. 驱户是"被俘掠供驱使"的民户，已沦为奴隶，但亦可以有自己的独立经济，这种情况的驱户近似奴隶社会后期的隶农。驱口可以被主人买卖，像牛马一样。亦有以财物向主人自赎为良民的，

① 《元史》第八册，2357 页。

② 《元史》第十三册，4082 页。

这时候就不再是驱户了。3. 一般民户的税粮，太宗初年本为按户计征；《元史·太宗纪》载，太宗元年八月“命河北汉民以户计，出赋调，耶律楚材主之”，[1] 说的就是这种按户计征的税粮。灭金两年后才改为按丁计征。4.《食货志》这一段说“丁税，地税之法，自太宗始行之”；但只说了丁税的计征办法，没有提及地税的计征办法，这是一个很大的疏忽。《元史·耶律楚材传》记丙申年太宗定赋税，有云：“地税，中田每亩二升又半，上田三升，下田二升，水田每亩五升”。[2] 这段记载可补《食货志》的疏漏。

那么，什么人要纳丁税，哪些人应纳地税呢？太宗时规定：一般民户（包括驱户）和官吏商贾均纳丁税，工匠僧道纳地税。实际上，当时僧道并没有交纳地税，官吏也不会交纳丁税。《食货志》记：中统“五年，诏僧、道、也里可温、答失蛮、儒人凡种田者，白地（旱地）每亩输税三升，水地每亩五升。军、站户除地四顷免税，余悉征之”。[3]

按：中统五年应改正为至元元年，因是岁八月已下诏改元。《元史·世祖纪》记：至元元年春正月，“命儒、释、道、也里可温、达失蛮（即《食货志》所说的答失蛮）等户，旧免租税，今并征之”。[4] 蒙古人谓基督教徒为也里可温，谓伊斯兰教徒为答失蛮。《世祖纪》又记：至元十三年六月，“敕西京僧、道、也里可温、答失蛮等有室家者，与民一体输赋。”[5] 可知至元元年的规定，有些地区长期没有执行，至于军户、站户应纳的地税，至元元年正月原规定减半征收，是年八月始改定为“诸站户限田四顷免税，供驿马及祗应”。[6] 此一规定也适用于军户。

《食货志》又记：至元八年，“西夏中兴路、西宁州、兀剌海三处

---

① 《元史》第一册，30 页。

② 《元史》第十一册，3460 页。

③ 《元史》第八册，2358 页。

④ 《元史》第一册，95 页。

⑤ 《元史》第一册，183 页，98 页，114 页，253 页，30 页。

⑥ 《元史》第一册，183 页，98 页，114 页，253 页，30 页。

之税，其数与前僧道同（即按亩计征地税，旱地亩三升，水地亩五升）”。[①]

按：《元史·世祖纪》载，至元四年二月“括西夏民田，征其租”。[②] 又载至元二十年十一月诏：“甘州新括田土，亩输租三升。”[③] 这两条可作补充。总之，原属西夏统治的地区是实行按亩计征地税的。

实际上，江南三省的秋税、夏税同样是按亩计征的地税。至于西域地区，太宗元年规定：“西域人以丁计，出赋调，麻合没的滑剌西迷主之。”[④]

丁税、地税纳税人的划分，约如上述。

世祖灭南宋后，至元十七年（公元1280年）命户部重订税粮则例，其丁、地税部分，兹据《食货志》记载，摘录如下：[⑤]

全科户——丁税，每丁粟三石，驱丁粟一石。地税，每亩粟三升。

减半科户——丁税，每丁粟一石。

新收交参户——第一年五斗，第二年七斗五升，第三年一石二斗五升，第四年一石五斗，第五年一石七斗五升，第六年入丁税（《元史·食货志》原缺第二年税额，兹据《续通考》补入；入丁税，即按全科户丁税的规定交纳）。

协济户——丁税、每丁粟一石；地税，每亩粟三升。

内郡的丁税、地税均以交纳粮食为主，故称税粮。税粮每石带纳鼠耗三升，分例四升（分例是一种规费）。富户输远仓，下户输近仓。近仓输粟，远仓每粟一石折纳轻赍钞二两。输纳之期，分为三限：初限十月，中限十一月，末限十二月。

关于江南三省的秋税、夏税，《食货志》说：“秋税、夏税之法，行于江南。初，世祖平宋时，除江东、浙西（原南宋统治之江东路和浙西路），其余独征秋税而已。至元十九年（公元1282年）用姚元之请，命江南税粮依宋旧例，折输绵绢杂物。是年二月，又用耿左丞

---

① 《元史》第八册，2358页。
② 《元史》第一册，183页，98页，114页，253页，30页。
③ 《元史》第一册，183页，98页，114页，253页，30页。
④ 《元史》第一册，183页，98页，114页，253页，30页。
⑤ 《元史》第八册，2358页。

（尚书左丞耿仁）言，令输米三之一，余并入钞以折焉。以七百万锭为率，岁得羡钞十四万锭。其输米者，止用宋斗斛（即宋文思院斗斛，俗称南斗），盖以宋一石当今（指元斗）七斗故也。”①

《食货志》又说：“成宗元贞二年（公元1296年，成宗名铁穆尔，为忽必烈之孙），始定江南夏税之制。于是秋税止命输租（只输粮食），夏税则输以木绵、布、绢、丝、绵等物。其所输之数，视粮以为差。粮一石或输钞三贯、二贯、一贯，或一贯五百文、一贯七百文。输三贯者，若江浙省婺州等路、江西省龙兴等路是已。输二贯者，若福建省泉州等五路是已。输一贯五百文者，若江浙省绍兴路，福建省漳州等五路是已。皆因其地利之宜，人民之众，酌其中数而取之。其折输之物，各随时估之高下以为值，独湖广则异于是，初，阿里海牙克湖广时，罢宋夏税，依中原例，改科门摊，每户一贯二钱，盖视夏税增钞五万余锭矣。大德二年（公元1298年，大德为成宗的第二个年号）宣慰（宣慰司使）张国纪请科夏税，于是湖、湘重罹其害。俄诏罢之。（大德）三年，又改门摊为夏税而并征之，每石计三贯四钱之上，视江浙、江西为差重云。”②

按：此段述江南夏税的征收办法，说得相当详细，但有些词句表达不够明确，易生误解。我们的体会是：1. 成宗时规定：秋税征收粮食（本色），夏税折纳木绵、布、绢、丝、绵等物（折色）。2. 夏税折纳杂物的办法是，先将夏税的粮额折算为钞额（原文所说“粮一石输钞若干”的输字，意思是折算，不要理解为交纳），并根据当地出产什么来确定折色的品种（因其地利之宜）。然后根据时值计算出每粮额一石折征杂物的数量。举例来说明：假设某县夏税粮额共计一千石，每石折算钞二贯，合计二千贯，该县产绢，绢每匹时值为二十贯，则该县夏税应折征绢一百匹。原文所谓“其所输之数，视粮以为差”，说的就是这个情况。梁方仲对元代江南夏税的说明引用《食货志》这段话时加上一个秋字，写作“其所输之数，视（秋）粮以为差”，③ 这

① 《元史》第八册，2359页。

② 《元史》第八册，2359页。

③ 梁方仲：《中国历代户口、田地、田赋统计》，306页。

就使全段文章不好理解了，这个秋字加得不恰当。折色中的木绵是绵布。世祖至元二十六年（公元 1289 年）四月，“置浙东、江东、江西、湖广、福建木绵提举司，责民岁输木绵十万匹，以都提举司总之”。[①] 至元二十八年罢。这是在秋税部分折征的。《食货志》说：“江南三省天历元年（公元 1328 年）夏税钞数，总计中统钞一十四万九千二百七十三锭三十三贯。江浙省五万七千八百三十锭四十贯，江西省五万二千八百九十五锭一十一贯，湖广省一万九千三百七十八锭二贯。”[②] 这个统计散总不符，无法查出错在哪里。但问题不在此，问题在于：是否天历以前江南夏税已改征代金了？夏税改为征钞，这当然是有可能的。可是，《元史·文宗纪》记，天历二年的岁入数，为：“金三百二十七锭，银千一百六十九锭，钞九百二十九万七千八百锭，币帛（即绢属）四十万七千五百匹，丝八十八万四千四百五十斤，绵七万六百四十五斤，粮千九十六万五十三石。”[③] 这里粮数显然是税粮，钞数是包银和其他税课的收入，丝数主要是科差中的丝料收入，而币帛和绵（还有丝数中的小部分）则可能是江南夏税的折色。所以，天历以前夏税是否已折征代金，这个疑问尚难解答。《食货志》所录夏税的钞数不能排除是由粮额折算得来的可能性。这一问题有待于再作深入的研究，现在只好存疑。

《食货志》说：“泰定之初，又有所谓助役粮者。其法命江南民户有田一顷之上者，于所输税外，每顷量出助役之田，具书于册，里正以次掌之，岁收其入，以助充役之费。凡寺观田，除宋旧额，其余亦验其多寡令出田助役焉。”[④] 这是对有田一顷以上的粮户实行加征，加征多少不详。此事《元史·泰定帝纪》未载，但《英宗纪》却有这样的记录：“至治三年（公元 1323 年）四月己卯，诏行助役法，遣使考视税籍高下，出田若干亩，使应役之人更掌之，收其岁入以助役费，官不得与。”[⑤] 是年八月英宗遇弑，八月泰定帝即位，《食货志》所说

---

① 《元史》第二册，322 页。

② 《元史》第八册，2361 页。

③ 《元史》第三册，747 页。

④ 《元史》第八册，2360 页。

⑤ 《元史》第三册，630 页。

泰定之初的助役粮，可能就是至治三年创立的助役法。

《元史·武宗纪》记：至大二年（公元1309年，武宗名海山）冬十月丙辰，“（平章政事）乐实言：‘江南平垂四十年，其民止输地税、商税，余皆无与。其富室有蔽占王民奴使之者，动辄百千家，有多至万家者，其力可知。乞自今有岁收粮满五万石以上者，令石输二升于官，仍质一子而军之（即签其家一丁编入所谓质子军）。其所输之粮，移其半入京师以养御士，半留於彼以备凶年。富国安民，无善于此。’帝曰：‘如乐实言行之’”。[①] 这是对年收粮五万石以上的大富户实行加征，税额为每石加征二升。

以上两种行于江南的加征办法，对象是大户和大富户，尽管对减轻劳动农民的负担不能起多大作用，但也不能说它不好。

另有一种加征是全国性的，这就是义仓粟。《食货志》说：“义仓亦至元六年（公元1269年）始立。其法：社置一仓（五十家为社），以社长主之。丰年每亲丁纳粟五斗，驱丁二斗，无粟听纳杂色；歉年就给社民。于是二十一年新城县水，二十九年东平等处饥，皆发义仓赈之。皇庆二年（公元1313年）复申其令。然之既久，名存而实废”。[②] 看来，世祖死后，义仓制度也陪葬了。

税粮方面，有一项措施算是不错的。《元史·成宗纪》载：至元三十一年（公元1294年）十月，“江浙行省臣言：‘陛下即位之初，诏蠲今岁田租十分之三。然江南与江北异，贫者佃富人之田，岁输其租，今所蠲特及田主，其佃民输租如故，则是恩及富室而不被于贫民也。宜令佃民当输田主者亦如所蠲之数。’从之”。[③] 减田赋时并令地主按比例减收地租，这在我国历史上大概是创举。

《食货志》有一个未系年度的全国税粮统计，其总计数与《图书集成》所载大德三年（公元1299年）和泰定二年（公元1325年）年度的总计数相同，均为12 114 708石，可能是至元后期所订的税粮岁入定额。

---

① 《元史》第二册，517页。

② 《元史》第八册，2467页。

③ 《元史》第二册，387页。

表6－8中，各行省散数与行省合计数不符；腹里与行省合计相加为12 114 707石，比全国总计少一石，腹里与各行省散数相加为12 114 704石，比全国总计少四石。原因可能是在记录时散数的畸零全被删掉，以致出现散总不符的情况。看来全国总计数还是大体可靠的。由于散数无法校正，在计算各省所占百分比的时候，只能以12 114 704石作为基数。从表6－8可以看出，江浙省的税粮占全国总计的比重最大——超过三分之一；江南三省合计超过一半；河南省的比重也不小——超过五分之一。

表6－8　　元代税粮岁入统计表

地　　区	税粮岁入数（石）	百分比（%）
全国总计	12 114 708	100.00
腹　　里	2 271 449	18.75
行省合计	9 843 258	81.25
辽阳省	72 066	0.60
河南省	2 591 269	21.39
陕西省	229 023	1.89
四川省	116 574	0.96
甘肃省	60 586	0.50
云南省	277 719	2.29
江浙省	4 494 783	37.10
江西省	1 157 448	9.55
湖广省	843 787	6.97

资料来源：《元史》第八册，2360—2361页。

第六节　元的科差制度

《元史·食货志》说：“科差之名有二：曰丝料，曰包银。其法各验其户之上下而科焉。”①

按：元代科差的名目，除丝料和包银外，尚有俸钞及江南户钞。俸钞可以算是包银的附加，户钞则是五户丝的代金。有人认为科差相当于唐代的“庸”，我们认为实质是户调。

《食货志》说：“丝料之法，太宗丙申年始行之。每二户出丝一斤，并随路丝线、颜色输于官；五户出丝一斤，并随路丝线、颜色输于本位。”

按：《元史·太宗纪》载，太宗八年（即丙申年，公元1236年）秋七月，“诏以真定民户奉太后汤沐，中原诸州民户分赐诸王，贵戚、斡鲁朵……耶律楚材言非便，遂命各位只设达鲁花赤，朝廷置官吏收其租颁之，非奉诏不得征兵赋”。② 《元史·耶律楚材传》记，丙申秋七月，“帝议裂州县赐亲王功臣。楚材曰：‘裂土分民，易生嫌隙。不如多以金帛与之。’帝曰：‘已许奈何？’楚材曰：‘若朝廷置吏，收其贡赋，岁终颁之，使毋擅科征可也。’帝然其计，遂令天下赋税，每二户出丝一斤，以给国用；五户出丝一斤以给诸王功臣汤沐之资”。③ 这就是开征丝料的来由。两户共出丝一斤交官府作为国家财政收入，叫作系官丝；五户共出丝一斤交官府转给领主，叫作五户丝；合称二五户丝，平均每户出丝十一两二钱。世祖中统元年（公元1260年，南宋理宗景定元年）将丝料征收额提高一倍。王恽（中统元年为中书省详定官）在《中书事记》里说：中统元年十月，“诸投下五户丝料（译语曰阿合塔木儿），自来就征于州郡。堂议……奏准皆输大都（北京）总藏，每岁令各投下差官赴省（中书省），验数关支。其法每户科丝二十二两四钱，二户计该丝二斤一十二两八钱，其二斤即系纳官丝，内正丝（素丝）、色丝各半，外将每户剩余六两四钱，攒至五户，满二斤数目，付本投下支用，谓之二五户丝。以十分论之，纳官者七分，投下得其三焉”。④ 王恽所记当然可靠。《食货志》说，“中统元年，立

① 本节所引《元史·食货志》科差门的话，均载《元史》第八册2361—2363页，以下不一一分注。

② 《元史》第一册，35页。

③ 《元史》，第十一册，3460页。

④ 王恽：《秋涧先生大全文集》卷80。

十路宣抚司，定户籍科差条例。”《世祖纪》亦记中统元年五月乙未，“立十路宣抚司”，唯未提及定户籍科差条例，[①] 而于中统四年三月记下当时所定科差办法为：“诸路包银以钞输纳，其丝料入本色。非产丝之地，亦听以钞输入。凡当差户包银钞四两，每十户输丝十四斤，漏籍老幼钞三两、丝一斤。”[②] 这可能是对中统元年科差条例的若干修正或补充。每十户输丝十四斤，等于每户输丝二十二两四钱，与中统元年所定丝料征收额是一致的。

《食货志》说：“包银之法，宪宗乙卯年始定之。初，汉民科纳包银六两，至是只征四两，二两输银，二两折输丝绢、颜色等物。”

按：宪宗乙卯年，为宪宗五年，南宋理宗宝祐三年，公元1255年。《元史·王玉汝传》记：“宪宗即位，有旨令常赋外，岁出银六两，谓之包垛银。王汝曰：‘民力不支矣！’纠率诸路管民官，愬之阙下，得减三分之一。”[③] 由此可知，宪宗即位时，包银征收额定为每户六两，四年后因王玉汝等人的劝谏才减为四两的。宪宗三年，法国人卢白鲁克（G. de Rubruquis）曾受法兰西国王路易九世之命，出使蒙古诸王之廷，次年西归。他在《东方诸国旅行记》里说：“喀喇和林城中，契丹人甚众。其人风俗，子必承继父之职业。契丹人赋税甚重，计每日须付蒙古人一千五百雅斯阔忒（Iascot），或名科斯米（Cosmi）不可考。雅斯阔忒为银币，每块重十马克（Marks），故每日之数，已达一万五千马克矣。此外更须贡丝、贡食及各种徭役也。”[④] 这里所说的负担主要是指包银而言。所谓每日一万五千马克之数，像是说和林一地的负担，但也可能指宪宗所统治的整个地区。这一点，卢白鲁克并没有说清楚。不过，当时每户征收包银六两，此外还有正赋和丝料以及各种徭役，人民的负担显然是重的。

卢白鲁克说和林城中契丹人甚众，所谓契丹人就是蒙古人称为汉人的民户，蒙古人把原来金国统治区内的汉族称为汉人（有时也包括

---

① 《元史》第一册，65页，91页。

② 《元史》第一册，65页，91页。

③ 《元史》第十二册，3617页。

④ 转引自张星烺：《中西交通史料汇编》第一册，188页。其中所说的“马克”，注云：“非今德人所用之马克。古代马克每枚值今英镑三分之二。”

女真、契丹等族)，把南宋统治区的汉族称为南人。《旅行记》还提到契丹国，他所说的就是当时的南宋。西方人和中国接触早的都把中国称为秦，例如印地语、法语和英语的中国都从“秦”字的音：接触较晚的却把中国称为契丹，例如俄语的中国就从“契丹”的音。

世祖中统四年令包银以钞输纳，已见上述，不再赘。蒙古人不用说，就是色目人也曾在一段很长的期间内没有科差的负担。世祖时，王恽曾上言：“今体察本路（指大都路）回回人户，自壬子年（宪宗二年，公元1252年）元籍，并中统四年（公元1263年）续抄，计二千九百五十三户，于内多系富商大贾势要兼并之家，兴贩营运百色（百色，多种)，侵夺民利，并无分毫差役。”[①] 王恽此奏，在当时没有得到理睬。直至延祐七年（公元1320年）英宗才规定了：“课回回散居郡县者，户岁输包银二两。”[②] 军、站等户也不纳包银。

中统年间所定科差征收办法是相当复杂的，其所以复杂，由于当时应纳科差的民户分为许多类。《食货志》说：“其户大抵不一，有元管户、交参户、漏籍户、协济户。于诸户之中，又有丝银全科户（全额交纳丝料和包银的户)、减半科户、止纳丝户、止纳钞（钞即包银）户；外又有摊丝户，储也速觧儿所管纳丝户、复业户，并渐成丁户。户既不等，数亦不同。”

按：元管户，指科差条例制定前已登记户籍的编户，基本上根据壬子户籍，即宪宗二年（公元1252年）的户籍。交参户，又称新收交参户，主要是原属投下而收归州县的民户，其中有图逃避赋役而逃投下的，有投下强占的。例如：中统二年七月，“诸王昌童招河南漏籍户五百，命付之有司”；[③] 中统四年正月，“以马合麻所俘济南老僧口之民文面为奴者，付元籍为民”；[④] 至元元年闰五月，“分四亲王南京（开封）属州，郑州隶合丹，钧州隶明里，睢州隶索罗赤，蔡州隶海都，他属县复还朝廷（在这之前，南京所属州县的民户都被这些亲王

① 王恽：《秋涧先生大全文集》，卷88。
② 《元史》第三册，601页。
③ 《元史》第一册，72页，91页，107页。
④ 《元史》第一册，72页，91页，107页。

强占了)";[1] 至元六年二月,"免单丁贫乏军士一千九百余户为民。"[2] 以上这些民户可能都属交参户（第一例也可能属于漏籍户）。其所以称为交参户，是因为规定这种户可以每年只纳一种科差，包银与丝料交参输纳，如今年只纳丝科，则明年只纳包银；今年只纳包银，则明年只纳丝科。漏籍户，顾名思义便知道是新括得的民户，其中一部分是为逃避赋役而隐匿的，一部分也许是相当大的部分是蒙古贵族及将帅们所强占的。协济户，《元史·世祖纪》载，中统二年（公元1261年）六月,"括漏籍老幼等户，协济编户赋税";[3]《世祖纪》又载：至元十三年正月,"中书省臣言：……至元七年（公元1270年）新括协济合并户，为数凡二十万五千一百八十";[4]可知，协济户是以若干户合成一个纳税单位的。

摊丝户，史实不详，可能也是以若干户合并为一个纳税单位，分摊应纳丝料的，确否待考。储也速觧儿所管纳丝户，《元史》有也速觧儿其人，疑储字是诸字之误。诸也速觧儿所管户即也速觧儿诸所管户之义。也速觧儿是康里人，康里即汉代所称高车国，突厥语谓车轮为"康喀里"，故蒙古人称之为康里。《元史·也速觧儿传》说:"也速觧儿，康里人。父爱伯，伯牙兀氏。太祖时率众来归。初以五十户从军南征，力战而死。也速觧儿世其官，从丞相伯颜经略襄樊，攻百丈山、鹤子滩功居最……江南平，录功进怀远大将军、管军万户。领江淮战舰数百艘，东征日本，全军而还。有旨特赐养老一百户，衣服、弓矢、鞍辔有加"。[4] 这就是也速觧儿所管户的来由。复业户，指流民回归故土复守本业的新户。例如：世祖中统四年"诏：西凉流民复业者，复其家三年";[5] 英宗至治二年（公元1322年）十一月诏："流民复业者，免差税三年"。[6]

这些都属于复业户。渐成丁户，指中男当家的户。

① 《元史》第一册，121页。
② 《元史》第一册，70页，178页。
③ 《元史》第一册，70页，178页。
④ 《元史》第十一册，3238页。
⑤ 《元史》第一册，94页。
⑥ 《元史》第三册，625页。

《食货志》所载中统元年规定的包银及丝料的征收额："元管户内：丝银全科系官户，每户输系官丝一斤六两四钱、包银四两；全科系官、五户丝户，每户输系官丝一斤、五户丝六两四钱，包银之数与系官户同（即四两）；减半科户，每户输系官丝八两（即半斤）、五户丝三两二钱、包银二两；止（只）纳系官丝户，若上都、隆兴、西京等路十户十斤者，每户输官丝一斤，大都以南等路十户十四斤者，每户输一斤六两四钱；止纳系官、五户丝户，每户输系官丝一斤、五户丝六两四钱。交参户内：丝银户每户输系官丝一斤六两四钱、包银四两。漏籍户内：止纳丝户每户输丝之数，与交参照银户同（即一斤六两四钱）；止纳钞户，初年科包银一两五钱，次年递增五钱，增至四两，并科丝料。协济户内：丝银户每户输系官丝十两二钱、包银四两；止纳丝户每户输系官丝之数，与丝银户同（即十两二钱）。摊丝户：每户科摊丝四斤。储（诸）也速解儿所管户，每户科细丝，其数与摊丝同（即四斤）。复业户并渐成丁户：初年免科，第二年减半，第三年全科，与旧户等。"

《食货志》说："被灾之地，听输他物折焉，其物各以时估为则（即可以按时价折输他物）。凡儒士及军、站、僧、道等户皆不与（不纳科差）。"中统二年，"复定科差之期：丝料限八月；包银初限八月，中限十月，末限十二月"。中统三年又规定，"丝料无过七月，包银无过九月"。

上列对各类户的包银及丝料的征收额，并非全是中统元年的规定，这是显而易见的。又，前面曾引述过——中统四年规定漏籍、老幼户输钞三两，丝一斤；中统四年和至治二年先后下令复业户免差税三年；均与上列征收额不符，可能前引的规定都只是临时性的措施，而不是常式。

《食货志》说："丝料、包银之外，又有俸钞之科，其法亦以户之高下为等，全科户输一两，减半户五钱。"

按：世祖以前，蒙古官吏均无俸给；当时蒙古奴隶主对财物采取"分分子"办法，亦无定官俸的必要。灭金以后，对原来金统治区的州县官职准许世袭，亦无俸给，这实际上是容忍地方官吏恣意向人民进行剥削。如前引《耶律楚材传》："官吏多聚敛自私，赀至钜万，而官无储偫。"又《元史·陈祐传》说："世祖即位，分陕、洛为河南西路。中统元年，真除祐为总管。时州县以未给俸，多贪暴，祐独以清慎见称"。[①] 可见，贪暴的官吏占最大多数，而清慎则仅是极个别的。在上层建筑方面，世祖逐渐感觉到有汉化的必要。《元史·世祖纪》记：至元元年八月，"诏新立条格：省并州县，定官吏员数，分品从官职，给俸禄，颁公田，计月日以考殿最"。[②] 至元三年十一月，"初给京、府、州、县、司官吏俸及职田"。[③] 官俸制度在至元元年已经制定了，但两年后才真正付诸实施。至元四年五月，"敕诸路官吏俸，令包银民户，每四两增纳一两以给之"。[④] 这就是俸钞的来由。《食货志》又载："成宗大德六年（公元1302年），又命只输丝户每户科俸钞中统钞一两，包银户每户科二钱五分，摊丝户每户科摊丝五斤八两。"这里所说"包银户每户科二钱五分"，显然是指加征的俸钞，并非削减了原来的包银征收额；"摊丝户每户科摊丝五斤八两"，可能是以其中的一斤八两折输俸钞。

《食货志》未叙江南户钞，这是很大的脱漏。江南户钞实行于灭南宋以后。《元史·世祖纪》载：至元二十年（公元1283年）正月，"敕：诸王、公主、驸马得江南分地者，于一万户田租中输钞百锭，准中原五户丝数。"[⑤] 这就是江南户钞的来由。每一万户输钞百锭，即五千贯，平均每户交纳半贯，即五百文；五户共纳两贯半，抵二斤五户丝，由此推算，当时每斤丝价当是1 250文。《食货志》于《岁赐》门说："及世祖平江南，又各益以民户（指在江南地区增给诸王及后妃公主等蒙古贵族以采地）。时科差未定，每户折支中统钞五钱（即半贯），至成宗复加至二贯。"[⑥] 有人认为江南户钞的征收额在成宗时已为旧额的四倍。考《元史·成宗纪》载，至元三十一年（公元1294

① 《元史》第十三册，3939页。
② 《元史》第一册，98页，112页，114页。
③ 《元史》第一册，98页，112页，114页。
④ 《元史》第一册，98页，112页，114页。
⑤ 《元史》第一册，249页。
⑥ 《元史》第八册，2411页。

年）四月，“中书省臣言：‘陛下新即大位，诸王、驸马赐与，宜依往年大会之例，赐金一者加四为五，银一者加二为三。又江南分土之赋，初止验其版籍，令户出钞五百文，今亦当有所加，然不宜增赋于民，请因五百文加至二贯，从今岁官给之。’从之”。[①] 据此，江南户钞征收额仍为每户五百文，有江南分地的蒙古贵族所得的江南户钞则增为每户二贯，其中的一贯半拨自官帑。当然，羊毛出在羊身上，这笔钱归根到底还是由人民负担的；不过，这与直接增加江南户钞的征收额，情况不同。

梁方仲先说：“江南户钞即相当于行之中原的丝料（按：应说五户丝），故江南但有户钞，而无丝料。”[②] 这是对的。但他后来又说：“按包银之制，至江南平后，推行益广，于是有江南户钞。”[③] 这就把江南户钞误解为包银了。

江南地区有没有开征包银呢？《食货志》没有说。《元史・英宗纪》载，至治二年十一月诏：“流民复业者，免差税三年。站户贫乏鬻卖妻子者，官赎还之。凡差役造作，先科商贾末技富实之家，以优农力。免陕西明年差税十之三，各处官佃田明年租十之二，江淮创料包银全免之。”[④] 这里所说的“江淮创科包银”创自延祐七年英宗即位之后，当时规定，凡“开解库铺席，行船做买卖，有经营殷实户”，每户额纳包银二两，折至元钞十贯；无田地的农民及单丁贫下小户都不用交纳包银。英宗至治二年的全免，是因当年的灾变（日食和地震）而采取的一系列所谓仁政的措施之一。究竟只免一年还是根本废除了，限于史料，无从断定。

《食货志》载有几个年度的科差总数，引录如下：

中统四年——丝 712 171 斤，钞 56 158 锭。

至元二年——丝 986 912 斤，包银等钞 56 874 锭，布 85 412 匹。

---

① 《元史》第二册，382 页。

② 梁方仲：《中国历代户口、田地、田赋统计》，317 页，《元代赏赐诸王贵戚户丝户纱数》的说明。

③ 梁方仲：《中国历代户口、田地、田赋统计》，499 页，《元世祖中统元年每户输纳丝料包银税率》的说明。

④ 《元史》第三册，625 页。

至元三年——丝 1 053 226 斤，包银等钞 59 085 锭。

至元四年——丝 1 096 489 斤，钞 78 126 锭。

天历元年——包银差发钞 989 锭，𧴩 1 133 119 索，丝 1 098 843 斤，绢 350 530 匹，绵 72 015 斤，布 211 223 匹。

按：天历元年包钞数只有 989 锭，如果不是当年折输实物数很大，便有可能是纪录有误，𧴩 1 133 119 索是云南的科差数，云南以贝为实物货币，读贝为𧴩。《元史·世祖纪》载，至元十九年九月，“定云南税赋，用金为则（则，标准），以贝子折纳，每金一钱直贝子二十索（每索八十贝）”。[①] 133 119 索相当于金 5 565 两 6 钱。云南的赋税征收办法，《元史》虽未作具体叙述，但从《食货志》载有该行省的税粮数和科差数看来，也许与实行于内郡的办法大体相同。

《食货志》岁赐门详细记录了蒙古贵族的岁赐、五户丝及江南户钞数字，梁方仲已摘取后两项资料制成《乙表 24·元代赏赐诸王贵戚户丝户钞数》（见《中国历代户口、田地、田赋统计》307—317 页），我们毋须另起炉灶，且篇幅浩繁亦不再引录。但梁表尚有小疵，应予订正，特在这里提出一些意见：

1. 诸王部分孛罗古䚟大王子广宁王位一条，据《宗室世系表》及《诸王表》，别里古台之孙爪都于中统三年封广宁王、原表子字应改为孙字。又，《别里古台传》说：“赐以蒙古百姓三千户及广宁路、恩州二城户一万一千六百三”；又说：“江南平，加赐信州路及铅山州二城户一万八千。”[②] 据此，原表五户丝分拨地点应加广宁路，江南户钞分拨地点应加信州路。

2. 太祖次子茶合䚟大王位一条，茶合䚟即察合台，后一译名较通行，应改为察合台。

3. 太宗子阔端太子位一条，东京路应改为东平路。

4. 睿宗子旭烈大王位一条，按拖雷第六子名旭烈兀，原表漏兀字。

5. 世祖子平远王阔阔出位一条，据《世祖纪》及《诸王表》，平

---

① 《元史》第一册，246 页。

② 《元史》第十册，2905—2906 页。

远王应改正为宁远王。

6. 迭里哥儿不花湘宁王一条，据《仁宗纪》，原表江南户钞分拨地点的湘乡县，应改为湘乡州、宁乡县。

7. 后妃公主部分昌国公主位一条，原表江南户钞，分拨广州路20 070户，钞1 080锭；按每户二贯，1 080锭的户数应为27 000，疑笔误。

8. 大雷公主位一条，据《诸公主表》及《元朝秘史》的译音，大雷应为火雷。

9. 勋臣部分右手万户三投下孛罗台万户一条，原表五户丝分拨地点的洛水州，据《地理志》应改为洛水县。

10. 左手九千户合丹大息千户一条，原表江南户钞数为九锭；按分拨1 244户，钞数为四十九锭有奇，同表帖柳兀秃千户的分拨户数亦为1 244，钞数正是49锭，故此条的钞数有误，应改正为49锭。

11. 和钭温两投下一千二百户一条，钭字乃斜字之笔误。

这些意见，可供读者阅读梁表时参考。

第七节 元的漕粮海运

在中国历史上，每个封建王朝都把大量军队集结在京师和布置在它的周围，认为这是确保政权的头等重要措施。无粮不聚兵，聚兵必先聚粮。与此同时，为了养活一大群官僚——他们的俸给有一部分甚至相当大的一部分是用粮食支付的，为了保证京师的民食以便维护所谓辇毂之下的社会秩序，这就必须从四面八方把粮食运送到京师来。谁都知道，这不能指靠陆运，因为肩挑车挽是最耗费的，运一石粮食常常要耗费十数石以至二三十石的开销。为了节省开支，必须主要地利用水路。由于这些缘故，漕运便成为历代封建王朝的一项极其重要的工作，而同时又是一个最为棘手的问题。

汉代的渭渠，隋代的运河，在漕运方面起了很大作用。历代有许多水利工程都是为便利漕运而兴办的。

元代利用海运，为中国漕运史写下相当精彩的一页。

《元史·食货志》说："元都于燕，去江南极远，而百司庶府之繁，卫士编民之众，无不仰给于江南。自丞相伯颜献海运之言，而江南之粮分为春夏二运。盖至于京师者一岁多至三百万余石，民无挽输之劳，国有储蓄之富"。[①] 又说："视河漕之费，则其所得盖多矣！"[②] 海运优于河漕，这是事实俱在，不容争辩的。

伯颜是当年领兵下江南的统帅，灭南宋后，曾派人把宋廷图籍从海道运往京师。至元十九年（公元 1282 年），他追忆往事，认为海运可行，遂向世祖建议并得到批准，命上海总管罗璧、朱清、张瑄等，造平底海船六十艘，于至元二十年运粮四万六千余石，从海道至京师，[③] 这一次仅是试探性的，运量不大，困难很多，但却取得了经验。以后逐年推广，到至元二十六年海运粮数已接近一百万石，至元二十七、二十八两年都超过一百五十万石。自此漕粮实行海运已成为坚定不移的政策。

截至天历二年，各年海运数如表 6－9 所示。

表 6－9　　　元代海运漕粮统计表　　　单位：石

年　度	公　元	起运数	运抵数
至元二十年	1283	46 050	42 172
二十一年	1284	290 500	2 751 610
二十二年	1285	100 000	90 771
二十三年	1286	578 520	433 905
二十四年	1287	300 000	297 546
二十五年	1288	400 000	397 655
二十六年	1289	935 000	919 943
二十七年	1290	1 595 000	1 513 856
二十八年	1291	1 527 250	1 281 615

① 《元史》第八册，2364 页，2366 页。

② 《元史》第八册，2364 页，2366 页。

③ 《元史》第八册，2364 页，2366 页。

续表

年　度	公　元	起运数	运抵数
至元二十九年	1292	1 407 400	1 361 513
三十年	1293	908 000	887 591
三十一年	1294	514 533	503 534
元贞元年	1295	340 500	—
二 年	1296	340 500	337 026
大德元年	1297	658 300	648 136
二　年	1298	742 751	705 954
三　年	1299	794 500	—
四　年	1300	795 500	788 918
五　年	1301	796 528	769 650
六　年	1302	1 383 883	1 329 148
七　年	1303	1 659 491	1 628 508
八　年	1304	1 672 909	1 663 313
九　年	1305	1 843 003	1 795 347
十　年	1306	1 808 199	1 797 078
十一年	1307	1 665 422	1 644 679
至大元年	1308	1 240 148	1 202 503
二　年	1309	2 464 204	2 386 300
三　年	1310	2 926 533	2 716 913
四　年	1311	2 873 212	2 773 266
皇庆元年	1312	2 083 505	2 067 672
二　年	1313	2 317 228	2 158 685
延祐元年	1314	2 403 264	2 356 606
二　年	1315	2 435 685	2 422 505
三　年	1316	2 458 514	2 437 741
四　年	1317	2 375 345	2 368 119
五　年	1318	2 553 714	2 543 611
六　年	1319	3 021 585	2 986 017
七　年	1320	3 264 006	3 247 928
至治元年	1321	3 269 451	3 238 765
二　年	1322	3 251 140	3 246 483

续表

年　度	公　元	起运数	运抵数
三　年	1323	2 811 786	2 798 613
泰定元年	1324	2 087 231	2 077 278
二　年	1325	2 671 184	2 637 051
三　年	1326	3 375 784	3 351 362
四　年	1327	3 152 820	3 137 532
天历元年	1328	3 255 220	3 215 424
二　年	1329	3 522 163	3 340 306

资料来源：《元史》第八册，2366—2369页。

元代漕粮海运的路线，几经修改，到至元三十年基本上确定下来。《食货志》记："初，海运之道，自平江（今苏州市）刘家港（今江苏省太仓县浏河）入海，经扬州路通州海门县黄连沙头、万里长滩开洋（黄连沙头、万里长滩等均为元代海门县以东的浅沙，其后已与大陆连接成片。万里长滩或即今江苏省如东县内的长沙），沿山𡶨而行，抵淮安路盐城县，历西海州、海宁府东海县、密州（今山东诸城县）、胶州界，放灵山洋（青岛市以南海面）投东北，路多浅沙，行月余始抵成山。计其水程，自上海至杨村马头（杨村，今河北省武清县；马头，即码头），凡一万三千三百五十里（以上所述是最早采行的航线）。至元二十九年，朱清等言其路险恶，复开生道（新航线），自刘港开洋至撑脚沙（在太仓县两界）转沙嘴，至三沙、洋子江（洋子江即扬子江，三沙、洋子江当系指扬子江北口），过扁担沙（在崇明县东北方江中）、大洪，又过万里长滩，放大洋至青水洋（近海洋面），又经黑水洋（较远的海域）至成山，过刘岛（威海卫刘公岛），至芝罘、沙门（今山东蓬莱县西北的大里山岛）二岛，放莱州大洋（即莱州湾），抵界河口，其道较为径直（这是第二次修改的航线）。明年（公元1293年，至元三十年）千户殷明略又开新道，从刘家港入海，至崇明州三沙放洋，向东行，入黑水大洋，取成山转西至刘岛（原文是刘家岛，按此即上述之刘岛，家字疑衍；或当时之刘岛亦名刘家岛），又至登州沙门岛，于莱州大洋入界河。当舟行风信有时，自浙西至京师，不过旬日而已，视前二道为最便云。”[①] 这是最后确定的航线。

通惠河的开凿又使海运之利得到延伸。通惠河工程是元代伟大科学家郭守敬建议、设计和督修的。《元史·河渠志》记:“通惠河，其源出于白浮、甕山诸泉水也。世祖至元二十八年，都水监郭守敬奉诏兴举水利，因建言:‘疏凿通州至大都河，改引浑水（浑河）溉田；于旧闸河踪迹导清水，上自昌平县白浮村引神山泉，西折南转，过双塔（双塔河，源出昌平县孟村一亩泉，经双塔店而东，至丰善村入榆河）、榆河、一亩、玉泉诸水，至西水门入都城，南汇为积水潭，东南出文明门，东至通州高丽庄入白河。总长一百六十四里一百四步。塞清水口一十二处，共长三百一十步。坝闸一十处，共二十座，节水以通漕运，诚为便益。’从之。首事于至元二十九年之春，告成于三十年之秋，赐名日通惠。凡役军一万九千一百二十九，工匠五百四十二，水手三百一十九，设官囚隶百七十二，计二百八十五万工，用楮币百五十二万锭，粮三万八千七百石，木石等物称是。役兴之日，命丞相以下皆亲操畚锸为之倡。置锸之处，往往于地中得旧时砖木，时人为之感服。船既通行，公私两便。先时通州至大都五十里，陆輓官粮，岁若千万，民不胜其悴，至是皆罢之。”[②]《元史·郭守敬传》说:“先是，通州至大都，陆运官粮，岁若千万石，方秋霖雨，驴畜死者不可胜计，至是皆罢之。”[③] 科学技术和政治、经济方面的远见，给人民造福甚大，通惠河是其中一个小小的实例。而后来它的淤废，又使通州至北京的交通专靠陆运，回到肩挑车輓的旧路，这是多么使人感慨的事。

元代漕粮海运是有成绩的，请看表 6 - 10。

由表 6 - 10 可以看到，粮食在海运过程中的损耗率是很低的，它显示出漕粮海运政策的经济效益，同时也反映了宋代以后我国造船技术和航海技术的长足进步。

---

① 《元史》第八册，2365—2366 页。

② 《元史》第六册，1588—1589 页。

③ 《元史》第十三册，3852 页。

表 6－10　　　元代各朝平均每年海运粮统计表　　　单位：石

期　　间	平均每年起运数	平均每年运抵数	运抵数占起运数的百分比（%）
至元二十年至三十一年	716 387	667 143	93.13
元贞二年	340 500	337 026	98.98
大德元年至十一年	1 302 599	1 277 073	98.04
至大元年至四年	2 376 024	2 259 746	95.11
皇庆元年至二年	2 200 367	2 113 179	96.04
延祐元年至七年	2 644 588	2 623 218	99.19
至治元年至三年	3 110 792	3 094 620	99.48
泰定元年至四年	2 821 755	2 800 806	99.26
天历元年至二年	3 388 692	3 277 865	96.73

注：大德年间不包括大德三年，因该年只有起运数，没有运抵数，无法比较。

但是，这不等于说，元代的漕粮海运中就没有弊端了。海运方面的弊端主要出自吏治败坏。《食货后志》（即《元史·食货五》）说："元自世祖用伯颜之言，岁漕东南粟，由海道以给京师，始自至元二十年，至于天历、至顺，由四万石以上增而为三百万以上，其所以为国计者大矣。历岁既久，弊日以生。水旱相仍，公私俱困，疲三省之民力，以充岁运之恒数，而押运监临之官，与夫司出纳之吏，恣为贪黩，脚价不以时给，收支不得其平，船户贫乏，耗损益甚。兼以风涛不测，盗贼出没，剽劫覆亡之患，自仍改至元之后，有不可胜言者矣！"① 有些实例足以表明海运的弊病。《元史·何荣祖传》载：荣祖"复出为山东东西道按察使，时宣慰使乐实、姚演开胶州海道，有制禁戢诸人沮挠。粮船遇飓风多漂没，乐实弗信，督诸漕卒偿之，搒掠惨毒，自杀者相继"。② 在初期主持海运的朱清、张瑄干了许多无法无天的事。《元史·成宗纪》：大德六年（公元 1302 年）"中书省臣以朱清、张瑄屡致人言，乞罢其职，徙其诸子官江南者于京……江南僧石

① 《元史》第八册，2481—2482 页。

② 《元史》第十三册，3955 页。

祖进告朱清、张瑄不法十事”。[①]《元史·木华黎传》记：“时朱清、张瑄以海运之故，致位参加政事，恃其势位，多行不法，恐事觉，以黄金五十两，珠三囊赂脱脱（木华黎的后裔，时任江浙行省平章政事），求蔽其罪。脱脱大怒，系之有司，遣使者以闻。”[②] 脱脱虽没有受朱清、张瑄贿，但朝中受贿者却不乏人。《成宗纪》记：大德七年，“监察御史杜肯构等言太傅、右丞相完泽受朱清、张瑄贿赂事，不报……中书平章伯颜、梁德珪、段贞、阿里浑撒里，右丞八都马辛，左丞月古不花，参政迷而火者，张斯立等，受朱清，张瑄贿赂，治罪有差，诏皆罢之”。[③] 同是受贿，对完泽不了了之，对其他人虽也治罪，却不过是罢职，元朝的吏治可想而知。朱清、张瑄在主持海运时的贪暴，就更不用说了。

惠宗（即元顺帝）即位后，情况急转直下。《食货后志》说：“至正元年（公元 1341 年），益以河南之粟，通计江南三省所运，只得二百八十万石。二年，又令江浙行省及中政院财赋总管府，拨赐诸人寺观之粮，尽数起运，仅得二百六十万石而已。及汝、颍倡乱，湖广、江右相继陷没，而方国珍、张士诚窃据浙东、西之地，虽縻以好爵，资为藩屏，而贡赋不供，剥民以自奉，于是海运之舟不至京师者积年矣。”[④] 其实，不仅海运接近尾声，就连整个元王朝也已濒于解体了。

第八节　元的役法

《元史》不载役法，有人还认为元代的科差（或者科差中的包银）就是“庸”，这容易引起一种错觉，好像元代并不存在封建徭役。其实大谬不然，元代不仅存在苛重的封建徭役，而且，有不少自由民

① 《元史》第二册，439 页。
② 《元史》第十册，2945 页。
③ 《元史》第二册，448—449 页。
④ 《元史》第八册，2482 页。

（其中一部分原来就只有不完全的人身自由）沦为奴隶。

太宗窝阔台选择了征服者所能走的第二条道路，即保存了被征服地区原来的封建生产方式；但他并没有废除而是同时保存了蒙古人的奴隶占有制。《耶律楚材传》说："时将相大臣有所驱获，往往寄留诸郡，楚材因括户口，并令为民。匿占者死。"[①] 这部分要沦为奴隶的人被耶律楚材解放了，不过，没有被解放的要比得到解放的实在多得多。《元史·张文谦传》说：至元三年，"诸势家言有户数千，当役属为私奴者，议久不决。文谦谓以乙未岁户帐为断，奴之未占籍者，归之势家可也，其余良民无为奴之理。议遂定，守以为法"。[②]。乙未为太宗七年（公元1235年）。这年括户口，凡未放为良民的奴隶，均未能自己立户，即所谓未占籍。大军南下，江南地区又有不少人被俘掠被强占为奴隶。《元史·张雄飞传》说："荆湖行省阿里海牙以降民三千八百户没入为家奴，自置吏治之，岁责其租赋，有司莫敢言。"[③] 阿里海牙是畏吾儿人，他尚且如此，则蒙古将帅当然是有过之而无不及的了。像这种俘掠或强占百姓为奴的事，在《元史》里俯拾即得，没有必要一一缕述。奴隶所服的劳役更重，生活更悲惨，这也是没有必要细说的。下面要说的是元代的各种封建徭役。

元世祖受了刘秉忠、张文谦、姚枢和许衡等人的思想影响，又通过自己的政治实践，比他的先辈走得更远——坚决地走了汉化的道路。当时的汉化等于封建化，这意味着把封建社会的生产方式放在统治地位，意味着维护封建社会的生产关系、剥削关系，同时也继续运行封建徭役制度这部机器。

一、兵役

蒙古初起的时候，只有蒙古军和探马赤军，那时候是不信任汉人，不敢用汉人当兵的。随着势力范围的扩张，征服野心的扩大，逐渐感觉到汉人的血肉之躯大可以为他们的征战服务。成吉思汗接受了金降

① 《元史》第十一册，3460页。
② 《元史》第十二册，3697页。
③ 《元史》第十三册，3821页。

将郭宝玉的建议，首签汉人为军。《元史·郭宝玉传》记宝玉条陈的办法是："蒙古、色目人每丁起一军，汉人有田四项、人三丁者签一军。"① 这就是《元史·兵志》所说的，"既平中原，发民为卒，是为汉军"。② 随着蒙古统治阶级内部矛盾的日益激化，不断发生宗室亲王争夺政权的叛乱（世祖时阿里不哥、乃颜和海都的叛乱是最突出的），汉军的地位日益重要，世祖利用汉人打汉人的政策灭了南宋。

元代时"军户"管理很严格。《兵志》说："天下既平，尝为军者，定入尺籍伍符，不可更易。诈增损丁产者，觉则更籍其实，而以印印之。病死戍所者，百日外役次丁；死阵者，复一年。贫不能役，则聚而一之，曰合并；贫甚者、老无子者，落其籍。户绝者，别以民补之。奴得纵自便者，俾为其主贴军。其户逃而还者，复三年；又逃者，杖之；投他役者还籍。"③

元代究竟有多少军户，说不清楚。《兵志》说："其名数，则有宪宗二年之籍，世祖至元八年之籍、十一年之籍，而新降军（平江南时所得宋军）有二十七年之籍。以兵籍系军机重务，汉人不阅其数。虽枢密近臣职专军旅者，惟长官一二人知之。故有国百年，而内外兵数之多寡，人莫有知之者。"④ 军户确数虽不得而知，但必然十分庞大，却是没有人会怀疑的。

二、驿站（蒙古人称站赤）之役

元代驿站有陆站，有水站。陆站用马、牛，或用驴，或用车；水站用船；辽东还有狗站，用狗拉雪橇。各省驿站之数如下：

中书省所辖腹里各路站赤，总计 198 处。其中：陆站 175 处，马 12 298 匹，牛 1 982 头，驴 4 908 头，车 1 069 辆；水站 21 处，船 950 艘，马 266 匹，牛 200 头，驴 394 头，羊 500 口；牛站 2 处，牛 306

---

① 《元史》第十二册，3521 页。
② 《元史》第八册，2508—2509 页。
③ 《元史》第八册，2508—2509 页。
④ 《元史》第八册，2508—2509 页。

头，车 60 辆。

河南、江北行省所辖总计 179 处，该 196 站。其中：陆站 106 处，马 3 928 匹，牛 192 头，驴 534 头，车 217 辆；水站 90 处，船1 512艘。

辽阳行省所辖总计 120 处。其中：陆站 105 处，马 6 515 匹，牛 5 259头，车 2 621 辆；狗站 15 处，原设站户 300，狗 3 000 只，后除绝亡倒死外，实在站户 289，狗 218 只。

江浙行省所辖总计 262 处。其中：马站 134 处，马 5 123 匹；轿站 35 处，轿 148 乘；步站 11 处，递运伕 3 032 户；水站 82 处，船 1 627艘。

江西行省所辖总计 154 处。其中：马站 85 处，马 2 165 匹，轿 25 乘；水站 69 处，船 568 艘。

湖广行省所辖总计 173 处。其中：陆站 100 处，马 2 555 匹，牛 545 头，坐轿 175 乘，卧轿 30 乘，车 70 辆；水站 73 处，船 580 艘。

陕西行省所辖总计 81 处。其中：陆站 80 处，马 7 629 匹；水站 1 处，船 6 艘。

四川行省所辖总计 132 处。其中：陆站 48 处，马 986 匹，牛 150 头；水站 84 处，船 654 艘，牛 76 头。

云南行省所辖总计 78 处。其中：马站 74 处，马 2 345 匹，牛 30 头；水站 4 处，船 24 艘。

甘肃行省所辖脱脱禾孙马站 6 处，马 491 匹，牛 149 头，驴 171 头，羊 650 口。①

《元史·兵志》载：太宗元年十一月敕：“诸牛铺马站，每一百户置汉车一十具。各站俱置米仓，站户每年一牌内（即十户内）纳米一石，令百户一人掌之。北使臣每日支肉一斤、面一斤、米一升、酒一瓶。”刘秉忠曾对世祖建议：“当驿路州城，饮食祇待偏重，宜计所费以准差发。”② 元初对驿站虽曾拨付一定经费（马、牛、船等则均出自民户），但往往不敷开支，不敷之数均由站户承担。《兵志》记至元十

① 《元史》第九册，2591—2594 页。又，本节所引驿站史料，除另有出处者外，余均根据《兵志》站赤条，不一一分注。

② 《元史》第十二册，3689 页。

八年闰八月诏："除上都、榆林迤北站赤外，随路官钱，不须支给，验其闲剧，量增站户。"这样，站户的负担当然就更重了。虽然至元二十二年下令："诸处站赤饮食，官为支给。"[①] 但实际上并没有给站户的苛重负担减轻多少。并且，富室大户多就其他轻役，或向地方吏胥纳贿逃避所有差役，以致最苛重的站役多由贫下户承担，所谓"站户贫富不等"成为一个严重问题。《元史·世祖纪》载：至元二十五年二月"以江南站户贫富不均，命有司料简，合户（即若干户合并计算）税至七十石当马一匹，并免杂徭；独户税逾七十石愿入站者听。合户税不得过十户，独户税无上百石"。[②] 合户税不得过十户的规定，意思是要把每年纳税粮在七十石以上的户来承担站役，这些都是占有田地二百亩或一百多亩以上的大户；独户税无上百石的规定，意思是限制年纳税粮在百石以上的大地主只承担当马一匹的站役。从立法上来说应该是有改革作用的。但究竟实际作用有多大，那就很难说了。

总之，元代驿站之役，像宋代的衙前重役一样，是徭役中特别苛重的。这种苛重的徭役往往使站户倾家荡产，卖儿鬻女。《元史·世祖纪》载：至元十四年（公元 1277 年）二月，诸王只必铁木儿言："永昌路（属甘肃行省）驿百二十户，疲于供给，质妻孥以应役。"[③] 又载：至元十六年六月，"以临洮、巩昌、通安等十驿岁饥，供役繁重，有质卖子女以供役者，命选官抚治之"。[④] 又载：至元十八年八月，"以开元等路六驿饥，命给币帛万二千匹，其鬻妻子者官为赎之"。[⑤] 像这样的例子很多。至于像《元史·仁宗纪》所载：延祐六年（公元 1319 年）十月，"东平、济宁路水陆十五驿乏食，户给麦十石"[⑥] 的例子就更不胜枚举了。

---

① 《元史》第二册，271 页，309 页。
② 《元史》第二册，271 页，309 页。
③ 《元史》第一册，188 页，213 页，233 页。
④ 《元史》第一册，188 页，213 页，233 页。
⑤ 《元史》第一册，188 页，213 页，233 页。
⑥ 《元史》第二册，591 页。

三、匠役

蒙古人最需要使用工匠。元朝建立前，蒙古人征战所到之处，杀戮殆尽，只有工匠得以幸免。《耶律楚材传》记:“旧制，凡攻城邑，敌以矢石相加者，即为拒命；既克，必杀之。汴梁将下，大将速不台遣使来言:‘金人抗拒持久，师多死伤，城下之日，宜屠之。’楚材驰入奏曰:‘将士暴露数十年，所欲者土地人民耳。得地无民，将焉用之?’帝（太宗）犹豫未决。楚材曰:‘奇巧之工，厚藏之家，皆萃于此，若尽杀之，将无所获。’帝然之，诏罪止完颜氏，余皆勿问。时避兵居汴梁者得（疑漏“存”字）百四十七万人。”[①] 耶律楚材用“奇巧之工”一语救活了一百多万人。金宣宗完颜珣贞祐元年（公元1213年，蒙古成吉思汗八年）蒙古人破金九十余郡，前引李心传所说：“所过无不残灭，两河、山东数千里，人民杀戮几尽，金帛、子女、牛羊马畜皆席卷而去”。但凡蒙古人屠城而得免杀戮的，主要是工匠。例如,“保州屠城（保州是贞祐元年十二月十七日被攻陷的），惟匠者免。予冒入匠中，如予者亦甚众。或欲精择能否，其一人默语之曰：能挟锯，即匠也。拔人于生，挤人于死，惟所择。事遂已。而凡冒入匠中者，皆赖以生”。[②]《元史·镇海传》说：“先是，收天下童男童女及工匠，置局弘州（今河北省阳原县）。既而得西域织金绮纹工三百余户及汴京织毛褐工三百户，皆分求弘州，命镇海世掌焉。”[③] 镇海所掌的弘州局，当是元初搜括工匠设置的官作坊机构之一。随着征服地区的扩大，搜括的工匠和匠局的数目也日益增多。据《元史·张惠传》记：“（至元）十三年春，宋降。伯颜命惠与参加政事阿剌罕等入城……籍江南民为工匠凡三十万户，惠选有艺业者仅十余万户，余悉奏还为民。”[④] 到了世祖，受刘秉忠、张文谦、姚枢、许衡等人的思想影响（过去有些人曾认为刘秉忠等丧失了民族气节，说句公道

---

① 《元史》第十一册，3459 页。

② 刘因:《静修文集》卷 21,《武遂杨翁遗事》。

③ 《元史》第十册，2964 页。

④ 《元史》第十三册，3924 页。

话，他们几个人也像耶律楚材一样是为人民做了好事的），已经决心矫正滥杀的旧习。所以，世祖以后，屠城的事比以前少得多了，但是，籍工匠之事是不会取消的。

世祖按照汉族的封建制度改造了蒙古的国家机器，“遂命刘秉忠、许衡酌古今之宜，定内外之官。其总政务者曰中书省，秉兵柄者曰枢密院，司默陟者曰御史台”。[①] 中书省下分六部，其中工部下设置：（1）诸色人匠总管府，掌百工之技艺，下有出蜡局、铸泻等铜局、银局、镔铁局、玛瑙玉局、石局、木局、油漆局、诸物库等。（2）诸司局人匠总管府，领两都金银器盒及符牌等一十四局事，至元二十四年只领五局一库，掌毡毯等事；五局一库是：大都毡局，管人匠125户；大都染局，管人匠6 003户（或说应为63户）；上都毡局，管人匠97户，隆兴毡局，管人匠100户；收支库。（3）诸路杂造局总管府，下设簾网局及收支库。（4）茶迭儿局总管府，管领诸色人匠造作等事，下设诸司局及收支库。（5）大都人匠总管府，领四局、院、库：绣局，掌绣造诸王百官缎匹；纹锦总院，掌织诸王百官缎匹；涿州罗局，掌织造纱罗缎匹；尚方库，掌出纳丝金颜料等物。（6）随路诸色民匠都总管府，掌仁宗潜邸诸色人匠。此外尚有别失八里局、忽丹八里局、平则门窑场、光熙门窑场、大都皮货所、深州织染局……匠局名数繁多，不一一列举。[②] 匠籍户数虽不能详，但其数无虑百数十万是可以肯定的。一入匠户，基本上不让转籍。《元史·刑法志》说：“诸匠户子女，使男习工事，女习黹绣，其敢拘刷者，禁之。”[③] 对匠户虽发给口粮，但同工匠所提供的劳动相比，显然是极不等价的。匠户所受的剥削正是封建社会的超经济剥削。

四、猎户——打捕之役

《元史·兵志》说：“元制自御位及诸王，皆有昔宝赤，盖鹰人也。是故捕猎有户，使之致鲜食以荐宗庙，供天庖，而齿革羽毛，又

① 《元史》第七册，2119页。
② 以上据《百官志》，见《元史》第七册，2144—2152页。
③ 《元史》第九册，2639页。

皆足以备用，……打捕鹰房人户，多取析居（指从军、站等户分出来的户口）、放良（俘户、驱户、奴婢放为良民）及漏籍孛兰奚、还俗僧道，与凡旷役无赖者，及招收亡宋旧役等户为之。其差发，除纳地税、商税，依例出军等六色宣课外，并免其杂泛差役。自太宗乙未年（公元 1235 年），抄籍分属御位下及诸王公主驸马各投下。及世祖时，行尚书省尝重定其籍，厥后永为定制焉。"[①] 猎户所受的剥削，同样是超经济剥削。元代猎户，据《兵志》所载，御位下有八所，计 1 374 户；诸王则汝宁王位下 201 户。普赛因大王位下 780 户；宣徽院管辖淮东淮西屯田打捕总管府司属打捕衙门，有提举司 10 处，千户所 1 处，计 14 302 户；各州县所设猎户：复里计 4 423 户，辽阳大宁等处打捕鹰房官捕户 759 户，河南等路打捕鹰房官捕户 1 142 户……不一一细录[②]。

五、铺兵之役

《元史·兵志》记："世祖时，自燕京至开平府，复自开平府至京兆，始验地里远近，人数多寡，立急递站铺"，以传递文书。"每十里或十五里、二十五里，则设一铺，于各州县所管民户及漏籍户内，签起铺兵"。中统元年，诏："随处官司，设传递铺驿，每铺置铺兵五人。"[③] 至元"二十年，留守司官言：'初立急递铺时，取不能当差贫户，除其差发充铺兵，又不敷者，于漏籍户内贴补。今富人规避差发，求充铺兵；乞择其富者令充站户，站户之贫者却充铺兵。'从之。"[④]《刑法志》记："诸急递铺，辄开所递实封文书，妄入无名文字者，笞五十七。诸急递铺，每上下半月，府州判官、县主簿亲临检视，所递文字但有稽违、磨擦、沉匿，铺司铺兵即验事重轻论罪"。[⑤] 铺兵虽能免纳差发，但这种职役并不轻松。

---

① 《元史》第九册，2599—2601 页，2596 页。
② 《元史》第九册，2599—2601 页，2596 页。
③ 《元史》第九册，2599—2601 页，2596 页。
④ 《元史》第九册，2598 页。
⑤ 《元史》第九册，2629 页。

六、乐工

《元史·世祖纪》载：至元二十一年（公元1284年）二月，“括江南乐工”。[1] 括去乐工之数未说，可能是大部分，也有可能是全部，总之，他们是被遣送大都为皇家服务去了。礼部有教坊司，“掌承应乐人及管理兴和等署五百户”。这五百户当然都是乐工。礼部还有常和署，“管领回回乐人”；天乐署，“管领河西乐人”。[2]

七、地方基层组织的差役

有社长、里正（城市为坊正）和主首。社长的职务名义上是劝课农桑，实际上还要协助吏胥催收赋税。里正每乡一人，以纳税粮一石以上的户充当。每都按人口多寡设主首二人至四人，轮流充役。里正、主首这些地方基层组织的职役，基本上是从前代沿袭下来的。

八、弓手之役

弓手主捕盗贼。《元史·兵志》说：“元制，郡邑设弓手，以防盗也。内而京师，有南北两城兵马司，外而诸路所辖州县，设县尉司、巡检司、捕盗所，皆置巡军弓手，而其数则有多寡之不同。职巡逻，专捕获。官有纲运及流徙者至，则执兵仗导送，以转相授受。外此则不敢役，亦专其职焉。世祖中统五年（即至元元年），随州府驿路设置巡马及马步弓手，验民户多寡，定立额数……至元三年，省部议：‘随路户数，多寡不同，兼军站不该差发，似难均摊。拟合（疑是令字）斟酌京府司县合用人数，只于本处包银丝线并止纳包银户计（户计，户籍册）内，每一百户选差中户一名当役，本户合当差发税银（税粮及包银等），却令九十九户包纳。’从之。”[3] 大都的南城兵马司有弓手1 400名，北城兵马司有弓手795名，合计2 195名。全国之大，弓手的数目当百倍于大都。

---

① 《元史》第二册，264页。
② 《元史》第七册，2139页。
③ 《元史》第九册，2594—2595页。

九、淘金户及冶铁户

《世祖纪》载：至元五年，"令益都漏籍户千四，淘金登州楼霞县，每户输金四钱。"[①] 又载：至元十六年，"拨民万户隶明里（人名）淘金"。[②] 铁冶户主要也是征发漏籍户等充当的。《世祖纪》载：中统四年，"以漏稽户一万一千八百、附籍户四千三百于各处起冶，岁课铁四百八十万七千斤"。"以礼部尚书马耳合乃兼领颍州、光化互市，及领已括户三千兴煽铁冶，岁输铁一百三万七千斤，就铸农器二十万事，易粟四万石输官"，[③] 此即其例。

十、广东的采珠户

《元史·张珪传》记，泰定元年（公元 1324），张珪等奏议中言及："广州东莞县大步海及惠州珠池，始自大德元年，姦民刘进、程连言利；分蜑户（在水上居住的船民）七百余家，官给之粮，三年一采，仅获小珠五两六两，入水为虫鱼伤死者众，遂罢珠户为民。其后同知广州路事塔塔儿等，又献利于失列门，创设提举司监采，廉访司言其扰民，复罢归有司（放免采珠户为普通民户）。既而内正少卿魏暗都剌，冒启中旨，驰驿督采，耗廪食，疲民命，非旧制，请悉罢遣归民。"[④]

其他临时性的杂徭，如伐木、营作等，书不胜书。

官府差拨夫役，虽说是临时性的杂徭，但这种事年年有，月月有，实际上是经常性的，《元典章》载："江南百姓，现今各处官府差拨夫役，有妨农业，废弃生理，饥饿病困，死于道途，实可悯念。且如婺州路，西南与衢、处（处州，今浙江省丽水县）接境，东北与明、越（明州，今浙江省宁波市；越州，今浙江省绍兴市）相通，皆是山陆，不通船车，每遇搬运官物，递送差发（差发，指官府征收的税粮、丝料及其他财物等），百姓负担荷轮，尚是公行（公行，公差）。至有路

① 《元史》第一册，117 页，209 页，92 页。
② 《元史》第一册，117 页，209 页，92 页。
③ 《元史》第一册，117 页，209 页，92 页。
④ 《元史》第十三册，4078—4079 页。

县官吏，搬运己物，送递亲旧，建造私宅，应付知识（知识，指相识的人）；司县人员又行箠楚，系颈累累，相望于道。但遇差夫，不问数目多少，便行一例差拨。其被差人数，或出钱三百五百，以至一贯之上，与（给予）坊正里正人等买免。每日又于市井辏集去处，拖扯买卖及入市农人，拘留一处，逐旋（轮流之意）差拨；虽无差拨，亦三四日不令还家，索要钞物，方才放免。以此人民失业，田地荒芜。”[①] 这种没完没了的差拨，其强横无理可谓无以复加了。

元代虽有“诸职官私用民力者，笞二十七，记过，追雇值给其民”[②] 的法令，实际是一纸具文。

第九节　元代农民负担

元代农民除了要直接供应封建统治征发的税粮、科差和形形色色的徭役以外，还间接承受着各种沉重的负担。

在本节里首先要说的是元王朝对蒙古贵族的各项赏赐——包括朝会赏赐、特赐和岁赐。成吉思汗时实行“分分子”制度，太宗以后逐渐转变为赏赐制度。从实质上看来，“分分子”和赏赐都是拿刮来的民脂民膏进行瓜分，只是在形式上有差别而已。

蒙古每逢新君即位或有军国大事，必大会诸王、驸马，而且必颁赏赉，这就是朝会赏赐。《元史·宪宗纪》载：宪宗三年春正月，“会诸王于斡难河北，赐予甚厚”。[③] 成宗时朝会赏赐的额例增加了好几倍。至元三十一年正月世祖死，四月，成宗至上都即位，左右部诸王毕会，“中书省臣言：‘陛下新即大位，诸王、驸马赐与，宜依往年大会之例，赐金一者加四为五，银一者加二为三……’从之”。[④] 从此朝会

---

① 《元典章》卷26，《户部》12，《夫役》。

② 《元史》第九册，2622页。

③ 《元史》第一册，46页。

④ 《元史》第二册，382页。

赏赐的额例，金加至五倍，银加至三倍。尽管朝会不是年年有，但赏赐额例骤增数倍显然不易应付。大德十一年（公元 1307 年）正月，成宗死，是年五月武宗至上都即位，六月丁酉，“中书右丞相哈剌哈孙答剌罕、左丞相塔剌海言：‘……前奉旨命臣等议诸王朝会赐与，臣等议：宪宗、世祖登宝位时赏赐有数，成宗即位，承世祖府库充富，比先例赐金五十两者增至二百五十两，银五十两者增至百五十两。’有旨：‘其遵成宗所赐之数赐之。’戊戌，哈剌哈孙答剌罕言：‘比者诸王、驸马会于和林（是年三月间事），已蒙赐与者，今不宜再赐。’帝曰：‘和林之会，国事方殷（当时左丞相阿忽台、中政院使怯烈等勾结安西王阿难答、诸王明里铁木儿推成宗皇后伯要真氏称制，以阿难答辅政，仁宗及右丞相哈剌哈孙答剌罕先发制人，挫败了这次宫廷政变）。已赐者，其再赐之’”。[1] 这就是元代朝会赏赐的大概情况。《元史·宦者传》载李邦宁曾对武宗说：“天下所入虽富，苟用不节，必致匮乏。自先朝以来，岁赋已不足用，又数会宗藩，资费无算，旦暮不给，必将横敛掊怨”。[2] 这话一点也不假。

特赐本来是临时性的，但实际上不仅每朝都有，甚至有时连续好几年都有，差不多已可以说是一项准经常性的赏赐。例如，世祖中统二年“赐诸王塔察儿金千两，银五千两，币三百匹”。[3] 中统四年，“给公主拜忽银五万两，合剌合纳银千两……诏赐诸王爪都牛马价银六万三千一百两”。[4] 至元二年四月，“赐诸王合必赤、亦怯烈金，素币各四（原文无单位，应加匹字，下同），拜行金币一”。[5] 十一月，“赐诸王只必帖木儿银二万五千两、钞千锭”。[6] 至元十二年，“赐皇子安西王币帛八千匹、丝万斤”。[7] 至元十四年，“赐诸王也不干、燕帖木儿

① 《元史》第二册，480—481 页。
② 《元史》第十五册，4550 页。
③ 《元史》第一册，74 页。
④ 《元史》第一册，93 页，106 页。
⑤ 《元史》第一册，93 页，106 页。
⑥ 《元史》第一册，108 页，164 页，193 页。
⑦ 《元史》第一册，108 页，164 页，193 页。

等五百二十九人羊马价钞八千四百五十二锭”。[①] 至元二十三年，“赐皇子奥鲁赤、脱欢、诸王术伯、也不干等羊马钞一十五万一千九百二十三锭，马七千二百九十匹，羊三万六千二百六十九只，币帛、毳（音 cuì）段木绵三千二百八十八匹（币帛为丝织品。毳段为毛织品，木绵为棉布），貂裘十四”。[②] 以上列举，不过是这几个年份特赐的片断，不是全年的数额。

我们再可以用至元二十五年作为一个典型：这一年正月，赐诸王火你赤银五万两、珠一索、锦衣一袭；玉都银千两、珠一索、锦衣一袭；三月，赐诸王术伯银五万两，币帛各一万匹；兀鲁台，爪忽儿银五千两（疑漏“各”字）、币帛各一百；四月，赐诸王小薛金百两，银万两、钞千锭及币帛有差；赐诸王阿赤吉金二百两、银二万二千五百两、钞九千锭及纱罗绢布有差；五月，赐拔都不伦金百五十两、银万五千两及币帛纱罗等万匹；六月，赐诸王术伯金银皆各二百五十两、币帛纱罗万匹；又赐诸王术伯银二万五千两、币帛纱罗万匹；十二月，赐按答儿秃等金千二百五十两，银十二万五千两、钞二万五千锭、币帛布氎（音 dié）布二万三千六百六十六匹；赐诸王爱牙合赤等，金千两、银一万八千三百六十两，丝万两、绵八万三千二百两、金素币一千二百匹、绢五千九十八匹；赐皇子爱牙赤部曲等羊马钞二十九万百四十九锭、马二万六千九百一十四，羊十万二百一十，驼八、牛九百；周诸王贫乏者（按：当时诸王率皆肠肥脑满，但仍以贫乏为辞请求赏赐，元廷亦每每有求必应，曲从所请），钞二十一万六百锭、马六千七百二十五、羊一万二千八百五十七、牛四十。[③] 全年特赐合计：金 2 950两，银 277 600 两，币帛绢布等 80 164 匹（这是个不完全的合计数，因为有两处只说币帛等各有差，未列具体数字），钞 535 749 锭，丝 10 000 两，绵 83 200 两，珠 2 索，锦衣 2 袭，马 33 639 头，羊 113 067只，牛 940 头，驿驼 8 头。以上一年的特赐是多么巨大的数额！

蒙古贵族贪求无厌的要求，却是一个永远填不满的深潭，如武宗

---

① 《元史》第一册，108 页，164 页，193 页。

② 《元史》第二册，294 页。

③ 《元史》第二册，307—318 页，480 页。

即位时，除了大颁朝会赏赐以外，还“以金二千七百五十两，银十二万九千二百两、钞万锭、币帛二万二千八百二十匹，奉兴圣宫，赐皇太子亦如之”。[①]“奉兴圣宫”是献给自己的母亲，“赐皇太子”是赏给自己的亲弟弟（即仁宗），其实质同样是特赐。光这两笔就耗费金5 500两，银258 400两，钞20 000锭，币帛45 640匹。元代对蒙古贵族的特赐，其数额之惊人，由此可见一斑。

岁赐是每年例行的定额赏赐。《元史·食货志》说：“其岁赐则银币各有差，始定于太宗之时，而增于宪宗之日。及世祖平江南，又各益以民户。时科差未定，每户折支中统钞五钱，至成宗复加至二贯。”[②]《食货志》详细记录了元代对诸王、后妃公主及勋臣的岁赐例额，赏赐的品目有金、银、钞、币帛、五户丝和江南户钞等。梁方仲已摘录五户丝和江南户钞数编制成表，他认为岁例中的金，银、钞、帛等实物与田赋关系较小，故未列入表中。但谁都明白，这些实物不是天上掉下来的，都是元王朝从老百姓方面搜刮来的，与人民负担的关系并不小。

现根据《元史》第八册，2412—2444页所记，将岁赐中的金、银、钞、帛等汇总，共计：金1 660两，银88 562两（按：元代金银比价一般为1∶10，金银共计为银105 162两），段绢21 443匹，钞26 426锭，绵5 723斤，小银色丝5 000斤，羊皮1 500张，弓弦1 000条。这是历朝所定例额的总记录，不是每年都按此数赐予，但其中也可能有漏载的。《元史·世祖纪》载：中统元年“赐亲王穆哥银二千五百两；诸王按只带、忽刺忽儿、合丹、忽刺出、胜纳合儿银各五千两，文绮帛各三百匹，金素半之；诸王塔察、阿术鲁钞各五十九锭有奇，绵五千九十斤，绢五千九十八匹，文绮三百匹，金素半之；海都银八百三十三两，文绮五十匹，金素半之；覩儿赤、也不干银八百五十两；兀鲁忽带银五千两，文绮三百匹，金素半之；只必帖木儿银八百三十三两；爪都、伯木儿银五千两，文绮三百匹，金素半之；都鲁、牙忽银八百三十三两，特赐绵五十斤；阿只吉银五千两，文绮三百，

① 《元史》第二册，307—318页，480页。

② 《元史》第八册，2411页。

金索半之；先朝皇后帖古伦银二千五百两，罗绒等折宝钞二十三锭有奇；皇后斡者思银二千五百两；兀鲁忽乃妃子银五千两。自是岁以为常”。[①] 以上合计银61 746两，文绮绢帛13 196匹，绵10 230斤，钞141锭。世祖朝有相当长的一段时间基本上是照此数给岁赐的。《元史·世祖纪》又载，至元二十六年“赐诸王、公主、驸马如岁例，为金二千两（相当于银二万两）、银二十五万二千六百三十两、钞一十一万二百九十锭”。[②] 和中统元年比较，银增三倍多、钞增几至800倍。

如此优渥丰厚的赏赐并未能解决蒙古贵族的内部矛盾。宪宗一死，阿里不哥便与亲哥哥忽必烈争夺皇位；以后又发生了亲王乃颜的叛乱；而海都的叛乱所引起的内战最为旷日持久，直至武宗即位，海都之子察八儿始率诸王内附。诸王叛乱之事，史不绝书。《食货志》说：“自昔帝王于其宗族姻戚必致其厚者，所以明亲亲之义也。元之为制，其又厚之至者欤！”[③] 元对蒙古贵族的赏赐，丝毫起不了“明亲亲之义”的作用，而“厚之至”确一点不假。应该说，它是奴隶主“分分子”制度的蜕变，是封建国家赋税制度的剥削性本质的赤裸裸暴露。元王朝对蒙古贵族的这种赏赐，对人民来说，是一个极其沉重的包袱。

另一个沉重的包袱是佛事方面的浪费。马克思在《黑格尔法哲学批判·导言》里曾经一针见血地指出：“宗教是人民的鸦片。”[④]《元史·释老传》说：“元起朔方，固已崇尚释教。及得西域，世祖以其地广而险远，民犷而好斗，思有以因其俗而柔其民（柔其民，使其人民驯服），乃郡县土番之地（在土番之地设置郡县），设官分职，而领之于帝师（中统元年世祖初以八思巴为国师）。”[⑤] 这几句话，明确地道破了元王朝崇尚佛教的政治目的。

世祖把这种政策从西域推行到全国。为了驯服人民的目的，元王朝对作佛事和建佛寺挥金如土。中统三年十二月，“作佛事于昊天寺七昼夜，赐银万五千两”。以后凡作佛事，毫无例外地都是七天七夜。在大

---

① 《元史》第一册，68—69页。
② 《元史》第二册，329页。
③ 《元史》第八册，2411页。
④ 《马克思恩格斯选集》第一卷，2页。
⑤ 《元史》第十五册，4520页。

都兴建万安寺，佛像及窗壁皆以黄金饰之，凡费黄金五百四十两有奇，水银二百四十斤。至元二十八年宣政院统计，“天下寺宇四万二千三百一十八区，僧、尼二十一万三千一百四十八人”。至元二十七年“缮写金字藏经，凡糜金三千二百四十四两”；据说出自元代大书法家赵孟頫的手笔。至元三十年间，“醮祠佛事之目仅百有二”，大德七年“增至五百有余，”到延祐年间，更“岁费千万，较之大德，不知几倍。”元王朝在这一方面所浪费的民财，不可胜计。[①] 然而，元王朝花了这么多的钱，却未能取得任何政治效益。那些受到宠遇的僧官，恃势横行，口里念着阿弥陀佛，干的尽是祸国殃民的恶事。世祖任用为江南释教总统的杨琏真加，发掘宋代诸陵及其大臣冢墓凡一百零一处；戕杀平民四人；受人献纳美女宝物无算。攘夺盗取的财物计有：金 1 700 两，银 6 800 两，玉带 9 条，大小玉器 111 件，杂宝贝 152 件，大珠 50 两，钞 116 200锭，民田 23 000 亩，私庇平民不输公赋者 23 000 户。[②] 成宗大德六年奉旨代帝出家的必兰纳识理，其所有“人畜土田金银货贝钱币、邸舍书画器玩，以及妇人七宝装具，价值巨万万”。仁宗时，白云宗总摄沈明仁，强夺民田二万顷：私度僧徒 4 800 人，获钞 40 000 余锭。[③] 这种事例，不遑枚举。元王朝希望这些佛教徒给它麻醉民心，而结果适得其反，他们却给元王朝招来民怨。

元王朝穷兵黩武，使人民背上更为沉重的包袱。为了节省篇幅，这方面的事情不想多说。

了解上述情况以后便会知道，元代的农民负担必然是重的。

太宗二年设置十路征收课税使时，耶律楚材定征收总额为银一万锭（每锭五十两），应该说是轻的。《元史·耶律楚材传》说：“既定常赋，朝议以为太轻。楚材曰：‘作法于凉，其弊犹贪；后将有以利进者，则今已重矣!”[④] 楚材极力反对把赋税交给商人承包。“富人刘忽笃马、涉猎发丁、刘廷玉等以银一百四十万两扑买（即承包）天下课

① 分见《元史》中《世祖纪》《仁宗纪》《释志传》等篇。

② 分见《元史》中《世祖纪》《仁宗纪》《释老传》等篇。

③ 分见《元史》中《世祖纪》《仁宗纪》《释老传》等篇。

④ 《元史》第十一册，3461 页，3462 页。

税，楚材曰：‘此贪利之徒，罔上虐下，为害甚大！’奏罢之”。[1] 他的确想让人民能够得到休养生息，决心要把守住赋税这个关口。然而，到了太宗十一年（公元1239年），耶律楚材力不从心，事与愿违，关口终于把不住了。《元史·太宗纪》载：十一年十二月，“商人奥都剌合蛮买扑中原银课二万二千锭，以四万四千锭为额；从之”。十二年正月，“以奥都剌合蛮充提领诸路课税所官”。[2]

奥都剌合蛮这个人大有来历，《元史·耶律楚材传》说：“自庚寅（即太宗二年）定课税格，至甲午（太宗六年，公元1234年）平河南（天金），岁有增羡，至戊戌（太宗十年，公元1238年）课银增至一百一十万两。译史安天石者，谄事镇海，首引奥都剌合蛮扑买课税。又增至二百二十万两。楚材极力辩谏，至声色俱厉，言与涕俱。帝（太宗）曰：‘尔欲搏斗耶？’又曰：‘尔欲为百姓哭耶？姑令试行之。’楚材力不能止，乃叹息曰：‘民之困穷，将自此始矣！’”[3] 耶律楚材《神道碑》说：“初，公自庚寅年定课税所额，每岁银一万锭。及河南既下，户口滋息，增至二万二千锭。而回鹘译史安天合至自汴梁，侧身事公，以求进用。公虽加奖借，终不能满望。即奔诣镇海，百计行间（按：所谓百计行间者无非行贿而已）。首引回鹘奥都剌合蛮扑买课税，增至四万四千锭。公曰：虽取四十四万亦可得，不过严设法禁，阴夺民利耳！”[4] 从《神道碑》，安天石及奥都剌合蛮均为回鹘人。回鹘，元代称畏吾儿；但元代文献所说西域人，回回人，回鹘人，有时含混不清。有人认为奥都剌合蛮是阿拉伯人，此说可备参考。《耶律楚材传》及《神道碑》均说奥都剌合蛮得到课税的承包权是由于走了镇海的门路。镇海是与成吉思汗同饮班朱尼河水的开国元勋之一，当然是一个有力的后台。镇海之外还有一个更有力的后台——太宗的六皇后乃马真氏。奥都剌合蛮是由一个侍女向六皇后乃马真氏推荐的，太宗死后，乃马真氏称制，对奥都剌合蛮非常信任。可见，奥都剌合

① 《元史》第十一册，3461页，3462页。
② 《元史》第一册，36页。
③ 《元史》第十一册，3463页。
④ 《元文类》卷57，《中书令耶律公神道碑》。

蛮确实走了内线，来历不小。

《元史·太宗纪》说太宗时，“华夏富庶，羊马成群，旅不赍粮，时称治平”。[1] 这是褒扬过当之词。太宗前十年，人民的日子还算比较好过，但这主要归功于耶律楚材。举一个例来说，《元史·良吏传》记，谭澄袭职（蒙古初期州县官多数是世袭的）为交城令，“岁乙未（太宗七年，公元 1235 年），籍民户，有司多以浮客占籍；及征赋，逃窜殆尽，官为称贷，积息数倍，民无以偿。澄入觐，因中书耶律楚材（楚材当时为中书省令），面陈其害，太宗恻然，为免其逋，其私负者（民欠私人债务的），年虽多，息取倍而止；亡民能归者，复三年。诏下，公私便之”。[2] 从这件事可以看出，耶律楚材关心民间疾苦足以称赞，而当时太宗信任良臣，关心民间疾苦，同样也值得称赞。到了太宗十一年以后，情况便大不相同了。十三年十一月，太宗死，壬寅年（公元 1242 年）春六皇后乃马真氏称制。丙午年（公元 1246 年）定宗贵由即位，政权仍掌握在六皇后手中。戊申（公元 1248 年）春三月，贵由死。《元史·定宗纪》说：“是岁大旱。河水尽涸，野草自焚，牛马十死八九，人不聊生，诸王及各部又遣使于燕京迤南诸郡，征求货财、弓矢、鞍辔之物，或于西域回鹘索取珠玑，或于海东楼取鹰鹘，驿骑络绎，昼夜不绝，民力益困。然自壬寅以来，法度不一，内外离心，而太宗之政衰矣。”[3] 这一段期间的情况用“人不聊生”四个字来概括是恰当的。到了宪宗时期，情况仍然没有多大转变。

许大雅撰、徐霆疏证：《黑鞑事略》中记当时的农民负担说：“汉地差发，每户每丁以银折丝绵之外，每使臣经从、调选军马粮食器械及一切公上之用，又逐时计其合用之数，科率民户。诸亡国之人，甚以为苦，怨愤彻天，然终无如之何也。鞑主不时自草地差官出汉地定差发。霆（本书的疏证者）在燕京，见差胡丞相来，黩货更可畏。下至教学行、乞儿行，亦（出）银作差发。燕（京）教学行有诗云：

① 《元史》第一册，37 页。

② 《元史》第十四册，4356 页。

③ 《元史》第一册，39—40 页。

‘教学行中要纳银，生徒寥落太清贫。金马玉堂卢景善，明月清风范子仁。李舍才容讲德子，张斋恰受舞雩人。相将共告胡丞相，免了之时捺杀因（蒙古语，意为很好）。’此可见其赋敛之法。”末句实应改为“此可见其赋敛之苛！”（当时尚未设置丞相之职，所谓胡丞相可能是太宗七年七月任命为中州断事官的胡土虎那颜，即《食货志》岁赐门所列的勋臣忽都那颜，亦即《元史·刘秉忠传》所说的忽都那演）

忽必烈在藩邸时，刘秉忠是他的亲信幕僚。《元史·刘秉忠传》记，秉忠上书数千百言，谈到人民负担问题，说：“天下户过百万，自忽都那演断事之后，差徭甚大，加以军马调发，使臣烦扰，官吏乞取，民不能当，是以逃窜。宜比旧减半，或三分去一，就现在之民以定差税，招逃者复业，再行定夺。”[①] 这个上言，在宪宗三年忽必烈出征大理之前。又，《元史·张德辉传》记，定宗二年（公元 1247 年）忽必烈召见张德辉，问道：“农家作劳，何衣食之不赡？”德辉对曰；“农桑，天下之本，衣食之所从出者也。男耕女织，终岁勤苦，择其精者输之官，余粗恶者将以仰事俯育。而亲民之吏复横敛以尽之，则民鲜有不冻馁者矣！”[②] 话虽委婉，但已得其要领。从一问一答，可以断定，当时农民负担的苛重，农民生活的贫苦，连忽必烈也已经知道了。

元世祖忽必烈即位后，减轻了农民负担没有？可以说没有。

忽必烈思想上深受刘秉忠、姚枢、许衡和张文谦等人的影响，决意改变蒙古旧有的政治制度，推行汉化。许衡曾说：“考之前代，北方之有中夏者，必行汉法乃可长久。故后魏、辽、金历年最多，他不能者，皆乱亡相继，史册具载，昭然可考。使国家而居朔漠，则无事论此也。今日之治，非此奚宜？夫陆行宜车，水行宜舟，反之则不能行；幽燕食寒，蜀汉食热，反之则必有变。以是论之，国家之当行汉法无疑也。然万世国俗，累朝勋旧，一旦驱之从臣仆之谋，改就亡国之俗，其势有甚难者。窃尝思之，寒之与暑，固为不同。然寒之变暑也，始于微温，温而热，热而暑，积百有八十二日而寒始尽。暑之变寒，其势亦然，是亦积之之验也。苟能渐之摩之，待以岁月，心坚而确，事

① 《元史》第十二册，3689 页。
② 《元史》第十三册，3824 页。

易而常，未有不可变者。”[1] 看来，许衡已预料到改行汉法必然会遇到蒙古贵族的猛烈反对，阻力极大，所以建议循序渐进，慢慢来。

元世祖即位后却大刀阔斧地进行改革，他的魄力是够大的。他采纳这些汉人的意见，严禁滥杀和禁俘掠平民，对赈济和减免从不吝惜，这些事情都得人心。元王朝的民族等级，一是蒙古人，二是色目人，三是汉人，四是南人。世祖当然不会降低蒙古人的统治地位。例如，至元二年规定:“以蒙古人充各路达鲁花赤，汉人充总管，回回人充同知，永为定制。”[2] 同年，诸王塔察儿使臣阔阔出至北京花道驿，手杀驿吏郝周、郭和尚，只判罚钞十锭，汉人的一条人命只值钞五锭。这两件事足以说明世祖对蒙古贵族特权的维护。但是，他也越来越认识到，要加强蒙古人在中国的统治地位，非实行汉化不可，非信任和使用汉人不可。在这个决策上，他是有胆有识的。正因为这样，至元十二年五月，他告诉参知政事高达说:“昔我国家出征，所获城邑，即委而去之，未尝置兵戍守，以此连年征伐不息。夫争国家者，取其土地人民而已，虽得其地而无其民，其谁与居？今欲保守新附城壁，使百姓安业力农，蒙古人未之知也。尔熟知其事，宜加勉旃。湖南州郡，皆汝旧部曲。未归附者何以招怀，生民何以安业？听汝为之。”[3]

正因为这样，至元十五年，“宋张世杰立广王昺于海上，闽广响应，俾（张）弘范往平之，授蒙古汉军都元帅。（弘范）陛辞奏曰：‘汉人无统蒙古军者，乞以蒙古信臣为首帅。’帝（世祖）曰:‘汝知而父（张弘范之父为张柔）与察罕之事乎？其破安丰也，汝父欲留兵守之，察罕不从。师既南，安丰复为宋有，进退几失据，汝父深悔恨，良由委任不专故也。岂可使汝复有汝父之悔乎？今付汝大事。能以汝父之心为心，则余汝嘉。”[4] 结果，崖门奇石上镌上了“张弘范灭宋于此”七个大字。后来明代大儒陈献章（白沙先生）曾在“张弘范”三字之上加了一个“宋”字，变为具有十分讽刺意味的“宋张弘范灭宋于

---

① 《元史》第十二册，3718—3719 页。

② 《元史》第一册，106 页。

③ 《元史》第一册，166 页。

④ 《元史》第十二册，3682 页。

此”，这是后话。而在当时，元世祖的目的却完满地达到了。

正因为这样，刘秉忠、姚枢、许衡、张文谦成为世祖实际上的政治顾问，特别是刘秉忠，更成为世祖推心置腹、言听计从的一个人物。可惜至元十一年刘秉忠便死了。

但是，刘秉忠死后，世祖对他平素的忠告，却统统置于脑后。如：“君子之心，一于理义，怀于忠良；小人之心，一于利欲，怀于谗佞。君子得位，有容于小人；小人得势，必排于君子。明君在上，不可不辩也！孔子曰：‘远佞人’；又曰：‘恶利口之覆邦家者’，此之谓也。”又如：“今言利者众，非图以利国害（害或为福字之误）民，实欲残民而自利也。”再如：“古者治世均民产业，自废井田阡陌，后世因之不能复。今穷乏者益损，富盛者增加。宜禁行利之人勿恃官势，居官在位者勿侵民利，商贾与民和好交易，不生擅夺欺罔之害。”[①] 这些当年曾表示赞同的话，世祖统统忘掉了。许衡等数人虽晚死几年，但都书生气十足，在政坛上远远不是刘秉忠所说的那种小人的敌手。因此，国家统一之后没有能够出现一个人民能够休养生息，安居乐业的局面。

清人赵翼有一段概括的叙述：“元世祖混一天下，定官制，立纪纲，兼能听刘秉忠、姚枢、许衡等之言，留意治道（按：定官制，立纪纲，也是接纳刘秉忠等人的建议），固属开国英主，然其嗜利黩武之心，则根于本性，终其身未尝稍变。元史纪传所载可见也。中统三年，即以财赋之任，委阿合马，兴铁冶，增盐税，小有成效，拜平章中书政事。又立制国用司，以阿合马领使事；已复罢制国用司，立尚书省，以阿合马平章尚书省事；奏括天下户口，下至药材、榷茶，亦纤屑不遗；其所设施，专以掊克敛财为事。史天泽、安童等争之，崔斌等劾之，皆不能胜。以理算（以清理财政为名）陷江淮行省平章阿里伯、右丞燕铁木儿于死。有秦长卿者，欲发其奸，反为所噬，毙于狱。擢用私人，不由部选；以其子忽辛及抹速忽分据财赋重地；并援引奸党郝祯、耿仁等骤升同列，阴与交通，专事蒙蔽。逋赋不蠲，征敛愈急；内通货贿，外示刑威。天下之人，无不思食其肉。有益都千

① 这几段话均见《元史》第十二册，3692 页。

户王著，发义愤击杀之。阿合马之奸始上闻，虽命剖棺戮尸，而流毒海内已二十年矣！阿合马既死，又用卢世荣，亦以增多岁入为能，盐铁、榷酤、商税、田课，凡可以罔利者，益务搜括；奏用阿合马之党，皆列要职，凡肆恶二年。御史大夫玉速铁木儿尽发其奸，始诏诛之。未几，又用桑哥，再立尚书省，改行中书省为尚书省，六部为尚书六部；恃其得君，尝拳殴参政杨宽、郭佑及台吏王良弼，皆诬奏至死。遂以丞相领尚书兼统制使，以沙不丁为江淮左丞，乌马儿为参政，奏遣忻都、阿散等十二人理算六省钱谷，天下骚然。佞谀者方为之请立碑记功，桑哥又奏笞监察御史四人。自后御史入省部椽令史皆与抗礼，台纲尽废。铨调内外官宣敕，亦付尚书，由是以刑爵为贩卖。自至元二十四年至二十八年，为也先帖木儿所劾，始伏诛。统计帝在位三十余年，几与此三人者相为终始。此其嗜利贪得，牢固而不可破也。"[①]

按：赵翼没有理解到，世祖之所以唯利是图，专任聚敛之臣，实与本节开头所指出的对蒙古贵族的赏赐、大兴佛事及用兵不息等三事密切相关，是这三个主要因素的必然结果。

阿合马是回回人，《元史·姦臣传》记，"京兆等路岁办课至五万四千锭（即二百七十万两），犹以为未实。民有附郭美田，辄取为己有"。[②] 其余情节，已略见赵文，不细赘。至元十九年三月，世祖在上都，皇太子随从；益都千户王著因人心愤怨，乘机诈称皇太子至，夜二鼓召见尚书省官，责阿合马数语，即以铜鎚碎其脑。王著既杀阿合马，为免牵连他人，挺身归案，临刑时大呼曰，"王著为天下除害，今死矣，异日必有为我书其事者"。其光明磊落及义烈之气，千载之后尚能感人肺腑。[③] 《元史·崔彧传》记。至元二十年，崔彧上疏称："内地百姓流移江南避赋役者已十五万户。去家就旅，岂人之情？赋重政繁，驱之至此。"[④] 这就是阿合马所造成的人祸之一例。但在阿合马未死之前，谁也不敢说出这种情况。

---

① 赵翼：《廿二史劄记》，卷30。

② 《元史》第十五册，4562页，4563—4564页。

③ 《元史》第十五册，4562页，4563—4564页。

④ 《元史》第十三册，4040页。

卢世荣，大名人，由桑哥荐用。《元史·陈佑传》记监察御史陈天祥（陈佑之弟）至元二十二年四月上疏言："卢世荣素无文艺，亦无武功，惟以商贩所获之赀，趋附权臣，营求入仕，舆赃辇贿，输送权门，所献不充，又别立欠少文券银一千锭，由白身擢江西榷茶转运使。于其任，专务贪饕，所犯赃私，动以万计。其隐秘者固难悉举，惟发露者乃可明言，凡其掊取于人及所盗官物，略计：钞以锭计者二万五千一百一十九，金以锭计者二十五，银以锭计者一百六十八，茶以引计者一万二千四百五十有八，马以匹计者十五，玉器七事，其余繁杂物体称是。"①

桑哥，胆巴国师之弟子，尝为西蕃译史，以言和雇和买事迎合世祖意，遂得大用。其为祸最烈者，莫如派员催索江南积欠一案。《元史·崔彧传》记，至元二十九年，彧又奏："纳速剌丁、灭里、忻都、王巨济，党比桑哥，恣为不法，楮币、诠选、盐课、酒税，无不更张变乱之。衔命江南，理算积欠逋赋，期限严急，胥卒追逮，半于道路；民至嫁妻卖女，殃及亲邻。维扬（即扬州）钱塘（杭州）受害最惨，无故而陨其生者五百余人。"② 徽州则由于有了一个硬汉许楫，受害较轻一些。桑哥的妻党要束木同样贪暴。《元史·乌古孙泽传》记："至元二十一年，（乌古孙泽）调永州路判官。湖广平章政事要束木贪纵淫虐，诛求无厌。或妄言初归附时，州县长吏及吏胥富人比屋敛银，将输之官，银已具而事遂（遂疑为遽之误）中止。要束木即下令，责民自实，使者旁午，随地置狱株连蔓引，民以拷掠瘐死者载道，所获不赀，要束木尽掩有之。"③

贪暴官吏满天下，政治哪能不腐败？元代伟大的杂剧作家关汉卿的名著《窦娥冤》，反映了当时暗无天日的悲惨情景，赵翼还概述了元世祖的穷兵黩武，以文长不再引录。

总而言之，元自成吉思汗至世祖，已用兵40余年，世祖又继续用兵30余年。谁都知道，打仗是要死人的，70余年之间究竟夺去多

① 《元史》第十三册，3944页，4043页。

② 《元史》第十三册，3944页，4043页。

③ 《元史》第十三册，3833页。

少战士和平民的生命，这笔账很难算得清楚。打仗是要耗费大量的财力，物力和人力的，这笔账更难算得清楚；不过我们可以举出一个例子。《元史·刘宣传》记，至元二十三年，将伐交趾，宣上疏说："交趾无粮，水路难通，无车马牛驮畜载，不免陆运。一夫担米五斗，往还自食外，官得其半（即只得二斗五升）；若十万石，用四十万人，只可供一二月。军粮搬载，船料军须，通用五六十万众。广西、湖南调度频数，民多离散，户令供役，亦不能办。"① 即此一例，元代不断对外用兵，消耗国力之大，可想而知。再加以蒙古贵族内部的自相残杀，不只贻祸人民，也大大削弱了本民族的实力，动摇了自己的统治地位。泰定帝之死，燕铁木儿统率的钦察部队接连打败了蒙古诸叛王的几次进攻。元文宗又是靠钦察部队拥上大位的（文宗毒死他的哥哥明宗也是由燕铁木儿下手的）。人们可以看得很清楚，当年曾经叱咤风云所向无敌的蒙古军至此已经是强弩之末，其势不能穿鲁缟了。

耶律楚材初定课税，商税三十取一，税率是低的。但世祖以后，重敛之臣用事，杂税繁多，征课越来越重。以盐课而言，太宗二年始行盐法，当时规定："每盐一引重四百斤，其价银一十两。"世祖中统二年"减银为七两"；至元十三年"每引改为中统钞九贯"；二十六年"增为五十贯"。成宗元贞二年"每引又增为六十五贯"。武宗至大二年至仁宗延佑二年，"七年之间累增为一百五十贯"。扣除通货膨胀的因素，盐课本身的不断加重还是显而易见的事实。文宗天历年间，全国每年盐课之数，总计为钞"七百六十六万一千余锭（即三亿八千余万贯）"。② 毫无疑问，盐课的最大部分是由农民负担的。

茶课岁入之数，仁宗延佑七年增至钞"二十八万九千二百一十一锭"。文宗天历二年茶课岁入大体与此数同。③ 茶课中有相当大的一部分也是由农民负担的。

酒醋课及商税也与农民负担有关，《元史·食货志》载有具体岁

① 《元史》第十三册，3951 页。

② 本段中引文见《元史》第八册，2386 页，2393 页，2394 页。

③ 本段中引文见《元史》第八册，2386 页，2393 页，2394 页。

额可供参考，这里从略。我们打算谈谈竹课。《元史·食货志》说："竹之所产虽不一，而腹里之河南，怀孟（按：河南不属腹里，当为河间之误），陕西之京兆、凤翔，皆有在官竹园。国初皆立司竹监掌之，每岁令税课所官以时采砍，定其价为三等，易于民间。至元四年，始命制国用使司印造怀孟等路竹监竹引一万道，每道取工墨一钱（指一百文），凡发卖皆给引。至元二十二年罢司竹监，听民自卖输税。明年，又用郭畯言，于卫州复立竹课提举司，凡辉、怀、嵩、洛、京襄（按：北监本《元史》作荆襄）、益都、宿、蕲等处竹货皆隶焉。在官者办课，在民者输税（在官的竹园上交额定的竹课，民有的竹园在买卖时交纳竹税）。二十三年，又命陕西竹课提领司差官于辉、怀办课。二十九年，丞相完泽言：'怀孟竹课，频年斫伐已损（意谓在官竹园历年砍伐几尽）。课（指在官竹园每岁应上交的额课）无所出，科民以输（向人民摊派来完纳在官竹园的额课，这是封建社会惯用的办法）。宜罢其课，长养数年。'世祖从之。"[①] 那么，民间的竹税又是怎样征收的呢？《元史·世祖纪》载：至元十二年十二月，"减辉州竹课（指民间交纳的竹税）。先是官取其六，至是减其二"。[②] 原规定值百抽六，至元十二年减为值百抽四。也可能同样适用于别的地区，不只辉州一地如此。竹课的绝大部分也是由农民负担的。

我们还要谈一谈所谓额外课。《元史·食货志》说："元有额外课。谓之额外者，岁课皆有额，而此课不在其额中也。然国之经用，亦有赖焉。课之名凡三十有二：其一曰历日，二曰契本，三曰河泊，四曰山场，五曰窑冶，六曰房地租，七曰门摊，八曰池塘，九曰蒲苇，十曰食羊，十一曰荻苇，十二曰煤炭，十三曰撞岸，十四曰山查，十五曰麴，十六曰鱼，十七曰漆，十八曰酵，十九曰山泽，二十曰荡，二十一曰柳，二十二曰牙例，二十三曰乳牛，二十四曰抽分，二十五曰蒲，二十六曰鱼苗，二十七曰柴，二十八曰羊皮，二十九曰磁，三十曰竹苇，三十一曰姜，三十二曰白药。其岁入之数，唯天历元年可考

---

① 《元史》第八册，2382 页。

② 《元史》第一册，113 页。

云。”[①] 额外课的天历元年岁入额，《食货志》有统计，为省篇幅不引录。这些额外课，大部分也是由农民负担的。

元代不仅有额外课，田赋浮收也极严重。元代税粮，原规定每石带纳鼠耗 3 升，分例 4 升。鼠耗由来已久。分例为征收部门所收的规费。两者合计每石加征 7 升，即 7%，本已不轻，而实际征收时每逾此数。例如，《元史·张德辉传》就记载了世祖初年河东“赋役不均，官吏并缘为姦，赋一征十，不胜其困苦，民率流亡”。[②] 《元史·世祖纪》也记载了至元十六年，“杭、苏、嘉兴三路办课官吏，额外多收分例”。[③] 田赋的浮收是农民负担苛重的因素之一。这是中国封建社会历史上的一个老问题。

赋役不均同样是一个老问题。上面已提到河东赋役不均，《元史·良吏传》也提到崇安的情况：“崇安（今福建省崇安县）之为邑，区别其土田，名之曰都者五十，五十都之田上送官者为粮六千石。其大家以五十余家，而兼五千石；细民以四百余家，而合一千石。大家之田，连跨数郡；而细民之粮，或仅升合。有司常以四百之细民，配五十大家之役，故贫者受役旬日，而家已破。伯颜（邹伯颜，时为崇安县尹）曰：‘贫弱之受困，一至此乎！’乃取其粮籍而分计从，有粮一石者受一石之役，有粮升斗者受升斗之役，田多者受数都之役而不可辞，田少者称其所出而无倖免。贫困无告之民，始得以休息。”[④] 这里主要说的是徭役不均。徭役不均比田赋不均，对农民为害更大。邹伯颜的均役为农民做了一件好事。赋役不均的事，不只河东有，崇安有，而几乎是处处都有，但像邹伯颜这样的官却实如凤毛麟角。崇安的例子反映了土地分配的不均。这个问题在元代也是极其严重的，但在元王朝，从未得到重视。

土地分配不均，赋役负担苛重，加上民族歧视，三个因素交织在一起，使元代的阶级矛盾和社会危机不断发展以致激化。元世祖时各地已出现小规模的民变，到了元末红巾军起，遂爆发了全国性的农民起义，元王朝也就垮台了。

---

① 《元史》第八册，2403—2404 页。

② 《元史》第十三册，3826 页及校勘（11）。

③ 《元史》第一册，216 页。

④ 《元史》第十四册，4373 页。

第七章

明代的赋役制度与农民负担

第一节　明王朝的建立与洪永熙宣之治

元季政治的腐败达到了极点。陶宗仪在《南村辍耕录》里记载了当时流传民间的一首《醉太平》散曲说："堂堂大元，奸佞专权，开河变钞祸根源，惹红巾万千。官法滥，刑法重，黎民怨。人吃人，钞买钞，何曾见！贼做官，官做贼，混愚贤。哀哉可怜！右醉太平小令一阕，不知谁所造，自京师以至江南，人人能道之。"①

"变钞"是指元顺帝至正十年（公元1350年）的变造至正交钞。这种钞票纸质极劣，用未久辄腐烂不堪倒换，遂与至元宝钞俱涩滞不行，物价急剧上涨。"钞买钞"是说人民拿着像废纸一样的钞票在市场上买不到任何东西。通货膨胀实质上是一种无形的赋税，是对人民财富的疯狂掠夺。"开河"是指至正十一年四月，诏开黄河故道。这一工程是由元代治河专家贾鲁建议和主持的。沿河一带征集民夫26万

① 陶宗仪：《南村辍耕录》，中华书局版，283页。

余人，官吏克扣工钱，河夫怨声载道。在工地上挖出了一个只开着一只眼的石人，石人的背上镌着："莫遭石人一只眼，此物一出天下反"！这个石人原来是韩山童等人预先埋下的。石人的挖出，起了宣传鼓动作用，果然是天下大反了。这年五月，刘福通首揭义帜，攻陷颍州（今安徽省合肥市），声称韩山童为宋徽宗九世孙，当为中国主。山童虽被俘牺牲，但是，元季的全国性农民大起义的洪峰已冲破元王朝的堤坝而一泻千里了。"开河变钞祸根源"，这是当时的一般看法；应该说，开河和变钞只是起爆的导火线，根源则是残酷的阶级剥削和民族压迫。韩山童诏文里所说的："贫极江南，富称塞北"，[1] 正是残酷的阶级剥削和民族压迫所造成的。

凤阳人朱元璋出身于贫民家庭。至正四年（公元 1344 年），当地继旱蝗之后发生了大饥荒和瘟疫，父母及诸兄挨个死去，元璋孤苦伶仃无所依靠，不能不削发入皇觉寺为僧；到了至正十一年，天下大乱，佛寺也待不下去了。翌年二月，郭子兴起兵濠州（元属安丰路，州治在今安徽省凤阳县）。元璋投奔郭子兴，屡立战功，得到子兴的信任。至正十五年三月，郭子兴卒，元璋代领所部。翌年三月攻陷集庆（今江苏省南京市），作为根据地，改称集庆路为应天府。是年七月诸将奉元璋为吴公，置江南行中书省，由元璋自总省事。当时，群雄蜂起，元王朝尚保存大量兵力，元璋的实力亦不及陈友谅和张士诚；而元璋却能剪平劲敌，推翻元室完成统一大业。主要原因在于：他在军事上和政治上所采取的措施都是比较明智的。

他在战略上，深谋远虑，高人一筹，故能克敌制胜。《明史·太祖记》载：太祖"尝与诸臣论取天下之略，曰：'朕遭时丧乱，初起乡土，本图自全。及渡江以来，观群雄所为，徒为生民之患，而张士诚、陈友谅尤为巨蠹。士诚恃富，友谅恃强，朕独无所恃。惟不嗜杀人，布信义，行节俭，与卿等同心共济。初与二寇相持，士诚尤逼近，或谓宜先击之。朕以友谅志骄，士诚器小，志骄则好生事，器小则无远图，故先攻友谅。鄱阳之役，士诚卒不能出姑苏一步以为之援。向

① 转引自叶子寄：《草木子》卷三，上。

使先攻士诚，浙西负固坚守，友谅必空国而来，吾腹背受敌矣。二寇既除，北定中原，所以先山东、次河洛，止潼关之兵不遽取秦、陇者，盖扩廓帖木儿、李思齐、张思道皆百战之余。未肯遽下，急之则并力一隅，猝未易定；故出其不意，反旆而北。燕都既举，然后西征。张、李望绝势穷，不战而克，然扩廓犹力抗不屈。向令未下燕都，骤与角力，胜负未可知也。'"①

他在政治上采取明智的措施，效果更大。《明史·太祖纪》载：至正十六年攻陷集庆，"太祖入城，悉召官吏父老谕之曰：'元政渎扰，干戈蜂起，我来为民除乱耳，其各安堵如故。贤士吾礼用之，旧政不便者除之，吏毋贪暴殃吾民！'民乃大喜过望"。② 这同刘邦入关的约法三章酷似。《明史·太祖纪》又载：至正十九年春正月，"太祖谋取浙东未下诸路。戒诸将曰：'克城以武，戡乱以仁。吾比入集庆，秋毫无犯，故一举而定。每闻诸将得一城不妄杀，辄喜不自胜。夫师行如火，不戢将燎原。为将能以不杀为武，岂惟国家之利，子孙实受其福。'"③ 朱元璋严申纪律，所过不杀，礼用才能之士，制裁贪暴之徒，务以安民为本，由是人心日附。这是他在元季战乱中夺得最后胜利的根本原因。

立国后，太祖的政治指导思想是明确的：必须让人民得到休养生息。对这一点，中国历史上比较开明的封建君主都有同样的认识。《明史·循吏传》说："明太祖惩元季吏治纵弛，民生凋敝，重绳贪吏，置之严典。府州县吏来朝，陛辞，谕曰：'天下新定，百姓财力俱困，如鸟初飞，木初植，勿拔其羽，勿撼其根。然惟廉者能约己而爱人，贪者必朘人以肥己，尔等戒之。'"④ 为了让人民能够得到休养生息，太祖从整顿吏治入手，抓到了要害。太祖对严厉惩处贪官污吏从不心慈手软。他所创作的"剥皮实草"，固然有伤人道，但在那时确实收到整饬政纪的效果。《草木子》说：明祖惩元季纵弛，特用重

---

① 《明史》，中华书局版（下同），第一册，55—56 页，5 页，7 页。

② 《明史》，中华书局版（下同），第一册，55—56 页，5 页，7 页。

③ 《明史》，中华书局版（下同），第一册，55—56 页，5 页，7 页。

④ 《明史》第二十四册，7185 页。

典驭下；稍有触犯，刀锯随之。时京官每旦入朝，必与妻子诀；及暮无事，则相庆以为又活一日。这里说的是京官，其实更为胆战心惊的是地方官吏。这种人人自危的气氛是阴森森的，但却使人民得到了阳光。官场上多年来积重难返的歪风邪气得到了迅速扭转，让人民休养生息的诺言得以兑现。

另一方面，太祖立国伊始就重视郡县官的人选。郑晓（嘉靖时历官吏部左侍郎，南京吏部尚书，熟习典故，著述颇丰）说："吴元年，选郡县官三百三十四人，赏绮布道里费及其父母妻子有差，著为令。曰：'以养汝廉奉公，无渔民也。'洪武元年，诏中书省自今除府、州、县官，赐银十两，布六匹。征天下贤才为守令，厚赐而遣之。"[①] 可以说，太祖对吏治的整顿是双管齐下的。

明太祖为维护自己的统治，严于执法。这是在封建君主中比较罕见的。在争夺天下的时候已是如此。《明史·胡大海传》记："太祖克婺州，禁酿酒，大海子首犯之。太祖怒，欲行法。时大海方征越，都事王恺请勿诛，以安大海心。太祖曰：'宁可使大海叛我，不可使我法不行！'竟手刃之。"[②] 立国后，更是如此。只举一个突出的例子便够了。《明史·太祖纪》载：洪武三十年夏四月，"驸马都尉欧阳伦有罪赐死"。[③] 这欧阳驸马犯了什么罪呢？《明史·食货志》记："帝绸缪边防，用茶易马，固番人心，且以强中国。尝谓户部尚书郁新：'用陕西汉中茶三百万斤，可得马三万匹，四川松、茂茶如之。贩鬻之禁，不可不严（严禁私茶出境，以免茶马互市受破坏）'。以故遣佥都御史邓文铿等察川陕私茶；驸马都尉欧阳伦以私茶坐死。"[④] 这一案件，《明史·公主传》记得更详细，兹从略。弘治年间，阁臣刘健亦曾对孝宗朱祐樘言及此事。行法必须不徇私，徇私则法不行。明太祖可贵之处就在于不徇私，并且是数十年如一日。

明太祖虽严于执法，不徇私情，但为维护皇权，横生猜忌，法外

---

① 郑晓：《今言》，中华书局版（下同），131页。

② 《明史》第十三册，3879页。

③ 《明史》第一册，54页。

④ 《明史》第七册，1949页。

滥杀。他看到“则”字和“生”字，便怀疑人家嘲笑他做过贼，当过和尚。他制造了几起文字狱，冤杀了一批无辜。最受史家谴责的是杀戮功臣一事。《明史·顾时等传》的结语说：“诸将当草昧之际，上观天命，委心明主，战胜攻取，克建殊勋，皆一时之智勇也。及海内宁谧，乃名隶党籍，或追论，或身坐，鲜有能自全者。圭裳之锡固足酬功，而砺带之盟不克再世，亦可慨矣夫！”① 这是对明太祖杀戮功臣的谴责。《明史·朱亮祖等传》的结语则说：“治天下不可以无法，而草昧之时法尚疏，承平之日法渐密，固事势使然。论者每致慨于鸟尽弓藏，谓出于英主之猜谋，殊非通达治体之言也。夫当天下大定，势如磐石之安，指麾万里，奔走恐后，尚何所疑忌而芟薙之不遗余力哉？亦以介胄之士桀骜难驯，乘其锋锐，皆能竖尺寸于疆场，迨身处富贵，志满气溢，近之则以骄恣启危机，远之则以怨望扞文网。人主不能废法而曲全之，亦出于不得已，而非以剪除为私计也。亮祖以下诸人既昧明哲保身之几，又违制节谨度之道，骈首就戮，亦其自取焉尔。”② 这是替明太祖作辩解。其中有一部分虽不能说没有道理，因为被杀戮的功臣有些确是罪有应得的，但却不能因此而完全给明太祖开脱。本书没有必要详论“胡蓝之狱”，但不能不指出，胡维庸之狱，族诛至三万余人，蓝玉之狱，族诛至一万五千余人；其中杀害了许多无辜，这是无可抵赖的。显而易见，明太祖是出于维护太子朱标皇权的考虑然后下此毒手的。他没有预料到，朱标竟会先他而死；他更没有认识到，封建王朝的政变常常起于萧墙之内。一个原来严于执法的人，结果变成了法外滥杀的人，这是一幕悲剧。

朱元璋的尸骨未寒，燕王朱棣便以清君侧为名，发动了靖难之役，使人民遭受了持续四年的战祸。结果是建文帝逃出南京城，燕王棣在谒陵后立即登上帝座。

洪武十三年（公元 1380 年），左丞相胡惟庸谋反伏诛，太祖罢中书省，永废丞相之职，亲领六部。成祖朱棣即位（公元 1403 年）后，以翰林官黄淮、胡广、杨荣、解缙、杨士奇、金幼孜、胡俨七人入值

① 《明史》第十三册，3856 页，3871 页。

② 《明史》第十三册，3856 页，3871 页。

文渊阁，参与机务，创立了封建国家的内阁制度。成祖紧紧掌握住军政大权，内阁最初只是作为他的秘书处而存在。但是，随着时间的推移，阁臣中的一些人，特别是杨荣和杨士奇，越来越显示出重要的幕僚作用，使内阁的政治地位一步一步地提高。

仁宗朱高炽继位，杨溥入阁，与杨荣、杨士奇合称三杨。终仁宗、宣宗（朱瞻基）之世，内阁实权渐重；从仁宗洪熙元年（公元1425年）至英宗（朱祁镇）正统九年（公元1444年）的二十年期间，内阁威信最高，三杨实际上主持了大政。

杨士奇在阁时间最长，仁宗以后特别受到信任和尊重。《明史·杨士奇传》记：宣德五年（公元1430年）春，“帝（宣宗）奉皇太后（即仁宗张皇后）谒陵，召英国公张辅、尚书蹇义及士奇、荣、幼孜、溥，朝太后于行殿。太后慰劳之。帝（宣宗）又语士奇曰：‘太后为朕言，先帝在青宫（指为太子时），惟卿不惮触忤，先帝能从，以不败事。又诲朕当受直言’”[①]。《明史·后妃传》亦有同样记载，不再引证。《杨士奇传》还记：仁宗时，“有上书颂太平者，帝以示诸大臣，皆以为然。士奇独曰：‘陛下虽泽被天下，然流徙尚未归，疮痍尚未复，民尚艰食。更休息数年，庶几太平可期。’帝曰‘然’。因顾蹇义等曰：‘朕待卿等以至诚，望匡弼。惟士奇曾五上章，卿等皆无一言。岂果朝无阙政，天下太平耶？’诸臣惭谢。是年四月（是年指洪熙元年，仁宗于永乐二十二年八月嗣位，洪熙元年五月死，在位不及一年），帝赐士奇玺书曰：‘往者朕膺监国之命，卿侍左右，同心合德，徇国忘身，屡历艰虞，曾不易志。及朕嗣位以来，嘉谟入告，期予于治，贞固不二（原文作正固，正应为贞，见《周易·乾卦·文言》：‘贞固足以干事’），简在朕心。兹创制‘杨贞一印’赐卿，尚克交修，以成明良之誉’”。[②] 由此可见，士奇之所以得到高度的信任，是由于一心为国为朝廷，正直敢言，而不是由于阿谀取悦，逢君之恶。这对当时的政治风气当然很有影响。

三杨各有长处，难得的是同心同德，协力从公，既不结党营私，

---

① 《明史》第十四册，4135页。

② 《明史》第十四册，4134页。

也不互相倾轧。这在中国封建社会的政治史上比较少见。这里不能为他们写行状，择其大者言之：他们一贯在政治上伸张正气，扶持正论，对言事忤旨者必予匡救；在财政政策上坚持节用爱民，力求减轻农民的赋役负担；在军事上，既注重边防（杨荣在永乐间对西北边防悉心谋划；杨士奇在正统初曾预言蒙古瓦剌部势力逐渐强大，将为边患，而边军缺马，恐不能抵御，建议于附近太仆寺关领，西番贡马亦尽数拨给），而又反对穷兵黩武（例如交阯屡叛，屡发大军征讨，劳而无功，士奇与荣坚主弃交阯，罢兵，于是岁省军费钜万，数省人民亦得休息）；更为重要的是引用贤才，有明一代的名臣于谦、周忱和况钟等人都是由他们提拔的。周忱和况钟奏减苏州重赋七十二万石也是得到他们的支持才获得批准的。正统初年，他们为了培养接班的人，荐用侍读学士苗衷、侍讲学士曹鼐和马愉。曹、马于正统五年（公元1440年）入阁，苗衷亦于正统十年（公元1445年）入阁。这在中国封建社会的政治史上同样也是比较罕见的。

三杨实际秉政的二十年，是明代政治最清明，人民负担最轻的二十年。所谓洪永熙宣之治，在永乐以后，内阁之功居多。而内阁之所以能够有所施展，又由于得到成祖，特别是仁宗和宣宗的信任和尊重。英宗九岁嗣位，宦官王振觊觎政柄；而三杨在正统初年仍然站得住，则由于太皇太后（仁宗张皇后）的大力支持。宣宗遗诏，国家重务须请示皇太后。宣宗死时，宫人讹言将召立襄王，张太后（英宗嗣位后，称太皇太后）召诸大臣至乾清宫，指太子（英宗）曰：此新天子也。群臣呼万岁，浮言乃息。大臣请太皇太后垂帘听政，张后曰："毋坏祖宗法。第悉罢一切不急务，时时勖帝向学，委任股肱。"终张太后之世，三杨的威信没有削弱，王振的野心没有得逞。[①]

杨荣于正统五年七月卒。太皇太后于正统七年十月卒。杨士奇于正统九年三月卒。已陷于孤立无助的杨溥亦于正统十一年七月死去。"将军一去，大树飘零！"明代政治经济情况从此急转直下了。

---

① 李洵、薛虹主编的《明清史》称："明英宗朱祁镇九岁即位，其母张太后委政于内阁三杨。"见该书（辽宁人民出版社1985年出版）97页。这里所说"其母张太后是搞错了。张太后是仁宗的皇后，宣宗的母亲，英宗的祖母，当时尊为太皇太后"。

第二节　黄册与鱼鳞册

论有明赋役，须先述黄册与鱼鳞册之制。

《明史·食货志》："太祖籍天下户口，置户帖、户籍，具书名、岁、居地。籍上户部，帖给之民。有司岁计其登耗以闻。及郊祀，中书省以户籍陈坛下，荐之天，祭毕而藏之。"[①]

按：我国古代的人口调查和户籍制度，在世界历史上是莫与畴匹的。《汉书·地理志》详记元始二年（公元 2 年）全国各郡县的户口统计，总计民户为 12 233 062 户，人 59 594 978 口。日本学者池田温以极其钦佩的心情给予极高的评价。他在《中国古代籍帐研究》一书中指出："早在两千年以前，就已经完成了超过一千二百万户而将近六千万人的全国统计，这样的行政能力，较之罗马帝国市民森萨斯所记述的六百万人以下数字，实在值得令人惊叹"。[②] 这里所说的"森萨斯"是 Censui 的音译，意即人口普查。罗马帝国所调查的人口以公民为限，外国人当然不在内，奴隶也不在内，因为奴隶被剥夺了自然人的权利，只是当作牲畜和工具一样的东西。因此，罗马的人口调查是极不全面的。历汉至唐，我国古代人口调查及户籍制度，由简而繁，自粗而细，至明代达于最完备。

唐代户籍，本书第四章第三节已作比较详细的介绍。唐代的人口调查采用团貌的方法，三五百户集合在一起进行调查。有明一代则采用挨户调查的方法，法律上有极其严厉的规定，如填载失实，罪在官吏的处斩，责在人民的充军。但是，法律的实际时效也许到洪、永、熙、宣时期为止，此后则具文而已。

户帖由户部统一规定格式，统一印刷颁发各州县，记载如下项目：(1) 户别，即民户（包括儒、医、阴阳），军户（包括校尉、力士、

① 《明史》第七册，1878 页。

② 池田温：《中国古代籍帐研究》，中华书局中译本，12 页。

弓铺兵)，或匠户（包括厨役、裁缝、马船)；(2) 籍贯——原籍和现籍；(3) 户主及全家男女老幼的姓名、年龄，各人和户主的亲属关系；(4) 所居地名；(5) 家中所有的不动产及动产（金银财宝等)。户帖为两联单式，编列字号，加盖户部官印。登记完毕截取其一予本户，故又称“半印勘合”；其一由州县据以编造户籍，报送户部。

“有司岁计其登耗以闻”：有司指户部；登，增加：耗，减少。户部原属中书省，洪武十三年（公元 1380 年）废中书省后，由户部统计全国户口数直接向皇帝报告。

明代户籍制度，创自宁国知府陈灌。《明史・循吏传》记陈灌：“禁豪右兼并。创户帖以便稽民。帝取为式，颁行天下。”① 太祖推行于全国，当在洪武三年（公元 1370 年)。

户帖、户籍是编造黄册的基础。《食货志》接着说：“洪武十四年（公元 1381 年）诏天下编赋役黄册，以一百十户为一里，推丁粮多者十户为长，余百户为十甲，甲凡十人。岁役里长一人，甲首一人，董一里一甲之事。先后以丁粮多寡为序，凡十年一周，曰排年。在城曰坊，近城曰厢，乡都曰里。里编为册，册首总为一图。鳏寡孤独不任役者，附十册后为畸零。僧道给度牒，有田者编册如民科，无田者亦为畸零。每十年有司更定其册，以丁粮增减而升降之。册凡四：一上户部，其三则布政司、府、县各存一焉。上户部者，册面黄纸，故谓之黄册。年终进呈，送后湖东西二库度藏之。岁命户科给事中一人、御史二人、户部主事四人厘校讹舛。其后黄册只具文，有司征税、编徭，则自为一册，曰白册云。”②

按：“推丁粮多者十户为长”一语，《洪武实录》作“推丁粮多者十人为长”，从实质上看，二者并无差异；从文义说，以“十户”为当。“岁役里长一人，甲首一人”，《实录》作“岁役里长一人，甲首十人”，两者实质亦无差异，从文义上说，应从《实录》。“董一里一甲之事”，《实录》漏“一甲”两字。全段较明确的表达，应为：以一百一十户为一里，推丁粮多者十户为里长；余百户分为十甲，甲凡十

① 《明史》第十三册，7186—7187 页。

② 《明史》第七册，1878 页。

户。岁役里长一人，甲首十人；里长董一里之事，由首董一甲之事。里长和甲首均为每十年轮役一年，按照各户丁粮多寡排列服役次序，依次任役；里甲的轮役册称排年册。黄册为赋役册，凡鳏寡孤独户及无田的僧道均不任役，故附十甲后为畸零，俗称图尾。有田的僧道则编入十甲内，同民户一样依法负担赋役。黄册以里为单位，每十年编造一次，一式四册，以一册上送户部，余三册分存布政司、府及县（包括与县同级的州）。送户部的黄册，藏于后湖（即南京的玄武湖），由户科给事中一人会同御史二人、户部主事四人负责审核。

明初统设给事中，掌侍从、规谏、补阙、拾遗、稽察六部百司之事。洪武六年始分为吏、户、礼、兵、刑、工六科。洪武十二年六科给事中改隶通政使司。御史指都察院所属十三道监察御史，协同审核黄册的当为福建道监察御史。主事为各部的属员。谈迁云："南京后湖，贮各郡县户口钱粮册。有明终始计一百七十万本有奇。清朝只存万历间及崇祯五年者，余皆废，或造甲点火药。云今议鬻，其缗谓可得四万缗。以每本重四五斤，斤值银八分。"① 这里所谓户口钱粮册，可能包括黄册及赋役全书。赋役全书是在黄册的基础上以县为单位编造的。白册取代黄册的过程，反映了明王朝政治兴替的过程。

现在再说鱼鳞册。《明史·食货志》说："元季丧乱，版籍多亡，田赋无准。明太祖即帝位，遣周铸等百六十四人，核浙西田亩，定其赋税。复命户部核实天下土田。而两浙富民畏避徭役，大率以田产寄他户，谓之铁脚诡寄。洪武二十年（公元1387年）命国子生武淳等分行州县，随粮定区。区设粮长四人，量度田亩方圆，次以字号，悉书主名及田之丈尺，编类为册，状如鱼鳞，号曰鱼鳞图册。"②

按：元代土地册籍之紊乱，为历朝所仅见。《元史·食货志》说："仁宗延祐元年（公元1314年），平章章闾言：'经理（指核实田土面积）大事，世祖已尝行之；但其间欺隐尚多，未能尽实。以熟田为荒地者有之，惧差而析户者有之，富民买贫民田而仍其旧名输税者亦有之。由是岁入不增，小民告病。若行经理之法，俾有田之家，及各位

① 谈迁：《北游录》，中华书局版（下同），397—398页。

② 《明史》第七册，1881页。

下、寺观、学校、财赋等田，一切从实自首，度几税入无隐，差徭亦均。’于是遣官经理，以章闾等往江浙，尚书你咱马丁等往江西，左丞陈士英等往河南，仍命行御史台分台镇遏，枢密院以军防护焉……然期限猝迫，贪刻用事，富民黠吏，并缘为奸，以无为有，虚具于籍者，往往有之。于是人不聊生，盗贼并起，其弊反有甚于前者。仁宗知之，明年遂下诏免三省自实田租。”[①] 这次主要由章闾发动的三省土地陈报，激起了民变，元王朝慌了手脚，只好下令停止。所以，有元一代并未认真整理过全国土地册籍，而《元史》亦未载有全国耕地面积统计。元代土地册籍的紊乱不是在元季丧乱中才开始的。

“铁脚诡寄”，又称“贴脚诡寄”，由于这种弊端已相习成风，上下皆知，所以又被称为“通天诡寄”。诡寄和飞洒是田赋征收工作中两种最普遍的弊病。诡寄是无优免特权的田多粮户，诡将田地寄在有优免特权的官绅名下，借以逃避赋役。飞洒则是将田地和赋税化整为零，分写在贫弱可欺户、逃亡灭绝户或无地农民名下，也是勾结胥吏逃避赋役的一种方式。

区，明初规定每税粮万石为一区。粮长制为明太祖所首创。《明史·食货志》说：“粮长者，太祖时，令田多者为之，督其乡赋税。岁七月，州县委官偕诣京（南京），领勘合以行。粮万石，长、副各一人，输以时至，得召见，语合，辄蒙擢用。末年（指洪武末年）更定，每区正、副二名轮充。宣德间，复永充。科敛横溢，民受其害。或私卖官粮以牟利，其疲者，亏损公赋，事觉，至陨身丧家。景泰中，革粮长，未几又复。自官军兑运，粮长不复输京师（北京），在州里间颇滋害。”[②] 顾炎武说：“明初，以大户为粮长，掌其乡之赋税，多或至十余万石；运粮至京，得朝见天子；洪武中，或以人材授官。至宣德五年（公元1430年）闰十二月，南京监察御史李安及江西庐陵、吉水二县耆民，六年四月监察御史张政，各言粮长之害，谓其倍收粮石，准折子女，包揽词讼，把持官府。屡经禁饬，而其患少息，然未

① 《元史》第八册，2353页。
② 《明史》第七册，1899页。

尝以是而罢粮长也。”[①] 这不是太祖始料所及的。他原以为豪绅比官吏可靠一些，他夸说这个办法是“以良民治良民”，不会有贪污中饱和浮收勒索的弊病。然而，事实却与他所想的恰恰相反。

“量度田亩方圆”，即丈量田亩面积。方圆为古代习用语，意为面积，如说某田方圆万顷，意为某田面积一百万亩。“田之丈尺”，《洪武实录》下有“四至”二字。

鱼鳞册之名，已见《宋史》，明以前，只实行于部分地区。明代则是全国性的（部分少数民族地区除外）。洪武元年曾派周铸等到浙西核实田亩，洪武五年又曾派人到四川核实田亩，由此可见，编造鱼鳞册的工作不会是从洪武二十年才开始的。同时，既然洪武二十年分派国子监生员武淳等人到各地进行丈量和造册，这项艰苦工作当然不可能当年就完成。《食货志》载：洪武“二十六年核天下土田，总八百五十万七千六百二十三顷”。[②] 据此推断，鱼鳞册大概是在洪武二十六年（公元 1393 年）编成的。前后实际耗费的时间不过十年到十五年左右。

明初在全国范围内完成土地清丈和造册工作所费时间很短，远比 19 世纪法国编造土地清册快得多，这充分显示了中国人的智慧和效率，也显示了明太祖的政治魄力。但到了后来，不仅黄册为白册所取代，连鱼鳞册也大大地走了样。嘉靖年间，清丈之议再起；万历六年（公元 1578 年）在张居正的主持下又完成了一次全国田亩的丈量和造册工作。此是后话，这里暂且按下。

第三节　明代田赋制度

明代田赋，太祖为吴王时实行什一之税，立国后沿用两税法。《明史·食货志》说：“太祖定天下官、民田赋，凡官田亩税五升

---

① 顾炎武：《日知录》，卷八，《乡亭之职》条。

② 《明史》第七册，1882 页。

三合五勺，民田减二升（即民田亩税三升三合五勺），重租田八升五合五勺，没官田一斗二升。”[①] 这说的是明代田赋的税率。江南的苏、松、嘉、湖等地区，税率特重，这问题留待下一节再说。应该指出，明太祖所定的田赋税率，只能看作是全国平均税率，各地的实际税率是极不一致的。顾炎武《日知录》引王士性《广志绎》云：“天下赋税，有土地肥瘠不甚相远，而征科乃至悬绝者，当是国初草草，未定画一之制，而其后相沿不敢议耳。如真定之辖五州二十七县，苏州之辖一州七县，无论所辖，即其广轮之数，真定已当苏之五，而苏州粮二百三万八千石，真定只一十万六千石。然犹南北异也。若同一北方也，河间之繁荣——二州十六县，登州之贫寡——一州七县，相去殆若莛楹，而河间粮只六万一千，登州乃二十三万六千。然犹直隶、山东异也。若在同省，汉中二州十四县之殷庶，视临洮二州三县之冲疲，易知也；而汉中粮只三万，临洮乃四万四千。然犹各道异也。若在同道，顺庆不大于保宁，其辖二州八县均也，而顺庆粮七万五千，保宁只二万。然犹两郡异也。若在一邑，则同一西南充也，而负郭十里，田以步计，赋以田起；二十里外，则田以绁量不步矣；五十里外，田以约计不绁矣。官赋无定数，私价亦无定估，何其悬绝也！惟是太平日久，累世相传，民皆安之，以为固然，不自觉耳。”[②]

地区间田赋负担的畸轻畸重，税率的千差万别，在我国封建社会是一个由来已久的历史问题。造成这种不合理情况的原因是复杂的，其中特别值得注意的一点是：历代的理财官都把田赋的征收原额视为神圣不可侵犯的，明代的户部也是如此。宣德六年（公元1431年）周忱建议松江官田额依民田起科，即被行在（当时的北京尚称行在）户部的郭资和胡濙劾以变乱成法，沽名要誉，请予罪责。这种保守的“任务”观点大大妨碍了田赋负担的合理调整。一般州县官同样以保持原额、完成征收任务作为自己的守则，因此，各地的税率实际上是从征收原额套算出来的，这是地区间田赋税率千差万别、高低悬殊的一个主要原因。

① 《明史》第七册，1896页。

② 顾炎武：《日知录》卷八，《州县赋税》条。

明代田赋的征收以实物为主。《明史·食货志》说："两税，洪武时，夏税曰米麦，曰钱钞，曰绢；秋粮曰米，曰钱钞，曰绢。弘治时会计之数：夏税曰大小米麦、曰麦荍，曰丝绵并荒丝，曰税丝，曰丝绵折绢，曰税丝折绢，曰本色丝，曰农桑丝折绢，曰农桑零丝，曰人丁丝折绢，曰改科绢，曰棉花折布，曰苎布，曰土苎，曰红花，曰麻布，曰钞，曰租钞，曰税钞，曰原额小绢，曰币帛绢，曰本色绢，曰绢，曰折色丝；秋粮曰米，曰租钞，曰赁钞，曰山租钞，曰租丝，曰租绢，曰租粗麻布，曰课程棉布，曰租苎布，曰牛租米谷，曰地亩棉花绒，曰枣子易米，曰枣株课米，曰课程苎麻折米，曰棉布，曰鱼课米，曰改科丝折米。万历时，小有所增损，大略以米麦为主，而丝绢与钞次之。夏税之米惟江西、湖广、广东、广西，麦荍惟贵州，农桑丝遍天下，惟不及川、广、云、贵，余各视其地产。"①

什么是农桑丝?《食货志》说："太祖初立国即下令，凡民田五亩至十亩者，栽桑、麻、木棉各半亩，十亩以上倍之。麻，亩征八两；木棉，亩四两。栽桑以四年起科。不种桑，出绢一匹；不种麻及木棉，出麻布、棉布各一匹。此农桑丝绢所由起也。"② 这些规定，对促进蚕桑业的恢复和棉纺织业的发展，起了积极的作用。

夏税、秋粮的征收品种和项目，李洵在《明史食货志校注》中作了注解，特转录供读者参考:③

大小米麦，应是米及大小麦。

麦荍，即荍麦。

丝绵，用丝抄成的绵絮。荒丝，指粗制丝绵。

税丝，即农桑丝。

丝绵折绢，即原纳丝绵改用绢纳者。

税丝折绢，即原纳税丝改用绢纳者。

本色丝，即专以丝纳不能改折者。

农桑丝折绢，即原纳农桑丝改用绢纳者。

---

① 《明史》第七册，1894 页。

② 《明史》第七册，1894 页。

③ 李洵：《明史食货志校注》，中华书局 1982 年版，55—57 页。

农桑零丝，明初令民植桑养蚕征课丝绢，名农桑丝，凡丝不成斤两或绢不成匹尺的，名零丝零绢，合一乡一县之数上纳，名农桑零丝或零绢。

人丁丝折绢，人丁丝类似元代的户丝。这种丝一般是折成绢交纳，以十八两为斤，折绢一匹。

改科绢，可能指广东的改科田所交纳的绢，出于广东布政司。

棉花折布，即原纳棉花改月布纳者。

苎布，苎麻织成的麻布，一般指夏布。

土苎，麻絮。

红花，一种植物类染料，非药用红花，用染红色绢布。

租钞，指官田所收租钞。

钞，此钞指何物折纳者，不明。税钞，指夏布钞，即官民田中麻地、蓝靛地所纳的税。

原额小绢，指浙江等地出产的短于政府规定尺寸的绢。

币帛绢，币指币端，帛指神帛，都是政府征收的祭祀用绢。

本色绢，即专以绢纳不能改折者。

折色丝，税粮中按规定不用丝交纳而后来改纳丝的，这部分丝称折色丝。

赁钞，指官房地、官房、官窑等的租钱，始于洪武时。

山租钞，佃种官山所纳的租钱。

租丝，佃种官有桑地所课的丝。

租绢，佃种官有桑地所课的绢。

租粗麻布，佃种官有麻地所课的麻布。

课程棉布，指商税、茶课、鱼课等税折用棉布交纳者。

租苎布，佃租官有苎麻地所纳的苎布。

牛租米谷，农民借用官牛所出的租米或租谷。

地亩棉花绒，按棉地大小交纳的棉花。

枣子易米，明初令民植枣课税，规定枣子可代米为税粮，后来按枣、米比例纳米。

枣株课米，即按枣树株数所纳的米。

课程苧麻折米，明代河泊所所收鱼课中，原有麻、漆等物，其中苧麻改用米纳者。

鱼课米，河泊所向渔户征收鱼课，原交鱼的油、鳔等物，后改折麻，漆，这里又改折成米交纳。

改科丝折米，改科田所课丝改用米折纳者。

两税征收的项目虽繁多，但大都只适用于个别情况或局部地区，具有普遍性的不过几项。《食货志》还说：洪武“十七年，云南以金、银、贝、布、漆、丹砂、水银代秋租”。[①] 又说：“永乐中，既得交阯，以绢、漆、苏木、翠羽、纸扇、沉、速、安息诸香代租赋”。

《明史·食货志》记：“洪武九年（公元1376年），天下税粮，令民以银、钞、钱、绢代输。银一两、钱千文、钞一贯，皆折输米一石，小麦则减值十之二（即小麦一石折纳银八钱、钱八百文或钞八百文）。棉苧一匹，折米六斗，麦七斗。麻布一匹，折米四斗，麦五斗。丝绢等各以轻重为损益（视时值的贵贱来确定折合率），愿入粟者听”。[②] 这是对洪武九年征收税粮的临时规定。税粮收折色，在洪武九年以前已行于局部地区，也都是临时规定。到了洪武十九年，据《食货志》记：“令户部侍郎杨靖会计天下仓储，存粮二年外并收折色；惟北方诸布政司（山东、北平、山西、陕西及河南诸布政司）需粮饷边，仍使输粟。三十年（公元1397年）谕户部曰：‘行人高稹言，陕西困逋赋。其议自二十八年以前天下逋租，咸许任土所产，折收布、绢、棉花及金、银等物，著为令。’于是户部定：钞一锭，折米一石；金一两，十石；银一两，二石；绢一匹，石有二斗；棉布一匹，一石；苧布一匹，七斗；棉花一斤，二斗。帝曰：‘折收逋赋，盖欲苏民困也。今赋重若此，将逾困民，岂恤之之意哉！金、银每两折米加一倍，钞只二贯五百文折一石，余从所议。’”[③] 洪武三十年的规定，为清理陕西的积年尾欠而设，故折合比例从优。洪武十九年的规定，由于当时粮食储备充足，故允许南方诸布政司并收折色，其条件为存粮已敷两

① 《明史》第七册，1894—1895页。

② 《明史》第七册，1894页。

③ 《明史》第七册，1895页。

年之用，办法是相当稳健的。明王朝初期，由于屯田收效，军粮无虞，已为改征折色准备了条件，故洪武十九年能做出此规定。关于屯田方面的情况，留待以后再说。

永乐年间，田赋折征白银，年仅30万两左右，到了英宗正统元年（公元1436年）骤增至100万两以上。《明史·食货志》说："正统元年，副都御史周铨言：'行在各卫官俸支米南京，道远费多，辄以米易货，贵买贱售，十不及一。朝廷虚縻廪禄，各官不得实惠。请于南畿（即南直隶）、浙江、江西、湖广不通舟楫地，折收布、绢、白金（指白银），解京充俸。'江西巡抚赵新亦以为言，户部尚书黄福（黄福是南京户部尚书）复条以请。帝（英宗）以问行在户部尚书胡濙（胡濙以礼部尚书兼掌户部）。濙对以太祖尝折绮税粮于陕西、浙江，民以为便。遂仿其制，米麦一石，折银二钱五分（即银一两折米四石）。南畿、浙江、江西、湖广、福建、广东、广西米麦共四百余万石，折银百万余两，入内承运库（宫库），谓之金花银（成色好的白银）。其后概行于天下。自起运兑军（指漕粮）外，粮四石收银一两解京，以为永例。诸方赋入折银（《明史稿·食货志》作'诸方赋收折银者几半'），而仓廪之积渐少矣。"①

英宗初年，仓储仍充实，税粮400万两折征白银，尚无不可。以后屯政已坏，仓储不充，在这种情况下多折银两，对军需民食的供应都很不利。但由于皇室越来越奢靡，为了皇室的挥霍，税粮折征白银之数也就越来越大。《食货志》记：武宗（朱厚照）时，"以太素殿初制朴俭，改作雕峻，用银至二千万余两、役工匠三千余人，岁支工食米万三千余石"。②（按：此事在正德十年（公元1515年），据《明武宗实录》谓，改作太素殿，费银二十余万两，"千"字疑是"十"字之误。当然，武宗时的营作很多，所耗费的银两何止太素殿翻修费用的十倍、百倍。）世宗（朱厚熜，即嘉靖帝）时，"营建最繁"，"视武宗过之"；"太仓之银，颇取入承运库，办金宝珍珠"。神宗（朱翊钧，即万历帝）就更荒唐了。这些例子毋须多举，田赋折征银两之多主要

---

① 《明史》第七册，1895—1896页，1907页。

② 《明史》第七册，1895—1896页，1907页。

由于皇室的挥金如土，这是一清二楚的。万历九年（公元 1581 年）改行一条鞭法，规定按亩征银，这就表明，田赋所征收的银两已经是本色，而不是折色了。也许在这以前早已如此。

宋代自皇祐后每年白银产量都在三十万两左右；另一方面历年又通过对外贸易流入了大量白银。两者合计，明代民间持有的白银，数额相当巨大。所以尽管明初曾严禁用银，但法令不能改变经济规律，在大明宝钞不断贬值以后，白银的流通自更无法阻遏了。田赋征银就是在这种情况下出现的。

随着田赋的征银，“火耗”也应运而生。火耗一词，明以前已经出现。《元史·刑法志》记载有这样的一条法令：“诸产金之地，有司岁征金课，正官监视人户，自执权衡，两平收受。其有巧立名色，广取用钱，及多秤金数，克除火耗，为民害者，从监察御史廉访司纠之。”[①] 这是禁止征收金课时克扣火耗的规定。明代田赋征银的加收火耗，无明文作依据，而是一种不成文的规定。在田赋征银的条件下，火耗实质上是一种附加税，这是非常明白的。黄汝成《日知录集释》引顾炎武《钱粮论》曰：“自古以来，有国者之取于民，为已悉矣；然不闻有火耗之说。火耗之所由名，其起于征银之代乎？原火耗之所生，以一州县之赋繁矣，户户而收之，铢铢而纳之，不可以琐细而上诸司府，是不能不资于火，有火则必有耗。所谓耗者，特百之一二而已。有贱丈夫焉，以为额外之征，不免干于吏议；择人而食，未足厌其贪婪；于是藉火耗之名，为巧取之术，盖不知起于何年。而此法相传，代增一代，官重一官，以至于今。于是官取其赢十二三，而民以十三输国之十；里胥又取其赢十一二，而民以十五输国之十。其取则薄于两而厚于铢（向大户少取，向小户多取）。其征收之数：两者，必其地多而豪有力，可以持吾（吾指官吏自称）短长者也；铢者，必其穷下户也，虽多取之不敢言也。于是，两之加焉十二三，铢之加焉十五六矣。薄于正赋而厚于杂赋。正赋，耳目之所先也；杂赋，其所后也；于是正赋之加焉十二三，杂赋之加焉十七八矣。解之藩司（即

① 《元史》第九册，2648 页。

布政使司）谓之羡余，贡诸节便谓之常例；责之以不得不为，护之以不可破；而生民之困，未有甚于此时者矣！”[①] 顾亭林的这段论述，对火耗的起因及其弊害，说得十分清楚。

田赋的征收时间是：夏税无过八月，秋粮无过明年二月。

田赋的减免，有所谓恩蠲和灾蠲。

恩蠲是特殊减免，是基于某一原因而临时下诏实行的减免，其诏书通常被称为恩诏。下面举几个例子：

宣德元年八月汉王朱高煦（宣宗的叔父，想再演他父亲朱棣的把戏）反，杨荣和夏原吉等力主亲征，劝宣宗不要再蹈建文帝的覆辙。是年八月，宣宗亲征，来了一个闪电行动，兵临城下。高煦措手不及，只好出降，叛乱瞬即平定。这年十二月，诏免六师所经地区的秋粮。[②] 这种减免，在各个封建王朝几乎已是常例。

宣德二年十一月，“以皇子生大赦天下，免明年税粮三之一”。[③] 这是因王朝有了自己值得喜庆的大事而实行的减免，叫作“与民同庆”。对人民来说，真正值得庆贺的是减了田赋。在各个封建王朝，每逢新君即位，也会下诏大赦天下，同时减免田赋，几乎已成常例。

宣德七年四月，诏“免山西逋赋”。[④] 尾欠积得多，人民实在交不起。今年催索积年尾欠，本年的税粮又会成为尾欠；到了明年如果再要催索，那么，明年的税粮同样成为尾欠。这是没完没了的事。比较开明的封建君主认识到只有一笔勾销才是清理积欠的有效办法。但这并未成为常例。许多封建君主和官僚不考虑这么多，人民欠了“皇粮”，非追不可，他们会用残酷无情的手段去催收积欠，使人民倾家荡产，卖儿鬻女，而满不在乎。

灾蠲是灾歉减免，是常例的减免。《明史·食货志》说：“太祖之训，凡四方水旱，辄免税；丰岁无灾伤，亦择地瘠民贫者优免之。凡岁灾，尽蠲二税，且贷以米，甚者赐米、布若钞（若，又同或）”。[⑤]

---

① 黄汝成：《日知录集释》，卷十一。

② 《明史》第一册，117 页，118 页，123 页。

③ 《明史》第一册，117 页，118 页，123 页。

④ 《明史》第一册，117 页，118 页，123 页。

⑤ 《明史》第七册，1908 页，1909 页。

报灾之法，“洪武时，不拘时限。（孝宗）弘治中，始限夏灾不得过五月终，秋灾不得过九月终”。减免之法，洪武时，“勘灾既实，尽与蠲免。弘治中，始定全灾免七分，自九分灾以下递减；又只免存留，不及起运，后遂为永制”。[①] 太祖执行休养生息政策，他手定的灾歉减免办法是合情合理的；与减免同时还进行赈济，这种两面照顾的政策是明智的，人民不会不满意。

明王朝的洪、永、熙、宣时期执行以上政策是严肃认真的。《食货志》载“荆蕲水灾，命户部主事赵乾往振（赈），迁延半载，（太祖）怒而诛之。青州旱蝗，有司不以闻，逮治其官吏。旱伤州县，有司不奏，许耆民申诉，处以极刑。孝感饥，其县令请以预备仓振贷（预备仓，太祖所创，其职能类常平仓），帝（太祖）命行人驰驿往；且谕户部：‘自今凡岁饥，先发仓庾以贷，然后闻，著为令。’（这种类乎‘先斩后奏’的办法，历代封建王朝都认为侵犯了帝王的特权，一般是不容许的，太祖能突破这个禁区，史不多见）。（太祖）在位三十余年，赐予布钞数百万，米百余万，所蠲租税无数。成祖闻河南饥，有司匿不以闻，逮治之；因命都御史陈瑛榜谕天下，有司水旱灾伤不以闻者，罪不宥。又敕朝廷岁遣巡视官，目击民艰不言者，悉逮下狱。仁宗监国时，有以发振请者，遣人驰谕之，言：‘军民困乏，待哺嗷嗷，尚从容启请待振，不能效汉汲黯耶？（按：汲黯为汉武帝时名臣，东粤相攻，奉命前往视察，至河内，矫诏发仓粟救济灾民，回朝时请罪。武帝认为做得对，免矫诏罪）。宣宗时，户部请核饥民，宣宗曰：‘民饥无食，济之当如拯溺救焚，奚待勘’”。[②]

此外，有必要补书者尚有数事：永乐二十二年十月，“通政使请以四方雨泽章奏送给事中收贮。帝（仁宗）曰：‘祖宗令天下奏雨泽，欲知水旱，以施恤民之政。积之通政司，既失之矣，今又令收贮，是欲上之人终不知也！自今奏至即以闻’”。[③] 洪熙元年正月，“隆平饥，

---

① 《明史》第七册，1908 页，1909 页。

② 《明史》第七册，1908 页。

③ 《明史》第一册，109 页，111 页。

户部请以官麦贷之。帝（仁宗）曰：‘即振之。何贷为！’”[①] 洪熙元年四月，仁宗“闻山东及淮、徐民乏食，有司征夏税方急，乃御西角门诏大学士杨士奇草诏，免今年夏税及秋粮之半（夏税全免，秋粮减征一半），士奇言：‘上恩至矣！但须户、工二部预闻。’帝（仁宗）曰：‘救民之穷，当如救焚拯溺，不可迟疑。有司虑国用不足，必持不决之意。’趣命中官具楮笔，令士奇就门楼书诏。帝览毕，即用玺付外行之。顾士奇曰：‘今可语部臣矣’”。[②] 明前期四朝执行两面照顾政策确实是比较认真的。史臣谓：“盖二祖、仁、宣时，仁政亟行。预备仓之外，又时时截起运（税粮上解部分谓之起运，留充地方经费部分谓之存留），赐内帑。被灾处无储粟者，发旁县米振之。蝗蝻始生，必遣人捕瘗（音 yì，捕瘗，意捕埋）。鬻子女者，官为收赎。且令富民蠲佃户租。大户贷贫民粟，免其杂役为息，丰年偿之。皇庄、湖泊皆弛禁，听民采取。饥民还籍，给以口粮。京通仓米，平价出粜。兼预给俸粮以杀米价，建官舍以处流民，给粮以收弃婴。”[③] 凡此种种，却算得上是开明的措施，这些措施导致了洪永熙宣之治近 70 年。

封建王朝认为祖训和成法是神圣不可侵犯的，并每每用作挡箭牌以阻挠改革。可是，到了弘治（公元 1488—1505 年）中修订灾歉减免办法却没有被认为违背祖训，破坏成法，这是具有讽刺意味的事情。改订后的办法极不合理。全灾是颗粒无收，只免十分之七，余下的十分之三，叫农民用什么来交纳呢？而且减的只是存留部分，起运部分还是照征不误。起运是税粮的大头，大头不减免与全部不减免何异？办法已如此苛刻，执行当然更糟糕。弘治时已如此，弘治以后更不堪问了。

对开垦荒地，明初给予免税三年的优待。《明史·循吏传》记：洪武四年，方克勤为济宁知府，“时始诏民垦荒，阅三岁乃税。吏征率不俟期（不等到三年期满便起科），民谓诏旨不信，辄弃去，田复荒。克勤与民约，税如期。区田为九等，以差等征发，吏不得为奸，

---

① 《明史》第一册，109 页，111 页。

② 《明史》第一册，112 页。

③ 《明史》第七册，1908 页。

野以日辟……视事三年，户口增数倍（按：三年间户口增数倍，当由于户口流入者多），一郡饶足”。[①] 明初大力整顿吏治，像方克勤这样的地方官比较多，所以，优待垦荒的政策基本上得到贯彻执行。洪武后期又规定垦荒田永不起科。这就更加刺激了对荒地的开垦。明初对流民还籍复业的，均赐复一年。对移民，例如徙苏、松、嘉、湖、杭之无田者到临濠耕种的，给牛、种、车、粮，以资遣之，三年不征其税。[②] 这些措施，有利于农业生产的恢复和发展。明初开垦荒地的面积不断增加，据《明太祖实录》，从洪武元年至洪武十六年，各地增垦田亩，累计达一亿八千余万亩。其中洪武七年达九千二百余万亩。成效是非常显著的。但是，“至宣德间，垦荒田永不起科及洿下斥卤无粮者，皆核入赋额”，[③] 对垦荒的优待从此取消了。

又，《明史·食货志》记：宣宗即位，广西布政使周幹巡视苏、常、嘉、湖还，言：“仁和、海宁、昆山海水陷官、民田千九百余顷，逮今十有余年，犹征其租。田没于海，租从何出？”建议列海水沦陷田，悉除其租。宣宗命户部议行之。[④]《明史·英宗纪》载：宣德十年五月，“户部言浙江、苏、松荒田税粮减除二百七十七万余石，请加复核。帝以核实必增额为民患，不许”。[⑤] 当时英宗只有九岁，三杨执政，三杨知道户部要求复核的意图不过是从维持田赋原额着想，所以予以拒绝。对海水陷没田及荒田开除赋额，这在封建王朝也是不多见的。一般惯例，或是仍责成原户交纳，或是把这些田地的赋额于县内均摊，造成有赋无田和田赋浮额等不合理现象。明王朝后期赋额的情况正是这样的。

---

① 《明史》第二十四册，7187 页。
② 《明史》第七册，1879 页。
③ 同上书，1882 页，1896—1897 页。
④ 同上书，1882 页，1896—1897 页。
⑤ 《明史》第一册，128 页。

第四节　明代役法

洪武元年（公元1368年）初定役法。《食货志》说：“田一顷出丁夫一人，不及顷者以他田足之（本户田地不到一顷的，与他户田地凑足一顷），名曰均工夫。”工夫义同劳役，均工夫即后来的均徭。明初所定役法的基本特点是“丁从地派”。洪武三年七月，“编应天十八府州，江西九江、饶州、南康三府均工夫图册”，按册轮役，“每岁农隙赴（南）京，供役三十日遣归。田多丁少者，以佃人充夫，而田主出米一石资其用。非佃人而计亩出夫者，亩资米二升五合（每夫共得津贴米两石五斗）。”这是编造黄册以前的办法。[1]

均工夫图册只是役册，黄册则是赋役册。《明史·食货志》说：“迨造黄册成，以一百十户为一里，里分十甲，曰里甲。以上、中、下户为三等，五岁均役，十岁一更造。一岁中诸色杂目应役者，编第（第，次第）均之，银、力从所便，曰均徭。他杂役，曰杂泛。凡祗应、禁子、弓兵，悉签市民，毋役粮户。额外科一钱、役一夫者，罪流徙。”[2]

按：自身应役曰力差；自身不愿应役，纳银由官府雇役，曰银差。两者听自择，故曰“银、力从所便”，这是指均徭说的。祇应，即在衙门服役的听差。禁子，在监狱服役的狱卒。“额外科一钱、役一夫者，罪流徙”，这在洪武时期基本上是说到做到的。洪武以后，执行便不那么认真，弊病逐渐多起来。

宣德年间，夏时为江西佥事时，进知州柯暹所撰《教民条约》及《均徭图式》，朝廷通令推行，[3] 进行了一次整顿（《食货志》说“正统初，佥事夏时创行于江西，他省仿行之”，与《夏时传》所记稍有

① 《明史》第七册，1904页。
② 《明史》第七册，1904页。
③ 《明史》第十四册，4385页。

出入）。其法大要以旧编力差、银差之数当丁粮之数，斟酌徭役的难易轻重合理安排，论丁粮多少编次先后，造《鼠尾册》（又称虎头鼠尾册，或龙头蛇尾册），按册征发。市民商贾家殷足而无田产的，听其自报，出银助役。[①] 这次整顿收到了一定的效果。

编造黄册以前，役法的原则是丁随地派，尽管实际服役的是农民（其中有不少是佃户），但徭役费用的主要负担者却是地主，占田愈多的，负担愈重。编造黄册以后，役法的原则是丁粮兼顾，地主的负担减轻了，这是倒退了一大步。

在明代，官吏享有赋役的优免。嘉靖二十四年（公元 1545 年）议定的优免则例：京官——一品，免粮三十石，人三十丁；二品，粮二十四石，人二十四丁；三品，粮二十石，人二十丁；四品，粮十六石，人十六丁；五品，粮十四石，人十四丁；六品，粮十二石，人十二丁；七品，粮十石，人十丁；八品，粮八石，人八丁；九品，粮六石，人六丁。外官，各减一半。教官、生员各免粮二石，人二丁。[②] 免役的人数既多，农民的徭役负担自然加重。

《明史·食货志》说："凡役民，自里甲正办外，如粮长、解户、马船头、馆夫、祗候、弓兵、皂隶、门禁、厨斗为常役。后又有斫薪、抬柴、修河、修仓、运料、接递、站铺、牐浅夫之类，因事编佥，岁有增益。"[③] 为帮助读者理解各种职役名称，特摘录李洵的注解于下：[④]

里甲正办，即里甲正役。

马船头，马快船的差役户。据马文升《革大弊以苏军民疏》（《明经世文编》卷 63）："照得洪武年间，建都金陵，一应京储，四方贡献，蜀、楚、江西、两广，俱顺流而下，不二三月可至京师。福建、浙江、直隶苏松等府，虽是逆流，地方甚迩，不一二月可抵皇都。北方赋税只供各边，不劳远运，所以民不受害，而得遂厥生。迨我太宗文皇帝（即成祖），迁都北平，其南京并各处进贡方物数少，尚未有

---

① 《明史》第七册，1905 页。

② 《明会要》卷五十二，民政三。原引《世法录》。

③ 《明史》第七册，1905 页。

④ 李洵：《明史食货志校注》，90—91 页。

马快船支之差。至宣德、正统年间，以或装载荐新品物，及南京所造筛簸等项，用船数多，所过州县，动拨人夫千百名，其夫俱系附近州县卫所，出办银两雇觅，少则用银十数余两，多至三五十两。一年之间，自仪真抵通州，所用雇夫等项银，不下十数万两，俱系小民膏脂，而不系赋税。”所以马快船专为装载官物或运送往来官员之用，而马船头则负担征取雇觅船工费用的差事，往往因此破产。

馆夫，明朝于南北两京设会同馆，为接待远宾之用，馆设馆夫数十名，供使役。后各州县驿所亦设有馆夫，皆由民户佥派。（据《万历会典》卷158，南京兵部）

皂隶，官吏的从人，或服杂役，由政府分拨使用。

门，门子，衙门的看门人。

禁，禁子，即狱卒。

厨，厨役，光禄寺、太常寺及各王府供役酒宴之事。（参考《明经世文编》卷183，席书《论光禄寺厨役》）

斗，斗库，供州县地方官役使的差役。

斫薪，又名斫薪夫，采伐柴木之役。宣德四年（公元1429年）易州山厂每年四季共用砍柴夫103 400余名（按：据《会典·卷206》，砍柴夫，宣德四年，易州山厂起遣每季二万五千八百五十五名，四季共十万三千四百二十名，李洵此处尾数以“余”字代）。成化以后，每名一季收脚价银三两代役。（据《万历会典》卷206，夫役）

抬柴，即抬柴夫役，专管柴炭的搬运，由内府惜薪司坐派民夫充当。每年约役三千名。成化以后，每名一月征银一两二钱代役。

修河，明代于沿河或运河附近州县征用民夫修治河道，名修河役。

修仓，明代于设有漕运粮仓之处，役民按期修葺仓厫。

运料，即运料夫，从事搬运上供物料。

接递，即接递所夫，属各地接递所，从事运输官物。

站铺，站指各地驿站的站夫，供往来公差使役；铺，指各地急递铺的铺司兵，从事投递紧急公文。

牐浅夫，牐同闸，即闸夫，从事运河水闸启闭，引船过闸，或牵挽粮船等劳作。浅，指浅夫，又名浅铺夫，运河有浅滩处常置浅铺，

驻有浅夫，平常修浚河道，粮船通过时，有导航及牵挽工作。（据《行水金鉴》卷170夫役）

以上是李洵关于各种职役名称的注解，为便于读者参考，特转录如上。

这里需要补充说说“接递”。接递，即接运。郑晓说：“长陵（指成祖）北征，命侍郎师逵督饷。逵以道远，车载民疲粮乏，乃择平坦之地，均其里路，置站堡，每夫一人，运来一石。此送彼接，朝往暮来，民以不困，食亦旋足。”[①] 师逵是成祖时的吏部侍郎，上述事在永乐八年（公元1410年），《明史·师逵传》说：“八年，帝北征，命总督馈饷，逵请量程置顿堡，更递转输。从之。”[②] 接递法创始于此。这是一个较好的办法，运输的效率高，并且每个民夫只负责一站，朝出暮归，对正常的生产影响不大，比长年累月地长途跋涉好得多。

上引《食货志》一段中所指的常役属均徭；斫薪等因事编佥各役属杂泛。

有关运送官物的徭役，与上供（即土贡）有密切关系。《明史·食货志》说：“明初，令天下贡土所有，有常额，珍奇玩好不与。”[③] 明初，上供简省，故此等徭役较轻。《明史·食货志》记：“郡县贡香米、人参、葡萄酒，太祖以为劳民，却之。仁宗初，光禄卿井泉奏，岁例遣正官往南京采玉面狸。帝叱之曰：‘小人不达政体。朕方下诏，尽罢不急之务以息民，岂以口腹细故，失大信耶！’宣宗时，罢永乐中河州官买乳牛造上供酥油者，以其牛给屯军。命御史二人察视光禄寺，凡内外官多支及需索者，执奏。英宗初政，三杨当轴，减南畿孳牧黄牛四万，糖蜜、果品、腒脯、酥油、茶芽、粳糯、粟米、药材皆减省有差，撤诸处捕鱼官。即位数月，多所撙节。”[④] 此段引文中所举太祖却贡香米、宣宗罢买乳牛造上供酥油、英宗初政减省药材等上供事，详见黄云眉：《明史考证》（中华书局版）第三册，724—725页，

① 郑晓：《今言》，138页。
② 《明史》，第十四册，4162页。
③ 《明史》，第七册，1905页。
④ 《明史》第七册，1989—1990页。

这里不再逐一引证。

明初对上供所表现的克制，是明王朝前期农民徭役负担较轻的主要原因之一。英宗天顺以后情况便不同了；武宗正德以后，上供、采办之扰民，则更甚于正赋。在论述明后期农民负担的时候，当会说到这方面的事情。

尽管明初总的来说徭役较轻，但是不可一概而论，如成祖时的采木，却是一项劳民伤财的大役。成祖为了营建北京宫殿，永乐四年（公元 1406 年）派尚书宋礼往四川，侍郎古朴往江西，师逵、金纯往湖广，副都御史刘观往浙江，佥都御史史仲成往山西，督采大木。[①]宋礼逢迎成祖的意思，编造了自欺欺人的一段神话，说什么“有数大木，一夕自浮大谷达于江”，成祖为了转移人民的不满情绪，乐得顺水推舟，名其山曰神木山，礼部郎中王羽往祭，建祠立碑，命翰林院侍读学士胡广制碑文，煞有介事地闹了好一阵。永乐十年再派宋礼采木四川。仁宗即位才罢采木。但以后各朝时采时罢。嘉靖二十六年（公元 1547 年，按：据《明世宗实录》，则为嘉靖三十六年）“遣工部侍郎刘伯跃采（木）于川、湖、贵州，湖广一省费至三百三十九万余两”。[②]“万历中，三殿工兴，采楠杉渚木于湖广、四川、贵州，费银九百三十余万两，征诸民间，较嘉靖年费更倍”。[③]《明神宗实录》载，万历二十五年（公元 1597 年），四川采木建昌，去省城三千余里，采运民夫，历险渡泸，触瘴死者，积尸遍野。成祖开的这个头，给湖广、贵州和四川人民种下了祸根，四川人民受害最烈。

还有采珠之役。天顺之前没有此役，到英宗时开始采珠役民。《明史·宣宗纪》载：宣德三年十一月，“锦衣指挥钟法保请采珠东莞，帝曰：‘是欲扰民以求利也！’下之狱”。[④]《食货志》记：“广东珠池，率数十年一采。宣宗时，有请令中官采东莞珠池者，系之狱。英宗始使中官监守，天顺间尝一采之。至弘治十二年（公元 1499

① 《明史》第七册，1995—1996 页。
② 《明史》第七册，1995—1996 页。
③ 《明史》第七册，1995—1996 页。
④ 《明史》第一册，119 页。

年)，岁久珠老，得最多，费银万余，获珠二万八千两，遂罢监守中官。正德九年（公元 1514 年）又采，嘉靖五年（公元 1526 年）又采，珠小而嫩，亦甚少。(嘉靖）八年复诏采，两广巡抚林富言：‘五年采珠之役，死者五十余人，而得珠仅八十两（按：《实录》作八千八十余两)，天下谓以人易珠。恐今日虽以人易珠，亦不可得。’给事中王希文言：‘雷、廉珠池，祖宗设官监守，不过防民争夺。正德间，逆竖用事，传奉采取，流毒海滨。陛下御极，革珠池少监，未久旋复。驱无辜之民，蹈不测之险，以求不可必得之物，而责以难足之数，非圣政所宜有。’皆不听。”[①] 以后各朝，屡有开采，采得的珠不多，而招来民怨极大。

现在再来说说军役、匠役和灶役。《食货志》说：“凡军、匠、灶户，役皆永充。军户死若逃者，于原籍勾补。匠户二等：曰住坐，曰轮班。住坐之匠，月上工十日；不赴班者，输罚班银月六钱，故谓之输班。监局中官，多占匠役，又括充幼匠，动以千计，死若逃者，勾补如军。灶户有上、中、下三等。每一正丁，贴以余丁，上、中户丁力多，或贴二三丁，下户概予优免。”[②]

按：明代军、匠、灶户均为世役。《明史・兵志》云：“户有军籍，必仕至兵部尚书始得除。”又云：“盖终明世，于军籍最严。然弊政渐丛，而扰民日甚。”[③] 军户或死或逃，均由兵部派人到原籍勾补，往往株连族党，扰民最甚。据《明会典》卷 188：“住坐工役，如果贫病不堪，照例每月出办工价银一钱，委官雇人上工。是病者可出一钱雇工，与不赴班罚六钱不同。”又，卷 189：“成化二十一年（公元 1485 年)，奏准，‘轮班工匠有愿出银价者，每名每月，南匠出银九钱，免赴京’，‘北匠出银六钱’，是轮班可出钱代役”。这就是所谓匠班银——匠役代金。由此可见，上述《志》文实有脱误，“疑‘不赴班’句当作‘轮班班匠不赴班者输班银月六钱’”。[④]

① 《明史》第七册，1996 页，1906 页。

② 《明史》第七册，1996 页，1906 页。

③ 《明史》第八册，2258 页。

④ 《明史》第七册，1912 页校勘（17），1896 页。

此外，还有所谓陵户（负责看管陵墓）、园户（为两京的光禄寺管理菜园）、海户（宫苑南海子养鱼种菜之役）、庙户（供两京庙宇修缮及祭记之役）、幡夫（北京幡竿、蜡蠲两寺的夫役）、库役（仓库的杂役）等，烦琐不可胜计。

以上所述是明代役法的概略。万历九年（公元1581年）实行一条鞭法，徭役制度一度有所改革，另有专节论述。

第五节　明代东南重赋问题

《明史·食货志》说："初，太祖定天下官、民田赋，凡官田亩税五升三合五勺，民田减二升，重租田八升五合五勺，没官田一斗二升。惟苏、松、嘉、湖，怒其为张士诚守，乃籍诸豪族及富民田以为官田，按私租簿为税额。而司农卿杨宪又以浙西地膏腴，增其赋，亩加二倍。故浙西官、民田视地方倍蓰，亩税有二三石者。大抵苏最重，松、嘉、湖次之，常、杭又次之。"①

按：浙西是沿袭南宋时称法，南宋复分两浙路为浙西路和浙东路；浙西路辖临安、平江、镇江、嘉兴府，安吉、常、严三州及江阴军；浙东路辖绍兴、庆元、瑞安三府，婺、台、衢、处四州。明代所谓浙西地区，包括南直隶的苏州府（平江）、松江府、常州府、镇江府及浙江布政使司的杭州府、嘉兴府和湖州府。苏州府辖吴县、长洲县、吴江县、崑山县、常熟县、嘉定县及太仓州（领崇明县）。松江府辖华亭县、上海县及青浦县。常州府辖武进县、无锡县、宜兴县、江阴县及靖江县。镇江府辖丹徒县、丹阳县及金坛县。杭州府辖钱塘县、仁和县、海宁县、富阳县、余杭县、临安县，於潜县、新城县及昌化县。嘉兴府辖嘉兴县、秀水县、嘉善县、崇德县、桐乡县、平湖县及海盐县。湖州府辖乌程县、归安县、长兴县、德清县、武康县及安吉

① 《明史》第七册，1912页校勘（17），1896页。

州（领孝丰县）。浙西地区在现代分属江苏、浙江两省。

顾炎武论苏、松重赋，首引丘濬及杜宗垣说："丘濬《大学衍义补》曰：韩愈谓赋出天下，而江南居十九。以今观之，浙东西又居江南十九；而苏、松、常、嘉、湖五府，又居两浙十九也。考洪武中（原注：据《诸司职掌》），天下夏税秋粮以石计者，总二千九百四十三万余；而浙江布政司二百七十五万二千余，苏州府二百八十万九千余，松江府一百二十万九千余，常州府五十五万二千余，是此一藩（藩，藩司，即布政使司）三府之地，其田租比天下为重，其粮额比天下为多。今国家都燕，岁漕江南米四百余万石以实京师；而此五府（指苏、松、常、嘉、湖）者，几居江西、湖广、南直隶之半。臣窃以苏州一府计之，以准其余。苏州一府七县（原注：时未立太仓州），其垦田九万六千五百六顷，居天下八百四十九万六千余顷田数之中，而出二百八十万九千石税粮于天下二千九百四十余万石岁额之内，其科敛之重，民力之竭可知也已！"①

按：以上是顾氏引述丘濬的话。丘濬，字仲深，海南岛琼山县人。景泰五年进士，授翰林院编修，熟习国家典故，以经济自负，成化间进侍讲学士，迁国子祭酒，以真德秀《大学衍义》于治国条目未具，乃博采群书并结合当时实际为《大学衍义补》上之；孝宗嗣位，进礼部尚书，入阁，弘治八年卒。《明史》卷181有传。黄汝成《日知录集释》："沈氏（沈彤，字冠云，吴江人，清乾隆初举博学鸿词）曰：'苏州之田约居天下八十八分之一弱，而赋约居天下十分之一弱也。'"黄氏注："十分之一弱，即八十八分之八强。"我们根据丘濬上揭资料，可以计算出如下的几个数字：（1）浙江布政使司及苏、松、常三府的夏税秋粮合计7 322 000石，占全国夏税秋粮总额的24.88%，即约占四分之一。（2）苏州府垦田占全国垦田数的1.14%（即八十八分之一弱），夏税秋粮占全国总额的9.55%（即十分之一弱）。（3）全国平均每亩赋额为三升四合五勺，而苏州府平均每亩赋额为二斗九升，相当于全国平均每亩赋额的8.4倍。

① 顾炎武：《日知录》卷十，《苏、松二府田赋之重》条。

顾氏又说："杜宗垣上巡抚周忱书曰：五季钱氏税两浙之田，每亩三斗。宋时均两浙田，每亩一斗（原注略谓：宋初遣王永、高象先各乘递马〔递马，驿马〕均定税额，只作中下二等；中田一亩，夏税钱四文四分，秋粮米八升；下田一亩，钱三文三分，米七升四合。然则宋初之额尚未至一斗也）。元入中国，定天下田税：上田每亩税三升，中田二升半，下田二升，水田五升（原注：《元史·耶律楚材传》）。至于我太祖高皇帝受命之初，天下田税亦不过三升、五升，而其最下有三合、五合者。于是天下之民，咸得其所。独苏、松二府之民，则因赋重而流移失所者多矣。今之粮重去处，每里有逃去一半上下者。请言其故：国初籍没土豪田租，有因为张氏（张士诚）义兵而籍没者，有因虐民得罪而籍没者；有司不体圣心，将没入田地，一依租额起粮，每亩四五斗、七八斗至一石以上。民病自此而生（原注：《宋史》言建炎元年籍没蔡京、王黼等庄以为官田，减租三分。洪武初，未有以此故事上言者）。何也？田未没入之时，小民于土豪处还租，朝往暮回而已。后变私租为官粮，乃于各仓送纳，远（原为运）涉江湖，动经岁月，有二三石纳一石者，有四五石纳一石者，有遇风波盗贼者，以致累年拖欠不足（原注：王叔英疏亦言，输入官仓，道路既遥，劳费不少，收纳之际，其弊更多，有甚于输富民之租者，自洪武时已然矣）。愚按宋华亭一县，即今松江一府，当绍熙（南宋光宗年号）时，秋苗（即秋粮）只十一万二千三百余石；景定（南宋理宗年号）中，贾似道买民田以为公田，益粮一十五万八千二百余石。宋末官民田地税粮共四十二万二千八百余石，量加圆斛。元初田税，比宋犹轻，然至大德间没入朱清、张瑄田后，至元间又没入朱国珍、管明等田，一府税粮，至有八十万石。迨至季年，张士诚又併诸拨属财赋府与夫营、围、沙、职、僧道、站役等田。至洪武以来，一府税粮共一百二十余万石。租（税）既太重，民不能堪。于是皇上怜民重困，屡降德音，将天下系官田地粮额递减三分、二分外（原注：宣德五年二月癸巳诏书），松江一府税粮，尚不下一百二万九千余石。愚历观往古，自有田税以来，未有若是之重者也。以农夫蚕妇，冻而织，馁而耕，供税不足，则卖儿鬻女；又不足，然后不得已而逃，以至田地荒芜，钱粮年年拖欠。向蒙恩赦，自永乐十三年至十九年（公元1415—1421年），七年之间所免税粮不下数百万石。永乐二十年至宣德三年（公元1422—1428年），又复七年拖欠，折收经费，亦不下数百万石。折收之后，两奉诏书，敕谕自宣德七年以前拖欠粮草、盐粮、屯种子粒、税丝、门摊课钞，悉皆停征。前后一十八年间（自永乐十三年至宣德七年），蠲免、折收、停征、至不可算。由此观之，徒有重税之名，殊无征税之实。愿阁下转达皇上，稽古税法，斟酌取舍，以宜于今者而税之；轻其重额，使民如期输纳；此则国家有轻税之名，又有征税之实矣。”①

按：宣德五年九月，用内阁荐，迁周忱为工部右侍郎，巡抚江南诸府，总督税粮。杜宗垣上书时间当在宣德七年。杜宗垣这封信专述松江府的重赋问题。根据他所提供的资料，可以计算出如下的几组数字：（1）松江府的田赋岁额，如以南宋绍熙年间的作为100，则南宋景定中为241，南宋末年为376，元代末年为712，洪武初年（实际上是张士诚据吴时的旧额）为1 059，宣德五年为916。（2）如以南宋末年的作为100，则元末为189，洪武初为284，宣德五年为243。（3）如以元末作为100，则洪武初为150，宣德五年为129。（4）洪武二十六年松江府垦田共计5 132 290亩，平均每亩赋额为二斗三升三合八勺，宣德五年减赋后平均每亩赋额为二斗，相当于苏州府平均每亩赋额二斗九升的69%。苏州府的二斗九升和松江府的二斗，都比全国平均每亩赋额（三升四合五勺）高好几倍，充分表明了苏松田赋负担的偏重，二斗九升也好，二斗也好，都只是一个平均数，在这个平均数里面，包含每亩七八斗、一石甚至高达二三石的赋在内，而所谓苏松重赋正是针对这种情况来说的。

杜宗垣所说的情况，有两点特别值得注意：

第一，官田按私租征收田赋，农民的负担同当佃户时向地主交租并不一样，而是加重了许多；主要原因还不在于吏胥的苛索，而在于赋粮须向指定的仓库完纳，不是“朝往暮回”的事。江南地区，漕粮

① 顾炎武：《日知录》卷十，《苏、松二府田赋之重》条。

配额最多，苏州府的配额又首屈一指。成化八年（公元1472年）以前，漕粮岁运有超过五百万石的——如永乐十五年，宣德三年、五年、六年、八年、九年；有高达六百万石的——如永乐十三年，宣德七年；即使按成化八年的定额（从这年起，漕粮岁额四百万石，为定制），苏州府的配额为697 000石，松江府的配额为232 950石，苏州一府的配额比浙江省还要多，而松江一府的配额也只较湖广少一万七千石；在实行支运的时候，苏、松二府的漕粮要民运至徐州仓，正如杜宗垣所说的，“远涉江湖，动经岁月，有二三石纳一石者，有四五石纳一石者”，其劳费可想而知。不在漕粮配额内的赋粮，虽不一定要到徐州仓完纳，但也要到指定的仓库完纳，也要加重负担。杜宗垣所说的这点，符合当时的现实。

第二，赋额过重，大大超过农民的负担能力，其导致的后果必然是迫使农民倾家荡产以至卖儿鬻女，倾家荡产和卖儿鬻女仍不足，便只有逃亡，接踵而至的便是土地的荒废，逋赋的积累。《明史·周忱传》说：宣德五年，“天下财富多不理，而江南为甚，苏州一郡，积逋至八百万石”。[①]《明史·况钟传》说，宣德五年，况钟被擢用为苏州知府，“属县逋赋四年，凡七百六十余万石。”[②] 这就是杜宗垣所说的“徒有重税之名，殊无征税之实”。

为了节省篇幅，关于东南重赋问题，本书以苏、松二府为重点，常、嘉、湖等地区从略。

苏、松重赋的根源，在于这两府的官田数量多和官田按私租征赋、多年来大家的认识是一致的。赵翼说：“江苏田粮之重，《明史·周忱传》谓，明祖平张士诚，尽籍其功臣子弟庄田入官，又恶富民兼併，亦没入其田，皆之官田，谓按其租簿征之，故苏赋比他处独重，官田粮至二百六十万石，民田粮仅十五万石（按：此指苏州府而言）。今检宋元二史，究其由来。大概明祖所籍伪吴（张士诚称吴王）勋戚之田，即元代所赐臣下之田；而元代之赐田，即南宋之入官田、内府庄田及贾似道创议所买之公田也。《宋史》，朱勔败，籍其家，田至三十

① 《明史》第十四册，4212页，4379页。

② 《明史》第十四册，4212页，4379页。

万亩，建炎元年籍蔡京、王黼等庄以为官田；开禧三年诛韩侂胄，置安边所，黄畴若奏以其万亩庄等田并及其他权倖没入之田皆隶焉，共收米七十二万一千七百斛，钱一百三十一万五千缗。后理宗又诏华亭奉宸庄亦助边费；景定四年陈尧道、曹孝庆等倡议买公田，贾似道主之，平江、江阴、安吉、常州、镇江（按：原文漏嘉兴郡名）六郡共买田三百五十余万亩；德佑元年又以阎贵妃集庆寺田、贾贵妃演福寺田皆入安边所。元之有天下也，此等田皆别领于官；其赏赐臣下，则有如世祖赐郑温常州田三十顷，叶李平江田四顷，又以王积翁使日本被害于途，赐其子都中平江田八千亩；武宗赐琱阿不剌平江田一千五百顷；仁宗赐丑驴答剌罕平江田百顷，英宗赐拜珠（即拜住）平江田万亩；文宗赐雅克特穆尔（即燕帖木儿）平江官地五百顷，又以故平章黑驴平江田三百顷赐西安王阿剌忒纳失里，又赐大龙翔集庆寺平江田五百顷，又赐鲁国大长公主平江等处官田三百顷；雅克特穆尔又奏：松江淀山湖田五百顷当入官，粮七千七百石，臣愿增为万石入官，令人佃种，以所得余米赡臣弟萨敦；顺帝以完者铁木儿苏州田二百顷赐剡王彻彻秃，又赐公主不答昔你平江田五十顷；此皆见于《元史》本纪及各本传者。使本非官田，而欲夺民产以赐，元政虽不纲，亦未必至此，可见皆宋末官田，平宋后仍入于官，故得任意赏赐。观文宗所赐雅克穆尔者曰平江官地，赐鲁国大长公主者曰平江官田，益知田已在官也。元时又籍宋后妃田以供太后，曰江淮财赋都总管府；又籍朱清、张瑄等田以供中宫，曰江浙财赋府；又籍朱国珍、管明等田以赐丞相托克托（即脱脱），曰稻田提领所；又有拨赐庄，领宗亲王及新籍明庆、妙行二寺田并白云宗僧田，皆不隶州县；此又元时所增官田也。及张士诚据吴，其平章、太尉等，皆负贩小人，以殖产为务，凡元朝官田，自必尽取而占为庄田。明祖破平江后，遂尽籍之；又以姑苏民为士诚守，凡诸豪族之田亦籍之，并及富民沈万三等，皆以其租簿为粮额。其后又有拨赐公、侯、驸马庄田，因事故还官者，又按其租簿征之。是以官田益多，而粮亦益重也。然则江南之田，自宋末至

元明以来，出重赋非一朝一夕矣！”[①]（赵翼本条所述，多本顾炎武《日知录》）

总而言之，苏、松重赋的根源在于官田多，这是个历史问题，是南宋开始形成的。明初没入这些官田的时候，按私租征收田赋，是和明太祖所坚持的与民休养生息的政策思想相违背的，不能不说是政治上的一大失着。这是否出于政治报复呢？《周忱传》的说法，好像此举带有一点报复的性质；建文二年的诏书也说：“苏松准私租起科，特以惩一时顽民”，既然是“惩”，那当然就是报复了。这种事情朱元璋是可能真会做出来的。但如果把苏松重赋的形成完全归咎于他，也是不公平的。黄宗羲在《明夷待访录》里写过这样的一段话：“今天下之财赋出于江南；江南之赋至钱氏而重，宋未尝改（按：这不大符合历史事实）；至张士诚而又重（这却是事实），有明亦未尝改。故一亩之赋，自三斗起科至于七斗，七斗之外尚有官耗私增。”[②] 把东南重赋作为一个历史问题来看待是比较恰当的。明太祖的罪责在于未改张士诚的重赋。附带说一件与此相类似的事情：江西省某些地区的田赋也稍重一些，有些人说是明太祖迁怒当地人民支持陈友谅，特别加重了这些地区的负担，这种说法也是不确实的。清康熙三年（公元1664年）江西总督张朝璘奏称：“南昌府属浮粮，系陈友谅横行征派，明季相沿”。这才是问题的真相。

《明史·食货志》说：“时苏州一府，秋粮二百七十四万六千余石，自民粮十五万石外，皆官田粮。”[③]《周忱传》说：苏州一府“官民田租共二百七十七万石，而官田之租乃至二百六十二万石（约占总额的95%弱）”。[④]《况钟传》记况钟说：“臣所领七县，秋粮二百七十七万九千石有奇。其中民粮只十五万三千余石，而官粮乃至二百六十二万五千余石（约占总额的95%弱），有亩征至三石者”。[⑤] 以况钟所说的情况为依据，民田每亩赋额如按五升计算，十五万三千石为

① 赵翼：《廿二史劄记》，卷30，《元代以江南田赐臣下》条。
② 黄宗羲：《明夷待访录》，中华书局版，23页。
③ 《明史》第七册，1896页。
④ 《明史》第十四册，4213页，4379页。
⑤ 《明史》第十四册，4213页，4379页。

3 060 000 亩民田的赋额。苏州一府垦田共计 9 650 000 亩，扣除民田数，官田约为 6 590 600 亩（即官田占 68.3%，民田占 31.7%），平均每亩官田赋额约为四斗，相当于民田每亩赋额的 8 倍。一部分官田亩赋一石，个别至三石，这就毫不奇怪了。

表 7－1、表 7－2、表 7－3 对研究东南重赋问题可能会提供一点帮助。遗憾的是：《万历会典》只载有浙江布政司的数字，而没有分列杭、嘉、湖三府的数字；主要由于这个原因，表 7－3 的数字是烋合两个不同的时间的。

《明史·食货志》说："大抵苏最重，松、嘉、湖次之，常、杭又次之"。我们从表 7－3 所得到的印象是：苏最重，松、嘉次之，镇、常、湖又次之，杭较轻，与《食货志》所说，基本相同。

表 7－1　洪武二十六年苏、松、常、镇及浙江田赋统计表

	户　数	人口数	田地（亩）	税粮米麦（石）	平均每户负担（石）	平均每人负担（石）	平均每亩负担（石）
全国总计	10 652 870	60 545 812	850 762 368	29 442 350	2.764	0.486	0.035
苏州府	491 514	2 355 030	9 850 671	2 810 490	5.718	1.193	0.285
松州府	249 950	1 219 937	5 132 290	1 213 896	4.881	1.000	0.238
常州府	152 164	775 513	7 973 188	652 835	4.290	0.843	0.082
镇江府	87 364	522 383	3 845 270	324 646	3.716	0.621	0.084
浙江布政司	2 138.225	10 487 567	51 705 151	2 752 727	1.287	0.262	0.053

注：①户、口、田地及税粮均根据《万历会典》所载数字。

②平均负担是根据上述四项数字计算出来的。

③《万历会典》中浙江及其他布政司均未载分府、县数字。

④平均负担的单位是石，例如苏州府平均每户负担为 5.718，应读为五石七斗一升八合，其余类推。

表 7－2　嘉靖年间杭州、嘉兴、湖州三府田赋统计表

地　区	田地（亩）	税粮米麦（石）	平均每亩负担（石）
杭州府	4 297 388	240 018	0.059
嘉兴府	2 910 722	646 245	0.222
湖州府	6 846 622	482 715	0.071

注：①田地及税粮根据《重修浙江通志初稿·田赋》中册 67—68 页所载数字。

②平均每亩负担是根据上述两项数字计算出来的。

表 7－3　　平均每库田赋负担比较表

地　区	平均每亩负担（石）	指　数
全　国	0.035	100
苏州府	0.285	1 429
松江府	0.238	680
嘉兴府	0.222	634
镇江府	0.084	240
常州府	0.082	234
湖州府	0.071	203
杭州府	0.059	169

注：苏、松、镇、常系洪武二十六年数字，杭、嘉、湖系嘉靖年同数字。

明太祖对东南重赋并非无动于衷。洪武七年（公元 1374 年）四月，曾下令“减苏、松、嘉、湖极重田租之半”。① 所谓极重田租是指每亩起科七斗五升的。这一年的减赋可能是临时性的，减的面也很窄。洪武十三年曾命户部裁减苏、松、嘉、湖四府重租田额，办法是：“亩科七斗五升至四斗四升者减十之二，四斗三升至三斗六升者俱只征三斗五升，其以下者仍旧（原来每亩赋额在三斗五升以下的仍按旧额征收）”。② 这次减赋只是刮一刮胡子，苏州府的秋粮还超过二百七十四万石，等于浙江一省的岁额。

建文二年（公元 1400 年）下诏说：“江、浙赋独重，而苏、松准私租起科，特以惩一时顽民，岂可为定则以重困一方。宜悉与减免，亩不得过一斗。”③ 建文帝是下了决心要解决这个问题的，办法是比较彻底的。然而，过不了两年，成祖把建文赶下台，并尽革建文之政，连这个办法也革掉了，因而“浙西之赋复重”。

一直到宣宗以后，才有了一些转机。《明史·食货志》说：“宣宗即位，广西布政使周干，巡视苏、常、嘉、湖诸府还，言：‘诸府民多流亡，询之耆老，皆云重赋所致。如吴江、昆山民田租，旧亩五升，

① 《明史》第一册，29 页。
② 《明史》第七册，1896 页。
③ 《明史》第七册，1896 页。

小民佃种富民田，亩输私租一石。后因事故入官，辄如私租例尽取之。十分取八，民犹不堪，况尽取乎！尽取则民必冻馁，欲不逃亡，不可得也。仁和、海宁、崑山海水陷官、民田千九百余顷，逮今十有余年，犹征其租。田没于海，租从何出？请将没官田及公、侯还官田租，俱视彼处官田起科，亩税六斗。海水沦陷田。悉除其税，则田无荒芜之患，而细民获安生矣。'帝命部议行之。宣德五年（公元 1430 年）二月诏：'旧额官田租，亩一斗至四斗者各减十之二，四斗一升至一石以上者减十之三。著为令。'"①

按：《食货志》所记周干的话有脱漏。《明宣宗实录》载原文，于"皆云重赋所致"句下为："如吴江、崑山民田，亩旧税五升，小民佃种富室田，亩出私租一石，后因没入官，依私租减二斗，是十分而取其八也。拨赐公侯驸马等项田，每亩旧租输一石，后因事故还官，又如私租例尽取之。且十分而取其八，民犹不堪，况尽取之乎！"如此文义方明。

宣德五年诏减官田赋额，户部阳奉阴违，沮格弗行。《明史·杨士奇传》说：宣武五年，"帝以四方屡水旱，召士奇议下诏宽恤，免灾伤租税及官马亏额者，士奇因请并蠲逋赋薪刍钱，减官田额，理冤滞，汰工役，以广德意，民大悦。逾二年（即宣德七年），帝谓士奇曰：'恤民诏下已久，今更有可恤者乎？士奇曰：'前诏减官租，户部征如故。'帝怫然曰：'今首行之，废格者论如法'"。② 于是有宣德七年三月之谕。《明史·宣宗纪》载：七年三月辛酉，谕礼部（当时胡濙以礼部尚书兼掌户部）曰："朕以官田赋重，十减其三。乃闻异时减租诏下，户部皆不行，甚者戒约有司，不得以诏书为辞。是废格诏令，使泽不下究也。自今令在必行，毋有所遏。"③《宣宗实录》中所记此事，较《宣宗纪》载为详，可参阅，不再引证。可见，宣宗减官田田赋确是下了决心的。

由于宣宗下了决心，由于内阁三杨的大力支持，周忱、况钟等才

① 《明史》第七册，1896—1897 页。

② 《明史》第十四册，4136 页。

③ 《明史》第一册，123 页。

能够为东南人民做了一些好事，在减赋工作方面做出了自己的贡献。周忱和况钟所做的事，现在看来不算得什么，但在中国封建社会的条件下，特别是在当时的具体情况下，应该算是了不起的。

周忱是明代杰出的理财家，他很有作为，做过不少革新的事，亦每因此遭受所谓“变乱成法”的抨击。减赋一事，最为深入人心，与况钟同享盛名数百年。《明史·食货志》说：“江南巡抚周忱与苏州知府况钟，曲计减苏粮七十余万（石），他府以为差，而东南民力稍纾矣。”[①]《明史·周忱传》记：宣德五年九月，“帝（宣宗）以天下财赋多不理，而江南为甚，苏州一郡，积逋至八百万石，思得才力重臣往厘之。乃用大学士杨荣荐，迁忱工部右侍郎，巡抚江南诸府，总督税粮。（周忱）始至，召父老问逋税故，皆言豪户不肯加耗，并征之细民，民贫逃亡，而税额益缺。忱乃创为平米法，令出耗必均。又请敕工部颁铁斛，下诸县准式，革粮长之大入小出（粮长向税户收粮时用大斛，解官时用小斛）者”。[②]

按：周忱所创平米法，亦称均耗平米法，均征加耗法，还有称为调收法的。顾炎武《天下郡国利病书》引《万历武进县志》云：“部文秋粮，只称曰米。此中言平米者何？国初官田每亩科米三、五斗，递而上至一石者有之；民田每亩科米五、七升，递而上至一斗或一斗余者有之。此科则之不得其平也。洪（武）永（乐）时，国法森严，即豪右乌能于征输行其私。适后则豪有力者只供正额，而一切转输诸费，其耗几与正额等，乃独责之贫民。此耗之不得其平也。文襄周公（文襄为周忱之谥号）抚江南，乃令官民田并出耗……毋能独苦贫民。此平米之说也。”[③] 永乐以后，中央政府实际上已迁至北京（尽管在正统六年十一月以前北京仍称为行在），税粮的加耗比洪武时大大增加，以苏州府而论，正米200余万石，耗米70余万石，正米与耗米为三与一之比，70余万石耗米全部责诸小户，小户负担之重可想而知。均耗对减轻小户的田赋负担是起了一定作用的。

① 《明史》第七册，1897页。
② 《明史》第十四册，4212页。
③ 顾炎武：《天下郡国利病书·常镇》。

但是，周忱当时采取的措施不仅是均耗，还在耗米上做了文章。清人蒋伊在《苏郡田赋议》一文中说："吉水周文襄公忱，先后巡抚江南，察知其故。一则官田粮重，民不能办；一则豪强大户，不出加耗，偏累小户赔偿。是以贫民逃徙，积逋如山。周文襄于轻额民田，每亩加耗一斗有奇，以通融官田之亏欠。又与知苏州官况公钟，曲计周算，疏一府重额秋粮八十余万石，他府有差。"[①] 周忱与况钟奏减苏州府粮额虽是好事，并不能真正彻底地解决问题。但周忱与况钟在当时只能根据宣德五年二月的诏书行事，不可能多减。周忱在耗米上做文章，对轻额民田每亩加耗米一斗有奇，这样，官田的耗米便减轻了。《明史·周忱传》说："京师百官月俸，皆持俸帖赴领南京。米贱时，俸帖七八石仅易银一两。忱请检重额官田、极贫下户两税，准折纳金花银，每两当米四石，解京兑俸，民出甚少，而官俸常足。"[②] 这是一个两全其美的办法。由于折纳的缘故，一方面重额官田及极贫下户的负担减轻了，另一方面百官的实际所得又增多了，这当然不会遇到什么阻力。周忱所采取的这些措施，都是为了调整负担平衡，所以又被称为调收法。周忱在当时政策和法令所能允许的范围内想尽了可能采取办法，可以说是煞费苦心的。

周忱做了不少减轻农民负担的事，据本传所载，再述数事如下：

1. 马草折征。"民间马草岁运南京，劳费不赀。忱请每束折银三分，南京则轻赍（指银两）即地买纳。"[③]

2. 漕粮改行兑运。"时漕运，军民相半。军船给之官（漕军运粮的船由官府供给），民则僦舟（人民运粮要自己租船），加以杂耗，率三石致一石（人民运一石米要耗费两石米的费用），往复经年失农业（生产受耽误，损失更大）。忱与平江伯陈瑄（陈瑄主持漕运）议，民运至淮安或瓜州水次交兑，漕军运抵通州。淮安石加五斗（加耗），瓜州又益五升（即加耗五斗五升）。"[④] 这一改革，使农民负担减轻了

---

① 贺长龄：《皇朝经世文编》，卷 32。

② 《明史》第十四册，4214 页。

③ 《明史》第十四册，4214 页。

④ 《明史》第十四册，4213 页。

许多。关于漕运问题，下一节里再作较详细的论述。

3. 立济农仓。《周忱传》说：宣德七年，“江南大稔，诏令诸府县以官钞平籴备振贷，苏州遂得米（平籴所得的米）二十九万石。故时公侯禄米，军官月俸，皆支于南户部（南京户部）。苏、松民转输南京者，石加费六斗。忱奏令就各府支给，与船价米一斗，所余五斗，通计米四十万石有奇，并官钞所籴，共得米七十万余石，遂置仓贮之，名曰济农。振贷之外，岁有余羡。凡纲运、风漂、盗夺者，皆借给于此；秋成，抵数还官。其修圩、筑岸、开河、浚湖所支口粮，不责偿。耕者借贷，必验中下事力及田多寡给之，秋与粮并赋，凶岁再赈。”① 又说：“济农仓之设也，虽与民为期约（贷仓米给人民时约期偿还），至时多不追取。”② 实际上是赈济。周忱的征粮也是别具一格的：“每岁征收毕，逾正月中旬，辄下檄放粮，曰：‘此百姓纳与朝廷剩数，今还与百姓用之，努力种朝廷田，秋间又纳朝廷税也。’”③ 这实际是给百姓解决春耕的种子问题。史臣谓“其弛张变通，皆可为后法。诸府余米，数多至不可校，公私饶足，施及外郡。景泰初，江北大饥，都御史王竑从忱贷米三万石。忱为计至来年麦熟，以十万石畀之”。④

其余关于兴修水利、整理盐课和驿政等，均有成绩，不一一缕述。

宣德六年，周忱碰了一个大钉子。《食货志》说：“忱又令（王鸿绪：《明史稿·食货志》作请字，似与下文相应）松江官田依民田起科，户部劾以变乱成法。宣宗虽不罪，亦不能从。”⑤ 按顾炎武《天下郡国利病书》引《松江府志》说：“宣德六年三月，巡抚侍郎周忱言，‘华亭、上海（均属松江府）旧有官田税粮二万七千九百余石，俱是古额，科粮太重，乞依民田起科，庶征收易完’。上（宣宗）命行在户部会官议。于是太子太师郭资、尚书胡濙等议奏（时郭资以太子太师掌户部，胡濙以礼部尚书兼掌户部），‘华亭、上海，地有高卑，时有旱涝，收成不一，宜折收棉布起运京库，余折黄豆存留本处军仓备

① 《明史》第十四册，4213 页，4216 页。
② 《明史》第十四册，4213 页，4216 页。
③ 《明史》第十四册，4213 页，4216 页。
④ 《明史》第十四册，4213 页，4216 页。
⑤ 《明史》第七册，1897 页。

用。官民田沧没者，请再行踏勘，上海县大户凡有多余田亩，请分拨与民耕种，以补常数。其欲减官田古额，依民田科收，缘自洪武初至今，册籍已定，征输有常；忱欲变乱成法，沽名要誉，请罪之'。上曰：'忱职专粮事，此亦其所当言。朝议以为不可，则止；何为遽欲罪之？卿等大臣，必欲塞言路乎？忱不可罪！'余如所议。"[①] 郭资、胡濙等说了一大套理由，明眼人一看便知为强词夺理；说穿了，不外乎是要保持所谓岁额常数而已。由此可见，周忱的革新并不是可以随心所欲的。如果真能够放开手脚的话，周忱的成就就会大得多。

正统九年以后，周忱因遭受不少人的攻击甚至诬蔑而不安于位。本传说：正统九年，"给事中李素等劾忱妄意变更，专擅科敛。忱上章自诉。帝以余米既为公用，置不问。先是，奸民尹崇礼欲挠忱法，奏忱不当多征耗米，请究问仓库主者，忱因罢前法。既而两税复逋，民无所赖，咸称不便。忱乃奏按崇礼罪，举行前法如故。再以九载满，进户部尚书。寻以江西人不得官户部，乃改工部，仍巡抚。景泰元年（公元1450年），溧阳民彭守学复讦忱如崇礼言，户部遂请遣御史李鉴等往诸郡稽核。明年又以给事中金达言，诏忱还朝。忱乃自陈：'臣未任事之先，诸郡税粮无岁不逋。自臣莅任，设法划弊，节省浮费，于是岁无逋租，更积赢羡。凡向之公用所须科取诸民者，悉于余米随时支给。或振贷未还，遇赦宥免，或未估时值，低昂不一（《英宗实录》卷205景泰二年六月丙子条作：有估计时值低昂不一者）。缘奉宣宗皇帝并太上皇（指英宗）敕谕，许臣便宜行事，以此支用不复具闻，致守学讦奏，户部遣官追征，实臣出纳不谨，死有余罪（周忱之所以认罪，显然是为了避免人民受追征之苦）。'礼部尚书杨宁言：'妄费罪乃在忱，今估计余值，悉征于民间，至有弃家逃窜者，乞将正统以前者免追。'诏许之。召鉴等还。既而言官犹交章劾忱，请正其罪。景帝素知忱贤，大臣亦多保持之，但令致仕"。[②] 忱去职后，卒于景泰四年十月。史臣谓"当时言理财者，无出忱右，其治以爱民为本"。这个评价是公允的。周忱不愧为中国封建社会历史上杰出的理

① 顾炎武：《天下郡国利病书・苏松》。

② 《明史》第十四册，4215—4216页。

财家之一，可与西汉的桑弘羊、唐代的刘晏媲美。其后户部尽括所积余米为公赋，储备萧然。每遇灾荒，吴中道殣相望，而田赋之积逋如故。人民更加怀念周忱，到处立祠奉祀。人民是最公正的裁判员，凡是为人民做过好事的，总不会被人民忘记掉。

况钟是周忱最得力的合作者，是深受苏州人民爱戴的地方官。苏州到处都有况公祠。这使人们体会到，在封建社会，人民多么渴望有一个了解他们疾苦，能够为他们谋利益的好地方官；而这种希望的实现又是多么不容易。《明史·况钟传》说："钟刚正廉洁，孜孜爱民，前后守苏者莫能及。"① 王绮是长州（今江苏省吴县）人，述况钟生平，言简事赅，颇得要领。他说："况公名钟，字伯律，南昌人（按：《明史·况钟传》说是靖安人，靖安县属南昌府）。苏自永乐间久不治，朝廷患之，屡遣使督责无效。宣德五年，阁老三杨公议曰：'郡治，独系于守，与其督责于后，孰与慎择于初。'公时为礼部郎中，有材则，三公遂以上荐，复请赐敕，便其行事。诏可。出郡守有敕始此也。公既至，悉察得民隐，喟然曰：'郡之不治，病在赋重、民贫、吏胥为奸耳。'因焚香自祝，奏减正赋七十二万余石。或动以祸福，不顾，卒得所请。次发奸吏豪民数人，郡遂大治。初，郡多水患，公讲求其利，无不曲尽。自后遂无垫没。他如荐贤养士，恤孤慎刑，摧挫强御，皆其政也。性刚明，见事必为，不计成败，然卒皆底于成。其居量廓如也。朝廷累有褒美宴劳之宠，而以苏人仰之，终不迁其官，公亦为之不倦焉。正统七年十二月三十日，忽无疾卒于位。民间哀之，父老歌思，至今不衰。"② 况钟任苏州府知府凡十三年，尝丁母忧当去职，苏人指阙乞留者三千余人，并歌曰："况太守，民父母！愿复来，养田叟！"诏起复。正统六年，秩满当迁，郡民二万余人走诉巡按御史张文昌，乞再任。特诏进正三品俸，仍视府事。况钟与周忱奏减重赋及立济农仓事，已见上述，这里不再赘。

这里需要补述的是英宗正统元年的减赋令。《明史·食货志》说："正统元年令苏、松、浙江等处官田，准民田起科，秋粮四斗一升至

---

① 《明史》第十四册，4381页。

② 王绮：《寓圃杂记》卷三，《记守令》条。

二石以上者减作三斗，二斗一升以上至四斗者减作二斗，一斗一升至二斗者减作一斗。盖宣德末，苏州逋粮至七百九十万石，民困极矣。至是，乃获少苏。”① （《英宗实录》所载正统元年官田每亩秋粮四斗一升至二石以上者减作二斗七升，与《食货志》作“减作三斗”略有出入，其余基本相同）。

这个办法的要点是：把官田按原额的轻重分作三个科则——三斗（或二斗七升）、二斗和一斗来征收田赋。虽然还不如建文二年的诏令（官田每亩赋额不得超过一斗）那样干脆，但比宣德五年的诏令却要算“慷慨”得多了。更重要的是，它已突破了禁区，推翻了官田不许按民田起科的成规。正统初年，三杨当国，户部尚书是偏向革新的刘中敷，这个办法正是在这样的政治条件下出台的。《志》言民困少苏，则办法的推行是相当认真的，否则不会获得民困少苏的效果。顾炎武说：“按嘉靖十七年册，长洲县田犹有七斗以上者；今与民田通均，而犹三斗七升。是此旨当日未尽奉行也。”② 顾氏的怀疑不能说没有根据。但长洲属于苏州府，当时的知府是况钟，周忱仍巡抚江南，是不会对此令阳奉阴违的。或许是正统初年确已照减，而在以后却又陆续加码了，这种猜想倒是近乎情理的。况钟死于正统七年；周忱死于景泰四年；从正统五年到正统十一年三杨相继去世；刘中敷于正统三年为宦官王振所陷害下狱，未几获释复职，正统六年复被劾变乱成法下狱，政治情况起了很大的变化。中国封建社会常常是“人存政举，人亡政息”，正统末年江南官田田赋又重新加重是极有可能的。至于杭、嘉、湖地区，当日对减赋的政令也许并未认真奉行，这从下面所说的事情可以体会到。

《明史·食货志》说：“英宗复辟之初，令镇守浙江尚书孙原贞等定杭、嘉、湖则例，以起科重者征米宜少，起科轻者征米宜多。乃定官田亩科一石以下、民田七斗以下者，每石岁征平米一石三斗；官民田四斗以下者，每石岁征平米一石五斗；官田二斗以下、民田二斗七升以下者，每石岁征平米一石七斗；官田八升以下、民田七升以下者，

① 《明史》第七册，1897 页。

② 顾炎武：《日知录》卷十，《苏、松二府田赋之重》条。

每石岁征平米二石二斗。凡重者轻之，轻者重之，欲使科则适均。而亩科一石之税未尝减云。”①

按：据《英宗实录》卷270，景泰七年九月甲戌定杭、嘉、湖则例，而英宗复辟在景泰八年（后改天顺元年）正月；复据《明史·孙原贞传》，英宗复位，原贞罢归；可知《志》记时间有误。据孙原贞本传，景泰元年，“浙官田赋重，右布政使杨瓒请均于民田轻额者。诏原贞督之，田赋以平。”可知杭、嘉、湖的均赋，肇始于景泰元年，至景泰七年乃订为则例。杭、嘉、湖则例实以周忱的平米法为蓝本，原则上是利用耗米的加减来调整田赋负担。

随着时间的推移，田赋的弊病越来越多，越来越甚；而东南的重赋问题逐渐回复了老样子，过去的几度革新已成为历史陈迹。到了嘉靖十八年（公元1539年）由阁臣顾鼎臣再度建议，才又进行了一次改革。《明史·食货志》载：“至十八年，鼎臣为大学士，复言：‘苏、松、常、镇、嘉、湖、杭七府，供输甲天下，而里胥豪右蠹弊特甚。宜将欺隐及坍荒田土，一一检核改正。’于是应天巡抚欧阳铎检荒田四千余顷，计租十一万石有奇，以所欺隐田粮六万余石补之，余请豁免。户部终持不下。时嘉兴知府赵瀛建议：‘田不分官、民，税不分等则，一切以三斗起征。’铎乃与苏州知府王仪尽括官民、田裒益之（裒（音póu）益，裒多益寡，意即取有余，补不足）。履亩清丈，定为等则……总征银米之凡，而计亩均输之。其科则最重与最轻者，稍以耗损益推移。重者不能尽损，惟递减耗米，派轻赍折除之，阴予以轻。轻者不能加益，为征本色，递增耗米加乘之，阴予以重……时豪右多梗其议，鼎臣独以为善，曰：‘是法行，吾家益千石输（鼎臣家在崑山），然贫民减千石矣，不可易也！’顾其时，上不能损赋额，长民者私以己意变通。由是官田不至偏重，而民田之赋反加矣。”②

按：嘉靖初，顾鼎臣为左谕德时，条上钱粮积弊四事，请履亩丈量，编造图册，斟酌先年巡抚周忱、王恕简便可行事例，立为定规。疏下，户部言所陈俱切时弊，但拖延数载未议行。嘉靖十七年八月鼎

① 《明史》第七册，1897页。

② 《明史》第七册，1900—1902页。

臣以太子太师、礼部尚书入阁，翌年复进言如上述。

周忱事已见前。王恕事，据本传所记，成化间巡抚南畿，“旧制，应天、镇江、太平、宁国、广德官田征半租，民田全免。其后民田率归豪右，而官田累贫民。恕乃量减官田耗，稍增之民田。常州时有羡米，乃奏以六万石补夏税，又补他府户口盐钞六百万贯，公私便焉”。①

欧阳铎是改革赋役制度的热心人。据本传，正德间为福州知府时，“议均徭曰：‘郡多士大夫，其士大夫又多田产。民有产者无几耳，而徭则尽责之民。请分民半役。’士大夫率不便。巡按御使汪珊力持之，议乃行”。嘉靖间，“巡抚应天十府。苏、松田不甚相悬。下者亩五升，上者至二十倍（即一石）。铎令赋量最重者减耗米，派轻赍（即折征银两）；最轻者征本色，增耗米。阴轻重之，赋乃均。诸推收田（推收，过户登记），从圩不从户，诡寄无所容。州县荒田四千四百余顷，岁勒民偿赋。铎以所清漏赋及他奇羡补之。议徭役及裁邮置费凡数十百条，民皆称便”。②

王仪初为苏州知府，即为赵府辅国将军朱祐椋诬告去职，《明史·王仪传》说：“仪去苏州，士民走阙下乞留，帝（世宗）不许。既而荐起知抚州。苏州士民复走阙下乞还仪至再，不报。（士民）归愬于巡抚侯位，位以闻，帝乃许之。（仪）至则叹曰：‘苏赋当天下什二，而田额淆无可考，何以定赋?’乃履亩丈之，使县各为籍（图册）。以八事定田赋，以三条核税课，徭役、杂办维均。治为知府第一。”③ 所谓“以八事定田赋”的八事，据《食货志》记为：“元额稽始，事故除虚，分项别异，归总正实，坐派起运，运余拨存，存余考积，征一定额。所以，欧阳铎与王仪所实行的办法又称为征一法。所云‘以三条核税课’，不详。”《食货志》则云：“以三事定均徭，曰银差，曰力差，曰马差”，恐非一事。

赵瀛一律亩征三斗，这是煮大锅饭的办法，办法虽甚简单，却不

---

① 《明史》第十六册，4833 页。

② 《明史》，第十八册，5363—5364 页，5374—5375 页。

③ 《明史》，第十八册，5363—5364 页，5374—5375 页。

合理。欧阳铎与王仪所实行的办法，概括说来，不外是周忱的均耗平米加上清丈。周忱时用不着清丈，而嘉靖年间册籍紊乱已极，不先行清丈便无法均赋。这是时势不同之故。欧阳铎与王仪以清丈为均赋的基础是做得对的。

关于上引《食货志》的这段叙述，李洵谓："王仪与欧阳铎均田赋事在嘉靖十八年（公元1539年），而赵瀛的建议则在嘉靖二十六年（公元1547年），故这里的叙述在时间上有误。"①李洵的怀疑是有道理的，《志》及本传对时间均未交代清楚。但是，嘉靖十八年欧阳铎请免荒田租事，《志》文已说"户部终持不下"，即知此事在当时已搁浅。其后赵瀛建议打乱官民田界限，一律按每亩三斗征赋。嘉兴实行后，欧阳铎和王仪随着也在苏、松等地均赋，这不是没有可能的。

《食货志》对欧阳铎与王仪的均赋办法是有微词的。它没有给予肯定的评价，而是说："顾其时，上不能损赋额，长民者私以己意变通。由是官田不至偏重，而民田之赋反加矣。"这的确是事实。但是，为什么会这样？应该加以分析。

"上不能损赋额"，主要指中央财政部门根深蒂固的"任务"观点。这些保守的理财官，死抱住这样的原则：国家的田赋征收岁额不能变，特别是不能有所减少；分配给各地方的田赋征收岁额也不能变，特别是不能有所减少；这就是他们所认为的成法。由于这种成法的束缚，既不肯减少国家田赋征收岁额，也不肯在不同地区之间对田赋负担作比较合理的调整。举例来说，根据《万历会典》的记载，洪武二十六年苏州府和湖广布政司的户口、田土及税粮的统计数字如表7-4所示：

表7-4　　　　苏州府和湖广布政司农业数据统计表

	户　数	人口数	田土数（亩）	税粮数（石）
苏州府	491 514	2 355 030	9 850 671	2 810 490
湖广布政司	775 851	4 702 660	220 217 575	2 462 436

① 李洵：《明史食货志校注》，73页。

从表 7－4 可以算出，苏州府的田亩数仅相当于湖广的 4.5%，而苏州一府的税粮却相当于湖广全省税粮的 114%。在明代已经流行了“湖广熟，天下足”这句谚语，而湖广的平均每亩负担仅为一升一合，低于全国平均数；苏州府的平均每亩负担却高达二斗八升五合。两地负担的畸轻畸重现象是一目了然的。坚守成法的户部既不会直接削减苏州府的岁额，也不会把苏州府岁额的一部分转移到湖广去。负担的调整只能在保存原额的前提下在本地区的范围内进行。其结果必然是“长民者私以己意变通。”长民者被捆住手脚，变通的活动余地是极有限的。周忱被公认为不可多得的能人，但他绞尽脑汁也只能变通出一个均耗平米法。后人的变通也未能跳出这个圈子，道理就在于此。

变通的主要目的是把官田的特重负担减下来，由于上述的原因，“官田不至偏重，而民田之赋反加”，又是必然的结果。嘉靖年间，给事中徐俊民言：“今之田赋，有受地于官，岁供租税者，谓之官田。有江水泛滥沟塍淹没者，渭之坍江。有流移亡绝，田弃粮存者，谓之事故。官田贫民佃种，亩入租三斗或五六斗，或石以上者有之。坍江、事故虚粮，里甲赔纳，或数十石或百余石者有之。夫民田之价十倍官田，贫民既不能置，而官田粮重，每病取盈，益以坍江、事故虚粮，又令摊纳，追呼敲扑，岁无宁日。而奸富猾胥方且诡寄、那移，并轻分重。此小民疾苦闾阎凋瘁，所以日益而月增也。请定均粮、限田之制。坍江、事故，悉与蠲免。而合官、民田为一，定上、中、下三则起科以均粮。富人不得过千亩，听以百亩自给，其羡者则加输边税。如此，则多寡有节，轻重适宜，贫富相安，公私俱足矣。”[①] 当时的具体情况是：比较肥沃的民田绝大部分已为势家富民所兼并；耕种官田的都是贫苦农民；官田中的大部分原来也是良田，经过多年的掠夺农耕，土地生产力日益低落。了解这一情况，便会明白“官田不至偏重，民田之赋反加”，是让贫苦农民得到一点好处。诚然，这只是剜肉补疮的办法；但是，剜势家富户的肉，补贫苦农民的疮，又有什么不好呢？不加民田之赋便不能改变官田的偏重。事情只有这样办，此

① 《明史》第七册，1899—1900 页。

外别无其他良法。良法本来是有的，像上述徐俊民提出的意见便比较可取，但在当时未被采纳实施，是意料中的事。再说，要加民田之赋的确不是易事。民田的绝大部分都被势家富户兼并了，来自势家富户的阻力是不容易冲破的。加民田之赋等于捅马蜂窝。欧阳铎的办法之所以能够实施，是因为他得到了宁愿本家增输千石的顾鼎臣的有力支持。像顾鼎臣这样的人，在势家富户中是犹如凤毛麟角，不可多得的。

说了多少年，闹腾了多少次，所谓东南重赋问题始终没有得到真正解决，成为明王朝的遗产留给了清王朝。

第六节　明代漕运

《明史·食货志》说："太祖都金陵，四方贡赋，由江以达京师，道近而易。自成祖迁燕，道里辽远，法凡三变。初支运，次兑运、支运相参，至支运悉变为长运而制定。"①

按：这是对明代漕运制度变革的概括，语简而事未赅。郑晓在嘉靖年间曾总督漕运，有比较全面的系统记述。他说：

"邵文庄公（按：邵或为邱字之误，邱濬谥文庄）言运法五变：一曰海运；二曰海陆兼运；三曰支运；四曰兑运；五曰改兑。恐未然。予谓运法凡三变，初海运，再海陆兼运，三漕运。已而漕运之法又二变，初转运，再兑运。已而兑运又有支兑、改兑、遮洋，一总犹海运。但不自太仓开洋绕出登莱大洋，只从天津入海运至蓟州耳。转运虽变为兑运，而淮、徐、临、德四仓尚存。改兑，即改支兑为兑运，其为兑运一也，非变也。今考洪武末及永乐初，苏、松、浙江岁粮，俱输纳太仓，由海道达直沽。洪武中，航海侯张赫、轴轳（应为舳舻）侯朱寿，永乐初，平江伯陈瑄，皆督海运。"

"及建北京，江南粮一仍海运。一渡江，由淮入河，抵阳武；陆

① 《明史》第七册，1915页。

运至卫辉，沿卫、沂、潞达通州。永乐五年，议者言，北京军饷，河运不能给，须兼海运；今海船少，岁运不过五六十万石，且未设官专领，事不归一；请于太仓设海道都漕运使司，择文武大臣中公勤廉干者充使，行移如布政司，提调各卫所海船并出海官军。文皇（即成祖）令再议。（永乐）九年，始命工部尚书宋礼、都督周长等发山东十六万五千人，濬元会通河。自济宁至临清三百八十五里，以通漕舟。十年，礼言海船造办太迫，请造浅船五百，由会通河运淮、扬、徐、兖、诸郡粮百万石，补海运一年之数。十二年，瑄等始议转运苏州等府并兖州送济宁仓，河南、山东送临清仓交收，浙江并直隶官军于淮安运至徐州；京卫官军于徐州运至德州；山东、河南官军于德州运至通州，名为支运，一年四转。十三年，增造浅船三千余，乃罢海运遮洋船，兑三十万石，内六万入天津仓，二十四万直沽渡海入蓟州仓。”

“江南巡抚周文襄（周忱）议，里河（按：自瓜州、仪征至淮安的一段，谓之里河，亦谓之南河）民运多失农月，始令民运于淮安、瓜州，补给脚价，兑与运军卫所，出通关付缴。宣德八年，参将胡亮言：江西、浙江、湖广、江南船，各回附近水次领兑，南京、江北船于瓜、淮领兑；其淮、徐、临、德诸仓，仍支运十之四。浙江、苏、松等船各就本司府领兑；不尽者仍于瓜、淮交兑。其北边一带，如河南、彰德于小滩（河北大名府小滩镇），山东济南州县于济宁，其余水次仿此。成化（宪宗朱见深年号）七年（公元1471年），都御史滕昭议罢瓜、淮交兑，里河官军将江船于江南水次交兑，民加过江之费，视远近为差。十年，议淮、徐、临、德四仓支运粮七十万石，改就水次兑军，名为改兑。”①

这几段记载，对明代漕运的变革过程，缕述颇详，特先引录如上，以供参考。

《明·食货志》记洪武朝的漕运情况说：“洪武元年北伐，命浙江、江西及苏州等九府，运粮三百万石于汴梁（河南省开封府，今开封市）。已而大将军徐达令忻（山西太原府忻州，今忻县）、崞（音

① 郑晓：《今言》，75—77页。

guō，明属太原府代州，今崞县）、代（今代县）、坚（繁峙县）、台（五台县）五州运粮大同。中书省符下山东行省，募水工发莱州洋（山东莱州湾）海仓（地名，山东掖县西北的海仓口）饷永平卫（辖今河北省滦县、抚宁、昌黎、迁安等县）。其后海运饷北平、辽东为定制。其西北边则浚开封漕河（指汴河，黄河的支流）饷陕西，自陕西转饷宁夏（指宁夏卫，治所在今宁夏银川市）、河州（指河州卫，治所在今甘肃临夏市）。其西南令川、贵纳米中盐，以省远运。于时各路皆就近输，得利便矣。”①

以上是关于洪武朝漕运情况的概述。太祖建都南京，京师所需军粮禄米，皆赖民运。由于得水运之利，航程又较短，所以洪武朝的漕运是通畅的。《明史·河渠志》说：太祖“定都应天（应天府，即南京），运道通利：江西、湖广之粟，浮江直下；浙西、吴中之粟，由转运河（淮安，扬州至京口以南的河段，通谓之转运河）；凤、泗之粟，浮淮；河南、山东之粟，下黄河”。② 这就是《食货志》所说的“由江以达京师，道近而易”的具体情况。

洪武朝海运不断。《河渠志》说：“洪武元年，太祖命汤和造海舟，饷北征士卒（按：当时的海运路线是从仪征上淮安，由盐城泛海）。天下既定，募水工运莱州洋海仓粟以给永平（指永平卫）。后辽左及迤北数用兵，于是靖海侯吴祯、延安侯唐胜宗、航海侯张赫、舳舻侯朱寿先后转辽饷（支援辽东的军粮），以为常；督江、浙边海卫军大舟百余艘，运粮数十万。赐将校以下绮帛、胡椒、苏木、钱钞有差，民夫则复其家一年，溺死者厚恤。（洪武）三十年，以辽军饷赢羡（供应有余），第令辽军屯种其地，而罢海运。”③ 这是洪武朝的海运情况。

洪武朝“尝由开封运粟，泝河达渭，以给陕西”。④ 而开封的仓粟则是由浙江、江西及苏州等九府运来的。当时西北用兵不多，这一路

---

① 《明史》第七册，1915 页，2079—2080 页。

② 《明史》第七册，1915 页，2079—2080 页。

③ 《明史》第七册，2114 页。

④ 《明史》第七册，2030 页，1935 页。

的漕运不甚频繁。

洪武朝西南方面的军粮是由商人纳米中盐，即所谓开中盐法（“中”是官民之间发生关系的意思，“开”是由官方公布条例办法的意思）来解决的。《食货志》说：“有明盐法，莫善于开中。洪武三年，山西行者言：‘大同粮储，自陵县（今山东省陵县）运至太和岭（在今山西省朔县），路远费烦。请令商人于大同仓入米一石，太原仓入米一石三斗，给淮盐一小引（一大引为四百斤，一小引为二百斤）。商人鬻毕，即以原给引目赴所在官司缴之。如此则转运费省而边储充。’帝从之。召商输粮而与之盐，谓之开中。其后各行省边境，多召商中盐以为军储。盐法边计，相辅而行。四年，定中盐例，输米临濠、开封、陈桥、襄阳、安陆、荆州、归州、大同、太原、孟津、北平、河南府、陈州、北通州诸仓，计道里近远，自五石至一石有差。先后增减，则例不一，率视时缓急，米值高下，中纳者利否。道远地险，则减而轻之。编置勘合及底簿，发各布政司及都司、卫所。商纳粮毕，书所纳粮及应支盐数，赍赴各转运提举司照数支盐。转运诸司亦有底簿比照，勘合相符，则如数给与。”① 商人最会打算盘，为了节省运粮费用，他们干脆在当地雇人垦种，就近输粮，这就是明初屯田中的所谓商屯。《食货志》说：“明初，各边开中商人，招民垦种，筑台堡自相保聚，边方菽粟无甚贵之时。”② 边塞的农业生产发展了，边军的粮储充足了，边区的粮价稳定了，边防的力量也增强了，这是一举数得的事。所谓“有明盐法，莫善于开中”，并非虚语。

开中本来是一个好办法，后来却被破坏了。《食货志》说：“明初，募盐商于各边开中，谓之商屯。迨弘治（孝宗朱祐樘年号）中，叶淇变法，而开中始坏。诸淮商悉撤业归，西北商亦多徙家于淮，边地为墟，米石值银五两，而边储枵然矣。”③ 所谓叶淇变法是怎么回事呢？事情发生在弘治五年（公元 1492 年），当时的户部尚书叶淇请召商纳银运司，类解太仓，分给各边，每引输银三四钱有差；赴边开中

① 《明史》第七册，2030 页，1935 页。
② 《明史》第七册，1939 页。
③ 《明史》第七册，1885 页。

之法遂废，商屯撤业，边地粟价翔贵，军储日以空虚。政府虽多得了银两，却损失了粮食，这是得不偿失的。

明初注重屯田，除了上述商屯以外，还发展民屯和军屯。《食货志》说："屯田之制：曰军屯；曰民屯。太祖初，立民兵万户府（万户府为元制，太祖称吴国公时曾沿用之，明王朝建立后改为卫所制），寓兵于农，其法最善。又令诸将屯兵龙江（南京金川门外沿江地区）诸处，惟康茂才（元至正十八年即公元1358年，朱元璋任康茂才为都水营田使）绩最，乃下令褒之，因以申饬将士。洪武三年，中书省请税太原、朔州屯卒，命勿征。明年，中书省言：'河南、山东、北平、陕西、山西及直隶淮安诸府屯田，凡官给牛、种者十税五，（牛，种）自备者十税三。'诏且勿征（暂不征税粮），三年后亩收租一斗。六年，太仆丞梁野仙帖木儿言：'宁夏境内及四川西南至船城，东北至塔滩，相去八百里，土膏沃，宜招集流亡屯田。'从之。是时，遣邓愈、汤和诸将屯陕西、彰德、汝宁、北平、永平，徙山西真定民屯凤阳。又因海运饷辽有溺死者，遂益讲屯政，天下卫所州县军民皆事垦辟矣。其制：移民就宽乡，或召募或罪徙者，为民屯，皆领之有司（属地方政府管辖）。而军屯则领之卫所（属卫所管辖）。边地，三分守城，七分屯种（卫所官军以30%的人数守城，70%的人数屯种；下类推，不另注）。内地，二分守城，八分屯种。每军受田五十亩为一分（实际上各地情况有差别，有二十亩或三十亩的，也有超过五十亩的，不可能每分一律五十亩），给耕牛、农具，教树植，复租赋，遣官劝谕，诛侵暴之吏。初亩税一斗。三十五年（即建文四年）定科则：军田一分，正粮十二石，贮屯仓，听本军自支（卫军口粮每月一石，年共十二石），余粮为本卫所官军俸粮。永乐初，定屯田官军赏罚例：岁食米十二石外余六石为率，多者赏钞，缺者罚俸……于时，东自辽左，北抵宣（宣府）、大（大同），西至甘肃，南尽滇、蜀，极于交趾，中原则大河南北，在兴屯矣……英宗免军田正粮归仓，只征余粮六石。"[①] 这是明王朝前期屯田制度的概况。

---

① 《明史》第七册，1883—1885页。

洪武朝屯田事业发展很快，据统计，从洪武元年至洪武十六年，全国新垦田亩累计达 180 647 818 亩。兹转录梁方仲编制的统计表[①]如表 7－5 所示。

表 7－5　　明实录中关于洪武朝增垦田亩数的记载

年度	公元	田地种类及所在地	垦田数（亩）	资料来源《明太祖实录》
洪武元年	1368	天下郡县垦田	77 000＋	卷 37
二年	1369	天下州郡县垦田	89 800	卷 47
三年	1370	山东、河南、江西府州县垦田	213 520	卷 59
四年	1371	天下郡县垦田	10 662 242	卷 70
六年	1373	天下垦田	35 398 000＋	卷 86
七年	1374	天下郡县垦荒田	92 112 400	卷 96
八年	1375	直隶宁国诸府、山西、陕西、江西、浙江各省	6 230 828	卷 102
九年	1376	天下垦田地	2 756 027	卷 110
十年	1377	垦田	151 379	卷 116
十二年	1379	开垦田土计	27 310 433	卷 128
十三年	1380	天下开垦荒闲田地	5 393 100	卷 134
十六年	1383	垦荒田	126 544	卷 158
		内：直隶应天、镇江、太平、常州四府	73 833	
		山西平阳府	52 712	
合计			180 647 818＋	

据表 7－5，12 年间，平均每年增垦田地达 1 500 万亩。这些新垦田地，有属于个人垦荒的，有属于民屯（移民屯田）和军屯的。军屯所占的比重相当大。据《万历会典》记载，永乐朝各都司卫所屯田原额达 8 900 万亩。洪武朝军屯面积虽无统计，但与此数不会相差太大，据《明太宗实录》，永乐元年屯田子粒（子粒，粮食，此指税粮而言）数达 2 345 万余石。洪武朝从军屯所得的粮食不会有这么多，但也不

---

① 梁方仲：《中国历代户口、田地、田赋统计》，331 页。

会相差太远。明太祖曾说：“朕养兵百万，不费民间一粒米。”[①] 这话未免过于夸大，但军屯的作用，特别对减轻漕运压力所起的作用（上述商屯也在这方面起了作用），值得重视。“自正统后，屯政稍弛，而屯粮犹存三之二。其后屯田多为内监、军官占夺，法尽坏。”此是后话。

永乐时，屯田事业续有发展。屯田米常溢三分之一。常操军十九万，以屯军四万供之，而受供者又得自耕，以是边饷常足。屯田对边防所起的积极作用，不亚于洪武朝。然而，由于迁都北京，京师的禄米及军粮，须取给予东南，每年数百万石南粮的北调是一项十分艰巨而又迫切的工作，漕运所受的压力比洪武朝大大地加重了。明代漕运的整套制度是从永乐至宣德年间建立起来的。

《明史·食货志》记：“永乐元年纳户部尚书郁新言，始用淮船受三百石以上者，道淮及沙河抵陈州颍岐口跌坡，别以巨舟入黄河抵八柳树，车运赴卫河输北平，与海运相参。时驾数临幸，百费仰给，不只饷边也。淮、海运道凡二，而临清仓储河南、山东粟，亦以输北平，合而计之为三运。惟海运用官军，其余则皆民运云。”[②]

按：郁新自洪武二十六年六月连任户部尚书，永乐三年卒。《明史·郁新传》说：“初，转漕北京，新言：‘自淮抵河，多浅滩跌坡，运舟艰阻。请别用浅船载三百石者，自淮河、沙河（淮河支流）运至陈州颍溪口（即颍岐口）跌坡下，复用浅船载二百石者运至跌坡上，别用大船运入黄河，至八柳树（在今河南省新乡市附近）诸处，令河南车夫陆运入卫河（宋、元时称御河），转输北京。’从之。”[③] 过跌坡须轻缓行，故郁新改用浅船。

《明史·河渠志》说：“永乐元年，平江伯陈瑄督海运粮四十九万余石，饷北京、辽东。二年，以海运但抵直沽，别用小船转运至京，命于天津置露囤千四百所，以广储蓄。”[④]《明史·陈瑄传》中也有同

① 傅维鳞：《明书》，卷67，《土田志》。
② 《明史》第七册，1916页。
③ 《明史》第十四册，4158页。
④ 《明史》第七册，2114页。

样记载。但据《明太宗实录》，前军都督佥事宣信，与瑄同充总兵官，各率舟师海运粮饷，瑄往辽东，信往北京。《志》《传》均未提及宣信。

永乐初年，南粮北调的两条路线是：一由海运；一由淮、黄，转陆运赴卫河，入通州。《食货志》云“淮、海运道凡二”，即指此而言。海运用官军，余皆民运，可见当时民运负担之重。李洵《明史食货志校注》105页作“淮海运用官军”，淮字当为惟字之误。临清仓储的河南、山东粟属北粮。

以上说的是永乐九年以前的漕运情况。

《食货志》接着说：“自浚会通河，帝（成祖）命都督贾义、尚书宋礼以舟师运。礼以海船大者千石，工窳辄败，乃造浅船五百艘，运淮（淮安府）、扬（扬州府）、徐（徐州，以上均属南直隶）、兖（山东省兖州府）粮百万，以当海运之数。平江伯陈瑄继之，颇增至三千余艘。时淮、徐、临清、德州各有仓。江西、湖广、浙江民运粮至淮安仓，分遣官军就近挽运。自淮至徐以浙、直军，自徐至德以京卫军，自德至通以山东、河南军；以次递运，岁凡四次，可三百万余石，名曰支运。支运之法：支者，不必出当年之民纳；纳者，不必供当年之军支。通数年以为裒益，期不失常额而止。由是海陆二运皆罢，惟存遮洋船，每岁于河南、山东、小滩等水次，兑粮三十万石，十二输天津，十八由直沽入海输蓟州而已。不数年，官军多所调遣，遂复民运，道远数愆期。”①

按：浚会通河，事在永乐九年（公元1411年）。《明史·宋礼传》记：宋礼永乐二年为工部尚书，永乐九年，“命开会通河，会通河者，元至元中，以寿张尹韩仲晖言，自东平安民山凿河至临清，引汶绝济，属之卫河，为转漕道，名曰会通。然岸狭水浅，不任重载，故终元世海运为多。明初输饷辽东、北平，亦专用海运。洪武二十四年，河决原武，绝安山湖，会通遂淤。永乐初，建北京，河海兼运。海运险远多失亡，而河运则由江、淮达阳武（属河南省开封府，在府西北，北

① 《明史》第七册，1916页。

滨大河，自此至南直隶徐州，大河所行，皆唐、宋汴河故道），发山西（疑为山东之误）、河南丁夫，陆挽百七十里入卫河，历八递运所，民苦其劳。至是济宁州同知潘叔正上言：‘旧会通河四百五十余里，淤者乃三之一；浚之便。’于是命礼及刑部侍郎金纯、都督周长往治之。礼以会通之源，必资汶水。乃用汶上老人自英策，筑堽城（《河渠志》作堈城）及戴村坝，横亘五里，遏汶流，使无南入洸而北归海。汇诸泉之水尽出汶上，至南旺，中分之为二道，南流接徐、沛者十之四，北流达临清者十之六。南旺地势高，决其水，南北皆注，所谓水脊也。因相地（视察地形）置闸，以时蓄泄。自分水北至临清，地降九十尺，置闸十有七，而达于卫；南至沽头，地降百十有六尺，置闸二十有一，而达于淮，凡发山东及徐州、应天、镇江民三十万，蠲租（免田赋）一百一十万石有奇，二十旬而工成。又奏浚沙河入马常泊，以益汶。语详《河渠志》。是年，帝复用工部侍郎言，使兴安伯徐亨、工部侍郎蒋廷瓒会金纯，浚祥符鱼王口至中滦下，复归黄河道，以杀水势，使河不病漕，命礼兼董之”。①

又，《明史·河渠志》载：“永乐四年，成祖命平江伯陈瑄督转运，一仍由海，而一则浮淮入河，至阳武，陆挽百七十里抵卫辉，浮于卫，所谓陆海兼运者也。海运多险，陆挽亦艰。（永乐）九年二月乃用济宁州同知潘叔正言，命尚书宋礼、侍郎金纯、都督周长浚会通河。会通河者，元转漕故道也，元末已废不用，洪武二十四年，河决原武，漫安山湖而东，会通尽淤，至是复之。由济宁至临清三百八十五里，引汶、泗入其中。泗出泗水陪尾山，四泉并发，西流至兖州城东，合于沂。汶河有二；小汶河出新泰宫山下；大汶河出泰安仙台岭南，又出莱芜原山阴及寨子村，俱至静丰镇合流，逶徂徕山阳，而小汶河来会。经宁阳北堈城，西南流百余里，至汶上。其支流曰洸河，出堈城西南，流三十里，会宁阳诸泉，经济宁东，与泗合。元初，毕辅国始于堈城左汶水阴作斗门，导汶入洸。至元中，又分流北入济，由寿张至临清，通漳、御（御河即卫河）入海。”②

① 《明史》第十四册，4203—4204 页。

② 《明史》第七册，2080—2081 页。

《河渠志》又说“南旺者，南北之脊也。自左而南，距济宁九十里，合沂、泗以济；自右而北，距临清三百余里，无他水，独赖汶。礼用汶上老人白英策，筑坝东平之戴村，遏汶使无入洸，而尽出南旺，南北置闸三十八。又开新河，自汶上袁家口左徙五十里至寿张之沙湾，以接旧河。其秋，礼还，又请疏东平东境沙河淤沙三里，筑堰障之，合马常泊之流入会通济运。又于汶上、东平、济宁、沛县并湖地设水柜、陡（斗）门。在漕河西者曰水柜（即水库），东者曰陡（斗）门；柜以蓄泉，门以泄涨。纯复浚贾鲁河故道，引黄水至塌场口会汶，经徐、吕入淮。运道以定”。[①]

所谓“运道以定”，是说浚会通河后，南粮北调的河运航路由此畅通，免除了自阳武至卫辉之间一百七十里的陆运，省却不少劳费。南粮北调以河运为主，是明代漕运制度的特点；会通河的修复则是它的物质基础。

这里还要说一说开清江浦的事。《明史·陈瑄传》记：“宋礼既治会通河成，朝廷议罢海运，仍以瑄董漕运。议造浅船二千余艘，初运二百万石，寖至五百万石，国用以饶。时江南漕舟抵淮安，率陆运过坝，逾淮达清河，劳费甚巨。十三年，瑄用故老言，自淮安城西管家湖，凿渠二十里，为清江浦，导湖水入淮，筑四闸以时宣泄。又缘湖十里筑堤引舟，由是漕舟直达于河，省费不赀。”[②]《明史·河渠志》说：“明初运粮，自瓜、仪至淮安谓之里河，自五坝转黄河谓之外河，不相通。及开清江浦，设闸天妃口，春夏之交重运毕，即闭以拒黄”。[③] 又说：“陈瑄之督运也，于湖广、江西造平底浅船三千艘。二省及江、浙之米皆由江以入，至淮安新城，盘五坝过淮。仁、义二坝在东门外东北，礼、智、信三坝在西门外西北，皆自城南引水抵坝口，其外即淮河。清江浦者，直淮城西，永乐二年尝一修闸。其口淤塞，则漕船由二坝，官民商船由三坝入淮，挽输甚劳苦，瑄访之故老，言：‘淮城西管家湖西北，距淮河鸭陈口仅二十里，与清江口相值，宜凿

① 《明史》第七册，2080—2081 页。

② 《明史》第十四册，4207 页。

③ 《明史》第七册，2094 页，2081 页，2114 页。

为河，引湖水通漕，宋乔维嶽所开沙河旧渠也。’瑄乃凿清江浦，导水由管家湖入鸭陈口达淮。十三年五月，工成。缘西湖筑堤亘十里以引舟。淮口置四闸，曰移风、清江、福兴、新庄；以时启闭，严其禁。”① 见图 7－1。

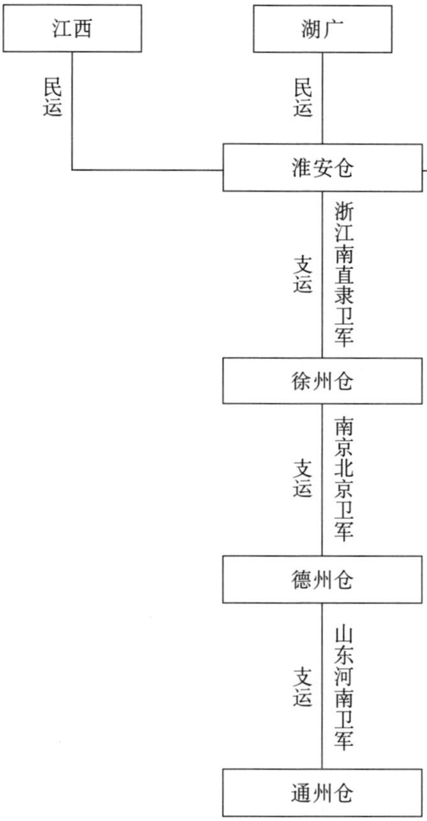

图 7－1

会通河及清江浦是当时最主要的漕河工程，此外尚有其他设施，不复分述。会通河既浚，又开了清江浦，永乐十三年遂罢海运。《河渠志》说：“十三年五月复罢海运，惟存遮洋一总（明代漕司领漕军共十二把总，遮洋总是其中之一；遮洋船为一种海船），运辽、

①《明史》第七册，2094 页，2081 页，2114 页。

蓟粮。”[①]

支运之法创于仁宗时。《陈瑄传》记：仁宗即位之九月（指永乐二十二年九月），瑄上疏陈七事，其三曰，“天下岁运粮饷，湖广、江西、浙江及苏、松诸府并去北京远，往复逾年，上逋公租，下妨农事。乞令转至淮、徐等处，别令官军接运至京”。[②] 仁宗认为陈瑄所言皆当，令所司速行。

按照《食货志》所说，当时所行支运，可以图解如图 7－1 所示：

民运只到淮安仓，以下漕程便由各地卫所官军接运。淮安仓及其他各仓都有存粮，卫军一到便可从仓储中照额领运，运交指定之仓后又可立即回程，往返均毋须等候，所以每年能接运四次。这就是所谓“支者不必出当年之民纳；纳者不必供当年之军支”。

支运法停顿了几年，到宣德四年（公元 1429 年）才又恢复。《明史·食货志》说：“宣德四年，（陈）瑄及尚书黄福（黄福时为工部尚书出督漕运，宣德五年八月改户部尚书）建议复支运法，乃令江西、湖广、浙江民运百五十万石于淮安仓，苏、松、宁、池、庐、安、广德民运粮二百七十四万石于徐州仓，应天、常、镇、淮、扬、凤、太、滁、和、徐民运粮二百二十万石于临清仓，令官军接运入京、通二仓。民船既就近入仓，力大减省，乃量地远近，粮多寡，抽民船十一或十三、五之一（抽取民船十分之一，或十三分之一，或十五分之一）以给官军。惟山东、河南、北直隶则径赴京仓，不用支运。寻令南阳怀庆，汝宁粮运临清仓（在山东省临清州），开封、彰德、卫辉运德州仓（在山东省德州）；其后山东、河南皆运德州仓。”[③] 按照这个办法，南粮北调恢复支运，民运部分斟酌各地的地理位置及交通条件分别交纳淮安仓、徐州仓和临清仓。北粮依旧民运。宣德四年的支运，可见图 7－2。

---

① 《明史》第七册，2094 页，2081 页，2114 页。

② 《明史》第十四册，4208 页。

③ 《明史》第七册，1916—1917 页。

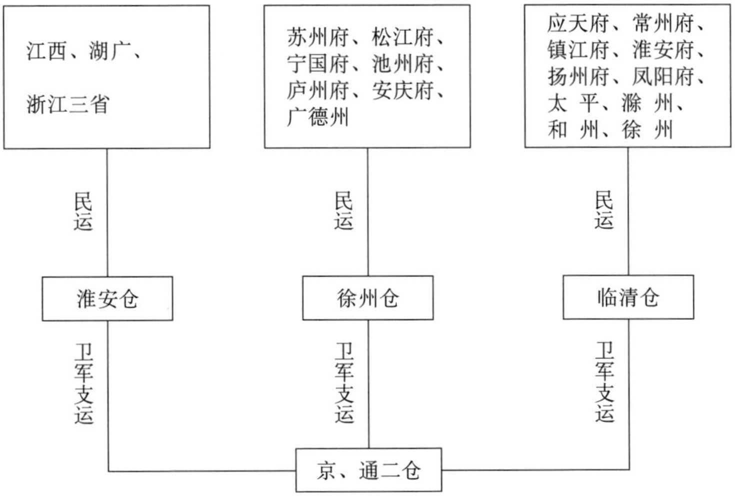

图 7－2

同以前全由民运相比较，人民的漕运压力的确减轻了，劳费的确减省了。可是，民运的漕程还相当长，往返需时，农业生产还受到很大的影响。支运的经验已经表明，再进一步给人民减轻，甚至摆脱漕运的压力是完全有可能做到的。两年后，兑运的办法出现了。《明史·食货志》记："（宣德）六年，（陈）瑄言：'江南民运粮诸仓，往返几一年，误农业。令民运至淮安、瓜州（今江苏省江都县瓜州镇），兑与卫所官军运载至北，给与路费耗米，则军民两便。'是为兑运。命群臣会议。吏部（尚书）蹇义等上官军兑运民粮加耗则例，以地远近为差。每石，湖广八斗（加耗米八斗，下同），江西、浙江七斗，南直隶六斗，北直隶五斗。民有运至淮安兑与军运者，只加四斗。如有兑运不尽，仍令民自运赴诸仓；不愿兑者，亦听其自运。军既加耗，又给轻赍银为洪闸盘拨之费，且得附载他物，皆乐从事，而民亦多以远运为艰。于是兑运者多，而支运者少矣。军与民兑米，往往恃强勒索。帝（宣宗）知其弊，敕户部委正官监临，不许私兑。已而颇减加耗米，远者不过六斗，近者至二斗五升。以三分为率，二分为米，一分以他物准。正粮斛面锐，耗粮俱平概。运粮四百万石，京仓贮十四，通仓贮十六。临、徐、淮三仓各遣御史监收。正统初，运粮之数四百五十万石，而兑运者二百八十万余石，淮、徐、临、德四仓支运者十之三四耳。土木之变（正统十四年，即公元1499年，七月蒙古瓦刺部也先入寇，英宗亲征，八月在土木堡兵败被俘），复尽留山东、直隶军操备。苏、松诸府运粮仍属民。景泰六年（公元1455年），瓦刺入贡，乃复军运。”①

按：《明史·陈瑄传》说：“六年，瑄言：‘岁运粮用军十二万人，频年劳苦。乞于苏、松诸郡及江西、浙江、湖广别佥民丁，又于军多卫所佥军，通为二十四万人，分番迭运。又江南之民，运粮赴临清、淮安、徐州，往返一年，失误农业，而湖广、江西、浙江及苏、松、安庆军士，每岁以空舟赴淮安载粮。若令江南民拨粮与附近卫所，官军运载至京，量给耗米及道里费，则军民交便。’帝命黄福及侍郎王佐议行之。更民运为兑运，自此始也。”② 又，《明史·周忱传》说：“时漕运，军民相半。军船给之官，民则僦舟，加以杂耗，率三石致一石，往复经年失农业。忱与平江伯陈瑄议，民运至淮安或瓜州水次交兑，漕军运抵通州。淮安石加五斗，瓜州又益五升。其附近并南京军未过江者，即仓交兑，加与过江米二斗，衬垫芦席与折米五合。兑军或后期阻风，则令州县支赢米。设廒于瓜洲水次，迁米贮之，量支余米给守者。由是漕费大省。”③ 这两段记载，可作上引《志》文的补充。

“正粮斛面锐，耗粮俱平概”：正粮指本色漕粮，兑军时斛面须露尖，即所谓“淋尖”。耗粮指加耗，概是平斛面的器具，兑军时以概平斛面使不露尖。但后来正、耗俱淋尖，即所谓二尖米，正粮每石共加二尖米达一斗。“且得附载他物”：漕船特许附载土产，免征税钞。准许附载之数，成化以前不详，弘治时限十石，万历时增至六十石。

加耗及轻赍：据《万历会典》，浙江、江西、湖广，每正粮一石均加征耗米七斗六升（包括两尖米一斗在内，下同）；应天、苏、松、常、镇、庐、宁、池、太、安各府均加耗六斗六升；凤、淮、扬三府及徐州均加耗五斗六升。加耗虽重，但民运时“率三石致一石”。现

① 《明史》第七册，1917页。

② 《明史》第十四册，4208—4209页，4213页。

③ 《明史》第十四册，4208—4209页，4213页。

在却不过加征六七斗，实际上负担是较前减轻了。同时，实行兑运以后，不致耽误生产，这是更大的好处。所以，农民是愿意接受这种办法的。关于轻赍，《食货志》说："轻赍银者，宪宗以诸仓改兑，给路费，始各有耗米；兑运米，俱一平一锐，故有锐米；自随船给运四斗外，余折银，谓之轻赍。凡四十四万五千余两。后颇入太仓矣。"[①] 加征的耗米，四斗拨为"随船作耗"之用（凤、淮、扬、徐则为三斗），备作鼠咬虫蛀及其他损耗的补偿。其余耗米，浙江、江西、湖广三省为三斗六升，按每石五钱的标准折征银两一钱八分，称为"三六轻赍"；南直隶各府州余米为二斗六升，折征银两一钱三分，称为"二六轻赍"。轻赍银给卫军为洪闸盘拨之费。漕船在过徐州、吕梁二洪入闸时，须多雇人力牵挽，如遇搁浅，须雇驳船盘运，这就是所谓"洪闸盘拨之费"（参见李洵：《明史食货志校注》，109页注③）。后来这笔轻赍银常被户部提用。到了清代，基本上被作为通州仓场的公费。

兑运之法既行，愿意保留支运的越来越少。成化年间，仍行支运的只剩下七十万石，但这条尾巴早晚也要被割掉。《明史·食货志》说："至成化七年（公元1471年），乃有改兑之议。时应天巡抚滕昭令运军赴江南水次交兑（即把原定瓜、淮交兑改为江南水次交兑），加耗外，复石增米一斗为渡江费。后数年，帝（宪宗）乃命淮、徐、临、德四仓支运七十万石之米，悉改水次交兑。由是悉变为改兑，而官军长运遂为定制。"[②]

按：改兑事在成化十年。所谓改兑，即把仍实行支运的七十万石改为兑运。

关于漕运岁额，《明史·食货志》说："初，运粮京师，未有定额。成化八年始定四百万石，自后以为常。北粮七十五万五千六百石，南粮三百二十四万四午四百石，其内兑运者三百三十万石，由支运改兑者七十万石。兑运之中，湖广、山东、河南折色十七万七千七百石。通计兑运、改兑加以耗米，入京、通两仓者，凡五百十八万九千七百

① 《明史》第七册，1920页。

② 《明史》第七册，1918页。

石。而南直隶正粮独百八十万，苏州一府七十万，加耗在外。浙赋视苏减数万。江西、湖广又杀（杀，减少、降低）焉。天津、蓟州、密云、昌平共给米六十四万余石，悉支兑运米。而临、德二仓，贮预备米十九万余石，取山东、河南改兑米充之。遇灾伤，则拨二仓米以补运，务足四百万之额，不令缺也。”①

按：郑晓在《今言》里记载明初漕运数额，可供参考。他说：“洪武三十年，海运赴辽，七年万石有奇（年字当为十字之误）。永乐六年六十五万有奇。十二年，北京五十万由卫河、通州，四十万由海。十六年，会通河运四百六十万有奇。宣德八年五百余万。正统二年四百五十万。景泰二年四百二十三万，七年二百九十二万。天顺四年四百三十五万。成化八年以后四百万石。”②

据《万历会典》，成化八年所定漕粮四百万石岁额的地区分配，如表7-6所示。

表7-6　漕粮正粮岁额表

	兑运米	改兑米	总　计	百分比（%）
总　计	3 300 000	700 000	4 000 000	100.00
南粮合计	2 750 000	494 400	3 244 400	81.11
浙　江	600 000	30 000	630 000	15.75
江　西	400 000	170 000	570 000	14.25
湖　广	250 000		250 000	6.25
应天府	100 000	28 000	128 000	3.2
苏州府	655 000	42 000	697 000	17.42
松江府	203 000	29 950	232 950	5.82
常州府	175 000		175 000	4.37
镇江府	80 000	22 000	102 000	2.55
庐州府	10 000		10 000	0.25
凤阳府	30 000	30 300	60 300	1.51
淮安府	25 000	79 150	104 150	2.60

① 《明史》第七册，1918页。

② 郑晓：《今言》，139页。

续表

	兑运米	改兑米	总　计	百分比（%）
扬州府	60 000	37 000	97 000	2.43
安庆府	60 000		60 000	1.50
宁国府	30 000		30 000	0.75
池州府	25 000		25 000	0.63
太平府	17 000		17 000	0.43
徐　州	30 000	18 000	48 000	1.20
广德州	8 000		8 000	0.20
北粮合计	550 000	205 600	755 600	18.89
山　东	280 000	95 600	375 600	9.39
河　南	270 000	110 000	380 000	9.50

表7－6所列是漕粮正粮的岁额，不包括耗米。这个400万石的岁额没有能够长期保持下去。由于漕政的废弛，河道的发生故障以及其他原因，特别由于改折银两的数额越来越大，“万历三十年（公元1602年）漕运抵京，仅百三十八万余石”。[①] 天启、崇祯两朝，岁供更感不足，君臣束手无策。

上面曾指出，明代漕运制度的特点是以河运为主。尽管洪武朝及永乐初年都没有放弃海运，但在浚会通河时实际上已打了专一依靠河运的主意了。宋礼是极力主张放弃海运的主要代表人物，他对成祖说：“海运经历险阻，每岁船辄损败，有漂没者。有司修补，迫于期限，多科敛为民病，而船亦不坚。计海船一艘，用百人而运千石，其费可办河船容二百石者二十，船用十人，可运四千石。以此而论，利病较然。”[②] 宋礼所说的理由是站不住脚的，所算的账也不精确。但是，这种主张还是得到成祖的采纳，永乐十三年（公元1415年）遂罢海运。实际上成祖并不害怕航海的危险，他曾派郑和七次出洋，郑和率领的几十艘大海舶每艘均长四十四丈，宽十八丈，这说明永乐时的航海力量比元代强大得多。但是，成祖感兴趣的只是用强大的航海力量来炫

① 《明史》第七册，1921页。

② 《明史》第十四册，4204页。

耀中国的富强（据说还因为怀疑建文逃亡海外，欲踪迹之），而不愿意把这种力量用于漕粮的海运。这是主观上的原因。浚会通河和开清江浦后河运的畅通，则是客观上的原因。更晚一些时间，倭寇在沿海地区的骚扰，也使人们对海运怀有戒心。这是后起的另一个客观因素。

尽管如此，仍然不断有人建议恢复海运。丘濬是其中的主要代表。《明史·河渠志》说："成化二十三年（公元 1487 年），侍郎丘濬进《大学衍义补》，请寻海运故道与河漕并行，大略言：'海舟一载千石，可当河舟三，用卒大减。河漕视陆费省什三，海运视陆省什七；虽有漂溺患，然省牵卒之劳、驳浅之费、挨次之守（指河道梗阻，漕船相继停泊，等待通过，即所谓压帮），利害亦相当。宜访素知海道者，讲求勘视。'其说未行。"① （原文见《大学衍义补》卷 34）丘濬原文，权衡河漕、海运之利害，剖析綦详。其建议先行调查研究，确定海运航路，选用熟练水工，制造适用海舶等，尤见其慎重行事，绝非夸夸其谈者可比。其考虑问题及于全面，认为货畅其流，沟通南北经济，实为海运带来的最大好处，立论极有见地。嗣后续有建议者，其见识无能出其右。嘉靖年间朝臣争言复行海运，仍多主濬说，而漕运总兵万表竟讥为"非达于事"之论。所谓"非达于事"，即不识时务之意。长期间以来，河运已成为主漕者之利薮，主张复开海运是动摇他们的利薮，当然会受到驳斥和阻难。丘濬公言河、海并行可以减征河漕的加耗，这是更加不识时务的了。其说之所以不行，根本原因似在于此。

明人论漕运的弊害，有谓成化以前病在民，成化以后病在军，试加以分析如下：

所谓成化以前病在民，上面已略有论述。宣德六年实行兑运，漕运的民病虽有所减轻，交兑时卫所官军的苛索仍是难免的；英宗时对漕船漂没粮石或交兑不足数的，实行扣卫军口粮均摊赔补（所谓扣口粮均摊，不消说，卫军是必然会将此种负担转嫁给人民的。如果认为成化以后病不在民，那也是不符合事实的。在封建时代，漕粮被说成是"天庾正供"，遇灾不减，这是最不合理的事。弘治五年（公元

① 《明史》第七册，2115 页。

1492年），户部尚书叶淇言："苏、松诸府，连岁荒歉，民买漕米，每石银二两。"① 连年歉收，人民自己没有饭吃，还要掏出银两买高价粮去交漕米，这算什么道理！后来虽改为荒年折征银两，重灾区折银又稍轻一些，算是有了一点改进，但还是不合理，不过是以五十步笑百步而已！而这种不合理的制度一直沿用下去，到了清王朝依然如此。即此一事，可知成化以后病仍在民，只是大体上说来没有实行民运和支运时那样厉害罢了。

关于"成化以后病在军"，则确是实情。弘治元年，都御史马文升疏论运军之苦，言："各直省运船，皆工部给价，令有司监造。近者，漕运总兵以价不时给，请领价自造。而部臣虑军士不加爱护，议令本部出料四分，军卫任三分，旧船抵三分。军卫无从措办，皆军士卖资产（按：当时卫所屯田多被中官及权势之家所侵占，军士已多数没有土地，所谓资产不过是少得可怜的一些家当而已）、鬻男女以供之，此造船之苦也。正军逃亡数多，而额数不减，俱以余丁充之，一户有三四人应役者，春兑秋归，艰辛万状。船至张家湾，又雇车盘拨，多称贷以济用。此往来之苦也。其所称贷，运官因以侵渔，责偿倍息。而军士或自载土产以易薪米，又格于禁例，多被掠夺。"② 其实，马文升所诉运军之苦，仅为其中较显著的几件事，其余见于《志》文者，如权要贷运军银以罔厚利，仓场额外科取，漕运把总率由贿得等等，也是尽人皆知的。卫军向人民勒索，而本身又遭受层层的勒索。陋规之多，以漕运为最。而宦官监督京、通二仓及淮、徐、临、德诸仓，尤为弊政，漕挽军民均被其害。

漕粮之外，又有所谓白粮。《明史·食货志》说："漕粮之外，苏、松、常、嘉、湖五府，输运内府白熟粳糯米十七万四十余石，内折色八千余石；各府部糙粳米四万四千余石，内折色八千八百余石，令民运，谓之白粮船。自长运法行，粮皆军运，而白粮民运如故。穆宗时，陆树德言：'军运以充军储，民运以充官禄。人知军运之苦，不知民运尤苦也。船户之求索，运军之欺凌，洪闸之守候，入京入仓，

① 《明史》第七册，1919页。

② 《明史》第七册，1918—1919页。

厥弊百出。嘉靖初，民运尚有保全之家，（嘉靖）十年后无不破矣！以白粮令军带运甚便。’疏入，下部议，不从。”① 据陆树德《民运困极疏》中所说，民运白粮，雇一艘船需银二百余两；每过一洪需银十余两，过一闸需银五六钱；自江南运至京师要过三洪五十闸，其劳费之巨不言而喻。终有明一代，白粮的民运是特别苛重的负担。

本节论述明代漕运制度，已说得不少，关于漕船、漕程及仓库诸细节，不再多写；读者可参阅《明史·食货志》及《万历会典》的有关部分。

第七节　张居正改革与一条鞭法

明王朝的统治从中期开始每况愈下，到了正德、嘉靖两朝已经病入膏肓。隆庆六年（公元1572年）五月，穆宗朱载垕死；六月，十岁童子朱翊钧（神宗）被扶上皇帝的宝座，明王朝转入了它的后期。在这个时刻，奇迹般地出现了一个转机——张居正的改革。尽管这次改革只持续了十年，可算是昙花一现，然而，却使明王朝的寿命赖以延长好几十年。

张居正既有抱负，有才能，又有权略。史传说他深沉有城府，人莫能测。严嵩器重他，但他没有依附严嵩，却又不致遭受严嵩的猜忌和迫害。严嵩被徐阶轰下台后，徐阶和高拱都引居正为心腹。而在徐、高两人的互相倾轧中，他却没有被卷入漩涡。从这些事情，可窥见其权略过人之处。终于在穆宗病危的时候，他利用了高拱和太监冯保的矛盾，结冯保为内线，获得神宗生母孝定李太后的支持，罢免了高拱，跃居首辅，一手掌握了朝政大权。

张居正掌政后立即实施改革。但他极力避免使用改革这类口号，而表示他要推行的新政不过是遵守祖宗旧制，这又是减少改革阻力的

① 《明史》第七册，1923页。

一种权略。他对如何改革，早已成竹在胸。他认为当时最大的弊病，是：宗室骄恣，庶官旷废，吏治因循，边备未修和财用大亏。他认为救时的总纲应该是伸张法纪，“君不主令则无威，臣不行君之令而致之民则无法”；“天下事，不难于立法，而难于法之必行”；而求法之必行，则必须从认真整顿吏治入手。《明史·张居正传》说：“居正为政，以尊主权、课吏职、信赏罚、一号令为主。虽万里外，朝下而夕奉行。”[①] 概括起来，就是综核名实。

隆庆六年七月，即神宗即位后才一个月便下令“察京官”，十天后下诏戒谕廷臣说：“近岁以来，士习浇漓，官方刓（音 wán）缺，诋老成为无用，矜便佞为有才，遂使朝廷威福之柄，徒为人臣报复之资（针对朝臣结党营私，排斥异己，互相打击倾轧的积习而言）。用是薄示惩戒，余皆曲贷。诸臣宜祓除前愆，共维新政。若溺于故习，背公徇私，获罪祖宗，朕不敢赦。”[②] 这是进行了一次有限度的清洗后对朝臣发出的严厉警告。万历元年（公元 1573 年）十一月，制定《考成法》，命诸司立程限文簿，以防稽缓。这是要把吏治纳入正轨的措施。

万历二年正月，召见朝觐廉能官于皇极门，予以嘉勉，为新政树立楷模。

另一方面，为了伸张法纪，以严厉的手段打击违法乱纪的封建贵族。辽王朱宪㸅是横行于荆州地区的土皇帝，“淫酗暴横，其国远近皆苦之”，居正特派刑部侍郎洪朝选前往查办。朱宪㸅公然抗拒，而洪朝选亦慑于淫威，不敢如实反映；居正废黜了辽王，处置了失职的洪朝选。黔国公沐朝弼屡抗朝命，法当逮治，朝议顾虑多端，居正改命朝弼之子袭爵，而拘捕朝弼本人，幽禁于南京至死。这两件事，使人心大快，也使一般权贵为之敛迹，收到了杀鸡儆猴的效果。

张居正以政治上的铁腕实行信赏必罚，开拓了法治的局面。

在用人方面以贤能为主，一秉至公。择其大者而言，张居正专任戚继光镇守蓟州，李成梁镇守辽东，保障了西北和东北边境的安宁。

---

① 《明史》第十九册，5045 页。

② 《明史》第二册，262 页。

他起用隆庆年间已被罢职的明代杰出的治河专家潘季驯督治河工。潘季驯根据当时的实际情况，采用“束水攻沙”的办法，很快便收到河水安流、漕运畅通的效果，并使曾被大水淹没的弃地变为良田。张居正选用张学颜为户部尚书。张学颜对改革赋役制度和整顿国家财政做出了贡献，并编造了《万历会计录》和《赋役全书》。万历三年六月，“命抚、按官，有司贤否一体荐劾（贤者荐，不贤者劾），不得偏重甲科（甲科，科举出身）”。他提倡“立贤无方，惟才是用”，宣布“凡官员有才德出众，屈在下僚者，许监司官保举拔用”。这是不拘一格地拔用人才。其他如裁减内、外冗官，甄别贪酷老疾等，不能细叙。

本节要着重论述的是张居正对赋役制度的改革，具体地说，就是清丈和一条鞭法这两件大事。

先说清丈土地的背景和由来。洪武二十六年，全国土田“总八百五十万七千六百二十三顷”。[①] 这是洪武期间大力奖励和扶助垦荒的结果。但嗣后黄册名存实废，课税面积日益缩减。《明史·食货志》载：“弘治十五年（公元1502年），天下土田只四百二十二万八千五十八顷（仅相当于洪武二十六年的48.7%），官田视民田得七之一（按：上述弘治十五年全国土田数是以《正德会典》的记载为根据的，其中民田为3 629 601顷，官田为598 457顷，民田约占总数七分之六，官田约占总数七分之一）。嘉靖八年（公元1529年）霍韬奉命修《会典》，言：‘自洪武迄弘治百四十年，天下额田已减强半（减一半有多），而湖广、河南、广东失额尤多。非拨给于王府，则欺隐于猾民。广东无藩府，非欺隐即委弃于寇贼矣。司国计者，可不究心！’是时，桂萼、郭弘化、唐龙、简霄先后疏请核实田亩，而顾鼎臣请履亩丈量，丈量之议由此起。江西安福、河南裕州首行之，而法未详具，人多疑惮。其后福建诸州县，为经、纬二册，其法颇详。然率以地为主，田多者犹得上下其手。神宗初，建昌知府许孚远为归户册，则以田从人，法简而密矣。”[②]

按：额田的大量减少，除霍韬所说诸原因外，亦有由于人民逃亡

① 《明史》第七册，1882页。

② 《明史》第七册，1882—1883页。

而导致土地荒废的。以凤阳为例，据顾炎武《天下郡国利病书》引《凤阳新书》称：“洪武之初，编民十有四万也。自时厥后，旧志尚载丁口四万七千八百五十余口，万历六年则仅一万三千八百九十四口”。万历六年的凤阳人口仅当洪武初年的十分之一弱，则田地荒废之多可想而知。明自中叶以后，流民问题日益严重，主要是政治腐败和赋役苛重引起的。凤阳不过是一个比较突出的典型。

桂萼于嘉靖初年入阁，嘉靖九年建议改革赋役。在此以前，桂萼曾三任知县，在地方上颇注意均平赋役；任成安知县时，清丈了土地，田额增加到二千七百八十一顷。成安属北直隶，河北诸州县土著者以社分里甲，称社民；移民屯垦者以屯分里甲，称屯民。社民先占亩广，屯民新占亩狭；故社民之地谓之广亩，屯民之地谓之小亩。地亩大小不同，造成了赋役的不均。这种弊病由来已久。桂萼清丈后，纠正了这种不合理现象。

值得一提的是海瑞。史传称其“尝言：‘欲天下治安，必行井田，不得已而限田，又不得已而均税，尚可存古人遗意。’故自为县（曾为淳安知县）以至巡抚（应天十府巡抚），所至力行清丈，颁一条鞭法。”① 据说海瑞的均税是有成效的。

许孚远的归户船，以田从人，即把分散各地的田地归入本户册内，清初的顺庄编里亦此意。上引《志》文记述万历六年清丈的历史背景。

《食货志》接着记万历六年的清丈说：“万历六年（公元1578年），帝用大学士张居正议，天下田亩通行丈量，限三载竣事。用开方法以径围乘除，畸零截补。于是豪猾不得欺隐，里甲免赔累，而小民无虚粮。总计田数七百一万三千九百七十六顷，视弘治时赢三百万顷。然居正尚综核，颇以溢额为功。有司争改小弓以求田多，或掊克现田以充虚额。北直隶、湖广、大同、宣府，遂先后按溢额增赋云。”②

万历的清丈是由当时的户部尚书张学颜主持的。《明史·张学颜

① 《明史》第十九册，5933页。

② 《明史》第七册，1883页。

传》称："时张居正当国，以学颜精心计，深倚任之。学颜撰《会计录》以勾稽出纳。又奏列《清丈条例》，厘两京、山东、陕西勋戚庄田（按：《神宗纪》载，万历七年夏六月，'核两畿、山东、陕西勋戚田赋'），清溢额、脱漏、诡借诸弊。又通行天下，得官民屯牧湖陂八十余万顷，民困赔累者，以其赋抵之（以清出原来脱漏的八十余万顷的田赋，抵补原来由人民赔纳的浮额田赋）。自正（正德）、嘉（嘉靖）虚耗之后，至万历十年间，最称富庶，学颜有力焉。"[①] 清丈后，田额增加300万顷，成绩是十分显著的。在清丈过程中发生了一些缺点，例如《志》文所说的部分地区以小弓作大弓，虚报亩数等等。但是应该知道，部分地区以大亩作小亩，避免赋额增加过多，这种现象也是可能的。这两种情况是否刚好抵销，很难断言，不过，抵销的作用是总会有的。还有一点应加考虑，就是万历初年曾采取了奖励和扶助开垦的措施，例如：万历五年春正月，"诏凤阳、淮安力举营田"；万历六年秋七月，"诏江北诸府民，年十五以上无田者，官给牛一头、田五十亩开垦，三年后起科"；九月，"诏苏州诸府开垦荒田，六年后起科"。[②] 这些措施当然促进了垦田的增加。据说当时有人写了一首诗说："量尽山田与水田，只余碧海共青天。世间哪得闲沙渚，寄语沙鸥莫浪眠！"谁都看得出来，这是对当时清丈的讽刺。谁也能猜想到，在清丈前占了便宜而在清丈中失去这种便宜的人，一定会发出怨声。但这种怨声又正好反映了这样的事实：当时的清丈工作是十分认真的。

清丈的一个目的是均税，其实质是减轻农民负担；另一个目的是增加王朝的财政收入。由于清丈的成功，这两个目的都达到了。

在清丈的基础上实行了一条鞭法。什么是一条鞭？《明史·食货志》说："一条鞭法者，总括一州县之赋役，量地计丁，丁粮毕输于官。一岁之役，官为佥募。力差，则计其工食之费，量为增减；银差，则计其交纳之费，加以增耗（增耗亦增减之意）。凡额办、派办、京库岁需与存留、供亿诸费，以及土贡方物，悉併为一条，皆计亩征银，折办于官，故谓之一条鞭。立法颇为简便。嘉靖间，数行数止，至万

① 《明史》第十九册，5856页。
② 《明史》第二册，265页。

历九年乃尽行之”。[1] 一条鞭原为一条编，即将各应征项目汇编为一条，合并征收。在这一意义上，它和杨炎的两税是相同的。

据《明世宗实录》嘉靖九年十月，桂萼建议改革赋役，其办法为：“合将十甲丁粮，总于一里。各里丁粮总于一州一县。各州县丁粮总于一府。各府丁粮总于一布政司。布政司通将一省丁粮，均派一省徭役。内量除优免之数，每粮一石编银若干，每丁审银若干，斟酌繁简，通融科派。造定册籍，行令各府州县，永为遵行。”嘉靖十年御史傅汉臣奏行一条鞭法，其内容与桂萼所陈相同，实录称：“奏入，下所司”，当时是否已付实施，不明确。《志》文所谓“嘉靖间，数行数止”，词意较含混。至少没有在全国范围内推行，这一点大概是无可怀疑的。

但部分地区的确是实行过的。《明史·庞尚鹏传》说：嘉靖年间，尚鹏“改按浙江（改任浙江巡按御史）。民苦徭重，为举行一条鞭法”。[2] 同传又说：“万历四年冬，始以故官抚福建（故官，旧职；庞尚鹏隆庆二年为右佥都御史，后被罢斥），奏蠲逋饷银，推行一条鞭法……浙江、福建暨其乡广东（庞南鹏为广东南海人），皆以徭轻故，德尚鹏，立祠祀。”[3] 海瑞也实行过一条鞭法，已见上述。又如，隆庆四年（公元 1570 年）江西省实行一条鞭法。据《万历会典》，隆庆“四年题准，江西布政司所属府州县各项差役，逐一较量轻重，系力差者（系，属于）则计其代当工食之费，量为增减；系银差者则计其扛解交纳之费，加以增耗。通计一岁共用银若干，照依丁、粮编派，开载各户由贴（由贴，交纳通知书），立限征收。其往年编某为某役，某为头户、贴户者，尽行查革。如有丁无粮者，编为下户，仍纳丁银。有丁有粮者，编为中户，及粮多丁少与丁粮俱多者，编为上户，俱照丁、粮并纳，著为定例”。

由上可见，张居正是吸收以往各地的经验，于万历九年在全国范围内推行一条鞭法的。万历九年所推行的一条鞭法，《志》文所述过

---

① 《明史》第七册，1902 页。
② 《明史》第二十册，5951 页，5952 页。
③ 《明史》第二十册，5951 页，5952 页。

于简略，其中有一个问题说得不够明确。问题是："量地计丁，丁粮毕输于官"，按照这句话，既量地，又计丁，似乎是地纳税粮，丁交丁银，官府既收地粮，又征丁银（《万历会典》所载江西事例，正是这样的）；《志》文下面又说，"悉并为一条，皆计亩征银"，既然"皆计亩征银"，似乎不存在计丁征银，似乎是把徭役代金摊入了地亩，类如清代雍正朝的摊丁入地一样。前后两段话是矛盾的。实行一条鞭法后，是否仍存在丁银？《志》文对这个问题说得不够明确。

于慎行说："陆贽论两税之弊曰：两税之立，惟以资产为宗。不以丁身为本，曾不悟资产之中，有藏于襟怀囊箧，物虽贵而人莫能窥；有积于场圃囷仓，值虽轻而众以为富；有流动蕃息之货虽高，而终岁无利；如此之比，其流实繁。一概什计算缗，宜其失平长伪。由是，物（物疑当作务）轻资而乐转徙者，恒脱于徭税，敦本业而树居产者，每困于征求；此乃诱之为奸，驱之避役，力用不得不弛，财用不得不阙。此数语者，可谓尽两税之委曲矣。两税之法，即今之条鞭，条鞭以地产为率而不计其赀，故农困而商宽，与陆公所陈，大略相以。"[①] 陆贽的意见，本书第四章已有评述。于慎行对一条鞭法有偏见，这里也不具论。但是，于慎行是万历间人，他所说的"条鞭以地产为率"一语却值得注意。如果真的只以地产为率，则《志》文所谓"皆计亩征银"便是确实的了。

顾炎武《天下郡国利病书》引《上元县志》说："举重甲诸项并入秋粮，名曰均摊"；同书又引山东《益都县志》说："自万历二十年条鞭之法行，户不分则，均之田亩，每丁例编银一钱七分。"这都是把丁银摊入田亩的例证。益都县实行条鞭的时间较晚，可能是个别情况。

但是，另外的一些史料则与此相反。上引《万历会典》所载事例，表明了丁银是独立存在的。《天下郡国利病书》引河南《罗山县志》说："一条鞭法云者，以各项银差并力差工食合为一处，计银若干数。然后照丁高下、粮多寡，以此银派征之，征毕则分此以为银差

① 于慎行：《穀山笔麈》，中华书局版，137—138页。

起解，及为官觅力差人之工食也。百姓完此外无一事矣。”罗山县的办法与《万历会典》所载事例相同。天启元年（公元1621年）给事中甄淑说：“天下户口有户口之银，人丁有人丁之银，田土有田土之银，有司征收，总曰银额。”甄淑又说：“小民所最苦者，无田之粮，无米之丁；田鬻富室，产去粮存，而犹输丁赋。”① 照甄淑所说，则丁银并未摊入田亩征收。还有一件事情特别值得注意：清代赋役，沿用明制，在雍正摊丁入地之前，一直按丁征收丁银（亦称徭里银）。根据这些史料，不能说实行一条鞭法时已取消了丁银的征收。

两类史料互相矛盾，究应如何解释呢？也许是各地的执行情况并不一致；也许是《志》文有缺漏，特别是“皆按亩征银”这句话等等。我们可以做出许多种猜想，但是，猜想不等于结论。我们认为，丁银仍然存在的可能性更大一些。在掌握更多的史料进行更深入的研究之前，是无法做出具有充分说服力的论断的。

不管怎样，一条鞭法的实行，对简化税制，减轻农民的赋役负担，稳定农民的生产情绪，是起了一定作用的。

张居正还注意整顿国家财政，在用财方面特别注意节省不必要的开支，罢不急之务。例如，禁公卿群吏不得乘传，这对节省驿站开支，减轻人民负担，是有好处的；甚至对皇室的某些用度也加以限制，例如织造。《明史·食货志》记：“万历七年，苏、松水灾，给事中顾九思等请取回织造内臣，帝不听。大学士张居正力陈年饥民疲，不堪催督，乃许之。”② 据《实录》，居正在撤回织造太监后，复陈请减半织造，神宗也只好允从，这一项便节省了几十万两的开支。《食货志》还说：“神宗初，内承运库太监崔敏请买金珠。张居正封还敏疏，事遂寝。”③ 这也只有张居正才能够做到。史传说：“时帝渐备六宫，太仓银钱多所宣进。居正乃因户部进御览数目陈之，谓每岁入额不敷所出，请帝置坐隅省览，量入为出，罢节浮费。”④ 神宗这样的皇帝当然

① 《明史》第七册，1903页。
② 《明史》第七册，1998页，1994页。
③ 《明史》第七册，1998页，1994页。
④ 《明史》第十九册，5648页。

感到不高兴，但也不能不有所克制。经过一番整顿，缓和了国家财政危机，国库逐渐充实起来，粮食的储备更充足，太仓之粟可支十年。

张居正执政十年，取得了显著的成绩。《明史·后妃传》说：孝定李太后“性严明，万历初政，委任张居正，综核名实，几于富强”。[①]《明史·神宗纪》赞语也说：“神宗冲龄践阼，江陵（张居正是湖北江陵人）秉政，综核名实，国势几于富强。”[②] 张居正的改革只能给没落的明王朝打一支强心针，让它多活一点时间。张居正死后，一切都变了样，前功尽弃。这种变化，在中国封建社会的历史上并不是仅见的。

第八节　明代农民负担

明代农民的赋役负担，明王朝前期较轻，而以洪武期间最轻。

我们不妨以洪武二十六年为代表，给洪武期间的农民负担估算一个大账。

《明史·食货志》记载了有关洪武二十六年农民负担方面的一些基础数字。根据这些记载，洪武二十六年全国共有 10 652 870 户，60 545 812 人[③]，土田 8 507 623 顷。[④] 夏税：米麦 4 717 000 余石（《万历会典》作 4 712 000 余石），钱钞 39 000 余锭，绢 288 000 匹；秋粮：米 24 729 000 余石，钱钞 5 000 余锭。[⑤] 夏税中的米麦没有分计，姑按麦六米四估算，计麦占 2 830 200 石，明代麦一石准米八斗，共折米 2 264 160 石；米占四成，计 1 886 800 石。这样夏税米麦共折米 4 150 960 石。明钞每锭为钱五贯（五千文），明初规定银一两，钱千文、钞一贯，皆折输米一石，但后来钞值续跌，洪武十八年禄米给钞

① 《明史》第十二册，3535 页。
② 《明史》第二册，294 页。
③ 《明史》第七册，1380 页，1882 页，2005 页。
④ 《明史》第七册，1380 页，1882 页，2005 页。
⑤ 《明史》第七册，1380 页，1882 页，2005 页。

以二贯五百文（即钞半锭）准米一石。根据这一事例，夏税钱钞共折米 78 000 石。洪武三十年户部定天下逋租折色比例，绢一匹准米一石二斗，按此计算，夏税绢 288 000 匹，应折米 345 600 石。夏税米麦、钱钞及绢三柱共折米 4 574 560 石。秋粮中的钱钞 5 000 锭折米 10 000 石，连本色米共计为 24 739 000 石。以上夏税、秋粮合计为米 29 313 560 石，即洪武二十六年全国田赋负担之数。

明代徭役有里甲，有均徭，有杂泛。里甲及杂泛的负担数字，很难推算，但这两项徭役在洪武期间并不苛重。这里只能以均徭为代表。明初均徭，每田地一顷出夫一人，非应役的每亩出津贴米二升五合，每夫的津贴米共计二石五斗，每岁农隙服役 30 日。[①] 洪武二十六年全国土田 850 万余顷，应出夫 850 万人（实际上不会这样多），均徭的负担为米 21 250 000 石。很明显，单就均徭来说，这个数字的估计是过高的，但如果用来代表当时各项徭役负担，可能接近于实际。

根据以上的推算，洪武二十六年的全国赋役负担总数，为米 50 563 560 石。

《明史・食货志》没有记载粮食的产量。明代江南盛栽水稻，何友俊说："松江……西乡田低水平，易于车戽，夫妻二人可种二十五亩，稍勤者且可至三十亩；且土肥获多，每亩收三石者不论，只说收二石五斗，每岁可得米七八十石矣。"[②] 何塘在《均田私议》中说："天下之田，吾未能知；河内之田，上田岁收不下两石，多或至三四石，下田收不及一石，少或至三四斗。大抵上田一亩之收，抵下田五亩。"[③]《明史・汪应蛟传》记：应蛟在天津的葛沽、白塘"募民垦田五千亩，为水田者十之四，亩收至四五石"。[④] 北方水田亩收至四五石，可能是虚报。考虑到洪武期间农村经济正处于由恢复而逐渐走向发展的转变期，考虑到经过长期战乱许多地区的农业生产曾遭受过严重的破坏，还考虑到全国土田中有相当大的一部分是新开垦的生、熟

① 《明史》第七册，1904 页。

② 何友俊：《四友斋丛说摘抄・三》载《纪录汇编》卷 176。

③ 《皇明经世文编》，卷 144。

④ 《明史》第二十一册，6266 页。

荒地。因此，我们对洪武二十六年的平均亩产量作一个保守的估计：平均每亩产谷两石，折米一石。明一石约当今 1.0737 石，两石共约当今 2.1474 石；宋一石约当今 0.6641 石，宋两石半（第五章曾估计宋亩产量为两石半）共约 1.66 市石。所以，明代的两石是大于宋代的两石半的。根据这个保守的估计，洪武二十六年全国粮食产量总计为谷 1 701 524 600 石，折米 850 762 300 石，即平均亩产米一石。

由此推算出的大账是：田赋负担率约为 3.45%，平均每亩负担约为米三升五合，平均每户负担约为米二石七斗五升二合，平均每人负担约为米四斗八升四合。赋役负担率约为 5.94%，说个大数，就是 6%；平均每亩负担约为米六升，平均每户负担约为米四石七斗五升，平均每人负担约为米八斗四升。详细数字，请看表 7－7、表 7－8、表 7－9。

表 7－7　　洪武二十六年全国户口、土田、产量表

项　目	总　计	平均每户	平均每人
全国户数	10 652 870		
全国人口数	60 545 812	5.68	
全国土田数（亩）	850 762 300	79.86	14.05
全国粮食产量（米/石）	850 762 300	79.86	14.05

表 7－8　　洪武二十六年田赋负担表

项　目	数　量	折米（石）
全国户数	10 652 870	
全国人口数	60 545 812	
全国土田数（亩）	850 762 300	
全国粮食产量（米/石）	850 762 300	
全国田赋统计		29 313 560
夏税合计		4 574 560
其中：米麦（石）	4 717 000	4 150 960
钱抄（锭）	39 000	78 000
绢（匹）	288 000	345 600
秋粮合计		24 739 000

续表

项　目	数　量	折米（石）
其中：米（石）		24 729 000
钱钞（锭）	5 000	10 000
田赋负担率（%）		3.45
平均每户负担		2.752
平均每人负担		0.484
平均每亩负担		0.035

表 7-9　　洪武二十六年赋役负担表

项　　目	数　　量
全国户数	10 652 870
全国人口数	60 545 812
金国土田数（亩）	850 762 300
全国粮食产量（米/石）	850 762 300
全国赋役负担总计（米/石）	50 563 560
其中：田赋（米/石）	29 313 560
均徭（米/石）	21 250 000
赋役负担率（%）	5.94
平均每户负担（米/石）	4.75
平均每人负担（米/石）	0.84
平均每亩负担（米/石）	0.06
负担后每户余粮（米/石）	75.11
负担后每人余粮（米/石）	13.21

这个推算可靠吗？在算这个大账的时候，我们注意到有关各方面的情况：

朱元璋在立国伊始便选择了与民休养生息的政策，政策思想明确，决心相当大，执行也较认真。这是一个起决定作用的因素。

洪武期间，以整顿吏治作为首要的政治工作。凡守令贪酷者，许民赴京陈诉；赃八十贯论绞，赃至六十两以上的枭首示众，并剥皮实草。严刑峻法使地方官吏不敢恣意向百姓横征滥派，敲诈勒索。这是农民负担减轻的一个重要因素。

宫廷用度极力撙节。《明史·食货志》说："明初，上供简省。郡县贡香米、人参、葡萄酒，太祖以为劳民，却之。"[①] 又说："洪武时，宫禁中市物，视时估率加十钱"。[②] 由于这样，农民的各种杂项负担大为减少。

明初屯田很见成效。据说"一军之田，足赡一军之用，卫所官吏俸粮皆取给焉"。[③] 军屯之外，又有商屯。边境的粮食储备经常充实。因此，既没有向农民多要粮食的必要，又省了民运的劳费。

太祖建都南京，江西、湖广之粟顺江而下，浙江及南直隶各府州之粮，运程亦短，洪武期间，农民的漕运负担比以后各朝轻得多。

联系上述诸因素，我们认为，洪武期间农民的实际赋役负担与史书所载数字，可能不会有太大的出入。因此，我们推算出来的大账可能是基本上接近实际的。当然，不可能太准确，不过可以认为："虽不中，亦不远。"

总之一句话，洪武朝的农民负担在明代是最轻的。但最大的缺点是地区间的负担不平衡，具体地说，就是存在东南重赋的问题，前面已有专节论述，这里不再赘及。

成祖迁都北京后，人民的漕运负担大大地加重了。不过，永、熙、宣三朝以至正统初年，农民负担还算是比较轻的。正统九年以后，明王朝开始走下坡路，政治日益败坏，皇室、宦官、内外官吏专务聚敛，上下交征利，使农民负担不断加重，末年竟到了无以复加的程度。

《明史·食货志》曾列举了弘治和万历时的田赋岁入数："弘治时（据《万历会典》为弘治十五年），官民田总六百二十二万八千余顷。夏税，米麦四百六十二万五千余石，钞五万六千三百余锭，绢二十万二千余匹；秋粮，米二千二百十六万六千余石，钞二万一千九百余锭。万历时（据《万历会典》为万历六年），官民田总七百一万三千余顷。夏税，米麦总四百六十万五千余石，起运百九十万三千余石（《万历会典》作百九十二万三千余石），余悉存留，钞五万七千九百余锭，

---

① 《明史》第七册，1989 页，1992 页，2005 页。

② 《明史》第七册，1989 页，1992 页，2005 页。

③ 《明史》第七册，1989 页，1992 页，2005 页。

绢二十万六千余匹；秋粮，米总二千二百三万三千余石，起运千三百三十六万二千余石，余悉存留，钞二万三千六百余锭。屯田六十三万五千余顷，花园仓基千九百余所，征粮四百五十八万四千余石。粮草折银八万五千余两，布五万匹，钞五万余贯。”①

明各朝实录亦载有会计数，梁方仲曾加以整理（见《中国历代户口、田地、田赋统计》185—199 页），表繁不便转载。兹另引梁氏在《明代户口、田地及田赋统计》一文中所发表的一个简表如表 7－10。

表 7－10　　　　明成祖至熹宗各朝田赋统计表

朝　代	米麦（石）	布（匹）	丝绵（斤）	棉花（斤）	绢（匹）	折色钞（锭）
成祖（永乐）	31 788 696	938 436	252 613	287 375	—	—
仁宗（洪熙）	32 601 206	140 352	225 697	69 575	—	—
宣宗（宣德）	30 182 233	129 701	416 422	240 285	94 021	73 740
英宗（正统）	26 871 152	177 074	254 660	192 424	186 090	97 309
代宗（景泰）	25 655 311	206 829	250 196	244 088	191 728	104 968
英宗（天顺）	26 363 318	130 347	267 916	266 916	193 811	79 255
宪宗（成化）	26 469 200	800 292	99 727	276 817	286 023	756 294
孝宗（弘治）	27 707 885	1 151 779	2 236 770	165 372	179 376	—
武宗（正德）	26 794 024	1 666 460	201 153	112 894	126 767	—
世宗（嘉靖）	22 850 535	133 206	73 171	246 559	320 459	—
穆宗（隆庆）	24 068 189	563 121	88 202	221 965	288 358	8 636 402
神宗（万历）	28 369 247	395 411	314 868	374 878	148 129	—
熹宗（天启）	25 793 645	132 949	11 197	121 216	206 216	81 134

资料来源：梁方仲《明代户口、田地及田赋统计》，载在《中国近代经济史研究集刊》第三卷第一期 95 页。原表有太祖朝数字，因我们在上面已算了一个大账，故从略。

遗憾的是，《实录》不载各朝的徭役负担资料。即使载了，也不能真正反映农民的实际徭役负担情况。嘉靖年间长期当过地方官的张瀚，曾在所著《松窗梦语》里说过：“郡县徭役，故事，官赋只银若干，私有倍一至十者。”② 这是老实话。

① 《明史》第七册，2005—2006 页。

② 张瀚：《松窗梦语》，中华书局版，5 页。

《实录》所载田赋收入数字，对研究明代农民的赋役负担有一定的参考价值；但它所载的只是国家的田赋收入数字，也不能真正反映农民的实际田赋负担情况。《治世余闻》记：弘治时，“各边有警，守臣求增兵饷，户部奏称钱粮不给。上（孝宗）召刘尚书大夏谕曰：‘永乐间频年举兵北征，况大兴营造（当时主要是营建北京宫室），费用无资（耗资不少），当时未闻告乏。今百凡俱从减省（孝宗确实减省了皇室用度），何以反不足用？昔人云天下之财，不在官则在民，今安在哉？’大夏对曰：‘祖宗时民出一文，公家得一民之用。今取诸民者数倍，而实入官者或仅二三。’上曰：‘归之何处？’大夏乞退奏。上曰：‘正欲与尔面论此事。’诘之至再，仓卒不能对，乃举所知一事对曰：‘臣往年在两广时，曾通以省城中文武官俸给，与某官一二人岁用，计之犹不相当。此亦以侵民财之一端也”。[①] 刘大夏所说的也是老实话。永乐以后，每岁田赋会计数与农民的实际田赋负担数之间的确存在差距。在永、洪、宣三朝，差距主要来自漕运；明中叶以后，主要来自浮收，浮收越厉害，差距就越大；以致农民每交纳一石粮食，落入私人手里的竟达七八斗，而入官的却只有二三斗。

刘大夏所说的“某官一二人”，指的是镇守内官。宦官弄权成了问题的焦点——这是刘大夏没有明白说出来的心里话。

明太祖定制，宦官不得兼外臣文武衔，不得御外臣冠服，官无过四品，月米一石，衣食于内庭。尝刻铁牌置宫门，曰：内臣不得干预政事，预者斩！建文帝御内臣更严，诏出外稍不法，许有司械闻。及靖难变起，燕邸内臣有立军功者，而建文的内臣复多逃入燕师，向成祖泄漏朝廷虚实。成祖遂以为忠于己而予信任。明世宦官之出使、专征、监军及分镇，皆自永乐始。成祖又置东厂，使宦官掌握这个特务机构。但永乐时成祖个人独裁专断，仁、宣两朝内阁威重，宦官未得左右图事。正统七年以后，张太后、杨荣及杨士奇相继去世，王振始得玩弄英宗于股掌之上，明代宦官弄权乱国盖自王振始。王振擅权不过七年，而其家竟有“金银六十余库，玉盘百，珊瑚高六七尺者二十

---

① 陈洪漠：《治世余闻》，中华书局版，28 页。

余株，他珍宝无数”。[1]

明代国家财政出现危机是从宪宗朱见深成化年间开始的。宪宗时，内侍梁芳、韦兴谄事万贵妃，其党钱能等人以采办珍宝为名出监大镇。梁芳又引进僧人继晓，继晓“日诱帝为佛事，建大永昌寺于西市，逼徙民居数百家，费国帑数十万”。[2] 国家所入有限，天天采办珍宝，作佛事，挥金如土，结果必然难以为继。“久之，帝视内帑，见累朝金七窖俱尽，谓芳及韦兴曰：‘糜费帑藏，实由汝二人！’”[3] 然而，后悔已晚了。

孝宗表面像个明白人，实际上太监李广却以左道见宠任，大臣多向他进贿。李广畏罪自杀后，孝宗尚怀疑李广藏有什么异书，“使使即其家索之，得赂籍以进，多文武大臣名，馈黄白米各各千百石（《治世余闻》说：通计数百万石）。帝惊曰：‘广食几何？乃受米如许！’左右曰：‘隐语耳，黄者金，白者银也。’”[4]

正德初，阁臣刘健、谢迁、户部尚书韩文及朝臣多人，斗不过一个内侍刘瑾，或被罢黜，或陷囹圄，而刘瑾遂成为实际上的皇帝，“富有四海”。《继世纪闻》记刘瑾籍没时的家财，有：“金二十四万锭又五万七千八百两；元宝百万锭（谈迁：《国榷》作五百万锭，疑是），银八百万又一百五十八万三千六百两；宝石二斗；金锺二千；金钩三千，玉带四千一百六十二束，狮蛮带二束；金银汤盂五百；蟒衣四百七袭；牙牌二柜，穿宫牌五百，金牌三；衮袍四；八爪金龙盔甲三千（《国榷》作三十，疑是）；玉琴一，玉宝印一颗。以上金共计一千二百五万七千八百两，银共二万五千九百五十八万三千八百两（按：散数相加计银二万五千九百五十八万三千六百两，不知误在散数还是总数）。”[5] 刘瑾当权不过五年，平均每年纳贿之数，为金二百四十一万一千五百六十两，为银五千一百九十一万六千七百六十两。而小民实际被刮削的又远不只此数。《明史·阉党传》记，张綵对刘

---

① 《明史》第二十六册，7773 页，7884 页。
② 《明史》第二十六册，7773 页，7884 页。
③ 《明史》第二十六册，7781 页，7784 页，7841 页。
④ 《明史》第二十六册，7781 页，7784 页，7841 页。
⑤ 陈洪谟：《继世纪闻》，中华书局版，91 页。

瑾说："公亦知贿入所自乎？非盗官帑，即剥小民。彼借公名自厚，入公者未及十一"。[1] 实情就是这样。

天启朝，宦官魏忠贤的权势，比起刘瑾来，有过之而无不及，他搜刮的民财当然不会少于刘瑾。

《明史·佞倖传》载：籍没江彬，"得黄金七十柜，白金（银）二千二百柜，他珍宝不可数计"。[2] 又，籍没钱宁，"得玉带二千五百束，黄金十余万两，白金三千箱，胡椒数千石"。[3]

嘉靖朝的大奸臣严嵩弄权二十年，史称籍没其子世蕃时，"黄金可三万余两，白金二百万余两，他珍宝服玩所值又数百万"。[4] 而野史则说："严世蕃与其妻窖金于地，每百万为一窖，凡十数窖。"[5] 可见史传所载尚非实数。

百川归大海，所有这些民脂民膏都顺着御沟流入皇宫里去了。皇帝不是光靠这点油水的，皇帝自己既会花钱，又会敛钱，而且敛得更凶、更狠。神宗就是这样的典型人物。神宗做了许多坏事，其中两件最大的坏事：一是矿税；二是加派。这两件大坏事，把人民坑害得最苦，同时也加速了明王朝的覆灭。

先说说矿税。《明史·宦官传》说：万历二十年，"宁夏用兵，费帑金二百余万。其冬，朝鲜用兵，首尾八年，费帑金七百余万。二十七年，播州用兵，又费帑金二三百万。三大征踵接，国用大匮。而二十四年，乾清、坤宁两宫灾。二十五年，皇极、建极、中极三殿灾。营建乏资，计臣束手，矿税由此大兴矣。其遣官自（万历）二十四年始，其后言矿者争走阙下，立即命中官与其人偕往，天下在在有之。真、保、蓟、永则王亮，昌黎、迁安则田进，昌平、横岭、涞水、珠宝窝山则王忠，真定复益以王虎，并采山西平定、稷山，浙江则曹金，后代以刘忠，陕西则赵钦，山西则张忠，河南则鲁坤，广东则李凤、李敬，云南则杨荣，辽东则高淮，江西则潘相，福建则高寀，湖广则

① 《明史》第二十六册，7781 页，7784 页，7841 页。

② 《明史》第二十六册，7889—7890 页，7892 页，7921 页。

③ 《明史》第二十六册，7889—7890 页，7892 页，7921 页。

④ 《明史》第二十六册，7889—7890 页，7892 页，7921 页。

⑤ 赵翼：《廿二史劄记》，卷 35，《明代宦官》条。

陈奉，而（陈）增奉敕开采山东。通都大邑皆有税监，两淮则有盐监，广东则有珠监，或专遣，或兼摄。大珰小监纵横绎骚，吸髓饮血，以供进奉。大率入公帑者不及什一，而天下萧然，生灵涂炭矣！其最横者，（陈）增及陈奉、高淮”。[①]

又，《明史·食货志》说：“万历十二年，奸民屡以矿利中上心，诸臣力陈其弊。帝虽从之，意怏怏。二十四年，张位秉政，前卫千户仲春请开矿，位不能止。开采之端启，废弁白望献矿峒者日至，于是无地不开。中使四出……皆给以关防，并偕原奏官往。矿脉微细无所得，勒民偿之。而奸人假开采之名，乘传横索民财，陵轹州县。有司恤民者，罪以阻挠，逮问罢黜。时中官多暴横，而陈奉尤甚。富家巨族则诬以盗矿，良田美宅则指以为下有矿脉，率役围捕，辱及妇女，甚至断人手足投之江，其酷虐如此。帝纵（纵，放任）不问。自二十五年至三十三年，诸珰所进矿税银几及三百万两，群小藉势诛索，不啻倍蓰，民不聊生……识者以为明亡盖兆于此。”[②]

从以上两段引文中，可以看出神宗的眼里只有白花花的银子，为了得到银子，不择手段，不顾一切，把人民卷入一场长期的劫难中。这几百万两银子并不是真正开采得来的，实际上是向人民抢来的。他只得到几百万两，而人民所损失的却是好几千万两，还搭上不少人命。人民忍无可忍，当然会起来反抗。临清州民万余人纵火焚烧了税监马堂的官署，杀死马堂的爪牙三十七人。[③] 万历二十八年十二月，武昌民变。士民万余人誓与税监陈奉拼命，包围了陈奉的官署，奉逃匿楚王府，群众把他的党羽耿文登等十六人投入江中，并焚烧了巡抚支大可的辕门。大学士沈一贯上言：“陈奉入楚，始而武昌一变，继之汉口、黄州、襄阳、武昌、宝庆、德安、湘潭等处，变经十起，几成大乱。立乞撤回，以收楚民之心。”[④] 神宗置之不问。云南人民恨税监杨荣入骨，相率焚税厂，杀委官张安民；杨荣更加暴虐，又杖毙数千人。

---

① 《明史》第二十六册，7805—7806 页。

② 《明史》第七册，1971—1972 页。

③ 《明史》第二十六册，7808 页。

④ 《明史》第二十六册，7807 页。

冤民万余人焚杨荣宅，杀死杨荣把尸首投入火中，并杀其爪牙二百余人。神宗知道此事后，不食数日，但始终没有悔改之意。[①] 经过这一场大动乱，明王朝完全失掉了人心，已被历史宣判了死刑。

再说说另一件大坏事，即田赋的加派。明代田赋加派，起自世宗时。嘉靖二十九年，“俺答（蒙古部）犯京师，增兵设戍，饷额过倍。三十年，京边岁用至五百九十五万（两），户部尚书孙应奎蒿目无策，乃议于南直隶、浙江等州县增赋百二十万，加派于是始”。[②] 万历初年，张居正实行改革，国家财政状况稍有好转：一条鞭法的推行，遏制了许多无艺之征，使民力不致大绌。张居正死后，神宗推翻了全部新政，加派又复活了。《明史·食货志》说：“其后接踵三大征（三大征，指宁夏之役、朝鲜之役及播州之役，用饷之数已见上），颇有加派，事毕旋已。至（万历）四十六年（建州女真族首领努尔哈赤发动辽东战争），骤增辽饷三百万。时内努充积，帝（神宗）靳不肯发。户部尚书李汝华乃援征倭（即朝鲜之役）、播例，亩加三厘五毫（即每亩加征银 0.0035 两），天下之赋增二百万有奇。明年（万历四十七年）复加三厘五毫。明年（万历四十八年）以兵工二部请，复加二厘。通前后九厘，增赋五百二十万，遂为岁额。所不加者，畿内八府（一说畿内八府亦有加征者）及贵州而已。”[③]

万历四十五年，南北直隶、河南、山东、山西、陕西、江西、湖广、福建、广东都发生了自然灾害，人民的生活本来已受到很大的威胁。而万历四十六年，国家不是急于救济，却是不顾一切地实行田赋加派，强迫饥民再勒紧裤带，哪管老百姓的死活！

《明史·李汝华传》记：万历四十六年，“辽东兵事兴，骤增饷三百万。汝华累请发内帑不得，则借支南京部帑，括天下库藏余积，征宿逋，裁工食，开事例（即开办捐纳）。而辽东巡抚周永春请益兵加赋，汝华议：天下田赋，自贵州外，亩增银三厘五毫，得饷二百万。明年复议益兵增赋如前。又明年四月，兵部以募兵市马，工部以制器，

① 《明史》第二十六册，7811 页。

② 《明史》第七册，1901 页，1903 页。

③ 《明史》第七册，1901 页，1903 页。

再议增赋。于是亩增二厘，为银百二十万。先后三增赋，凡五百二十万有奇，遂为岁额。当是时，内帑山积，廷臣请发率不应。计臣无如阿，遂为一切苟且之计，苛敛百姓”。[1]

辽饷加派的极不合理，特别在当时内帑山积，而神宗不肯拔一毛以充饷的情况下，说当时“民穷财尽”，不完全恰当。人民确实很穷，封建统治者却富得很，这是多年聚敛的结果。当时的真实情况是：民有饥色，野有饿殍，而封建统治者却是庖有肥肉，厩有良马，窖有藏金，内帑山积。《明史》记载，山海关败后，李自成返北京，“悉熔所拷索金及宫中帑藏、器皿，铸为饼，每饼千金（千金，金或银一千两；这就是民间所传说的‘没奈何’），约数万饼，骡车载归西安”。[2]按照这个说法，李自成从北京载走的金银达数千万两之多，其中有取自宫中的库藏和皇室御用的金银器皿，有从勋戚、大臣等封建贵族拷索而得的。李自成驮运而西的金银有说多达七千万两的，确数不可得而知。康熙五十二年（公元 1713 年）闰五月，清圣祖爱新觉罗玄烨曾提起这样的一件事：“明代万历年间，于养心殿后窖银二百万金。我朝大兵至京，流寇挈金而逃，因追兵甚迫，弃之黄河。”[3] 他所说的只是养心殿后的窖藏，宫内全部窖藏当然不只此数。赵士锦在《甲申纪事》里说：“载往陕西金银，锭上有万历年号，闻自万历八年以后，解内库银尚未动也。银尚存三千余万两，金一百五十万两。”谈迁在《国榷》里也谈过“括各库金三千七百万两有奇”的话。由此可知，史书说万历四十六年时“内帑山积”，确非虚语。当时只要拿出内帑几百万两银子来做辽饷，本来就用不着再向老百姓增派了。但是，对贪黩无厌的神宗来说，这比剜他的心头肉还要痛；他与那些勋戚、大臣们过去吮吸的民脂民膏，到头来终于被迫从喉咙里吐出来。这正应了古人所说的一句话：“货悖而入者亦悖而出！”

田赋加派，崇祯朝变本加厉。《明史·食货志》说：“崇祯三年（公元 1630 年），军兴，兵部尚书梁廷栋请增田赋。户部尚书毕自严

---

① 《明史》第十九册，5807 页。

② 《明史》第二十六册，7967 页。

③ 《清圣祖实录》卷二五五。

不能止，乃于九厘外亩复征三厘。惟顺天、永平以新被兵无所加，余六府（按：北直隶共八府，除顺天、永平外，其余六府为保定、河间、真定、顺德、广平及大名）亩征六厘，得他省之半（其他各省辽饷原额亩征九厘，今加三厘，合计亩征一分二厘；此六府亩征只六厘，故曰得他省之半），共增赋百六十五万四千有奇（按：连以前之五百二十万两，计共增辽饷六百八十五万四千两有奇）。后五年（即崇祯八年），总督卢象昇请加宦户田赋十之一，民粮十两以上同之；既而概征每两一钱，名曰助饷（助饷之数及究竟是否已实行，不得而详）。越二年（即崇祯十年），复行均输法（杨嗣昌原称因粮，明思宗朱由检改名均输），因粮输饷，亩计米六合，石折银八钱，又亩加征一分四厘九丝。越二年（即崇祯十二年），杨嗣昌督师，亩加练饷银一分。兵部侍郎张若麒请收兵残遗产为官庄，分上、中、下，亩纳租八斗至二三斗有差。御史卫周胤言：'嗣昌流毒天下，剿练之饷多至七百万，民怨何极！'御史郝晋亦言：'万历末年，合九边饷只二百八十万。今加派辽饷至九百万。剿饷三百三十万，业已停罢，旋加练饷七百三十余万。自古有一年而括二千万以输京师，又括京师二千万以输边者乎？'疏语虽切直，而时事危急，不能从也。"①

按：《明史·杨嗣昌传》说，崇祯十年（公元1637年），嗣昌献所谓四正六隅之计，"请以陕西、河南、湖广、江北为四正，四巡抚分剿而专防；以延绥、山西、山东、江南、江西、四川为六隅，六巡抚分防而协剿。是谓十面之网……因议增兵十二万，增饷二百八十万。其措饷之策有四：曰因粮，曰溢地，曰事例，曰驿递。因粮者，因旧额之粮，量为加派，亩输粮六合，石折银八钱，伤地不与，岁得银百九十二万九千有奇。溢地者，民间土田溢原额者，核实输赋，岁得银四十万六千有奇。事例者，富民输资为监生，一岁而止。驿递者，前此邮驿裁省之银以二十万充饷"。② 思宗从所议，并改因粮为均输。这就是所谓剿饷。剿饷原定只加征一年，次年饷尽又续征一年。同传又说，崇祯十二年，廷臣多请练边兵，嗣昌定议练兵七十三万有奇，

① 《明史》第七册，1903—1904页。

② 《明史》第二十一册，6510页，6515页。

“于是剿饷外复增练饷七百三十万”。[①]

崇祯末年的田赋加派，即辽饷、剿饷和练饷（合称三饷）的总额，据上引御史郝晋的说法，岁达二千万两。《明史·蒋德璟传》记：崇祯十五年，德璟言：“近加辽饷千万，练饷七百万，民何以堪!”又言：“祖制，各边养军，只屯、盐、民运三者，原无京运银。自正统时，始有数万，迄万历末，亦只三百余万。今则辽饷、练饷并旧饷，计二千余万”。[②]《杨嗣昌传》的说法是：“神宗末增赋五百二十万，崇祯初再增百四十万（按：应为百六十五万四千两），总名辽饷。至是，复增剿饷、练饷，额溢之，先后增赋千六百七十万。”[③] 又，赵翼《簷曝杂记》云：“按《东华录》，（骆）养性入本朝，顺治二年为天津总督，奏请田赋悉照明代原额，其辽饷五百万、新饷九百万、练饷七百三十万一概删除”。[④] 各种说法互有参差。大体而言，新增三饷共约一千六七百万两，若与旧额合计则总额达二千万两。

应当指出：除田赋加派外，崇祯年间还不断催征逋赋。例如，崇祯六年正月，“遣使分督直省逋赋”。[⑤] 同年六月，“太监张彝宪请催逋赋一千七百余万，给事中范淑泰谏，（思宗）不听”。[⑥] 崇祯十年二月，又“遣使督直省逋赋”。[⑦] 而当时的天下，不仅烽烟遍野，田园荒芜，人民流离失所，而且自然灾害也接踵而来。例如，崇祯十年夏，南北直隶及山西大旱；秋七月，山东河南又发生蝗灾，民大饥；崇祯十三年，南北直隶、山东、河南、山西、陕西发生旱灾和蝗害，出现了人相食的惨剧；崇祯十四年六月，南北直隶、山东、河南、浙江、湖广又发生旱灾和蝗害；是年七月，京师大疫（以上各例均见《明史·庄烈帝纪》）。与此同时，米价不断腾涌，据叶梦珠《阅世篇》所记，崇祯五年米石银一两，崇祯十一、十二年米石一两八九钱，崇祯十五年

---

① 《明史》第二十一册，6510、6515 页。
② 《明史》第二十一册，6500—6501 页。
③ 《明史》第二十一册，6515 页。
④ 赵翼：《簷曝杂记》，中华书局版，卷 6，101 页。
⑤ 《明史》第二册，315 页，316 页，320 页。
⑥ 《明史》第二册，315 页，316 页，320 页。
⑦ 《明史》第二册，315 页，316 页，320 页。

米石上涨至银五两。[1] 在这种严重的情况下，还不断伸手向农民要钱，实际上等于向农民要命。你要农民的命，农民只有跟你拼命，此外别无其他选择。明末全国农民大起义，正是从天启年间陕西省澄县农民的抗赋斗争开始的。[2] 关于明末农民起义，有不少专著加以论述，可供读者研究农民负担史的参考。

① 叶梦珠：《阅世篇》，上海古籍出版社版，153 页。

② 文秉：《烈皇小识》，卷二。

第八章

鸦片战争前清王朝的赋役制度与农民负担

第一节　清王朝从盛期走向闭关落后

13世纪初，蒙古人崛起大漠。公元1234年，窝阔台全灭金王朝，女真族一蹶不振，在蒙古人的统治下长期间陷于四分五裂。明初，女真族分为三大部：建州女真、海西女真和海东女真。其中，建州女真分布在牡丹江、绥芬河和长白山一带；海西女真又分为叶赫、辉发、哈达、乌拉四部（亦称扈伦四部）。女真三大部之间互相残杀，明王朝复采取“分而治之”的政策，实行民族压迫。建州女真和海西女真陆续向南迁徙，万历以前，互相对立的女真各部并未成为明王朝的威胁。到了万历十一年（公元1583年）爱新觉罗努尔哈赤（《清史稿》作努尔哈齐）以父、祖遗甲十三副起兵以后，形势才急转直下。

努尔哈赤生于公元1559年（明嘉靖三十八年），是建州女真一个部族的首领，这个部族的始祖名叫布里库雍顺。《清史稿·太祖本纪》说：太祖“姓爱新觉罗氏（按：女真族社会构成的血缘团体主要是哈拉和木昆，哈拉即部族，木昆即氏族；爱新觉罗中的爱新是木昆，觉罗是哈拉，建州女真属于觉罗这个哈拉的；除爱新觉罗外，尚有伊尔根、舒舒、西林、通颜、阿颜、呼伦、阿哈察喇等木昆），讳努尔哈齐。其先盖金遗部。始祖布库里雍顺，母曰佛库伦，相传感朱果而孕。稍长，定三姓之乱，众奉为贝勒，居长白山东俄莫惠之野俄朵里城，号其部族曰满洲。满洲自此始”。[①] 这个女真部族为什么称作满洲呢？原来女真信奉佛教，尊崇曼殊（亦写作文殊）师利（亦写作室利）菩萨，因此，这个部族便自称为曼殊，音转为满珠。吴振棫说：“国语（指满语）谓金曰爱辛。高宗（乾隆）尝详论之，为金源同派之证。本朝开基之始，居长白山东，俄莫惠之野鄂多里城，亦作俄朵里。地近吉林乌拉古肃慎氏之墟。按金史：世祖居完颜部，其地有白山黑水。白山即长白山，黑水即黑龙江。东土发祥，山川钟毓，亦与大金同也。清文满洲作满珠，皆平读。闻每岁西藏献丹书，皆称曼殊师利大皇帝，又作曼珠室利大教王。经云释迦牟尼昆卢遮那如来，而大圣曼殊室利为昆卢遮那本师，殊珠音同，室师一音也。当时鸿号肇称，或本诸此。今汉字作满洲，因洲字义近地名，假借用之，遂相沿耳，实则部族而非地名也。”[②] 陈康祺说：“满洲初为部落名，国书本作满珠，二字皆平读。乾隆四十二年，上（清高宗）谕：我朝肇兴时，旧称满珠，所属曰珠申，后改称满珠。而汉字相沿讹为满洲。其实即古肃慎，为珠申之转音。”又说：“西藏每岁献丹书，称上为曼珠师利大皇帝。曼珠，译言妙吉祥也，又作曼殊室利。按珠、殊同音，曼珠亦即满珠二字。其易珠为洲，盖由洲字义近地名，故汉字假借承用之。”[③] 又，日人稻叶君山所著《满洲发达史》引朝鲜实录说，清太祖天命四年（公元1619年，明万历四十七年），朝鲜都元帅姜宏立助明军与努尔哈赤作战，中途被掳，见努尔哈赤部下，均称彼为满住汗。文殊、满珠、满住都是曼殊（珠）的音转，最后又汉化而为满洲。努尔哈赤统一了女真各部，满族也就成为女真族的定称。

努尔哈赤的六世祖猛哥帖木儿（《清史稿》作孟特穆）率族人迁

---

① 《清史稿》，中华书局版（下同）第二册，第1页。

② 吴振棫：《养吉斋丛录》，北京古籍出版社出版（下同），285页。

③ 陈康祺：《郎潜纪闻》，中华书局版（下同），卷五，95页。

徙至赫图阿拉（今辽宁省新宾县），受明王朝的羁縻。努尔哈赤经过三十多年的战争，统一了女真各部，势力强盛，才立国称帝。《清史稿·太祖本纪》记："天命元年（公元1616年，明万历四十四年）丙辰春正月壬申朔，上（努尔哈赤）即位，建元天命，定国号曰金。诸贝勒大臣上尊号曰覆育列国英明皇帝。"①

天命三年（公元1618年，明万历四十六年），努尔哈赤誓师伐明，以七大恨告天。所谓七大恨也者，统而言之，无非是明王朝过去对女真族的民族压迫而已。努尔哈赤兴兵反抗明王朝的民族压迫，汉族人民却又受到满族奴隶主贵族的民族压迫，大量汉族人民或被屠杀，或被掳掠去作满洲贵族的庄园奴隶和家内奴隶。

万历四十七年（金天命四年），明神宗加派辽饷，拼命搜刮人民的脂膏，拼凑20万大军，命杨镐督师征辽，妄图把努尔哈赤镇压下去。这年三月的萨尔浒会战，明师大败。从此连年征战，努尔哈赤节节胜利，奄有辽沈地区，国都由最初的根据地赫图阿拉迁至辽阳，天命十年（公元1625年，明熹宗天启五年）再迁至沈阳，是曰盛京。但到翌年却受挫于明宁远（今辽宁省兴城县）守将袁崇焕。袁崇焕有胆有识，他认为"若保关内，必守关外；若保关外，必守宁远"，在宁远城构筑了坚固的防御工事，架设了红衣大炮，使努尔哈赤久攻不下，损兵折将，只好退还沈阳。努尔哈赤对众贝勒说："朕用兵以来，未有抗颜行者。袁崇焕何人，乃能尔耶！"② 这年八月，悒悒而殁。

努尔哈赤死后，第八子皇太极（音同汉语皇太子及蒙古语黄台吉）继位。皇太极天聪三年（公元1629年，明崇祯二年），昏庸而又猜忌的明思宗中了反间计，冤杀了袁崇焕，自毁长城，反为努尔哈赤雪了恨。

天聪十年（公元1636年，明崇祯九年）夏四月乙酉，皇太极改定国号为大清，改天聪十年为崇德元年。为什么要改国号呢？金梁说："历代国号，各有取义……惟大清二字，论者多以为疑，而不知清与金为一音之转。清本女真，国姓爱新，爱新译音译义皆为金，故清初

① 《清史稿》第二册，9页。

② 《清史稿》第二册，16页。

国号曰大金，亦曰后金。后以宋金世仇，或多疑虑。太宗崇德元年，遂改国号曰大清。字面虽易，在满音原无异也。”又说：“有内藤虎者，见有满洲与朝鲜国书，称后金；问清初国号曰金耶？余忆汉文老档，确有金国汗字样。奉天（今辽宁省旧名奉天，但此指省会沈阳）东门曰抚近，额题大金天聪二年。余即赴省拓得数本，其满文则与后作大清字样者文字全同。清金同音，足为余前论之确证矣。”[①] 金梁的说法是对的。天聪五年八月，皇太极给明总兵祖大寿写了一封信，说：“往者我欲和，尔国君臣以宋为鉴，不我应。尔国非宋，我亦非金，何不达若此！”[②] 可见改金为清，确是出自这种考虑。稻叶君山又多了一种猜测，他说：“天聪十年改国号大清，避汉族对完颜金之仇恨。又以朱明有火义，避火克金，而清金音近，且有水克火之义也。”这一见解亦不无道理。

明崇祯帝冤杀袁崇焕，自毁长城，为清人入侵开放了绿灯。清兵虽不断侵扰，攻陷一些府县，但在劫掠人畜财物之后便呼啸而归，并不实行占领。崇德七年（公元1642年，明崇祯十五年）三月，明思宗朱由检与兵部尚书陈新甲密谋讲和，派兵部职方郎中马绍愉为议和代表。是年六月，皇太极以书报明帝，说：“向屡致书修好，贵国不从，事属既往，其又何言。予承天眷，自东北海滨以讫西北，其间使犬、使鹿产狐产貂之地，暨厄鲁特部、斡难河源，皆我臣服，蒙古、朝鲜尽入版图，用是昭告天地，正位改元。迩者兵入尔境，克城陷阵，乘胜长驱，亦复何畏。余特惓惓为百万生灵计，若能各审祸福，诚心和好，自兹以往，尽释宿怨，尊卑之分，又何较焉。古云：‘情通则明，情蔽则暗。’使者往来，期以面见，情不壅蔽。吉凶大事，交相庆吊。岁各以地所产互为馈遗，两国逃亡亦互归之。以宁远双树堡为贵国界，塔山为我国界，而互市于连山适中之地。其自海中往来者则以黄城岛之东西为界。越者各罪其下。贵国如用此言，两君或亲誓天地，或遣大臣莅盟，唯命之从。否则后勿复使矣。”[③] 但明思宗胁于廷

① 金梁：《光宣小纪》《大清》《后金》条。

② 《清史稿》第二册，35页。

③ 《清史稿》第二册，77页。

臣的反对，归罪于陈新甲，议和之事遂告中废。由此可以了解，皇太极当时对大举入侵，推倒明王朝取而代之，不仅未下决心，并且也还没有必胜的信心。不然的话，他是不会同意媾和的。

崇德八年八月，皇太极死。满洲贵族对皇位的继承发生了严重的争执，一派要拥立皇太极的长子豪格，另一派要拥立努尔哈赤的第十四子多尔衮。两派剑拔弩张。几致火并，结果达成了一个折中的协议，以皇太极的第九子年仅六岁的福临继位，而以多尔衮、济尔哈朗辅政，才使内部矛盾缓和下来。福临继位的翌年，改元顺治。顺治元年（公元1644年，明崇祯十七年）三月李自成农民起义军攻陷北京，明思宗自缢，自成即帝位，国号大顺，改元永昌。是年四月，明宁远总兵吴三桂向清人乞师，多尔衮率师入关，吴三桂开关出迎，李自成战败，放弃北京向西撤退。五月，多尔衮率清军及吴三桂降军进入北京。形势变化之急剧，使满洲贵族喜出望外，同时亦使多尔衮在满洲贵族中的威信和政治地位得以大大地提高。是年九月，福临自沈阳迁都北京；十月，进封多尔衮为叔父摄政王，清王朝的政权实际上掌握在多尔衮的手上。直至顺治七年十二月多尔衮死，清世祖福临才能够行使皇权。

清人进入北京后，立即分兵两路，一路西向追击大顺军，另一路南下征伐南明的福王政权。李自成自北京撤出，原意欲保存实力，无奈一经撤退之后，军心动摇，屡战屡败，内部又出现分裂，以致一蹶不振。南明小朝廷更是毫无作为，只有史可法在兵微将寡、粮械两缺、完全得不到外援的极其恶劣的情况下坚守扬州孤城。顺治二年四月，扬州城陷，史可法拔剑自刎未死，被清军俘获。清豫王多铎劝诱投降，可法慷慨激昂地说："城存与存，城亡与亡，我头可断而志不可屈！"多铎把他杀了，但面对这位宁死不屈的民族英雄也不能不肃然起敬，进入南京后立即下令建造史可法祠，并优恤其家人。

清兵陷扬州后的屠杀是惨无人道的。据说"扬城破，清帅发令箭，一门（指城门）杀人一百，以未破城时发炮伤兵也。既而传箭，一门杀人一千。杀讫，随出一箭，又杀一千。连续传箭，直杀至数十万。扬州烟爨四十八万，至是遂空”。[1] 这就是历史上与“嘉定三屠”并称的著名的“扬州十日”的惨剧。清王朝为了镇压汉族人民的反抗在扬州、江阴、嘉定等地所进行的大屠杀，反而激起了汉族人民的抗清斗争高潮。清王朝在保留汉族的封建生产方式的同时，却以征服者的威权强迫汉族人民服从满族的风俗习惯，下了严厉的剃头易服命令，威胁汉族人民说：“留头不留发，留发不留头！”这种不明智的政策对抗清斗争起了火上泼油的作用，使民族矛盾成为当时主要的政治、社会矛盾。汉族人民的抗清斗争延续了二十年之久。整个顺治朝兵革不息，战火燃烧着大半个中国，生产力遭受了极其重大的摧残，清王朝的日子十分不好过。

顺治十六年（公元 1659 年）五月，郑成功及张煌言两路海上义师会合北上。郑成功入长江，夺瓜洲，陷镇江；张煌言收复芜湖；四府三州二十二县向义军投降。郑军进围南京，“拥师十数万，战舰数千，抵江宁城外，列八十三营，络绎不绝，设大炮、地雷、云梯、木栅，为久困之计，军容甚盛”。[2] 清廷大为震动。不料郑成功被胜利冲昏了头脑，中了清军诈降的缓兵计，丧失了警惕，在全军开筵酣饮之际，深夜间遭受清军的突然袭击，一败涂地，退回厦门。

郑成功之所以被称为民族英雄，不仅因为他坚持了十六年的抗清斗争，还因为他从荷兰殖民者手中收回了我国的领土台湾。

荷兰殖民者于明天启四年（公元 1624 年）侵入台湾，残酷地压迫和剥削台湾居民。台湾人不断起来反抗。顺治十四年郭怀一领导的起义失败后，即向郑成功求援。郑成功义不容辞，于顺治十八年四月发水师二万五千，战船数百艘于鹿耳门港登陆，狠狠地打击了荷兰殖民军，终于康熙元年（公元 1662 年）二月一日迫使荷军投降，结束了荷兰侵略者在台湾长达 38 年的殖民统治。郑成功解放和开发台湾的丰功伟绩是值得歌颂的，他不愧为一位伟大的民族英雄。

张煌言也算得一位民族英雄。康熙三年八月，他被浙督赵廷臣率领数万人包围于普陀山，力竭被擒。赵称张为张老爷，并说：“公若

---

① 计六奇：《明季南略》，中华书局版，205 页。

② 《清史稿》第二册，156 页。

肯降，富贵功名可致。”张正色说：“此等事讲他怎的！在小弟惟求速死而已。”清廷着就地斩决。张煌言写下一首悲壮感人的绝命诗,[①] 从容就义。他同史可法一样体现了宁死不屈的民族气节。

中南、西南地区的抗清斗争也是可歌可泣的。顺治三年十一月，明两广总丁魁楚（后投清被杀）、广西巡抚瞿式耜、湖广总督何腾蛟及湖广巡抚堵胤锡（瞿、何、堵先后在抗清斗争中壮烈牺牲）在广东肇庆拥立桂王朱由榔为帝，年号永历。南明永历政权最初得到大顺军遗部的支持，后来又得到张献忠大西军遗部的支持，得以延续 15 年。顺治十八年，吴三桂率大军入缅甸，执桂王回滇杀了。至此，抗清斗争才告最后失败。在镇压抗清斗争中，清王朝不得不重用洪承畴、吴三桂等降将，让汉人杀汉人。这一策略虽然收效，却造成军阀割据的局面，国家仍然是分裂的。

国家统一大业是由清圣祖玄烨（康熙帝）完成的。在这方面，他作了三件大事：一、平定三藩之乱，消灭封建军阀割据；二、收复台湾，使台湾回归祖国版图；三、击败沙俄侵略军，粉碎沙俄蚕食我国东北边境的阴谋。

康熙十二年（公元 1673 年）三月，平南王尚可喜请告老，康熙批准了；尚可喜请以其子之信嗣封镇粤，康熙不准，而令其撤藩还驻辽东。是年七月，平西王吴三桂、嗣靖南王耿精忠先后疏请撤藩，康熙亦均批准。吴三桂、耿精忠两人疏请撤藩是对清廷的试探，廷臣颇多疑虑，怕发生激变的后果。但是，康熙果断地认为“撤亦反不撤亦反”,[②] 决意执行撤藩，并且作了最坏的打算。三藩是毒瘤，不割掉这三个封建军阀的毒瘤，云南、福建、广东三省的人民便不得安宁，国家也不能统一。康熙决心要大动手术，所以对撤藩政策毫不动摇。果然，这年十二月吴三桂首先发动叛乱；次年二月孙延龄（孔有德之婿）反于广西；三月，耿精忠反于福建；康熙十五年四月，尚之信反于广州。一时天下大乱，形势非常险峻。但是当时在清入关初步统一

① 张煌言绝命诗：“国亡家破何欲之？西子湖头有我师。日月双悬于氏墓，乾坤半壁岳家祠。惭将赤手分三席，敢为丹心借一枝。他日来车东浙路，怒涛岂必属鸱夷！”

② 昭梿：《啸亭杂录》卷一，《论三逆》条。

关内后，人民已厌烦战乱，渴望休养生息，并且，对三藩的压迫和剥削也已恨透了，所以，三藩的叛乱是违反人民意愿的。虽然像吴三桂这样的民族叛徒，也打出“兴明讨虏”的旗帜作为号召。但毕竟是得不到人民支持的。经过八年的战争，三藩之乱终于康熙二十年（公元1681年）十月以清军攻入昆明、吴世璠（吴三桂之孙）自杀而宣告结束。三个毒瘤全被割掉了。

消灭藩镇割据势力后，玄烨随即着手收复台湾的准备工作。康熙二十二年（公元1683年）五月，“命施琅征台湾”；闰六月，“施琅克澎湖”；八月，“施琅疏报师入台湾”，郑克塽降。[①] 台湾回归祖国，既完成了国家的统一，亦有利于台湾的安全和发展；海峡两岸人民都是满意的。

沙俄从公元1643年开始入侵黑龙江，蚕食我国领土。顺治朝，清廷对沙俄的侵略阴谋估计不足，且方倾注全力于国内战争，未遑北顾。玄烨于平定三藩叛乱的次年，赴东北谒陵，即派彭春调查沙俄犯边情况，命宁古塔将军巴海、副都统萨布素率师防备。康熙二十四年（公元1685年），玄烨决定对沙战侵略者采取行动，进行一场自卫反击战以抑制侵略者的凶焰，命彭春赴黑龙江督察军务，命林兴珠率福建藤牌军三千人从之，命蒙古科尔沁十旗所贡牛羊送黑龙江军前。是年五月，彭春等围攻沙俄侵略军盘踞的雅克萨城，沙俄派兵增援，林兴珠率藤牌军迎战于江中，大破之，沉其船。沙俄侵略军主将托尔布津乞降，清军准许其携带军械及财物离开雅克萨；清军于沙俄降军撤离后亦全部返防。玄烨接到雅克萨的捷报十分高兴，下诏嘉奖说：“鄂罗斯入我边塞，侵扰鄂伦春、索伦、赫哲、飞牙喀等处人众，盘踞雅克萨四十年。今克奏厥绩，在事人员，咸与优叙。应于何地永驻官兵，即会议具奏。”[②] 是年七月，设吉林、黑龙江驿路，凡十九驿；九月，命温代、纳秦驻防黑龙江，博定修筑墨尔根城，增给夫役，兼令屯田。这是巩固边防的措施。看来，玄烨对沙俄的野心已认真对待。果然不出所料，败军之将托尔布津背信弃义，在补充兵力后卷土重来，返回

① 《清史稿》第二册，212页。

② 《清史稿》第二册，217—218页。

雅克萨。康熙二十五年六月黑龙江将军萨布素率清军再次围攻雅城，托尔布津中炮弹身亡，俄军死伤甚众，城内病疫流行，沙俄使臣请求停战。清廷从人道主义出发立即解围退师，给残余的沙俄匪帮放开一条生路。两次雅克萨战役的胜利教训了侵略者，沙俄除了接受谈判外别无其他选择。康熙二十八年（公元1689年）九月七日签订了《中俄尼布楚条约》。

玄烨在平定三藩之乱，巩固政权后，从康熙二十三年（公元1684年）起，先后南巡六次。玄烨的南巡都干了什么？这里给头两次南巡作一个纪要如下：

康熙二十三年九月，“丁亥，诏南巡车驾所过，赐复一年。辛卯，上（玄烨）启銮”。“冬十月壬寅，上次泰安，登泰山，祀东岳。辛亥，次桃源，阅河工，慰劳役夫，戒河吏勿侵渔。临视天妃闸。与河臣靳辅论治河方略。壬子，上渡淮。甲寅，次高邮湖，登岸行十余里，询耆老疾苦。丙辰，上幸焦山、金山，渡扬子江，舟中顾侍臣曰：‘此皆战舰也，今以供巡幸，然艰难不可忘也！’丁巳，弛海禁。戊午，上驻苏州。庚申，幸惠山，谕巡抚：百姓远道来观，其不能归者资遣之。十一月壬戌朔，上驻江宁。癸亥，诣明陵致奠。乙丑，回銮。泊舟燕子矶……丁卯，命伊桑阿、萨穆哈视察海口，谕曰：‘海口沙淤年久，遂至壅塞。必将水道疏通，始免昏垫，即多用经费，亦所不惜。’辛未，临阅高家堰。次宿迁。过白洋河，赐老人白金。戊寅，上次曲阜。己卯，上诣先师庙，入大成门，行九叩礼。至诗礼堂，讲《易经》。上大成殿，瞻先圣像，观礼器。至圣迹殿，览图书。至杏坛，观植桧。入承圣门，汲孔井水尝之。顾问鲁壁遗迹，博士孔毓圻占对甚详，赐官助教。诣孔林墓前酹酒。书‘万世师表’额。留曲柄黄盖。赐衍圣公毓埏以次日讲经各一。免曲阜明年租赋。庚寅，上还京”。①

康熙二十八年己巳“春正月庚午，诏南巡临阅河工。丙子，启銮。诏所过勿令民治道……壬午，诏免山东地丁额赋。甲申，上驻济

① 《清史稿》第二册，215—216页。

南。乙酉，望祀泰山。庚寅，次郯城，阅中河。壬辰，次清河。癸巳，诏免江南积欠二十余万。乙未，上驻扬州。诏曰：‘朕观风问俗卤簿（卤簿，仪仗队）不设，扈从仅三百人，顷驻扬州，民间结采盈衢，虽出自爱敬之情，不无少损物力。其前途经过郡邑，宜悉停止。’二月辛丑，上驻苏州。丁未，驻杭州……辛亥，渡钱塘江，至会稽山麓。壬子，祭禹陵，亲制祭文，书名，行九叩礼，制颂刊石，书额曰‘地平天成’。癸丑，上还驻杭州，阅骑射……丁巳，次苏州……江南百姓吁留停跸，献土物为御食，委积岸上。令取米一撮，果一枚，为留一日。浙江巡抚金鋐有罪，削职遣戍，以张鹏翮为浙江巡抚……癸亥，上驻跸江宁。甲子，祭明陵……江宁士民吁留圣驾，为留二日。三月戊辰朔，发江宁。甲戌，阅高家堰，指授治河方略。丙戌，上还京……戊子，诏：靳辅治河劳绩昭然，可复原官”。①

谒孔庙，行九叩礼，这是玄烨以清王朝代表人的身份向人民表明接受汉族的文化传统，目的是维系民心和维护国家的统一。

谒明孝陵，向人民表明清王朝是明王朝的正统继承者，要继续执行明王朝的各种制度，从而使“抗清复明”的口号不能再找到市场。

祭禹陵的礼节是最隆重的，目的在表明满族是中华民族大家庭中的成员之一，而不是入侵中华的异族，要使人民相信满汉一家的话是真诚的。不能忽视的另一点是，玄烨在当时已把治河列为政治上的一件大事，他认定把这一件大事办好，就能使百姓安居乐业，能促进社会经济的恢复和发展，能巩固清王朝的统治。基于这一点，他对夏禹，这一位曾经从洪水灾难中把中华民族拯救出来的历史伟人，产生了一种虔诚的崇拜心情是可以理解的。祭禹陵这一场戏，可以说是一场真戏。

在台湾回归祖国之前，清王朝对江南地区极不放心。由内务府选派的苏州、杭州织造大员实际上是清王朝驻在江南地区的坐探，关于这一点，只要看一看《李煦奏折》便清楚了。玄烨第一次南巡有一个重要的政治任务便是要亲自了解一下当时江南地区的民心。巡视的结

① 《清史稿》第二册，226—227 页。

果使他相当满意，他对江南地区比较放心了，因而下了弛海禁的命令。

从这个时候起，可以说，清王朝的统治基本稳固了，满族基本上汉化了；另一方面汉族人民对清王朝也基本上认同了。

两次南巡，免了不少地区的钱粮，对争取民心是起了作用的。连同以上所说的几件大事看来，玄烨的统治技术是高明的，他使出的政治招数是有效的。他不愧是中国封建社会后期中比较杰出的君主之一。

玄烨南巡以巡阅河工为名，这不是标榜，他是认真的。例如在高邮湖，登岸行十余里，一般养尊处优的封建帝王是做不到的。以后康熙三十九年、四十二年、四十四年及四十六年的四次南巡，都以视察河工为主。康熙朝的河工是有成绩的。玄烨的重视、河臣靳辅信任治河专家陈潢，是取得河工成绩的主要因素。然而，靳辅曾遭受中伤，陈潢曾遭受迫害，在封建社会，官场的互相倾轧是惯例，一点也不奇怪。但玄烨能亲自调查研究，终于肯定靳辅的劳绩，不为浮言所壅蔽，却是不可多得的。康熙三十三年（公元1694年）正月，玄烨“召见河道总督于成龙，问曰：‘尔前言减水坝不宜开，靳辅糜费钱粮，今竟何如？成龙曰：‘臣前诚妄言，今所办皆照靳辅而行。’上曰：‘然则尔所言之非，靳辅所行之是，何以不明白陈奏，尚留待排陷耶？’因谕大学士曰：‘于成龙前奏靳辅未曾种柳河堤，朕南巡时，指河干之柳问之，无辞以对。又奏靳辅放水淹民田，朕复至其地观之，断不至淹害麦田。而王骘、董讷等亦附和于成龙言之。’下部议，将于成龙革职枷责。上曰：‘伊经手之工未完，应革职留任。’王骘休致，董讷革职”。[①] 实实在在办事的人，特别是革新者，招来不应有的非议、诽谤甚至打击，这也是惯例。历史上许多冤、假、错案，常常是爱好偏听偏信的封建君主造成的。玄烨不仅能兼听，而且能通过亲自调查来解决这类问题，这是值得称赞的。玄烨在河工方面的表现以及采取了其他一些较好的政策和措施，赢得了民心，也推进了历史的前进。

康熙二十二年是清王朝历史的转折点。从顺治入关以来，长达四十年的动乱时代结束了，和平发展的新时代开始了。

① 《清史稿》第二册，238—239页。

雍正朝的汉化又向前跨进了一步。由于满洲贵族内部矛盾的激化，清世宗胤禛宁愿信任汉族官僚。张廷玉几乎是他真正推心置腹的政治助手。胤禛确实做了一些好事，如为所谓惰民、丐户等历史上备受歧视的贱民除籍，推行摊丁入地等，都是应该给予肯定的。他对国家财政的整顿和管理，也获得相当好的效果。雍正朝的社会经济有了进一步的发展。

清高宗弘历藉父、祖的遗业，在乾隆朝的上半期也有所建树，算得上一个守成的君主。从康熙二十二年至乾隆三十年（公元1765年），凡八十三年，可算是清王朝的黄金时期。乾隆三十年以后，清王朝开始走下坡路，特别自和坤用事以后，国内政治的腐败，比起明王朝末期来，已有过之而无不及。

18世纪后五十年，欧洲资本主义正在蓬勃发展，世界的面貌发生了极其巨大的变化。而弘历却盲目自大，闭关锁国，不了解也看不到这些变化。乾隆五十八年（公元1793年），他给英王乔治三世的信仍然说什么“天朝物产丰盈，无所不有，原不藉外夷货物，以通有无”；他的闭关主义导致了中国的长期落后。

《竹叶亭杂记》留下这样的一段笑话：“闻番人言，红毛国中水火皆有专家，只许一家卖火，一家卖水，无二肆也。人家夜不举火，至晚，鬻火者能令室中自明，无俟燃烛也。欲水亦先告鬻者，屋宇皆有水法，水即自至，无俟担桶也。夷人多巧工，此语或不虚也。”① 这是本书作者姚元之游澳门时打听到的新鲜事。姚元之在嘉庆十年（公元1805年）中进士，先后在翰林院、南书房、内阁、詹事府、礼部、兵部、户部和都察院当过多年的京官，并曾任河南、浙江的学政，是嘉庆、道光期间的大知识分子。当时已是19世纪，而这个大知识分子竟不识电灯和自来水，这在当时并不算是笑话，因为对这种“神火”和“神水”根本不知道的人实在太多了。清王朝君臣的愚昧无知使中华民族遭受了百年灾难，蒙受了奇耻大辱。闭关导致落后，而落后是要挨打的。

---

① 姚元之：《竹叶亭杂记》，中华书局版，92—93页。

鸦片战争就是我们闭关、落后的中华民族挨打的开端。

第二节　赋役制度

顺治入关后，赋役方面沿用明制，顺治元年十月所下的诏书说："地亩钱粮，俱照前朝会计录原额，自顺治元年五月初一日起，按亩征解。凡加派辽饷、新饷、练饷、召买等项，悉行蠲免。"① 在此之前，即顺治元年七月，多尔衮已采纳谋士范文程的献议，宣布废除明季三饷。多尔衮的《谕官吏军民人等令旨》说："至于前朝弊政，厉民最甚者，莫如加派辽饷，以致民穷盗起，而复加剿饷，再为各边抽练而复加练饷。惟此三饷，数倍正供，苦累小民，剔脂剥髓……更有召买粮料，名为当官平市，实则计亩加征，初议准作正粮，既而不肯销算。有时米价腾贵，每石四五两不等，部议只给五分之一……自顺治元年为始，凡正额之外，一切加派如辽饷、剿饷、练饷及召买米豆，尽行蠲免。"②

按：所谓前朝会计录，当系指张居正当政时户部尚书张学颜编纂的《万历会计录》而言，当时尚未加派辽饷，更不用说剿饷和练饷了。但是，清兵南下后，实际上执行的是万历四十八年则例，除原来正额外已包括加派的辽饷在内。顺治四年（公元 1647 年）二月的《布告浙东福建新定地方诏》说："浙东八府并福建全省，俱自顺治四年正月初一日起，通照前朝万历四十八年则例征收，天启、崇祯加派，尽行蠲免。"③《粤东底定恩诏》，说："广东人丁地亩本折钱粮并卫所屯粮，俱自顺治四年正月初一日起，通照前朝万历四十八年则例征收，天启、崇祯加派，尽行蠲免。"④ 顺治五年十一月的诏书说："派征钱

① 王先谦：《东华录·顺治朝》。

② 《明清史料》，丙编，第一本，90 页。

③ 《明清史料》，丙编，第六本，584 页。

④ 《明清史料》，丙编，第六本，585 页。

粮，俱照万历年间则例（按：指万历四十八年则例）。其天启、崇祯年加增，尽行蠲免，通行已久”。[①] 由此可见，万历年间加派的辽饷（万历四十六年亩加银三厘半，四十七年复加三厘半，四十八年复加二厘，合计亩加银九厘，故又称九厘银）实仍照征；所废除者，乃崇祯三年再行加派三厘的辽饷，崇祯十年加派的剿饷以及崇祯十二年加派的练饷而已。顺治十一年开始编造赋役全书，同年五月户部右侍郎王弘祚的题本称：“九厘银，旧书（案指张学颜的《万历会计录》）未载，今俱补入。”[②] 顺治十三年正月湖广总督祖泽远的题本详述了户部与湖广关于楚省九厘银定额的争论。[③] 同时，在清代各州县的赋役全书里面，也可以看到九厘银这个项目。这些都是万历期间加派的辽饷仍照开征的确切证明。

顺治十八年（公元1661年），为修世祖陵墓曾加派练饷，但这只是一次性的。

田赋的税率，原则上仍按照明代的办法，即按照田、地、山、荡四类分三等九则征税。各地实际情况是十分复杂的，所谓三等九则只是具文而已。例如浙江省，自康熙六年厘丈后，全省田地共四十六万四千一百二十顷二十六亩有奇，税率则全省田分三百十五则，地分一百七十九则，山分九十七则，荡分一百十七则，田地山荡合计七百零八则。田每亩科银一分五厘三丝至二钱五分五厘不等，米三撮至一斗九升不等；地每亩科银二厘四毫至二钱一分三厘二毫不等，米八抄至一斗九升三合五勺不等；山每亩科银五丝至一钱九分六厘三毫不等，米六抄至五升三合七勺不等；荡每亩科银四毫至七分三厘不等，米五勺至七升五合不等；塘每亩科银二毫至一钱二分四厘五毫不等，米七撮至一升六合八勺不等；湖地每亩科银三分七毫，米九勺五抄；桑每株科银一厘九毫至五厘六毫不等，米一勺；茶每株科银一厘五毫，米七勺；灶地每亩科银一分六厘一毫至一钱四分一厘四毫不等，米三合七勺至三升七合不等；归并卫所田地每亩科银五厘五毫二丝至一钱四

① 《清世祖实录》，卷41。

② 《明清史料》，丙编，第四本，359页。

③ 《明清史料》，丙编，第十本，907页。

分九厘不等，米一斗五升七合五勺至二斗四升不等。[1]

清代田赋，虽说沿用明制，但在康，雍、乾三朝亦曾采取过一些新措施；兹摭其荦荦大者数端略述如下。

1. 对垦荒的优待。康熙十二年规定："民间垦荒田亩，以十年起科。"[2] 雍正初年改定：新垦田地的升科年限，水田为六年，旱田为十年。[3] 雍正四年规定："山西新垦瘠地自十亩以下，陕西畸零在五亩以下，俱免升科。凡隙地及水冲沙杂，与田不及亩者，及边省山麓河壖旷土，均永远免科。"[4] 乾隆三十一年（公元1766年）谕："滇省山多田少，可耕之地俱经垦辟，惟山麓河滨尚有旷土，贫民耕种以供口食。定例山头地角三亩以上者，照旱田十年之例；水滨河尾二亩以上者，照水田六年之例，升科。第念此等零星地土，本与平原沃壤不同，倘地方官经理不善，丈量查勘，恐吏胥从中滋扰。嗣后滇省山头地角水滨河尾俱听民耕种，概免升科。"[5] 康熙二十二年以后，国家统一，社会安定，再加上赋制上的优待，垦荒事业取得了显著的成绩。但也有一些弊端，主要为地方官吏为贪图议叙而浮报垦田数额，以及吏胥在报垦工作中向人民恣行勒索。例如康熙二十一年四川巡抚杭爱奏："前任抚臣罗森报开垦地共五千六百一顷四十亩，查系罗森希图议叙捏报……应征钱粮请豁免，部议不准。得旨：……照该抚所题豁免。"[6] 又如陆陇其所记："竹垞（按即朱彝尊）妻弟冯云，在凤阳幕中，前知府高必大，以报垦田加五十余级，及三年（按：康熙十二年规定新垦田地十年起科，此云三年，当是康熙十二年以前的事例）要起科则，民皆逃亡，垦者仍荒，贻累无穷。"[7]《清朝文献通考》载，雍正元年以"向来垦荒之弊，自州县以至督抚，俱有需索陋规，致垦荒之费，浮于买价"；乃规定："嗣后凡有可垦之处，听民相度地宜，

① 1948年《重修浙江省通志初稿之二·田赋》上册，7页。
② 《清史稿》第二册，185页。
③ 《清史稿》第十三册，3502页，3504页。
④ 《清史稿》第十三册，3502页，3504页。
⑤ 王庆云：《熙朝政纪》，一名《石渠余记》，卷一。
⑥ 王先谦：《东华录·康熙朝》。
⑦ 陆陇其：《三鱼堂日记》，商务印书馆版（下同），94页。

自垦自报。”[①] 这一措施，对改革垦政，在当时曾起过一定作用。

2. 对旱地改水田的优待。乾隆五年谕：“河南、湖北两省人民，有愿将旱田改为水田者，钱粮仍照原定科则，免其加赋。”这一措施虽只适用于豫鄂两省，但在田赋制度上算得是创举。

3. 削减苏松嘉湖赋额。《清史稿·食货志》记，雍正二年，以“苏、松浮粮多于他省，诏蠲免苏州额征银三十万，松江十五万，永著为例”。又记，雍正五年，诏减浙江嘉、湖二府额征银十之一，共银八万余两（据《清朝文献通考》为八万七千二百两）。[②] 雍正朝削减苏松嘉湖四府田赋额征银共计五十三万余两。龚炜在《巢林笔谈》中说：“苏松浮粮，世宗皇帝已捐四十余万，今奉恩旨，又捐二十余万。”所谓“今奉恩旨”是指乾隆的诏令，但未说明事在乾隆何年。（按：《清史稿·食货志》记：乾隆元年，“免苏、松浮粮额银二十万石”。[③] 石字显为两字之误。《食货志》与《巢林笔谈》所说实为一事）从《食货志》看，事在乾隆元年。中央分配地方的田赋额征银，原是“神圣不可侵犯”的，削减苏松嘉湖赋额，打破了传统习惯。

4. 规定减赋同时减租。康熙四年曾规定：“凡灾伤免赋者并免丁徭。”康熙四十九年十一月，“给事中高遐昌奏：凡遇蠲免钱粮之年，请将佃户田租亦酌量蠲免，著为例”。寻户部议复：凡遇蠲免钱粮，合计分数，业主蠲免七分，佃户蠲免三分，永著为例。[④] 雍正八年再进一步规定，凡遇蠲免钱粮之年，蠲免十分者，江浙两省赋重粮多之地，田租一石酌减一斗五升；蠲免五分者每田租一石减七升五合；其余赋轻粮少各省，蠲免十分者每田租一石减五升，若田主阳奉阴违，照违错律定拟追还；地方官失于觉察者同罪。乾隆五年恢复执行康熙四十九年的规定，即将所免钱粮分作十分，以七分免业主，三分免佃户；仍劝业户酌量宽减佃户之租，不必限定分数。[⑤] 这一措施使佃户在田赋减免中得到好处。元王朝至元三十一年亦曾有过减田赋同时亦

---

① 《清朝文献通考》，卷三。

② 《清史稿》第十三册，3533 页。

③ 《清史稿》第十三册，3534 页。

④ 蒋良骐：《东华录·康熙朝》。

⑤ 冯柳堂：《中国历代民食政策史》，商务印书馆版，284 页。

减田租的规定，但可能未成为定制。而清王朝的这一规定，最少在康雍乾三朝是真正执行了的。

5. 耗羡归公。火耗始自明代，前章已有论述。顺治元年下令说："官吏征收钱粮私加火耗者，以赃论。"这是装腔作势的官样文章，丝毫不起作用。玄烨比较务实，一方面从未正式承认火耗的合法性，另一方面也没有严令禁止。他曾对河南巡抚鹿祐说："所谓廉吏者，亦非一文不取之谓。如州县官取一分（指10%）火耗，此外不取，便称好官。若一概纠摘，则属吏不胜参矣！"又曾对偏沅巡抚陈璸说过："加一火耗，似尚可宽容"；他认为"州县用度不敷，故于正项之外，略加些微，原是私事。"① 这是一种暗示，玄烨采取的是睁一只眼睛闭一只眼睛的态度。胤禛的态度比较干脆，他的办法是：一承认，二限制；具体的措施便是所谓耗羡归公。耗羡归公之议，倡于雍正二年山西巡抚诺岷及布政使高成龄，胤禛予以批准，并推行于全国。自此，州县耗羡与正项钱粮一同提解，由省统一分配，作为地方官吏养廉金及其他公用；各省每年只将耗羡收支数目报户部，户部不加干预，亦不作为国家财政收入的正项。当时各省耗羡数额合计416万两，最多者为山东的48万两，最少者为奉天的一万两，其他各省多数在二三十万两之间。据统计如表8－1：

表8－1　　各省耗羡数额表

省别	耗羡数（银两）
直隶并山西协办	30万
奉天	1万
山东	48万
山西	31万
河南	41万
江宁	14万
苏州	32万
安徽	19万

① 蒋良骐：《东华录·康熙朝》。

续表

省别	耗羡数（银两）
江西	22 万
福建	21 万
浙江	16 万
湖北	20 万
湖南	16 万
陕西	23 万
甘肃	10 万
四川	31 万
广东	23 万
广西	4 万
云南	12 万
贵州	2 万
合计	416 万

注：①江苏省分设江宁及苏州两布政使司；

②江苏等省包括盐规。

胤禛认为，“耗羡与正项同解，州县皆知重耗无利于己，孰肯加征？”他相信此举对州县火耗具有限制作用。乾隆元年，曾令廷臣及督抚各抒所见，大学士鄂尔泰、刑部侍郎钱陈群、湖广总督孙家淦皆言：“耗羡之制，行之已久，征收有定，官吏不敢多取，计已定之数与未定以前相较，尚不逮其半，是迹近加征而实减征也。且火耗归公，一切陋习悉皆革除，上官无勒索之弊，州县无科派之端，小民无重耗之累，法良意美，可以垂诸久远。”[①] 耗羡归公在一段期间内起过限制滥征的作用是应该肯定的，但说什么“法良意美，可以垂诸久远”，那不过是假话。就在乾隆的后半期，所谓“上官无勒索之弊，州县无科派之端，小民无重耗之累”等等，已经不符合实际情况了。

6. 摊丁入地。这事将在下面作为一个专节来论述。

7. 最后说一说顺治十八年（辛丑）的江南逋赋案。此案一看之下

① 《清史稿》第十三册，3534—3535 页。

会被理解为清王朝对田赋的征收进行整顿，严厉制裁豪绅地主的逃税行为，其实另有内幕。孟森则谓：“（辛丑江南）奏销案既不见于官书，私家纪载亦不敢干犯时忌，致涉怨谤。”[①] 其实官书是有明白记载的，《清圣祖实录》记：顺治十八年辛丑六月庚辰，“江宁巡抚朱国治疏言，苏、松、常、镇四府属，并溧阳县未完钱粮，文武绅衿一万三千五百一十七名，应照例议处。衙役人等二百五十四名，应严提究拟。得旨：绅衿抗粮，殊为可恶！该部照定例严加议处”。[②]《清国史大臣列传·朱国治传》言：“国治疏言苏松常镇四府钱粮，抗欠者多，因分别造册，绅士一万三千五百余，衙役二百四十人。敕部察议，部议现任官降二级调用，衿士褫革，衙役照赃治罪。”《清史稿·圣祖本纪》亦言：顺治十八年“六月己卯，江苏巡抚朱国治疏言苏省逋赋绅衿一万三千五百十七人，下部斥黜有差”。[③] 可见官书并未讳言。至于私家的记载则更不少，这里不再引录。

但是，不论官书还是许多私家记载都没有道破辛丑逋赋案的内幕。整顿江南逋赋，从表面上看，这与田赋沿用明制所采取的其他一些新措施虽也相似，而实质迥异。这里请用一点篇幅来揭示其政治内容是必要的。

江南，特别是苏州地区，由于豪绅地主与当地吏胥勾结包揽钱粮，逃避负担，田赋征收方面的积弊异常严重，这是事实（这种现象在清王朝可以说是“贯彻始终”的）。顺治朝财政拮据，军饷浩繁，顺治十五年曾责令各省巡抚和按察使大破情面，彻底清查各地官吏的贪污中饱和乡绅生员的逃税行为，认真加以整顿；如果徇情包庇，即治抚，按以溺职之罪。这也是事实。人们会认为辛丑逋赋案就是由这道严厉的谕令引起的。果真如此吗？为什么不发生于顺治十六年或顺治十七年呢？难道那时候就没有逋赋？这是耐人寻味的。但是，如果把这事与当年正月发生的所谓“哭庙案”联系起来，内情就大白了。

所谓哭庙案的经过，现据无名氏：《痛史·哭庙纪略》摘要如下：

---

① 《明清史论著丛刊》下册，435 页。

② 《清圣祖实录》，卷三。

③ 《清史稿》第二册，166 页。

吴县县令任维初入常平仓，每石食米取七升三合，统计得千石，付县总吴行之粜焉。常平仓粮有缺少，仍责各户补偿。于是邑之父老以及妇人小子皆怀不平，而诸生倪用宾等有哭庙之举。顺治哀诏至姑苏，府堂设幕，哭临三日。诸生百余人，鸣钟击鼓并至府堂；人民相从而至者且千余人，号呼而来，皆欲逐任知县者也。案发道尊王公研讯，任维初供称，犯官到任二月，无从得银，而抚台索馈甚急，故不得已而粜粮耳。抚台朱国治因任维初供词及己，大惊，使人于道尊取口供，使易之；复发一宪牌与任令，高抬年月，其略曰，兵饷甚急，多征粮米，以备不虞，盖欲使维初立于无过之地也。朱国治奏疏云，看得兵饷之难完，皆由苏属之抗纳，而吴县为尤甚，新令任维初，目击旧官皆以未完降革，遂行严比，以副考成，欲破从前之积习，顿起物情之怨谤云云。狱成，诸生俱着处斩（大名鼎鼎之金圣叹在内），妻子家产籍没入官。

哭庙案亦称庚子（顺治十七年）哭庙大狱，李伯元所记对上摘节略可作补充。他说：“庚子哭庙大狱，吴下名士骈首就戮者一十八人，曰金人瑞（即金圣叹），曰倪用宾，曰沈琅，曰顾伟业，曰张韩，曰来献琪，曰丁观生，曰朱时若，曰朱章培，曰周江，曰姚刚，曰徐玠，曰叶琪，曰薛尔张，曰丁子伟，曰王仲孺，曰唐尧治，曰冯郅；家族财产籍没入官，同时株连军流禁锢者无算。初，明之亡也，吴下讲学立社之风犹盛，各立门户，互相推排。金圣叹以惊才艳藻交游其间，调和之力惟多，其名尤著，所至倾倒一时，遇贵人嬉笑怒骂以为快，故及于祸。当是狱初起也，若某某大臣故假哭庙事剪除之，以为悖逆莫大于此，骈而戮之，人当无异言。先是各省抚按率官绅设位哭临，市禁婚乐，妇孺屏息，爵愈崇者尤必备极其哀，诚重之也。苏亦举行哭临大典，当事战兢惕厉，礼有弗备，明法随之。然当此所谓人神乏主亿兆靡依之际，亦罔敢颠越弗恭者，而圣叹即以是时率诸生抢入进揭帖，继至者千余人，群声雷动，盖以吴县非刑，预征课税，鸣于抚臣，因民忿也。哭临者大骇，命械之。众议哗然。金于狱中上书千余言，为民请命，说多指斥一切。抚臣朱某（即朱国治）密疏启奏，有敢于哀诏初临之下，集众千万，上惊先帝之灵，似此目无法纪，恐摇动人心等说。命大臣讯狱于江苏，诸人不分首从，凌迟处死，没其家孥财产。一时气夺，吴下讲学立社之风于是乎绝。”①

从这些资料可以清楚地看出，哭庙案是一起残酷的政治压迫，是对群众反压迫反剥削斗争的镇压；而逋赋案则是哭庙案的继续，是假借整顿田赋之名对江南人民作进一步的政治报复和打击。这就是辛丑逋赋案的内情。

清田赋已如前述。现在，我们来略述清王朝的役法。

《清史稿·食货二》说：“役法，初沿明旧制，计丁授役，三年一编审，嗣改为五年。凡里百有十户，推丁多者十人为长（里长），余百户为十甲，甲十人。岁除里长一，管摄一里事。城中日坊，近城曰厢，乡里曰里。里长十人，轮流应征，催办钱粮，勾摄公事，十年一周，以丁数多寡为次，令催纳各户钱粮，不以差徭累之……”② 这说的是里长之役。里长主催办钱粮，与州县官吏及衙役沆瀣一气，参与对农民的剥削；但在催征不足数的情况下，里长本身也会吃赔累之苦。雍正年间厉行“自封投柜”法，农民交纳钱粮不经过里甲胥役之手，农民少受点额外剥削，收到一定的效果。这种办法后来也失灵了。“不以差徭累之”是句官腔，实际上是官府通过里长“以差徭累小民”，有的里长从中捞一把，有的里长本身也受差徭之累。

《食货二》接着说：“直省丁徭，有分三等九则者，有一条鞭征者，有丁随地派者，有丁随丁派者。其后改随地派，十居其七。都直省徭里银三百余万两，间征米豆。”③ 关于徭里银，即丁税的问题，将在本章第四节专述，这里不赘。

康熙、雍正年间对役法有些改革。

康熙元年令江南苏、松两府行“均田均役”法。这是采纳户科给事中柯耸的建议而实行的。柯耸说：“任土作赋，因田起差，此古今不易常法。但人户消长不同，田亩盈缩亦异，所以定十年编审之法，役随田转，册因时更，富者无免脱之弊，贫者无赢负之累。臣每见官

---

① 李伯元：《南亭笔记》卷三。

② 《清史稿》第十三册，3543 页。

③ 《清史稿》第十三册，3544 页，3545 页。

役之侵渔，差徭之繁重，其源皆由于佥点不公，积弊未剔。查一县田额若干，应审里长若干，每里十甲，每甲田若干，田多者独充一名，田少者串充一名，其最零星者附于甲尾，名曰花户，此定例也。各项差役，俱由里长挨甲充当，故力不劳而事易集。独苏、松两府，名为佥报殷实，竟不稽查田亩，有田已卖尽而报里役者，有田连阡陌全不应差者。年年小审，挪移脱换，丛弊多端。田归不役之家，役累无田之户，以致贫民竭骨难支，逃徙隔属。今当大造之年，请饬抚臣通行两府，按田起役，毋得凭空佥报，以滋卖富差贫之弊。其他花分子户、诡寄优免、隔属立户、买充册书诸弊，宜严加禁革。"① 议下户部执行。此后由苏松两府而渐及各地。据钟琦在《皇朝琐屑录》中所载："康熙二十四年，定均田均役法。嗣后户不分等，役尽归田，按田编银，以银雇力。"应该说明的是，均田均役法中所说的均田，并非恢复北魏至隋唐间所曾经实行的均田制。所谓均田均役，只是按田起役，具体地说，只是钟琦所说的按田编银、以银雇力的意思。

康熙七年定驿递给夫制。据《食货二》说："凡有驿处，设夫役以供奔走，其额视路之冲僻为衡，日给夫食，皆入正赋编征。此项人夫，大率募民充之，差役稍繁，莫不临时添雇。水驿亦然。"②

河夫由佥派改为雇募是一项较重要的改革。《食货二》说："（康熙）十二年停河南佥派河夫，按亩征银，以抵雇值。十六年，河道总督靳辅上言，'河工兴举，向俱勒州县派雇里民，用一费十。今两河（指南河、北河）并举，日需夫十余万，乃改佥派为雇募，多方鼓舞，数月而工成。'大工用雇募自辅始。"③ 这是一次获得实效的改革。

康熙十六年，"禁有司派罚百姓修筑城垛"。（同②）

雍正二年规定，"地方官令人民服杂役时，不得过五十名，且其人不得过三日"。④

看来，康、雍年间的封建徭役，相对以后来说还是比较轻的。

---

① 《清史稿》第十三册，3544 页，3545 页。

② 《清史稿》第十三册，3545 页，3545—3546 页，3547 页。

③ 《清史稿》第十三册，3545 页，3545—3546 页，3547 页。

④ 吴兆莘：《中国税制史》，商务印书馆版，下册，46 页。

《食货二》对清代役法的纪述杂乱无章，语焉不详，且多隐讳。书中所引乾隆二十五年御史丁田树的一段话："自丁粮归于地亩，凡有差徭及军需，必按程给价，无所谓力役之征。"① 简直是瞎吹。这一段话制造一种假象，好像摊丁入地以后，一切差徭都已由官府给价雇募，强制性的无偿的封建徭役已不存在了。事实并非如此！下面，我们打算就较大的几种徭役说一说，作点补充。

1. 兵差。顺治朝兵差的苛重，不必说了。顺治以后各朝，人民还是有兵差负担的。就拿乾隆朝来说，《食货二》载："三十二年，以用兵缅甸，经过各地，夫马运送，颇资民力，特颁帑银，每省十万，分给人民。"② 就是说，缅甸之役所用夫马都是付给报酬的。实情如何呢？请看赵翼的记述："征缅时，派满洲、索伦兵各五千，每站过兵，须马七百、夫二千，皆出之民间。上（指清高宗弘历）轸念民艰，按例加倍给雇价，然多为有司移用，民之应差者未必得也。其夫、马皆民间按田均派。余自滇归，一日小憩道旁灵官庙。有生监及村老十余人咸集，见余至，皆跪迎。余问其何事，皆不敢言，固诘之，则结算兵差费耳。问以费若干，则粮银一两科至六两。余谓：'朝廷给价已加倍，何至烦尔等出财？'皆云：藩库例不先发，令有司垫办，有司亦令民垫办，俟差事毕始给。今差虽毕，而给与否未可知。且有司亦多他用，民等幸不误差，不敢望给值矣。"③ 这则记述，对兵差的真相已揭露无遗。别的实例，毋须多举。乾隆时国库充裕尚且如此，嘉庆以后兵差负担的日益苛重自是必然的了。

2. 驿差。驿差与兵差同为清代最苛重的徭役，顺治朝尤甚。兹摘录两则资料如下：(1) 顺治十年顺天巡抚王来用关于近畿州县驿差苦累的题本，略称："近畿驿递，最称繁剧。上而王公大人，下而满汉使客，络绎载途，往返如织；以及捷报军机、贡献方物、外解杠鞘等项，无一不取给车马夫役，且一时拥至，为数颇多。即如近日临清回来家口，用车七百八十辆，用驴一百八十头。在昔钱粮足额，马匹盈

① 《清史稿》第十三册，3545 页，3545—3546 页，3547 页。

② 《清史稿》第十三册，3547 页。

③ 赵翼：《簷曝杂记》，中华书局版，69—70 页。

群，尚虞不克应付。今则地圈民投之后，钱粮减缩……良、涿、通、蓟有司力不能支，非请暂停驿差，则云挂冠缴印，亦有躬自赴部面陈者。”① （2）顺治十二年户部关于湖南驿递的题本，内述偏沅巡抚袁廓宇奏称：“臣自上年三月入境，由长达宝，目击湖南驿递夫马苦累，大有不忍言者。先年湖南承平无事，各有原额站银，自足供用。自寇乱以来，人民逃亡，各县皆除荒征熟，站银不足，无从设处。军机重大，不敢有误。有司不能支持，多推之里甲，养马走差，私行帮贴。而奸里马户，借名科敛，残民困苦，此湖南第一大害也。臣详查湖南驿递，……其最冲者乃长沙、善化、湘阴、湘潭、衡山、衡阳、零陵、祁阳八县。在前，八县共额征夫马站银二万一千九百二十二两五钱二分，今除荒只征熟银一万一千百八十八两九钱三分七厘九毫四丝，则站银比前减去多半，而大贼未灭，军机殷繁，除赍奏外，凡经略督抚衙门驰报紧急军情，刻日刻时，势不得不间用驿马，则用马比前增加数倍。以不足一半之站银，而应增加数倍之差遣，则驿累民害有自来矣！”②

康熙朝，驿务虽确有改进，但也不是没有什么问题了。康熙十七年四月陆陇其路过良乡，记所见驿务情况如下：“廿五，至良乡，会李彰城，见其官舍无事，较之江南繁剧之地，不啻霄埌。县粮只有一千余，连定州拨补亦不及四千。驿站钱粮有一万三千余，一应交接皆资于此。但苦于上台给发之迟，每先借债以应办。驿中诸务各有经管之人，不甚费心。有尊官过往，则在城外一接不必远。自笔帖以下则并不必迎接也。近来驿中应付者，只苦拨子马。此专为紧急军务而设，限一个时辰行一百里，故倒毙为多。如良乡每岁只许开销马二百匹，而拨子马倒者固不只此数也。”③ 藩库拨款不及时，这是惯例；县官借债应急，这还是个好官，一般却是责成里甲科敛。倒马超过限额，这种损失当然也不会由县官赔补。清代驿务是列有专项钱粮的，问题在于或是拨付迟误，或是实支超过定额，这两种情况都必然增加人民的

① 《明清史料》，丙编，第四本，347 页。

② 《明清史料》，丙编，第十本，902 页。

③ 陆陇其：《三鱼堂日记》，15—16 页。

负担。

3. 皇差及道差。嘉庆二十五年（公元 1820 年）十一月，“御史蒋云宽奏：直隶差使费用，名目不一，有难以报销而必须使用者。如遇皇差，一切桥道工程车马支应等项，虽有经费，不敷支销，责令民间供应，已非一日，历任总督皆未据实陈明。司道因未经奏明，畏州县之挟制，凡派银两，不敢印札明取，但令局员潜通信息。于是州县之贪劣者借词加倍派敛；州县又畏绅士之挟制，不敢按地均派，但令书役向里民暗中调拨。于是吏胥之刁恶者，借词任意科敛，又倍于州县之数。省北州县，有旗办三而民办七者，有旗不办而民独办者。省南州县，有绅办三而民办七者，有绅不办而民独办者。至于胥役之家，则通省皆不办差。因而地多之户，或纳监，或捐职，或挂名衙门，以图免差；强者并其亲戚族党而包揽之。以致不办差之户日多，办差之户日少。惟地少之户，应官无虚岁。而州县借差肥己，有增无减，甚至州县署内煤米草豆柴薪杂物，及委员过境车辆，无非派民供应，任意科敛”。①

道光元年（公元 1821 年）四月，“御史张元模奏：本年山陵大差，直隶协办道差之州县，出票派用民夫车马，如应用夫一百名者，派出数百名，每夫折京钱六七千至十余千不等；应用车十辆者，派出数十辆，每车折京钱十三四千至十七八千不等。有全折价而自雇民夫者，有仅用一半，其余概行折价者。又如巡幸盛京及每年热河道差，岁以为例，官吏相沿派折夫马，视以为常。小民遇丰年尚力可支持，遇俭年则益以称贷”。②

上引两奏，对皇差及道差的实情如数家珍，而地方官吏及胥役借办差恣意朘削百姓的真相亦已暴露无遗。

但是，皇差及道差不自嘉庆始。早在玄烨南巡时，行前虽申告诫各地勿事供张，而地方官吏仍借办皇差之名滥行私派。康熙四十二年的南巡，便因此发生了陈鹏年案。据钱泳的记述：“沧州陈公鹏年，康熙辛未（康熙三十年，公元 1691 年）进士，以大学士张鹏翮荐，

---

① 《清宣宗实录》，卷八。

② 《清宣宗实录》，卷十六。

出知江宁府。四十二年，圣祖南巡，总督阿山借供账名欲加赋税。公力争曰：‘官可罢，赋不可增！’阿衔之。公尝逐群娼，建亭其上，月朔宣读圣谕。阿乃劾公大不敬，以此落职，下之狱，绝其食。狱卒怜之，私哺以饼饵，为守者李丞侦知，杖卒四十，曰：‘与一勺水如之。’公自问命绝矣。适浙抚赵公申乔过之，叱狱官，得以生。圣祖赦其罪，命入武英殿修书。寻起知苏州府。”[①]《清史稿·圣祖本纪》亦记此案，仅称康熙四十五年二月，“江南江西总督（即所谓两江总督）阿山劾江宁知府陈鹏年安奉圣训不敬，部议应斩。先是，乙酉年（康熙四十四年，与钱泳所记年份有异）南巡，陈鹏年遵旨不治行宫，阿山故假他事劾之。上命入京修书”。[②] 寥寥数语，隐讳了阿山借差加赋之事。陈鹏年如果不是遇上浙抚赵申乔（赵是经玄烨表扬为廉吏的，阿山不敢公然与争），早已含冤庾死狱中了。玄烨之所以赦免陈鹏年是明知这个冤案的真相，但亦未加罪阿山，只是采取息事宁人的办法，以不了了之。最重要的一点便是，像陈鹏年敢于违抗上司，坚持“官可罢，赋不可加”的地方官，即使在康熙朝也是不多见的。所以，一遇皇差，老百姓便摆脱不了私派的困累。

“西北赋轻而役重”，这种现象在清代更加明显，更加尖锐。所谓“西北”是指华北的直隶、山西及西北的甘肃、陕西等省而言。赋轻是由于地瘠产量低，役重则由于皇差多，道差多。清代帝王的巡幸沈阳、热河（围猎及避暑）以及五台山等地是经常的，此其一；西北各省是西藏和北京之间的通道，在清代多了所谓藏差，此其二；西北各省用兵频繁，兵差苛重，此其三。对人民来说赋轻是抵销不了役重的。西北各省人民的长期穷苦，主要原因在于役重。

4. 河工。康熙朝，治河成绩大，人民的河工负担轻，这种好景大约维持了几十年。以后的情况正相颠倒——治河无显著成效，而人民的河工负担日益加重。薛福成说：“余尝遇一文员老于河工者，为余谈道光年间南河风气之繁盛。维时南河河道总督驻扎清江浦，道员及厅汛各官环峙而居，物力丰厚。每岁经费银数百万两，实用之工程者

① 钱泳：《履园丛话·旧闻》，中华书局版，22—23 页。

② 《清史稿》第二册，268 页。

十不及一，有余以供文武员弁之挥霍，大小衙门之酬应，过客游士之余润。”[①] 一遇险情，人民依然要出夫，出物料，出金钱，并且所出远远超过河工所需之数。

5. 最后要谈一谈不大为人所知的牒差。金梁说：“玉牒十年一修。修竣，分藏盛京大内一份，派王大臣恭送，谓之牒差。自北京至盛京，由山海关大道，分十五站，称里七外八，沿途办差，借资民力，骚扰殊甚。”[②] 金梁本人参加过清季年的一次牒差，此时火车已通，由铁道而行，尽管如此，开销仍达数十万两；而据他说：“较之历届牒差，尚不及十之一也。”由此可见，以往的牒差，每次总得耗费民财数百万两。

其他徭役情况不再赘论。

第三节　田赋在清王朝财政上的地位

满族在入关之前，无所谓国家财政制度。天聪朝，胡贡明在奏折中说得十分明白：“我国地窄人稀，贡赋极少，全赖兵马出去抢些财物”，这是毋须隐讳的。天聪八年（公元 1634 年）春正月，皇太极谕汉官道：我国“若从明国之例，按官给俸，则势有不能。然……所获财物，原照官职功次，加以赏赉；所获地土，亦照官职功次，给以壮丁。”[③] 皇太极所说的所获财物（其实还有人口），就是胡贡明所说的兵马出去抢掠得来的。

“天聪七年七月，贝勒岳托、德格类及孔有德等攻克明旅顺口，俘人五千三百余，牛马等数百，金二千二百两，银二万一千二百两，缎匹三千有奇，衣二千七百有奇，布二万四千余匹，人参八箱，他物

---

① 薛福成：《庸庵笔记》，江苏人民出版社出版，71 页。

② 金梁：《光宣小纪》，119—120 页。

③ 《清太宗实录》，卷十七。

称是。”[①] 这次只攻陷旅顺口一地，抢得的财物并不算多。崇德八年（公元 1643 年）的入侵，抢掠的规模就大得多了。《清史稿·太宗本纪》载：“阿巴泰奏，我军入明，克河间、顺德、兖州三府、州十八、县六十七，降州一、县五，与明大小三十九战，杀鲁王朱衣佩及乐陵、阳信、东原、安丘、滋阳五郡王，暨宗室文武凡千余员，俘获人民、牲畜、金币以数十万计”。[②] 这个数字是经过压缩的。《东华录》所开列的清单则为：“获黄金万有二千二百五十两，白金二百二十万五千二百七十两有奇，珍珠四千四百四十两，缎五万二千二百三十匹，衣万有三千八百四十领，狐、虎、豹皮五百有奇，角面千一百六十副，俘人民三十六万九千名，马驼骡驴牛羊三十二万一千有奇。”[③] 抢掠得来的人口、牲畜和财物基本上是用过去蒙古人实行过的“分分子”办法来处理的，满族称为八分制度。

八分制度是努尔哈赤建立起来的。天命十一年（公元 1626 年）六月二十四日，“帝（努尔哈赤）训诸王曰：昔我祖六人及东郭、王佳、哈达、夜里、兀喇、辉发、蒙吉，俱贪财货，尚私曲，不尚公直，昆弟中自相争夺戕害，乃至于败亡。不待我言，汝等岂无耳目，亦尝见闻之矣。吾以彼为前鉴，预定八家，但得一物，令八家均分之，毋得私取。若聘民间美女及用良马，须破格赏之。凡军中所获之物，毋隐匿而不明分于众。当重义轻财可也。此言每尝训诫，慎毋遗忘而行贪曲之事”。[④] 胡贡明说得很具体：“我国地寡人稀，贡献极少，全赖兵马出去抢些财物。若有得来必同八家平分之；得些人来，必分八家平养之。譬如皇上出件皮袄，各家少不得也出件皮袄；皇上出张桌席，各家少不得也出张桌席”。[⑤] 胡贡明认为皇上实际上等同于贝勒，这种八分制度必须改掉才好。但是，不用胡贡明说，满族入关后，八分制度自然而然地被废掉了。清王朝照搬了明代的国家财政制度。

田赋是历代封建王朝最重要的财政源泉。它在封建国家的财政收

---

① 蒋良骐：《东华录》，卷二。
② 《清史稿》第二册，80 页。
③ 蒋良骐：《东华录》，卷四。
④ 《清太祖武皇帝实录》，卷八。
⑤ 《天聪朝臣工奏议》，卷上。载罗振玉：《史料丛稿》。

入中究竟占多大的比重？以前各章未作具体的计算。在本章里我们特地为康熙六十年（公元1721年）和乾隆三十一年（公元1766年）这两个年度算一算这个大账。

先算康熙六十年的田赋收入。据《东华录》载，这年共计人丁户口29 148 359，又，永不加赋滋生人丁467 850，田地山荡畦地7 356 450.59顷，征银28 790 752两（按：这部分属于地丁收入）；米豆麦6 902 353石（这部分是漕粮和各地兵米）；草（马草）4 864 049束；茶595 570引，行盐5 114 540引，征课银3 772 363两；铸钱437 325 800。[①] 在这个统计中，地丁、漕粮和马草的收入数都有了，缺少的是耗羡和芦课的数字。

乾隆年间，钱陈群曾在奏疏中说过："康熙六十余年，州县额征钱粮，大州上县每正银一两收耗羡银一钱及一钱五分、二钱不等。其或偏州僻邑，赋额少至一二百两者，税轻耗重，数倍于正额者有之。不特州县官资为日用，自府厅以上若道若司或督抚按季收受节礼，所入视今之养廉倍之；其收受节礼之外别无需索者，上司即为清官；其只征耗羡不致苛派者，州县即力廉吏。间有操守清廉，如陆陇其之知嘉定，每两收耗羡银四分（按即4%），并不馈送节礼，上司亦或容之，以通省所馈节礼尽足敷用。是清如陆陇其亦未闻全去耗羡也。"[②] 康熙六十年全国平均耗羡数当在每两加征一钱以上，该年地丁收入达2 879万余两，即使按最保守的估计，全国耗羡数也要达到300万两。

清前期的芦课收入，据《清朝文献通考》统计：江苏省为126 940两，安徽省为51 347两，江西省为6 268两，湖北省为9 884两，湖南省为1 329两，[③] 五省共计195 768两，兹按200 000两计算。

康熙六十年的田赋收入表列如表8－2所示：

应该特别指出的是，表8－2所列田赋收入仅指表现在官方财政统计上的数额（其中耗羡一项为估计数）而言，漕项及其他私派和额外的浮收都未包括在内。因此，它同农民的实际负担数额是有巨大距离的。

① 王先谦：《东华录·康熙朝》。

② 转引自杨志濂：《中国财政史辑要》，卷十五，赋役四。

③ 《清朝文献通考》，国用二。

表 8－2　　康熙六十年的田赋收入表

项　　目	数　　额
总计（两）	37 658 555
地丁（两）	28 790 752
漕粮（石）	6 902 353
折银（两）	5 521 882
马草（束）	4 864 049
折银（两）	145 921
耗羡（两）	3 000 000
芦课（两）	200 000

注：漕粮按每石折银八钱计算；马草按每束折银三分计算。

田赋以外，康熙六十年的其他财政收入，主要为盐课、关税、杂税等项。

盐课，据上引《东华录》的数字（可能包括茶课在内）为3 772 363 两。

杂税，据刘献廷：《广阳杂记》卷二，康熙年间的杂税银为728 390两，较《大清会典事例》所载数约少 12 万两，刘书已说明此数增减不一，因此，康熙六十年的杂税收入仍采用刘数。

关税，据《广阳杂记》卷二，康熙年间关税（按：指常关税）1 379 788.30两。同书卷一另记康熙二年广东海关额税银 183 429.15 两；江南海关额税银 53 637.90 两；宁波海关额税银 74 000 两；共计海关额税银 311 067.05 两。常关税及海关税合计 1 690 855 两有奇。

清代捐纳（亦称捐输）制度，始自康熙十四年（公元 1675 年）。[①] 据陈康祺说："开例三载，所入仅二百万有余，捐纳知县至五百余人。始则缺多易得，后见非数年不能选授，亦复观望徘徊。经左都御史宋德宜奏请限期停止，下所司议行（按：事在康熙十六年）。"[②] 故康熙六十年不应列捐纳之数。

综上所述，康熙六十年国家财政收入数可以整理如表 8－3 所示。

① 许大龄：《清代捐纳制度》，1950 年燕京大学哈佛燕京学社版，1 页。

② 陈康祺：《郎潜纪闻》卷二，25—26 页。

表 8 - 3　　　　康熙六十年国家财政收入表

项　目	数额（银两）	占比（%）
总　计	43 850 163	100.00
田　赋	37 658 555	85.88
盐　课	3 772 363	8.60
关　税	1 690 855	3.86
杂　税	728 390	1.66

由表 8 - 3 可以看到，康熙六十年田赋收入在国家财政收入中所占的比重高达 86%；由此并可以推知，康熙朝田赋收入在国家财政收入中所占的比重一般当在 85% 左右。这是封建国家的正常现象。

现在，我们再来看看乾隆三十一年的田赋收入情况。据《清朝文献通考》，乾隆三十一年，“总计天下土田七百四十一万四千四百九十五顷五十亩有奇，赋银二千九百九十一万七千七百六十一两，粮八百三十一万七千七百三十五石，各有奇，草五百十有四万四千六百五十八束”。[①] 据《清史稿·食货六》，乾隆三十一年，“岁入地丁为二千九百九十一万两有奇（按：此数与《清文献通考》所记基本相符），耗羡为三百万两有奇……芦课、鱼课为十四万两有奇”。[②]《清文献通考》缺耗羡数及芦课数，而《清史稿》则缺粮及马草数，把两者合在一起，田赋的主要项目便齐全了。乾隆三十一年的田赋收入可以如表 8 - 4所示。

表 8 - 4　　　　乾隆三十一年的田赋收入

项　目	数　额
总计（两）	43 193 383
地丁（两）	29 917 761
漕粮（石）	8 317 735
折银（两）	9 981 282
马草（束）	5 144 658

① 《清朝文献通考》，田赋考四。

② 《清史稿》第十三册，3703 页。

续表

项　　目	数　　额
折银（两）	154 340
耗羡（两）	3 000 000
芦课（两）	140 000

注：①乾隆三十一年米价高于康熙时，漕粮每石按一两二钱折算。又，漕粮一项包括存留当地的兵米等在内，康熙六十年同。

②马草每束按三分折算。

乾隆三十一年田赋以外的其他财政收入，据《清史稿·食货六》所记，“盐课为五百七十四万两有奇，关税为五百四十余万两有奇，……茶课为七万两有奇，落地、杂税为八十五万两有奇，契税为十九万两有奇，牙、当等税为十六万两有奇，矿课有定额者八万两有奇，常例捐输三百余万”。①

又，乾隆一朝，盐商、洋商的报效共达数千万两，平均年约一百万两，此为康熙朝所无，故另列为“其他收入”。

乾隆三十一年的茶课、落地杂税、契税、牙当等税及矿课合计1 350 000两，合并为一条，归入杂税科目。

乾隆三十一年国家财政收入数可以整理如表8－5所示。

表8－5　　乾隆三十一年国家财政收入

项　目	数额（银两）	占比（%）
总　　计	59 683 383	100.00
田　　赋	43 193 383	72.37
盐　　课	5 740 000	9.62
关　　税	5 400 000	9.05
杂　　税	1 350 000	2.26
捐　　纳	3 000 000	5.02
其他收入	1 000 000	1.68

① 《清史稿》第十三册，3703页。

乾隆三十一年田赋在国家财政收入中的比重，由康熙六十年的86%下降为72%；如果扣除捐纳及其他收入两项，则为78%。由此可以推知，康、雍、乾三朝田赋收入的比重一般在80%左右。

乾隆三十一年田赋的比重虽然比康熙六十年下降了，但实际收入数却增加了15%。比重的下降主要由于关、盐及杂税收入的增加，这反映了清王朝的黄金时期农业及商品经济的发展。

第四节　人头税与摊丁入地

清代的人头税，由于主要征收货币（部分征收粮食），故称为丁银；又由于其性质属于徭役代金，故亦称为徭里银或徭银。

清初对人头税的征收，沿用明制。男子年达十六岁为丁，除了享受优免①的以外，一律被编为当差人丁。当差人丁有给官府服役的义务，实行一条鞭法以后，徭役货币化了，当差人丁的义务变为向官府交纳丁银。

清初全国丁银征收总额，据《清朝文献通考》卷十九的记载：顺治十八年（公元1661年）约为银3 008 905两，米21 570石，康熙二十四年（公元1685年）约为银3 136 932两，米12 715石，雍正二年（公元1724年）约为银3 291 229两，米12 794石，豆26 150石。光绪《大清会典事例》所载各省丁银统计，则超过上述各数。大体上，摊丁入地之前，全国丁银征收总额约在330万至340万两之间，见表8－6：

---

① 据蒋良骐编纂的《东华录》，顺治五年（公元1648年）定优免则例：在京官，一品免粮三十石，人三十丁；二品粮二十四石，人二十四丁；三品粮二十石，人二十丁；四品十六石，十六丁；五品十四石，十四丁；六品十二石，十二丁；七品十石，十丁；八品八石，八丁；九品六石，六丁。在外官员各减一半，教官、举、贡、监生、生员二石，二丁。这是沿用明嘉靖二十四年议定之制。顺治十四年部议、优免丁徭，本身为止。雍正四年，四川巡抚罗殷泰言，川省各属，以粮载丁，请将绅衿贡监优免之例禁革；部议驳之，复下九卿议，定绅衿止免本身。

表 8－6　**各省丁银统计表**　单位：两

省　别	丁银数额	备　注
总　计	3 375 631	
直　隶	424 444	
山　东	354 054	包括灶丁银 6 604 两
山　西	643 007	包括地差银 78 293 两
河　南	120 264	包括卫所丁银 6 949 两，更名寄庄、寄粮丁银 54 两
江　苏	250 772	包括军丁银 11 225 两
安　徽	224 331	包括卫所丁银 12 572 两，屯丁银 27 两，寄庄丁银 29 两，匠班银 3 870 两
江　西	185 031	包括屯丁银 1 326 两
福　建	180 550	包括屯丁银 5 425 两
浙　江	237 519	包括屯丁银 528 两
湖　北	110 000	
湖　南	77 036	
陕　西	240 313	
甘　肃	61 904	
四　川	56 992	
广　东	120 004	
广　西	46 301	
云　南	29 406	包括贵州省咸宁州拨归本省宣威州的丁银 35 两
贵　州	13 781	

资料来源：光绪《大清会典事例》卷157。原列“两”后尚有钱、分、厘、毫等尾数，按四舍五入至两止，故总计数略有差异。

《清朝通典·食货七》载有各省丁银统计，说是乾隆二十九年（公元1764年）的奏销数，总额共达2 930余万两之巨。其实，这是乾隆二十九年的各省地丁奏销数，不是丁银一项的奏销数，《清朝通典》的编者们搞错了。后来，有人引用了这个统计数，造成以讹传讹。

各省丁银税率，高低不同；同时，由于是分县订定的，因而在一省之内各县的税率也高低不同，详见表 8－7。

表 8－7　　各省丁银最高及最低税率表

省别	每民丁征银数		备　注
	最　低	最　高	
直隶	三分	二两六钱五分七厘	
奉天	一钱五分	二钱	
江苏	一分四厘	一钱	
安徽	五分	五钱一分五厘	盐钞小口，每口征银七厘四毫
山西	一钱	四两五分三厘六毫	更名屯丁，每丁征银一钱至三钱不等
山东	三厘九毫	七钱八分	收并卫所，每丁征银二钱至三钱五分不等
河南	一分	一两二钱	收并卫所，每丁征银二分至一两五钱不等
陕西 甘肃	每丁一律 征银二钱		
浙江	一厘	五钱七分二厘五毫	每丁科米二合三勺至三升三合不等
江西	三分二厘	一两三钱四分六厘三毫	盐钞小口，每口征银二厘六毫至九厘五毫不等
湖北	一钱五分四厘四毫	六钱四分三厘八毫	
湖南	三分	八钱三分五厘	
四川	一钱二分	五钱一分九厘一毫	
福建	八分三厘九毫	二钱九分一厘	盐钞小口，每口征银一分四厘七毫至一分八厘一毫不等
广东	一厘九毫	一两三钱二分六厘	
广西	一钱五分	四钱五分	
云南	三分	五钱五分	
贵州	一钱五分	四两	

资料来源：《清朝文献通考》卷十九。

依照表 8－7，各省丁银的税率最低为一厘，最高为四两。该表没有记载的巩昌地区（即甘肃省），清初每丁征银高达八两，这是最突出的例子。大抵丁银税率的高低决定于两个因素：一是差役的繁简，役繁则所需摊派的差费多，役简则差费较少，直隶的最高税率达到二两六钱五分七厘，陕西每丁一律征银二钱，甘肃每丁征银高至八两，正是西北役重的反映；另一是丁额的多寡。一般情况是，差费较少而丁额较多的地区，税率较低；反之，差费较多而丁额较少的地区，税率便较高。

丁银负担极不平衡的现象，谁都知道是不合理的，但是，封建官僚却认为无关大局，谁也不会去改变这种不平衡。

下面有一个山东省十个县的丁银统计表，见表 8－8，可以帮助大家加深上述的理解。

表 8－8　　　　山东省高苑等十个县丁银统计

县别	丁银总额（两）	丁额	每丁征银（两）
青州府高苑县	1 755 400	6 550	0.268
临清直隶州夏津县	2 789 990	39 857	0.070
东昌府莘县	1 909 565	35 083	0.055
东昌府博平县	1 956 596	31 558	0.062
东昌府堂邑县	1 536 036	26 948	0.057
东昌府清平县	1 415 250	31 449	0.045
泰安府新泰县	1 879 920	15 666	0.120
泰安府平阴县	2 036 020	14 543	0.140
泰安府肥城县	4 418 850	29 459	0.150
武定府利津县	2 676 510	23 274	0.115

注：①各该县课税人丁，不分等则，统按一个税率征收丁银。

②录自各该县赋役全书。除博平县为道光十六年的刻本以外，其余均为光绪年间的刻本。

③这些赋役全书所载征税丁额、税率和丁银总额均为摊丁入地以前的旧额。

④从上表可以看到，每丁征银额最低为清平县的四分五厘，最高为高苑县的二钱六分八厘。

⑤假如将十个县的丁银总额（实际上就是差费总额）按十个县的丁额匀摊，则每丁征银八分八厘已足。这样，高苑、肥城、平阴等县的丁银负担可以减轻很多。

大多数地区，每丁都要交纳丁银一钱以上，这对于劳动农民来说，负担是不轻的。而且，尽管纳税人如何贫苦，或者遭遇了天灾，或者发生了什么意外事故，税额仍须十足交齐，照例不予减免。还有这样个别的情况：云南省鹤庆府属部分地区，要负担双重人头税，除了向当地官府交纳丁银以外，另外要向防所（为镇压少数民族而设的军营）交纳军赋，每丁课银高达一两，直到雍正四年（公元 1726 年）才明令废除。[①]

清王朝前期对人头税的改革，开始于康熙五十一年（公元 1712 年）清圣祖玄烨下谕："海宇承平日久，户口日增，地未加广；应以现在丁册定为常额，自后所生人丁，不征收钱粮（实际是不征收丁银）。编审时，止将实数查明造报"。康熙五十二年（公元 1713 年）下诏，正式规定："嗣后编审增益人丁，只将滋生实数奏闻。其征收钱粮，但据五十年丁册，永为常额。续生人丁，永不加赋。"（见表 8－9）这是冻结课税丁额并从而冻结丁银征收总额的一项措施。课税人丁和应纳丁银都要保持常额，既不增加，也不能减少。在课税人丁原额中，身故的和年达六十岁的都要开除，有开除就要有添补；怎样添补呢？康熙五十五年（公元 1716 年）又作了如下的补充规定："如一户之内，开除一丁，即以所增（本户新增的人丁）抵补所除。其开除二、三丁，本户抵补不足，即以亲族之丁多者抵补；又不足，即以同甲同图之粮多者顶补。"这个冻结丁额和丁银的办法是清王朝前期改革人头税的第一步。

康熙三十六年（公元 1697 年）曾经批准浙江省"匠班银"派入田赋内征收。嗣后康熙三十九年（公元 1700 年）和四十一年（公元 1702 年）又先后批准湖北、山东两省援例把匠班银派入田赋内征收。有些人认为这是摊丁入地的开始。其实，这与摊丁入地迥然不同。清初征收匠班银，沿用明代的办法。顺治二年（公元 1645 年）废除匠籍，原来的匠户已经编入民户。历时既久，作为征收匠班银依据的册籍当然不符合实际情况，不能不引起征收上的困难。把匠班银派入田赋内征收只是为了解决纳税人没有着落的问题，实际上是加重了田赋负担，便于官而不利于民。把这项措施视同摊丁入地显然不恰当。

《清通典·食货七》载：康熙三十二年（公元 1693 年），令浙江、

① 蒋良骐：《东华录·雍正朝》。

湖北、山东丁绝户存银，匀派地亩内带征。这一措施，实际上也是为了解决纳税人没有着落的问题，为了保证王朝的财政收入。与真正的摊丁入地并不相同。

康熙五十三年（公元 1714 年）御史董文燧曾建议“统计丁银，按亩均派”，但户部却认为不便实行，没有采纳。两年后，才批准了广东省摊丁入地的请求，对这一改革，康熙不过抱着试试看的态度而已。

表 8－9　　　　　　康熙五十年课税丁额统计表

省　别	总　计	民　丁	屯　丁	其　他
总　计	29 049 593	28 722 192	287 919	39 482
直　隶	3 274 870	3 274 870		
奉　天	83 450			
吉　林	33 025			
山　东	2 304 805	2 278 595	26 210	
山　西	1 760 363	1 727 144	33 219	
河　南	3 094 150	3 094 150		
江苏宁属	1 089 962	1 056 930	33 032	
江苏苏属	1 600 348	1 599 535	813	
安　徽	1 405 884	1 357 829	48 055	
江　西	2178 766	2172 587	6 179	
福　建	726 737	706 311	20 426	
浙　江	2 714 589	2 710 312	4 277	
湖　北	434 662	433 943	719	
湖　南	336 324	335 034	1 290	
陕　西	2 257 672	2150 696	106 963	更名校丁 13
甘　肃	368 525	（民丁、屯丁合计）		
四　川	3 802 689	3 802 689		
广　东	1150 665	1 142 747	6 736	黎丁 1 182
广　西	210 674	210 674		
云南	183 702	145 415		军丁 29 893；舍丁 8 394
贵　州	37 731	37 731		

资料来源：采自光绪《大清会典》卷十九。但《东华录》及《清朝文献通考》所载均为 2 460 余万，与此相差很大。

对人头税实行彻底改革，在全国范围内推行摊丁入地是雍正年间的事。摊丁入地，就是把原来按丁征收的丁银并入地赋内征收，实质是废除人头税。大多数省份都按赋额匀摊，只有江苏、安徽和贵州三省按亩匀摊。大多数省份都以州县为单位进行匀摊，只有浙江省以省为单位进行匀摊，甘肃省划分为河东和河西两区进行匀摊。摊丁入地后，原来的丁银负担由占有土地交纳地赋的人背上了；没有土地的农民用不着交纳人头税了；占有土地较少或很少的小自耕农，负担也相当地减轻了。负担比前加重的是地主阶级，特别是原来不交纳人头税的豪绅大地主。毫无疑义，这一改革是合理的，对发展农业生产是具有进步作用的。

让我们举一个例。光绪末年的《直隶清理财政局说明书》载："据光绪三十二年（公元1906年），司册（司，布政使司，习惯称为藩司）统计粮地（交纳田赋的土地）共六十八万五千八百九十一顷三十一亩，共征银二百零二万五千二百七十九两，每两（每赋额一两）均摊丁匠银二钱七厘，共均摊丁匠银四十一万九千四百五十二两，综共征正（指原额田赋）并丁匠银二百四十四万四千七百三十一两。"摊入地亩的丁匠银，包括丁银和匠班银，两项各占若干，原书没有分列。但是，本节上引《各省丁银统计》所载，直隶丁银数额为424 444两，根据这个数字来计算，直隶摊丁入地，每赋银一两约摊入丁银二钱；这就是说，直隶摊丁入地后，田赋的负担约增加了20%。平均每亩约摊入丁银六厘，占地十亩的小自耕农所增负担仅为六分，而占地一千亩的大地主约须增纳赋银六两，占地一万亩以上的特大地主则约须增纳赋银六十两。直隶如此，其他各省（除了个别有特殊情况的地区，例如下面要说到的山西省）当然也是如此，只是具体的比例稍有差距而已。现据王庆云：《熙朝纪政》卷三的资料汇编为表8－10：

表8－10　　清前期摊丁入地情况纪要表

年份	公元	省份	摊丁入地办法	备　注
康熙五十五年	1716	广东	每地赋一两摊入丁银一钱六厘四毫	

续表

年份	公元	省份	摊丁入地办法	备　　注
雍正元年	1723	直隶	每地赋一两摊入丁银二钱二厘	光绪《大清会典事例》卷157（以下简称《事例》）作二钱七厘
雍正二年	1724	福建	每地赋一两摊入丁银五分二厘七毫至三钱一分二厘不等；屯地每地赋一两摊入八厘三毫至一钱四分四厦八毫不等	宁洋、寿宁、南平三县于乾隆二年始摊；台湾于乾隆十三年始摊
雍正二年	1724	山东	每地赋一两摊入一钱一分五厘	《事例》作雍正三年
雍正四年	1726	河南	每地赋一两摊入一分一厘七毫至二钱七厘	《事例》作一分一厘七毫六丝至二钱七厘二丝
雍正四年	1726	浙江	每地赋一两摊入一钱四厘五毫不等	《事例》作二钱四厘五毫有奇
雍正四年	1726	陕西	每地赋一两摊入一钱五分三厘	遇闰加征四厘
雍正四年	1726	甘肃河东	每地赋一两摊入一钱五分九厘三毫	遇闰每地赋一两加征一钱七分四厘八毫
		甘肃河西	每地赋一两摊入一分六毫	遇闰不加
雍正四年	1726	四川	每地赋五升二合至一石九斗六升算一丁征收	《事例》作一石九斗六合
雍正四年	1726	云南	不详	
雍正五年	1727	江苏安徽	每亩摊入一厘一毫至六分二厘九毫不等	匠班银三千余两亦摊入地赋内。《清史稿·食货二》作一厘一毫至二分二厘九毫不等。
雍正五年	1727	江西	每地赋一两摊入一钱五厘六毫；屯地每地赋一两摊入二分九厘一毫	
雍正六年	1728	湖南	每地赋一两摊入一毫至八钱六分一厘	《事例》作一毫四丝至八钱六分一厘

续表

年份	公元	省份	摊丁入地办法	备　　注
雍正六年	1728	广西	每地赋一两摊入一钱三分六厘不等	
雍正七年	1729	湖北	每地赋一两摊入一钱二分九厘六毫	
乾隆四十二年	1777	贵州	每亩摊入五厘四毫有奇	《事例》作五厘四毫四丝四忽。《清史稿·食货二》谓贵州仍丁、地分征，误

据说四川省所属，除威州等十一个州县外，一向实行“以粮载丁”的办法，把丁银摊入地赋内征收。[①] 这就是说，四川摊丁入地比广东更早。但全省实行摊丁入地，文献上的记录是在雍正四年。

据说山西省因为富人田少，穷人不愿为富人分担丁银，[②] 这个省的摊丁入地工作，从乾隆元年（公元 1736 年）开始一直拖延到道光十七年（公元 1837 年）才算基本上完成。

在实行摊丁入地的时候，有的地区丁银原额很重，曾经酌予减轻。例如福建省宁洋、寿宁两县，每丁征银高达四钱三分，粮少丁重，造成摊丁入地的困难。乾隆二年（公元 1737 年）减为每丁征银二钱，才解决了上述困难。福建省的南平县，也是在同年减去丁银原额 3 000 余两以后才顺利完成摊丁入地工作的。此外，台湾曾由每丁征银四钱五分减为二钱，湖北省江夏等十九个州县曾减去丁银原额 8 300 余两。[③]

雍正三年和雍正四年分别批准山东、河南两省关于新垦地升科（升科，开始照章交纳田赋）后要和旧地亩一样分摊丁银的规定；[④] 乾隆三十八年（公元 1773 年）取消这一规定，新垦地不再分摊丁银。[⑤]

关外奉天等地依然地赋和丁银分征。其他各省也有个别地区没有

① 光绪《大清会典事例》卷 157。
② 俞正燮：《癸巳类稿》卷 12，《地丁原始》。
③ 王庆云：《熙朝纪政》卷三，《纪丁随地起》条。
④ 光绪《大清会典事例》卷 158。
⑤ 王庆云：《熙朝纪政》卷三，《纪丁随地起》条。

实行摊丁入地。钟琦说：各省丁银并入地赋内征收的有2 726 211两，[①]约相当于各省丁银总额的80%左右。人头税算是基本上废除了。

最后，附带谈谈盐课的摊入地亩带征一事。《清史稿·食货四》记：乾隆五十六年（公元1791年），“命冯光熊巡抚山西，调甘肃布政使蒋兆奎为山西布政使。初，兆奎以河东运使（盐运使）入觐，帝（清高宗）问办潞盐之策，以课归地丁（把盐课归入田赋内带征）对。及光熊入京，命与军机大臣议之。未定，而山西署（署，临时代理）巡抚布政使郑源琫疏至，力言不便。上曰：‘课归地丁，朕早虑及地方官曾受盐规，必持异议。今郑源琫果然。伊调任河南，河南亦有行销河东引（引，盐引）地。倘从中阻挠，从重治罪。’八月，光熊言：‘河东盐务积疲（意谓河东盐课积年征不足额），惟有课归地丁，听民自运（即取消食盐专卖）。既无官课杂费，又无兵役盘诘及关津阻留，未有不前者，请自乾隆五十七年始，凡山西、陕西、河南课额，于三省引地百七十二属地丁项下摊征。’于是山西摊二十八万一千一百二两，陕西摊十四万六千三十七两，河南摊八万六千六百三十三两各有奇。并议章程十：一，课银各解本省藩库，虽遇蠲免地丁之年，不得蠲免；一，部引停领，免纳纸朱银；一，无许地方官私收税钱；一，盐政运使以下各官俱裁汰；一，移河东遭驻运城，总管三场；一，盐池照旧岁修；一，三场仍立官秤牙行；一，课项内有并余积余等银，应分别摊免；一，运皁运储二仓谷石，应分别归并存借；一，盐政应支各款，各就近省藩库动支。从之。五十七年，上幸五台，光熊、兆奎奏言：‘自弛盐禁，民无摊课之苦，有食贱之利。’而陕西巡抚秦宗恩、河南巡抚穆和蔺亦以盐充价减闻。上甚悦”。[②]盐课摊入地丁，表现了当时财政制度的混乱，这从理论上来说，本不合理。但是，实行的结果却由于废除了专卖，省却无数杂费和陋规，食盐在这一地区能够自由流通，盐价下跌，贫民得到了好处，实际上变成了一项比较合理的措施。不过，这种措施只能行于像河东那样盐课积疲的个别地区。食盐专卖是盐务官、地方官和取得专卖权的盐商的莫大利薮，在一般

---

① 钟琦：《皇朝琐屑录》卷廿七。

② 《清史稿》第十三册，3614—3615页。

地区是不会废除的。

第五节　漕　　运

漕运，对清王朝来说是一件新鲜事。处理这件新鲜事，清王朝除了照搬明代的旧制度以外，别无其他选择。

关于漕运的配额。《清史稿·食货三》说："漕运初悉仍明旧，有正兑、改兑、改征、折征。此四者，漕运本折（本，本色；折，折色）之大纲也。顺治二年，户部奏定每岁额征漕运四百万石。其运京仓者为正兑米，原额三百三十万石：江南百五十万，浙江六十万，江西四十万，湖广二十五万。山东二十万，河南二十七万。其运通漕者为改兑米，原额七十万石：江南二十九万四千四百，浙江三万，江西十七万，山东九万五千六百，河南十一万。"① 上记各省漕粮正兑额合计实为322万石，不足330万石。差错出在把山东正兑额二十八万石误写作二十万石，致使散总不符。《清史稿》疵谬极多，这是技术性差错的例子之一。

《古今图书集成·食货典·漕运部》转载《大清会典》各府漕粮配额数。董继瑚在《清代漕运之研究》一书中曾编制成表，表中各省正兑、改兑额合计数除山东正额已更正外，其余及两个各省相加总计数均与《食货三》所载相同。省属各府配额可参见该表，② 兹不引录。

《食货三》所记及董继瑚所编各地漕粮配额表就是清初沿袭明代的漕粮额征数。由于改折及临时蠲缓等原因，历年实征数不足原额。《清史稿·食货三》载："乾隆十八年，实征正兑米二百七十五万余石，改兑五十万石有奇"。据《清朝文献通考·国用五》，乾隆十八年奏销数为：正兑米2 751 283石，改兑米501 490石，合计3 252 773石。这就是所谓"有定额而无定数"。

---

① 《清史稿》第十三册，3566页。

② 董继瑚：《清代漕运之研究》上册，31—34页。

漕粮例征本色，其中一小部分折征银两。《清朝文献通考·国用五》说："有额征之漕粮而折征者，曰永折米。江苏、安徽、山东、河南、湖北、湖南共征米三十六万一百八十六石六斗六升有奇，每石折银八钱至五钱五分有差。"《清史稿·食货三》谓："永折漕粮，山东、河南各七万石，石折银六钱、八钱不等；江苏十万六千四百九十二石有奇，石折银六钱不等；安徽七万五千九百六十一石有奇，石折银五钱至七钱不等；湖北三万二千五百二十石，湖南五千二百十有二石，各有奇，石均折银七钱。"① 又，王庆云谓："额漕折色，顺治、康熙、雍正、乾隆年间均已行之。而江苏之清河、阜宁、宿迁、桃源、海州、沭阳、赣榆、嘉定、宝山九州县，安徽之宁国、太平、旌德、英山四县，江西之泸溪一县，湖北之通山、当阳、通城三县，河南之祥符等州县，均因不近水次，奏准永远折征，官为采办兑运。"又谓："各省永折者，按粮价加以牙行、运脚、折耗等项，每石自三两数钱至四两数钱不等，悉归民户摊征。"② 准是而言，漕粮永折，国家所得者不过每石银六钱至八钱，而人民所纳却远超此数。

永折米之外，复有灰石改折。《清朝文献通考·国用五》说："有改征漕粮而折征者曰灰石折米。江苏、浙江应征米三万四千四百四十石，遇闰加征二千八百七十石；每石连耗折征银一两六钱。"《清史稿·食货三》谓："灰石改折，江苏二万九千四百二十四石，浙江万八千六百五十三石，遇闰加折四千十有五石，石折银一两六钱，以供工部备置灰石之用；自顺治十七年始也。"③ 又，阮葵生《茶余客话·卷三》谓："改折灰石米，征银解部，待工部灰石之用。江苏岁折征二万一千一百一十六石，浙江万三千三百二十三石，各有奇。每石连耗折一两六钱八分。"三书所记数字均有出入，可能由于时间上的参差。《清史稿》根据顺治十七年的数字，阮葵生根据乾隆十八年的数字，而《清朝文献通考》所根据的或是乾隆十八年以后的数字。但亦可能别有其他原因。至于灰石米折的由来，则是江浙两省原来每

① 《清史稿》第十三册，3566—3567 页。

② 王庆云：《熙朝纪政》卷四，《纪罢折漕》条。

③ 《清史稿》第十三册，3566—3567 页。

年有例解工部灰石的任务，其采办经费由各该省漕粮项下拨充；后来为了省事，将此项经费迳解工部，由工部自行就近采办，故名灰石米折。

《清史稿·食货三》谓："折征之目有四：曰永折，曰灰石米折，曰减征，曰民折官办。"实则其所谓减征及民折官办基本上与永折无异，可以不再具论。

此外有临时性的改折，例如因灾改折等。漕粮改折，本以利民，却常常变成官吏剥削人民的手段。《熙朝政纪·卷四》引任源祥《食货策》云："顷年或漕、白改折，顺治十八年，江西米石四钱，而折漕一两二钱，三不完一。康熙三年，江南米石五钱，而白粮石折二两，四不完一。"这种情况，在乾隆、嘉庆以后，几已成为惯例。

漕粮之外，每年额征江苏、浙江两省白粮（糯米）二十二万余石，供内府、太常寺、光禄寺和各宾馆需用，以及王公百官的廪饩。乾隆二年进行了一次改革，清高宗弘历"谕户部曰：闻得江浙两省，民间输纳白粮，较漕粮费用繁重，甚属艰难。朕心深为轸念。谕令该部详考。据奏，两省岁运白粮二十二万余石，太常寺、光禄寺、各宾馆需用二千余石，王公官员俸米需用十五六万石，内务府禁城兵丁及内监食用等项需万石，尚余五万石存仓等语。朕思光禄寺等处所支原以供祭祀及宾馆之用，在所必需；其王公官员俸米应用白粮者皆可酌量减半以粳米抵给；至赏给禁城兵丁及内监食米亦可将白粮减半给以粳米，如此则每年所需白粮不过十万石，仍照常征收起运；其余十二万石，著漕运总督会同该督抚改征漕粮，其经费食米，均照漕例征收，以纾民力。旋遵旨议行"。[①] 从此，白粮额征数内须交纳糯米的不过十万石了。

关于漕项，即所谓漕运经费，阮葵生有一段记载，说得很清楚，兹引录如下：

"凡漕粮经费：曰正耗。各省正兑米，每石二五（原注：二斗五升，后仿此）加耗；改兑米，一七加耗。以备通州牐运耗、贮仓折耗

① 《清朝文献通考》，国用五。

及运军回船食米之费。曰轻赍。正兑米，山东、河南一六加耗，江苏、安徽二六，江西、浙江、湖北、湖南三六；改兑米，江苏、安徽、江西、浙江每石二升加耗（原注：山东、河南改兑米不征轻赍；湖南、北无改兑米）。均折银，征解仓场通济库。漕船至通，计运道远近，每船奏羡余银，又按到通米数，每石给簟夫（即纤夫）银，各有差（原注：唯山东、河南道近，不给簟夫银）。曰船耗。除山东、河南及江苏徐州府属之铜、丰、沛、萧、砀（按：萧县、砀山县今属安徽）漕船不给耗，余船正兑米，每石一五及五升加耗；改兑米。二三及八升加耗；各有差，以给运军沿途耗折。曰席木。各省正兑米、改兑米，每二石征苇席一，以十分之一七，随船解通，为仓庾苫盖之用。江西、湖北、湖南每正兑米二千石征楞木一、松板九，以十分之五解通，为仓庾铺垫之用。余均折银，征解通济库。浙江及江苏常、镇、安、宁、池、太等府（按：安庆、宁国、池州及太平府现属安徽省），太仓州，征版木如之，皆折征解库。曰行粮、月粮（按：即所谓官军行月）。各省运弁运军，凡出运之年，各支行粮二石四斗至三石有差。运军月粮八石九斗至十有二石有差。或折银征给，或银米各半，各因其地之宜。山东、苏松、江安粮道所属，半于领运时发给，半征解水次六仓：山东则临清、德州，江苏、安徽则江宁、凤阳、淮安、徐州，沿途发给。曰赠贴……国初为官收官兑，因酌定赠贴，官为支给（给军），随其方俗，各省异名。山东、河南漕船每运米百石，给润耗银五两，米五石。江安粮道所属给漕赠如之。苏松粮道所属米同银倍。浙江给漕截银三四两有奇。江西给贴运银三两，米三石，副耗米十有三石。湖北、湖南给贴运米二十石。皆随漕科征。”①

东南人民历来苦于漕运。但在清王朝的黄金时期，这种痛苦稍轻一些，其主要原因有二：

1. 康熙亲自抓治河工作，靳辅、陈潢治河有方，漕道畅通数十年，这是一个很重要的因素。

漕运弊端，擢发难数。康熙四十六年（公元 1707 年）六月，“上

---

① 阮葵生：《茶余客话》卷三，《漕运经费》条。

谕大学士马齐曰：坐粮厅赫芍色声名恶劣，运丁欠粮苦累，皆由于此。闻伊每船取银八两，一年约得四五万金，赫芍色任坐粮厅十年，则已得四五十万矣……著革职”。[①] 这样的赃官，在朱元璋时候是要剥皮实草的，仅革职了事。实在太便宜了。玄烨没有下决心整顿漕务，这是他在政治上不足的地方。但由于他几次南巡视察河工，办漕官吏有所顾忌，不敢过于放肆，漕政还不致大坏。

2. 雍正后，尹继善曾认真整顿江南漕务，革除不少陋规，为江南人民做了一件好事，博得了人们的赞扬。赵翼说：“尹文端（谥号）节制两江凡四度，德政固多，而最得民心在严禁漕弊一事。先是有司收漕粮，以脚费为名，率一斗准作六、七升。公初巡抚江南，奏明每石令业户别纳兑费钱五十二文，而斗斛听民自概。有遗粒在斛之铁边者，亦谓之‘花边’，令民自拂去。其时有司签书吏入仓收漕，莫肯应也（按：因不能浮收）。其后桂林陈文恭抚吴，胡文伯为藩司，皆守成规，弗丝毫假借。有某县令戈姓，每石加收一升五台，辄被劾论绞。漕务肃清者凡四十余年，皆文端遗惠也。宜吴人思公至今犹不置云。”[②]

龚炜说：“漕政关国民，米色不容不计，而横征在所必惩。往时，吏缘为奸，官分其橐。正数外有加头，斛见时有浮面；多寡视乎强弱（即对大户浮收少，对小户则浮收多），勒措在于筛扇。粮宪以下，名为稽察，实属具文。康熙末年，吾邑（按：指江苏昆山）有衣冠数辈攻其弊于上官者，卒以贾祸。自三韩尹公制两江，周知其弊，大为振饬，一切需索浮揽之弊，洗涤无余。十余年来，奉行不怠，省民间之物力，可胜数哉！”[③] 龚氏又说：“每当征漕之月，比屋思今相国尹公不置，好官亦尽做得过。”[④]

按：《清史稿》卷307《尹继善传》称：尹继善，字元长，章佳氏，满洲镶黄旗人，大学士尹泰子。雍正元年进士，六年秋署江苏巡

---

① 《清圣祖实录》卷230。

② 赵翼：《簷曝杂记》，中华书局版，31页。

③ 龚炜：《巢林笔谈》，中华书局版，89页，237页。

④ 龚炜：《巢林笔谈》，中华书局版，89页，237页。

抚，七年，真除。“疏禁收漕规费，定石米费六分，半给旗丁，半给州县，使无不足，然后裁以法。”时年才三十余。“以后一督云、贵，三督川、陕，四督两江。在江南前后三十年，最久，民德之亦最深。”上述两个因素对于减轻东南人民漕运负担，起过很大作用。

漕船载米，“正耗米外，例带土宜六十石；雍正七年，加增四十，共为百石，永著为例。旋准各船头工舵工人带土宜三石，水手每船带土宜二十石”。[①] 胤禛从实际出发，在政府是“惠而不费”，运军却可以从中得到好处（反过来说，对人民的勒索可以放松一点）；同时，对南北经济的沟通也是有利的。这一规定，当时确实有效；但在河道日浅，运道梗塞，漕臣严禁夹带以后便不灵了。

现在，我们再说说康熙朝的免漕和截漕这两件事。

漕粮例不蠲免，玄烨却曾开过一次免漕的例。《清史稿·圣祖本纪》载，康熙三十年十二月甲申，诏曰：“朕抚驭区宇，惟以爱养苍生，俾臻安阜为念。比岁地丁额赋，迭经蠲免；而岁运漕米，尚在输将，时切轸念。除河南已经蠲免外，其湖广、江苏、浙江、安徽、山东漕米，以次各免一年，用纾民力。”[②]

此事《东华录》记载较详：“康熙三十年十二月壬午，大学士等奏，会同户部确查，仓内储米七百八十万石有奇，足供三年给放。上曰：‘有米如许，朕意将（康熙）三十一年起运之米，于江宁、京口、杭州、荆州等处酌量截留，将（康熙）三十二年漕米尽行蠲免。’下九卿确议。寻，九卿议复，京师根本，漕粮输挽，关系国计，似难轻议全蠲。况五方杂处，人烟凑集，需用孔多。若一年停止，米皆不能北来，百货价值，亦将腾贵。臣等公议：将漕米照省分府逐年轮免，二三年间即可周遍。得旨：关于都城人民食用之需米，未曾计及：九卿议是。同年月甲申，‘谕户部：除河南明岁漕粮，已颁谕免征外，湖广、江西、浙江、江苏、安徽、山东应输漕米者，自康熙三十一年始，以次各蠲免一年。至江宁、京口、杭州、荆州大兵驻防地区，亦

① 《清史稿》第十三册，3584 页。

② 《清史稿》第二册，234 页。

应预行积贮，著将康熙三十一年起运三十年漕米各截留十万石存储仓厫。"①

以上引文最后所述的办法就是所谓截漕。《清史稿·食货三》也说到截漕问题。但没有触及截漕的实际内容，康熙朝前后截漕六次，除康熙三十一年已见上述外。其余五次是：

康熙四十六年"冬十月辛巳，以江苏、浙江旱，发帑市米平粜。截漕放赈，免逋赋"。②

康熙四十七年春正月"乙亥，诏截留湖广、江西漕粮四十万石，留于江南六府平粜"。③

康熙五十三年"秋七月辛卯。诏以江南暵旱，浙江米贵，河南歉收，截漕三十万石，分运三省平粜"。"十一月，敕户部截漕三十余万石，于江南、浙江备赈"。④

康熙五十八年十二月"庚申，命截湖广漕粮十万石留于本省备荒。"⑤

康熙六十一年六月"辛未，命直隶截漕二十万石备赈"。⑥

康熙朝的数次截漕，其原因与目的，以上几条已经记载清楚。乾隆朝，高宗弘历效法乃祖，亦曾进行过免漕和截漕。

必须说的是道光五年（公元1825年）的海运。《清史稿·食货三》记：

"道光四年，南河黄水骤涨。高堰漫口，自高邮、宝应至清江浦，河道浅阻，输挽维艰。吏部尚书文孚请引黄河入运，添筑闸坝、钳束盛涨，可无泛滥。然黄水挟沙，日久淤垫，为患滋深。上（清宣宗旻宁）亦知借黄济运非计，于是海运之议复兴。"

"协办大学士、户部尚书英和建言：'治道久则穷，穷则必变。河道既阻，重运中停，河漕不能兼顾，惟有停河运以治河，雇募海船以

① 蒋良骐：《东华录·康熙朝》。
② 《清史稿》第二册，272页，286页，298页，304页。
③ 《清史稿》第二册，272页，286页，298页，304页。
④ 《清史稿》第二册，272页，286页，298页，304页。
⑤ 《清史稿》第二册，272页，286页，298页，304页。
⑥ 《清史稿》第二册，304页。

利运，虽一时之权宜，实目前之急务。盖滞漕全行盘坝剥运，则民力劳而帑费不省；暂雇海船分运，则民力逸而生气益舒。国家承平日久，航东吴至辽海者，往来无异内地。今以商运决海运，则风飓不足疑，盗贼不足虑，霉湿侵耗不足患。以商运代官运，则舟不待造，丁不待募，价不待筹。至于屯军之安置，仓胥之稽察，河务之张弛，胥存乎人。矧借黄既病，盘坝亦病，不变通将何策之从？臣以为无如海运便。’诏仍下有漕各省大吏议。时琦善督两江，陶澍抚安徽，咸请以苏、松、常、镇、太仓四府一州之粟全由海运。乃使布政使贺长龄亲赴海口，督同地方官吏，招徕商船，并筹议剥运兑装等事。嗣澍言：‘现雇沙船千艘，三不象船数十，分两次装载，计可运米百五六十万石。其安徽、江西、湖广离海口较远，浙江乍浦、宁波海口或不能停泊，或盘剥费巨，仍由河运。’上乃命设海运总局于上海，并设局天津。复命理藩院尚书穆彰阿，会同仓场侍郎，驻津验收监兑，以杜经纪人需索留难等弊。”

“（道光）六年正月，各州县剥运之米，以次抵上海受兑，分批开行。计海运水程四千余里，逾旬而至。米石抵通后，转运京仓……。七年，蒋攸铦请新漕仍行海运。上以近年河湖渐臻顺轨，军船可以畅行，不许。”①

按：这是当时极受注意的一件大事，私家颇多纪述，兹引录数则，供读者参考。

钟琦说：“道光五年因运河淤塞，漕米阻滞，大学士英和疏请暂由海运，得以专治内河。复经两江总督琦善、江苏巡抚陶澍、藩司贺长龄等先后妥议海运章程，疏请试行。于是雇用商船，酌给水脚银两合，苏、松、常、镇、太五府州属起运漕粮一百四十二万九千石有奇，并白粮八万一千五百石有奇。巡抚陶澍亲自赴沪督办，设局于大东门外龙王庙……自五年冬至六年六月初旬兑竣，共装沙、蜑各船一千五百六十二号，先后抵津交卸。凡运米之船有四：一曰沙船，一曰蜑船，一曰卫船，一曰三不象船；以上各船俱雇商承揽。每船装米三千石至

① 《清史稿》第十三册，3593—3596 页。

一千五百石不等，随船身之大小验定派数，均以八成兑运粮米，二成听装民货，免其税；每石给水脚银四钱，耗米八升；承运白粮每石耗米一斗。凡船商承运至一万石以上者准给顶戴。又承揽之船，限十一月集黄浦候兑，抵津交卸。”详见（贺长龄所编）《海运全书》。①

吴振棫说：“我朝康熙、嘉庆间，屡议海运未果。道光四年十一月十一日大风，掣塌高堰，湖水尽泄，清口涩。明年漕不能行。协揆英公和连疏请海运，下江南督抚议行。时苏藩善化贺公长龄也，至上海议水脚雇直，定剥兑章程。六年二月起至六月上旬止，两次起运。苏藩司所属四府一州额漕正耗米一百六十三万三千余石，用江浙海船一千五百六十二，自吴淞出口，十潋放洋，至天津之上园剥运交仓。中途松舱抛失，耗米八百余石而已。时上海设局，募船、筹费、验兑、催儹事皆属之。又檄武员押运，文员至天津交米。崇明、狼山、登州三镇总兵官，舟师会哨，以备不虞。事竣。敕加天后安澜利运四字封号，御书风神海神庙匾。在事文武官及绅、商、耆舵、奖赏有差。贺公遂刊海运全案一书。七年仍行河运。”②

包世臣说：“沙船聚于上海，约三千五六百号，其船大者载官斛三千石，小者千五六百石。船主皆崇明、通州、海门、南汇、宝山、上海土著之富民，每造一船，须银七八千两；其多者至一主有船四五十号，故名曰船商。自康熙二十四年开海禁，关东豆麦每年至上海者千余万石，而布茶各南货至山东、直隶、关东者亦由沙船载而北行。沙船有会馆，立董事以总之。予尝问其每岁漂没之数，总不过百分之一，而遇巨风松舱在其中。松舱者，巨浪入舱，豆见水辄胀大至倍，恐船膨裂，故酌弃其半于海以松之也。今南粮由运河，每年失风，殆数倍于此……沙船以北行为放空，南行为正载……又，沙船顺带南货，不能满载，皆在吴淞口买人挖草泥压船。今若于冬底传集船商，明白晓谕，无论其船赴天津，赴关东，皆先载南粮至七分，其余准带南货。至天津卸于拨船，每南粮一石给水脚银五钱；上载时每石加耗米三升，卸载时以九五折收。合计南粮三百五十万石，不过费水脚百七八十万，

① 钟琦：《皇朝琐屑录》卷二十九。

② 吴振棫：《养吉斋丛录》，第328页。

曾不及漕项十之三四（原注：此合州县津丁兑费而言，非专指粮道库项也）。而陆续开行，二月初江浙之粮即可抵淀，往返三次，全漕入仓矣。”①

前两则的纪述，可补充《清史稿·食货三》之不足。后一则是包世臣根据道光五年的经验及当时海运情况，对南粮改行海运的可行性作了肯定的判断。

道光五年的海运是成功的，然而，仅仅实行一年便停止了，直到道光二十六年起才又开始恢复海运，这说来好像是怪事，实则一点也不奇怪。英和早已说海运是一时权宜之计，这一年的海运的确是无可奈何被逼出来的。漕运是一个大利薮，从户部、漕运总督、仓场侍郎以至大大小小与漕运有关联的官吏都要从这个利薮中捞一把，他们总是要千方百计保持河运而反对海运。这就是整个问题的关键所在。

关于漕运的弊病，《清史稿·食货三》说：“承平日久，漕弊日滋。东南办漕之民，苦于运弁旗丁，肌髓已尽，控告无门，而运弁旗丁亦有所迫而然。如漕船到通，仓院、粮厅、户部云南司等处投文，每船需费十金，由保家包送，保家另索三金。又有走部，代之聚敛。至于过坝，则有委员旧规，伍长常例，上斛下荡等费，每船又需十余金。交仓，则有仓官常例，并收粮衙署官办书史种种需索，又费数十金。此抵通之苦也。逮漕船过淮，又有积歇摊派吏书陋规，投文过堂种种费用。总计每帮漕须费五六百金或千金不等。此过淮之苦也。从前运道深通，督漕诸臣只求重运如期抵通，一切不加苛察。各丁于开运时多带南物，至通售卖，藉博微利。乾隆五十年后，黄河屡经开灌，运道日淤，漕臣虑船重难行，严禁运丁多带货物，于是各丁谋生之计绌矣。运道既浅，反增添夫拨浅之费，每过紧要闸坝，牵挽动须数百人，道路既长，限期复迫，丁力之敝，实由于此。虽经督抚大吏悉心调剂，无如积弊已深，迄未能收实效也。”②

上面所指出的漕弊，未及十分之一。其予州县官役收漕时的情况。只字未提，这是《食货三》的最大缺陷。道光二年九月，御史孙贯一

① 包世臣：《安吴四种》，卷一。

② 《清史稿》第十三册，3581—3582页。

曾奏称："州县收漕时，教官典史以及武弁与刁劣生监，无不分食漕余，甚有家居绅宦，靦然行之，绝不为怪。该州县办公支绌，遂至浮收勒折，诸弊丛生。凡地一亩有零，无论一分一厘，皆并作二亩；米一升有零，无论一合一勺，皆并作二升。江南之米每一石加至四五斗，河南、山东则加至三石有余。前数年之勒折，不过两倍市价，今则三倍市价。"[①] 其后，两江总督耆英亦曾奏称：江苏"催科之术，则以帮费为名，捐款为词，假手书役，任意浮收。甚至每米一石，收米至三石内外，折钱至十千上下；每银一两，收钱至四五千文……以致苏松一带，竟有以所得不敷完纳钱漕弃田不顾者。"[②] 这些情况，所在皆然。

除了黄金时期中约有四十年的一段期间以外，整个清王朝东南人民的漕粮负担都是异常苛重的。

苛重到什么程度呢？嘉庆年间，御史李鸿宾曾奏称："南漕运米一石，合计漕项、河费，每石不下数十金。协办大学士刘权之曾奏称：南漕每石需费十八两。按照刘权之的说法，四百万石漕粮共需费七千二百万两。"当时米价每石约银二两，七千二百万两等于米三千六百万石，相当于漕粮额征数的九倍。

魏源对此持反对意见，认为南漕每石所费不过银四两。他说："考南漕四百余万石，若每石需费十八两，则每百万石即需银千八百万，尽国家岁赋四千余万，尚不足运南漕之半，有是理乎？即并民间协贴帮费计之，然江苏粮艘受米六百石，每船帮费约计洋银千元，不过一两有奇。故自昔相沿，有南漕帮费五百余万之说，加以漕项每石一两（原注：连行月银米计之），河费每石一两（原注：南河岁支三百余万，东河约二百万），及屯卫之田，通仓之费，粮艘改修之款，综计每石出于官者总不过每石三两，加之出于民者一两，计南漕每石四两而极矣。民间米价，丰岁二两，俭岁三两，荒岁四两，是通仓漕米至贵不过南米荒岁之价，乌有每石数十金、十八金之理？"[③]

---

① 《清宣宗实录》，卷41。

② 北京故宫博物院编：《史料旬刊》第35期。

③ 魏源：《圣武记》，卷十一。

冯桂芬又反驳魏氏之说。他认为："嘉庆中协办大学士刘权之疏有云，南漕每石费银十八金。不曰二十金，而曰十八金，必确有所见。魏氏源驳之，谓只四金，其说甚谬。(原注：魏氏云每船受米六百石，帮费洋千元，不过每石一两有奇。不知六百石内，交仓正耗米仅四百余石，六百石帮费皆应在四百石内通摊，魏氏误会，一谬也。彼时松白粮帮费有多至二千六七百元者，魏氏不知，二谬也。又云漕运连行月银米每石一两，考行月等一切米价几及一两，银尚在外，魏氏误算舛错，三谬也。所驳无一是处。）以今计之，浮收也（原注：帮费或海运经费皆在内)，漕项也（原注：给丁苫盖各费在内)，漕项之浮收也，给丁耗米、行月米、五米、贴运米、给还米等也，缮军田租也。漕河工费也，漕督粮道以下员弁兵丁公私费用也，虽不能得其确数，大约去刘说不远。"[①] 冯氏对魏源的反驳，有据有理，魏源所谓南漕每石只费银四两之说的确是站不住脚的。

钟琦另有一个估计，他说："明臣请罢航海，仍归河运。其实河运为利薮。凡完漕米者，明加之外，暗加三倍焉。正数之外，杂款三倍焉。处处陋规，层层剥削。以江南漕米而论，岁征四百万石，而江南出一千四百万石。四百万石未必尽归朝廷，而一千万石常供贪吏奸胥运弁旗丁之口腹。在闾阎多完一千万石，岂知其间多数十万卖妻鬻子泣血伤心之众耶！"[②] 按照钟琦的估计，江南人民的实际漕粮负担相当于漕粮额征数的三倍半。我们认为，这个估计还算是保守的。

如此苛重的负担，江南人民是无法忍受的。从乾隆后期到嘉庆、道光两朝，抗粮、闹漕之事不断发生。这种例子举不胜举。嘉庆年间浙江归安的陆名扬案是具有代表性的一个典型，包世臣对此案始末纪述甚详，[③] 这里摘要如下：

嘉庆七年（公元1802年)，归安知县徐起渭以朱牌写"奉旨八折收漕"六字，排列仓门。十八区民陆名扬完粮至仓见朱牌（他明白所谓奉旨是假的)，纠乡人掮牌去。其时上游风气，尚不能明目张胆袒

① 冯桂芬：《校邠庐抗议·折南漕议》。

② 钟琦：《皇朝琐屑录》卷二十九。

③ 包世臣：《三案始末》，7—10页。

护浮收。起渭恇惧，急以白金八千两讲，名扬谓十八区尚有未完下忙条银七千余两，尽截串给花户，并定以开仓之第四日专收十八区额漕万五千余石，每平斛一石作漕斛九斗五升，绝捉猪飞斛诸弊，乃可还牌。起渭不得已，与定约。十八区民德名扬甚，又念其公廉，一切鼠牙雀角，皆就名扬平曲直，名扬剖析平允，乡人悦服，称曰名阿爹。十八区至富庶，自嘉庆七年至二十五年（公元1820年），其乡遂无一纸入公门；倚衙署为活计者尤切齿。

江浙虽连界，漕甲天下，而浙省浮收至重不过加四五，比江苏大为平减，唯捉猪飞斛则同。乡人完粮，皆以一麻袋盛米一斛，漕书于斛过数袋后，取一袋倒厫中，不与过斛，名曰捉猪。其过斛而蒙混不下斛筹，则名曰飞斛。捉猪明，飞斛暗。浙属大约十斛捉一猪。江属大约五斛捉一猪。飞斛则乘利便，无定数。计前后十八年中，十八区完粮，唯程三立任归安三年，名扬告乡人曰，程父台为官清正，当与戴一帽，以资办公。戴帽者，淋斛尖也。每石可赢五升。然程令去任，辄止，府县恨名扬甚而无可如何。

嘉庆二十五年夏，王寿榕署归安县事，对巡抚陈若霖言，非办漕棍陆名扬不可，陈以为然。寿榕遂在省垣募拳勇素著者数人，并将内外监所有猾贼枭徒尽释而豢之。至八月，集众且六百人，联航百数。更余发棹，归安乡河支蔓，众请所至。寿榕指水道，不告所事。至夜分，距名扬家不一里，有横港。寿榕命入港口。众曰："进此港即名阿爹家，岂欲拿名阿爹乎?"寿榕曰："然。"众曰："名阿爹正直好人。"各鼓棹散去。

寿榕即与丁众五六人掉舟返。湖州府幕友王五献计，诬陆名扬于国丧日演戏集众，预约抗粮。陈若霖命湖州府方士淦、绍兴府张青选前往查办。方、张率吏役二百余人，尚未至十八区界即抢掠，乡人各持秽桶泼拒，方士淦溺水几毙。名扬至是方知捕己，自念年逾六十，二子幼弱，度无可申诉，乃寄其子于戚友家，只身至江苏无锡削发为僧。

刑部侍郎帅承瀛代陈若霖为巡抚，抵任后急捕名扬不可得。仁和、钱塘两首县献策，遣兵七百名往发名扬祖坟。名扬本姓吴，为后于陆氏，陆吴两姓被发数百千家。十八区男丁皆窜匿，妇女守门户者被弁兵淫掠，有被杀后尸经虫腐而不收敛者。名扬闻乡人被难，乃于道光元年四月投案。归安、乌程、德清三县居民醵金为都土地庙以祀名扬。名扬就义日，群众买香楮致奠，为之空市。

包世臣纪述了陆名扬的可歌可泣的事迹，同时也如实地反映了人民在封建压迫和剥削下所遭受的种种苦难。

第六节　土　　贡

清初，各地土贡大部分已经折算为货币，在地丁钱粮项内编征。但是，土贡制并未因此而废除，地方官仍然要按照规定的品类及数量负责在当地采购并解送到京，称为“采办”。

根据《清朝文献通考》的记载：各地土贡的品类和数量约如表 8－11：①

表 8－11　　各地土贡的品类和数量表

省　别	额解户部部分	额解工部部分
盛　京	东珠、貂皮、人参	
直隶	榛栗 28 石、芝麻 100 石、长芦白盐 230 000 斤（内务府 200 000 斤，光禄寺 30 000 斤），砖盐 2 000 斤（光禄寺用）	五色土、宝砂（随时酌办，岁无定额）
江苏	银朱 6 094 斤 4 两 3 钱 5 分 1 毫，桐油 7 971 斤 13 两 1 钱 5 分 4 厘 4 毫，明矾 3 000 斤，黄熟铜 2 993 斤 9 两 8 钱 8 分 4 厘 2 毫，棉布 20 367 匹，乌梅 500 斤，灯草 600 斤，白蜡 6 250 斤，高锡 16 238 斤 11 两，红铜 7 000 斤，黄蜡 3 000 斤，织造纱缎绸绫等物（随时酌办岁无定额）	桅木 20 根，杉木 380 斤，架木 1 400 根（又 20 根），桐皮槁 200 根，正金砖、副金砖、魁藤、棕丝、织造诰敕制帛等（岁无定额，库有不敷，随时呈明派解）

① 《清朝文献通考》卷 38，《土贡一》。

续表

省　别	额解户部部分	额解工部部分
安徽	银朱5 740斤7两4钱7分3厘3毫，桐油6 117斤1两4钱1分9厘4毫。红熟铜3 336斤5两4钱9分7厘，黄熟铜2 173斤9两4钱1分1厘5毫。明矾3 000斤，乌梅500斤，白麻34 158斤，白蜡6 250斤，高锡16 654斤，黄蜡3 000斤，红铜7 000斤，织造纱缎绸绫等物（随时酌办，岁无定额）	
浙江	上用黄茶26篓。内用黄茶92篓，芽茶2 000斤，黄蜡3 000斤，黄熟铜1 065斤，桐油8 332斤。白绵200斤，白丝8 500斤，织造纱缎绸绫等物（随时酌办，岁无定额）	架木1 400根，桐皮槁200根，黄花竹（随时酌办，岁无定额）
江西	银朱4 589斤4两9钱3分。桐油2 511斤12两。五倍子297斤3两3钱5分，紫草162斤7两6钱，抬连纸1 000 000张	桅木20根，杉木380根。架木1 400根，桐皮槁200根
福建	红铜4 622斤，黑铅105 157斤4两。黄熟铜3 127斤1两7钱5分，抬连纸1 000 000张。锡22 028斤4两。台湾所属番社岁贡鹿皮、獐皮	
湖北	黄蜡2 500斤，白蜡6 300斤	
湖南	黄蜡2 500斤，白蜡6 300斤	桅木20根。杉木380根。架木1 400根。桐皮槁200根
山东	阔白棉布2 300匹，牛筋600斤，黄蜡3 000斤，黄丹5 000斤	
山西	毛头纸1 000 000张，高锡11 800斤，生素绢1 200匹（遇闰加44匹），农桑绢300匹，呈文纸10 000张	大潞绸100匹，小潞绸300匹
河南	本色棉布3 968匹，牛筋246斤，黄蜡3 000斤	

续表

省　别	额解户部部分	额解工部部分
四川	本色米1 822石9斗5升，本色马13匹，三年一次贡本色马53匹	
甘肃	内附番民岁纳马匹，如因垦地成熟请愿纳粮，则准其停马纳粮	
广东	降香900斤，紫榆木14段（每段200斤），花黎木14段（每段150斤）。高锡35 664斤8两，靛花2 300斤，白蜡12 600斤，广胶1 000斤。膳黄25斤，沈速香300斤，点锡211 713斤	
广西	南宁、庆远、思恩、镇安等府所属土州县岗寨，每三年一次纳马61匹	
云南	天大青17 450斤5两8钱。天二青1 366斤9两，石磺122斤10两5钱，松花石碌1 000斤	
贵州	黄蜡474斤	
外藩	牛、羊、驼马、毯、罽、藏香、延寿果、青木香、氆氇	

应当指出，《清朝文献通考》关于清代土贡的记载是不完全的。例如关外只记盛京，不及吉林等地。而吉林的土贡表却是一张很长很多的横头单。据姚元之所记，吉林每岁进贡方物如下：[①]

四月内进油炸白肚鳟鱼肉钉十坛。七月进窝雏鹰鹞各九只。十月进二年野猪二口、一年野猪一口、鹿尾四十盘、鹿尾骨肉五十块、鹿肋条肉五十块、鹿胸岔肉五十块、晒干鹿脊条肉一百束、野鸡七十只、稗子米一斛、铃铛米一斛。十月内由围场先进野味二年野猪一口、一年野猪一口、鹿尾七十盘、野鸡七十只、树鸡十五只、稗子米一斛、铃铛米一斛。十一月进七里香九十把、公野猪二口、母野猪二口、二年野猪二口、一年野猪二口、鹿尾三百盘、野鸡五百只、树鸡三十只、

① 姚元之：《竹叶亭杂记》，中华书局版，24—25页。

鲟鳇鱼三尾、翘头白鱼一百尾、鲫鱼一百尾、稗子米四斛、铃铛米一斛、山楂十坛、梨八坛、林檎八坛、松塔三百个、山韭菜二坛、野蒜苗二坛、柳木枪鞘八根、柳木线枪鞘八根、胶马木线枪鞘八根、胶马木枪鞘八根、枢黎木虎枪杆三十根、桦木箭杆二百根、椴木箭杆二百根、白桦木箭杆二百根、杨木箭杆二百根、海青芦花鹰白色鹰俱无额数、窝集狗五条（系奉旨之年赍进）、贺哲匪雅喀奇勒哩官貂鼠皮二千五百八十二张（隔一年赍送进御览），紫桦皮二百张、上用紫桦皮一千四百张、白桦皮改为紫桦皮一千四百张（隔一年进御览）、官紫桦皮二千张。又交下五旗官紫桦皮一万二千张、白桦皮三千张、煖木皮四百五十斤、苤草四百五十斤。又交下五旗每旗煖木皮各五十斤、苤草各五十斤（以上俱赍送武备院查收）。接驾及恭贺万寿进贡物产：貂鼠、白毛梢黑狐狸、倭刀、黄狐、貉、梅花鹿、角鹿、鹿羔、麅、麅羔、麞、虎、熊、元狐皮、倭刀皮、黄狐皮、猞猁皮、水獭皮、海豹皮、虎皮、豹皮、灰鼠皮、鹿羔皮、雕鹳翎、海参、白肚鳟鱼肉钉、烤干白肚鳟鱼肚囊肉、油炸鲟鳇鱼肉钉（以鱼油炸鱼，普通话名黑伙）、烤干细鳞鱼肚囊肉、草根鱼、鳑头鱼、鲤鱼、花鲟鱼、鱼油、晒干鹿尾、晒干鹿舌、鹿后腿肉、小黄米、炕稗子米、高粱米粉面、玉秫米粉面、小黄米粉面、荞麦糁、小米粉面、稗子米粉面、和的水餑饽饽、搓条饽饽、豆面剪子股饽饽、打糕肉夹搓条饽饽、炸饺子饽饽、打糕饽饽、撒糕饽饽、豆面饽饽、豆䴵糕饽饽、蜂糕饽饽、叶子饽饽、水餑子饽饽、鱼儿饽饽、野鸡蛋、葡萄、杜李、杨桃、山核桃仁、松仁、榛仁、核桃仁、杏仁、松子、白蜂蜜、蜜脾，蜜尖、生蜂蜜、山韭菜、贯众菜、藜蒿菜、枪头菜、河白菜、黄花菜、红花菜、蕨莱、芹菜、丛生蘑菇、鹅掌菜。

再例如各省每年额解内务府的贡品，盛京——绒线 470 余斤，河南——汴绉绫细 900 匹，棉细 300 匹，大布 3 000 匹……表 8 - 11 都没有记载。[①] 安徽省六安州霍山县每年要进贡芽菜 700 斤，而且按照规定必须在谷雨后十日起解，五十日内到京，表 8 - 11 也没有记载。人们

① 均见《光绪大清会典》卷 90。

一定会怀疑到：景德镇的瓷器是最有名的，为什么江西省没有进贡瓷器的任务。其实，景德镇的瓷器按照规定是由九江关负责监造和解送的。这一项采办的经费是每年五千两。[①] 又如福建省的荔枝和素心兰，到道光元年（公元 1821 年）才停止进贡。河南省的枣子和山东的果品，一直到同治年间才停止进贡。此外，遗漏的尚多，不必一一列举。

各地土贡，虽说是由地方官负责采办，并且又有专款开支，但实际上毛病很多。贡品的采办是按例价支付的，例价通常低于市价，采办人员决不会自己掏腰包，这所谓“赔差”的钱自然又是取之于民的了。采办人员既向人民敲诈勒索，一不做二不休，自然又会趁火打劫从中捞上一把，所以，正如冯桂芬所说，人民“赔贴于本务者微，赔贴于中饱者巨”。[②] 乾隆年间，御史钱沣曾弹劾山东巡抚国泰，说他借纳贡之名，向人民恣行朘削。雍正年间，山西省榆次县的农民不敢种瓜，河北省肃宁县的农民不敢种桃，就是怕受赔差之累，这是胤禛自己说出来的。[③] 可见，即使在清王朝前期，借进贡的名义向人民进行额外剥削的问题便已经存在了。到了清王朝的后期，这个问题日益严重起来。

地方官也有他的苦处，贡品解送到京以后，还要交纳所谓“部费”。曾任户部侍郎的王庆荫在奏议中指出过：“各省采办诸物。解贡到京时，书吏讹索部费甚重。如江苏解颜料铜锡须费三千两，飞金须五千两；江西抬连纸须费五百余两；浙江丝斤须费五千两，油茶须费二千余两。以此推之，各省莫不有采办，即莫不有部费，已不知几万两。又闻福建办抬连纸一百万张，例价约千两，将乐县津贴纸价一千二百余两，水脚三百余两，又津贴委员九百余两以作川费、部费之用，而委员往返二年，尤赔累不堪。以此推之，各省解运之员，合计赔累又不知几万两，凡此皆民之脂膏也，而徒以供部胥之囊橐，诚为可惜！”[④] 然而，部胥不会觉得可惜，地方官也不会觉得可惜的。

---

① 《光绪大清会典》卷 39。

② 冯桂芬：《校邠庐抗议·改土贡议》。

③ 王庆云：《熙朝纪政》卷四，《纪采办》条。

④ 王庆荫：《王侍郎奏议》，卷三。

进贡龙衣的船则是运河中的恶霸。冯桂芬说："苏州岁贡龙衣一箧，辄支千金，用万斛舟，具仪卫由运河北上，日行数里，遇民舟阑之索钱，以舟之大小为差。民船避之如寇贼。"①

冯桂芬还说："考会典所列户工二部土贡，有本不出其地者，如江苏之铜锡木蜡桐油之类；有不必出其地者，如四川之马及米，广西之马之类，皆宜删之。"② 贡品并非当地所产，根本违反所谓"任土作贡"的原则。这类事很多，最突出的例子是：广东不出白蜡，每年却要进贡一万多斤，结果只有把蜡价和运费拨到四川、委托四川代办，这是多么不合理！

第七节　农民负担

清兵入关后，虽建都北京，但自顺治元年至康熙二十二年，四十年间，国家仍陷于分裂、动乱；残酷的民族压迫和连续不断的战争给人民特别是汉族人民，带来了深重的灾难。

清王朝初期的二十余年，民族压迫特别酷烈，除了血腥的大屠杀以外，必须指出的还有圈地、投充、逃人、迁海等四大祸害。

一、关于圈地

《清史稿·食货一》说："顺治元年，定近京荒地及前明庄田无主者，拨给东来官兵。圈地议自此始。于是巡按御史柳寅东上满汉分居五便，部议施行。二年，令民地被指圈者，速筹补给，美恶维均。四年，圈顺、直各州县地百万九千余晌，给满洲为庄屯。"③ 这是一段极糟糕的记载。首先，入关前，清王朝早已在关外圈占大量民田作皇庄和贵族庄园；所以，顺治初年的圈地不过是入关前的旧政策的继续，

① 冯桂芬：《校邠庐抗议·改土贡议》。

② 冯桂芬：《校邠庐抗议·改土贡议》。

③ 《清史稿》第十三册，3494—3495 页。

所谓“圈地议自此始”的说法是错误的。其次，清初究竟圈了多少民地，这则记载语焉不详，好像就只有在顺治四年圈了“百万九千余晌”似的。最大的缺点是，从这段记载中，人们会误解为圈地的出发点是实行满、汉分居，完全看不出民族压迫的半点痕迹，严重地歪曲了历史事实。说它是极糟糕的记载并不过分。

刘献廷说：“当日原圈地，每人（按：指旗人而言）六赏，一赏六亩，共地三十六亩。如家有壮丁二名，该地七十亩；人多者照数加增，当差照人算数。”[①] 按：赏，当为晌字（今作垧）。东北地区计算土地面积，习惯以六亩为一晌（新中国成立后规定，每垧面积为一万平方米，即一公顷），亦称为“日”或“天”。刘是大兴县人，不懂关外习惯，故误晌为赏。又，每人给地七晌，即一“绳”地，不是每人六晌，这一点刘氏也搞错了。

圈地开始于顺治二年，这一年圈占了多少民地，缺乏具体数字。顺治四年的圈地则记载较详。据《清世祖实录》：“顺治四年正月辛亥，户部奏请：去年八旗圈地，只圈一面，内薄地甚多，以致秋成歉收。今年东来满洲，又无地耕种，若以远处州县、屯、卫、故明勋戚等地拨给，又恐收获时，孤贫佃户无力运送。应于近京府、州、县内，不论有主无主地土，拨换去年所圈薄地，并给今年东来满洲。其被圈之民，于满洲未圈州县内，查屯卫等地拨补；仍照迁移远近，豁免钱粮。四百里者，准免二年。三百里者，准免一年。以后无复再圈民地（按：这句话只是口头上说说而已，并未兑现），庶满汉两便（按：被圈地的汉民只是受害，无便可言）。疏入，从之。于是圈顺义、怀柔、密云、平谷四县地 60 705 晌，以延庆州、永宁县、新保安、永宁卫、延庆卫、延庆左卫、右卫、怀来卫无主屯地拨补。圈雄县、大城、新城三县地 49 115 晌，以束鹿、阜城二县无主屯地拨补。圈容城、任邱二县地 35 051 晌，以武邑县无主屯地拨补。圈河间府地 201 539 晌，以博野、安平、肃宁、饶阳四县先圈薄地拨补（按：上引《清史稿·食货一》所说的美恶维均是骗人的）。圈昌平、良乡、房山、易州四

① 刘献廷：《广阳杂记》，卷一。

州县 59 860 晌，以定州、晋州、无极县、旧保安、深井堡、桃花堡、递鹗堡、鸡鸣驿、龙门所无主屯地拨补。圈安肃、满城二县地 35 900 晌，以武强、藁城二县无主屯地拨补。圈定县、清苑二县地 45 100 晌，以真定县无主屯地拨补。圈通州、三河、蓟县、遵化四州县地 110 228 晌，以玉田、丰润二县圈剩无主屯地及迁安县无主屯地拨补。圈霸州、新城、漷县、武清、东安、高阳、庆都、固安、安州、永清、沧州十一州县地 192 519 晌，以南皮、静海、乐陵、庆云、交河、蠡县、灵寿、行唐、深州、深泽、曲阳、新乐、祁州、故城、德州各州县无主屯地拨补。圈涿州、涞水、完兴、保定、文安五州县地 101 490 晌，以献县先圈薄地拨补。圈宝坻、香河、滦州、乐亭四州县地 102 200 晌，以武城、昌黎、抚宁各县无主屯地拨补。”① 按：顺治四年新圈地共计 993 707 晌（与《清史稿·食货一》所举大数不符），折合 5 962 242 亩，即近六百万亩。

《直隶清赋问答》（光绪十三年刻本）一书说：“顺治初年，近畿州县旗圈地共十五万余顷”，即 1 500 万余亩，这是一般的说法。

钟琦说：“国初近京五百里内圈给八旗凡宗室王贝将军之庄园，共万有三千三百三十八顷有奇：勋戚世爵庄田十有四方一百二十八顷有奇。其内府庄田，以待王子分封、公主赠嫁者，不在此数。”② 钟氏所举两数，合计 15 356 600 余亩。

吴振棫记载最详：“国初拨给宗室、勋戚庄田：镶黄旗共地 610 晌（原注：本朝旗田初以六亩为一晌，四十二亩为一绳，园地百八十亩为一所。乾隆四十六年，命嗣后统以亩计，不用晌、绳名），正黄旗共地 1 766 晌，正白旗共地 600 晌，正红旗共地 20 736 晌零，镶白旗共地 28 619 晌，镶红旗共地 43 835 晌，正蓝旗共地 88 554 晌零，镶蓝旗共地 37 579 晌零（按：以上合计 222 309 晌）。拨给官员兵丁田：镶黄旗三次拨地 393 890 晌，正黄旗三次拨地 392 396 晌 9 亩，正白旗三次拨地 346 608 晌，正红旗三次拨地 206 785 晌零，镶白旗三次拨地 257 405 晌，镶红旗三次拨地 217 595 晌，正蓝旗三次拨地 285 610 晌，

① 《清世祖实录》，卷 30。

② 钟琦：《皇朝琐屑录》，卷二。

镶蓝旗三次拨地235 188晌（按：以上合计2 335 478晌又3亩）。凡所拨地，坐落大兴、宛平、良乡、永清、东安、香河、三河、武清、昌平、密云、涿州、房山、卢龙、乐亭、定兴、蠡县、安州、高阳、易州、涞水、河间、任邱、获鹿、固安、通州、宝坻、顺义、怀柔、霸州、保定、蓟州、玉田、平谷、遵化、丰润、迁安、昌黎、滦州、清苑、满城、安肃、唐县、容城、雄县、新安、青县、南皮、延庆、大城、永平、新城、望都、完县、肃宁、沧州、天津、文安、交河、静海、抚宁、宣化、德州、河西务、独石口、张家口、良牧署、喜峰口、冷口、罗文屿、石匣、赤城及辽阳、海城、盖平、铁岭、山海关、开原、锦州、宁远、广宁、开平等处。"[①]：吴氏所谓"三次拨地"。想系指顺治二年、顺治四年及康熙五年这三次而言。吴氏所举圈地各数，总计15 346 725亩，与钟琦所说虽有出入，但相差不大。

然而，清初的圈地不只此三次。陆陇其曾说："壬戌五月廿九（按：壬戌为康熙二十一年，公元1682年），宿任邱县。途中见河间县易知由单（征收钱粮的通知书），知圈拨之法，近年屡行，不但在鼎革之初。岂可为训！"[②] 陆氏所记是真实的。康熙二十四年，顺天府尹张吉午请自明年起，民间开垦地亩，永免圈占。部议不准。玄烨特旨允行。从此圈地算是停止了。据统计，当时近畿数百里内已圈占的土地共计168 527顷，各地驻防八旗已圈占的土地共计61 111顷，总计为229 638顷，即22 963 800亩。分项数字如下：

皇室庄田	13 272顷
宗室庄田	23 338顷
八旗庄田	131 917顷
驻防庄田	61 111顷
总　　计	229 638顷

顺直所属许多州县，大部分民地都被圈占了。表8－12是四个县的统计：

据康熙六十年修《怀柔县新志》：怀柔县明末有民地1 392顷，清

① 吴振棫：《养吉斋丛录》，286—287页。

② 陆陇其：《三鱼堂日记》，86页。

初圈占745顷（占原额的53%强），加上后来带地投充282顷，圈、充合计1 028顷（占原额的74%弱），剩下的民地只有364顷（仅占原额的26%强），而其中又有230顷是久荒不毛之地。这种情况是相当普遍的。

表8－12　四县统计表

县　名	圈地前民地顷数	圈地后民地顷数	民地减少（%）
密　云	2 733.4	673.4	75.4
玉　田	5 216.8	617.5	88.2
唐　县	4 405.7	730.0	83.4
宝　坻	6 896.6	57.9	99.2

资料来源：《中国近代农业史资料》，第一辑，24—25页。原注明引自各该县志资料。

如果把圈作牧场的土地也计算进去，则清初被圈占的民地实际上远远超过2 296万余亩。王庆云说："我朝开基东土，耕牧兼资。世祖入关，从龙者不下四十万匹，考牧之务亟矣。乃以近畿垦荒余地（按：哪里有那么多的垦荒余地，实际上其中有不少是民地），斥为牧场，分亲王、郡王以里计，分上三旗及正蓝旗以数十里计，余四旗以顷计，亦圈地也（按：这句话却说得对）。顺治六年始立限制，停止弃地为厂。康熙三十九年天津牧地招垦升科者二万一千余顷。雍正二年丈出马厂并余地可垦者六万余顷，给民耕种。乾隆二十一年清丈直隶牧场田亩，给民为永业，改名'恩赏官地'。时已垦者十一万五千余顷，按亩升科；其余荒地，仍随时召垦。"[①] 仅这三次召垦，合计已近二千万亩，可知清初被圈占作牧场的土地，必数倍于此。

如果说，清初圈占民地接近（甚至超过）五千万亩，这个估算可能近乎实际。

对于农民，土地被圈占就意味着破产。被圈占了土地的农民家庭，其流离失所的辛酸境遇是用不着加以描述的。而分得民地的旗民却成为吮吸农民脂膏的地主，他们的佃户有相当大的一部分就是土地被圈占的农民。还有一部分土地由于旗民不耕种，长期撂荒，从沃土退化

① 王庆云：《熙朝纪政》卷四，《纪牧场》条。

为不毛之地。许多旗民将份地出典，以致清王朝要用国库的钱去替他们赎回；但赎回以后还又再度出典或出卖。因此，清初的圈地既将汉族农民推下苦难的深渊，赤裸裸地暴露了残酷的民族压迫的实质，使民族矛盾更加尖锐，民族斗争更加紧张；同时，又严重地破坏了农业生产力。还带来了另一种后果——旗民变成了好吃懒做的地主阶级，生活日益腐朽，从而大大削弱了八旗的战斗力，这是同清王朝的意旨刚好相反的。

二、关于投充

吴振棫说："国初，投充名色起于墨勒根王（即多尔衮），许各旗收投充贫民为役使。嗣则有地土者，带地投充（按：这是借旗人权势以逃避钱粮和徭役的负担）。奸蠡无赖或恐圈地，而以地投；或本无地，而暗以他人之地投。恃强霸占，弊端百出。借旗为恶，横行害人。于是御状、鼓状（击登闻鼓）、通状（向通政使司递状），纷争无已。刘公余祐请革投充一疏，具见切直。"① 可是，在多尔衮执政时是没有人敢为此事进言的。《实录》载："顺治三年十月乙酉谕，有为剃发、衣冠、圈地、投充、逃人牵连五事具疏者，一概治罪，本（奏疏）不许封奏。"② 多尔衮既然下了这个禁令，谁敢冒犯，不是自讨苦吃吗？

顺治七年十二月，多尔衮死，福临亲政，顺治八年（公元1651年）七月下谕："比者投充汉人，生事害民，朕甚恨之。夫供赋役者编氓也，投充者奴隶也。今反厚奴隶而薄编氓，如国家元气及法纪何？其自朕包衣牛录：下至王公诸臣投充人，有犯法者，严治其罪，知情者连坐。前有司责治投充人，至获罪谴。今后与齐民同罚，庶无异视。使天下咸知朕意。"③

福临下了这道上谕之后，疏陈投充弊害的人便多起来了。例如顺治九年十二月，监察御史杨世学《请尽革投充之弊政》的题本说："多一投充之人，皇上即少一百姓；多一投充之地，皇上即少一田土。

---

① 吴振棫：《养吉斋丛录》，287页。

② 《清世祖实录》，卷28。

③ 《清史稿》第二册，125—126页。

况投充之弊，有如台臣娄应奎所云，有将未投田地开入已投名下，及强带他人开除钱粮，躲避差徭。是旗下仅得一投充人，皇上便失却数家百姓。且州县词讼中有事涉投充人者，有司遂不敢问，即行解部，小民一往返间，既荒生理，又破身家；而投充者乘此以荼毒百姓。”①又如顺治十二年正月，“左都御史屠赖等言：爱民莫先除害。近闻八旗投充之人，自带本身田产外，又任意私添，或指邻近之地据为己业，或连他人之业隐避差徭；被占之民既难控诉，国课亦为亏减，上下交困，莫此为甚”。②

投充一事，表面上看来像是汉人压迫汉人，实际上是坏人倚仗旗人权势压迫平民，说到底还是一种变相的民族压迫。为了减少国家财政收入的损失，同时也想稍微缓和一下民族矛盾，福临不能不过问此事。在福临的过问下，投充之害自此稍杀。

三、关于逃人

顺治三年制定的《逃人法》规定：“逃人鞭一百，归还本主。隐匿之人正法，家产籍没。邻右九甲长乡约，各鞭一百，流徙边远。”所谓逃人，是指因不堪虐待而逃亡的旗下奴婢，他们都是在战争中被俘掠的男女及其所生育的子女。《逃人法》的立法意图是严惩窝主。满洲贵族认为这样可使奴婢没有投奔的处所，奴婢便不会逃亡了。结果逃亡的却愈来愈多，一个人逃亡连累了许多人遭殃，而受株连的有许多并非窝主。

《逃人法》制造了数不尽的冤案。谈迁所述李辉一案便是其中的一例。谈迁说：“国法禁隐匿东人（按：指满洲人的奴婢）。如犯者，家徙满洲，籍其产给告讦者。邻右十家论如之。令甲久下，莫敢轻罹。而隶在旗下多挫顿不堪，逃者历三万余人。诸王及大臣患之。德州诸生李辉，尝买幼女九岁。已，其父充旗役，以李氏富可胁也，屡胁之；后不为动。甲午（顺治十一年）告讦其事，下法司，先后勘契甚明，为白之。狱上，宗王议会，坚欲坐李辉；若弛之，是助逃而空我满人

① 《明清史料》，丙编第四本，331 页。

② 蒋良骐：《东华录·顺治朝》。

也，命再讯酷拷，论李辉徙宁古塔，以罪产给告讦者。”①

《逃人法》弄到怨声载道，人人自危，福临终于不能坐视了。顺治十三年（公元 1656 年）六月下了一道上谕：“满洲家人皆征战所得，故立严法以儆逋逃，比年株连无已，朕心恻焉。念此仆隶，亦皆人子。苟以恩结，宁不知感。若任情困辱，虽严何益！嗣后宜体朕意”。② 虽然这番话不可能感动魔鬼，但对逃人案件的处理不像过去那样酷烈了。康熙以后，情况又有了进一步的好转。

四、关于迁海

迁海者，勒迫东南沿海汉民迁入内地，在沿海设置无人地区也。屈翁山记粤东迁海事颇详尽，他说：“粤东濒海，其民多居水乡。十里许，辄有万家之村，千家之砦。自唐、宋以来，田庐丘墓，子孙世守之勿替。鱼盐蛤蜃之利，藉为生命。岁壬寅（康熙元年）二月，忽有迁民之令。满洲科尔坤、介山二大人者，亲行边徼，令滨海民悉徙内地五十里，以绝接济台湾之患。于是麾兵拆界，期三日尽夷其地，空其人民。弃赀携累，仓卒奔逃，野处露栖，死亡载道者以数十万计。明年癸卯，华大人来巡边界，再迁其民。其八月，伊、吕二大人复来巡界。明年甲辰（康熙三年）三月，特大人又来巡界，遑遑然以海防为事，民未尽空为虑，皆以台湾未平故也。先是，人民被迁者以为不久即归，尚不忍舍离骨肉；至是飘零日久，养生无计，于是父子夫妻相弃，痛哭分携，斗粟一儿，百钱一女；豪民大贾，致有不损锱铢，不烦粒米，而得人全室以归者。其丁壮者去为兵，老弱者展转沟壑。或合家饮毒，或尽孥投河。有司视如蝼蚁，无安插之恩；亲戚视如泥沙，无周全之谊。于是八郡之民，死者又以数十万计。民既尽迁，于是毁屋庐以作长城，掘坟茔而为深堑；五里一墩，十里一台；东起大虎门，西迄防城，地方三千余里，以为大界。民有阑出咫尺者，执而诛戮。而民之以误出墙外死者，又不知几何万矣。自有粤东以来，生

---

① 谈迁：《北游录》，387—388 页。

② 《清史稿》第二册，146 页。

灵之祸，莫惨于此！”[①] 这真是一篇满纸血泪的纪述。

江苏、浙江和福建的迁海比广东更早，人民所受苦难亦更大，并且时刻担心着被诬为“通海”。康熙六年夏四月，御史田六善说：“奸民告讦，于南人不曰‘通海’，则曰‘逆书’；北人不曰‘于七党’，则曰‘逃人’”。[②] 因被诬为通海而蒙受无妄之灾的，在顺治一朝是司空见惯的寻常事。例如顺治十八年江苏金坛县的通海案，绞一人，斩六十四人，家属男女没入，流徙大小老幼又共二百七十六人。[③]

以上所述是清初民族压迫的四大害。但当时的民族压迫是表现在多方面的。例如王府的经商扰民，御史曾就此事有所陈奏。多尔衮却曲意偏袒，说：“诸王供事不给，一切养兵赏赍甚费，不是生利自用。这御史全不代诸王设想，仰体其心，只说有妨于小民，通是偏向小民的意思。”[④] 又如贩卖人口。北京“顺承门内大街骡马市，牛市、羊市，又有人市。旗下妇女欲售者丛焉。牙人或引至其家递阅。”[⑤] 又如放高利贷。谈迁说：“顺治初，满人橐溢。长安（指北京）新定，谓其易与，往往告贷，须一人预券，如百金例馈五缗，月征子钱，不爽时刻。稍负进，则移坐预券者，诟辱及之。宛平陆嵩，丙戌进士，选庶常，除国史院检讨，尝预券失期，道上被执，裸剥于家，竟免官。嵩邑邑不乐，游大同，适姜瓖之变，死焉。又学士潜江□□□□刘肇国双藤呵导过猪市，满人递前捶其面，突入邸舍，母妻震恐。肇国坐废，家因以破。又弘文院编修宜兴陈子鼎，为姑苏申氏预券，方修史于玉芝宫，殴赴刑部责之，踞三日，命杖二十免官。朝士预券，非代偿，则株累，叵测如此！”[⑥] 这些事，恐怕说上一千零一夜也说不完。

总而言之，清初，满洲宗室和贵族中的大部分人视汉人如奴隶，等人命于蝼蚁，极尽民族压迫之能事。曾经先后掌揽过实际政权的多尔衮和鳌拜正是这些顽固派的政治代表。清初的民族压迫给汉族人民

---

① 屈大均：《广东新语》，中华书局版·上册，57—58 页。

② 《清史稿》第二册，174 页。

③ 详见计六奇：《明季南略》，500—503 页。

④ 故宫博物院文献馆：《多尔衮摄政日记》。

⑤ 谈迁：《北游录》，第 386 页。

⑥ 谈迁：《北游录》，第 353 页。

造成深重的灾难，既毒害了民族关系，又摧残了社会生产力。

一方面是残酷的民族压迫，另一方面是连续不断的战争。长期战争的破坏性之大，这是尽人皆知的。长期战争不仅要死很多很多的人，而且要花很多很多的钱。大兵过境，一切都取给于地方官，而地方官则取给于人民。为此，顺治朝人民的兵差负担是十分苛重的。顺治二年，史应聘的揭帖称："大兵驻关（指潼关），军需不资，而州县百姓，存者无几。职飞檄督催，计完粮饷数十万，刍草数百万；又催大牛一□余只，大车一百余辆"。[①] 丁文盛的题本称："济宁南北要冲，水陆必由之道，大兵一到，米豆动以千计，草束动以万计。"[②] 从上举两例，可以体会到：一是州县的私派主要是兵差频繁引起的；二是人口的减少使单位负担量加重，反过来，负担的加重又迫使人民逃亡，两者互为作用，形成了一种恶性循环。

除了兵差之外，还有其他官差，顺治八年九月户部左侍郎王永吉的揭帖称："前疏极陈州县有司私征私派，大干法纪。然非尽有司之罪，奉差满汉官员及解运龙衣船只亦不能辞其责也。前项座船未到，兵部及督抚差官前站先到地方，勒索常例银两，并下程酒饭。及至船抵码头，每船一只要猪羊米面鸡鹅鱼蛋柴炭油烛果品茶酒各一份，船头外索常例偏手。此州县所以有供应之私派也。每船一只要夫五十名，如到十只便派民夫五百名。若到大差，则派民夫一二千名、二三千名不等，关锁空院，伺候三五日，大寒大暑与中途逼打赶纤钱而死者不少。此州县所以有民夫之派也。此外有陆路用马匹及水路带长马者，勒抢草豆，稍不遂意，凌辱职官，吊拷衙役，无可奈何。何怪有司借口加派以殃民哉！职见江都县每年私派柴烛供应银六千两，预备马草银三千九百两，预备料豆银六千两，预备米银一千两。起派民夫：通县每月约起夫一千七八百名，一年约起夫二万余名，而城市门面夫犹不与焉。此已经审明在案者。职见高邮四、五、六年间供应各派银一二千两不等。民夫并保长城市夫，每月起派数千数百名不等。预备草豆，皆以千计。至七、八两年颇称节省。职又闻仪真县每正项一两，

① 《明清史料》，丙编，第二本。

② 《明清史料》，丙编，第二本。

散里长加至四两，当年里长加至四十两。宝应县改里长为等第，每当一等等第第一分者，一年约费银数百两。夫此私加银两，除私贴马差外，尽用于民夫、供应、预备豆草三项。由此推之江南各府，又推之闽、浙、江、广等省，其为扰费何可胜计哉！”① 全国各地以支应兵差及其他官差为名强加于人民的额外摊派，确实不可胜计。

兵饷是当时清王朝最感头痛的问题。顺治八年以前，各省钱粮大都留充各省兵饷，清廷没有统一的核计。顺治九年，户部题本称：“钱粮每岁入数一千四百八十五万九千余两，出数一千五百七十三万四千余两，现在不敷银八十七万五千余两。其中各省兵饷一年该银一千三百余万，各项经费不过二百余万”。② 张玉书《纪顺治间钱粮数目》称：“至十三年以后，又增饷至二千万，嗣又增至二千四百万；时额赋所入，除存留项款外，仅一千九百六十万，额饷缺至四百万。而各项经费不与焉。”③

怎样解决这个棘手问题呢？满洲王公大臣想出了一个馊主意，抡起大刀把州县存留的经费砍去一大部分。刘献廷说：“有明时，州县之吏，俸薪而外，杂项公费，不一而足。其大者若城池、桥梁、仓库之修葺，皆有经费。故税赋之外，杂役不派之民，而官亦不困。独催科无术，强有力者坐而免焉，而贫弱重困……今……一切经费尽行裁革，有司无点金之术，以供诸役而给上司之求也，势不得不取之里下，于是杂役之派，有倍于正赋者矣。”④ 满族在入关前连官吏也不给薪俸，更不用说什么办公经费了。所以，满洲的王公大臣想出这样的一个馊主意是很自然的。这种办法一直维持到清室逊位为止。

残酷的民族压迫，连续不断的长期战争以及由此引起的日益苛重的赋役负担，严重地摧残了社会生产，使顺治朝出现了难以想象的农村残破的凄惨景象。

农村的残破主要表现在人口的大量减少和田地的大量荒废。

---

① 《明清史料》，丙编，第四本，313 页。

② 《明清史料》，丙编，第四本，326 页。

③ 贺长龄：《皇朝经世文编》，卷 29，26 页。

④ 刘献廷：《广阳杂记》，卷三。

尚钺说："明天启三年（公元1623年），据《实录》所载，全国户口有51 650 459人；到顺治十七年（公元1660年），据《东华录》所载，仅余19 087 572人。三十七年中，全国人口竟减少了三千二百余万。这两种记载虽都不完全，都不尽确实（天启年间，由于逃避烦苛的赋役，户口隐漏很多；顺治末年，战事尚未完全结束，人民为反抗清朝的残酷屠杀和压迫，四处流亡，不入户籍者也不少）；但经过清朝统治者大屠杀之后，人口大量减少，则毫无疑问。"①

顺治二年正月，河道总督杨方兴言："山东地土荒芜，有一户只存一二人，十亩田只存一二亩者"。② 顺治四、五年间，江西巡按董成学题称："二月二十日单骑减从自吉（吉安）往赣（赣州），路由泰和、万安二县。而泰和虽云残破，尚可收拾，及至万安抵赣，二百余里之庐舍俱付灰烬，人迹杳绝，第见田园鞠为茂草，郊原尽属丘墟。"③

陆陇其说："在舟中阅《鄢陵志》，见明初土田有夏地、秋地之别。疑各处所谓夏税、秋粮者俱如此。查鄢陵土田，明初顷数不及二千。嘉靖丈量，通共夏秋地一万一千五百余顷。顺治二年，奉文除荒征熟，开报熟地，接年续报至七年，共熟地四千五百余顷。"④ 这就是说，鄢陵土田，顺治七年比嘉靖时减少了60%。

顺治八年五月二十日户部题本称："英山县原额人丁一万一千一百三十五丁，除历遭寇乱逃亡故绝，今只实存人丁五百四十二丁。原额田塘地共一千一百九十五顷（按：原文顷数后有四位，现四舍五入，下同），除历遭寇乱抛荒，今只实存熟田二十六顷。"⑤ 这就是说：英山县顺治八年的人丁数只相当于原额的百分之五；田土只相当于原额的千分之二。

顺治十三年，广西巡抚于时跃的揭帖称："查得桂林府属荒田共一万零四百四十六顷十四亩。平乐府属荒田共一千零二十二顷三十八

① 尚钺：《中国历史纲要》，人民出版社1954年版，380页。

② 蒋良骐：《东华录·顺治朝》。

③ 《户部残题本》。

④ 陆陇其：《三鱼堂日记》，81页。

⑤ 《明清史料》，丙编，第八本，783页。

亩，梧州府苍梧县荒田一千五百五十四顷一十一亩，通共荒田一万三千零二十二顷六十三亩。”①

从上引资料，可以看到顺治朝农村残破情况的轮廓。

入关之初，清王朝为收买人心曾宣布废除三饷及召买。实际上，万历季年的辽饷（即九厘银）并未废除，本章第二节已论及，不赘。清王朝指斥明季的召买粮食，“名为当官平市，实则计亩加征，初议准作正粮，既而不肯销算。有时米价腾贵，每石四五两不等，部议只给五分之一”。那么，在顺治朝召买粮食的弊害是否已经革除了呢?实际上并没有。顺治十二年大理寺卿王尔禄的揭帖说得很清楚：“每访官价粜谷，不依时价，差役百端苛需；以十分言之，民得六，差役得四。又或分派村民，或一石或数斗，小民畏法，退还原价，如数完谷。到完谷时，萝头斛面运价等项，有一石外加耗三四斗者。”② 同明季召买粮食的弊害相比，只能说更有甚焉。

康熙剪除鳌拜及其党羽，满洲的顽固保守派已不能在政治上进行干扰。但是，国家尚未统一，而三藩之乱又延续八年之久，这一段期间，农民负担不可能有较大的减轻，玄烨亦不能在政治上有较大的作为。

康熙二十二年以后，由于国家统一大业已经完成，玄烨掌握了有利的形势，果断地在政治上文化上公开向汉族认同，并实行了轻徭薄赋的休养生息政策。清王朝从此步入和平发展的黄金时期，在八十三年中。农民在和平安定的情况下负担得到减轻，生活有了改善；社会生产力发展了，国家元气逐渐恢复，国力加强，而清王朝政权也因此得到巩固。

截至康熙四十四年为止，玄烨先后减免各地的钱粮累计达九千万两。据记载：康熙四十四年，“大学士等以蠲免湖广钱粮上谕进呈。上问曰：‘曾查此数年蠲免钱粮数目否?’马齐等奏曰：‘自康熙四十二年以来，蠲免一千六百余万。’上曰：‘自吴三桂变乱之后，民甚艰苦，故朕屡年蠲免钱粮，民生优裕，则国家太平矣！尔等可查康熙元

① 《明清史料》，丙编，第十本，920 页。

② 《明清史料》，丙编，第四本，363 页。

年以来所免钱粮总数来奏。’寻奏：查自元年以来，所免钱粮共九千万有奇”。[①] 康熙五十一年，分期分批地普免天下钱粮一年。玄烨还打破惯例，分期分批地普免各省漕粮一年。

胤禛推行摊丁入地，减轻了无地或少地的贫苦农民的负担。他还酌减了东南赋额；在钱粮征收上厉行自封投拒的办法。他重视审计工作，把国家财政纳入正轨。

玄烨亲自抓了治河工作，取得了显著成效。数十年间，漕道畅通，既减少了粮船损失，又有利于南北的经济交流。胤禛破格拔用年才30余岁的尹继善作江南巡抚，雷厉风行地革除了收漕积弊。清王朝的黄金时期人民的漕运负担是最轻的。

弘历效法乃祖，普减天下钱粮的次数比玄烨还多。

尽管如此，这个时期的库存始终是充裕的。陈康祺论此事云：“近年中外士大夫留心时事者，莫不以库藏匮乏为忧……综核出入，终不解咸、同以来何以与康、乾之世赢绌若是其悬殊。惜官非司农之属，究不获洞见底蕴，……考康熙元年至四十四年，所免钱粮共九千万有奇，五十一年又免地丁银三千三百万有奇。且康熙初年军务、河工需用浩繁，三逆盘踞、蹂躏之处，正供多未征取。乃至四十八年，户部库银尚有五千余万（原注：见吴督部熊光《伊江笔录》）。乾隆一朝，大兵大役，散财不赀。四十五年以前，又普免天下钱粮四次，户部尚存银七千八百万（原注：见曾文正公《简练军实疏》）。五十五年以前又免钱粮多次，而户部尚存银八千万（原注：洪北江庚戌祝厘诗云：‘免钱粮，免钱粮，四次两次看謄黄。今年诏下恩尤厚，普免正供由大寿。’又云，大农钱粟虽频散，耕九余三积储惯，户部银仍八千万）。”[②] 陈康祺没有说这一点：乾隆四十年以后，国库虽仍充裕，而民力已竭。

不管怎样说，清王朝黄金时期的农民负担确实是轻的。这是玄烨完成国家统一大业后实行休养生息的结果，是实行上面所述各项措施的结果。

---

① 蒋良骐：《东华录·康熙朝》。

② 陈康祺：《郎潜纪闻》卷十四，309页。

让我们以乾隆三十一年（公元 1766 年）为例，给清王朝黄金时期的农民负担算一个大账。

乾隆朝政治风气的大败坏，是从乾隆四十一年和坤入相后开始的。所以，乾隆三十一年的这个大账，对清王朝黄金时期的农民负担情况仍具有代表性。

在第三节里，我们已计算出乾隆三十一年国家财政收入中的田赋收入（包括地丁、漕粮、马草、耗羡、芦课等项），总计 43 193 383 两。在计算农民负担的时候，还应当算入漕费和轻赍银这两项。除轻赍银有额数外，漕费则由于手头上缺乏现成数字可资根据，只能补行估算。

关于轻赍银，《清史稿·食货三》说："每年正兑米一石，江西、两湖诸省加耗四斗六升或六斗六升，锐米皆一斗。加耗四斗六升者，则以三斗随船作耗，而以连锐二斗六升折银一钱三分；加耗六斗六升者，则以四斗随船作耗，而以连锐三斗六升折银一钱八分，谓之三六轻赍。江苏、安徽每石加耗五斗六升，锐米一斗，除四斗随船作耗，而以余米二斗六升折银一钱三分，谓之二六轻赍。山东、河南每石加耗三斗（按：原文误作三升），锐米一斗，除二斗五升随船作耗，余米一斗六升折银八分，谓之一六轻赍。其改兑只有耗米，或三斗二升至一斗七升不等，只给本色随船作耗，而以存米二升易银一分，谓之折易轻赍（按：一般称易米折银）。均每升征银五厘，解仓场通济库。康熙四十七年，令每年江南等省额解轻赍银三十八万四千两，内除山东、河南、湖广、江西，浙江、江南等省额解银二十四万六千九百余两，仍留通济库应用，其苏松粮道所属额解银十三万七千余两，迳解户部。如仓场不敷，得咨行户部支发。"① 这项轻赍银不入地丁数内，故在计算农民负担时必须补列。

关于漕费，雍正六年尹继善为江苏巡抚时，革除收漕积弊，规定每石米只收银六分，以后四次任两江总督，均照这一规定执行。乾隆三十年，尹继善仍在两江总督任内，三十一年才进京。因此，乾隆三

① 《清史稿》第十三册，3572—3573 页。

十一年的漕费可以按照这个标准计算。收漕时正、耗并收。正兑米三百三十万石，每石加收四斗随船作耗，正、耗米共4 620 000石，漕费为277 200两。改兑米七十万石，每石米加耗三斗二升至一斗七升不等，若以平均加耗二斗五升计算，共875 000石，漕费为52 500两。正兑、改兑漕费合计为329 700两。

应该说明，这是按漕粮额征四百万石计算的。实际上，由于部分改征折色，漕粮每年起运数已不足原额，故上述估算数只有偏高而不会偏低。

轻赍银和漕费两项合计713 700两，按当时米价每石一两二钱计算，折米594 750石。连同漕粮正、耗米（包括正兑及改兑在内）起运数5 495 000石合计，共6 089 750石，说个大数，就是六百万石，仅相当于漕粮原额的一倍半。比钟琦所说的一千四百万石减少八百万石。这就表明了清王朝黄金时期的漕粮负担是最轻的。

据《清朝文献通考》，乾隆三十一年全国人口为208 095 796人，城乡人口比例不可知，如按10%对90%的比例推算，则农村人口数估计为187 296 216人。

据《清朝文献通考》，乾隆三十一年全国田亩数为741 449 500亩。清代南方水田地区亩产量一般为米二石（相当于谷四石），但旱田地区亩产量很低，有些只有几十斤。全国通算，以平均亩产米一石计算，则全国产量为741 449 500石米，按每石一两二钱计算，共折银889 739 400两。

把以上这些情况都弄清楚了，我们便可以给乾隆三十一年的农民负担算出一个大账（见表8－13）。

表8－13　　　　乾隆三十一年农民田赋负担统计表

项　　目	数　　额
田赋负担总计（两）	43 193 383
其中：地丁（两）	29 917 761
漕粮（石）	8 317 735
折银（两）	9 981 282
马草（束）	5 144 657

续表

项　　目	数　　额
折银（两）	154 340
耗羡（两）	3 000 000
芦课（两）	140 000
轻赍银（两）	384 000
漕费（两）	329 700
农村人口（人）	187 286 216
全国田亩（亩）	741 449 500
全国米产量（石）	741 44 9 500
折银（两）	889 739 400
田赋负担率（%）	4.93
平均每人负担（两）	0.23
平均每亩负担（两）	0.06

这个大账，可以代表清王朝黄金时期农民负担的一般情况。

田赋负担率约为5%；平均每人负担二钱三分，约合米二斗；平均每亩负担六分，合米五升。这都表明，这一时期的农民负担是很轻的。

在中国封建社会史上，西汉黄金时期的农民负担最轻，东汉王朝、唐王朝、明王朝和清王朝的黄金时期次之。

清王朝黄金时期的轻徭薄赋政策，收到了休养生息的效果，主要表现在人口和田亩的大量增加——这是和平安定的经济发展时期的两大标志。

现在先来看人口增加情况：乾隆三十一年全国人口，比顺治十八年增加将近九倍，比康熙二十四年增加将近八倍，请看表8-14：

表8-14　　　　顺、康、雍、乾四朝人口统计表

年　度	公　元	人口数	人口增殖指数	人口增殖指数
顺治十八年	1661	21 068 609	100	—
康熙二十四年	1685	23 411 448	111	100
雍正二年	1724	25 284 818	120	108

续表

年　度	公　元	人口数	人口增殖指数	人口增殖指数
乾隆十八年	1753	102 750 000	488	439
乾隆三十一年	1766	208 095 796	988	889

资料来源：(1) 乾隆十八年及以前各年人口数，均根据《清朝文献通考·户口一》。

(2) 乾隆三十一年人口数，根据王先谦：《东华续录·乾隆朝》卷 64。

在长期动乱时期，人口大量减少；在和平安定的经济发展时期，人口高速度增殖；这是中国各个封建王朝的共有规律。田亩的减少和增加情况也是如此。而这些情况又分别代表农业生产的衰落和发展。现在再看田亩增加情况。田亩的数字，各书所载不尽相同（见表 8－15）。

表 8－15　　各书所载顺、康、雍、乾四朝田亩数

年　度	公　元	王先谦东华录（亩）	清朝文献通考（亩）	清通典（顷）	清通志（亩）
顺治十二年	1655	387 771 991			
顺治十八年	1661	526 502 829	549 357 640		
康熙十二年	1673	541 562 783			
康熙十九年	1680	522 766 687			
二十四年	1685	589 162 300	607 840 001	6 078 430 顷有奇	
四十年	1701	598 698 565			
五十年	1711	693 034 437			
六十年	1721	735 645 059			
雍正二年	1724	890 647 524	683 791 427	6 837 914 顷有奇	
十二年	1734	890 133 724			
乾隆十八年	1753		708 114 288	同通考	
三十一年	1766		741 449 550	74 144 950 顷有奇	同通考

这里，我们选用《清朝文献通考》所载五个年度的田亩数字来进行研究（见表 8－16 和表 8－17）。

表 8－16　　　　康、雍、乾三朝田亩增加数

年　　度	土田亩数	增加亩数
顺治十八年	549 357 640	
康熙二十四年	607 843 001	58 485 361
雍正二年	683 791 427	75 948 426
乾隆十八年	708 114 288	24 322 861
乾隆三十一年	741 449 550	33 335 262

表 8－17　　　　康、雍、乾三朝平均每年田亩增加数

时　　期	年　数	平均每年增加亩数
顺治十八年——康熙二十四年	24	2 436 800
康熙二十五年——雍正二年	39	1 947 300
雍正三年——乾隆十八年	29	838 700
乾隆十九年——乾隆三十一年	13	2 564 200

乾隆三十一年以后，清王朝开始走下坡路。乾隆四十一年，和坤为军机大臣，清王朝的政治风气由败坏而迅速变为大败坏。弘历曾说："朕机余咏物，有嘉靖年间器皿，念及严嵩专权炀蔽，以致国事日非，朝多稗政。取阅《严嵩传》，见其贿赂公行，生死予夺，潜窃威柄，实为前明奸佞之尤……因览《严嵩传》，触动鉴戒。恐无知之人，将以明世宗比朕，朕不受也。"① 他没有发觉，在他身旁的和坤要比严嵩更坏，而他自己在晚年也比嘉靖皇帝更糊涂。嘉靖时有一个海瑞，乾隆时也有一个钱沣，两人的风骨不相上下，但都回天乏力，没有能够扭转当时已经败坏了的政治风气。

弘历一死，清仁宗颙琰立即把和坤处死。他是为了刷新政治吗？完全不是。

颙琰之所以处死和珅，首先是担心和珅有夺权的野心。据说"乾隆登遐，嘉庆秘丧不发，密遣内竖矫太上皇旨，召和相入宫。使者去，嘉庆迟和于便殿，和入见嘉庆，俯伏行君臣礼。嘉庆色甚霁，赐箭衣一袭。衣制短后，两袖亦窄甚，嘉庆促和衣之。和无奈脱旧衣，更新

① 《清史稿》第三十五册，10751—10752 页。

衣，袖窄格格不得入，强纳之必敝，恐滋咎戾，遂不复御。内竖抗声诘之，以袖小对。嘉庆笑曰：袖是不曾小，你的拳（权）太大了！”①

其次是垂涎和珅的家财，这一点可能是最重要的，和珅究竟搜刮了多少财产呢？颙琰在宣布和珅罪状的诏书里说：“……所抄家产，楠木房屋僭侈逾制，仿照宁寿宫制度，园寓点缀与圆明园蓬岛、瑶台无异，大罪十三。蓟州坟茔设享殿，置隧道，居民称和陵，大罪十四。所藏珍珠手串二百余，多于大内数倍，大珠大于御用冠顶，大罪十五。宝石顶非所应用，乃有数十，整块大宝石不计其数，胜于大内，大罪十六。藏银、衣服数逾千万，大罪十七。夹墙藏金二万六千余两，私库藏金六千余两，地窖埋银三百余万两，大罪十八。通州、蓟州当铺、钱店资本十余万，与民争利，大罪十九。家奴刘全家产至有二十余万，并有大珍珠手串，大罪二十。”② 薛福成《庸庵笔记》所载和坤抄家清单，比这详细得多，不再转录，但该抄家清单内已估价者二十六号，共银二亿二千三百八十九万余两；未估价者尚有八十三号，彭信威推算，认为和珅的全部财产当不下八亿两。他说：“嘉庆初年政府的岁入是七千万两，而和坤做了二十年宰相，私财不下八万万两，平均每年所得为四千万两，占全国岁入一半以上。”③ 胡钧谓：“和珅抄家已估价之二十八号及未估价之八十三号，总计不下十亿二千余两。”④ 总而言之，和坤搜括的民脂民膏，最少也有好几亿两。当时流传有：“和珅跌倒，嘉庆吃饱”的民谣。

和珅招权纳贿，上下交征利，赃官满天下。《清史稿·王亶望传》说：“乾隆季年，诸贪吏首亶望，次则郑源鹮。”⑤ 乾隆四十六年，弘历杀了王亶望，籍其家得金银逾百万。而郑源鹮则于颙琰处死和珅后始正法。《清史稿》记郑案仅寥寥数语，《竹叶亭杂记》记其劣迹颇详，读者可自行参阅。虽然杀了几个贪官，但未能起到杀鸡儆猴的作用。无官不贪，老百姓的膏血被吸尽了。

---

① 李伯元：《南亭笔记》，卷一。

② 《清史稿》第三十五册，10756—10757 页。

③ 彭信威：《中国货币史》下册，537 页。

④ 胡钧：《中国财政史》，281 页。

⑤ 《清史稿》第三十六册，11076 页。

如果颙琰在处死和珅及其党羽之后，能够锐意革新，逐渐扭转已经败坏了的政治风气，那么，清王朝可能会有转机。但他没有这样做。如果颙琰把没收和珅的财产用来充实国库，借此减轻农民负担，实行休养生息，那么，国家的元气也是可能得到恢复的。但他也没有这样做。

乾隆时，大大小小的民变已经陆续发生。嘉庆朝又不断爆发较大规模的农民起义。清王朝已经完全失去了民心。

八十三年日积月累打下来的基础，和坤在二十年内把它砸碎了。而颙琰和旻宁（道光）又毫无作为，结果是民生日益凋敝，经济停滞不前，国力一落千丈。殖民主义者也就乘机入侵了。

鸦片战争爆发后，二千多年的封建社会蜕变为半殖民地半封建社会。乌云笼罩了神州大地，从此，中华民族步入了百年屈辱和苦难的历史。

编后话

一、本书第一卷是依据历史文献编写的，除了引用“正史”资料以外，还参考了部分“野史”资料。对于前人留下的史料，我们是尊重的，但对其中某些史实或数字，也顺便做了一点考据工作。这是从有利于总结历史的经验教训出发的。

二、本书第一卷编写、修改过程中，复旦大学经济系，武汉大学历史系，暨南大学历史系，中央财政金融学院财政系，吉林大学历史系，中南财经大学农经系、财政系，财政科学研究所财政史研究室，中国财政经济出版社，黑龙江省财政厅，湖北省财政厅，牡丹江市财政局，中国人民建设银行总行招待所等单位，给了我们很大的支持与帮助，谨向他们表示衷心的感谢！

三、农民负担史属于经济史的分支，是经济学和历史学的边缘学科。写这样的专史，我们还是一种探索和尝试，虽然主观上力图把它写得好一些，但由于编者水平有限，不妥之处在所难免，请同志们批评指正。古代农民负担问题有许多地方尚待进一步探索，我们盼望有更多的历史学家、经济学家、财政学家共同来参与这个课题的研究。

编者

1988 年 2 月